UPSESSB PGT

पोस्ट ग्रेजुएट टीचर - समाजशास्त्र

नवीनतम संस्करण अभ्यास किट

13 टेस्ट्स
03 गतवर्षीय प्रश्न पत्र
10 मॉक टेस्ट्स

वास्तविक परीक्षा प्रारूप पर आधारित टेस्ट

✓ पूर्णतः संशोधित और अद्यतन

✓ सभी बहुविकल्पीय प्रश्नो का विस्तृत विश्लेषण

शीर्षक : **UPSESSB PGT** पोस्ट ग्रेजुएट टीचर - समाजशास्त्र

लेखक का नाम : **Mr. Rohit Manglik**

प्रकाशक : **EduGorilla Community Pvt. Ltd.**

प्रकाशक का पता : 12/651 प्रथम तल, अरविन्दो पार्क के सामने, निकट जामा मस्जिद, इंदिरा नगर लखनऊ, उत्तर प्रदेश, 226016, भारत।

कॉपीराइट EduGorilla

ISBN : 978-93-90893-66-9

द्वितीय संस्करण

अस्वीकरण EduGorilla

Compiled and created by EduGorilla Community Pvt. Ltd

EduGorilla Community Pvt. Ltd. द्वारा मुद्रित

रोहित मांगलिक
सीईओ, *EduGorilla*

प्रिय छात्रों,

एक बहुत ही प्रचलित कहावत है कि "सफलता उन्हीं को मिलती है जो उसके लिए कड़ी मेहनत करते हैं।" लेकिन मैंने लोगों को उनकी परीक्षाओं के लिए दिन-रात एक करके मेहनत करते हुए देखा है, पर फिर भी वे सफल नहीं हो पाते। तो वहीं दूसरी ओर, कुछ लोग बस आधी मेहनत करके परीक्षा में सफलता प्राप्त करते हैं। तो, क्या वे किस्मत वाले हैं? नहीं मेरा मानना है, कि ऐसा इसलिए है क्योंकि वे सिर्फ कड़ी नहीं बल्कि कुशल तरीके से अपनी तैयारी करते हैं। इसी तरह आपको भी अपनी परीक्षाओं की तैयारी के लिए अपनी योजना बनानी चाहिए, ताकि आपकी भी सफलता की संभावना बढ़ सके। तो तैयार हो जाइये *EduGorilla* के साथ अपनी परीक्षा में चयन होने की संभावना को 16 गुना बढ़ाने के लिए।

EduGorilla आपको न केवल कड़ी मेहनत करने में मदद करता है, बल्कि एक स्मार्ट और योजनाबद्ध तरीके से तैयारी करने में भी सहायता प्रदान करता है। *EduGorilla* की तैयारी पैकेज के साथ आप अपने परीक्षा में चयन होने के रास्ते को सहज और मनोरंजक बना सकते हैं। अपनी तैयारी के लिए सही रास्ता खोजना मुश्किल हो सकता है, यदि आप ये नहीं जानते कि आपको किस दिशा में जाना है। चिंता न करें हम आपके साथ खड़े हैं! *EduGorilla* आपकी सफलता में आपका मार्गदर्शक बनेगा। हमारे तैयारी पैकेज के साथ आप रणनीतिक रूप से तैयारी कर, अपनी परीक्षा में सिर्फ एक ही प्रयास में सफल हो सकते हैं।

EduGorilla के तैयारी पैकेज में शामिल हैं-

- टेस्ट सीरीज़
- किताबें

हमारे तैयारी पैकेज को सभी तरह के नये बदलवों, विशेषज्ञों की राय एवं छात्रों के प्रतिक्रिया के अनुसार तैयार किया गया है। जो आपको परीक्षा के प्रत्येक चरण की चयन प्रक्रिया को पार करने के योग्य बनाता है।

हमारी किताबें शिक्षकों और विशेषज्ञों द्वारा आपकी परीक्षा के लिए तैयार की गई हैं, 150+ वर्षों के अनुभव के साथ; ताकि आपको आसान, कुशल और प्रभावी शिक्षण प्रदान किया जा सके। हमारी स्मार्ट किताबें न सिर्फ आपको प्रश्नों के उत्तर देने की समझ देती हैं, अपितु आपके अभ्यास के लिए समान रूप के प्रश्न भी प्रदान करती हैं।

EduGorilla की सक्षम टेस्ट सीरीज आपको वास्तविक अनुभव और आत्मविश्वास प्रदान करती हैं, जिसके माध्यम से आप केवल एक प्रयास में अपनी ऑफलाइन अथवा ऑनलाइन परीक्षा पास कर सकते हैं। वर्तमान में हम 83,000+ मॉक टेस्ट्स और 1,440+ प्रतियोगी एवं शैक्षणिक परीक्षाओं की तैयारी कराते हैं।

अर्थात, *EduGorilla* आपकी तैयारी में आपकी सहायता करने का कोई भी मौका नहीं छोड़ता है और परीक्षा के सभी चरणों को कवर करता है, ताकि परीक्षा की तैयारी के लिए आपको कहीं और भटकना ना पड़े।

हम आपको डिफेन्स, बैंकिंग, टीचिंग और अन्य राष्ट्रीय एवं राज्य स्तरीय परीक्षाओं के लिए सम्पूर्ण तैयारी पैकेज प्रदान करते हैं। अतः इससे कोई फर्क नहीं पड़ता कि आप किस परीक्षा के लिए तैयारी कर रहे हैं, क्योंकि आप सफलता हासिल करेंगे।

आपको परीक्षा की शुभकामनाएं!

रोहित मांगलिक,
संस्थापक और मुख्य कार्यकारी अधिकारी, EduGorilla

विषय-सूची

Q.1 हीगल के अनुसार समाज में द्वंद्वात्मक तर्क का सही क्रम क्या है?

1. संश्लेषण

2. वाद

3. प्रतिवाद

निम्नलिखित कूट में से सही उत्तर का चयन कीजिए-

A. 2, 3, 1   **B.** 1, 2, 3   **C.** 1, 3, 2   **D.** 3, 2, 1

Q.2 निम्नलिखित में से किसने यह कहा है कि 'बेहतर समूह एकता के परिणामस्वरूप संघर्षों के माध्यम से गलतफहमी दूर होती है।'?

A. सुमनर   **B.** डहरेनडॉर्फ

C. वेबर   **D.** सिमल

Q.3 सूची-I की सूची-II के साथ सुमेलित कीजिए तथा सूचियों को नीचे दिए गए कूटों में से सही उत्तर का चयन कीजिए-

	सूची-I (सामाजिक संस्थाए)		सूची-II (स्थान)
A.	किबुट्जिम-3	1.	न्यूगिनी
B.	कुला-2	2.	आस्ट्रेलिया
C.	पोट्लैच-5	3.	इजराइल
D.	बहुपति प्रथा-4	4.	भारत
		5.	यूएसए

A. A-4, B-3, C-1, D-5   **B.** A-3, B-2, C-5, D-4

C. A-3, B-1, C-5, D-4   **D.** A-5, B-1, C-2, D-3

Q.4 सामाजिक संस्था है-

A. एक सुस्थापित कार्यविधि है जो मानव व्यवहार का नियमन करती है।

B. एक स्थान है जहाँ सामाजिक प्रकार्य संगठित होते हैं।

C. एक संगठन है जिसमें सामाजिक पद औपचारिक रूप से परिभाषित है।

D. एक संगठन है जो सामाजिक सेवाओं की व्यवस्था करती है।

Q.5 विलिंग सहोदरज विवाह का तात्पर्य है-

A. मातृसंबंधी नातेदारी का आपस में विवाह

B. मानवीय व्यवहार का घटनात्मक पहलू

C. दम्पत्ति स्वजनों के साथ विवाह

D. विषमलिंगी सहोदरजों के बच्चों में परस्पर विवाह

Q.6 परिहास सम्बन्ध-

A. पति तथा पत्नी के मध्य होते हैं

B. माता तथा पुत्री के मध्य होते हैं

C. पिता तथा पुत्र के मध्य होते हैं

D. जीजा तथा साली के मध्य होते हैं

Q.7 समाज में परिहार का अनुपालन किया जाता है-

A. बड़ों के प्रति सम्मान प्रकट करने हेतु

B. विरोधियों के प्रति अप्रसन्नता व्यक्त करने हेतु

C. कुछ सम्बन्धियों के मध्य लैंगिक सम्पर्क रोकने के उद्देश्य से

D. स्त्रियों की स्थिति के उत्थान हेतु

Q.8 ऐसी प्रथा अथवा चलन जिसमें एक पिता की पहचान उसके एक बच्चे से की जाती है, उसे कहा जाता है-

A. व्याजप्रसूति   **B.** अनुसंतति-सम्बोधन

C. सहलग्नता   **D.** पितृदाय

Q.9 निम्न में से धर्म का सबसे महत्वपूर्ण प्रकार्य कौन-सा है?

A. जादू   **B.** पूर्वज पूजा

C. आत्मवाद   **D.** सामाजिक नियंत्रण

Q.10 'पति स्थानिक' निवास का तात्पर्य उस निवास से है जिसमें एक नवविवाहित दम्पत्ति-

A. दुल्हन के माता-पिता के साथ रहते है

B. दूल्हे के माता-पिता के साथ रहते है

C. स्वतंत्र रहते है

D. दुल्हन की माँ के भाई के साथ रहते है

Q.11 एक उद्देश्य हेतु पैतृक वंशानुक्रम ज्ञात करना तथा अन्य उद्देश्य हेतु मातृक वंशानुक्रम ज्ञात करना कहा जाता है-

A. द्वैध पितृ वंशानुक्रम

B. द्वैध मातृ वंशानुक्रम

C. द्वैध पितृ-मातृ वंशानुक्रम

D. द्वैध एकान्वयिक वंशानुक्रम

Q.12 जिस परिवार का निर्माण विवाह तथा बाद में पैदा हुए बच्चों से हुआ है उसकी निम्नलिखित में से कौन-सा परिवार सही परिभाषा प्रस्तुत करता है?

A. जन्म मूलक परिवार   **B.** प्रजनन मूलक परिवार

C. विस्तृत परिवार   **D.** संयुक्त परिवार

Q.13 किस प्रकार का आवास विस्तृत परिवार के निर्माण में सहायक नहीं होता है ?

A. पतिस्थानिकता   **B.** पत्नीस्थानिकता

C. मातुलस्थानिकता   **D.** नवस्थानिकता

Q.14 कुला में किस प्रकार की वस्तुओं का विनिमय होता है?

A. चावल तथा मछली   **B.** गेहूँ तथा कपड़े

C. नमक तथा भेड़   **D.** कण्ठहार तथा बाजूबन्द

Q.15 निम्नलिखित में से कौन एक पंथ का उदाहरण नहीं है?

A. केल्विनवाद   **B.** राधास्वामी

C. आर्य समाज   **D.** बौद्ध धर्म

Q.16 निम्नलिखित में से किस एक धर्म में अनन्य तथा अद्वितीय मूल ग्रन्थ नही है?

A. यहूदी धर्म   **B.** ईसाई धर्म   **C.** हिन्दू धर्म   **D.** इस्लाम

Q.17 एक जादूगर, एक गुड़िया जो उस व्यक्ति से मिलती-जुलती है जिसे क्षति पहुँचाने का इरादा है, बुरा जादू फूँकता है। इस कृत्य को जादू के निम्नलिखित प्रकारों में से सर्वाधिक ढंग से किससे वर्णित किया जा सकता है?

A. संक्रामक जादू   **B.** काला जादू

C. अनुकरणात्मक जादू   **D.** पुरावर्ती जादू

Q.18 समाजशास्त्र में 'राजनीतिक समाजीकरण' शब्द का निम्नलिखित में से कौन-से तात्पर्य है?

1. मास रैली में राजनीतिज्ञों एवम् जनसमूह की अन्तक्रिया

2. जनसंचार के माध्यम से राजनीतिक विषयों का प्रचार

3. बच्चों में राजनीतिक मनोवृत्तियों का संचार करना

निम्नलिखित कूट से सही उत्तर का चयन कीजिए-

A. 1, 2 तथा 3   **B.** 1 तथा 2

C. 1 तथा 3   **D.** 2 तथा 3

Q.19 वेस्टरमार्क के मतानुसार परिवार का प्रारम्भिक स्वरूप था:

A. मातृसत्तात्मक **B.** पितृसत्तात्मक
C. मातृवंशीय **D.** पितृवंशीय

Q.20 समाजशास्त्र की उपयोगिता क्या है?
A. समाज-विषयक वैज्ञानिक ज्ञान में अभिवृद्धि
B. नौकरी प्राप्त करने में सहायक
C. सामाजिक कल्याण में सहायक
D. उपरोक्त सभी

Q.21 महिलाओं को वोट देने की अनुमति देने वाला पहला देश कौन सा था?
A. न्यूजीलैंड **B.** भारत
C. सऊदी अरब **D.** रूस

Q.22 निम्नलिखित में से दबाव समूह के लिए कौन-सा कथन सही नहीं है?
A. ये राजनीतिक समूह है
B. ये विशिष्ट हितों को बढ़ावा देते है
C. ये चुनाव लड़ते है
D. ये जटिल समाजों में पाए जाते है

Q.23 "शक्ति का अन्तत: व्यक्तियों के एक छोटे समूह के हाथों में आ जाना प्रकार्यात्मक रूप से आवश्यक है" ऐसा सिद्धान्त है-
A. अल्पतंत्र का लौह नियम **B.** अभिजन संचलन
C. फासिस्टवाद **D.** संरचनाकरण सिद्धान्त

Q.24 सामाजिक स्तर की पहचान के लिए निम्नलिखित में से किसे प्रयुक्त नहीं किया जाता है?
A. व्यवसाय **B.** आय **C.** बुद्धि **D.** शिक्षा

Q.25 सामाजिक स्तरीकरण की अवधारणा की परिभाषा निम्नलिखित में से कौन-सा कथन सही रूप से परिभाषित करता है?
A. भौतिक अथवा प्रतीकात्मक पुरस्कारों तक पहुँच के संदर्भ में समूहों के मध्य संरचित असमानताएँ
B. विभिन्न नृजाति समूहों के मध्य सांस्कृतिक असमानताएँ
C. बुद्धि के संदर्भ में व्यक्तियों के मध्य असमानताएँ
D. सापेक्ष वचन की जागरूकता

Q.26 जो आन्दोलन एक आमूल सांस्कृतिक परिवर्तन के परिणामस्वरूप उत्पन्न होता है, वह है-
A. रूपान्तरण आन्दोलन **B.** सहस्राब्दवादी आन्दोलन
C. विमुक्तिपरक आन्दोलन **D.** वैकल्पिक आन्दोलन

Q.27 जाति एक विस्तृत स्वजन समूह है, इस विचार के प्रवर्तक थे-
A. इरावती कर्वे **B.** जी.एस. घुरये
C. एच. रिजले **D.** जे एच. हट्टन

Q.28 'प्रबल जाति' के बारे में निम्नलिखित कथनों में से कौन-सा कथन सत्य है?
1. श्रीनिवास ने मैसूर के एक गांव के अपने अध्ययन में एक 'प्रबल जाति की अवधारणा का प्रथम बार उल्लेख किया।
2. भूमि का स्वामित्व, संख्या की अधिकता तथा राजनीतिक पैबन्द जाति की एक समुदाय प्रभुता स्थापित करने में मदद करते हैं।
3. प्रबल जाति एक क्षेत्र विशेष में सदैव एक उच्च अनुष्ठानिक प्रस्थिति प्राप्त करती है
4. प्रबल जाति एक क्षेत्र की अन्य निम्न जातियों के लिए सदैव एक 'संदर्भ समूह' के रूप में हो सकती है।
निम्नलिखित कूट में से सही उत्तर का चयन कीजिए-
A. 1 तथा 2 **B.** 1,2 तथा 3
C. 1,2 तथा 4 **D.** 3 तथा 4

Q.29 व्यवसायों, मान-सम्मान, जाति, श्रेणी एवं शाक्ति में हुए परिवर्तन के संबंध में सामाजिक पदवी में हुए परिवर्तन को क्या कहेंगे?
A. सामाजिक परिवर्तन **B.** सामाजिक गतिशीलता
C. क्रांति **D.** पुनर्निर्माण

Q.30 मैक्स वेबर के अनुसार-
A. ऐतिहासिक दृष्टि से सभी समाज वर्ग के आधार पर विभाजित है
B. ऐतिहासिक दृष्टि से मात्र पश्चिमी समाज के वर्ग के आधार पर विभाजित है
C. ऐतिहासिक दृष्टि से मात्र वर्ग के आधार पर विभाजित है
D. ऐतिहासिक दृष्टि से मात्र कृषक समाज वर्ग के आधार पर विभाजित है

Q.31 सम्पदा प्रणाली एक लक्षण है-
A. औद्योगीकरण के बाद के यूरोपीय समाज का
B. सामंती यूरोप का
C. भारतीय समाज का
D. प्राचीन मिर के समाज का

Q.32 यह किसका मानना है कि 'जाति एक मनोवैज्ञानिक प्रघटना है एवं हिन्दू मस्तिष्क में गहराई से बैठ गई है'?
A. एस.सी. दुबे **B.** लुई ड्यूमो
C. डी. एन. मजूमदार **D.** एम. एन. श्रीनिवास

Q.33 "औद्योगिकी-पूर्व समाज" की अवधारणा का प्रस्ताव रखा था-
A. सेंट साइमन ने **B.** किंग्सले डेविस ने
C. स्वोर्ग ने **D.** रॉबर्ट पार्क ने

Q.34 वह स्थान जिसकी दो-तिहाई जनसंख्या कृषि कार्य करती है तथा एक-तिहाई जनसंख्या द्वितीयक तथा तृतीयक व्यवसायों में कार्य करती है उसे सबसे सही रूप में कहा जाता है एक-
A. नगर **B.** कस्बा
C. ग्रामीण कस्बा **D.** ग्रामीण बाजार

Q.35 निम्नलिखित में से कौन-सी समस्या जनजातीय समाज से संबंधित नहीं है-
A. वधू मूल्य **B.** मद्यपान
C. अप्रतिमानता **D.** वेश्यावृत्ति

Q.36 समाज के पुरस्कारों में से किसे क्या मिलता है तथा उनको क्यों मिलता है, संबंधी निर्णय किस संस्था में निहित है?
A. अर्थव्यवस्था **B.** राजव्यवस्था
C. परिवार **D.** धर्म

Q.37 नकारात्मक रूप से प्रस्तुत रूढ़ियों को कहा जा सकता है-
A. आधुनिक **B.** अनुशासित
C. टैबू **D.** माना

Q.38 भारत में परिवारों के अध्ययन के लिए जब कोई प्रतिनिधि नमूना लेना चाहता है तो निम्न में से सब से कम खर्च वाली नमूना विधि कौन-सी होगी?
A. स्तरीय निरूद्देश्य नमूना
B. साधारण निरूद्देश्य नमूना
C. उद्देश्यपूर्ण नमूना
D. बहुस्तरीय झुण्ड नमूना

Q.39 सरल समाजों में राजनैतिक संगठन का साधारणतया कौन-सा आधार होता है ?
A. धर्म **B.** नातेदारी **C.** रूढ़ियाँ **D.** जनरीतियाँ

Q.40 भारत में द्वितीय पिछड़ा वर्ग आयोग की नियुक्ति हुई-
A. 1975 में **B.** 1976 में **C.** 1979 में **D.** 1982 में

Q.41 निम्नलिखित में से किसे भारतीय संविधान द्वारा एक जनजाति को अनुसूचित जनजाति के रूप में निर्दिष्ट करने का अधिकार है-

A. उस राज्य का राज्यपाल जहाँ जनजाति निवास करती है

B. भारत का राष्ट्रपति

C. आयुक्त अनुसूचित जाति एवं अनुसूचित जनजाति

D. समाज कल्याण मंत्रालय

Q.42 सकल राष्ट्रीय उत्पाद (NNP) निम्नलिखित में से किसके बराबर होता है?

A. सकल घरेलू उत्पाद - मूल्यह्रास

B. सकल राष्ट्रीय उत्पाद - मूल्यह्रास

C. सकल राष्ट्रीय उत्पाद + मूल्यह्रास

D. सकल घरेलू उत्पाद + मूल्यह्रास

Q.43 भारतीय संविधान की कौन-सी धारा किसी भी प्रकार की 'अस्पृश्यता' पर रोक लगाती है?

A. धारा 17   B. धारा 22   C. धारा 45   D. धारा 216

Q.44 मानवीय व्यवहार की प्रतिमानित व्यवस्था, जो अन्तर्क्रिया का परिणाम होती है तथा साथ ही अन्तर्क्रिया का पथ-प्रदर्शन भी करती है, कहलाती है-

A. सामाजिक एकीकरण   B. सामाजिक संरचना

C. सामाजिक व्यवस्था   D. सामाजिक संगठन

Q.45 किस वर्ष मुस्लिम लीग ने पाकिस्तान का निर्माण करना अपना मूलभूत उद्देश्य घोषित किया?

A. सन् 1939 ई   B. सन् 1940 ई

C. सन् 1941 ई   D. सन् 1942 ई

Q.46 निम्नलिखित में से कौन-सी विशेषता पूंजीवादी समाज से संबंधित नहीं है?

A. बड़ी मात्रा में उत्पादन

B. अधिकतम लाभ

C. एकाधिकार

D. निजी सम्पत्ति का उन्मूलन

Q.47 समाजशास्त्रीय मानदण्डों के अनुसार निम्न में से कौन समूह की रचना दर्शाता है?

A. धनी वर्ग

B. कॉलेज के छात्र

C. सेवानिवृत्त व्यक्तियों की समिति

D. टाटा इस्पात कम्पनी

Q.48 'आवश्यक इच्छा' उत्तरदायी है उद्भव के लिए-

A. जेमिन शाफ्ट के   B. जेसेल शैफ्ट के

C. संदर्भ समूह के   D. बाह्य समूह के

Q.49 जाति प्रथा है एक-

A. सामाजिक संस्था   B. धार्मिक संस्था

C. आर्थिक संस्था   D. राजनैतिक संस्था

Q.50 संघर्ष के दो स्वरूप है : आंशिक एवं पूर्ण संघर्ष। यह वर्गिकरण किसने किया है-

A. मैकाइवर एवं पेज   B. के. डेविस

C. कोबर   D. रयूटर एवं हार्ट

Q.51 निम्नलिखित में से कौन एक युग्म सुमेलित नही है?

A. 'द डिक्लाइन ऑफ द वेस्ट' - ओसवाल्ड स्पेंगलर

B. 'ए स्टडी ऑफ हिस्ट्री' - ए. जे. टायन्बी

C. 'द होली फैमिली' - मैक्स वेबर

D. 'द रिमेम्बर्ड विलेज' - एम.एन. श्रीनिवास

Q.52 सावयवी सिद्धांत का आधार क्या है?

A. मनोवैज्ञानिक   B. भौगोलिक

C. प्रौद्योगिक   D. जैवकीय

Q.53 सोरोकिन ने संबंधों को तीन प्रकारों में विभक्त किया है। निम्नांकित में से कौन एक उनकी सूची में सम्मिलित नही है?

A. पारिवारिक संबंध   B. संविदात्मक संबंध

C. ऐच्छिक संबंध   D. अनिवार्य संबंध

Q.54 निम्नलिखित में से किसने भारत के चार सांस्कृतिक खण्डों में नातेदारी संगठन का तुलनात्मक अध्ययन और विश्लेषण प्रस्तुत किया है-

A. मरडींक   B. आर.के. मर्टन

C. आर.के. मुखर्जी   D. इरावती कर्वे

Q.55 'सोशियोलॉजिकल इमेजिनेशन' पुस्तक किसने लिखी है?

A. सी. डब्ल्यू मिल्स   B. सोरोकिन

C. मिल्टन सिंगर   D. मर्टन

Q.56 किसने परिभाषित किया है कि 'समुदाय सामाजिक जीवन का वह क्षेत्र है जिसे सामाजिक सम्बद्ध की मात्रा के द्वारा पहचाना जा सकता है'?

A. मेन्जर   B. मैकाइवर एण्ड पेज

C. डेविस   D. किम्बाल यंग

Q.57 "पूर्वानुमानित समाजीकरण" की अवधारणा को 'सापेक्षिक वचन' प्रत्यय की व्याख्या में किसने प्रतिपादित किया?

A. टी. पार्सन्स   B. आर. के. मर्टन

C. गिलिन एण्ड गिलिन   D. किंगस्ले डेविस

Q.58 प्राथमिक नातेदारों के द्वैतीयक सम्बन्धी एवं द्वैतीयक सम्बन्धी के प्राथमिक नातेदारों को कहा जाता है-

A. विवाह सम्बन्धी नातेदार   B. रक्त सम्बन्धी नातेदार

C. द्वैतीयक नातेदार   D. तृतीयक नातेदार

Q.59 "संस्कृति, मूल्यांकनों तथा शैलियों में अपनी अभिव्यक्ति करते हुए जीवन को कहा जाता है।" यह किसका कथन है-

A. मैकाइवर   B. टायलर   C. घूर्ये   D. गार्डनर

Q.60 सात्मीकरण से तात्पर्य है-

A. दबावमूलक संस्कृति थोपने की प्रक्रिया

B. एक संस्कृति का दूसरी में पूर्ण विलय

C. दो संस्कृतियों का एक-दूसरे के निकट आना

D. दो संस्कृतियों के बीच अपनी समझ

Q.61 प्रतिस्पर्धा के लिए निम्नलिखित में से क्या सत्य है?

A. यह एक निरन्तर प्रक्रिया नहीं है

B. यह अवैयक्तिक है

C. यह वैयक्तिक है

D. यह असामाजिक है

Q.62 एक समाज को विशेषीकृत तथा अन्य समाजों से पृथक् करने वाले परिचायक गुणों की समष्टि कहलाती है-

A. संस्कृति-गुण

B. संस्कृति समुच्च (कॉम्पेक्स)

C. सांस्कृतिक यूनिवर्सलिस

D. इथोंस

Q.63 'हिन्दूज ऑफ हिमालयाज' पुस्तक के लेखक कौन है?

A. जेराल्ड बेरमैन   B. टी.एन. मदन

C. एफ.जी. बेली   D. जी एस. घूर्ये

Q.64 'वर्गीकृत तथा विवरणात्मक नातेदारी शब्दावली' किसने दी है?

A. मॉर्गन　　　　　　　**B.** जे एच. हट्टन

C. रिवर्स　　　　　　　**D.** टी.एन. मदन

Q.65 इनमें से कौन समाजवाद में 'रिश्तेदारी' के वर्णन से संबंधित नहीं है?

A. त्रावती कर्वे　　　　　**B.** जी.एस. घुर्ये

C. के.एम. कपाड़िया　　　**D.** आंद्रे बेले

Q.66 कौन-सा सिद्धान्त 'मानव की मानसिक एकता' पर आधारित है?

A. उद्विकासवाद　　　　　**B.** प्रसारवाद

C. प्रकार्यवाद　　　　　　**D.** नव-प्रसारवाद

Q.67 कृषक समाज की प्रमुख विशेषता है-

A. शिकार करना एवं भोजन एकत्र करना

B. स्थायी कृषि

C. कृषि एक जीवन पद्धति

D. उपरोक्त में से कोई नहीं

Q.68 जाति व्यवस्था स्तरीकरण की एक बन्द व्यवस्था है, क्योंकि-

A. जाति धर्म से निकट रूप से संबंधित है

B. जाति जन्म से निर्धारित होती है, जिसे कोई बदल नहीं सकता है

C. जाति का निकट संबंध परम्पराओं से है

D. जाति का निकट संबंध मूल्यों से है

Q.69 'प्रभु जाति' की अवधारणा मानसिक उपज है-

A. हट्टन की　　　　　　**B.** घुर्ये की

C. एम.एन श्रीनिवास की　　**D.** डी एन. मजूमदार की

Q.70 सामाजिक गतिशीलता की अधिक संभावना किस समाज में है?

A. वर्ग आधारित खुला समाज

B. जाति आधारित बन्द समाज

C. जनजातीय समाज

D. वर्गविहीन समाज

Q.71 निम्नलिखित में से कौन-सा कथन एक 'भूमिका संकुल' के विषय में सही है?

A. एक समय पर भूमिकाओं की बहुलता

B. लोगों के पास कुछ भूमिकाओं का होना

C. एकल प्रस्थिति के साथ कई भूमिकाओं का आबद्ध

D. उपरोक्त सभी

Q.72 यदि कई लोग मिलकर एक साथ किसी कार्य को कर रहे हैं, तब इसे क्या कहा जाएगा?

A. प्राथमिक सहयोग　　　**B.** द्वितीयक सहयोग

C. प्रत्यक्ष सहयोग　　　　**D.** अप्रत्यक्ष सहयोग

Q.73 निम्नलिखित में से किसके द्वारा प्रदत्त प्रस्थिति को पुनर्बल प्राप्त होता है?

A. जाति　　**B.** वर्ग　　**C.** धर्म　　**D.** राज्य

Q.74 संस्कृतिकरण की प्रक्रिया में निम्नलिखित में से कौन सा पक्ष प्रबलतम होता है?

A. क्षैतिजीय गतिशीलता　　**B.** लम्बवत् गतिशीलता

C. प्रत्याशित-समाजीकरण　**D.** परसंस्कृतिग्रहण

Q.75 जाति जन्म पर आधारित है, जबकि वर्ग आधारित है-

A. शारीरिक विशेषताओं पर

B. सम्पत्ति पर

C. बुद्धिमत्ता पर

D. इनमें से कोई नहीं

Q.76 'व्यवसाय और केवल व्यवसाय ही जाति-प्रथा की उत्पत्ति के लिए उत्तरदायी है'। यह किसका मत है?

A. एम.एन. श्रीनिवास　　**B.** जी. एस. घुर्ये

C. आर. नेसफील्ड　　　**D.** जे एच. हट्टन

Q.77 डब्ल्यू.एच. वाइजर ने मुख्य रूप से भारत में अन्तर्जातीय संबंधों का विश्लेषण किस संदर्भ में किया?

A. वैवाहिक संबंध　　　**B.** सहभोजी संबंध

C. जजमानी संबंध　　　**D.** सामाजिक संबंध

Q.78 जाति के तीन पक्ष-धर्मनिरपेक्ष, एकीकरणीय एवं वैचारिकीपूर्ण- यह किसने प्रतिपादित किये हैं?

A. हेरॉल्ड गोल्ड　　　**B.** एम.एन. श्रीनिवास

C. टी के. ऊमन　　　**D.** रजनी कोठारी

Q.79 किस सुधार के अन्तर्गत केन्द्रीय विधान सभा, प्रांतीय विधान समाजों, नगरपालिकाओं, जिला बोर्डों, चैम्बर ऑफ कॉमर्स और विश्वविद्यालय के लिए चुनाव के सिद्धान्त को मान्यता दी गयी?

A. प्रांतीय स्वायत्तता, 1935

B. मॉन्टेग्यू-चेम्सफोर्ड सुधार, 1919

C. मॉर्ले-मिन्टो सुधार, 1909

D. उपर्युक्त में से कोई नहीं

Q.80 सामाजिक परिवर्तन की व्याख्या करते समय 'अन्तर्निहित सिद्धान्त' को किसने प्रतिपादित किया है?

A. मैक्स वेबर　　　　**B.** कार्ल मार्क्स

C. ऑगबर्न　　　　　**D.** सोरोकिन

Q.81 सामाजिक-सांस्कृतिक परिवर्तन के सन्दर्भ में 'ध्रुवीकरण का सिद्धान्त' किसने प्रस्तुत किया है?

A. ऑगबर्न　**B.** डेविस　**C.** सोरोकिन　**D.** स्पेंगलर

Q.82 निम्नलिखित में से विचारकों का कौन-सा समूह सामाजिक परिवर्तन के चक्रीय सिद्धान्त से संबंधित है?

A. कॉम्ट, पैरेटो, मार्क्स

B. पैरेटो, स्पेंगलर, मार्क्स

C. स्पेंगलर, सोरोकिन, पैरेटो

D. मार्क्स, कोंत, सोरोकिन

Q.83 एक प्रजातांत्रिक समाज में नियोजित परिवर्तन संभव होगा केवल :

A. विधायन द्वारा

B. अनिवार्य सहभागिता द्वारा

C. ऐच्छिक सहभागिता द्वारा

D. जन सहयोग द्वारा

Q.84 सामाजिक नियंत्रण शब्द का प्रयोग सर्वप्रथम किया गया:

A. मर्टन द्वारा　　　　**B.** समनर द्वारा

C. डेविस द्वारा　　　　**D.** ई .ए. रॉस द्वारा

Q.85 देश के विकास का मूल्यांकन करने के लिए निम्नलिखित में से कौन सा महत्वपूर्ण आयाम नहीं है (मानव विकास सूचकांक के अनुसार)?

A. दीर्घ और स्वस्थ जीवन　**B.** पर्यावरण की स्थिति

C. जीवन स्तर　　　　　**D.** शिक्षा

Q.86 किसने परिभाषित किया है कि "सामाजिक परिवर्तन से हमारा आशय उन परिवर्तनों से है जो सामाजिक संगठन अर्थत् समाज की संरचना और कार्यों में घटित होते है?

A. जिन्सबर्ग　　　　　**B.** डेविस

C. गिलिन एण्ड गिलिन　　**D.** मैकाइवर एण्ड पेज

Q.87 निम्नलिखित में से कौन-सी एक समिति नहीं है?

A. फुटबाल क्लब
B. श्रमिक संघ
C. पड़ोस संघ
D. छात्र संघ

Q.88 निम्नलिखित में से कौन सांस्कृतिक विलम्बना का कारक नहीं है-
A. धर्म
B. कानून
C. परम्परा
D. राजनैतिक उथल-पुथल

Q.89 नवीनता के लिए सामाजिक व्यवहार के स्वीकृत प्रतिमानों में परिवर्तन को जाना जाता है-
A. नवीनता के रूप में
B. फैशन के रूप में
C. नवाचार के रूप में
D. अपवर्तन के रूप में

Q.90 सदरलैण्ड अपराधशास्त्र के किस सम्प्रदाय से संबंधित है-
A. समाजशास्त्रीय सम्प्रदाय
B. मनोवैज्ञानिक सम्प्रदाय
C. प्रत्यक्षवादी सम्प्रदाय
D. समाजवादी सम्प्रदाय

Q.91 निम्नलिखित में से किस एक को औद्योगिकवाद का जुड़वाँ भाई कहा गया है-
A. विपणन
B. उपभोग
C. विनिमय
D. पूंजीवादी व्यवस्था

Q.92 अनुकूलन और विचलन को एक ही पैमाने के दो छोर के रूप में किसने माना है-
A. दुर्खीम
B. मर्टन
C. पार्सन्स
D. वैलर स्टीन

Q.93 अपराधशास्त्र में 'विभेदक साहचर्य' के सिद्धान्त का प्रतिपादन किया गया था-
A. टेफ्ट द्वारा
B. गिलिन एण्ड गिलिन द्वारा
C. लोम्ब्रोसो द्वारा
D. सदरलैण्ड द्वारा

Q.94 निम्नलिखित में से कौन-सा सामाजिक विघटन का लक्षण है-
A. एकमत्य का ह्रास
B. जनसंख्या में वृद्धि
C. संस्कृतियों का आत्मसात होना
D. लोगों की प्रवासी प्रवृत्ति

Q.95 पारिवारिक विघटन के लिए प्राथमिक और द्वितीयक तनावों को किसने उत्तरदायी माना है-
A. डेविस
B. इलिएट एण्ड मेरिल
C. सदरलैण्ड
D. मॉवरर

Q.96 विचलन घटित होता है-
A. मानसिक योग्यता में अन्तर के कारण
B. दमनात्मक ज्द्धति के कारण
C. समाजीकरण की असफलता के कारण
D. इनमें से कोई नहीं

Q.97 आदर्श-शून्यता शब्द का सर्वप्रथम प्रयोग किसने किया है?
A. मर्टन
B. दुर्खीम
C. टैफ्ट
D. सोरोकिन

Q.98 "स्ट्रीट कॉर्नर सोसाइटी" का लेखक कौन है?
A. फ्रेंज अलेक्जेन्डर
B. विलियम एफ. ह्वाइट
C. फ्रेडरिक थ्रेसर
D. जार्ज वोल्ड

Q.99 किस विद्वान ने भारतीय राजनीति में जाति की भूमिका को राजनीति का कैंसर की संज्ञा दी है?
A. ए.आर. देसाई
B. डी.आर. गाडगिल
C. एल. मिलब्राथ
D. आन्द्रे बेताई

Q.100 सरल समाजों में कृषि है-
A. विकास का प्रथम सोपान
B. विकास का द्वितीय सोपान
C. विकास का तृतीय सोपान
D. विकास का चतुर्थ सोपान

Q.101 एक ब्रिटिश औद्योगिक कामगार है जिसके पास एक मकान है, एक कार है जो कन्जर्वेटिव पार्टी को मत देता है। यह एक ऐसी सिथति है जिसे सर्वोत्तम रूप में निम्न अवधारणा से व्यक्त किया जाता है-
A. संस्कृतिग्रहण
B. संदर्भ समूह व्यवहार
C. बुर्जुआप्सा
D. प्रदर्शनात्मक उपभोग

Q.102 भारत में किसान के रूप में उसे पहचाना जाता है जो-
A. भूमि का स्वामी है तथा भाड़े की मजदूरी की सहायता से खेती करता है
B. भूमि का स्वामी है तथा पारिवारिक मजदूरी की सहायता से खेती करता है
C. खेती के पारस्परिक तरीके अपनाता है
D. भाग्यवादी दृष्टिकोण रखता है

Q.103 मार्क्स के अनुसार कृषक वर्ग क्रान्तिकारी वर्ग नहीं हो सकता क्योंकि-
A. वे सम्पत्ति के स्वामी हैं
B. वे गरीब है
C. वे भौगोलिक दृष्टि से छितरे हुए है
D. उनका दृष्टिकोण पारम्परिक है

Q.104 जब देशीय प्रथाएं, देवी-देवता तथा अनुष्ठान एक स्थानीय ग्रामीण परिवेश से बड़े सामाजिक स्तर तक फैलते हैं तो परिवर्तन की इस प्रक्रिया के लिए मैकिम मैरियट ने क्या कहा है?
A. संकीर्णतावाद
B. संस्कृतीकरण
C. विसरण
D. सार्विकीकरण

Q.105 शिकागो का उदाहरण देते हुए अर्नेस्ट बर्गेस ने वृद्धि प्रतिमान का इस अर्थ में उल्लेख किया है-
A. क्षेत्रक मॉडल
B. बहु केन्द्रक मॉडल
C. संकेन्द्री क्षेत्र मॉडल
D. एकल केन्द्रक मॉडल

Q.106 एक उपसंस्कृति जो कुछ विश्वासों एवम् मूल्यों से सम्बद्ध है, समाज की प्रभावी संस्कृति को आमूलरूप से नकारती है तथा जिस वैकल्पिक संस्कृति का प्रतिपादन करती है, वह है-
A. भावपरक संस्कृति
B. उपसंस्कृति
C. प्रतिसंस्कृति
D. यथार्थ संस्कृति

Q.107 निम्न में से कौन शक्ति का एक प्रमुख लक्षण है-
A. यह सम्बन्ध मूलक होती है।
B. यह स्थितिपरक होती है।
C. यह क्षमताद्योतक होती है।
D. (A) और (B) दोनों

Q.108 निम्नलिखित में से कौन-सा कथन सही नहीं है?
A. प्रजातीय अन्तर-मिश्रण पतन की ओर ले जाता है
B. शुद्ध प्रजाति की अवधारणा एक मिथक है
C. प्रजातियों का अन्तर-मिश्रण एक सार्वभौमिक प्रघटना है
D. कोई प्रजाति किसी अन्य प्रजाति से श्रेष्ठ अथवा हीन नहीं है

Q.109 किसने 'सीखने के प्रयत्न और भूल' के सिद्धान्त को विकसित किया है?
A. अलेक्जेन्डर बेन
B. लायड मॉर्गन
C. थॉर्नडाइक
D. आई.पी. पावलॉव

Q.110 "जलवायु सम्पूर्ण सभ्यता के विकास और विनाश का कारण हो सकती है।" यह कथन किसका है?

A. गिलिन एवं गिलिन का
B. मैकाइवर एवं पेज का
C. बोगार्डस एवं मूरे का
D. वकल एवं हटिंग्टन का

Q.111 निम्नलिखित में से सांस्कृतिक पिछड़ापन की परिभाषा कौन-सी है?

A. एक संस्कृति की दूसरी संस्कृति के लक्षणों को अपनाने में असमर्थता
B. भौतिक एवम् अभौतिक संस्कृति के मध्य दूरी
C. वैयक्तिक संस्कृति तथा समूह की संस्कृति के मध्य असंगता
D. भौतिक एवम् अभौतिक संस्कृति के मध्य भागीदारी

Q.112 ऐसा माना जाता है कि मोप्ला लोग निकाह के पश्चात् कल्याणम का आयोजन करते हैं। यह द्योतक है-

A. आत्मसात्करण का
B. परसंस्कृतिधरण का
C. एकीकरण का
D. विसरण का

Q.113 'ग्रेमाइनशाफ्ट' शब्द के लिए निम्नलिखित में से कौन-सी सर्वश्रेष्ठ व्याख्या है?

A. यह एक सुस्पष्ट सामाजिक संरचना वाला समाज है
B. यह मधुर सम्बन्धों वाला एक छोटा समाज है
C. यह एक ऐसा समाज है जिसमें सर्वाधिक सम्बन्ध या तो वैयक्तिक है या पारम्परिक
D. यह एक ऐसा समाज है जिसमें जाति/धर्म का अन्तर रहता है

Q.114 निम्नलिखित में से कौन-सा कथन 'सजातिकेन्द्रवाद' शब्द को सही परिभाषित करता है?

A. सांस्कृतिक 'आदर्श प्ररूपों' की सहायता से अन्य संस्कृतियों की परख करना
B. मानव जातियों (स्पीशीज) के साथ तुलना करके अन्य स्पीशीज की परख करना
C. अन्य संस्कृतियों को हीनता की दृष्टि से देखना
D. अपनी स्वयं की संस्कृति के साथ तुलना के आधार पर अन्य संस्कृतियों की परख करना

Q.115 निम्नलिखित में सामाजिक समूह की मूलभूत विशेषताएं कौन-सी है?

1. दो या अधिक व्यक्तियों के शारीरिक रूप से उपस्थिति
2. दो या अधिक व्यक्तियों के मध्य अन्तक्रिया
3. सम्बन्ध का निश्चित प्रतिमान
4. समूह में सम्बद्ध होने के प्रति सदस्यों की जागरूकता
निम्नलिखित कट में से सही उत्तर चुनिए-

A. 1,2 तथा 3
B. 2,3 तथा 4
C. 1,3 तथा 4
D. 1,2 तथा 4

Q.116 किसके अनुसार, "समिति को मनुष्यों द्वारा विचारपूर्वक बनाये गए एक ऐसे संगठन के रूप में परिभाषित किया गया है, जिसके एक या कुछ उद्देश्य होते हैं"?

A. जिन्सबर्ग
B. गिलिन एवं गिलिन
C. बोगार्डस
D. मैकाइवर

Q.117 परिवारों का एक समूह समान संस्कृति तथा रहन-सहन की स्थितियों और एक-दूसरे से सम्बन्धित होने की भावनाओं की भागीदारी करते हुए न्यूनाधिक स्थायी रूप से एक बस्ती में साथ-साथ रहता है। निम्नलिखित में से कौन-सी शब्दावली ऐसे समूह की द्योतक है?

A. प्राथमिक समूह
B. सांस्कृतिक समूह
C. समुदाय
D. साहचर्यात्मक समूह

Q.118 निम्नलिखित में से अस्थायी संघ कौन-से है?

1. एक विदेशी मुल्क में भारतीय शान्ति सेना
2. असम बाढ़ सहायता संघ

3. गाँव मं श्रमदान करता हुआ राष्ट्रीय समाज सेवा शिविर
निम्नलिखित कूट में से सही उत्तर चुनिए-

A. 1,2 तथा 3
B. 1 तथा 2
C. 2 तथा 3
D. 1 तथा 3

Q.119 निम्नलिखित में से इन विचारों वाला कौन है कि सामाजिक संरचना सामाजिक यथार्थता की अमूर्त रचना है, जिसका विद्यमान यथार्थता से कोई सम्बन्ध नहीं है?

A. स्पेंसर
B. लेवी स्ट्रॉस
C. लीच
D. ब्राउन

Q.120 सामाजिक संरचना के निर्माण के लिए आधार के रूप में भूमिका द्विभाजन तथा सम्बन्ध के त्रिपदीकरण का प्रयोग किसने किया है?

A. लेवी स्ट्रॉस
B. एम. फोर्टज
C. एस. एफ. नैडल
D. मारियॉन जे. लेवी

Q.121 समाज में प्रदत्त सामाजिक स्थिति तय होती इस आधार पर-

A. आमदनी
B. शिक्षा
C. जन्म
D. इनमें से कोई नहीं

Q.122 निम्नलिखित में से किन परिस्थितियों में जनरीतियां लोक रूढियों में विकसित होती है?

1. उनका अनुपालन समूह के कल्याण के लिए आवश्यक तथा महत्वपूर्ण हो जाता है।
2. समाज उनके उल्लंघन के प्रति अधिक सहिष्णुता बरतने लगता है।
3. लोग उन पर उपहास तथा हल्की आलोचना जैसी अनौपचारिक शास्ति लगाने लगते हैं।
4. उनके साथ उचित तथा अनुचित नैतिकता का विचार नहीं जोड़ा जाता है।
निम्नलिखित कूट में से सही उत्तर चुनिए-

A. 1 तथा 3
B. 1 तथा 4
C. 2 तथा 4
D. 3 तथा 2

Q.123 निम्नलिखित में से सही कथन कौन-सा है?

A. मूल्य व्यक्तियों अथवा समूहों द्वारा धारित विचार है
B. मूल्यों की प्रकृति सार्वभौमिक है तथा ये सभी संस्कृतियों के लिए प्रयुक्त है
C. व्यक्तिगत तथा समूह लक्ष्यों के एकीकरण के आवश्यक संगठन-सिद्धान्त प्रदान करते हैं
D. मूल्य सामाजिक संरचना के अन्य नाम हैं

Q.124 रेडक्लिफ ब्राउन द्वारा प्रस्तुत सामाजिक संरचना की केन्द्रीय इकाई है-

A. अन्तःसम्बन्ध
B. अन्तःक्रियायें
C. समाज
D. व्यक्ति

Q.125 'ए हैण्डबुक ऑफ सोशियोलॉजी' का लेखक कौन है?

A. पार्सन्स
B. वेबर
C. जिन्सबर्ग
D. ऑगबर्न एण्ड निमकॉफ

// स्मार्ट उत्तर पुस्तिका //

सही उत्तर — उन छात्रों के प्रतिशत को इंगित करता है जिन्होंने प्रश्नों का सही उत्तर दिया था।

छोड़ दिया — उन छात्रों के प्रतिशत को इंगित करता है जिन्होंने प्रश्नों को छोड़ दिया था।

प्रश्न संख्या	उत्तर	सही उत्तर / छोड़ दिया
1	A	57.16 % / 14.41 %
2	D	18.09 % / 28.04 %
3	B	36.56 % / 22.53 %
4	A	27.76 % / 30.75 %
5	D	43.33 % / 26.01 %
6	D	56.0 % / 26.69 %
7	C	40.04 % / 27.66 %
8	B	37.23 % / 28.05 %
9	D	36.75 % / 27.76 %
10	B	50.1 % / 28.04 %
11	C	51.93 % / 23.7 %
12	B	43.23 % / 28.05 %
13	D	51.06 % / 16.44 %
14	D	36.46 % / 28.92 %
15	D	22.73 % / 22.05 %
16	C	23.11 % / 22.73 %

प्रश्न संख्या	उत्तर	सही उत्तर / छोड़ दिया
17	C	22.44 % / 28.53 %
18	A	25.92 % / 28.34 %
19	B	45.07 % / 8.51 %
20	A	27.85 % / 20.6 %
21	A	46.03 % / 17.99 %
22	C	27.18 % / 28.62 %
23	A	36.94 % / 9.77 %
24	C	39.94 % / 29.69 %
25	A	34.91 % / 28.05 %
26	C	21.95 % / 29.21 %
27	A	28.34 % / 15.57 %
28	C	26.79 % / 29.79 %
29	B	40.72 % / 19.92 %
30	A	40.04 % / 27.08 %
31	B	25.53 % / 24.47 %
32	B	32.11 % / 23.31 %

प्रश्न संख्या	उत्तर	सही उत्तर / छोड़ दिया
33	C	25.05 % / 14.51 %
34	B	21.76 % / 28.92 %
35	C	38.39 % / 20.7 %
36	B	33.66 % / 24.46 %
37	C	42.84 % / 29.98 %
38	D	20.89 % / 27.85 %
39	B	24.85 % / 30.37 %
40	C	26.5 % / 28.72 %
41	B	45.36 % / 15.67 %
42	B	23.69 % / 29.31 %
43	A	51.55 % / 22.34 %
44	C	21.76 % / 28.82 %
45	B	31.14 % / 18.28 %
46	D	37.14 % / 28.91 %
47	B	37.62 % / 23.5 %
48	A	19.05 % / 29.98 %

प्रश्न संख्या	उत्तर	सही उत्तर / छोड़ दिया
49	A	48.16 % / 28.73 %
50	B	23.79 % / 27.47 %
51	C	43.62 % / 21.27 %
52	D	40.33 % / 20.31 %
53	C	21.08 % / 28.63 %
54	D	35.49 % / 27.66 %
55	A	41.01 % / 23.01 %
56	B	34.82 % / 30.07 %
57	B	33.56 % / 28.14 %
58	D	27.66 % / 27.37 %
59	A	26.21 % / 22.34 %
60	B	40.81 % / 22.15 %
61	B	21.66 % / 27.76 %
62	B	33.46 % / 27.95 %
63	A	27.18 % / 22.72 %
64	A	31.72 % / 28.34 %

प्रश्न संख्या	उत्तर	सही उत्तर / छोड़ दिया
65	D	32.21 % / 29.01 %
66	A	28.63 % / 27.75 %
67	C	46.13 % / 28.34 %
68	B	53.87 % / 29.4 %
69	C	47.49 % / 27.17 %
70	A	35.3 % / 30.17 %
71	C	30.95 % / 9.96 %
72	C	49.42 % / 20.89 %
73	A	32.01 % / 31.24 %
74	C	22.92 % / 28.82 %
75	B	37.52 % / 27.47 %
76	C	35.98 % / 24.85 %
77	C	39.56 % / 30.27 %
78	D	18.57 % / 28.53 %
79	D	28.92 % / 14.12 %
80	D	24.85 % / 24.38 %

प्रश्न संख्या	उत्तर	सही उत्तर / छोड़ दिया	प्रश्न संख्या	उत्तर	सही उत्तर / छोड़ दिया	प्रश्न संख्या	उत्तर	सही उत्तर / छोड़ दिया	प्रश्न संख्या	उत्तर	सही उत्तर / छोड़ दिया	प्रश्न संख्या	उत्तर	सही उत्तर / छोड़ दिया
81	C	38.1 % 16.45 %	90	A	32.5 % 29.78 %	99	B	39.17 % 22.05 %	108	A	22.44 % 30.46 %	117	C	42.17 % 14.7 %
82	C	41.39 % 28.05 %	91	D	40.33 % 29.98 %	100	B	19.25 % 23.4 %	109	C	44.2 % 19.05 %	118	A	28.53 % 28.92 %
83	C	23.31 % 28.82 %	92	B	28.72 % 28.34 %	101	C	27.47 % 27.08 %	110	D	23.69 % 28.92 %	119	B	50.39 % 14.7 %
84	D	33.85 % 26.5 %	93	D	37.23 % 17.61 %	102	B	41.3 % 30.07 %	111	B	36.17 % 14.31 %	120	D	15.86 % 21.86 %
85	B	34.14 % 30.37 %	94	A	29.01 % 30.76 %	103	D	28.34 % 28.53 %	112	A	22.73 % 29.4 %	121	C	52.03 % 18.67 %
86	B	18.47 % 28.92 %	95	B	42.17 % 24.37 %	104	D	24.27 % 25.83 %	113	C	53.29 % 14.99 %	122	B	27.37 % 30.56 %
87	C	35.98 % 29.49 %	96	C	39.65 % 25.53 %	105	C	31.82 % 29.88 %	114	C	16.25 % 30.27 %	123	A	16.25 % 21.85 %
88	C	13.44 % 30.56 %	97	B	32.3 % 30.18 %	106	C	29.4 % 30.27 %	115	B	32.3 % 24.66 %	124	A	17.31 % 29.01 %
89	B	21.37 % 28.53 %	98	B	39.46 % 29.01 %	107	D	52.9 % 22.92 %	116	C	19.05 % 28.92 %	125	D	39.46 % 28.33 %

कार्य विश्लेषण	
औसत अंक (%)	32.47%
टॉपर्स स्कोर (%)	100.0%
आपका स्कोर	

//संकेत और समाधान//

1. हीगल के अनुसार अनुभव का परिभ्रमण स्वयं यथार्थ द्वारा संचालित एक तरह के तर्क-संगत, वाद-विवाद को निरूपित करता है, जिसके अंतर्गत तार्किक 'वाद' (थीसिस) का विरोध तार्किक 'प्रतिवाद' (एंटीथीसिस) द्वारा होता है, जो अंततः एक उच्चतर 'संश्लेषण' या संवाद (सिंथीसिस) की असमाप्त गतिमयता को जन्म देता है ।

अतः विकल्प (A) सही है।

2. डेहरनडार्फ ने संघर्ष के द्वन्द्वात्मक स्वरूप को सत्ता के माध्यम से स्पष्ट किया है, जबकि जॉर्ज सिमेल सामाजिक सम्पूर्णता और उसकी उपइकाइयों को प्रबंधन के लिए संघर्ष के सकारात्मक परिणामों के विश्लेषण पर निर्भर रहे। जॉर्ज सिमेल यह बताते हैं कि संघर्ष किस प्रकार से एकता और एकरूपता को प्रोत्साहन देता है। इन्होंने ही कहा है कि 'बेहतर समूह एकता के परिणामस्वरूप संघर्षों के माध्यम से गलतफहमी दूर होती है।'

अतः विकल्प (D) सही है।

3. किबुट्जिम, इजराइल में विद्यमान कृषि पर आधारित एक सामूहिक जनसमुदाय है। 'कुला' उपहार विनिमय की प्रथा है। 'पोटलैच' सामाजिक प्रस्थिति को उच्च करने के उद्देश्य से आयोजित किया जाने वाला व्यय साध्य भोज है। भारत की जौ नसार-बावर, टोडा आदि जनजातियों में बहुपति प्रथा परिवार की सामूहिक भावना को जिंदा रखने का ज़रिया है।

अतः विकल्प (B) सही है।

4. आधुनिक समाज में वैज्ञानिकों ने वास्तविक व्यवहार प्रतिमानों की अपेक्षा आदर्श नियमों, मूल्यों एवं विधानों के समुच्य को सामाजिक संस्था कहा है। जिसके अंतर्गत मानव के व्यवहार से संबंधित क्रियाकलापों का नियमन किया जाता है।

अतः विकल्प (A) सही है।

5. विलिंग सहोदरज विवाह का तात्पर्य है कि विषमलिंगी सहोदरजों के बच्चों में परस्पर विवाह करना। विलिंग सहोदरज विवाह प्रथा में परस्पर भाई-बहनों के पुत्रों एवं पुत्रियों (ममेरे/फुफेरे) का आपस में विवाह हो जाता है। भारत की गोंड, नायर आदि जनजातियों में इसका प्रचलन है। कुछ समाजों में ऐसे विवाह अनिवार्य होते हैं तथा कुछ में इन्हें वरीयता दी जाती है।

अतः विकल्प (D) सही है।

6. परिहास एवं परिहार नातेदारी व्यवस्था के प्रमुख भाग हैं। परिहास में जहाँ दो संबंधियों के मध्य हंसी-मजाक का संबंध होता है, वहीं इसके विपरीत परिहार संबंध में दो नातेदार परस्पर विमुखता का पालन करते हैं। परिहास सम्बन्ध जीजा तथा साली के मध्य होते है।

अतः विकल्प (D) सही है।

7. फ्रेजर तथा फ्रॉयड परिहार का कारण निषिद्ध यौन-संबंधों को मानते हैं तथा कुछ विद्वान इसका संबंध सांस्कृतिक तथ्य से जोड़ते हैं। समाज में परिहार का अनुपालन कुछ सम्बन्धियों के मध्य लैंगिक सम्पर्क रोकने के उद्देश्य से किया जाता है।

अतः विकल्प (C) सही है।

8. टॉयलर 'माध्यमिक संबोधन प्रथा' का उद्भव मातृ-सत्तात्मक परिवारों से जोड़ते हैं। इसके अंतर्गत किसी व्यक्ति को किसी अन्य माध्यम से जोड़कर पुकारा जाता है। जैसे- यदि किसी व्यक्ति को अमुक के पिताजी कहकर संबोधित किया जाएं तो इसे अनुसंतति संबोधिन कहा जाता है।

अतः विकल्प (B) सही है।

9. धर्म का सबसे महत्वपूर्ण प्रकार्य सामाजिक नियंत्रण है। धर्म मानवीय जीवन के अज्ञात एवं अज्ञेय पक्षों जैसे जीवन, मृत्यु और उसके अस्तित्व के रहस्यों को जानने तथा उनके साथ व्यवहार करने का एक तरीका है। यही नहीं, धर्म नैतिक निर्णयों को लेने की प्रक्रिया में उत्पन्न कठिन असमंजस की स्थिति में उसकी सहायता भी करता है।

अतः विकल्प (D) सही है।

10. यदि विवाहोपरान्त नवविवाहित दम्पत्ति उसके माँ-पिता के निवास स्थान पर जाकर रहने लगते हैं अर्थात दूल्हे के माता-पिता के साथ रहते है तो इसे 'पति स्थानिक निवास' कहा जाता है। पितृवंशीय संयुक्त परिवारों में प्रायः यही प्रथा प्रचलित है।

अतः विकल्प (B) सही है।

11. जब वंशानुक्रम निर्धारण माता-पिता में से किसी एक से न होकर दोनों के आधार पर किया जाता है अर्थात एक उद्देश्य हेतु पैतृक वंशानुक्रम ज्ञात करना तथा अन्य उद्देश्य हेतु मातृक वंशानुक्रम ज्ञात करना, तो इसे द्वैध पितृ-मातृ वंशानुक्रम कहा जाता है।

अतः विकल्प (C) सही है।

12. उपरोक्त अवधारणा के अनुसार प्रजनन परिवार सही परिभाषा करता है इसके डेविस ने परिवार के दो प्रकार बताये है-

(i) जन्म मूलक परिवार

(ii) प्रजनन मूलक परिवार

प्रथम परिवार में व्यक्ति जन्म लेता है। पलता-बढ़ता है, जबकि दूसरे प्रकार के परिवार की स्थापना व्यक्ति स्वयं करता है, इसमें पति-पत्नी एवं उनके अविवाहित बच्चे रहते है। अर्थात जिस परिवार का निर्माण विवाह तथा बाद में पैदा हुए बच्चों से हुआ है, उसे प्रजनन मूलक परिवार कहते है।

अतः विकल्प (B) सही है।

13. नवस्थानिकता विस्तृत परिवार के निर्माण में सहायक नहीं होता है। जब विवाह के पश्चात् पति-पत्नी में से कोई भी एक-दूसरे के पिता के घर में जाकर निवास नहीं करते हैं और अपना स्वयं घर बनाकर रहते हैं तो उसे, नव-स्थानीय परिवार (Neo-local Family) कहते हैं।

अतः विकल्प (D) सही है।

14. 'कुला' मैलिनोवस्की द्वारा वर्णित मलेशिया के ट्रोवियंड द्वीपवासियों की उपहार विनिमय की प्रथा है। इस प्रथा के अंतर्गत दो प्रकार की सांस्कृतिक वस्तुएं यथालाल शंख का कण्ठहार एवं सफेद शंख के बाजूबन्द एक समुदाय से दूसरे समुदाय को निरन्तर दिये एवं लिए जाते है।

अतः विकल्प (D) सही है।

15. केल्विनवाद ईसाई धर्म की एक विचारधारा है। कबरी पंथ, केल्विनवाद तथा कैथोलिकवाद एक पंथ है। जबकि आर्य समाज व राधा स्वामी भारत में सुधार आंदोलनों की एक विचारधारा रही है जो एक पंथ को दर्शाती है। बौद्ध धर्म एक धार्मिक समूह है। बौद्ध धर्म भारत की श्रमण परम्परा से निकला धर्म और महान दर्शन है। यह पंथ का उदाहरण नहीं है।

अतः विकल्प (D) सही है।

16. हिन्दू धर्म सनातन धर्म है। इसका कोई आदि या अंत नहीं है, न ही इसका स्रोत के रूप में कोई अनन्य एवं अद्वितीय आदि मूलग्रंथ है। जैसा कि स्वामी विवेकानन्द का कथन है कि "अन्य धर्मों के समान हिन्दू धर्म भिन्न-भिन्न प्रकार के मत-मतान्तरों पर आधारित विश्वास से संबंधित नहीं है वरन् हिन्दू धर्म प्रत्यक्ष अनुभूति अथवा साक्षात्कार का धर्म है।"

अतः विकल्प (C) सही है।

17. सहानुभूतिक जादू का एक रूप अनुकरणात्मक जादू है, जो इस मान्यता पर आधारित है कि इच्छित परिणाम को लेकर सांकेतिक रूप में की गई जादुई क्रिया समान प्रकार का प्रभाव पैदा कर सकती है। उदाहरणार्थ, किसी व्यक्ति को नष्ट करने के लिए उसके पुतले, चित्र अथवा मूर्ति को नष्ट करने की जादुई क्रिया का प्रचलन कई समाजों में पाया जाता है।

अतः विकल्प (C) सही है।

18. राजनीतिक समाजीकरण का सर्वाधिक महत्वपूर्ण एवं प्राथमिक उपकरण परिवार है जहां सर्वप्रथम बच्चे में राजनीतिक विचारों का सूत्रपात होता है। राजनीतिक दल, श्रमिक संघ, व्यवसायिक संघ सरकार, जनसंचार आदि के माध्यम से व्यक्तियों में राजनीतिक व्यवहार व मूल्यों का हस्तांतरण राजनीतिक समाजीकरण कहलाता है।

अतः विकल्प (A) सही है।

19. वेस्टरमार्क के अनुसार परिवार का प्रारंभिक स्वरूप पितृसत्तात्मक था। डार्विन के अनुसार, परिवार का जन्म पुरुष के आधिपत्य और ईर्ष्या के कारण हुआ। डार्विन के इस मत का समर्थन वेस्टरमार्क ने भी किया है।

अतः विकल्प (B) सही है।

20. समाजशास्त्र संपूर्ण मानव समाज के बारे में वैज्ञानिक ज्ञान प्राप्त करने, नवीन सामाजिक परिस्थियों से अनुकूलन करने, समाज में सह-अस्तित्व की भावना का प्रचार करने, परम्पराओं के अध्ययन में योग देने और राष्ट्रीय एकता में सहयोग करने में सहायक है। अर्थात् समाजशास्त्र समाज-विषयक वैज्ञानिक ज्ञान में अभिवृद्धि करता है।

अतः विकल्प (A) सही है।

21. न्यूज़ीलैंड दुनिया का पहला स्वतंत्र राष्ट्र था जिसमें सभी महिलाओं को वोट देने का अधिकार था।

महिलाओं को राष्ट्रीय चुनावों में भाग लेने की अनुमति देने वाले सबसे हाल के राष्ट्र या क्षेत्र भूटान, संयुक्त अरब अमीरात और कुवैत है। भारत ने पहली बार वर्ष 1935 में महिलाओं के लिए मतदान के अधिकार को बढ़ाया, लेकिन केवल उन महिलाओं के लिए जिनकी शादी पुरुष मतदाता से हुई थी, या विशिष्ट साक्षरता योग्यता थी। सार्वभौमिक मताधिकार की अनुमति 1950 में मिली। इकाडोर 1929 में महिलाओं को मतदान का अधिकार देने वाला पहला लैटिन अमेरिकी राष्ट्र था, लेकिन यह केवल साक्षर इकाडोर महिलाओं को मताधिकार की अनुमति देता है, और महिलाओं के लिए मतदान अनिवार्य नहीं था जैसे यह पुरुषों के लिए था।

अतः विकल्प (D) सही है।

22. 'दबाव समूह' समान आर्थिक हित वाले व्यक्तियों का समूह है, जो सरकार के विभिन्न अंगों-व्यवस्थापिका, प्रशासन एवं न्यायपालिका के निर्णयों तथा क्रियाओं को प्रभावित करने की चेष्टा करते हैं। ये स्वयं चुनाव नहीं लड़ते हैं अपितु विभिन्न राजनीतिक दलों के नेताओं को चुनाव लड़ने में सहयोग करते हैं।

अतः विकल्प (C) सही है।

23. राबर्ट मिचेल्स ने इसका सूक्ष्म विश्लेषण किया है कि कैसे अल्पतंत्र, लोकतंत्र का मुखौटा लगाकर सारी शक्तियों पर एकाधिकार कर लेता है अर्थात् अन्ततः शक्ति एक छोटे से समूह के पास आ जाती है। "शक्ति का अन्ततः व्यक्तियों के एक छोटे समूह के हाथों में आ जाना प्रकार्यात्मक रूप से आवश्यक है।" यह अल्पतंत्र का लौह नियम का सिद्धान्त है।

अतः विकल्प (A) सही है।

24. व्यवसाय, आय एवं शिक्षा आदि सामाजिक स्तर की पहचान के लिए व्यक्ति की अर्जित प्रस्थिति के उदाहरण हैं। सामाजिक स्तर की पहचान के लिए 'बुद्धि' कारक प्रयुक्त नहीं किया जाता है। सामाजिक स्तरीकरण वह प्रक्रिया है जिसमे व्यक्तियों के समूहों को उनकी प्रतिष्ठा, संपत्ति और शक्ति की मात्रा के सापेक्ष पदानुक्रम में विभिन्न श्रेणियों में उच्च से निम्न रूप में स्तरीकृत किया जाता है।

अतः विकल्प (C) सही है।

25. गुडे के अनुसार "वह पद्धति, जिससे संसाधनों और पुरस्कारों का वितरण और इनका एक-पीढ़ी से दूसरी पीढ़ी में हस्तान्तरण होता है, उसे सामाजिक स्तरीकरण कहते हैं। अर्थात भौतिक अथवा प्रतीकात्मक पुरस्कारों तक पहुँच के संदर्भ में समूहों के मध्य संरचित असमानताएँ, सामाजिक स्तरीकरण कहलाती है।

अतः विकल्प (A) सही है।

26. विमुक्तिपरक आन्दोलन व्यापक रूप से सांस्कृतिक परिवर्तन के फलस्वरूप घटित होता है। सामाजिक आन्दोलन एक प्रकार का 'सामूहिक क्रिया' है। सामाजिक आन्दोलन व्यक्तियों या संगठनों के विशाल अनौपचारिक समूह होते हैं जिनका ध्येय किसी विशिष्ट सामाजिक मुद्दे पर केंद्रित होता है।

अतः विकल्प (C) सही है।

27. इरावती कर्वे जाति अंतर्विवाह को अत्यधिक महत्व देते हुए जाति को मूलतः एक अंतर्विवाही समूह मानती हैं। वे कहती है कि "जाति वस्तुतः एक विस्तृत नातेदारी समूह (स्वजन समूह) है।" इरावती कर्वे भारत की शिक्षाशास्त्री, लेखिका एवं नृवैज्ञानिक (एंथ्रोपोलोजिस्ट) थीं।

अतः विकल्प (A) सही है।

28. श्रीनिवास लिखते हैं कि एक जाति तब 'प्रभु' कही जाती है जब वह संख्या के आधार पर गाँव अथवा स्थानीय क्षेत्र में शक्तिशाली हो और प्रभावशाली आर्थिक व राजनीतिक शक्ति रखती हो। यह आवश्यक नहीं कि वह परम्परात्मक जाति पदक्रम सोपान में सर्वोच्च जाति ही हो।' प्रबल जाति एक क्षेत्र की अन्य निम्न जातियों के लिए सदैव एक 'संदर्भ समूह' के रूप में हो सकती है। भूमि का स्वामित्व, संख्या की अधिकता तथा राजनीतिक पैबन्द जाति की एक समुदाय प्रभुता स्थापित करने में मदद करते हैं।

अतः विकल्प (C) सही है।

29. सामाजिक गतिशीलता व्यवसायों, मान-सम्मान, जाति, श्रेणी, एवं शक्ति में हुए परिवर्तन के सम्बन्ध में सामाजिक पदवी में हुए परिवर्तन को सामाजिक गतिशीलता कहते हैं। जिसके माध्यम से समाज का अनुरक्षण बना रहता है। अगर समाज में गतिशीलता न हो तो समाज का अस्तित्व खतरे में पड़ जायेगा।

अतः विकल्प (B) सही है।

30. मैक्स वेबर का कथन है कि, "हम एक समूह को तब तक वर्ग कहते हैं जब तक उस समूह के लोगों को जीवन के कुछ अवसर समान रूप से प्राप्त न हों, जहाँ तक कि यह समूह वस्तुओं पर अधिकार या आमदनी की सुविधाओं से संबंधित आर्थिक हितों द्वारा पूर्णतया निर्धारित तथा वस्तुओं या श्रमिक बाजारों की अवस्थाओं के अनुरूप हो।"

अतः विकल्प (A) सही है।

31. सम्पदा प्रणाली का उद्भव प्राचीन रोमन साम्राज्य में हुआ और यह सामंती यूरोप में लम्बे समय तक विद्यमान रहा। सम्पदा प्रणाली सामाजिक पदानुक्रम का एक रूप है जिसमें एक किसान या सेर को भूमि के एक टुकड़े का मालिकाना हक होना चाहिए। सम्पदा प्रणाली को सामंतवाद के रूप में भी जाना जाता है।

अतः विकल्प (B) सही है।

32. लुई ड्यूमो ने जातियों को मूल्यों के आधार पर देखा है। इन्होंने अपनी पुस्तक 'होमो हेरारकिस' में बताया है, कि हिन्दू समाज की सोपानिक व्यवस्था चूँकि मानव व मूल्यों में बंधी हुई है। इसी कारण हजारों वर्षों से जाति व्यवस्था यथास्थिति में है अर्थात् हिन्दू मस्तिष्क में जाति व्यवस्था गहराई से बैठ गई है।

अतः विकल्प (B) सही है।

33. स्वेबर्ग ने औद्योगिकी पूर्व समाज की अवधारणा का प्रस्ताव रखा था। जबकि डेनियल वेल ने उत्तर औद्योगिक समाज की संकल्पना को प्रतिपादित किया। औद्योगिकी पूर्व समाज सामाजिक विशेषताओं, राजनीतिक और सांस्कृतिक संगठन के रूपों को संदर्भित करता है जो औद्योगिक क्रांति (1750 से 1850) के आगमन से पहले प्रचलित थे।

अतः विकल्प (C) सही है।

34. रिचथोफेन ने कस्बे को परिभाषित करते हुए लिखा है- "कस्बा एक संगठित समूह है और जिसमें सामान्यतया प्रमुख व्यवसाय-कृषि क्रियाओं के विपरीत वाणिज्य तथा उद्योग से संबंधित है।" अर्थत वह स्थान जिसकी दो-तिहाई जनसंख्या कृषि कार्य करती है तथा एक-तिहाई जनसंख्या द्वितीयक तथा तृतीयक व्यवसायों में कार्य करती है उसे सबसे सही रूप में कस्बा कहा जाता है।

अतः विकल्प (B) सही है।

35. अप्रतिमानता की अवधारणा का प्रतिपादन-दुर्खीम ने किया था। यह आधुनिक समाज से संबंधित समस्या है। दुर्खीम की मान्यता है कि-यह उत्कृट अभिलाषा, लालच तथा असीमित आकांक्षाओं को नियंत्रित करने में सामूहिक नैतिक व्यवस्था की असफलता है।

अतः विकल्प (C) सही है।

36. डेविस का कथन है कि "समाज के विभिन्न पदों के लिए विभिन्न योग्यता एवं बुद्धि की आवश्यकता पड़ती है तथा कुछ व्यक्तियों का महत्व अधिक होता है।" इन पदों के लिए समाज अधिक वेतन एवं पुरस्कार की व्यवस्था करता है जिसका निर्णय राज्यव्यवस्था के द्वारा किया जाता है।

अतः विकल्प (B) सही है।

37. नकरात्मक रूप से प्रस्तुत रूढ़ियों को टैबू कहा जाता है जबकि अनुशास्ति में दण्ड और पुरस्कार दोनों निहित होते हैं। ब्राउन ने इसे नकारात्मक, सकारात्मक, विस्तृत एवं संगठित अनुशास्तियों में विभाजित किया है। जबकि आदिम समाजों में कानून और प्रथा एक दूसरे से घुले-मिले होते हैं जिन्हें समूह का नेता या मुखिया सदस्यों के व्यवहारों को नियंत्रित करने के लिए लागू करता है।

अतः विकल्प (C) सही है।

38. इस प्रतिदर्शन में भी प्रक्रिया वही है जो बहु-चरणी प्रतिदर्शन में होती है अर्थत प्राथमिक चयन द्वितीयक चयन आदि। फिर भी बहु-पक्षीय प्रतिदर्शन प्रक्रिया में दूसरे प्रतिदर्श को निकालने से पूर्व प्रत्येक प्रतिदर्श का भली-भाँति अध्ययन किया जाता हैं परिणाम स्वरूप जहाँ बहु-चरणी-प्रतिदर्शन में केवल अन्तिम प्रतिदर्श का अध्ययन किया जाता है बहुपक्षीय प्रतिदर्शन में समी प्रतिदर्शों का अन्वेषण किया जाता है। इससे दूसरी विधियों की अपेक्षा अधिक लाभ होता है।

अतः विकल्प (D) सही है।

39. सरल समाजों में राजनीति संगठन का आधार साधारण तथा नातेदारी होता है। वे सभी व्यक्ति, जो रक्त सम्बन्ध अथवा समाज द्वारा मान्य किसी निकट सम्बन्ध की परस्पर अनुभूति रखते है और तदनुरूप आपस मे व्यवहार करते है, नातेदार कहलाते है और इस पर आधारित समूह मे आन्तरिक विभेदीकरण एवं संगठन की व्यवस्था नातेदारी व्यवस्था कहलाती है।

अतः विकल्प (B) सही है।

40. द्वितीय पिछड़ा वर्ग आयोग के अध्यक्ष बी. पी. मण्डल थे, इस आयोग की नियुक्ति 1979 में हुई थी। जिसने 31 दिसम्बर 1980 को अपनी रिपोर्ट प्रस्तुत की । इसी रिपोर्ट के आधार पर पिछड़ी जातियों के लिए 27 प्रतिशत स्थान केन्द्रीय सेवाओं में आरक्षित किया गया।

अतः विकल्प (C) सही है।

41. भारतीय संविधान के अनुच्छेद 342 द्वारा एक जनजाति को अनुसूचित जनजाति के रूप में निर्दिष्ट करने का अधिकार राष्ट्रपति को प्रदान किया गया है, साथ ही अनु. 338 द्वारा राष्ट्रपति को अनुसूचित जातियों तथा जनजातियों हेतु विशेष अधिकारी नियुक्त करने का भी अधिकार प्रदान किया गया है।

अतः विकल्प (B) सही है।

42. सकल राष्ट्रीय उत्पाद (NNP) -

सकल राष्ट्रीय उत्पाद (NNP) एक निश्चित अवधि में, देश के नागरिकों द्वारा उत्पादित माल और सेवाओं का मौद्रिक मूल्य है, जो किसी देश के नागरिकों

द्वारा उत्पादित और विदेशी है। यह सकल राष्ट्रीय उत्पाद (GNP) के बराबर होता है, एक देश के वार्षिक उत्पादन का कुल मूल्य, मौजूदा स्टॉक को बनाए रखने के लिए नए सामान खरीदने के लिए आवश्यक जीएनपी की मात्रा को घटाता है, अन्यथा मूल्यहास के रूप में जाना जाता है।

सकल राष्ट्रीय उत्पाद (NNP) = सकल राष्ट्रीय उत्पाद - मूल्यहास

अतः विकल्प (B) सही है।

43. धारा 17 किसी भी प्रकार की अस्पृश्यता पर रोक लगाती है। जबकि अनुच्छेद 22 कुछ दशाओं में गिरफ्तारी और निरोध से संरक्षण की व्यवस्था से, अनु. 45 बालकों के लिए निशुल्क और अनिवार्य शिक्षा के उपबंध से तथा अनुच्छेद 216 उच्च न्यायालयों के गठन से संबंधित है।

अतः विकल्प (A) सही है।

44. सामाजिक व्यवस्था वह संतुलित स्थिति है, जिसका कम से कम एक भौतिक या पर्यावरण संबंधी पक्ष हो तथा जो एकाधिकार प्राप्त व्यक्तियों द्वारा अपनी इच्छाओं या आवश्यकताओं की आदर्शपूर्ति के प्रयास में एक-दूसरे के साथ की जाने वाली अंतः क्रियाओं के फलस्वरूप उत्पन्न होती है।

अतः विकल्प (C) सही है।

45. मुस्लिम लीग ने वर्ष 1940 में पाकिस्तान का निर्माण करना अपना मूलभूत उद्देश्य घोषित किया। 23 मार्च 1940 ई. में मुस्लिम लीग के लाहौर अधिवेशन में 'पाकिस्तान' प्रस्ताव पारित किया गया था। जिसका मुख्य आधार यह था कि भारत के लिए कोई संविधान मुसलमानों को उस समय तक स्वीकार्य नहीं होगा, जिसमें भारत के पूर्व और पश्चिम के मुसलमान बहुल क्षेत्रों को एक स्वतंत्र और सार्वभौमिक राज्य के रूप में स्वीकार्य न किया गया हो।

अतः विकल्प (B) सही है।

46. निजी संपत्ति का उन्मूलन साम्यवादी समाज से संबंधित है, क्योंकि साम्यवादी समाज में उत्पादन व्यवस्था पर राज्य का नियंत्रण रहता है। साम्यवाद सिद्धांततः अराजकता का पोषक हैं जहाँ राज्य की आवश्यकता समाप्त हो जाती है। मूलतः यह विचार समाजवाद की उन्नत अवस्था को अभिव्यक्त करता है। जहाँ समाजवाद में कर्तव्य और अधिकार के वितरण को 'हरेक से अपनी क्षमतानुसार, हरेक को कार्यानुसार' के सूत्र से नियमित किया जाता है, वहीं साम्यवाद में 'हरेक से क्षमतानुसार, हरेक को आवश्यकतानुसार' सिद्धांत का लागू किया जाता है। साम्यवाद निजी संपत्ति का पूर्ण प्रतिषेध करता है।

अतः विकल्प (D) सही है।

47. जब कभी दो या अधिक व्यक्ति एकत्रित होते हैं और एक-दूसरे पर प्रभाव डालते हैं तो वे एक सामाजिक समूह का निर्माण करते हैं। कॉलेज के छात्र समाजशास्त्रीय मानदण्डों के अनुसार समूह की रचना दशति है।

अतः विकल्प (B) सही है।

48. टानीज ने समाज को जैसेलशाफ्ट व समुदाय को जेमिन शाफ्ट कहा है। टानीज के अनुसार समुदायात्मक/आवश्यक। प्राकृतिक इच्छा जेमिनशैफ्ट में तथा व्यक्तिगत/समितितात्मक/तार्किक इच्छा जैसेलशैफ्ट की विशेषता है।

अतः विकल्प (A) सही है।

49. जाति प्रथा एक सामाजिक संस्था है, जाति की सदस्यता व्यक्ति को जन्म के आधार पर प्राप्त होती है, जिसमें परिवर्तन नही किया जा सकता।

अतः विकल्प (A) सही है।

50. संघर्ष के दो स्वरूप है : आंशिक एवं पूर्ण संघर्ष। यह वर्गीकरण के. डेविस ने किया है। के. डेविस के अनुसार जब दो पक्षों में उद्देश्यों में समझौता हो जाये, परन्तु उद्देश्य प्राप्ति के साधन में समझौता न हो तो ये 'आंशिक संघर्ष' एवं उद्देश्य प्राप्ति के साधन दोनों में समझौता होने पर 'पूर्ण संघर्ष' होता है।

अतः विकल्प (B) सही है।

51. 'द होली फैमिली' पुस्तक मार्क्स की रचना है।

'द डिक्लाइन ऑफ द वेस्ट' पुस्तक ओसवाल्ड स्पेंगलर की रचना है।

'ए स्टडी ऑफ हिस्ट्री' पुस्तक ए जे. टायन्बी की रचना है।

'द रिमेम्बर्ड विलेज ' पुस्तक एम.एन. श्रीनिवास की रचना है।

अतः विकल्प (C) सही है।

52. सावयवी सिद्धांत का आधार जैविकीय है। समाज के उद्विकास का सावयवी सिद्धांत स्पेन्सर ने प्रतिपादित किया था। उनका मत है कि विकास की प्रक्रिया समाज पर भी लागू होती है, क्योंकि समाज भी एक अनिश्चित असंबद्ध समानता से निश्चित संबद्ध समानता में बदला है।

अतः विकल्प (D) सही है।

53. सोरोकिन एक रूसी-अमेरिकी समाजशास्त्री और राजनीतिक कार्यकर्ता थे, जिन्होंने सामाजिक चक्र सिद्धांत में योगदान दिया। उन्हें "परोपकार के समाजशास्त्र के संस्थापक" के रूप में संदर्भित किया गया था। सोरोकिन ने संबंधों को निम्न तीन प्रकारों में विभक्त किया है-

- पारिवारिक
- संविदात्मक
- अनिवार्य संबंध

ऐच्छिक संबंध उनकी सूची में सम्मिलित नही है।

अतः विकल्प (C) सही है।

54. इरावती कर्वे ने भाषाई भेदों, द्रविड़ भाषाओं को आधार में बांटकर भारतीय समाज के नातेदारी के लक्षणों का 1930-40 तथा 50 के दशकों में विवेचन किया। इरावती कर्वे ने भारत के चार सांस्कृतिक खण्डों में नातेदारी संगठन का तुलनात्मक अध्ययन और विश्लेषण प्रस्तुत किया। इरावती कर्वे भारत की शिक्षाशास्त्री, लेखिका एवं नृवैज्ञानिक (एंथ्रोपोलोजिस्ट) थीं।

अतः विकल्प (D) सही है।

55. सोशियो लॉजिकल इमेजिनेशन पुस्तक सी. डब्ल्यू. मिल्स के द्वारा लिखी गयी जबकि सोरोकिन की-क्राइम एण्ड पनिशमेंट एलीमेंट्स ऑफ सोशियोलॉजी, तथा मर्टन की-साइन्स, टेक्नोलॉजी एण्ड सोसायटी इन सेवेन्टीथ सेंचुरी आदि पुस्तकें हैं।

अतः विकल्प (A) सही है।

56. उपरोक्त परिभाषा मैकाइवर व पेज के द्वारा दी गयी जबकि किंग्सले डेविस के अनुसार समुदाय लघुतम प्रादेशिक समूह है जिसके अन्तर्गत सामाजिक जीवन के सभी पहलू सम्मिलित हैं।

अतः विकल्प (B) सही है।

57. उपरोक्त परिभाषा आर. के. मर्टन द्वारा दी गयी। उनके अनुसार भविष्य में जो स्थिति आने वाली है, उसके लिए पहले से ही अभ्यास द्वारा उन व्यवहारों को सीखना ही पूर्वानुमानित (Anticipatory) समाजीकरण कहलाता है।

अतः विकल्प (B) सही है।

58. प्राथमिक नातेदारों के द्वैतीयक सम्बन्धी एवं द्वैतीयक सम्बन्धी के प्राथमिक नातेदारों को तृतीयक नातेदार कहा जाता है। उपरोक्त अवधारणा के अंतर्गत मरडॉक थे। उन्होंने (मरडॉक) 151 प्रकार के तृतीयक नातेदारों का वर्णन किया है। उदाहरण के लिए पिता के भाई की पत्नी, पिता के बहन के पति, पिता की माँ के भाई आदि तृतीयक नातेदार हैं।

अतः विकल्प (D) सही है।

59. "संस्कृति, मूल्यांकनों तथा शैलियों में अपनी अभिव्यक्ति करते हुए जीवन को कहा जाता है।" यह मैकाइवर का कथन है, जबकि टायलर के अनुसार "संस्कृति एक सामाजिक विरासत है, जिसे व्यक्ति समाज का सदस्य होने के नाते प्राप्त करता है।"

अतः विकल्प (A) सही है।

60. सात्मीकरण सहयोगी सामाजिक प्रक्रिया की एक 'प्रक्रिया' तथा 'स्थिति' दोनों ही है जो कि सामाजिक एकीकरण का अंतिम चरण है। इस प्रक्रिया में एक संस्कृति का दूसरी संस्कृति में लगभग पूर्ण विलय हो जाता है।

अतः विकल्प (B) सही है।

61. प्रतिस्पर्धा अवैयक्तिक, अचेतन, निरंतर एवं सार्वभौमिक असहयोगी सामाजिक प्रक्रिया है। अवैयक्तिक प्रतिस्पर्धा आमतौर पर किसी व्यक्ति या समूह विशेष के खिलाफ निर्देशित नहीं होती है। प्रतिस्पर्धा व्यक्तिगत हो सकती है जब प्रतियोगी एक दूसरे को जानते हैं लेकिन आम तौर पर इसकी प्रकृति अवैयक्तिक होती है।

अतः विकल्प (B) सही है।

62. रूथ बेनेडिक्ट के अनुसार "संस्कृति इसलिए भिन्न नहीं होती, क्योंकि उसमें तत्व है अपितु वह इसलिए भिन्न होती हैं, क्योंकि वह संयुक्त तत्वों (समुच्च/संकुल) को प्रेरित करती हैं।"

अतः विकल्प (B) सही है।

63. 'हिन्दूज ऑफ हिमालयाज' के लेखक जेराल्ड बेरमैन है। जबकि जी एस. घुर्ये ने कास्ट, क्लास एण्ड ऑक्युपेशन कल्चर एण्ड सोसायटी, सिटिज इन सिविलाइजेशन तथा बेली ने ट्राइबर कास्ट एण्ड नेशन, कास्ट एण्ड इकोनॉमिक फ्रंटियर आदि पुस्तकें लिखीं।

अतः विकल्प (A) सही है।

64. मॉर्गन पहला विद्वान था जिसने 'वर्गीकृत तथा विवरणात्मक नातेदारी शब्दावली' के अध्ययन में महत्वपूर्ण योगदान दिया। उसने न्यूयॉर्क राज्य की इराक्विस जनजाति का जीवन पर्यन्त अध्ययन किया।

अतः विकल्प (A) सही है।

65. आंद्रे बेले समाजवाद में 'रिश्तेदारी' के वर्णन से सम्बंधित नहीं है बाकी सभी इससे सम्बंधित है।

के.एम. कपाड़िया ने हिंदू रिश्तेदारी का वर्णन करने के लिए शास्त्रीय ग्रंथों का इस्तेमाल किया है। हिंदू सामाजिक संगठन पी.एच. प्रभु भी संस्कृत ग्रंथों पर आधारित हैं। इसी तरह, त्रावती कर्वे और जी.एस. घुर्ये ने भारतीय रिश्तेदारी प्रणाली पर व्यापक रूप से काम किया है।

रिश्तेदारी व्यक्तियों के बीच ऐसा संबंध हैं, जो या तो विवाह के माध्यम से या वंश की रेखाओं के माध्यम से स्थापित होते हैं जो रक्त संबंधियों को जोड़ते हैं। उदाहरण- माता, पिता, भाई-बहन, संतान आदि।

अतः विकल्प (D) सही है।

66. उद्विकासवाद सिद्धान्त जैविकीय उपमा पर आधारित एक विचारधारा है। यह सिद्धान्त मानव की मानसिक एकता पर आधारित है। प्रसारवाद वह सिद्धान्त है जिसके अनुसार संस्कृति का विकास एवं वृद्धि, सांस्कृतिक तत्वों के एक संस्कृति से दूसरी संस्कृति में फैलने के द्वारा होती है। प्रकार्य वाद सिद्धान्त सावयविक सादृश्यता पर आधारित है।

अतः विकल्प (A) सही है।

67. कृषक समाजों के लिए कृषि कोई धंधा नहीं बल्कि जीवन शैली है, जिसे किसी अन्य गतिविधि के बदले छोड़ा नहीं जा सकता है, भले ही उसमें ज्यादा लाभ हो। कृषक समाजों की कुछ प्रमुख विशेषतायें निम्न हैं-

(i) भूमि से लगाव

(ii) कृषि की सबसे पवित्र, सर्वश्रेष्ठ और आदर्श रोजगार के रूप में मान्यता

(iii) आजीविका का मुख्य स्रोत भूमि और कृषि है।

(iv) परिवार, बहुपक्षीय सामाजिक संगठन की प्राथमिक इकाई है।

(v) स्थानीय ग्रामीण समुदाय पर आधारित एक विशेष किस्म की कृषक जीवनचर्या है।

(vi) पारिवारिक खेत प्रमुख आर्थिक इकाई है।

(vii) समरूप समाज

(viii) अभिवेदीकृत एवं अस्तरीकृत

अतः विकल्प (C) सही है।

68. उपरोक्त तर्क के अंतर्गत जाति जन्म से निर्धारित होती है, जिसे कोई बदल नहीं सकता। जाति व्यवस्था के विपरीत वर्ग व्यवस्था स्तरीकरण की खुली व्यवस्था है, जिसमें परिवर्तन संभव है। मजूमदार एवं मदान का कथन है कि "जाति एक बंद वर्ग है।"

अतः विकल्प (B) सही है।

69. श्रीनिवास ने प्रभु जाति के अतिरिक्त संस्कृतीकरण, पश्चिमीकरण, आधुनिकीकरण आदि की अवधारणा का भी प्रतिपादन किया है। श्रीनिवास के अनुसार यदि कोई निम्न जाति का सदस्य संस्कृतीकरण की प्रक्रिया को अपनाकर अपनी स्थिति को ऊँचा उठा सकता है। तब उसे लम्बवत् सामाजिक गतिशीलता कहा जाता है। संस्कृतीकरण एक विषम एवं जटिल अवधारणा है, जिसका अनुसरण करके निम्न जाति अपनी स्थिति को स्थानीय तौर पर सदृढ़ बना सकती है।

अतः विकल्प (C) सही है।

70. सामाजिक गतिशीलता की अधिक संभावना वर्ग व्यवस्था पर आधारित संस्तरण की व्यवस्था वाले समाजों में पायी जाती है। श्रीनिवास के अनुसार यदि कोई निम्न जाति का सदस्य संस्कृतीकरण की प्रक्रिया को अपनाकर अपनी स्थिति को ऊँचा उठा सकता है। तब उसे लम्बवत् सामाजिक गतिशीलता कहा जाता है।

अतः विकल्प (A) सही है।

71. 'एकल प्रस्थिति के साथ कई भूमिकाओं का आबद्ध होना' 'भूमिका संकुल' के विषय में सही है। मर्टन ने भूमिका प्रतिमान, प्रस्थिति प्रतिमान व प्रस्थिति श्रृंखला आदि अवधारणाओं को प्रतिपादित किया। मर्टन के अनुसार जब एक विशिष्ट प्रस्थिति से संबंधित विभिन्न प्रस्थितियों के व्यक्तियों के साथ एक व्यक्ति अपनी प्रसिलि के अनुसार कार्य करता है तो उसे भूमिका प्रतिमान/संकुल कहते हैं।

अतः विकल्प (C) सही है।

72. उपरोक्त अवधारणा प्रत्यक्ष सहयोग के अंतर्गत आयेगी जिसके अंतर्गत मैकाइवर पेज ने सहयोग को-प्रत्यक्ष एवं अप्रत्यक्ष सहयोग में विभक्त किया है। आधुनिक जटिल समाजों में प्रत्यक्ष की अपेक्षा अप्रत्यक्ष सहयोग का महत्व दिन प्रतिदिन बढ़ता जा रहा है।

अतः विकल्प (C) सही है।

73. प्रदत्त प्रस्थिति के विपरीत अर्जित प्रस्थिति को वर्ग से पुनर्बल प्राप्त होता है। चूँकि प्रदत्त प्रस्थिति व्यक्ति को स्वमेव प्राप्त हो जाती है, जिसका निर्धारण जन्म के आधार पर होता है। जाति की भी सदस्यता जन्मजात होती है, फलत प्रदत्त प्रस्थिति को जाति के द्वारा पुनर्बल प्राप्त होता है।

अतः विकल्प (A) सही है।

74. डॉ. एम. एन. श्रीनिवास ने अपनी पुस्तक रिलीजन एण्ड सोसाइटी अमंग कूर्ग ऑफ साउथ इण्डिया में जाति गतिशीलता को व्यक्त करने हेतु संस्कृतीकरण के प्रत्यय का प्रयोग किया। डॉ. योगेन्द्र सिंह संस्कृतीकरण की प्रक्रिया को अग्रिम प्रत्याशित समाजीकरण भी कहते हैं।

अतः विकल्प (C) सही है।

75. बीरस्टीड ने वर्ग-विभाजन के सात आधारों का उल्लेख किया है जिनमें सम्पत्ति, धन एवं आय प्रमुख हैं। इनके अनुसार जाति जन्म पर आधारित है, जबकि वर्ग सम्पत्ति पर आधारित है। बीरस्टीड एक अमेरिकी समाजशास्त्री थे, जो अक्सर समाजशास्त्रीय सिद्धांत, संस्कृति और संवैधानिक कानून के बारे में लिखते थे।

अतः विकल्प (B) सही है।

76. 'व्यवसाय और केवल व्यवसाय ही जाति-प्रथा की उत्पत्ति के लिए उत्तरदायी है"। यह आर. नेसफील्ड का मत है। आर. नेसफील्ड के अतिरिक्त दहलमन्न एवं ब्लंट भी इस सिद्धान्त का समर्थन करते हैं, जबकि घुर्ये रिजले के जाति उद्भव के प्रजातीय सिद्धान्त का समर्थन करते है।

अतः विकल्प (C) सही है।

77. डब्ल्यूएच. वाइजर ने मुख्य रूप से भारत में अन्तर्जातीय संबंधों का विश्लेषण जजमानी संबंध के संदर्भ में किया। जजमानी प्रणाली या यजमान प्रणाली एक आर्थिक प्रणाली थी, जो भारत के गांवों में विशेष रूप से पाई जाती थी। जिसमें निचली जातियों ने उच्च जातियों के लिए विभिन्न कार्य किए और बदले में अनाज या अन्य सामान प्राप्त किया।

अतः विकल्प (C) सही है।

78. जाति के तीन पक्ष-धर्मनिरपेक्ष, एकीकरणीय एवं वैचारिकीपूर्ण- यह रजनी कोठारी ने प्रतिपादित किये हैं। रजनी कोठारी ने अपनी रचना कास्ट इन इण्डियन पॉलिटिक्स में जाति के धर्म निरपेक्ष, एकीकरणीय एवं वैचारिकीपूर्ण पक्षों की चर्चा की है। रजनी कोठारी भारत के सुप्रसिद्ध राजनीतिविज्ञानी, राजनीतिक सिद्धान्तकार, शिक्षाविद तथा लेखक हैं। उन्होने 'विकासशील समाज अध्ययन पीठ' (CSDS) की सन् 1963 में स्थापना की। यह दिल्ली में स्थित समाज विज्ञान तथा मानविकी से सम्बन्धित अनुसंधान का संस्थान है।

अतः विकल्प (D) सही है।

79. स्वतंत्रता प्राप्ति अर्थात 1947 के पश्चात् केन्द्रीय विधान सभा, प्रांतीय विधान समाजों, नगरपालिकाओं, जिला बोर्ड, चैम्बर ऑफ कॉमर्स और विश्वविद्यालय के लिए चुनाव के सिद्धान्त को मान्यता दी गयी।

अतः विकल्प (D) सही है।

80. सामाजिक परिवर्तन की व्याख्या करते समय 'अन्तर्निहित सिद्धान्त' को सोरोकिन ने प्रतिपादित किया है। संस्कृति में परिवर्तन का कारण सोरोकिन ने प्राकृतिक नियम एवं संस्कृति के आंतरिक कारण को उत्तरदायी माना है। सोरोकिन ने अपनी पुस्तक सोशल एण्ड कल्चरल डायनमिक्स (Social and cultural dynamics) में सामाजिक परिवर्तन के सांस्कृतिक गतिशीलता का सिद्धांत प्रस्तुत किया।

अतः विकल्प (D) सही है।

81. सोरोकिन ने ऐतिहासिक तथ्यों का सहारा लेकर संस्कृति की तीन अवस्थाओं का उल्लेख किया है- विचारात्मक, इन्द्रियात्मक व आदर्शात्मक।

समाज इन्हीं के बीच घूमता रहता है। इसी आधार पर सोरोकिन ने सीमाओं का सिद्धान्त; स्वाभाविक परिवर्तन का सिद्धान्त तथा ध्रुवीकरण का सिद्धान्त प्रतिपादित किया।

अतः विकल्प (C) सही है।

82. स्पेंगलर, सोरोकिन एवं पैरेटो, उपरोक्त सिद्धांत से संबंधित है। सामाजिक परिवर्तन के चक्रीय सिद्धांत या जिसे कभी-कभी उदय और निष्पक्ष सिद्धांत कहा जाता है, इस बात को स्वीकार करता है कि सामाजिक घटनाएँ बार-बार आती हैं, ठीक उसी तरह जैसे वे चक्रीय तरीके से होती थीं।

अतः विकल्प (C) सही है।

83. नियोजन वह चेतन प्रयास है जिसके द्वारा वांछनीय या इच्छित लक्ष्यों की प्राप्ति हेतु सामूहिक रूप से कार्य किया जाता है। इसमें मानवीय क्रियाओं को एक निश्चित दिशा में मोड़ने का प्रयल किया जाता है। प्रजातान्त्रिक विकेन्द्रीयकरण की सफलता हेतु ऐच्छिक सहभागिता अपरिहार्य है।

अतः विकल्प (C) सही है।

84. सामाजिक नियंत्रण शब्द का सर्वप्रथम प्रयोग 1901 में अमेरिकन समाजशास्त्री- ई .ए. रॉस ने अपनी पुस्तक 'सोशल कण्ट्रोल' में किया। सामाजिक नियंत्रण प्रक्रिया है जिसके माध्यम से समाज व्यक्ति व समूह के संबंधों, व्यवहारों एवं आचरणों को नियंत्रित, निर्देशित व व्यवस्थित करता है तथा व्यक्तियों को समाज के स्थापित मूल्यों, नियमों एवं कार्यप्रणालियों के अनुरूप अपने को ढालने के लिए प्रेरित या बाध्य करता है।

अतः विकल्प (D) सही है।

85. मानव विकास सूचकांक (एचडीआई) दुनिया भर के देशों के सामाजिक और आर्थिक विकास को मापने के लिए संयुक्त राष्ट्र द्वारा विकसित एक सांख्यिकीय उपाय है।

- एचडीआई देश के विकास का मूल्यांकन करने के लिए तीन मुख्य आयामों पर विचार करता है।
- दीर्घ और स्वस्थ जीवन पहला आयाम है जिसे जन्म के समय जीवन प्रत्याशा द्वारा मापा जाता है।
- यह एक विश्लेषणात्मक उपाय है कि एक औसत व्यक्ति को कुछ जनसांख्यिकीय कारकों जैसे जन्म वर्ष और वर्तमान आयु के आधार पर रहने की उम्मीद है।
- शिक्षा दूसरा आयाम है।
- संयुक्त राष्ट्र के अनुसार, स्कूली शिक्षा का औसत अधिकतम 18 वर्ष और स्कूली शिक्षा का अधिकतम वर्ष 15 वर्ष है।
- जीवन स्तर तीसरा आयाम है जो आमतौर पर प्रति व्यक्ति सकल राष्ट्रीय आय (जीएनआई) द्वारा मापा जाता है।

अतः विकल्प (B) सही है।

86. उपरोक्त परिभाषा के डेविस की है, जबकि मैकाइवर एवं पेज के अनुसार समाजशास्त्री होने के नाते हमारी विशेष रुचि प्रत्यक्ष रूप से सामाजिक संबंधों में है। केवल इन सामाजिक संबंधों में होने वाले परिवर्तनों को ही हम सामाजिक परिवर्तन कहते है।

अतः विकल्प (B) सही है।

87. मनुष्यों द्वारा विचारपूर्वक बनाया गया एक ऐसा संगठन है, जिसके कुछ उद्देश्य होते है, साथ ही अपनी एक कार्यकारिणी होती है। इसके अनुसार विकल्पों में दिये गये पड़ोस के अतिरिक्त अन्य विकल्प समिति के अन्तर्गत आते हैं जबकि पड़ोस संघ प्राथमिक समूह है।

अतः विकल्प (C) सही है।

88. परम्परा, सांस्कृतिक विलम्बना का कारक नहीं है। भौतिक संस्कृति और गैर भौतिक संस्कृति के बीच के अंतर को सांस्कृतिक विलम्बना के रूप में जाना जाता है। सांस्कृतिक विलम्बना शब्द इस धारणा को संदर्भित करता है कि संस्कृति तकनीकी नवाचारों को ग्रहण करने में समय लेती है, और परिणामस्वरूप सामाजिक समस्याएं जो इस विलम्बना के कारण होती हैं।

अतः विकल्प (C) सही है।

89. मानव नवीनता व भिन्नता के लिये परिवर्तन भी चाहता है। वह प्राचीन आदर्शों का अन्धानुकरण करता हुआ भी नवीनता व परिवर्तन का प्रेमी है। इस विरोधाभास की पूर्ति वह इस प्रकार के सामाजिक प्रतिमान द्वारा करता है यद्यपि थोड़े समय तक मनुष्य उनके प्रति पूर्ण निष्ठा दिखाता है। इन सामाजिक प्रतिमानों को फैशन या धुन या सनक कहते हैं।

अतः विकल्प (B) सही है।

90. सदरलैण्ड अपराध शास्त्र के समाजशास्त्रीय सम्प्रदाय से संबंधित हैं, उन्होंने अपराध के लिए समाज को उत्तरदायी माना है। सदरलैण्ड अपराध शास्त्र के अनुसार, अपराध एक सामाजिक घटना के रूप में अपराध के बारे में ज्ञान का एक निकाय है। इसमें कानून बनाने की प्रक्रिया, कानूनों को तोड़ने और कानूनों को तोड़ने की दिशा में प्रतिक्रिया की गुंजाइश शामिल है।

अतः विकल्प (A) सही है।

91. औद्योगिक व्यवस्था के फलस्वरूप ही पूंजीवाद का उद्भव हुआ है। फलत: पूंजीवाद को औद्योगिकवाद का जुड़वाँ भाई कहा जाता है। पूँजीवाद सामन्यत: उस आर्थिक प्रणाली या तंत्र को कहते हैं जिसमें उत्पादन के साधन पर निजी स्वामित्व होता है। इसे कभी कभी "व्यक्तिगत स्वामित्व" के पर्यायवाची के तौर पर भी प्रयुक्त किया जाता है यद्यपि यहाँ "व्यक्तिगत" का अर्थ किसी एक व्यक्ति से भी हो सकता है और व्यक्तियों के समूह से भी।

अतः विकल्प (D) सही है।

92. मर्टन ने अनुकूलन और विचलन को एक ही पैमाने के दो छोर के रूप में माना है। उनका मानना है कि विचलन व्याधिकीय व्यक्तित्व की देन नहीं है वरन् स्वयं समाज एवं संस्कृति की देन है।

अतः विकल्प (B) सही है।

93. सदरलैण्ड का कथन है कि "अपराधी व्यवहारों की सीख एक व्यक्ति को केवल अपराध के तरीकों का प्रशिक्षण नहीं देती अपितु उसकी मनोवृत्तियों तथा प्रेरणाओं को भी परिवर्तित कर देती हैं।" इसी आधार पर सदरलैण्ड ने अपने सिद्धांत को 'विभेदक साहचर्य' (Differential Association) सिद्धांत का नाम दिया।

अतः विकल्प (D) सही है।

94. टाकविले के अनुसार "एक समाज का अस्तित्व तभी तक बना रह सकता है, जब अधिकांश व्यक्ति किसी विषय/वस्तु पर समान रूप से विचार करते हों।" अर्थात् एकमत्य के ह्रास में न तो कोई भी सामुदायिक कार्य संभव है और न ही समाज का अस्तित्व। एकमत्य का ह्रास सामाजिक विघटन का लक्षण है।

अतः विकल्प (A) सही है।

95. इलिएट एवं मेरिल के अनुसार "पारिवारिक विघटन में हम किन्हीं भी उन बंधनों की शिथिलता, असामंजस्य अथवा पृथक्करण को शामिल करते हैं, जो समूह के सदस्यों को एक-दूसरे से बाँधे हुए थे। उन्होंने इसके लिए प्राथमिक (वैयक्तिक) द्वितीयक (सामाजिक) तनावों को उत्तरदायी माना है।

अतः विकल्प (B) सही है।

96. समाजीकरण की असफलता के कारण विचलन घटित होता है इसके अतिरिक्त विचलन घटित होने के अन्य कारक हैं-दुर्बल अनुशास्तियां, कानून को लागू करने में कमी, तार्किकीकरण की सरलता, सामाजिक मानदण्डों की अनिश्चित सीमा आदि।

अतः विकल्प (C) सही है।

97. दुर्खीम ने आदर्श-शून्यता की अवधारणा का प्रतिपादन अपनी पुस्तक- 'समाज में श्रम-विभाजन' में किया है। दुर्खीम ने स्वयं 'समाज' को ही आदर्श शून्यता (ANOMIE) के लिए उत्तरदायी माना है। जब समाज के अन्य सदस्य एक व्यक्ति को उसकी आवश्यकता पूर्ति में सहयोग नहीं करते हैं तो वह समाज मान्य नियमों की अवहेलना करने लगता है, जो कि आदर्श शून्यता का परिचायक है।

अतः विकल्प (B) सही है।

98. स्ट्रीट कार्नर सोसाइटी के लेखक विलियम एफ. ह्वाइट हैं। ह्वाइट की अन्य कृति-द साइन्स ऑफ कल्चर है, जबकि अलेक्जेण्डर की-रूट्स ऑफ क्राइम तथा वोल्ड की थ्योरिटिकल क्रिमिनोलॉजी प्रमुख रचना है।

अतः विकल्प (B) सही है।

99. भारतीय राजनीति में जाति की भूमिका को कुछ विद्वान (यथा डी.आर. गाडगिल) इसे राजनीति का कैंसर कहते हैं तथा इसे राष्ट्र निर्माण, राष्ट्रिय एकीकरण तथा आधुनिकीकरण में बाधक मानते हैं, जबकि कुछ अन्य विद्वानों (रुडोल्फ) ने इसे राजनीतिक विकास, आधुनिकीकरण तथा प्रजातंत्रीय व्यवस्था को मजबूत बनाने में सहायक बताया है।

अतः विकल्प (B) सही है।

100. सरल समाजों में कृषि विकास का द्वितीय सोपान है। एक कृषि समाज, जिसे कृषि प्रधान समाज के रूप में भी जाना जाता है, एक ऐसा समाज है जो खेती पर निर्भरता के आसपास सामाजिक व्यवस्था का निर्माण करता है। उस समाज में रहने वाले आधे से ज्यादा लोग खेती करके अपना जीवन यापन करते हैं।

अतः विकल्प (B) सही है।

101. बुर्जुआप्सा के समर्थकों का मत था कि मध्यम आय वर्ग वाले समृद्ध कामगार मध्यम वर्ग की जीवन शैली को अपनाने लगें। उदाहरण के लिए ब्रिटेन में अधिकतर काम्गार अब कन्जर्वेटिव पार्टी का समर्थन करने लगे थे।

अतः विकल्प (C) सही है।

102. रेडफील्ड ने कृषक समाज की व्याख्या करते हुए लिखा है कि वे ग्रामीण लोग जो जीवन निर्वाह के लिए अपनी भूमि पर नियंत्रण बनाये रखते हैं तथा उसे जोतते हैं और कृषि जिनके जीवन के लिए परंपरागत तरीके का एक भाग है और जो कुलीनवर्ग या नगरीय लोगों की ओर देखते हैं और उनसे प्रभावित होते हैं। जिनके जीवन का ढंग उन्हीं के समान है, लेकिन कुछ अधि एक सभ्य प्रकार का।

अतः विकल्प (B) सही है।

103. मार्क्स वस्तुतः कृषक समाज को- 'एशियाई समाज' कहते हैं। उनके अनुसार एशियाई समाज वह समाज है, जिसकी आर्थिक व्यवस्था कृषि प्रधान होती है, इस प्रकार यह समाज कृषि उत्पादन करने वाली छोटी-छोटी इकाइयों में विभाजित होता है। इस समाज में वंशानुगत सत्ता तथा नौकरशाही का महत्व होता है।

अतः विकल्प (D) सही है।

104. मैकिम मैरियट ने सार्विकीकरण एवं स्थानीयकरण की अवधारणाओं का प्रतिपादन, किशनगढ़ी (उ.प्र.) के अध्ययन के आधार पर किया । सार्विकीकरण के विपरीत-स्थानीय्करण में वृहत परम्परा के तत्व लघु परम्परा के साथ जुड़ जाते हैं। उनकी गति नीचे की ओर होती है और इस दौरान उनका मूलस्वरूप परिवर्तित हो जाता है।

अतः विकल्प (D) सही है।

105. अर्नेस्ट बर्गेस ने सर्वप्रथम संकेन्द्री क्षेत्र मॉडल का उल्लेख किया है। उन्होंने शिकागो शहर का उदाहरण देते हुए यह बताया कि आधुनिक शहर के आन्तरिक विकास और विस्तार में किस प्रकार केन्द्रीय बिजिनेस डिस्ट्रिक्ट के चारों और संकेन्द्री क्षेत्र की एक श्रंखला बन जाती है।

अतः विकल्प (C) सही है।

106. किसी उपसमूह की सं स्कृति को 'उप-संस्कृति' कहा जाता है, किन्तु जब किसी उपसमूह के भेदों या वैषम्यों को साम्यों की अपेक्षा अधिक अहमियत दी जाती है तथा यह माना जाता है कि वह अपने मातृ-समूह के स्थायित्व के लिए खतरा पैदा कर सकता है तो उससे जिस विशेष तरह की उप-संस्कृति उद्भूत होती है, उसे 'प्रति' या 'प्रतिरोधी संस्कृति कहा जाता है।

अतः विकल्प (C) सड़ी है।

107. शक्ति के दो प्रमुख लक्षण हैं-

- यह सम्बन्ध मूलक होती है।
- यह स्थितिपरक होती है।

शक्ति यद्यपि व्यक्ति की किसी अन्य को प्रभावित करने की क्षमता है फिर भी यह सरल व्यक्तिगत लक्षण न होकर मूल रूप से सम्बन्ध मूलक है। शक्ति स्थिति परक होती है अर्थात् इसे कर्ता किसी विशेष स्थिति में ही प्रयुक्त कर सकता है।

अतः विकल्प (D) सही है।

108. साइराक्यूज विश्वविद्यालय के डी.जी. हैरिंग का कथन है कि "किसी भी प्रजातीय समूह को जिस किसी भी तरह से परिभाषित किया जाय, यह सच है कि इसके अंतर्गत हर तरह के व्यक्तित्व आते हैं। सभी प्रजातियों में बुद्धिमान एवं मंदबुद्धि दोनों तरह के लोग पाये जाते हैं। अतएव इन गुणों या अवगुणों में से किसी पर किसी भी तथाकथित प्रजाति का एकाधिकार नहीं होता है।

अतः विकल्प (A) सही है।

109. थॉर्नडाइक शिक्षक मनोविज्ञान में सीखने के प्रयत्न व भूल के सिद्धान्त को प्रतिपादित करते हैं। थार्नडाइक यूएसए के मनोवैज्ञानिक एवं थे जिहोने लगभग अपना पूरा जीवन कैलिफोर्निया विश्वविद्यालय के शिक्षक महाविद्यालय में बिताया। 'पशु व्यवहार' एवं 'सीखने की प्रक्रिया' पर उनका कार्य के आधार पर ही आधुनिक शैक्षिक मनोविज्ञान की वैज्ञानिक नींव पड़ी।

अतः विकल्प (C) सही है।

110. "जलवायु सम्पूर्ण सभ्यता के विकास और विनाश का कारण हो सकती है।" यह कथन वकल एवं हटिंग्टन का है। इनके अनुसार, सथ्यता का उत्थान एवं पतन पूर्णतः भौगोलिक कारक पर निर्भर करता है। जलवायु मुख्यतः भौगोलिक कारक है। यह सभ्यता को जन्म देता है और उसे विकसित करने तथा पुष्ट बनाने में मदद करता है।

अतः विकल्प (D) सही है।

111. ऑगबर्न ने अपनी पुस्तक सोशल चेंज में अपने प्रसिद्ध 'सांस्कृतिक विलम्बना' सिद्धान्त का प्रतिपादन किया है। परिवर्तन की इस प्रक्रिया में भौतिक संस्कृति की अपेक्षा ' अभौतिक संस्कृति' में परिवर्तन धीमी गति से घटित होता है।

अतः विकल्प (B) सही है।

112. 'मोप्ला' मालाबार तट पर निवास करने वाली मुस्लिम कृषक जाति है।मोप्ला लोगों ने 1836-1840 के बीच हिन्दू जमींदारी के विरुद्ध विद्रोह किया था।चूंकि कल्याणम का आयोजन हिन्दू संस्कृति का अंग है ऐसी स्थिति में मोप्लाओं द्वारा इसका अनुसरण करना सात्मीकरण की प्रक्रिया का द्योतक है।

अतः विकल्प (A) सही है।

113. टॉनीज के अनुसार, 19वी शताब्दी ने समाज धीरे-धीरे ग्रेमाइनशाफ्ट से गेसेलशॉफ्ट में अर्थत समुदाय से सहकारी संघ में परिवर्तित होता जा रहा है। गेसेलशॉफ्ट (समाज), जहां कहीं भी शहरी संस्कृति फलती-फूलती है, वहाँ यह एक अभिन्न हिस्से के रूप में होता है, जबकि 'ग्रेमाइन शॉफ्ट या समुदाय लोगों के एक ऐसे समूह के रूप में परिभाषित किया जा सकता है जहाँ अधिकांश सदस्य एक-दूसरे को जानते हैं तथा एक-दूसरे से जुड़े होने का भाव रखते हैं।

अतः विकल्प (C) सही है।

114. सजातिकेन्द्रवाद के अंतर्गत व्यक्ति उन्हीं मानदंडों एवं मानकों के आधार पर अन्य संस्कृति के लोगों की व्यवहार प्रणालियो, आस्था एवं विश्वासों पर टीका-टिप्पणी करता है, जिनसे वह स्वयं अवगत होता है तथा उसका अपना होता है।

अतः विकल्प (C) सही है।

115. मैकाइवर-पेज के अनुसार, 'सामाजिक संबंधों में एक-दूसरे से जुड़े लोगों के मध्य कुछ सीमा तक पारस्परिकता का भाव निहित होता है। लोग एक-दूसरे से थोड़ा-बहुत अवगत तो अवश्य होते है और यह बात समूह के सदस्यों की प्रवृत्तियों में दिखायी देती है।

अतः विकल्प (B) सही है।

116. बोगार्डस के अनुसार, "समिति को मनुष्यों द्वारा विचारपूर्वक बनाये गए एक ऐसे संगठन के रूप में परिभाषित किया गया है, जिसके एक या कुछ उद्देश्य होते हैं और साथ में अपनी कार्यकारिणी भी होती है।" मैकाइवर के अनुसार, "समिति किसी हित या कुछ हितों के सामूहिक प्राप्ति के लिए विचारपूर्वक निर्मित संगठन है।"

अतः विकल्प (C) सही है।

117. व्यक्तियों के एक ऐसे संकलन अथवा संग्रह को 'समुदाय' कहते हैं जिसके सदस्य अपनी प्रतिदिन की क्रियाओं के सम्पादन हेतु एक 'सामान्य भू-भाग' सहयोगियों के रूप में प्रयोग करते हैं तथा जिनमें 'हम की भावना' प्रबल रूप में विद्यमान होती है।

अतः विकल्प (C) सही है।

118. किसी विदेशी मुल्क में भारतीय शान्ति सेना, असम बाढ़ सहायता संघ तथा गांव में श्रमदान करता हुआ राष्ट्रीय समाज सेवा शिविर अस्थायी संघ है जो उददेश्य प्राप्ति के बाद समाप्त कर दिये जाते हैं।

अतः विकल्प (A) सही है।

119. लेवीस्ट्रॉस के अनुसार सामाजिक संरचना सामाजिक यथार्थता की अमूर्त रचना है, जिसका विद्यमान यथार्थता से कोई सम्बन्ध नहीं है, जबकि ब्राउन के अनुसार, "सामाजिक संरचना के अंग या भाग मनुष्य ही हैं और स्वयं संरचना संस्था द्वारा परिभाषित और नियमित संबंधों में लगे हुए व्यक्तियों की एक क्रमबद्धता है।

अतः विकल्प (B) सही है।

120. मारियॉन जे. लेवी सामाजिक संरचना एवं प्रकार्यों की घनिष्ठता से सहमति व्यक्त करते हैं। उनका मत है कि समाज के विभिन्न अंगों द्वारा अपने कार्य करने से ही सामाजिक संरचना में स्थिरता एवं निरन्तरता बनी रहती है। सामाजिक संरचना का निर्माण करने वाली इकाइयों से प्रकार्य प्रत्येक समाज और संस्कृति में भिन्न-भिन्न होते हैं।

अतः विकल्प (D) सही है।

121. जिस स्थिति या सामाजिक यह प्रतिष्ठा के लिए व्यक्ति को कोई प्रयत्न नहीं करने पड़ते तथा जो स्थिति जन्म से प्राप्त हो जाती है। वह प्रदत्त सामाजिक स्थिति कहलाती है।

अतः विकल्प (C) सही है।

122. जनरीतियाँ ही कालांतर में लोकाचार या लोक रूढ़ियो (Mores) में परिवर्तित हो जाती हैं। जब कोई जनरीति समाज में लंबे समय से प्रचलित हो जिसे समूह के लिए आवश्यक माना जाता हो तो वह 'लोकाचार' का रूप ग्रहण कर लेती है। जनरीतियाँ प्रथाएँ एवं रूढ़ियाँ कुछ ऐसे सामाजिक प्रतिमान हैं जिनका विकास मानव समाज में व्यवस्था एवं नियंत्रण बनायें रखने के लिए किया जाता है। अन्य शब्दो में सामाजिक प्रतिमान समाज में व्यवस्था, स्थिरता एवं एकरूपता कायम रखते हैं। ये हमें समाज एवं संस्कृति से अनुकूलन करने में सहयोग देते हैं।

अतः विकल्प (B) सही है।

123. सामाजिक मूल्यों का संबंध किसी व्यक्ति विशेष से नहीं होता है, वरन् ये सारे समूह एवं समाज की धरोहर होते हैं और इन्हें सारे समूह की मान्यता प्राप्त होती है।

अतः विकल्प (A) सही है।

124. रेडक्लिफ ब्राउन ने माना है व्यक्ति के अंतःसंबंधों द्वारा ही सामाजिक संरचना का निर्माण होता है। रेडक्लिफ ब्राउन के अनुसार सामाजिक संरचना सामाजिक संबंधों का जाल है। सामाजिक संरचना को तभी समझा जा सकता है जब समूह में व्यक्तियों के बीच परस्पर संबंधों को देखा जाए। समूह में व्यक्ति से व्यक्ति के बीच संबंध अन्तः क्रिया की बारंबारता से विकसित होते है।

अतः विकल्प (A) सही है।

125. 'ए हैण्डबुक ऑफ सोशियोलॉजी' के लेखक ऑगबर्न एण्ड निमकॉफ है। ऑगबर्न एण्ड निमकॉफ ने बताया है कि प्रगति का अर्थ अच्छाई के निमित परिवर्तन है। इसलिए प्रगति इच्छित परिवर्तन है। इसके माध्यम से हम पूर्व-निर्धारित लक्ष्यों को पाना चाहते हैं।

अतः विकल्प (D) सही है।

Q.1 समाजशास्त्र सामाजिक समूहों का अध्ययन करता है यह किसने कहा?
A. जॉनसन
B. बोटोमोर
C. बोगार्डिस
D. एलएफ वार्ड

Q.2 समाजशास्त्र की प्रकृति है?
A. आदर्शात्मक
B. प्रत्यक्षवादी व वैज्ञानिक
C. वस्तुनिष्ठ
D. (B) और (C) दोनों

Q.3 "समाजशास्त्र का एक लंबा अतीत है लेकिन इतिहास बहुत छोटा है।" ऐसा किसने कहा?
A. बोटोमीर
B. बीएसटी
C. बीयरस्टीड
D. जॉनसन

Q.4 "Environment" शब्द _______ से लिया गया है:
A. फ्रेंच
B. अंग्रेज़ी
C. लैटिन
D. रूसी

Q.5 समाजशास्त्र ऐसी विशेषता का वर्णन करता है जो ______ को अग्रभाग मे रखती है।
A. व्यक्ति
B. अनूठी सामाजिक घटनाएं
C. सामाजिक अन्तःक्रिया
D. संस्कृति

Q.6 ह्यूमन सोसाइटी पुस्तक के लेखक हैं:
A. लिटन
B. मैकाइवर
C. किंग्सले डेविस
D. दुर्खीम

Q.7 समाजशास्त्र का पहले नाम रखा गया था:
A. परिस्थिति विज्ञान
B. नागरिक शास्त्र
C. आचारविज्ञान
D. सामाजिक भौतिकी

Q.8 मनुष्य है:
A. सामाजिक प्राणी
B. जंगली प्राणी
C. जैविक प्राणी
D. असामाजिक प्राणी

Q.9 समाजशास्त्र के जनक ऑगस्ट कॉम्टे का जन्म किस वर्ष हुआ?
A. 1789
B. 1792
C. 1798
D. 1799

Q.10 समाजशास्त्र कितनी भाषाओं से मिलकर बना है?
A. 2
B. 3
C. 4
D. 5

Q.11 नगर और ग्राम में सामाजिक नियंत्रण में अंतर है क्योंकि-
A. जो अनाम बने रहने की इच्छा रखता है, नगर उसको अनामता प्रदान करता है।
B. ग्रामों में औपचारिक सामाजिक नियंत्रण अनुपस्थिति रहते हैं।
C. नगर में प्राथमिक समूहों का सामाजिक नियंत्रण प्रभावपूर्ण नहीं होता।
D. द्वितीयक समूह विशिष्टतापरक उन्मुखता को निष्पादित नहीं कर पाते ।

Q.12 निम्नलिखित में भारतीय समाज के वे कौन-से आधार हैं जिन पर क्षेत्रीय सीमांकन किया जाता है?
1. सांस्कृतिक तथा भाषायी कारक
2. ऐतिहासिक तथा प्रशासनीय कारक
3. लोगों की राजनैतिक आकांक्षाएं
निम्नलिखित कूट से सही उत्तर का चयन कीजिए-
A. 1, 2 और 3
B. 1 और 2

C. 2 और 3
D. 1 और 3

Q.13 रॉबर्ट रेडफील्ड द्वारा प्रयोग किए गए लोक-नगरीय सातत्य के विश्लेषण में, निम्नलिखित शब्दों में कौन-सा एक विश्वासों तथा मूल्य व्यवस्था को सही परिभाषित करता है?
A. वृहत् परम्परा
B. लघु परम्परा
C. सार्वभौमिक परम्परा
D. स्थानीय परम्परा

Q.14 निम्नलिखित में से कौन-सी विज्ञप्ति सही है?
1. सामाजिक संरचना विभिन्न अंगों का संयोजन है।
2. सामाजिक संरचना अंतर्वैयक्तिक संबंधों का जाल है।
3. सामाजिक संरचना समाज ही है।
4. सामाजिक संरचना सामाजिक संगठन है।
A. 1 तथा 4 सही है
B. 2 तथा 4 सही है
C. 3 तथा 4 सही है
D. 1 तथा 2 सही है

Q.15 ग्रामीण समाज तथा नगरीय समाज में अंतर प्रस्तुत करने के लिए सोरोकिन ने निम्नलिखित में किन मापदण्डों का प्रयोग किया है?
1. व्यवसाय
2. जनसंख्या का आकार
3. अंतःक्रिया की व्यवस्था
4. विषमरूपता
5. गतिशीलता
निम्नलिखित कूट से सही उत्तर का चयन कीजिए-
A. 1, 2 और 3
B. 2, 3 और 4
C. 3, 4 और 5
D. 1, 2 और 4

Q.16 'पोटलैच' एक जनजातीय समारोह है जिसमें सम्पत्ति-
A. उपार्जित की जाती है
B. प्रदर्शित की जाती है
C. नष्ट की जाती है
D. त्याग दी जाती है

Q.17 निम्नलिखित में कौन-सा कार्य एक जनजाति तथा जाति में अंतर करता है?
A. सहपूर्वज से वंशानुक्रम को खोजना
B. अंतर्विवाही नियमों का अनुपालन
C. सामान्य क्षेत्र में जीवन-निर्वाह
D. देहाती क्षेत्रों में जीवन-निर्वाह

Q.18 जनजातीय जीवन में 'घोटुल' प्रतिनिधित्व करता है-
A. युवा संगठन का
B. परम्परावादी नेता का
C. विवाह के स्वरूप का
D. क्षेत्रीय देवता का

Q.19 निम्नलिखित कारकों में वे कौन-से हैं जो कृषक समाज के सामाजिक जीवन को संचालित करते हैं?
1. व्यक्ति, न कि नियम
2. नातेदारी, न कि औपचारिक संगठन
3. द्वितीयक समूह, न कि प्रतिवेश
4. प्राथमिक समूह, न कि स्वैच्छिक संगठन
निम्नलिखित कूट से सही उत्तर का चयन कीजिए-
A. 1 और 2
B. 1 और 3
C. 3 और 4
D. 2 और 4

Q.20 आधुनिक औद्योगिक व्यवस्था के अध्ययन में मानव सम्बन्ध अधिगम का केन्द्र बिन्दु क्या है?

A. श्रमिकों का मनोबल

B. लाभ कमाना

C. प्रबंध का हित

D. संघ की शिकायतों का समाधान

Q.21 कोई समाज जितना अधिक आर्थिक रूप से विकसित होता जाता है उतना ही अधिक वह औद्योगिक देशों के अनुरूप बनता जाता है। इस स्थापना को संकल्पित किया गया है, इस रूप में-

A. सार्वभौमीकरण

B. अभिसरण

C. पश्चिमीकरण

D. विसरण

Q.22 विसम्बन्धन घटित होने की तब सबसे अधिक संभावना है जब एक व्यक्ति है-

A. बैंक क्लर्क

B. बुनकर

C. भूमिरहित मजदूर

D. समनुक्रम श्रमिक

Q.23 'सार्वभौमिक ग्राम' के विचार में अन्तर्निहित है-

A. कृषि सबसे महत्वपूर्ण व्यवसाय हो जाता है

B. सामाजिक-सांस्कृतिक अंतर समाप्त हो जाते है

C. संचार व्यवस्था लोगों को एक सूत्र में बाँधती है

D. सभी देशों का एक सरकार प्रशासन करती है

Q.24 तकनीकी संरचना की विशेषता है-

A. द्रवचालित समाज

B. उद्योगोत्तर समाज

C. सैनिक समाज

D. औद्योगिक समाज

Q.25 लोक-नगरीय सातत्य के विचार के विकास का आधार वे अध्ययन हैं जो किए गए-

A. मेक्सिको में

B. ब्राजील में

C. इंडोनेशिया में

D. भारत में

Q.26 निम्नलिखित में से किसने विचार प्रस्तुत किया है कि "सत्ता में विभेदीकरण समाज में विभाजन का आधार है?"

A. मार्क्स

B. डेहरनडार्फ

C. वेबर

D. काजर

Q.27 भारतीय संविधान को छठी अनुसूची का मुख्य प्रावधान सम्बन्धित है-

A. सरकारी नौकरियों में आरक्षण से

B. जनजाति भूमि के परिरक्षण से

C. उत्तर-पूर्व भारत के जनजातीय क्षेत्रों में प्रशासन की स्वायत्तता से

D. शैक्षणिक संस्थाओं में आरक्षण से

Q.28 जब किसी समाज में आदर्शक व्यवस्था और अस्तित्ववादी व्यवस्था के बीच संगति हो, तो इसे जाना जाता है-

A. आदर्शक व्यवस्था के रूप में

B. सुसंगत व्यवस्था के रूप में

C. समजातीय व्यवस्था के रूप में

D. एककालिक व्यवस्था के रूप में

Q.29 रॉल्फ लिंटन ने सांस्कृतिक मदों को कूटबद्ध किया है-

A. तत्वों तथा कथनों में

B. तत्वों, संरचनाओं तथा प्रकार्यों में

C. सार्वभौमों, विकल्पों तथा विशिष्टताओं में

D. अभिसारी एकरूपताओं में

Q.30 सांस्कृतिक मदों को दूसरी संस्कृतियों से स्वीकार करने की प्रक्रिया को कहते हैं-

A. पर-संस्कृतिग्रहण

B. समाजीकरण

C. संस्कृतिग्रहण

D. अधिग्रहण

Q.31 एक संस्कृति को अपने ही निबंधन के अंतर्गत समझाना व विचार करना चाहिए न कि दूसरी संस्कृति के मूल्यों के संदर्भ में। इस नियम को कहते हैं-

A. सांस्कृतिक विशिष्टता

B. सांस्कृतिक बहुलवाद

C. सांस्कृतिक प्रधान्य

D. सांस्कृतिक सापेक्षवाद

Q.32 निम्नलिखित में पुरागत समाजों की कौन-सी विशेषताएँ हैं?

1. यांत्रिक संहति

2. नातेदारी की प्रधानता

3. संविदागत सम्बन्ध

4. सामाजिक विभेदीकरण

निम्नलिखित कूट से सही उत्तर का चयन कीजिए-

A. 1 और 2

B. 1 और 3

C. 2 और 3

D. 3 और 4

Q.33 जब किसी समाज में कई प्रजातीय समूह अपनी विशिष्ट संस्कृति के अस्तित्व को बनाए रखते हैं, तो उस समाज को इस रूप में सर्वाधिक जाना जाता है-

A. बहुसामुदायिक समाज

B. विभेदीकृत समाज

C. मिश्रित समाज

D. आदिम समाज

Q.34 हिंसात्मक क्रिया के लिए, जब व्यक्तियों की सामूहिकता को भावात्मक रूप से जाग्रत किया जाता है और उसे सहभागी बनाया जाता है अथवा सहभागी होने के लिए प्रेरित किया जाता है, तो उसे कहा जाता है-

A. एक भीड़

B. एक गिरोह

C. एक असंयत भीड़

D. एक समूह

Q.35 जब एक व्यक्ति जान-बूझकर दूसरे समूह की सांस्कृतिक वृत्ति को प्रयोग करने में वर्जन करता है, तो उस व्यवहार को कहा जाता है-

A. बाह्य समूह व्यवहार

B. अंतः समूह व्यवहार

C. द्वितीयक समूह व्यवहार

D. संदर्भ समूह व्यवहार

Q.36 निम्नलिखित विशेषताओं में से प्रस्थिति एकरूपता की कौन-सी एक आधारभूत विशेषता है?

A. व्यक्ति की प्रस्थितियों में साद्दश्य

B. समूह के सदस्यों की प्रस्थितियों में साद्दश्य

C. व्यक्ति की प्रस्थितियों के संबंध में सामाजिकसांस्कृतिक प्रत्याशाओं में साद्दश्य

D. विभिन्न समूहों के विशेषाधिकारों में साद्दश्य

Q.37 लुण्डबर्ग के अनुसार, भूमिका संघर्ष विद्यमान होता है जब-

A. एक व्यक्ति अपनी भूमिका को ठीक से नहीं समझता है।

B. एक व्यक्ति दो या अधिक भूमिकाओं को करने के लिए पर्याप्त समय नहीं निकाल पाता है।

C. दो भूमिकाओं की भूमिका प्रत्याशाएँ असंगत हों।

D. उसी व्यक्ति द्वारा दो या अधिक भूमिकाओं को करना होता है।

Q.38 निम्नलिखित में कौन-सा समुदाय का उदाहरण नहीं है?

A. एक कुटुंब

B. एक प्रतिवेश

C. एक संप्रदाय

D. एक ग्राम

Q.39 एक समूह में व्यक्तियों की प्रस्थितियों तथा भूमिकाओं के संदर्भ में उनके परस्पर सम्बन्धित अधिकारों तथा दायित्वों के संगठित प्रतिमानों का चित्रण दर्शाता है, उनकी-

A. सामाजिक गतिशीलता

B. सामाजिक संरचना

C. सामाजिक निर्माण

D. सामाजिक वर्ग

Q.40 निम्नलिखित में से एक संगठन के कौन-कौन से उदाहरण है?

1. कारावास

2. विश्वविद्यालय

3. परिवार

4. क्लब
निम्नलिखित कूट से सही उत्तर का चयन कीजिए-
A. 1, 2 और 4
B. 1, 3 और 4
C. 2 और 4
D. 2 और 3

Q.41 टी. पार्सन्स के अनुसार निम्नलिखित में कौन-सी प्रकार्यात्मक अनिवार्यताएँ हैं?
1. उद्देश्य उन्मुखता
2. प्रस्थिति अनुरूपता
3. वस्तुओं व सेवाओं का उत्पादन
4. अव्यक्तता
निम्नलिखित कूट से सही उत्तर का चयन कीजिए-
A. 1 और 2
B. 1 और 3
C. 1 और 4
D. 3 और 4

Q.42 मैलिनोवस्की के अनुसार, प्रत्येक सांस्कृतिक मद प्रकार्यात्मक है-
A. केवल व्यक्तियों के लिए
B. केवल समूह के लिए
C. संस्थाओं तथा व्यक्तियों के लिए
D. व्यक्तियों तथा समूहों के लिए

Q.43 निम्नलिखित में से मूल्यों की कौन-सी विशेषताएँ हैं?
1. सामान्यीकृत नियम
2. समूह के सदस्यों के लिए प्रबल प्रतिबद्धता
3. व्यवहार को निर्धारित परिसर
4. उद्देश्यों के निर्धारण के लिए मानक
निम्नलिखित कूट से सही उत्तर का चयन कीजिए-
A. 1, 2 और 3
B. 1, 2 और 4
C. 1, 3 और 4
D. 2, 3 और 4

Q.44 एक प्रयोगात्मक समूह गतिशील स्थिति में नए सामाजिक मानक तब उत्पन्न होते हैं जब-
A. प्रयोगकर्ता अनुदेश देता है
B. व्यक्ति संदिग्ध परिस्थितियों का सामना करते हैं
C. साधन भूमिकाएँ निष्पादित की जाती है
D. अभिव्यंजन भूमिकाएँ निष्पादित की जाती है

Q.45 निम्नलिखित में से कौन-सी बात विश्वास व्यवस्था से सम्बन्धित नहीं है?
A. जादू
B. टोटमवाद
C. सामाजिक संरचना
D. मूल्य

Q.46 वस्तुनिष्ठता बनाए रखने के लिए समाजशास्त्रियों के लिए दुर्खीम ने निम्नलिखित में से कौन-सा एक सुझाव दिया है?
A. मूल्यों के अध्ययन से बचना
B. परिमाणात्मक आँकड़ों का प्रयोग
C. परिशुद्ध मापन का प्रयोग
D. सामाजिक तथ्यों को वस्तुओं के रूप में समझना

Q.47 एक तीव्र परिवर्तनशील समाज में, सामाजिक नियंत्रण कमजोर हो जाता है तथा विचलन व्यवहार में वृद्धि होती है। इस स्थिति को सर्वोत्तम रूप से कहा जा सकता है-
A. अराजकता की स्थिति
B. विसंबंधन की स्थिति
C. अप्रतिमानता की स्थिति
D. विचलन की स्थिति

Q.48 जब एक अप्रवासी समूह अपनी पूर्व की सांस्कृतिक पहचान छोड़ देता है तथा मेज़बान समूह को अपनाता है, तो उसे कहा जाता है-
A. आत्मसात्करण
B. एकीकरण

C. पर-संस्कृतिग्रहण
D. संस्कृतिकरण

Q.49 निम्नलिखित में कौन-सा एक एकीकरण का उदाहरण नहीं है?
A. 1947 में स्वतंत्रता के पश्चात् भारतीय रियासतों का भारत संघ में विलयन
B. शिक्षा में त्रि-भाषायी सूत्र का प्रारम्भ
C. अनुसूचित जातियों तथा अनुसूचित जनजातियों के लिए आरक्षण का प्रावधान
D. विभिन्न धार्मिक समूहों के लिए विभिन्न विधानों का अधिनियम

Q.50 टैल्कॉट पार्सन्स के अनुसार जहाँ प्रत्याशाओं को समझा नहीं जाता है और जहाँ समझने के बाद पूरा नहीं किया जाता है, वहाँ परिणाम होता है-
A. प्रतिमानता
B. संघर्ष
C. विचलन
D. अराजकता

Q.51 सामाजिक मूल्यों को प्रभावपूर्ण ढंग से उन्नत किया जा सकता है-
A. दबाव समूह के सहयोग से
B. श्रम संघ की मदद से
C. समाजीकरण से
D. वरिष्ठों के भय से

Q.52 प्रवजकों का नई संस्कृति में पूर्णतया समा जाने को कहते हैं-
A. सहयोग
B. सात्मीकरण
C. समायोजन
D. पर-संस्कृतिग्रहण

Q.53 नातेदारी को सभी प्रकार के सामाजिक संबंधों का मूल स्रोत किसने माना है?
A. रेडक्लिफ ब्राउन
B. इरावती कर्वे
C. मॉर्गन
D. रिवर्स

Q.54 यह तर्क किसने प्रस्तुत किया है "कि वर्ग स्थर है, इकाइयाँ नहीं हैं, वरन् निरन्तर चलने वाली प्रक्रियाएँ हैं, जिनमें परिवर्तन, संक्रमण, भिन्नता काफी मात्रा में पाई जाती है।"?
A. रैसलर
B. वेबर
C. क्लार्क
D. ब्रेवरमैन

Q.55 'पूर्वानुमानित समाजीकरण' की अवधारणा का प्रयोग किया गया है-
A. पी. सोरोकिन द्वारा
B. ई. दुर्खीम द्वारा
C. आर.के. मर्टन द्वारा
D. डान मार्टिनडेल द्वारा

Q.56 एक संस्था का सर्वोत्तम ढंग से वर्णन किया जा सकता है एक संकुल:
A. सत्ता का
B. प्रर्थितियों का
C. भूमिकाओं का
D. पद्धतियों का

Q.57 यह विचार किसका है कि वृहद् स्तरों पर परिवार लगभग पूर्णतया प्रकार्यविहीन हो गया है?
A. पारसन्स
B. गुडे
C. मार्क्स
D. डेविस एवं मूर

Q.58 सम्पत्ति वर्ग का एक मात्र निर्धारक नहीं है, व्यक्ति के जीवन में अवसर भी समान रूप से महत्वपूर्ण होते हैं, विचारक इंगित करें:
A. मार्क्स
B. वेबर
C. कोज़र
D. सिमल

Q.59 शब्द "सोशियोलॉजी" पहली बार किसने गढ़ा था?
A. कार्ल मार्क्स
B. हर्बर्ट स्पेंसर
C. जॉन सीली
D. जोसफ सीयस

Q.60 यह तर्क किसने प्रस्तुत किया है कि वर्ग बाजार, वर्ग व्यवस्थाओं में विकसित होते हैं, जिनमें व्यक्ति आर्थिक लाभ के लिए प्रतियोगिता करते है?
A. मार्क्स
B. वेबर
C. कूले
D. मर्टन

Q.61 संस्कृति का परासावयवी दृष्टिकोण किसने प्रतिपादित किया?
A. फर्डिनेंड टोनीस
B. स्पेंसर

C. परेटो   **D.** डेविस

Q.62 परिवार के अपने अध्ययन में 'भूमिका-सौदेबाजी' की अवधारणा का प्रयोग किसने किया है?

A. कूले   **B.** पारसन्स   **C.** लिन्टन   **D.** गोयडे

Q.63 निम्न में से कौन सामुदायिक विघटन की श्रेणी में सम्मिलित नहीं है?

A. तलाक   **B.** निर्धनता   **C.** बेरोजगारी   **D.** भ्रष्टाचार

Q.64 'अनुकूलन और विचलन एक ही निरन्तरता के दो बिन्दु हैं।' यह कथन किसका है?

A. दुर्खीम   **B.** पारसन्स   **C.** मर्टन   **D.** वीयरस्टीन

Q.65 समाज की अर्थव्यवस्था के अध्ययन में एक समाजशास्त्री निम्न में से किस एक पर ध्यान केंद्रित करता है?

A. आर्थिक शक्ति का वितरण
B. आर्थिक मन्दी का मुकाबला करना
C. आर्थिक एवं राजनैतिक क्रियाओं का संलयन
D. समाज के संस्थागत प्रतिमान जिनमें आर्थिक क्रिया सम्पन्न होती है

Q.66 प्रत्येक सामाजिक संगठन आधारित है-
A. सामाजिक अन्तःक्रिया पर
B. प्रस्थिति-भूमिका पर
C. जनजाति पर
D. परिवार पर

Q.67 जब दो व्यक्ति परस्पर अन्तःक्रिया करते हैं, तो वे निर्माण करते हैं-
A. एक समाज का   **B.** एक संस्था का
C. एक समूह का   **D.** एक समिति का

Q.68 भूमिका-विकलांगता की अवधारणा का प्रतिपादन किसने किया?
A. रॉबर्ट केन   **B.** राल्फ टर्नर
C. के. डेविस   **D.** एच.डी. क्रिक

Q.69 निम्न में से किसको जनता पर बल प्रयोग करने का अबाध अधिकार प्राप्त है, जिससे वह अपनी इच्छा को मनवा सके?
A. परम्पराएँ   **B.** राज्य   **C.** सरकार   **D.** कानून

Q.70 निम्नलिखित स्तरीकरण व्यवस्थाओं में से कौन एक वस्तुनिष्ठ नियन्त्रण आय एवं सम्पत्ति, जिसमें पर्याप्त गतिशीलता सम्भव है, पर आधारित है?
A. जाति-व्यवस्था   **B.** दास-व्यवस्था
C. वर्ग व्यवस्था   **D.** उपर्युक्त में से कोई नहीं

Q.71 निम्नलिखित समाजशास्त्रियों में से किसने समूहों को 'अन्तःसमूह' एवं 'वाह्य समूह' में वर्गीकृत किया?
A. बॉटोमोर   **B.** जॉनसन   **C.** होमान्स   **D.** समनर

Q.72 किसने कहा है कि प्रजाति एक 'वृहद् जैवकीय मानव समूह' है?
A. फ्रांज़ बोआस   **B.** एर्नोल्ड ग्रीन
C. डी. एन. मजूमदार   **D.** जिन्सबर्ग

Q.73 यह किसकी मान्यता है कि समाजीकरण दो प्रमुख विधियों तादात्मीकरण एवं दमन के माध्यम से होता है?
A. एस. फ्रायड   **B.** जी. एच. मीड
C. डब्ल्यू.जी. समनर   **D.** सी एच. कूले

Q.74 निम्नलिखित में से कौन एक आदिम धर्म का लक्षण नहीं है?
A. टोटमवाद
B. वर्जन (निषेध)
C. मंदिर
D. आत्मा का परकाया प्रवेश

Q.75 अनौपचारिक अनुशास्ति में सम्मिलित है-
A. उपहास
B. चिढ़ाना
C. परिवार अथवा मित्रों द्वारा अनुमोदन की स्पष्ट अभिव्यक्ति
D. उपर्युक्त सभी

Q.76 किसने परिभाषित किया है कि "कोई भी समूह इस कारण बनता है जब कोई स्वार्थ, उसके सदस्यों को परस्पर संयुक्त रखता है।"?
A. एडवर्ड सपिर   **B.** आर.एन. विलियम्स
C. ए.एस. बोगार्डुस   **D.** एम. जिन्सबर्ग

Q.77 'सम्पूर्ण संस्था' की अवधारणा का सूत्रपात किसने किया है?
A. पारसन्स   **B.** वेबर   **C.** गौफमैन   **D.** मीड

Q.78 'पूर्व औद्योगिक समाज' की अवधारणा प्रतिपादित की गई थी-
A. सेन्ट साइमन द्वारा   **B.** गिदोन स्जोबर्ग द्वारा
C. डेविस द्वारा   **D.** पार्क द्वारा

Q.79 मूल प्रौद्योगिकी एवं सामाजिक प्रौद्योगिकी के मध्य किसने अन्तर किया है?
A. मार्क्स   **B.** मैकाइवर   **C.** हॉबहाउस   **D.** सोरोकिन

Q.80 निम्नलिखित में से कौन यह कहता है कि सामाजिक संरचना का अनुभवात्मक यथार्थ से कोई सरोकार नहीं होता है?
A. सी. लेवी-स्ट्रॉस   **B.** मेरियन जे. लेवी
C. रेमण्ड फर्थ   **D.** इवान्स प्रिचार्ड

Q.81 यह किसकी मान्यता है कि मानव जीवन के किसी भी पहलू का मूल तत्त्व, दो विरोधी दिशाओं में विरोधी तत्त्वों के सहअस्तित्व पर आधारित होता है-
A. मार्क्स   **B.** सिमेल   **C.** कोजर   **D.** वेबर

Q.82 समाज का दो प्रकारों में वर्गीकरण: लोक एवं नगरीय, किसके द्वारा किया गया था?
A. दुर्खीम   **B.** रेडफील्ड   **C.** टॉनीज   **D.** स्पेंग्लर

Q.83 क्रिया हेतु एक विशिष्ट मार्गदर्शन जो कि विशिष्ट परिस्थितियों में स्वीकार्य एवं उचित व्यवहार को परिभाषित करता है, कहलाता है-
A. मूल्य   **B.** मानक   **C.** परम्परा   **D.** प्रथा

Q.84 यह किसका मत है कि समाजशास्त्र का मुख्य कार्य सामाजिक व्यवस्था में मूल उन्मेष के प्रतिमानों के संस्थाकरण का परीक्षण करना है?
A. कॉमटे   **B.** दुर्खीम   **C.** वेबर   **D.** पार्सन्स

Q.85 समाज के सदस्यों के मध्य संबंध नियमानुकूल संगठित होते हैं, यह किसकी मूलभूत मान्यता है?
A. अन्तःक्रियावाद   **B.** अस्तित्ववाद
C. प्रकार्यवाद   **D.** संघर्ष सिब्धान्त

Q.86 एक विशिष्ट समाज के सदस्यों के जीवन अभिकल्प (पद्धति) के रूप में संस्कृति को किसने परिभाषित किया है?
A. क्लकहीन   **B.** पारसन्स   **C.** लिन्टन   **D.** डेविस

Q.87 'तुलनात्मक अभाव बोध' अवधारणा का प्रयोग मूलतः किसके द्वारा किया गया था?
A. स्टाउफर   **B.** मर्टन   **C.** हाइमैन   **D.** डेविस

Q.88 निम्न में से किसने मेक्स वेबर की विधिवादिता से वैधता में अन्तर स्थापित करने में असफल होने के कारण तीक्ष्णता से आलोचना की थी?
A. जे. हैबरमास   **B.** सी. लेवी-स्ट्रॉस
C. एफ. लीप्ले   **D.** डब्ल्यू ए. लेविस

Q.89 निम्न में से किसने समूहों को 'प्रति सामाजिक' एवं 'असामाजिक' में वर्गीकृत किया?
- **A.** डी. सैन्डर्सन
- **B.** जार्ज हैसन
- **C.** पीटर मिलवर्ड
- **D.** लेस्टर फ्रैंक वार्ड

Q.90 'सामाजिक संघर्ष के प्रकार्यों' पर किसने लिखा है?
- **A.** एल. ए. कोजर
- **B.** कार्ल मार्क्स
- **C.** आर. डेहरेनडॉर्फ
- **D.** सी .डब्ल्यू मिल्स

Q.91 पारिवारिल संरचना की तुलना समाजशास्त्रियों द्वारा छ: आयामों पर की जाती है। निम्न में से कौन एक उनमें सम्मिलित नहीं है?
- **A.** पारिवारिक नीति
- **B.** पारिवारिक स्वरूप
- **C.** विवाह स्वरूप
- **D.** सत्ता प्रतिमान

Q.92 प्रतिस्पर्धा क्या है?
- **A.** अवैयक्तिक एवं प्रत्यक्ष संघर्ष
- **B.** वैयक्तिक एवं अप्रत्यक्ष संघर्ष
- **C.** वैयक्तिक एवं प्रत्यक्ष संघर्ष
- **D.** अवैयक्तिक एवं अप्रत्यक्ष संघर्ष

Q.93 'स्वयं में वर्ग' एवं 'स्वयं के लिए वर्ग' पदों का प्रयोग किसने किया है?
- **A.** मैक्स वेबर
- **B.** कार्ल मार्क्स
- **C.** एल. ए. कोजर
- **D.** जी. सिमेल

Q.94 एक विश्वास में कोई चीज अच्छी एवं वांछनीय है, कहलाती है-
- **A.** मूल्य
- **B.** प्रथा
- **C.** परम्परा
- **D.** भूमिका

Q.95 निम्नलिखित में से किसने सहयोग के चार प्रकारों स्वाभाविक, परम्परागत, निर्देशित एवं संविदात्मक को चिह्नित किया है?
- **A.** कोजर
- **B.** सिमल
- **C.** निस्बेट
- **D.** होमान्स

Q.96 निम्नांकित में से कौन सामाजिक संरचना का तत्व नहीं है?
- **A.** संस्थाएँ
- **B.** प्रस्थिति एवं भूमिका
- **C.** समूह एवं उप-समूह
- **D.** उप-संस्कृति

Q.97 निम्नलिखित प्रकारों के समाज में से किसमें श्रम-विभाजन सर्वाधिक विस्तारित होता है?
- **A.** पशुचारी
- **B.** कृषीय
- **C.** औद्योगिक
- **D.** उत्तर-औद्योगिक

Q.98 जो प्रतिमान स्थिर होते हैं तथा एक संस्कृति से दूसरी संस्कृति एवं एक युग से दूसरे युग में भिन्न नहीं होते हैं, कहलाते हैं-
- **A.** सांस्कृतिक पूर्णताएँ
- **B.** सांस्कृतिक सार्वभौमिकताएँ
- **C.** सांस्कृतिक विशिष्टताएँ
- **D.** सांस्कृतिक अवशेष

Q.99 परिवार को सामाजिक संस्था मान लेने पर निम्नलिखित में से क्या सत्य नहीं होगा?
- **A.** विवाह
- **B.** नातेदारी
- **C.** पारिवारिक व्यवसाय
- **D.** माता-पिता

Q.100 व्यावसायिक उप-संस्कृति निम्नलिखित में से किसकी विशेषता होती है?
- **A.** जनजातीय समाज
- **B.** कृषक समाज
- **C.** औद्योगिक समाज
- **D.** सभी प्रकार के अनौद्योगिक समाज

Q.101 मैकाइवर के अनुसार राज्य के लिए निम्नलिखित में से क्या सत्य है?
- **A.** समिति अधिक समुदाय कम
- **B.** समिति
- **C.** समुदाय
- **D.** समुदाय अधिक समिति कम

Q.102 कॉम्ट एक नई समाज व्यवस्था का निर्माण निम्नलिखित में से किनके आधार पर करना चाहता था?
1. नैतिक एकता
2. सामाजिक एकता
3. मानवता का नया धर्म
4. ऐतिहासिक अनुभवों

निम्नलिखित कूट से सही उत्तर का चयन करें-
- **A.** 1 एवं 2
- **B.** 3 एवं 4
- **C.** 1 एवं 3
- **D.** 2 एवं 4

Q.103 'समाज व्यक्तिगत विचारों के मध्य एक संबंध है।' विचारक इंगित कीजिए-
- **A.** मैकाइवर
- **B.** मर्टन
- **C.** डेविस
- **D.** कूले

Q.104 समूह के मध्य सामाजिक दूरी के आधार पर सामाजिक समूहों को दो श्रेणियों-उद्ग्र समूह एवं क्षैतिज समूह में किसने विभाजित किया है?
- **A.** कूले
- **B.** बोगार्डिस
- **C.** आगबर्न
- **D.** मिलर

Q.105 निम्न में से कौन सी विशेषताएँ सामाजिक समूह से जुड़ी हैं?
1. एक से अधिक व्यक्ति
2. कुछ हित
3. भावना
4. निश्चित क्षेत्र

नीचे दिए गए कूट से सही उत्तर का चयन कीजिए-
- **A.** 1 एवं 2
- **B.** 3 एवं 4
- **C.** 1, 2 एवं 3
- **D.** 2, 3 एवं 4

Q.106 सामाजिक संगठन एवं सामाजिक समूह-
- **A.** एक-दूसरे से भिन्न नहीं हैं।
- **B.** एक-दूसरे से बिल्कुल भिन्न हैं।
- **C.** एक-दूसरे के साथ घनिष्ठ रूप से जुड़े हैं।
- **D.** एक-दूसरे के साथ घनिष्ठ सहयोग के आधार पर कार्य करते हैं।

Q.107 अर्द्ध समूह (एक्शन सैट) के साथ किसका नाम जुड़ा है?
- **A.** आर. के. मर्टन
- **B.** आर. के. मैकाइबर
- **C.** ए. सी. मेयर
- **D.** जे. एस. मिल

Q.108 निम्नांकित में कौन सामाजिक संरचना का निर्णायक है?
- **A.** आयु और लिंग
- **B.** व्यक्तियों की एक बड़ी संख्या
- **C.** वृहद् परिवारों का एक पुंज
- **D.** प्रस्थिति एवं भूमिका पुंज

Q.109 निम्न संगठनों में से कौन एक प्रतिस्पर्धा एवं संघर्ष पर आधारित है?
- **A.** एक नातेदारी संगठन
- **B.** एक धार्मिक संगठन
- **C.** एक औद्योगिक संगठन
- **D.** एक सजातीय संगठन

Q.110 'द डैथ ऑफ द फैमिली' के लेखक कौन हैं?
- **A.** कूपर
- **B.** लैंग
- **C.** लीच
- **D.** मॉर्गन

Q.111 यह तर्क किसने प्रस्तुत किया है कि, "परिवार फैक्टरियाँ" हैं जो कि मानव व्यक्तित्व को उत्पादित करती हैं"?
- **A.** मॉर्गन
- **B.** मैकाइवर
- **C.** डेविस
- **D.** पार्सन्स

Q.112 यह विचार किसके द्वारा प्रस्तुत किया गया था कि जाति एक विस्तृत नातेदारी समूह है?
- **A.** इरावती कर्वे
- **B.** जी. एस. घुरिए

C. एच. रिज़ले   **D.** जे. एच. हट्टन

Q.113 किसने ग्रामीण लोगों को तीन भागों-मालिक, किसान एवं मजदूर में वर्गीकृत किया?

A. आन्द्रे बेताई   **B.** डेनियल वॉर्नर

C. एफ.जी. बेली   **D.** एम.एन. श्रीनिवास

Q.114 यह किसकी मान्यता है कि श्रमिक वर्ग अब तीन विभिन्न स्तरों, अकुशल, अर्द्ध-कुशल एवं कुशल शारीरिक श्रमिक, में विभाजित है?

A. बोट्टोमोर   **B.** क्लार्क   **C.** डाहरडॉर्फ   **D.** रेसलर

Q.115 वर्ग-व्यवस्था का एक विस्तृत अध्ययन एक समुदाय में जिसे उसने "यांकी सिटी" कहा, किसने किया था?

A. वेबर   **B.** मिशल्स   **C.** वॉर्नर   **D.** मार्क्स

Q.116 वेबर की भाषा में एक व्यक्तित्व की 'वर्ग-परिस्थिति' मूल रूप में होती है उसकी-

A. बाजार परिस्थिति   **B.** आर्थिक परिस्थिति

C. सामाजिक परिस्थिति   **D.** सांस्कृतिक परिस्थिति

Q.117 निम्न में से किस एक विचार का उपयोग अन्तःक्रिया वादियों द्वारा भूमिका की अवधारणा के लिए भी किया गया है?

A. सहयोग   **B.** आपसी वार्ता

C. संघर्ष   **D.** सात्मीकरण

Q.118 कौन-सा परिप्रेक्ष्य यह मानता है कि प्रमुख सामाजिक वर्गों के मध्य का संबंध पारस्परिक आश्रितता एवं संघर्ष का संबंध होता है?

A. प्रत्यक्षवादी   **B.** प्रकार्यवादी

C. संरचनात्मक   **D.** मार्क्सवादी

Q.119 यह तर्क किसने प्रस्तुत किया है कि मार्क्स की भविष्यवाणी के विपरीत शारीरिक श्रमिक वर्ग अधिक विषमरूपी अथवा असमान हो गया है?

A. वेबर   **B.** डेहरनडार्फ

C. मर्टन   **D.** डेविस

Q.120 निम्न में से कौन-सा कथन संस्कृतिकरण के लिये सही है?

A. यह संरचनात्मक परिवर्तन की एक प्रक्रिया है।

B. यह भारत में ब्रिटिश शासन के आगमन से प्रारम्भ हुई।

C. यह परिवर्तन कर बहिर्जात स्रोत है।

D. यह स्थितिकीय परिवर्तन की एक प्रक्रिया है।

Q.121 व्यावसायिक संरचना को आधुनिक पाश्चात्य समाज की वर्ग-संरचना रीढ़ की हड्डी कौन मानता है?

A. कार्ल मार्क्स   **B.** फ्रेन्क पार्किन

C. मैक्स वेबर   **D.** कैनेथ रॉबर्ट्स

Q.122 "स्तरीकरण के मिश्रित परिणामों संबंधी प्रमाण, विकल्पों के परीक्षण की सबल संस्तुति करते हैं।"

A. ट्यूमिन   **B.** डेविस एवं मूर

C. पारसन्स   **D.** मार्क्स

Q.123 मरडॉक ने यह मत प्रस्तुत किया है कि परिवार सभी समाजों में चार मूलभूत प्रकार्यों को सम्पन्न करता है। निम्नलिखित में से कौन एक उसकी सूची में सम्मिलित नहीं है?

A. यौनगत   **B.** आर्थिक

C. मनोवैज्ञानिक   **D.** शैक्षिक

Q.124 यह विश्वास किसका था कि सामाजिक गतिशीलता की उच्च दर वर्ग एकता को कमजोर बनाएगी?

A. वेबर   **B.** पारसन्स   **C.** मार्क्स   **D.** डेविस

Q.125 समाजशास्त्र में प्रत्यक्षवादी दृष्टिकोण उस व्यवहार पर विशेष महत्व देता है, जिसे-

A. मूल्यांकित किया जा सकता है।

B. परीक्षण किया जा सकता है।

C. समझा जा सकता है।

D. प्रत्यक्ष रूप से अवलोकित किया जा सकता है।

// स्मार्ट उत्तर पुस्तिका //

सही उत्तर — उन छात्रों के प्रतिशत को इंगित करता है जिन्होंने प्रश्नों का सही उत्तर दिया था।

छोड़ दिया — उन छात्रों के प्रतिशत को इंगित करता है जिन्होंने प्रश्नों को छोड़ दिया था।

प्रश्न संख्या	उत्तर	सही उत्तर / छोड़ दिया	प्रश्न संख्या	उत्तर	सही उत्तर / छोड़ दिया	प्रश्न संख्या	उत्तर	सही उत्तर / छोड़ दिया	प्रश्न संख्या	उत्तर	सही उत्तर / छोड़ दिया	प्रश्न संख्या	उत्तर	सही उत्तर / छोड़ दिया
1	A	25.86 % / 18.97 %	17	C	13.79 % / 44.83 %	33	A	31.03 % / 36.21 %	49	D	32.76 % / 46.55 %	65	D	46.55 % / 46.55 %
2	D	44.83 % / 43.1 %	18	A	32.76 % / 46.55 %	34	B	15.52 % / 46.55 %	50	A	22.41 % / 43.11 %	66	A	48.28 % / 43.1 %
3	C	48.28 % / 43.1 %	19	D	39.66 % / 22.41 %	35	B	25.86 % / 43.11 %	51	C	51.72 % / 46.56 %	67	C	32.76 % / 46.55 %
4	A	17.24 % / 46.55 %	20	A	27.59 % / 43.1 %	36	C	37.93 % / 43.1 %	52	B	48.28 % / 43.1 %	68	D	27.59 % / 46.55 %
5	C	44.83 % / 46.55 %	21	A	36.21 % / 41.38 %	37	C	32.76 % / 46.55 %	53	A	13.79 % / 46.55 %	69	B	24.14 % / 46.55 %
6	C	48.28 % / 43.1 %	22	C	41.38 % / 46.55 %	38	C	22.41 % / 43.11 %	54	D	18.97 % / 43.1 %	70	C	44.83 % / 46.55 %
7	D	51.72 % / 44.83 %	23	C	24.14 % / 34.48 %	39	B	24.14 % / 46.55 %	55	C	27.59 % / 43.1 %	71	D	55.17 % / 37.93 %
8	A	51.72 % / 46.56 %	24	B	22.41 % / 46.56 %	40	A	25.86 % / 46.55 %	56	D	24.14 % / 46.55 %	72	B	29.31 % / 43.1 %
9	C	46.55 % / 46.55 %	25	A	37.93 % / 44.83 %	41	A	32.76 % / 43.1 %	57	A	18.97 % / 44.82 %	73	A	18.97 % / 46.55 %
10	A	51.72 % / 43.11 %	26	B	34.48 % / 46.55 %	42	D	29.31 % / 46.55 %	58	B	31.03 % / 43.11 %	74	C	39.66 % / 44.82 %
11	C	24.14 % / 43.1 %	27	C	44.83 % / 39.65 %	43	C	22.41 % / 46.56 %	59	D	20.69 % / 43.1 %	75	D	41.38 % / 46.55 %
12	B	29.31 % / 46.55 %	28	D	10.34 % / 46.56 %	44	B	27.59 % / 46.55 %	60	B	37.93 % / 43.1 %	76	A	25.86 % / 43.11 %
13	B	37.93 % / 43.1 %	29	B	31.03 % / 41.38 %	45	C	34.48 % / 41.38 %	61	B	32.76 % / 46.55 %	77	C	34.48 % / 46.55 %
14	D	29.31 % / 46.55 %	30	A	41.38 % / 43.1 %	46	D	41.38 % / 46.55 %	62	D	20.69 % / 43.1 %	78	B	31.03 % / 44.83 %
15	C	32.76 % / 43.1 %	31	D	34.48 % / 41.38 %	47	C	29.31 % / 43.1 %	63	A	39.66 % / 43.1 %	79	B	20.69 % / 37.93 %
16	C	20.69 % / 43.1 %	32	A	41.38 % / 43.1 %	48	C	32.76 % / 46.55 %	64	C	34.48 % / 46.55 %	80	A	39.66 % / 43.1 %

प्रश्न संख्या	उत्तर	सही उत्तर / छोड़ दिया
81	B	24.14 % / 43.1 %
82	B	39.66 % / 43.1 %
83	B	25.86 % / 46.55 %
84	D	18.97 % / 43.1 %
85	C	29.31 % / 46.55 %
86	A	17.24 % / 46.55 %
87	A	31.03 % / 46.56 %
88	A	32.76 % / 46.55 %
89	B	18.97 % / 46.55 %

प्रश्न संख्या	उत्तर	सही उत्तर / छोड़ दिया
90	A	36.21 % / 46.55 %
91	A	24.14 % / 46.55 %
92	D	27.59 % / 46.55 %
93	B	39.66 % / 43.1 %
94	A	34.48 % / 46.55 %
95	C	18.97 % / 43.1 %
96	D	32.76 % / 43.1 %
97	D	22.41 % / 46.56 %
98	B	34.48 % / 46.55 %

प्रश्न संख्या	उत्तर	सही उत्तर / छोड़ दिया
99	D	24.14 % / 43.1 %
100	C	39.66 % / 43.1 %
101	B	22.41 % / 46.56 %
102	C	31.03 % / 46.56 %
103	D	8.62 % / 46.55 %
104	D	22.41 % / 43.11 %
105	C	37.93 % / 46.55 %
106	D	29.31 % / 46.55 %
107	C	20.69 % / 46.55 %

प्रश्न संख्या	उत्तर	सही उत्तर / छोड़ दिया
108	D	36.21 % / 46.55 %
109	C	55.17 % / 43.11 %
110	A	32.76 % / 46.55 %
111	D	27.59 % / 37.93 %
112	A	36.21 % / 46.55 %
113	B	39.66 % / 39.65 %
114	C	27.59 % / 46.55 %
115	C	29.31 % / 43.1 %
116	A	20.69 % / 46.55 %

प्रश्न संख्या	उत्तर	सही उत्तर / छोड़ दिया
117	B	31.03 % / 37.94 %
118	D	25.86 % / 46.55 %
119	B	43.1 % / 37.93 %
120	D	29.31 % / 43.1 %
121	B	31.03 % / 43.11 %
122	A	15.52 % / 46.55 %
123	C	32.76 % / 41.38 %
124	C	20.69 % / 46.55 %
125	D	34.48 % / 46.55 %

कार्य विश्लेषण

औसत अंक (%)	34.82%
टॉपर्स स्कोर (%)	98.35%
आपका स्कोर	

//संकेत और समाधान//

1. व्यक्ति समाज में अकेला नहीं रहता अपितु अन्य व्यक्तियों के साथ रहता है। वास्तव में. व्यक्ति का जीवन विभिन्न सामाजिक समूहों का सदस्य होने के कारण ही संगठित जीवन है। हेरी एम जॉनसन के अनुसार समाजशास्त्र सामाजिक समूहों, उनके आंतरिक स्वरूपों या संगठन के स्वरूपों, उन प्रक्रियाओं जो उसे संगठन में बनाए रखती हैं या परिवर्तित करती हैं और समूहों के बीच पाए जाने वाले संबंधों का अध्ययन करने वाला विज्ञान है।" जॉनसन की परिभाषा से हमें पता चलता है कि समाजशास्त्र सामाजिक समूहों, इनमें पाए जाने वाले संगठनों तथा इनसे संबंधित प्रक्रियाओं का अध्ययन है। जब दो या दो से अधिक व्यक्ति किसी लक्ष्य या उद्देश्य को पाने के लिए एक दूसरे को प्रभावित करते हैं या अंतर्क्रिया करते हैं और इसके परिणामस्वरूप उनके मध्य सामाजिक संबंध स्थापित होते हैं। तभी उन व्यक्तियों के संग्रह को समूह कहा जा सकता है। इस प्रकार समूह के तीन तत्व हो सकते है- प्रथम, दो या दो से अधिक व्यक्तियों का संग्रह, द्वितीय, उनमें प्रत्यक्ष या अप्रत्यक्ष संबंधों का होना तथा तृतीय, उनकी क्रियाओं का आधार सामान्य हित या उद्देश्य का होना।

अतः विकल्प (A) सही है।

2. प्रत्यक्षवाद, समाजशास्त्र की परम्परावादी विधि है, जिसे सामान्यतः ऑगस्त कॉम्टे के साथ जोड़ा जाता है। सामाजिक तथ्यों को रिपोर्ट करने पर कॉम्टे द्वारा दिया जाने वाला बल वैसा ही है, जैसा हम सामाजिक विज्ञानों में पाते हैं, जहाँ प्रक्रमों को समझने एवं विश्लेषण करने में यथार्थता एवं वस्तुनिष्ठता आधारभूत अभिलक्षण हैं।

अतः विकल्प (D) सही है।

3. बीयरस्टीड - 'समाजशास्त्र का अतीत तो बहुत लम्बा है, परन्तु इतिहास बहुत छोटा है।'

सामाजिक ज्ञान उतना ही प्राचीन है जितना कि मानवीय समाज। सृष्टि के प्रारंभ से ही मानव अपने सामाजिक जीवन के बारे में सोचता आया है और सोचता रहा है। समूह के क्रियाकलापों में भाग लेने के लिए आवश्यक है कि आने वाली विभिन्न समस्याओं को सुलझाया जाए। इन्हीं प्रयत्नों के परिणाम स्वरूप ही समाजशास्त्र की उत्पत्ति हुई है और इसका विकास अविराम गति से होता जा रहा है। वास्तव में, समाजशास्त्र का अतीत बहुत लंबा है परंतु इतिहास उतना ही छोटा है।

अतः विकल्प (C) सही है।

4. 'पर्यावरण' शब्द पुराने फ्रांसीसी शब्द 'Environer' से बना है - जिसका अर्थ है 'घेरना'। पर्यावरण से तात्पर्य ऐसी स्थितियों या परिवेश से है जिसमें जीवित प्राणी जैसे मनुष्य, जानवर और पौधे जीवित रहते हैं या जीवित रहते हैं और निर्जीव चीजें मौजूद होती हैं।

अतः विकल्प (A) सही है।

5. प्रमुख विद्वानों द्वारा विभिन्न दृष्टिकोणों के आधार पर समाजशास्त्र की जो परिभाषाएँ दी गई हैं उनसे स्पष्ट ज्ञात होता है कि समाजशास्त्र मुख्य रूप से समाज, सामाजिक सम्बन्धों, सामाजिक जीवन, सामाजिक घटनाओं, व्यक्तियों के व्यवहार एवं कार्यों, सामाजिक समूहों एवं सामाजिक अन्तःक्रियाओं का अध्ययन करने वाला विषय है।

अतः विकल्प (C) सही है।

6. ह्यूमन सोसाइटी पुस्तक के लेखक किंग्सले डेविस हैं। यह पुस्तक 1949 में प्रकाशित हुई।

किंग्सले डेविस (20 अगस्त, 1908 - 27 फरवरी, 1997) एक अंतरराष्ट्रीय स्तर पर मान्यता प्राप्त अमेरिकी समाजशास्त्री और जनसांख्यिकी विशेषज्ञ थे। उन्हें अमेरिकन फिलोसॉफिकल सोसाइटी द्वारा बीसवीं शताब्दी के सबसे उत्कृष्ट सामाजिक वैज्ञानिकों में से एक के रूप में पहचाना गया था, और हूवर इंस्टीट्यूशन के वरिष्ठ अनुसंधान साथी थे।

अतः विकल्प (C) सही है।

7. 19वीं शताब्दी के प्रारंभ में फ्रांस के विचारक आगस्त कॉम्त ने समाजशास्त्र का नाम सामाजिक भौतिकी रखा और 1838 में बदलकर समाजशास्त्र रखा।

अतः विकल्प (D) सही है।

8. मनुष्य एक सामाजिक प्राणी है यह कथन महान यूनानी दार्शनिक अरस्तू का है। अरस्तू प्लेटो के शिष्य थे एवं सिकंदर के गुरु थे। उनका यह कहना था की अन्य सभी जीवों की तरह मनुष्य भी एक सामाजिक प्राणी है। जिसे समाज का प्यार और साथ की जरूरत है।

"मनुष्य एक सामाजिक प्राणी है" इस वाक्य में दो महत्वपूर्ण शब्द हैं पहला मनुष्य और दूसरा समाज, मनुष्य और समाज दोनों एक दूसरे के पूरक हैं व्यक्ति है तो समाज है और अगर समाज है तो व्यक्ति है।

अतः विकल्प (A) सही है।

9. ऑगस्त कॉम्टे (Auguste Comte) (19 जनवरी 1798 – 5 सितम्बर 1857) एक फ्रांसीसी विचारक थे। वे समाजशास्त्र के संस्थापकों में से एक हैं। इसी कारण उन्हें समाजशास्त्र के पिता माना जाता है। उन्होने तथ्यवाद (पॉजिटिविज्म) के विचार का प्रतिपादन किया। उनका दार्शनिक प्रणाली तत्कालीन आधुनिक औद्योगिक समाज के लिए उचित राजनीतिक और सामाजिक व्यवस्था को सही करने कि कोशिश की। व्यावहारिक पहलू कॉम्टे के सभी दार्शनिक और सामाजिक लेखन में दिखाई पड़ता है।

अतः विकल्प (C) सही है।

10. समाजशास्त्र एक नया अनुशासन है अपने शाब्दिक अर्थ में समाजशास्त्र का अर्थ है– समाज का विज्ञान। इसके लिए प्रयुक्त अंग्रेजी शब्द सोशियोलॉजी लेटिन भाषा के सोसस तथा ग्रीक भाषा के लोगस दो शब्दों से मिलकर बना है जिनका अर्थ क्रमशः समाज का विज्ञान है। इस प्रकार सोशियोलॉजी शब्द का अर्थ भी समाज का विज्ञान होता है। परंतु समाज के बारे में समाजशास्त्रियों के भिन्न – भिन्न मत है इसलिए समाजशास्त्र को भी उन्होंने भिन्न-भिन्न रूपों में परिभाषित किया है।

अतः विकल्प (A) सही है।

11. चूँकि नगरों का सामाजिक जीवन और संगठन नितान्त अवैयक्तिक एवं अप्रत्यक्ष प्रकार का होता है, इनमें द्वितीयक संबंधों की प्रधानता होती है, पारस्परिक घनिष्ठता का अभाव होता है। आपसी संबंध औपचारिक प्रकृति के होते है। फलतः सामाजिक नियंत्रण एवं प्रबंध की दृष्टि से भी ये नगर नई चुनौतियाँ पैदा कर रहे है।

अतः विकल्प (C) सही है।

12. भारतीय समाज का भौगोलिक सीमांकन राज्य पुनर्गठन आयोग ने सांस्कृतिक, भाषायी एवं ऐतिहासिकता के साथ-साथ प्रशासनिक सुविधाओं को ध्यान में रखते हुए किया है।

अतः विकल्प (B) सही है।

13. लोक ग्राम्य नगर सातत्य की संकल्पना का प्रतिपादन रॉबर्ट रेडफील्ड ने मैक्सिको में किये गये अपने अध्ययन के आधार पर किया था। तीव्र नगरीकरण की प्रक्रिया, गुमनाम स्थानों पर बड़े-बड़े उद्योगों की स्थापना, नगरीय विशेषताओं और सुविधाओं का ग्रामीण क्षेत्रों में विस्तार और प्रसार के कारण ग्राम और नगर के बीच का अंतर घटता गया है जिससे ग्राम्य-नगर सातत्य की प्रक्रिया भी तीव्रता के साथ साकार होने लगी है।

अतः विकल्प (B) सही है।

14. स्पेंसर जैविकीय अनुरूपता से इतने प्रभावित थे कि उन्होने सामाजिक संरचना की तुलना मानव शरीर से की है। उनका कहना था कि जिस प्रकार शरीर के अभिन्न अंग होते है और वे सभी शारीरिक बनावट को बनाए रखते है, उसी प्रकार समाज के भी विभिन्न अंग होते है जो समाज की बनावट को बनाए रखते है। सामाजिक संरचना को समाजशास्त्रियों ने अतर्वैयक्तिक संबंधों का जाल भी कहा है।

अतः विकल्प (D) सही है।

15. सोरोकिन की मान्यता है कि ग्राम व नगर दो भिन्न व्यवस्थाएँ व समानान्तर प्रणालियाँ हैं और इनमें मिलन संभव नहीं है। उनके अनुसार गाँव का क्षेत्रफल और जनसंख्या नगरों की तुलना में काफी कम होती है, ग्राम जनसंख्या में सजातीय तत्व एवं नगरों में विजातीय तत्व की प्रधानता होती है, गाँव में अधिकतर लोग कृषि एवं दूसरे व्यवसायों में संलग्न होते हैं, जबकि नगरों में अधिकांश जनसंख्या गैर कृषि व्यावसायों में संलग्न रहती है। गाँवों में भौतिक तथा सामाजिक गतिशीलता की दर नगरों की तुलना में काफी कम होती है। गाँव प्राथमिक समूह के नमूने है जबकि नगर द्वितीयक समूहों पर आधारित होते हैं।

अतः विकल्प (C) सही है।

16. अमेरिका की तलिंग और हैदा जैसी जनजातियों में 'पोटलैच' नामक प्रथा का प्रचलन पाया जाता है। यह प्रथा एक व्यय साध्य भोज के रूप में प्रतिष्ठा में वृद्धि करने के उद्देश्य से आयोजित की जाती है जिसमें बहुत-सी कीमती वस्तुओं को नष्ट किया जाता है एवं बाँटा जाता है।

अतः विकल्प (C) सही है।

17. जाति एक सामान्य क्षेत्र में जीवन निर्वाह करती है, किन्तु जनजाति का एक निश्चित भौगोलिक क्षेत्र होता है। रेडफील्ड ने मेक्सिको के यूकटैन में अध्ययन कर 'जाति-जनजाति निरंतरता' पर 1941 में अपनी एक पुस्तक 'Folk Culture of Yucatan' का प्रकाशन किया है।

अतः विकल्प (C) सही है।

18. घोटुल, बस्तर की मारिया गोंडा जनजाति में पाया जाने वाला युवा गृह है, जहाँ पर इस जनजाति के युवक-युवतियाँ रात्रि निवास कर यौन-संबंधी प्रशिक्षण प्राप्त करते हैं। शरतचन्द्र राय के अनुसार युवागृहों की उत्पत्ति युवा सदस्यों को आर्थिक एवं सामाजिक प्रशिक्षण देने के लिए हुई होगी। वेरियर एल्विन ने इस जनजाति के युवागृह पर 'Marias and Their Ghotul' (1939) नामक पुस्तक लिखी है।

अतः विकल्प (A) सही है।

19. कृषक समाज में प्राथमिक समूह संबंध सर्वाधिक प्रचलित होते हैं तथा लोकरीतियों और रूढ़ियों द्वारा सामाजिक नियंत्रण निर्देशन का कार्य होता है। इस तरह के समाज में 'परिवार' एक अत्यन्त महत्वपूर्ण संस्था होता है जो अपने सदस्यों का 'अति लघु समुदाय' ही होता है। इनका सामाजिक संगठन नातेदारी व्यवस्था पर आधारित होता है।

अतः विकल्प (D) सही है।

20. एल्टन मेयो ने हार्थोन प्लांट के अध्ययन में मानव सम्बन्ध उपागम का प्रयोग किया है। उन्होंने अनौपचारिक कार्य समूहों के सदस्य के रूप में श्रमिकों के कार्य और उनके व्यवहार की प्रवृत्ति का परीक्षण किया है।

अतः विकल्प (A) सही है।

21. सार्वभौमीकरण की संकल्पना मैकिन मैरियट' ने प्रतिपादित की है। इस प्रक्रिया में किसी लघु परम्परा के तत्व ऊपर की और संचरण करते हैं तथा इनका प्रसार विस्तृत क्षेत्र में हो जाता है।

अतः विकल्प (A) सही है।

22. चूँकि भूमिरहित मजदूर के पास जीवन-निर्वाह हेतु एकमात्र पूँजी उसका श्रम होता है। ऐसी स्थिति में वह ऐसे क्षेत्रों में पलायन करने के लिए लगभग पूर्णतः स्वतंत्र होता है, जहाँ उसके श्रम की माँग हो तथा उचित मूल्य प्राप्त होता हो। भूमिहीन होने के कारण उसे अपने परम्परागत निवास क्षेत्र से संबंध विच्छेद करने में कोई विशेष अवरोध उत्पन्न नहीं होता है। अतएव विसंबधन घटित होने की दर ऐसे लोगों में अधिक होने की संभावना रहती है।

अतः विकल्प (C) सही है।

23. विश्व के लोग जब समग्र रूप में एक समुदाय की भाँति अंतःक्रिया (प्रत्यक्ष या अप्रत्यक्ष) करते हैं, जो संचार व्यवस्था पर निर्भर है, तो यह 'सार्वभौमिक ग्राम' की धारणा को जन्म देता है।

अतः विकल्प (C) सही है।

24. वस्तुतः वर्तमान में उद्योगोत्तर समाज की संकल्पना में यथार्थ की अपेक्षा कल्पना का अधिक महत्व है। ऐसा समाज मूलरूप से यांत्रिकता पर निर्भर होगा, जहाँ कम्प्यूटरों एवं स्वचालित मशीनों का अधिकाधिक उपयोग किया जाने लगेगा।

अतः विकल्प (B) सही है।

25. 'विख्यात मानवशास्त्री' रॉबर्ट रेडफील्ड' ने मेक्सिको के 'यूकटैन' नामक एक ग्राम में शोध का कार्य किया, तत्पश्चात 1941 में उनकी पुस्तक 'Folk Culture of Yucatan' प्रकाशित हुई, तभी से लोक-नगरीय सातत्य' की अवधारणा का प्रादुर्भव हुआ।

अतः विकल्प (A) सही है।

26. रॉल्फ डेहरनडार्फ का 'संघर्ष सिद्धान्त' मूलतः सत्ता के संबंधों पर आधारित है। उनका मत है कि सत्ता संरचना में सत्ता का सदैव असमान बंटवारा होता है- जिनके पास अधिक सत्ता होती है, वे प्रभुत्व संपन्न शासक बन बैठते हैं, जबकि सत्ताहीन या कम सत्ता वाले लोग मातहती की स्थिति में होते हैं। इस प्रकार समाज में स्वतः ही दो विरोधी समूहों का जन्म होता है।

अतः विकल्प (B) सही है।

27. संविधान की छठी अनुसूची का मुख्य प्रावधान उत्तर-पूर्व भारत के जनजातीय क्षेत्रों में जैसे- असम, मेघालय, त्रिपुरा एवं मिजोरम राज्यों के जनजाति क्षेत्रों के प्रशासन की स्वायत्तता से संबंधित है।

अतः विकल्प (C) सही है।

28. जब किसी समाज में आदर्शक व्यवस्था (अनौपचारिक) एवं अस्तित्ववादी (औपचारिक) व्यवस्था के मध्य सामंजस्य की स्थिति हो तो उसे एककालिक व्यवस्था कहा जाता है।

अतः विकल्प (D) सही है।

29. रॉल्फ लिंटन ने संस्कृति को तत्वों, संरचनाओं तथा प्रकार्यों में कूटबद्ध किया है। लिंटन की मान्यतानुसार जो लोग परम्परावादी होते हैं उनके लिए संस्कृति की भूमिका एक निर्देशक की तरह होती है जो उनके लिए व्यवहार के प्रतिमान निर्धारित करती है एवं वैयक्तिक एवं सामाजिक आवश्यकताओं की पूर्ति करती है।

अतः विकल्प (B) सही है।

30. मजूमदार एवं मदान के अनुसार जब एक संस्कृति के प्रभाव से दूसरी संस्कृति की सम्पूर्ण जीवन-पद्धति परिवर्तन-प्रक्रिया के दौर में होती है, तब इस प्रक्रिया को 'पर-संस्कृतिग्रहण' कहा जाता है।

अतः विकल्प (A) सही है।

31. प्रत्येक संस्कृति अपनी-अपनी विशिष्ट परिस्थितियों को अपने ढंग से समायोजन करती है। अतएव किसी एक संस्कृति का मूल्यांकन किसी अन्य संस्कृति के मानदण्डों के अनुसार नहीं किया जा सकता। यह स्थिति ही सांस्कृतिक सापेक्षवाद (Cultural relativity) कहलाती है।

अतः विकल्प (D) सही है।

32. दुर्खीम का कथन है कि पुरागत अथवा आदिकालीन समाज-यांत्रिक संहति से बंधा हुआ था, किन्तु धीरे-धीरे परिस्थिति बदलने के साथ इस यांत्रिक एकता का रूप बदलकर आधुनिक समाज में-'सावयवी संहति' के रूप में स्पष्ट हो गया। यांत्रिक एकता वाले समाज में लोग जनमत, परम्परा, धर्म, नातेदारी और राजा के दबाव से यंत्रवत् कार्य करते थे।

अतः विकल्प (A) सही है।

33. जब किसी समाज में एकाधिक संस्कृतियों के लोग साथ-साथ रहते हैं तथा उनके इस प्रकार के सह-अस्तित्व का समर्थन किया जाता है, तब यह स्थिति 'सांस्कृतिक बहुलवाद' (बहुसामुदायिक समाज) के नाम से जानी जाती है।

अतः विकल्प (A) सही है।

34. एक गिरोह प्राथमिक समूह की विशेषताओं से युक्त एक समूह जिसकी प्रकृति संघर्षमयी होती है। सामाजिक परिवेश में जब कभी विरोध अथवा संघर्ष की स्थिति उत्पन्न होती है, तब इस प्रकार के समूह के सदस्य ऐसी स्थिति का सामना करने के लिए एक जुट हो जाते हैं।

अतः विकल्प (B) सही है।

35. ऑगबर्न एवं निमकॉफ के अनुसार "हममें अपने अंतःसमूह के सदस्यों के लिए सहानुभूति एवं सहकारिता की भावना पायी जाती है, जबकि इसके विपरीत बाह्य समूह के प्रति विरोधी भावना पायी जाती है।"

अंतः समूह व्यवहार किसी भी धारणा, अनुभूति, या व्यवहार जो लोगों की मान्यता से प्रभावित होता है कि वे और अन्य विशिष्ट सामाजिक समूहों के सदस्य हैं।

अतः विकल्प (B) सही है।

36. प्रत्येक समाज में एक प्रस्थिति और उससे संबंधित भूमिका का निर्धारण उस समाज के सांस्कृतिक कारकों एवं मूल्यों द्वारा होता है। संस्कृति ही यह तय करती है कि किसे कौन-सी प्रस्थिति प्रदान की जाएगी तथा वह क्या भूमिका निभाएगा।

अतः विकल्प (C) सही है।

37. लुण्डबर्ग के अनुसार 'भूमिका संघर्ष की स्थिति में व्यक्ति प्रभावशाली भूमिका को चुन लेता है और कमजोर भूमिका को छोड़ देता है, तथा जो व्यक्ति ऐसा नहीं कर पाते उनके व्यक्तित्व का विघटन होने लगता है।

अतः विकल्प (C) सही है।

38. चूँकि समुदाय का एक अनिवार्यतम तत्व निश्चित भौगोलिक क्षेत्र है, किन्तु एक संप्रदाय का कोई निश्चित भौगोलिक क्षेत्र नहीं होता। इस दृष्टि से इसे समुदाय नहीं माना जा सकता है।

अतः विकल्प (C) सही है।

39. समाज संस्थाओं का संकलन मात्र नहीं है अपितु संस्थाओं की एक जटिल सामाजिक संरचना है। ये संस्थाएँ एक-दूसरे से संबंधित होती हैं और एक-दूसरे पर हावी होती हैं। प्रस्थिति और भूमिकाओं की अवधारणाओं के आलोक में समाज को एक संरचना या ढांचे के रूप में देखा जा सकता है।

अतः विकल्प (B) सही है।

40. जिस सामाजिक व्यवस्था के तहत कोई जनसमूह उन क्रियाकलापों का नियोजन करता है, जिनमें भाग लेने के लिए अन्य लोग बाध्य होते हैं उसे औपचारिक संगठन कहा जाता है। इस दृष्टि से कारावास, विश्वविद्यालय एवं क्लब औपचारिक संगठन के उदाहरण प्रस्तुत करते हैं।

अतः विकल्प (A) सही है।

41. पार्सन्स के अनुसार "किसी भी सामाजिक व्यवस्था के लिए यह आवश्यक हो जाता है कि वह अपने सदस्यों की आवश्यकताओं की पूर्ति करे ताकि उन सदस्यों का अस्तित्व बना रहे। सामाजिक व्यवस्था अपने इस प्रकार्य को उसी अवस्था में निभा सकती है जब उसके पास कुछ ऐसे साधन हों जिनसे वह अपने सदस्यों की उन आवश्यकताओं की पूर्ति कर सके।"

अतः विकल्प (A) सही है।

42. मैलिनोवस्की के अनुसार प्रत्येक सांस्कृतिक मद व्यक्तियों तथा समूहों के लिए प्रकार्यात्मक है। मैलिनोवस्की ने उद्विकासवाद के विरुद्ध प्रकार्यवाद सिद्धान्त को जन्म दिया। उन्होंने सांस्कृतिक व्यवस्था को समझाने के लिए प्रकार्यवाद का सहारा लिया। उनकी मान्यता है कि संस्कृति का कोई भी तत्व बेकार नहीं है, वह मानव की किसी-न-किसी आवश्यकता की पूर्ति अवश्य करता है।

अतः विकल्प (D) सही है।

43. सामाजिक प्रतिमानों के आधार पर हम किसी मानव व्यवहार को उचित या अनुचित ठहराते हैं तथा यह सामाजिक नियंत्रण में सहायक होते हैं।

अतः विकल्प (C) सही है।

44. एक प्रयोगात्मक समूह गतिशील स्थिति में नए सामाजिक मानक तब उत्पन्न होते हैं जब व्यक्ति संदिग्ध परिस्थितियों का सामना करते हैं। सामाजिक प्रतिमान या मानक, संक्षेप में कार्य प्रणालियों की प्रमाणित विधियाँ हैं। कार्य सम्पन्न करने का एक तरीका है, जो हमारे समाज द्वारा स्वीकृत है।

अतः विकल्प (B) सही है।

45. सामाजिक संरचना विश्वास प्रणाली से संबंधित नहीं है। सामाजिक संरचना का अभिप्राय समाज की इकाइयों की क्रमबद्धता से होता है। सामाजिक प्रतिमान आदि की क्रमबद्धता को सामाजिक संरचना कहा जाता है। अर्थात् व्यक्तियों के बीच पाये जाने वाले पारस्परिक सम्बन्ध ही सामाजिक संरचना के अंग है।

अतः विकल्प (C) सही है।

46. दुर्खीम ने अपनी पुस्तक 'The Rules of Sociological Method' में समाजशास्त्र की अध्ययन पद्धति का उल्लेख किया है। उनका मत है कि समाजशास्त्र के अंतर्गत सामाजिक तथ्यों का अध्ययन किया जाना चाहिए। वे 'वैषयिकता' (वस्तुनिष्ठता) और वैज्ञानिकता को समाजशास्त्र की अध्ययन-पद्धति का केन्द्रीय तत्व मानते हैं।

अतः विकल्प (D) सही है।

47. तीव्रगति से परिवर्तित हो रहे समाजों में सामाजिक नियंत्रण के साधन के रूप में प्रचलित विभिन्न सामाजिक मानक या प्रतिमान अपनी प्रासंगिकता खो देते हैं, क्योंकि इनमें व्यक्ति का विश्वास खो जाता है। फलतः समाज में अप्रतिमानता की स्थिति दृष्टिगत होने लगती है।

अतः विकल्प (C) सही है।

48. सन् 1936 में रेडफील्ड, लिंटन एवं हरस्कोविट्स ने, पर-संस्कृतिग्रहण पर अपने एक स्मृतिपत्र में इसकी परिभाषा इस प्रकार दी है- पर-संस्कृतिग्रहण में उन घटनाओं का समावेश होता है जो कि भिन्न संस्कृतियों वाले व्यक्तियों के समूह के निरन्तर प्रत्यक्ष सम्पर्क में आने से होती है और जिनके परिणामस्वरूप उनमें से एक या दो समूहों के मौलिक सांस्कृतिक प्रतिमानों में परिवर्तन घटित होता है।

अतः विकल्प (C) सही है।

49. विभिन्न धार्मिक समूहों के लिए विभिन्न विधानों का अधिनियम एकीकरण का उदाहरण नहीं है। गिलिन एवं गिलिन के अनुसार "एकीकरण का तात्पर्य समरूपता नहीं वरन् संगठन है। लक्ष्यों की प्राप्ति के लिए एक समाज की विभिन्न इकाइयों की भावनाओ, मनोवृत्तियों एवं व्यवहारों में संगठन उत्पन्न हो जाना ही एकीकरण है। एकीकरण में इकाइयों में मतभेद समाप्त हो जाते हैं।"

अतः विकल्प (D) सही है।

50. भूमिका प्रत्याशाओं और सम्बन्धित अनुशास्तियों के संस्थाकरण के संदर्भ में पार्सन्स 'पूर्ण एकात्मकता' के एक ध्रुव से प्रतिमानता तक निरंतरता का उल्लेख करते हैं, अन्तर्क्रिया प्रक्रिया के संरचितपूर्णता के अभाव या उसी के समान, दोनों ही स्थितियों में मानदण्डात्मक क्रमबद्धता का टूटना ही प्रतिमानता है।

अतः विकल्प (A) सही है।

51. समाजीकरण के द्वारा ही मूल्यों को सशक्त ढंग से लागू किया जा सकता है। समाजीकरण के द्वारा ही व्यक्ति सामाजिक एवं सांस्कृतिक मूल्यों को आन्तरीकृत करता है।

अतः विकल्प (C) सही है।

52. सात्मीकरण एक सामाजिक प्रक्रिया है जिसके द्वारा व्यक्ति या समूह समान भावनाओं, मूल्यों और उद्देश्यों में भाग लेते हुए एक-दूसरे के समान हो जाते हैं।

अतः विकल्प (B) सही है।

53. रेडक्लिफ ब्राउन के अनुसार नातेदारी की संरचना से विभिन्न व्यक्तियों के बीच युग्मीय संबंध विकसित होते हैं। अपनी माँ के माध्यम से व्यक्ति विशेष माँ के कुल और उस कुल के सदस्यों से जुड़ा रहता है। इस प्रकार नातेदारी सभी प्रकार के सम्बन्धों का मूल स्रोत है।

अतः विकल्प (A) सही है।

54. ब्रेवरमैन के अनुसार गतिशीलता वर्ग की आवश्यक विशेषता है। गतिशीलता होने से वर्ग में परिवर्तन, भिन्नता एवं संक्रमण पाया जाता है। वर्ग सामाजिक परिवर्तन को प्रोत्साहित करता है।

अतः विकल्प (D) सही है।

55. पूर्वानुमानित समाजीकरण की अवधारणा को आर.के. मर्टन ने दिया है। आर.के. मर्टन के अनुसार भविष्य में जो स्थिति आने वाली है उसके लिए पहले से अभ्यास या तैयारी करना ही पूर्वानुमानित समाजीकरण है।

अतः विकल्प (C) सही है।

56. सामाजिक संस्थाएँ मनुष्यों की मौलिक आवश्यकताओं की पूर्ति के साधन के रूप में विकसित नियमों, विधिविधानों एवं कार्य-प्रणालियों का संगठित रूप हैं जो समाज द्वारा मान्य है। अर्थात् संस्था पद्धतियों का संकुल होता है।

अतः विकल्प (D) सही है।

57. पारसन्स परिवार को वृहद् स्तर पर प्रकार्यविहीन कहते हैं। उनके अनुसार आधुनिक औद्योगिक समाज में परिवार के प्रकार्य लगभग समाप्त हो चुके हैं।

अतः विकल्प (A) सही है।

58. वेबर वर्ग निर्धारण के लिए सम्पत्ति के अतिरिक्त शक्ति, जीवन अवसर तथा बाजार स्थिति को भी मानते हैं। इसके विपरीत मार्क्स केवल सम्पत्ति को ही वर्ग निर्धारण का आधार मानते हैं।

अतः विकल्प (B) सही है।

59. शब्द "सोशियोलॉजी" पहली बार 1780 में फ्रांसीसी निबंधकार इमेनुअल जोसफ सीयस (1748-1836) द्वारा एक अप्रकाशित पांडुलिपि में गढ़ा गया। यह बाद में ऑगस्ट कॉम्ट (1798-1857) द्वारा 1838 में स्थापित किया गया।

अतः विकल्प (D) सही है।

60. वेबर के अनुसार बाजार वर्ग व्यवस्थाओं में विकसित होते हैं, जिनमें व्यक्ति आर्थिक लाभ प्रतियोगिता करते हैं। वर्ग व्यक्तियों का वह संकलन है जिसमें समान आर्थिक स्थिति एवं समान जीवन अवसर के तत्व पाये जाते हैं। वर्ग का निर्धारण बाजार स्थिति से होता है। बाजार स्थिति में व्यक्ति आर्थिक लाभ के लिए एक दूसरे से प्रतियोगिता करते हैं।

अतः विकल्प (B) सही है।

61. संस्कृति का परासवयवी दृष्टिकोण स्पेन्सर ने दिया, बाद में क्रोवर ने इसकी विस्तृत विवेचन किया।

हरबर्ट स्पेंसर (27 अप्रैल 1820-8 दिसम्बर 1903) विक्टोरिया काल के एक अंग्रेज़ दार्शनिक, जीव-वैज्ञानिक, समाजशास्त्री और प्रसिद्ध पारंपरिक उदारवादी राजनैतिक सिद्धांतकार थे।

अतः विकल्प (B) सही है।

62. गोयडे ने परिवार के अध्ययन में भूमिका-सौदेबाजी की अवधारणा दी। उन्होंने बताया कि व्यक्ति सबल भूमिकाओं का चयन करता है।

अतः विकल्प (D) सही है।

63. तलाक सामुदायिक विघटन की श्रेणी में नहीं आता है क्योंकि इसे सामाजिक एवं कानूनी रूप से मान्यता प्राप्त है।

अतः विकल्प (A) सही है।

64. मर्टन के अनुसार अनुकूलन और विचलन प्रत्येक समाज में पाया जाता है। इस प्रकार अनुकूलन और विचलन प्रत्येक समाज की निरंतरता है।

अतः विकल्प (C) सही है।

65. मानव की भौतिक आवश्यकताओं की पूर्ति के लिए मानव द्वारा की जाने वाली क्रियाएँ जब एक निश्चित प्रणाली के रूप में प्रतिमानित एवं संगठित हो जाती हैं तो उन्हें आर्थिक संस्था कहते हैं।

अतः विकल्प (D) सही है।

66. सामाजिक संगठन का प्रमुख आधार सामाजिक अन्तःक्रिया है। सामाजिक अन्तःक्रिया के बिना सामाजिक संगठन की कल्पना ही नहीं की जा सकती है।

अतः विकल्प (A) सही है।

67. सिमेल के अनुसार जब दो या दो से अधिक व्यक्ति सामान्य उद्देश्य या स्वार्थ हेतु एक-दूसरे से अंतः क्रिया करते हैं तथा एक-दूसरे पर प्रभाव डालते हैं, तो वे एक सामाजिक समूह का निर्माण करते हैं।

अतः विकल्प (C) सही है।

68. भूमिका-विकलांगता की अवधारणा के अंतर्गत हम उन तत्वों का उल्लेख करते हैं जो किसी भूमिका को सम्पन्न करने में व्यवधान डालते हैं। इसकी अवधारणा एच.डी. क्रिक ने दी।

अतः विकल्प (D) सही है।

69. राज्य सामाजिक नियंत्रण का एक महत्वपूर्ण एवं प्रभावशाली अभिकरण है। उसके पास दमनकारी शक्ति होती है जिससे वह जनता पर बल प्रयोग कर अपनी इच्छा मनवा सकता है।

अतः विकल्प (B) सही है।

70. वर्ग के निर्माण का प्रमुख आधार आय एवं सम्पत्ति है। कोई भी व्यक्ति सम्पत्ति प्राप्त करके निम्न वर्ग से उच्च वर्ग में जा सकता है और सम्पत्ति से वंचित होने पर उच्च वर्ग का व्यक्ति निम्न वर्ग में आ जाता है। इस प्रकार वर्ग-व्यवस्था में गतिशीलता पायी जाती है।

अतः विकल्प (C) सही है।

71. समनर ने हम की भावना के आधार पर समूह को दो भागों में विभाजित किया- अन्तःसमूह एवं बाह्य समूह। अन्तःसमूह को हम समूह और बाह्य समूह को वे समूह कहते हैं।

अतः विकल्प (D) सही है।

72. एर्नाल्ड ग्रीन के अनुसार प्रजाति एक बड़ा जैवकीय मानव समूह है जिसमें अनेक विशेष आनुवंशिक लक्षण पाये जाते हैं जो कुछ सीमा के अन्दर भिन्न होते हैं।

अतः विकल्प (B) सही है।

73. एस. फ्रायड ने समाजीकरण के अपने सिद्धान्त को मानसिक क्रियाओं के आधार पर समझाया। एस. फ्रायड ने स्व के तीन घटकों 'इद्' का दमन और 'अहम्' को तादात्म्य स्थापित करने में सहायक माना।

अतः विकल्प (A) सही है।

74. मंदिर आदिम धर्म का लक्षण नहीं है। टोटमवाद आदिवासियों में सरलतम और सबसे बुनियादी धर्म रूप है। टोटमवाद आदिम धर्म का प्रमुख आधार है। आदिम धर्म के अन्य तत्व वर्जन (निषेध) या टैबू। आदिम धर्म में आत्मा का परकाया प्रवेश की धारणा प्रचलित है।

अतः विकल्प (C) सही है।

75. अनौपचारिक नियन्त्रण में जनरीतियों, प्रथाओं, परम्पराओं रूढ़ियों, आदर्शों, विश्वासों, धर्म एवं नैतिकता आदि के माध्यम से व्यक्तियों एवं समूहों के व्यवहारों को नियन्त्रित किया जाता है। इस प्रकार उपहास, चिढ़ाना एवं परिवार अथवा मित्रों द्वारा अनुमोदन की स्पष्ट अभिव्यक्ति आदि अनौपचारिक अनुशास्ति है।

अतः विकल्प (D) सही है।

76. समूह के निर्माण के लिए प्रमुख तत्व-दो या दो से अधिक व्यक्ति, कुछ हित तथा हम की भावना है। एडवर्ड सपिर ने समूह निर्माण का प्रमुख आधार विशेष स्वार्थ को माना है।

एडवर्ड सपिर (26 जनवरी, 1884 - 4 फरवरी, 1939) एक अमेरिकी थे मानव विज्ञानी-भाषाविद, जो व्यापक रूप से अमेरिका में भाषा विज्ञान के अनुशासन के विकास में सबसे महत्वपूर्ण आंकड़ों में से एक माना जाता है।

अतः विकल्प (A) सही है।

77. सम्पूर्ण संस्था की अवधारणा गौफमैन ने दी। सम्पूर्ण संस्थाएँ वे हैं जिसमें रहकर व्यक्ति के जीवन पद्धति में काफी परिवर्तन आ सकता है, जैसे- कारागार, मठ आदि।

अतः विकल्प (C) सही है।

78. पूर्व औद्योगिक समाज की अवधारणा गिदोन स्जोबर्ग ने दी। पूर्व औद्योगिक समाज में वे समाज आते हैं जिनका सामाजिक संगठन एवं सामाजिक संरचना सरल प्रकार की होती है। सीमित उत्पादन इस समाज की आवश्यक विशेषता है, जैसे- आदिम समाज।

अतः विकल्प (B) सही है।

79. मूल प्रौद्योगिकी और सामाजिक प्रौद्योगिकी में अन्तर मैकाइवर ने किया। ऑगबर्न के सांस्कृतिक विलम्बना सिद्धान्त को इन्होंने प्रौद्योगिक विलम्बना कहा है। मैकाइवर ने सभ्यता को सामाजिक प्रौद्योगिकी एवं संस्कृति को मूल प्रौद्योगिकी कहा।

अतः विकल्प (B) सही है।

80. सी. लेवी-स्ट्रॉस भाषा संरचनावादी। इन्होंने भाषा के आधार पर सामाजिक संरचना को परिभाषित किया, जिसका आनुभाविक यथार्थता से कोई संबंध नहीं है।

अतः विकल्प (A) सही है।

81. सिमेल के अनुसार मानव जीवन के प्रत्येक पहलू का मूल तत्व दो विरोधी तत्वों पर आधारित है। प्रत्येक समाज में वाद उत्पन्न होता है। फिर उसके विरोध स्वरूप प्रतिवाद की उत्पत्ति होती है। वाद-प्रतिवाद के संघर्ष के बाद संवाद की स्थिति उत्पन्न होती है। ये तत्व एक-दूसरे की विरोधी दिशा में कार्य करते हैं।

अतः विकल्प (B) सही है।

82. रेडफील्ड ने समाज को दो भागों में विभाजित किया-

1. ग्रामीण (लोक) समाज
2. नगरीय समाज

ग्रामीण लोक संस्कृति प्रकृति की गोद में पली-बढ़ी है और इसमें मानव की भूमिका प्राकृतिक संसाधनों के संरक्षक के रूप में मानी गई है तथा पर्यावरण के साथ उत्तम सामंजस्य रखने की सीख दी गई है।

नगरीय समाज की अवधारणा एवं नगरीयता। नगरीय समाजशास्त्र एक नवीन सामाजिक विज्ञान है।नगरीयकरण का उत्तरोत्तर विकास होने के कारण नगरीय अध्ययनों का महत्व काफी बढ़ गया है।

अतः विकल्प (B) सही है।

83. मानक समाज में व्यवहार करने के निश्चित एवं प्रमाणित तरीके हैं जो समाज द्वारा स्वीकृत और साथ ही हमारे जीवन के हर क्षेत्र में विद्यमान हैं। मानक विशिष्ट परिस्थितियों में व्यवहार को निर्देशित करते हैं।

अतः विकल्प (B) सही है।

84. संस्थाकरण की अवधारणा पार्सन्स ने दी है। संस्थाओं का निर्माण एवं विकास संस्थाकरण है जो मूल्य एवं मानक के द्वारा सामाजिक व्यवस्था को बनाये रखता है। संस्थाकरण सामाजिक नियंत्रण का माध्यम है।

अतः विकल्प (D) सही है।

85. प्रकार्यवाद समाज व संस्कृति की इकाई का वह योगदान है जो इसकी निरन्तरता एवं व्यवस्था को नियमानुकूल बनाये रखने में सहायक होता है। प्रकार्य द्वारा सामाजिक इकाई समाज की आवश्यकता को पूरा करने तथा उसमें सामंजस्य एवं अनुकूलन स्थापित करने में सहायक होती है।

अतः विकल्प (C) सही है।

86. क्लकहीन के अनुसार एक विशिष्ट समाज के सदस्य जिनकी संस्कृति में समानता होती है, वे समान जीवन पद्धति का प्रतिनिधित्व करते हैं। इस प्रकार क्लकहीन ने संस्कृति को समान जीवन पद्धति के रूप में परिभाषित किया है।

अतः विकल्प (A) सही है।

87. तुलनात्मक अभावबोध के कारण सन्दर्भ समूह का निर्माण होता है। तुलनात्मक, अभाव बोध का तात्पर्य यह है कि व्यक्ति के मन में अपने समूह के प्रति हीनता के भाव जाग्रत होते हैं और वह किसी अन्य समूह को ऊँचा मानने लगता है, उसे अपने समूह की तुलना में श्रेष्ठ मानने लगता है। तुलनात्मक अभावबोध की अवधारणा मूलत: स्टाउफर की है। बाद में मर्टन ने इसे विस्तारित रूप दिया।

अतः विकल्प (A) सही है।

88. जे. हैबरमास ने मैक्स वेबर की आलोचना इस कारण की कि वे सत्ता और वैधता में तार्किक रूप से अन्तर स्थापित करने में असफल रहे।

अतः विकल्प (A) सही है।

89. जार्ज हैसन ने समूहों को चार प्रकार से विभाजित किया-

1. असामाजिक समूह

2. प्रति सामाजिक समूह

3. अभाषी सामाजिक समूह

4. समाजपक्षी समूह

अतः विकल्प (B) सही है।

90. एल. ए. कोजर संघर्ष प्रकार्यवादी है। इन्होंने समाज एवं सामाजिक व्यवस्था के लिए संघर्ष को प्रकार्यात्मक माना। कोजर ने संघर्ष को समाज के लिए सेफ्टीवाल्व कहा है।

अतः विकल्प (A) सही है।

91. पारिवारिक नीति पारिवारिक संरचना का आयाम नहीं है। आचार्य चाणक्य के अनुसार पारिवारिक झगड़ों के बारे में किसी को कभी भी न बताएं। ऐसा करने से आपके दुश्मन आपके पारिवारिक झगड़ों के बारे में लोगों को बताकर इसका लाभ उठा सकते हैं. चाणक्य नीति के मुताबिक हमेशा किसी भी ज्ञान को प्राप्त करने के लिए शर्म नहीं करनी चाहिए।

अतः विकल्प (A) सही है।

92. प्रतिस्पर्धा अवैयक्तिक एवं अप्रत्यक्ष होती है। प्रतिस्पर्धा यदि वैयक्तिक तथा प्रत्यक्ष हो तो यह संघर्ष का रूप ले लेती है। प्रतिस्पर्धा कभी-कभी वैयक्तिक एवं प्रत्यक्ष होती है जैसे-खेल के मैदान में दो टीमें।

अतः विकल्प (D) सही है।

93. 'स्वयं में वर्ग' एवं 'स्वयं के लिए वर्ग' दोनों का प्रयोग मार्क्स ने किया। मार्क्स के अनुसार 'स्वयं के लिए वर्ग' में वर्ग चेतना पायी जाती है जिसके कारण वर्ग संघर्ष की स्थिति उत्पन्न होती है।

अतः विकल्प (B) सही है।

94. सामाजिक मूल्य वे धारणाएँ हैं जिनके आधार पर हम किसी व्यक्ति के व्यवहार, वस्तु के गुण, लक्षण, साधन एवं भावनाओं आदि को उचित या अनुचित, अच्छा या बुरा ठहराते हैं। मूल्य एक प्रकार से सामाजिक माप या पैमाना है।

अतः विकल्प (A) सही है।

95. निस्बेट ने सहयोग के चार प्रकार बताए-

1. स्वाभाविक सहयोग
2. परम्परागत सहयोग
3. निर्देशित सहयोग
4. संविदात्मक सहयोग

अतः विकल्प (C) सही है।

96. सामाजिक संरचना समाज की विभिन्न इकाइयों, समूहों, संस्थाओं, समितियों, सामाजिक संबंधों से निर्मित एवं प्रतिमानित क्रमबद्ध ढाँचा है। इस प्रकार उप-संस्कृति सामाजिक संरचना का तत्व नहीं है।

किसी विशेष उप-संस्कृति जब संस्कृतियाँ एक दूसरे के संपर्क में आती है, की पहचान उनकी भाषा, कपड़ों, संगीत के तभी नजातिकेंद्रवाद की उत्पत्ति होती है। को लगातार अपनी शब्दावली में शामिल करके है।

अतः विकल्प (D) सही है।

97. उत्तर-औद्योगिक समाज में प्रौद्योगिक एवं अर्थव्यवस्था अत्यधिक विकसित प्रकार की होती है। ऐसे समाज में श्रम विभाजन एवं विशेषीकरण भी बढ़ जाता है।

अतः विकल्प (D) सही है।

98. सांस्कृतिक सार्वभौमिकता के अन्तर्गत एक संस्कृति की दूसरी संस्कृति से समानता पायी जाती है। विभिन्न युगों एवं समयों में भी संस्कृति समान होती है। सांस्कृतिक सार्वभौमिकता का प्रमुख कारण 'मानव की मानसिक एकता' है।

अतः विकल्प (B) सही है।

99. समिति से सदस्यता का बोध होता है, जबकि संस्था नियम एवं कार्य प्रणालियों की व्यवस्था है। इस प्रकार माता-पिता समिति के अन्तर्गत आते हैं।

अतः विकल्प (D) सही है।

100. औद्योगिक समाजों में व्यवसायों की बहुलता होती है। औद्योगिक समाज में अनेक प्रकार के व्यवसाय पाये जाते है जिसके कारण व्यवसायिक उपसांस्कृतिक व्यवस्था निर्मित होती है।

अतः विकल्प (C) सही है।

101. मैकाइवर के अनुसार समाज अपने आप में ही सत्य है। मैकाइवर राज्य को क्षेत्रीयता का आधार समुदाय मानते हैं किन्तु उनका मानना है कि राज्य में समिति की विशेषता अधिक पायी जाती है। इस प्रकार मैकाइवर ने राज्य को समिति और समुदाय के संदर्भ में समिति अधिक समुदाय कम माना है। संस्था के संदर्भ में मैकाइवर राज्य को केवल समिति मानते है।

अतः विकल्प (B) सही है।

102. कॉम्ट ने अपने आचार शास्त्र में सामाजिक पुनर्निर्माण के लिए मानवता का नया धर्म और नैतिक एकता को प्रमुख आधार माना और बताया कि सभी व्यक्ति नैतिक एकता के द्वारा बंधे होंगे।

अतः विकल्प (C) सही है।

103. कूले के अनुसार समाज के सम्पर्क में आने पर ही व्यक्ति के 'आत्म' का विकास होता है। समाज व्यक्ति के लिए दर्पण का कार्य करता है, वह उसमें अपनी छवि देखता है और समाज के लोग उसके बारे में क्या कहते हैं, इसी आधार पर वह अपने बारे में धारणा बनाता है। इस प्रकार कूले व्यक्ति एवं समाज के सम्बन्धों को स्पष्ट करता है।

अतः विकल्प (D) सही है।

104. मिलर ने सामाजिक दूरी के आधार पर समूह के दो प्रकार बताए गए है जो क्रमशः है-

1. उदग्र सामाजिक समूह
2. क्षैतिज सामाजिक समूह

उदग्र समूह में असमानता तथा क्षैतिज समूह में समानता होती है।

अतः विकल्प (D) सही है।

105. समूह की आवश्यक विशेषता-एक से अधिक व्यक्ति एवं उनके बीच अंतःक्रिया के द्वारा सामाजिक सम्बन्ध, विशिष्ट उद्देश्य (हित) निश्चित एवं हम की क्षेत्र भावना है।

अतः विकल्प (C) सही है।

106. सामाजिक संगठन एवं सामाजिक समूह दोनों का आधार सामाजिक क्रिया है, इसलिए दोनों एक-दूसरे के साथ सदैव घनिष्ठ सहयोग के आधार पर कार्य करते हैं।

अतः विकल्प (D) सही है।

107. अर्द्ध-समूह (एक्शन सैट) ए सी. मेयर का है। ए. सी. मेयर ने अर्द्ध-समूहों को दो भागों में वर्गीकृत किया।

1. वर्गीकृत अर्द्ध समूह

2. अन्तः क्रियात्मक अर्द्ध-समूह

अतः विकल्प (C) सही है।

108. सामाजिक संरचना का निर्णायक तत्व प्रस्थिति एवं भूमिका, समूह एवं उपसमूह, समिति एवं संस्था है।

सामाजिक सरंचना समाजशास्त्र की एक मौलिक अवधारणा है परंतु उसकी व्याख्या विभिन्न प्रकार से की गयी है।

अतः विकल्प (D) सही है।

109. औद्योगिक संगठन में प्रतिस्पर्धा एवं संघर्ष दोनों पाया जाता है। एक उद्योगपति दूसरे उद्योगपति से प्रतिस्पर्धा करता है। औद्योगिक संगठन में मालिक और मजदूर में संघर्ष होता है।

अतः विकल्प (C) सही है।

110. 'द डैथ ऑफ द फैमिली' पुस्तक के लेखक डेविड कूपर हैं। डेविड ग्राहम कूपर दक्षिण अफ्रीका में जन्मे मनोचिकित्सक सिद्धांतकार थे जो मनोरोग विरोधी आंदोलन में प्रमुख थे।

कूपर का मानना था कि पागलपन और मनोविकार किसी की अपनी 'सच्ची' पहचान और हमारी सामाजिक पहचान (दूसरों की पहचान हमें और हम आंतरिक रूप से देते हैं) के बीच असमानता की अभिव्यक्ति है। कूपर का अंतिम समाधान क्रांति के माध्यम से था। इस समय तक, कूपर ने अर्जेंटीना की यात्रा की क्योंकि उन्हें लगा कि देश क्रांतिकारी क्षमता के साथ व्याप्त है। बाद में वह फ्रांस जाने से पहले इंग्लैंड लौट आए जहां उन्होंने अपने जीवन के अंतिम वर्ष बिताए।

अतः विकल्प (A) सही है।

111. पार्सन्स के अनुसार परिवार फैक्टरियाँ है जिसमें मानव व्यक्तित्व उत्पादित होता है। तात्पर्य यह है कि परिवार एक परिवेश पैदा करता है जिसमें व्यक्तित्व पारिवारिक स्नेह की छवि में पल्लवित कुसुमित हो सकता है।

अतः विकल्प (D) सही है।

112. इरावती कर्वे ने जाति को विस्तृत स्वजन समूह कहा है, क्योंकि व्यक्ति अपनी ही जाति या उपजाति में वैवाहिक एवं अन्त: वैयक्तिक सम्बन्ध स्थापित करता है।

इरावती कर्वे (15 दिसम्बर 1905 - 11 अगस्त 1970) भारत की शिक्षाशास्त्री, लेखिका एवं नृवैज्ञानिक (एंथ्रोपोलोजिस्ट) थीं।

अतः विकल्प (A) सही है।

113. डेनियल वॉर्नर ने अपने ग्रामीण अध्ययन में ग्रामीण लोगों को मालिक, मजदूर एवं किसान वर्गों में वर्गीकृत किया है।

अतः विकल्प (B) सही है।

114. डाहरडॉर्फ ने श्रमिक वर्ग के तीन स्तर बताये हैं जो निम्न हैं-अकुशल, अर्धकुशल एवं कुशल शारीरिक श्रमिक।

राल्फ गुस्ताव डाहरडॉर्फ, बैरन डाहरडॉर्फ, केबीई, एफबीए (1 मई 1929 - 17 जून 2009) एक जर्मन-ब्रिटिश समाजशास्त्री, दार्शनिक, राजनीतिक वैज्ञानिक और उदार राजनीतिज्ञ थे। एक वर्ग संघर्ष सिद्धांतकार, डाहरडॉर्फ आधुनिक समाज में वर्ग विभाजन की व्याख्या और विश्लेषण करने में अग्रणी विशेषज्ञ थे।

अतः विकल्प (C) सही है।

115. वॉर्नर ने 'यांको सिटी' के अध्ययन के आधार पर सामाजिक स्तरीकरण में 6 वर्गों का उल्लेख किया:

1. उच्च उच्चतम वर्ग

2. निम्न उच्चतम वर्ग

3. उच्चतम मध्यम वर्ग

4. निम्न मध्यम वर्ग

5. निम्न उच्च वर्ग

6. निम्नतम निम्न वर्ग

अतः विकल्प (C) सही है।

116. मैक्स वेबर के अनुसार वर्ग का निर्धारण बाजार स्थिति से होता है। यह समाज में मूल्यांकन का पैमाना है जो लोगों को उच्च वर्ग, मध्यम वर्ग तथा निम्न वर्ग में विभाजित कर देता है इस प्रकार किसी व्यक्ति की वर्ग परिस्थिति मूलत: उसकी बाजार परिस्थिति होती है।

अतः विकल्प (A) सही है।

117. अन्तःक्रिया वादियों द्वारा भूमिका की अवधारणा के लिए व्यक्ति के विचारों के मध्य संबंध (आपसी वार्ता) का उपयोग किया गया है।

आपसी वार्ता एक प्रकार की क्रिया है जो दो या दो से अधिक वस्तुओं के एक दूसरे पर प्रभाव डालने के रूप में होती है। एकतरफा कार्य-कारण प्रभाव के विपरीत, बातचीत की अवधारणा में दो-तरफ़ा प्रभाव का विचार आवश्यक है।

अतः विकल्प (B) सही है।

118. मार्क्स के अनुसार प्रत्येक समय समाज में दो वर्ग रहे हैं जो अपने स्वार्थों के लिए एक-दूसरे पर आश्रित एवं संघर्षरत रहते हैं। मार्क्स के अनुसार प्रत्येक समाज में वर्ग संघर्ष पाया जाता है।

अतः विकल्प (D) सही है।

119. मार्क्स के अनुसार साम्यवादी समाज में सभी लोग समान होंगे, सम्पत्ति पर सभी का समान अधिकार होगा, किन्तु इस धारणा के विपरीत साम्यवादी देशों में श्रमिकों में बहुत असमानता देखने को मिलती है। मार्क्स की इस धारणा की आलोचना डेहरनडार्फ ने की।

अतः विकल्प (B) सही है।

120. एम.एन. श्रीनिवास के अनुसार संस्कृतिकरण की प्रक्रिया में संरचनात्मक परिवर्तन नहीं होता है। संस्कृतिकरण करने वाली जाति अपनी ही जाति या अपने आस-पास की जातियों से कुछ उच्च स्थान प्राप्त कर लेती है, इसमें केवल स्थितिकीय परिवर्तन होता है।

अतः विकल्प (D) सही है।

121. फ्रेन्क पार्किन के अनुसार व्यवसाय के आधार पर वर्ग का निर्धारण होता है। इन्होंने व्यावसायिक संरचना को आधुनिक औद्योगिक समाज की रीढ़ की हड्डी माना है। समय एवं परिस्थितियों के अनुसार पेशों के महत्व में कमी देरी होती रहती है और उसी के अनुसार स्तरण के अन्तर्गत उन पेशों की श्रेणियों में बदलाव आता रहता है।

अतः विकल्प (B) सही है।

122. डेविस और मूर के स्तरीकरण के प्रकार्यात्मक सिद्धान्त की ट्यूमिन ने आलोचना की। ट्यूमिन ने स्तरीकरण के मिश्रित परिणाम सम्बन्धी प्रमाण का समर्थन किया।

अतः विकल्प (A) सही है।

123. मरडॉक ने लगभग 250 समाजों का अध्ययन करके अपना मत प्रस्तुत किया कि सभी समाजों में परिवार के चार प्रकार्य होते हैं, जो क्रमशः-

1. यौनगत

2. प्रजनात्मक

3. आर्थिक

4. शैक्षणिक प्रकार्य

अतः विकल्प (C) सही है।

124. मार्क्स के अनुसार सामाजिक गतिशीलता की उच्चदर वर्ग चेतना को कमजोर बनाती है जिससे वर्ग चेतना का ह्रास होता है। इसके विपरीत विचार गिडिंग्स ने व्यक्त किया है।

अतः विकल्प (C) सही है।

125. कॉम्ट के प्रत्यक्षवाद के अनुसार सर्वप्रथम सामाजिक घटनाओं का प्रत्यक्ष अवलोकन (निरीक्षण) किया जाता है उसके बाद उसका परीक्षण, वर्गीकरण मूल्यांकन किया जाता है।

अतः विकल्प (D) सही है।

Q.1 निम्नलिखित में प्रतिस्पर्धा के सम्बन्ध में सही हैं:

1. चाही गई वस्तुओं की पूर्ति सीमित हो
2. क्रियाकलाप, उद्देश्य-निर्देशित हों
3. यह एक निरन्तर प्रक्रिया है जब एक उद्देश्य की प्राप्ति अथवा समाप्ति न हो।
4. अपने विरोध को होने का मुख्य सरोकार हो

निम्नलिखित कूट से सही उत्तर का चयन कीजिए:

A. 1, 2, 4 **B.** 1, 2, 3 **C.** 1, 3, 4 **D.** 2, 3, 4

Q.2 सामान्यत: विकासशील देशों में निम्नलिखित लक्षण पाया जाता है:

A. निम्न जन्मदर तथा निम्न मृत्युदर

B. उच्च जन्मदर तथा निम्न मृत्युदर

C. उच्च जन्मदर तथा उच्च मृत्युदर

D. निम्न जन्मदर तथा उच्च मृत्युदर

Q.3 निम्नलिखित में कौन-सी विशेषता 'संस्था' शब्द को सही रूप से स्पष्ट करती है?

A. एक स्थान जहाँ बहुत से लोग कार्य करते है

B. सम्बद्ध लोकरीतियां तथा लोकाचारों का समुच्चय जो एक मुख्य समारोह में समन्वित है

C. एक कार्यालय समूह जहाँ महत्वपूर्ण कार्यों को किया जाता है

D. एक संगठन जो कुछ महत्वपूर्ण सामाजिक कार्यों को करने में व्यस्त रहता है

Q.4 तीन महत्वपूर्ण पुस्तकों के नाम निम्नलिखित है:

1. सिस्टम ऑफ कानसेन्ग्युनिटी एण्ड एफिनिटी ऑफ दि ह्यूमन फैमिली
2. अफ्रीकन सिस्टम्स ऑफ किंशिप एण्ड मैरिज
3. किंशिप ऑर्गेनाइजेशन इन इंडिया

उपर्युक्त पुस्तकों के क्रमानुसार लेखक हैं:

A. टाइलर, कर्वे और गाउघ

B. रिवर्स, मॉर्गन और गाउघ

C. मॉर्गन, रेडक्लिफ ब्राउन और कर्वे

D. रेडक्लिफ ब्राउन, कर्वे और लुई

Q.5 पितृवंशीय समाज में वह नियम जो माँ के भाई के महत्वपूर्ण अनुष्ठानिक तथा सामाजिक भूमिकाओं को स्पष्ट करता है, उसे जाना जाता है:

A. समरक्तता **B.** विवाह सम्बन्ध

C. पूरक वंशानुक्रम **D.** परिहास सम्बन्ध

Q.6 सम्बन्धियों का वह समूह जिसमें एक व्यक्ति सभी समरक्त सम्बन्धियों के प्रति दायित्व की भावना रखता है, उसे जाना जाता है:

A. सम्बन्धी **B.** सजात

C. पितृ सम्बन्धी **D.** मातृ सम्बन्धी

Q.7 निम्नलिखित में कौन-सी जनजाति मातृवंशीय है?

A. चैकसैंग **B.** जैन्तिया **C.** मीजो **D.** कुकी

Q.8 भारत में अंतर्जातीय-विवाह का विधायी प्रावधान सर्वप्रथम ___ द्वारा किया गया।

A. हिन्दू विवाह अधिनियम, 1955

B. विशेष विवाह अधिनियम, 1872

C. हिन्दू कोड बिल, 1956

D. गेन्स ऑफ लर्निंग ऐक्ट, 1930

Q.9 देवर अधिकार विवाह:

A. ममेरे-फुफेरे भाईयों-बहिनों के बीच विवाह

B. बहन की पुत्री के साथ विवाह

C. भाई की पुत्री के साथ विवाह

D. दिवंगत पति के भाई के साथ विवाह

Q.10 निम्नलिखित में से औद्योगिक समाज में परिवार का कौन-सा प्रकार्य नहीं है?

A. उत्पादन की इकाई के रूप में कार्य करना

B. बच्चों को सामाजिक मूल्यों तथा संस्कृति का सम्प्रेषण करना

C. उपभोग इकाई के रूप में कार्य करना

D. बच्चों को शिक्षा प्रदान करना

Q.11 मूल परिवार की रचना में निम्नलिखित में कौन-से संबद्ध है?

1. कल्पित सम्बन्ध
2. वैवाहिक सम्बन्ध
3. आनुष्ठानिक सम्बन्ध
4. समरक्त सम्बन्ध

नीचे दिए गए कूट की सहायता से सही उत्तर का चयन कीजिए:

A. 1, 2 और 3 **B.** 1, 2 और 4

C. 2 और 4 **D.** 1 और 4

Q.12 भारत में निम्नलिखित में से प्राय: कौन-से प्रकार के लोगों में संयुक्त परिवार नहीं मिलते हैं?

A. नगरीय व्यापारी वर्ग **B.** व्यवसायी वर्ग

C. भूमि-रहित मजदूर **D.** ग्रामीण भू-स्वामी वर्ग

Q.13 मैक्स वेबर ने पूँजीवाद के विकास का सम्बन्ध जोड़ा है:

A. पुनर्जागरण से **B.** कृषक प्रतिवाद से

C. कैल्विनवाद से **D.** कैथोलिकवाद से

Q.14 कार्ल मार्क्स के अनुसार सामुदायिक भूमिस्वामित्व पाया जाता है:

A. एशियाई उत्पादन रीति में

B. प्राचीन उत्पादन रीति में

C. सामंती उत्पादन रीति में

D. पूँजीवाद उत्पादन रीति में

Q.15 "हाइपर-शहरीकरण" शब्द निम्न चार अर्थों में किसके सबसे अधिक नजदीक है?

A. तीव्र नगरीकरण

B. नगरीकरण ग्रामीण विकास की लागत पर

C. आवश्यक आधारित संरचना के बिना नगरीकरण

D. महानगर का उद्भव

Q.16 निम्नलिखित में से धार्मिक संस्थाओं का कौन-सा अव्यक्त प्रकार्य नहीं है?

A. समूह एकता को दृढ़ बनाना

B. अनुष्ठानों और सिद्धान्तों को विकसित

C. नैतिक मूल्यों को प्रोत्साहित करना

D. सामाजिक नियंत्रण को निष्पादित करना

Q.17 टोटमवाद विश्वास करता है:

A. प्रयोजन में जिसमें चित् तथा मन निहित है

B. देवता में जिसमें शक्ति तथा चित् निहित है

C. चित् में जिसमें शक्ति तथा धार्मिकता निहित है

D. प्रयोजन में जिसमें चित् तथा शक्ति निहित है

Q.18 आदिम समाज में आत्मा की अवधारणा (अणिमा) सम्बन्धी विश्वास व्यवस्था के सिद्धान्त का सूत्रपात किसके द्वारा किया गया?

A. एमिल दुर्खीम

B. ई.बी. टाइलर

C. मैक्स वेबर

D. फ्रेजर

Q.19 ऐसे विश्वास को जिसमें जादुई वृत्ति जो एक वस्तु पर निष्पादित की जाती है, उसका प्रभाव दूसरी वस्तु पर पड़ता है; कहा जाता है:

A. पुनरावर्ती जादू

B. काला जादू

C. अनुकंपी

D. सफेद जादू

Q.20 निम्नलिखित कथनों में से कौन-सा मालिनोवस्की की साक्षरतापूर्व समाज विषयक समझ के सर्वाधिक निकट है?

A. धर्म, जादू तथा विज्ञान एक दूसरे से असंगत है

B. धर्म, जादू तथा विज्ञान साक्षरतापूर्व समाजों के अभिन्न अंग है

C. जादू तथा धर्म वस्तुनिष्ठ परिणामी नहीं है, क्योंकि वे पूर्णत: कल्पनात्मक है

D. साक्षरतापूर्व लोगों के जीवन में विज्ञान कोई भूमिका निष्पादित नहीं करती है

Q.21 आदिम समाजों में दीक्षा-समारोह प्रकार्यात्मक है, क्योंकि वे:

A. सर्वोच्च शक्ति तथा परम्परा के मूल्य के अनुष्ठान और उनकी नाटकीय अभिव्यक्ति है

B. सर्वोच्च शक्ति तथा परम्परा के मूल्य की प्रथागत तथा लोक अभिव्यक्ति है

C. सर्वोच्च शक्ति तथा परम्परा के मूल्य की परम्परागत तथा धार्मिक अभिव्यक्ति है

D. सर्वोच्च शक्ति तथा परम्परा के मूल्य की अंधविश्वासीय तथा नातेदारी अभिव्यक्ति है

Q.22 निम्नलिखित में अधिकारीतंत्र प्रतिरूप की कौन-सी विशेषताएँ है?

1. कार्यलय तथा व्यक्ति में भेद

2. प्राविधिक सक्षमता के द्वारा सत्ता का विधि संगतीकरण

3. शासकीय योजना में अनौपचारिक समूहों को मान्यता

4. जीविका तथा विभेदीकृत पुरस्कारों को प्रोत्साहन

निम्नलिखित कूट से सही उत्तर का चयन कीजिए:

A. 1, 2 तथा 3

B. 1, 2 तथा 4

C. 1, 3 तथा 4

D. 2, 3 तथा 4

Q.23 जटिल सनाजों में सफल आर्थिक विकास के लिए न केवल औद्योगीकरण तथा कृषि विकास के बीच संतुलन बनाए रखना अपेक्षित है वरन् निम्नलिखित की संतुलित वृद्धि भी अपेक्षित है:

A. वितरण व्यवस्था

B. नगरीकरण

C. विदेशी व्यापार

D. आधुनिकीकरण

Q.24 निम्नलिखित में से राज्य की कौन-सी विशेषता नहीं है?

A. राजनैतिक उपकरण

B. सजातीयता

C. भू-भाग

D. कानून एवं बल प्रयोग

Q.25 निम्नलिखित में कौन-सा सही सुमेलित नहीं है?

A. परम्परागत - पैतृक सरदार

B. तर्कसंगत - जनतांत्रिक व्यवस्था विधियुक्त सत्ता

C. चमत्कारी सत्ता - उद्देश्यों की दृष्टि से अक्रान्तिकारी

D. चमत्कार का - चमत्कारी प्रभाव के विस्तार का या तो परम्परागत या तर्कसंगत सत्ता के स्वरूप में परिवर्तन

Q.26 एक परिवार है जिसमें दादा एक गाँव में किसान थे और पिता ने कस्बे के एक स्कूल में अध्यापन किया था और अब पुत्र एक बहु-राष्ट्रीय निगम में औद्योगिक अभियंता है। यह उदाहरण है:

A. सांस्कृतिक गतिशीलता का

B. अंतरा-पीढ़ी गतिशीलता का

C. क्षैतिज गतिशीलता का

D. अंतर्पीढ़ी गतिशीलता का

Q.27 प्रस्थिति समूहों को किसके अनुसार स्तरीकृत नहीं किया जाता?

A. आवास के प्रकार

B. आहार सम्बन्धी आदतें

C. मनोरंजनात्मक क्रियाएँ

D. सम्पत्ति का अर्जन

Q.28 निम्नलिखित में से शक्ति प्राप्त करने के कौन-से आधार हैं?

1. प्रवीणता एवं कुशलता

2. राजनैतिक स्थिति

3. उच्च प्रस्थिति समूह में विवाह

4. सम्पत्ति

निम्नलिखित कूट से सही उत्तर का चयन कीजिए:

A. 2 और 3

B. 2 और 4

C. 1 और 3

D. 1 और 4

Q.29 सामाजिक स्तरीकरण का प्रकार्यात्मक सिद्धान्त किसकी कृति में प्रतिपादित किया गया है?

A. डेविस तथा ब्लेक

B. डेविस तथा मूर

C. पार्सन्स तथा बेल्स

D. मार्क्स तथा वेबर

Q.30 गतिशील समाज की अनूठी विशेषता है कि उसमें:

A. मोटरकारों की अधिक संख्या होती है।

B. परिवर्तनों का सिलसिला चलता रहता है।

C. वर्ग स्थिति के परिवर्तन के अवसर होते हैं।

D. एक स्थान से दूसरे स्थान तक गतिशीलता को प्रोत्साहन मिलता है।

Q.31 जाति-प्रस्थिति में सुधार की आकांक्षाएँ साधारण हैं, परन्तु वे तब तक प्राप्त नहीं होती, जब तक जाति प्राप्त नहीं कर लेती है:

A. आनुष्ठानिक पवित्रता

B. समूह स्वीकृति

C. शक्ति और विशेषाधिकार

D. शासकीय सम्बन्धन

Q.32 निम्नलिखित में कौन-सी जाति व्यवस्था की आवश्यक विशेषता नहीं है?

A. अतर्विवाह

B. सोपान

C. गतिशीलता

D. पुनर्जन्म में विश्वास

Q.33 जजमानी व्यवस्था प्रदर्शित करती है:

A. संविदा सम्बन्ध समुच्चय

B. राजनैतिक सम्बन्ध समुच्चय

C. वैवाहिक सम्बन्ध समुच्चय

D. आर्थिक सम्बन्ध समुच्चय

Q.34 वर्ग भेद को लक्षणित करने वाला मूल अन्तर निम्नलिखित के बीच के भेद को निर्दिष्ट करता है:

A. किरायाजीवी तथा उद्यमी

B. श्रमजीवी तथा व्यवसायी

C. प्रवरजन तथा जनसाधारण

D. सम्पत्तियुक्त तथा सम्पत्तिहीन

Q.35 'सोशियोलॉजी ऑफ रिवॉल्यूशन' के लेखक कौन हैं ?

A. आर.के. मर्टन

B. टी. पार्सन्स

C. पी.ए. सोरोकिन

D. सी.एच. कूले

Q.36 निम्नलिखित में से किस एक ने राय व्यक्त की कि भारतीय गाँवों में आत्म-निर्भरता एक मिथक है?

A. चार्ल्स टी. मेटकॉफ

B. आस्कर

C. लूइस ड्यूमा

D. एम.एन. श्रीनिवास

Q.37 निम्नलिखित में से लघु समुदाय में कौन-सी विशेषताएं पाई जाती हैं?

1. आत्म-निर्भरता
2. प्राधान्य
3. समजातीयता
4. साहचर्य

निम्नलिखित कूट से सही उत्तर का चयन कीजिए:

A. 1, 2 और 3　　　　**B.** 1 और 2
C. 2 और 3　　　　**D.** 1 और 3

Q.38 निम्नलिखित में से किसने 'सांस्कृतिक पुनरुत्पादन' की अवधारणा प्रस्तुत की?

A. ऑस्कर लुइस ने　　　　**B.** पी. बोरड्यू
C. बी. मालिनोवस्की　　　　**D.** राबर्ट रेडफील्ड

Q.39 'लघु समुदाय' की अवधारणा का भारतीय ग्रामीण समाज के अध्ययन में उपयोग एवं परीक्षण किसने किया है?

A. एस. सी. दुबे　　　　**B.** एम. एन. श्रीनिवास
C. बी. आर. चौहान　　　　**D.** योगेश अटल

Q.40 'परीक्षा में एक मित्र को नकल में सहयोग प्रदान करने की सर्वोत्तम समाजशास्त्रीय व्याख्या है':

A. लक्ष्य एवं माध्यम में अन्तर
B. दो द्वन्द्वात्मक प्रतिमानों के मध्य चुनाव
C. आदर्श शून्यता की स्थिति
D. नैतिक अवनति

Q.41 निम्नलिखित में से कौन-सा क्रम संस्था के विकास को सर्वोत्तम रूप से निरूपित करता है?

A. प्रथा, लोकाचार, जनरीति एवं संस्था
B. जनरीति, लोकाचार, प्रथा एवं संस्था
C. जनरीति, प्रथा, लोकाचार एवं संस्था
D. लोकाचार, जनरीति, प्रथा एवं संस्था

Q.42 'बाह्य तथा आन्तरिक संघर्ष की अवधारणा दी गयी है':

A. लेविस कोजर द्वारा　　　　**B.** मैक्स वेबर द्वारा
C. आर. डेहरनडार्फ द्वारा　　　　**D.** जार्ज सिमल द्वारा

Q.43 सहयोग, प्रतिस्पर्धा एवं संघर्ष सामाजिक अन्तःक्रिया के सामान्य प्रारूप हैं जिसका समाजशास्त्रियों ने नामकरण किया है:

A. प्रकार्यात्मक पूर्वपिक्षा　　　　**B.** सामाजिक संस्था
C. सामाजिक नियंत्रण　　　　**D.** सामाजिक प्रक्रिया

Q.44 निम्नलिखित में से कौन एक प्रतिकूलन की विशेषता नहीं है?

A. अनिश्चितता　　　　**B.** अप्रत्यक्ष घृणा
C. एक पक्षीय संघर्ष　　　　**D.** सहिष्णुता

Q.45 किसने कहा कि ' विवाह की जड़ परिवार में है, न कि परिवार की जड़ विवाह में है":

A. जी. पी. मरडॉक　　　　**B.** मॉर्गन
C. वेस्टरमार्क　　　　**D.** विल्सन

Q.46 निम्नलिखित में से कौन एक 'फ्रेंच सोरोकिन' के रूप में जाता है?

A. एमिल दुर्खीम　　　　**B.** जॉर्ज गुरविच
C. डब्ल्यू. डब्ल्यू. रॉस्टो　　　　**D.** मैक्स ब्लैक

Q.47 निम्नलिखित में से कौन एक संस्था का उदाहरण नहीं है?

A. विवाह　　　　**B.** समकक्ष व्यक्ति समूह
C. परिवार　　　　**D.** नातेदारी

Q.48 सन् 1956 का हिन्दू उत्तराधिकार अधिनियम प्रभावित करता है:

A. केवल हिन्दुओं को
B. केवल हिन्दुओं एवं सिखों को
C. केवल हिन्दुओं, सिखों, बौद्ध धर्मावलम्बियों एवं जैनियों को
D. सन् 1947 से भारत में रहने वाले सभी नागरिकों को

Q.49 'वर्गात्मक एवं वर्णनात्मक नातेदारी' की अवधारणा किसने दी?

A. मॉर्गन ने　　　　**B.** हटून ने
C. रिवर्स ने　　　　**D.** टी. एन. मदन ने

Q.50 निम्नलिखित में से कौन, एक विवाह, सम्बन्धी निषेध का प्रतिनिधित्व नहीं करता?

A. निकटाभिगमन　　　　**B.** बहिर्विवाह
C. बहुपत्नी विवाह　　　　**D.** अन्तर्विवाह

Q.51 संस्कृति की सबसे छोटी इकाई को कहा जाता है:

A. संस्कृति संकुल　　　　**B.** संस्कृति क्षेत्र
C. संस्कृति प्रतिमान　　　　**D.** सांस्कृतिक तत्व

Q.52 जाति का सत्व है:

A. जजमानी व्यवस्था
B. एक पदक्रम में आनुवंशिकी की क्रमबद्ध व्यवस्था
C. समूहों के मध्य विभेद
D. उच्च प्रस्थिति समूह में प्रवेश के प्रमुख निर्धारक

Q.53 निम्नलिखित में से किसने अपराधी उप-संस्कृति के सिद्धान्त को विकसित किया है?

A. क्लोवार्ड एवं ओहलिन　　　　**B.** वाल्टर बी. मिलर
C. अलबर्ट के. कोहेन　　　　**D.** एडविन एच. सदरलैण्ड

Q.54 सेना में भर्ती होने पर सैनिक की भूमिका निभाना सीखना कहा जाता है:

A. भूमिका पालन　　　　**B.** भूमिका ग्रहण
C. भूमिका प्रत्याशा　　　　**D.** भूमिका संकुल

Q.55 'ब्रोस्टल स्कूल' का संस्थापक कौन था?

A. एल्विन रेगिल्स ब्राइस　　　　**B.** हीली तथा ब्रूनर
C. सदरलैण्ड　　　　**D.** डोनाल्ड आर. टैफ्ट

Q.56 निम्नलिखित में से कौन तर्क प्रस्तुत करता है कि जातियाँ सामाजिक वर्गों की विशिष्ट स्वरूप हैं, जो कम-से-कम प्रवृत्ति के रूप में सभी समाजों में पायी जाती है?

A. क्रोबन　　**B.** श्रीनिवास　　**C.** बेली　　**D.** हटून

Q.57 कौन-सा मिलान सही नहीं है:

A. अर्जित प्रस्थिति - एक न्यायाधीश
B. प्रदत्त प्रस्थिति - प्रौढ़ावस्था
C. प्रस्थिति पुंज - लिण्टन
D. भूमिका पुंज - मर्टन

Q.58 1950 में सर्वोदय योजना को तैयार करने में निम्नलिखित में से कौन अग्रणी था?

A. विनोबा भावे　　　　**B.** जय प्रकाश नारायण
C. श्रीमन्न नारायण　　　　**D.** जॉन मथाई

Q.59 जनमत के निम्न अभिकरणों में कौन-सा एक नगरीय समुदाय की तुलना में ग्रामीण जन समुदाय अभिरुचियों को उत्कृष्ट ढंग से प्रभावित करता है?

A. दूरदर्शन　　**B.** अखबार　　**C.** सिनेमा　　**D.** रेडियो

Q.60 निम्नलिखित में से कौन-सामाजिक परिवर्तन का अवरोधक कारक नहीं है?

A. आर्थिक लागत
B. आर्थिक प्रतिस्पर्धा
C. निहित स्वार्थ
D. जड़ता

Q.61 'कम्युनिस्ट घोषणापत्र' जो अनेक क्रान्तियों के लिए उत्तरदायी है, प्रकाशित हुआ:
A. 1818 ई. में
B. 1838 ई. में
C. 1848 ई. में
D. 1868 ई. में

Q.62 'इतिहास अभिजात वर्गों की कब्रगाह है।' यह वक्तव्य देने वाले थे:
A. कार्ल मार्क्स
B. अगस्तय काम्ट
C. हरबर्ट स्पेन्सर
D. विलेड़ो परैटो

Q.63 मेक्सिको के समुदायों को अपने अध्ययनों में सामाजिक परिवर्तन की व्याख्या के लिए राबर्ट रेडफील्ड ने किन अवधारणाओं का उपयोग किया?
A. संस्कृतीकरण एवं पश्चिमीकरण
B. परम्परा एवं आधुनिकता
C. लघु एवं वृहद् परम्पराएँ
D. पश्चिमीकरण एवं आधुनिकीकरण

Q.64 'गतिशीलता आत्मीयता को कम कर देती है तथा व्यक्तियों के मनो-सामाजिक अलगाव एवं अकेलेपन को बढ़ा देती है।'
A. सोरोकिन
B. मार्क्स
C. दुर्खीम
D. मैनहाइम

Q.65 मादक द्रव्य प्रयोग से सम्बन्धत प्रबलीकरण सिद्धान्त स्पष्ट करता है:
A. मादक द्रव्यों से उत्पन्न आनन्ददायक संवेदनाएँ उसके प्रयोग को प्रबलीकृत करती है
B. सामाजिक पर्यावरण से औपचारिक सम्बन्धों को
C. दूसरे व्यक्तियों से सीखे व्यवहार
D. व्यक्ति की शक्ति की आवश्यकता

Q.66 साम्प्रदायिक व्यक्ति वे हैं:
A. जो राजनीति को धर्म के माध्यम से कार्यान्वित करते हैं।
B. जो समाज ळे प्रत्येक पंथ के लिए अच्छे होते है।
C. जो समाज ळे भविष्य की रक्षा करते है।
D. जो समाज में शान्ति को प्रोत्साहन प्रदान करते है।

Q.67 आर.के. मर्टन के अनुसार विचलनकारी लक्ष्य किसका उद्देश्य होता है?
A. अनुसारक
B. प्रवर्तक
C. कर्मकाण्डवाद
D. विद्रोही

Q.68 निम्नलिखित में से कौन आदर्श शून्यता (एनामी) के सिद्धान्त से सम्बद्ध नही है?
A. रिचार्ड क्लोवार्ड
B. लियो सरोल
C. रॉबर्ट के. मर्टन
D. डेनिस एच. रोंग

Q.69 पंचायती राज का मुख्य उद्देश्य क्या है?
A. कृषि उत्पादन को बढ़ाना
B. रोजगार बढ़ाना
C. लोगों की राजनीतिक जागरूकता को बढ़ाना
D. लोगों को विकास मूलक प्रशासन में भागीदारी के योग्य बनाना

Q.70 आन्द्रे गुंडर फ्रैंक के मतानुसार विश्व पर किसका प्रभुत्व है?
A. समाजवाद
B. एक महान महानगरीय केन्द्र
C. साम्यवाद
D. एक महान औद्योगिक केन्द्र

Q.71 निम्नलिखित में से कौन सामाजिक विधान का एक उदाहरण नहीं है?
A. अस्पृश्यता निवारण अधिनियम
B. अनैतिक कार्य दबाव अधिनियम
C. दहेज निरोध अधिनियम
D. राष्ट्रीय सुरक्षा अधिनियम

Q.72 'कोलिस' के अध्ययन को किसके नाम के साथ जोड़ा जाएगा?
A. एम. एन. श्रीनिवास
B. एस. सी. दुबे
C. डी. एन. मजूमदार
D. जी. एस. घुर्ये

Q.73 दायभाग का साधारणतया अनुसरण किया जाता है:
A. राजस्थान में
B. पश्चिमी बंगाल में
C. पंजाब में
D. महाराष्ट्र में

Q.74 निम्नलिखित में से कौन एक दक्षिण भारत में 'ब्राहृण-विरोधी' आन्दोलन के नेता थे?
A. पी.डी. नेट्रर
B. एल.जी. हवानूर
C. ई.वी. रामास्वामी नायकर
D. एल. डसकीन

Q.75 भारत के संविधान के किस अनुच्छेद में व्यक्त है कि 'चौदह वर्ष से नीचे की आयु का कोई भी बालक किसी फैक्टरी या खान में काम नहीं करेगा अथवा किसी खतरनाक रोजगार में नियुक्त नहीं होगा?
A. अनुच्छेद 24
B. अनुच्छेद 45
C. अनुच्छेद 330
D. अनुच्छेद 368

Q.76 किसका मत है कि 'जनता में भुखमरी का प्रकोप बढ़ेगा तो सहवास बढ़ेगा'?
A. जाउसे द. कैस्ट्रो
B. हरबर्ट स्पेन्सर
C. ई.एम. हूवर
D. ए.जे. कोयले

Q.77 'आत्मवाचक भूमिका ग्रहण' की अवधारणा का सृजन किसने किया है?
A. मीड
B. कूले
C. लिन्टन
D. मर्टन

Q.78 किसका दृष्टिकोण है कि "आधुनिकता एक अधूरी परियोजना है"?
A. जुरगेन हेबरमास
B. जॉर्ज रिट्जर
C. एन्थोनी गिडेन्स
D. वर्नर सोम्बर्ट

Q.79 भारत में अनुसूचित जनजातियों को सरकारी नौकरियों में कितना प्रतिशत आरक्षण दिया जाता है?
A. 15.0 प्रतिशत
B. 2.5 प्रतिशत
C. 2.0 प्रतिशत
D. 7.5 प्रतिशत

Q.80 निम्न अधिकारों में से किस एक अधिकार को बी.आर. अम्बेडकर ने संविधान का 'हृदय एवं आत्मा' की संज्ञा प्रदान की?
A. धर्म की स्वतंत्रता का अधिकार
B. सम्पत्ति का अधिकार
C. समानता का अधिकार
D. संवैधानिक प्रतिकार का अधिकार

Q.81 भारतीय संविधान का कौन-सा अनुच्छेद अस्पृश्यता के उन्मूलन से संबंधित है?
A. अनुच्छेद 16
B. अनुच्छेद 17
C. अनुच्छेद 335
D. अनुच्छेद 340

Q.82 निम्नलिखित में से किसने न्याय के विभेदक सिद्धान्त का प्रतिपादन किया है?
A. बी आर. अम्बेडकर
B. जॉन रावल
C. एम.के. गाँधी
D. भंडारकर

Q.83 मर्टन के अनुसार विचलन परिणाम है:

A. अपर्याप्त समाजीकरण का

B. व्याधिकीय व्यक्तित्व का

C. संस्कृति एवं समाज का

D. समाज के मूल्यों का

Q.84 माता-पिता कम सम्मान पाते हैं:

A. मलाबार के नायरों में   **B.** हिन्दुओं में

C. एस्किमो में   **D.** भीलों में

Q.85 किसके अनुसार समाजशास्त्र एक परिशुद्ध अथवा सैद्धान्तिक विज्ञान है, व्यावहारिक विज्ञान नहीं?

A. राबर्ट वीयरस्टीड   **B.** मैकाइवर एवं पेज

C. कार्ल मार्क्स   **D.** किंग्सले डेविस

Q.86 किसने यह कहा कि तुलनात्मक समाजशास्त्र, समाजशास्त्र की एक विशिष्ट शाखा नहीं है, यह स्वयं समाजशास्त्र है?

A. कांट   **B.** दुर्खीम   **C.** स्पेन्सर   **D.** वेबर

Q.87 निम्नलिखित में से कौन एक जनजातीय समाज से संबंधित नहीं है:

A. अन्तर्विवाह   **B.** एकल सामाजिक श्रेणी

C. सामान्य भू-भाग   **D.** संरचित असमानता

Q.88 निम्नलिखित में से किस एक ने समाज को संरचना और प्रकार्य के सामंजस्य से युक्त सामाजिक सावयव के रूप में देखा?

A. अगस्तय काम्ट   **B.** बी. मालिनोवस्की

C. एमिल दुर्खीम   **D.** हरबर्ट स्पेन्सर

Q.89 किसने कहा है कि "सामाजिक संगठन एक सामान्य सामाजिक सहमति है"?

A. हरबर्ट स्पेन्सर   **B.** अगस्तय काॕम्ट

C. ईमैनुएल कांट   **D.** एमिल दुर्खीम

Q.90 संस्कृति के एकीकरण के वर्णन में 'संस्कृति लय' की अवधारणा को किसने प्रस्तुत किया है?

A. मॉरिस आपलर   **B.** राल्फ लिंटन

C. रूथ बेनेडिक्ट   **D.** बी. मालिनोवस्की

Q.91 सामाजिक वर्ग, प्रस्थिति समूह, आयु एवं यौन समूह, भीड़ आदि उदाहरण हैं:

A. सामाजिक समूहों के   **B.** अर्द्ध समूहों के

C. प्राथमिक समूहों के   **D.** द्वितीयक समूहों के

Q.92 निम्नलिखित में से कौन-सी एक विशेषता सामाजिक संरचना की अवधारणा से सम्बद्ध नहीं है?

A. संरचना तत्वों की क्रमबद्ध व्यवस्था है

B. संरचना उद्भावी विशेषताएँ होती हैं

C. संरचना समुच्चय को उसके संघटक तत्वों के रूप में नहीं, अपितु समग्र के रूप में देखती है

D. सामाजिक संरचना सामाजिक सम्बन्ध का पर्यायवाची है

Q.93 वर्स्टेहन क्या है?

A. समझ   **B.** व्याख्या   **C.** विश्लेषण   **D.** विस्तरण

Q.94 व्यक्ति एवं समाज के मध्य सम्बन्ध के विषय में परैटो का दृष्टिकोण आवश्यक रूप से:

A. प्रकार्यवादी है   **B.** संरचनावादी है

C. संघर्षात्मक है   **D.** अन्तक्रियावादी है

Q.95 किसका प्रकार्यवाद वैयक्तिक प्रकार्यवाद के रूप में व्यक्त किया जाता है?

A. रैडक्लिफ ब्राऊन   **B.** बी. मैलिनोवस्की

C. आर.के. मर्टन   **D.** टालकाट पार्सन्स

Q.96 यह किसका मानना है कि स्कूल दमनकारी संस्था है?

A. कार्ल मार्क्स   **B.** टाल्काट पारसन्स

C. इवान इलिच   **D.** जॉनसन

Q.97 निम्नलिखित में से नार्डिक प्रजाति की कौन-सी एक विशेषता नहीं है?

A. छोटा सर

B. लम्बा कद

C. नीली आँखें

D. गुलाबी आभा लिए गौर वर्ण

Q.98 किसने कहा है कि 'सभ्यता संस्कृति का अत्यधिक जटिल तथा विकसित स्वरूप है।'

A. गिलिन एवं गिलिन   **B.** ऑगबर्न

C. समनर   **D.** डेविस

Q.99 निम्नलिखित युग्मों में से कौन-सा एक युग्म सही नहीं है?

A. प्राथमिक समूह - कूले   **B.** क्षेत्रीय समूह - वेबर

C. अन्तःसमूह - समनर   **D.** सन्दर्भ समूह - मर्टन

Q.100 दुर्खीम के दृष्टिकोण से धर्म का सबसे आदिम प्रकार है:

A. आत्मवाद   **B.** जादू   **C.** टोटमवाद   **D.** प्रकृतिवाद

Q.101 किसने कहा कि 'जब एक वर्ग पूर्णतः आनुवंशिकता पर आधारित हो जाता है, तो उसे हम जाति कहते हैं:

A. मजूमदार एवं मदन   **B.** केलकर

C. सी एच. कूले   **D.** एन के. दत्ता

Q.102 स्तरीकरण के अध्ययन का 'प्रतिष्ठात्मक उपागम' सम्बद्ध है:

A. रिचार्ड सेन्टर्स के साथ   **B.** रॉबर्ट लिंड के साथ

C. मैक्स वेबर के साथ   **D.** लायड वॉर्नर के साथ

Q.103 जे.एच. हट्टन के अनुसार भारतवर्ष की प्राचीनतम प्रजाति थी:

A. नार्डिक   **B.** नीग्रिटो

C. मंगोलायड   **D.** प्रोटो-आस्ट्रेलायड

Q.104 नगर नगरीकरण की आरंभिक अवस्था में दर्शाति हैं:

A. विजातीय रूपान्तरण

B. प्रजनक रूपान्तरण

C. परजीवी रूपान्तरण

D. नियत विकासीय रूपान्तरण

Q.105 एक मेगालोपोलिस:

A. नगरों के आपस में मिल जाने के फलस्वरूप निर्मित एक प्राइवेट नगर है

B. एक करोड़ की आबादी वाला नगर है

C. दो या अधिक मैट्रापॉलिटन क्षेत्रों के मिल जाने के फलस्वरूप फैलता हुआ वृहद् नगरीकृत क्षेत्र है

D. महामार्ग के किनारे नगरों की एक श्रृंखला है

Q.106 ममफोर्ड द्वारा प्रदत्त नगर के विकास अवस्थाओं का सही क्रम क्या है?

1. पोलिस

2. इयोपोलिस

3. मैट्रोपोलिस

निम्नलिखित कूट से सही उत्तर का चयन कीजिए:

A. 1, 2, 3   **B.** 1, 3, 2   **C.** 2, 1, 3   **D.** 3, 1, 2

Q.107 निम्नलिखित में से किस प्रकार के नगर में हम अभिजन वर्ग को नगर के केन्द्र में पाते हैं?

A. औद्योगिक-पूर्व   **B.** आधुनिक
C. ऐतिहासिक   **D.** वाणिज्यिक

Q.108 निम्नलिखित में से कौन-सा कथन सही नहीं है?
A. एक क्षेत्र की औपचारिक सीमाएँ होनी चाहिए
B. एक क्षेत्र की एक विशिष्ट भौगोलिक विशेषता होनी चाहिए
C. एक क्षेत्र आमतौर पर ग्रामीण तथा नगरीय समुदायों को मिलाकर एक कर देता है
D. एक क्षेत्र अनेक प्रकार के हितों तथा क्रिया-कलापों को अपने में निहित करता है

Q.109 शहरी तथा ग्रामीण बस्तियों के उस बड़े जमावड़े को जिसकी सारी बस्तियाँ उस क्षेत्र के प्रमुख महानगर के सम्बन्धों से परस्पर जुड़ी हैं, कहा जाता है:
A. सिटी प्रॉपर   **B.** सिटी एरिया
C. मैट्रोपॉलिटन एरिया   **D.** मैट्रोपोलिटन रीजन

Q.110 निम्नलिखित भारतीय समाजशास्त्रियों में से भारत में क्षेत्रीय आयामों के बारे में व्यापक रूप से किसने लिखा?
A. जी.एस. घुर्ये   **B.** एन.के. बोस
C. राधा कमल मुखर्जी   **D.** एस सी दूबे

Q.111 हर्बर्ट स्पेंसर ने समाजों के प्रारूपों का वर्गीकरण किस कोटि के आधार पर सरलतम से जटिलतम तक किया है?
A. संघटन   **B.** समुच्चयन
C. सामाजिक बंधन   **D.** ज्ञान

Q.112 भूमिका तथा प्रस्थिति के संप्रत्ययों का प्रथम सुव्यवस्थित विकास निम्नलिखित में से किसने किया?
A. मैलिनोवस्की   **B.** पारसन्स
C. पार्क   **D.** लिण्टन

Q.113 निम्नलिखित में से किस एक को समुदाय स्वीकार किया जा सकता है?
A. छात्र संघ   **B.** जनजाति   **C.** परिवार   **D.** भीड़

Q.114 निम्नलिखित में से कौन-सा एक समुदाय का आवश्यक अभिलक्षण नहीं है?
A. भौगोलिक अवर्थिति   **B.** सामुदायिक भावना
C. सामाजिक समजातीयता   **D.** स्थिर सरकार

Q.115 जब किसी समूह के सदस्य जीवन के एक विशिष्ट लक्ष्य में शामिल हैं तथा औपचारिक नियमों के अनुसार उसकी पूर्ति करते हैं, तब वे संघटित करते हैं।
A. समिति   **B.** समुदाय   **C.** संस्था   **D.** गिरोह

Q.116 सापेक्षित रूप से स्थिर तथा व्यापक रूप से स्थापित कार्यनिधियों के, समाज के मूल्यों तथा प्रतिमानों के चारों ओर विकसित होती हैं, वर्णित करने के लिए निम्नलिखित शब्दावली में से कौन-सी एक समाजशास्त्रियों द्वारा प्रयोग की जाती है?
A. वैचारिक   **B.** संस्था   **C.** भूमिका   **D.** विधान

Q.117 सामाजिक प्रकार्य की परिभाषा निम्न में से किस प्रकार दी जा सकती है?
A. एक सामाजिक घटना जिसमें बहुत से महत्वपूर्ण व्यक्तियों को निमंत्रित किया जाता है
B. किसी संरचना के साथ सम्बद्ध एक क्रिया या परिणाम
C. व्यक्तियों के एक समूह या एक व्यक्ति को सौंपा हुआ एक दायित्व
D. कोई घटना जो एक समाज के सदस्यों द्वारा महत्वपूर्ण मानी जाती है

Q.118 मूल्यों की समाजशास्त्रीय परिभाषा निम्न में से किस प्रकार दी जा सकती है?

A. समाज में माल तथा सेवाओं की कीमत जो एक व्यक्ति द्वारा अदा की जाती है
B. समाज में एक व्यक्ति की इच्छाएँ
C. समाज में मान्य अधिमान, प्राथमिकताएँ तथा वांछनीय दशाएँ
D. विशिष्ट निर्धारण तथा मानक व्यवहारों का अभिनिषेध

Q.119 निम्नलिखित कारकों में से किस कारक से प्रतिमान के अतिक्रमण की अधिक सम्भावना रहती है?
1. दोषपूर्ण अथवा त्रुटिपूर्ण समाजीकरण
2. अशक्त अनुमोदन तथा अपर्याप्त प्रवर्तन
3. प्रतिमान का अस्पष्ट प्रतिपादन
नीचे दिए हुए कूट से सही उत्तर चुनिए:
A. केवल 1   **B.** 1, 2   **C.** 2, 3   **D.** 1, 2, 3

Q.120 वर्जन:
A. पॉलीनेशियाई विश्वास है
B. एक निषेध है
C. धर्मनिष्ठ व्यक्तियों द्वारा पहना कर्मकाण्डी चिन्ह है
D. संबंधियों के बीच परिहार है

Q.121 तथ्यों को वस्तुनिष्ठ तब कहा जाता है जब:
A. उनका सैद्धान्तिक संस्थापन हो चुका है।
B. उनका विवेकपूर्ण निर्धारण हो जाता है।
C. उनकी तार्किक रूप से व्युत्पत्ति होती है।
D. उनका आनुभविक सत्यापन हो जाता है।

Q.122 निम्नलिखित में से कौन-सा एक कथन प्रतिमान की ओर निर्देशित करता है?
A. कन्या की अपेक्षा पुत्र को वरीयता दी जाती है।
B. अपराधी को दण्ड मिलना चाहिए।
C. सभी नागरिक समान अधिकार रखते हैं।
D. एक पत्नी प्रथा विवाह के स्वरूप में सबसे सामान्यत: अधिक स्वीकृति रखती है।

Q.123 निम्नांकित में से कौन-सा एक कथन अनुशास्ति के प्रकार्य का सही तरह से वर्णन करता है?
A. उन भावनाओं को जो कृत्य से प्रभावित हुई है, निश्चित सामूहिक अभिव्यक्ति देकर सामाजिक उल्लसोन्माद को पुनःस्थापित करना।
B. किसी समाज में व्यक्ति के व्यवहार पर प्रतिबंध लागू करना।
C. मानव विचार (मस्तिष्क) को प्रतिबंधित करना।
D. समाज में विभेदीकरण की वृद्धि को अनुमति देना।

Q.124 अप्रतिमानता प्रत्यय का समाजशास्त्रीय अर्थ निम्नलिखित में से किसके निकट है?
A. विचलन   **B.** प्रमापविहीनता
C. अर्थिरता   **D.** विषमजातीयता

Q.125 नगरीय जीवन का अंधकारपूर्ण चित्रण करते हुए कुछ विद्वानों में नगरीयवाद को 'सामाजिक अपकर्ष' के रूप में देखा है, क्योंकि यह सरलता को कृत्रिमता और समरसता को तनाव में बदल देता है तथा स्वजन एवं परिवार की एकात्मता को नष्ट कर प्रतिस्पर्धा के माध्यम से विघटन को प्रोत्साहित करता है।
निम्नलिखित विद्वानों में कौन-सा विद्वान नगरीय जीवन की उपर्युक्त मान्यता रखता था?
A. वर्थ   **B.** ममफोर्ड   **C.** स्पेंगलर   **D.** गालपिन

// स्मार्ट उत्तर पुस्तिका //

सही उत्तर	उन छात्रों के प्रतिशत को इंगित करता है जिन्होंने प्रश्नों का सही उत्तर दिया था।

छोड़ दिया	उन छात्रों के प्रतिशत को इंगित करता है जिन्होंने प्रश्नों को छोड़ दिया था।

प्रश्न संख्या	उत्तर	सही उत्तर / छोड़ दिया
1	B	36.84 % / 13.16 %
2	B	60.53 % / 23.68 %
3	B	52.63 % / 18.42 %
4	C	63.16 % / 26.31 %
5	B	31.58 % / 26.31 %
6	A	31.58 % / 21.05 %
7	B	47.37 % / 21.05 %
8	B	31.58 % / 23.68 %
9	D	65.79 % / 26.32 %
10	A	28.95 % / 23.68 %
11	C	42.11 % / 21.05 %
12	C	31.58 % / 23.68 %
13	C	63.16 % / 15.79 %
14	A	36.84 % / 23.69 %
15	A	34.21 % / 21.05 %
16	B	31.58 % / 21.05 %
17	D	10.53 % / 21.05 %
18	B	50.0 % / 23.68 %
19	A	42.11 % / 5.26 %
20	B	42.11 % / 18.42 %
21	B	28.95 % / 18.42 %
22	B	26.32 % / 23.68 %
23	A	60.53 % / 7.89 %
24	B	57.89 % / 26.32 %
25	B	15.79 % / 21.05 %
26	D	34.21 % / 23.68 %
27	D	13.16 % / 15.79 %
28	D	21.05 % / 26.32 %
29	B	65.79 % / 18.42 %
30	C	42.11 % / 23.68 %
31	B	39.47 % / 15.79 %
32	C	36.84 % / 21.05 %
33	D	28.95 % / 7.89 %
34	D	28.95 % / 23.68 %
35	C	47.37 % / 21.05 %
36	B	13.16 % / 18.42 %
37	D	26.32 % / 23.68 %
38	B	31.58 % / 23.68 %
39	C	31.58 % / 26.31 %
40	A	21.05 % / 21.06 %
41	C	28.95 % / 15.79 %
42	A	50.0 % / 23.68 %
43	D	57.89 % / 21.06 %
44	D	42.11 % / 26.31 %
45	C	52.63 % / 15.79 %
46	B	47.37 % / 23.68 %
47	B	60.53 % / 21.05 %
48	C	50.0 % / 26.32 %
49	A	60.53 % / 23.68 %
50	C	36.84 % / 23.69 %
51	D	68.42 % / 21.05 %
52	B	63.16 % / 15.79 %
53	C	26.32 % / 23.68 %
54	B	36.84 % / 23.69 %
55	A	65.79 % / 18.42 %
56	A	13.16 % / 26.31 %
57	C	47.37 % / 23.68 %
58	B	47.37 % / 23.68 %
59	D	57.89 % / 21.06 %
60	B	39.47 % / 18.42 %
61	C	47.37 % / 23.68 %
62	D	55.26 % / 23.69 %
63	C	57.89 % / 21.06 %
64	A	34.21 % / 23.68 %
65	A	57.89 % / 26.32 %
66	A	60.53 % / 23.68 %
67	C	15.79 % / 26.32 %
68	D	10.53 % / 26.31 %
69	D	55.26 % / 23.69 %
70	B	34.21 % / 23.68 %
71	D	57.89 % / 7.9 %
72	D	47.37 % / 18.42 %
73	B	52.63 % / 26.32 %
74	C	65.79 % / 23.68 %
75	A	60.53 % / 26.31 %
76	A	57.89 % / 21.06 %
77	A	47.37 % / 26.31 %
78	A	44.74 % / 23.68 %
79	D	47.37 % / 7.89 %
80	D	55.26 % / 21.06 %

प्रश्न संख्या	उत्तर	सही उत्तर / छोड़ दिया	प्रश्न संख्या	उत्तर	सही उत्तर / छोड़ दिया	प्रश्न संख्या	उत्तर	सही उत्तर / छोड़ दिया	प्रश्न संख्या	उत्तर	सही उत्तर / छोड़ दिया	प्रश्न संख्या	उत्तर	सही उत्तर / छोड़ दिया
81	B	76.32 % / 18.42 %	90	A	36.84 % / 23.69 %	99	B	63.16 % / 18.42 %	108	A	15.79 % / 26.32 %	117	B	52.63 % / 15.79 %
82	B	23.68 % / 23.69 %	91	B	31.58 % / 26.31 %	100	C	71.05 % / 21.06 %	109	D	18.42 % / 18.42 %	118	C	55.26 % / 23.69 %
83	C	13.16 % / 26.31 %	92	D	18.42 % / 26.32 %	101	C	50.0 % / 23.68 %	110	D	31.58 % / 23.68 %	119	B	15.79 % / 13.16 %
84	C	50.0 % / 21.05 %	93	A	60.53 % / 18.42 %	102	D	28.95 % / 23.68 %	111	B	44.74 % / 13.15 %	120	B	55.26 % / 18.42 %
85	A	50.0 % / 26.32 %	94	A	18.42 % / 23.69 %	103	B	28.95 % / 26.31 %	112	D	47.37 % / 23.68 %	121	C	47.37 % / 15.79 %
86	B	47.37 % / 23.68 %	95	B	36.84 % / 21.05 %	104	A	36.84 % / 21.05 %	113	B	63.16 % / 13.16 %	122	B	18.42 % / 23.69 %
87	D	47.37 % / 26.31 %	96	C	63.16 % / 21.05 %	105	C	42.11 % / 26.31 %	114	D	63.16 % / 23.68 %	123	B	31.58 % / 21.05 %
88	D	52.63 % / 23.69 %	97	A	18.42 % / 23.69 %	106	C	28.95 % / 23.68 %	115	A	65.79 % / 18.42 %	124	B	31.58 % / 26.31 %
89	B	18.42 % / 23.69 %	98	A	34.21 % / 23.68 %	107	A	31.58 % / 21.05 %	116	B	50.0 % / 23.68 %	125	C	18.42 % / 23.69 %

कार्य विश्लेषण	
औसत अंक (%)	30.82%
टॉपर्स स्कोर (%)	94.82%
आपका स्कोर	

//संकेत और समाधान//

1. सदरलैण्ड एवं अन्य के अनुसार "प्रतिस्पर्धा व्यक्तियों" या समूहों के बीच उन संतुष्टियों, जिन्हें उनके सीमित होने के कारण सब प्राप्त नहीं कर सकते, की प्राप्ति हेतु एक अवैयक्तिक, अचेतन तथा निरन्तर प्रयास है।
अतः विकल्प (B) सही है।

2. चूँकि अधिकांश विकासशील देश, जनसांख्यिकीय संक्रमण सिद्धान्त के अनुसार जनसंख्या संवृद्धि की दूसरी अवस्था में होते है। इस अवस्था में आर्थिक विकास आय स्तरों में वृद्धि करता है, तब पहला प्रभाव मृत्युदर पर पड़ता है। इस अवस्था में मृत्युदर में कमी होती है और जन्मदर अपेक्षाकृत ऊँची होती है।
अतः विकल्प (B) सही है।

3. डेविस के अनुसार "एक संस्था को किसी एक या अधिक प्रकार्यों के चारों ओर निर्मित अंतर्सम्बंधित जनरीतियों (लोकाचारों) रूढ़ियों और कानूनों के समुच्चय के रूप में परिभाषित किया जा सकता है।
अतः विकल्प (B) सही है।

4. 1. सिस्टम ऑफ कानसेन्युनिटी एंड एफिनिटी ऑफ दि ह्यूमन फैमिली - मॉर्गन

2. अफ्रीकन सिस्टम ऑफ किंशिप एंड मैरिज - रेडक्लिफ ब्राउन

3. किंशिप ऑर्गेनाइजेशन इन इंडिया - कर्वे
अतः विकल्प (C) सही है।

5. विवाह मानव समाज की अत्यन्त महत्वपूर्ण संस्थाहै। विवाह पितृवंशीयसमाज में महत्वपूर्ण भूमिकाएँ निभाता है। विवाह की संस्था मानव समाज में जीवशास्त्रीय आवश्यकताओं से उत्पन्न हुई है।
अतः विकल्प (B) सही है।

6. मजूमदार की मान्यता है कि संबंधी (संगोत्र) सूचक शब्द ऐसी संज्ञायें होती हैं, जिनका प्रयोग भिन्न-भिन्न प्रकार के संबंधी के उल्लेख के लिए किया जाता है।
अतः विकल्प (A) सही है।

7. मेघालय की जैन्तिया, खासी, गारो, पहाड़ी पर निवास करने वाली 'खासी' गारो जनजाति का सामाजिक संगठन मातृसत्तात्मक सिद्धान्त पर आधारित है। मालाबार के नायरों में भी मातृसत्तात्मक परिवार पाये जाते हैं।
अतः विकल्प (B) सही है।

8. भारत में अंतर्जातीय-विवाह के विधायी प्रावधान सर्वप्रथम सन् 1872 में विशेष विवाह अधिनियम में किया गया तथा सन् 1923 में इसमें संशोधन हुआ। इस कानून के अनुसार हिन्दू, बौद्ध, सिख तथा जैनों में अंतर्जातीय विवाह वैध हो गये।
अतः विकल्प (B) सही है।

9. यदि विधवा दिवंगत पति के बड़े भाई से विवाह करती है, तो उसे 'ज्येष्ठ विवाह' तथा यदि छोटे भाई से करती है तो उसे 'देवर विवाह' कहा जाता है।
अतः विकल्प (D) सही है।

10. औद्योगीकरण के फलस्वरूप भिन्न-भिन्न प्रकार के अनगिनत व्यवसाय उपलब्ध हुए तथा ग्रामीण कुटीर उद्योगों की उत्पादन इकाई के रूप में प्रासंगिकता समाप्त हुई तथा लोगों का पलायन शहरी क्षेत्रों की ओर हुआ। ऐसी स्थिति में परिवार उत्पादन की इकाई नहीं रहे उनकी एकता भंग हुई तथा कृषि अर्थव्यवस्था का स्थान औद्योगिक एवं पूंजीवादी व्यवस्था ने ले लिया।
अतः विकल्प (A) सही है।

11. चूँकि मूल परिवार की रचना पति-पत्नी एवं उनके अविवाहित बच्चों के माध्यम से होती है। अतएव इनके वैवाहिक संबंध के साथ समरक्त संबंध भी पाया जाता है।
अतः विकल्प (C) सही है।

12. चूँकि भूमि रहित मजदूर के जीविकोपार्जन का मुख्य साधन उसका श्रम ही होता है। ऐसी स्थिति में वह रोजगार की तलाश में भिन्न-भिन्न स्थानों पर विचरण करते रहते हैं। अतएव उनमें संयुक्त परिवार का अभाव पाया जाता है।
अतः विकल्प (C) सही है।

13. वेबर की मान्यता है कि प्रोटेस्टेण्ड धर्म (कैल्विनवाद) की आचार संहिता में कुछ ऐसे तत्व हैं जिनका परिपालन करने पर पूँजीवाद का विकास होना स्वाभाविक है।
अतः विकल्प (C) सही है।

14. मार्क्स वस्तुत: कृषक समाज को एशियाई समाज कहते हैं। उनके अनुसार एशियाई समाज वह समाज है, जिसकी आर्थिक व्यवस्था कृषि प्रधान होती है। इस प्रकार यह समाज कृषि उत्पादन करने वाली छोटी-छोटी इकाइयों में विभाजित होता है। इस समाज में वंशानुगत सत्ता तथा नौकरशाही का विशेष महत्व होता है।
अतः विकल्प (A) सही है।

15. शब्द "हाइपर-शहरीकरण" का उपयोग शहरी क्षेत्रों के तेजी से परिवर्तन के संदर्भ में किया जाता है, जिसका उद्देश्य शहरी परिदृश्य, व्यापक बुनियादी ढाँचा योजनाओं के परिवर्तन के उद्देश्य से है।
अतः विकल्प (A) सही है।

16. अनुष्ठानों एवं सिद्धान्तों के माध्यम से ही धार्मिक संस्थाएँ धर्म संबंधी विविध प्रयोजनों को संपन्न करती हैं, जो कि उसका प्रकट प्रकार्य होता है न कि अव्यक्त प्रकार्य।
अतः विकल्प (B) सही है।

17. फ्रेजर के अनुसार, "टोटम भौतिक वस्तुओं का एक वर्ग है जिसका एक आदिम जाति यह विश्वास रखते हुए कि उसके तथा गोत्र के प्रत्येक सदस्य के मध्य तक विशिष्ट आंतरिक संबंध विद्यमान हैं, अंधविश्वासपूर्ण आदर करती है।
अतः विकल्प (D) सही है।

18. आत्मवाद सिद्धान्त के प्रवर्तक ई.बी. टाइलर हैं उनकी मान्यता है कि आत्मा की धारणा ही आदिम मनुष्यों से सभ्य मनुष्यों तक के दर्शन का आधार है। उनका मत है कि शक्तिशाली आत्माएं अदृश्य रूप में विद्यमान रहकर मनुष्यों के जीवन के हर पहलू पर नियंत्रण रखती है।
अतः विकल्प (B) सही है।

19. पुनरावर्ती या अनुकरणात्मक जादू इस मान्यता पर आधारित है कि इच्छित परिणाम को लेकर सांकेतिक रूप में की गई जादुई क्रिया समान प्रकार का प्रभाव पैदा कर सकती है। उदाहरण किसी व्यक्ति को नष्ट करने के लिए उसके पुतले, चित्र अथवा मूर्ति को नष्ट करने की जादुई क्रिया का प्रचलन कई समाजों में पाया जाता है।
अतः विकल्प (A) सही है।

20. मालिनोवस्की ने अपने परिष्कृतवाद सिद्धान्त की व्याख्या करते हुए लिखा है कि धर्म का प्रमुख कार्य मनुष्य की मानसिक उत्तेजना और अधैर्य को दूर कर उसे शांति एवं धैर्य प्रदान करना है। पुनश्च, मालिनोवस्की ने जादू एवं विज्ञान में अंतर करते हुए लिखा है कि विज्ञान इस विश्वास पर आधारित है कि अनुभव, प्रयत्न तथा तर्क सही है, परन्तु जादू इस विश्वास पर आधारित है कि आशा व्यर्थ नहीं हो सकती, न ही इच्छा कभी धोखा दे सकती है।
अतः विकल्प (B) सही है।

21. मैलिनोवस्की एवं रेडक्लिफ ब्राउन ने आदिमकालीन धर्म के विषय में प्रकार्यवादी सिद्धान्त का प्रतिपादन किया। ब्राउन ने लिखा है कि धर्म भय तथा अन्य संवेगात्मक उत्तेजनाओं की शुद्धि के लिए नहीं, अपितु उसका कार्य और उद्देश्य समाज को नित्य कायम रखने के लिए सामाजिक विधानों को सजीव रखना है, व्यक्ति की अपेक्षा समाज का संरक्षण आवश्यक है अन्यथा दैवी शक्ति का प्रकोप उठ खड़ा होता है।
अतः विकल्प (B) सही है।

22. मैक्स वेबर ने अधिकारी तंत्र या नौकरशाही के इन लक्षणों का उल्लेख किया है-कानून तथा नियमों द्वारा निधारित कार्यालय के कायों का निश्चित क्षेत्र, लिखित प्रलेखों पर आधारित प्रशासन व्यवस्था, प्रशासन का प्रशिक्षित व्यक्तियों द्वारा नियमानुसार संचालन तकनीकी योग्यता के आधार पर अधिकारियों का चुनाव, व्यक्तिगत रूप में स्वतंत्र अधिकार, कार्यालय तथा प्रशासन के किसी भी अधिकारियों की वरिष्ठता तथा योग्यता के आधार पर पदोन्नति तथा एक निश्चित

वेतन व्यवस्था आदि।
अतः विकल्प (B) सही है।

23. जटिल समाजों में सफल आर्थिक विकास के लिए आवश्यक प्रमुख आर्थिक संस्थाएँ इस प्रकार हैं-बड़े पैमाने पर उत्पादन प्रणाली, श्रम-विभाजन, वितरण-प्रणाली, बाजार एवं विनिमय, फैक्ट्री प्रणाली, निगम, प्रतियोगिता, एकाधिकार, विशेषीकरण, सम्पत्ति, द्रव्य एवं साख आदि ।
अतः विकल्प (A) सही है।

24. सजातीयता राज्य की आवश्यक विशेषता नहीं है। जनसंख्या और भू-भाग राज्य के भौतिक अधार हैं, सरकार तथा संप्रभुता राज्य के आध्यात्मिक आधार हैं । संप्रभुता को राज्य का प्राण तत्व कहा जाता है। विलोमी ने राज्य के केवल 3 आवश्यक तत्वों का उल्लेख किया है:

(1) जनता

(2) शासनतंत्र एवं

(3) संविधान
अतः विकल्प (B) सही है।

25. तर्कसंगत विधियुक्त सत्ता में-कानूनी व्यवस्था पर आधारित प्राधिकार की नियुक्ति की औपचारिक कार्य-प्रणाली होती है, किन्तु इसके लिए यह आवश्यक नहीं कि वह व्यवस्था जनतांत्रिक ही हो।
अतः विकल्प (B) सही है।

26. अंतरा-पीढ़ी गतिशीलता एक ही पीढ़ी में, अर्थात् व्यक्ति की स्वयं की प्रस्थिति में गतिशीलता को बताता है, जबकि अंतर्पीढ़ी गतिशीलता व्यक्ति से भिन्न पीढ़ियों की गतिशीलता को बताता है।
अतः विकल्प (D) सही है।

27. प्रस्थिति समूहों को सम्पत्ति के अर्जन के अनुसार स्तरीकृत नहीं किया जाता है। वर्ग का निर्धारण सम्पत्ति या आर्थिक पुरस्कारों से होता है, जबकि प्रस्थिति समूह सामाजिक सम्मान के वितरण में असमानता को दर्शाता है। प्रस्थिति समूह के सदस्य एक समान जीवन शैली में भागीदार होते हैं। भारतीय जाति व्यवस्था इसका प्रमुख उदाहरण है। जहाँ सम्पत्ति की तुलना में जीवन शैली के अन्य पहलू अधिक महत्वपूर्ण होते है ।
अतः विकल्प (D) सही है।

28. शक्ति किसी-न-किसी स्रोत से ही प्राप्त की जाती है या अर्जित की जाती है। प्रत्येक व्यक्ति या समूह को शक्ति अलग-अलग स्रोत से प्राप्त हो सकती है। शक्ति के जो विभिन्न स्रोत हैं, वही स्रोत संस्तरण का आधार बनते हैं। शक्ति के प्रमुख स्रोत हैं:,

ज्ञान, सम्पत्ति, उत्तराधिकार, सत्ता, संगठन, सामाजिक व्यवस्था, विचार एवं कार्य, परिस्थितियाँ, प्राणिशास्त्रीय आधार आदि।
अतः विकल्प (D) सही है।

29. डेविस और मूर द्वारा प्रतिपादित किए गए सामाजिक स्तरीकरण के कार्यात्मक सिद्धांत से यह ज्ञात होता है कि सामाजिक असमानताएं समाज के लिए कार्यात्मक हैं क्योंकि वे सबसे प्रतिभाशाली व्यक्तियों को नौकरियों को हासिल करने के लिए एक प्रोत्साहन प्रदान करते हैं जो समाज के क्रमबद्ध रखरखाव के लिए आवश्यक हैं।
अतः विकल्प (B) सही है।

30. वर्ग-व्यवस्था पर आधारित संस्तरण की व्यवस्था वाले समाजों में 'मुक्त गतिशीलता' देखने को मिलती है। इस प्रकार की गतिशीलता वाले समाजों में विभिन्न स्तर के समूहों की सदस्यता का आधार जन्म या आनुवंशिकता न होकर व्यक्ति के गुण, योग्यता एवं उपलब्धियाँ होती हैं। वह एक स्तर एवं पद से दूसरे स्तर एवं पद में गमन कर सकते हैं।
अतः विकल्प (C) सड़ी है।

31. आमतौर पर संस्कृतीकरण के परिवर्तनों के बाद वह जाति, परम्परा से स्थानीय समाज द्वारा सोपान में जो स्थान उसे मिला हुआ है, उससे ऊँचे स्थान का दावा करने लगती है। साधारणत: बहुत दिनों तक, बल्कि वास्तव में एक-दो पीढ़ियों तक, दावा किए जाने के बाद ही उसे स्वीकृति मिलती है अर्थात् समूह

स्वीकृति ही जाति प्रस्थिति में सुधार दिलाती है।
अतः विकल्प (B) सही है।

32. चूँकि भारत की जाति-व्यवस्था बंद गतिशीलता का श्रेष्ठ उदाहरण है। इसके अंतर्गत व्यक्ति की जाति का निर्धारण जन्म के ही समय हो जाता है, जिसमें परिवर्तन संभव नहीं है। इसलिए इसमें गतिशीलता का अभाव पाया जाता है। किन्तु श्रीनिवास का मत है कि-भारत में निम्न जातियां 'संस्कृतीकरण' की प्रक्रिया के द्वारा अपने को उच्च जातियों में शामिल करने के लिए प्रयत्नशील हैं।
अतः विकल्प (C) सही है।

33. जजमानी व्यवस्था आर्थिक सम्बन्ध सम्मुचय को प्रदर्शित करती है, जिसके अंतर्गत जजमानी व्यवस्था एक अन्य प्रकार की विनिमय प्रणाली है। इस व्यवस्था में वस्तु के बदले सेवा का विनिमय विलंबित ढंग से होता है। जजमानी 'वैदिक शब्द' है जिसका इस्तेमाल उस संरक्षक के लिए होता है, जो समुदाय के लिए कोई यज्ञ संपन्न कराने के निमित्त से किसी ब्राह्मण को नियुक्त करता है।
अतः विकल्प (D) सही है।

34. मार्क्स का वर्ग-संघर्ष वस्तुत: सम्पत्तियुक्त एवं संपत्तिविहीन लोगों के मध्य ही चलता है, जिसे उन्होंने क्रमश: बुर्जुआ (पूँजिपति) एवं सर्वहारा वर्ग (श्रमिक) की संज्ञा से अभिहित किया। इस संघर्ष में अंतत: सर्वहारा वर्ग की विजय होती है, जो कालांतर में सर्वहारा की तानाशाही में तब्दील हो जाती है।
अतः विकल्प (D) सही है।

35. पुस्तक सोशियोलॉजी ऑफ रिवॉल्यूशन पी. ए. सोरोकिन द्वारा लिखित है।

सोरोकिन की अन्य प्रमुख कृतियाँ हैं-क्राइम एण्ड पनिशमेन्ट, एलीमेन्ट्स ऑफ सोशियोलॉजी, सिस्टम ऑफ सोशियोलॉजी, सोसायटी आदि।
अतः विकल्प (C) सही है।

36. चार्ल्स टी. मैटकॉफ ने लिखा है- "ग्रामीण समुदाय छोटे गणराज्य हैं, प्राय: जितनी वस्तुओं की आवश्यकता होती है वे सब उनके पास रहती हैं और वे बाह्य सम्बन्धों से अधिकांशत: स्वतंत्र होते हैं। जबकि आस्कर लुइस ने भारतीय गाँवों में आत्म-निर्भरता को एक मिथक माना है।
अतः विकल्प (B) सही है।

37. रेडफील्ड ने लघु समुदाय की चार प्रमुख विशेषताओं का उल्लेख किया है -

लघुता, विशिष्टता (अस्मिता), समरूपता और आत्मनिर्भरता

अतः विकल्प (D) सही है।

38. पी. बोरड्यू ने वर्ग के विश्लेषण के लिए सम्पत्ति के चार रूपों आर्थिक, सामाजिक, सांस्कृतिक और प्रतीकात्मक सम्पत्ति की चर्चा की है। बोरड्यू के अनुसार व्यक्ति की रुचियों और सांस्कृतिक पूँजी का प्रभाव पड़ता है जो उसे अपने परिवार से प्राप्त होता है।
अतः विकल्प (B) सही है।

39. डॉ. ब्रजराज चौहान ने राजस्थान के एक गाँव 'राणावतों की सादड़ी' के अध्ययन में लघु समुदाय की अवधारणा का उपयोग एवं परीक्षण किया है।
अतः विकल्प (C) सही है।

40. परीक्षा में सफल होने के लिए नकल करना मर्टन की दृष्टि में नवाचार है, अर्थात् लक्ष्य एवं माध्यम में अन्तर है।
अतः विकल्प (A) सही है।

41. अमेरिकन समाजशास्त्री समनर ने संस्था के उद्विकास को निम्न क्रम में व्यक्त किया है- विचार या धारणा → आदत → जनरीति → प्रथा → लोकाचार या रूढ़ि → संस्था।
अतः विकल्प (C) सही है।

42. कोजर ने संघर्ष को बाह्य एवं आंतरिक संघर्ष में वर्गीकृत किया है। बाहरी संघर्ष समूह को सुदृढ़ करता है। समूह की विशिष्टता बनाये रखता है तथा आंतरिक संघर्ष समूह के जीवित रहने की शक्ति को बढ़ा देता है।
अतः विकल्प (A) सही है।

43. सामाजिक प्रक्रियाओं को समाजशास्त्रियों ने दो वर्गों में बाँटा है:

सहयोगी सामाजिक प्रक्रियाएँ - सहयोग, समायोजन, सात्मीकरण

असहयोगी सामाजिक प्रक्रियाएँ - प्रतिस्पर्धा, प्रतिकूलन एवं संघर्ष।

अतः विकल्प (D) सही है।

44. प्रतिकूलता की विशेषताएँ हैं -

इसकी पहचान के प्रति अनिश्चितता होती है और संघर्ष की तुलना में घृणा या द्वेष अप्रत्यक्ष होता है।

यह एक पक्षीय संघर्ष है। इस प्रकार इसमें सहिष्णुता का गुण नहीं पाया जाता तो यह एक सहयोगी प्रक्रिया की विशेषता है।

अतः विकल्प (D) सही है।

45. वेस्टरमार्क ने लिखा है कि 'विवाह की जड़ परिवार में है, न कि परिवार की जड़ विवाह में है।'
अतः विकल्प (C) सही है।

46. रूसी समाजशास्त्री गुरविच (1894-1965) की व्यवस्थित योग्यता और प्रभावपूर्ण लेखन ने उन्हें फ्रांसीसी समाजशास्त्र में महत्वपूर्ण स्थान दिलाया वह अन्तर्राष्ट्रीय स्तर पर अपनी रचना 'सोशियोलॉजी ऑफ़ लॉ 'और ट्राईटे डी सोशियोलॉजी' (2 खंड) के लिए प्रसिद्ध हुए। उन्होंने बहुत से समाजशास्त्रीय शीर्षकों पर लेख लिखे। इसलिए वे 'फ्रेंच सोरोकिन' के नाम से प्रसिद्ध हुए।
अतः विकल्प (B) सही है।

47. विवाह, नातेदारी तथा परिवार संस्था के उदाहरण हैं, जबकि समकक्ष व्यक्ति समूह, प्राथमिक समूह का उदाहरण है।
अतः विकल्प (B) सही है।

48. हिन्दू विवाह अधिनियम, 1955 में यह प्रावधान कर दिया गया कि हिन्दू से तात्पर्य हिन्दू, सिख, बौद्ध और जैन से है। अतः हिन्दू उत्तराधिकार अधिनियम 1956 भी इन सभी को प्रभावित करता है।
अतः विकल्प (C) सही है।

49. मार्गन ने विश्व में प्रचलित नातेदारी शब्दों का अध्ययन करके उन्हें वर्गात्मक तथा वर्णनात्मक नातेदार सम्बन्ध सूचक संज्ञाओं में विभक्त किया।
अतः विकल्प (A) सही है।

50. प्रत्येक समाज में विवाह से सम्बन्धित कुछ नियम पाये जाते हैं। इनमे निकटाभिगमन अर्थात् कुछ सम्बन्धियों से विवाह सम्बन्ध निषेध होता है, बहिर्विवाह जैसे-गोत्र, प्रवर, सपिण्ड, परिवार से बाहर विवाह तथा अन्तर्विवाह अर्थात् अपने समूह, जाति आदि के अन्दर से ही जीवन साथी चुनने का नियम प्रमुख है। बहुपत्नी विवाह सम्बन्धी निषेध का प्रतिनिधित्व नहीं करता है।
अतः विकल्प (C) सही है।

51. संस्कृति की सबसे छोटी इकाई, ऐसी अभिज्ञेय एवं प्रकार्यात्मक इकाई को संस्कृति लक्षण अथवा विशेषक कहते हैं, जिसके पुन: विभाजन पर वह इकाई निरर्थक साबित हो जाती है। इसे सांस्कृतिक तत्व भी कहते हैं।
अतः विकल्प (D) सही है।

52. जाति का सार आनुवंशिकी समूहों का एक संस्करण में विभाजन करने की व्यवस्था से है।
अतः विकल्प (B) सही है।

53. अपराधी उप-संस्कृति के सिद्धान्त को अलबर्ट के. कोहेन ने विकसित किया जबकि क्लोवार्ड एवं ओहलिन ने विभिन्न अवसर सिद्धान्त दिया।
अतः विकल्प (C) सही है।

54. भूमिका ग्रहण की प्रक्रिया के दौरान व्यक्ति विशिष्ट भूमिकाओं को निभाना सीखता है। उदाहरण के लिए सेना में भर्ती होने पर एक व्यक्ति सैनिक की भूमिका निभाना सीखता है।
अतः विकल्प (B) सही है।

55. ग्लेडस्टोन कमेटी (1895) ने पहली बार ब्रोस्टल की अवधारणा को प्रस्तावित किया, जो कि युवा कैदियों को वयस्क जेलों में पुराने दोषियों से अलग करना चाहती थी। इस प्रणाली को लागू करने के का दायित्व जेल के आयुक्त सर एल्विन रेगिल्स ब्राइस (1857-1935) पर था, और इस तरह की पहली संस्था 1902 में रोचेस्टर, केंट, इंग्लैंड के पास ब्रोस्टल नामक गांव में ब्रोस्टल जेल में स्थापित की गई थी।
अतः विकल्प (A) सही है।

56. क्रोबन ने कहा है कि "जाति नृवंशीय इकाई का एक अन्तर्विवाही, वंशानुगत उप विभाग है जिसकी सामाजिक प्रतिष्ठा अन्य ऐसे भागों की तुलना में ऊँची या निम्न होती है।" उनके अनुसार जातियाँ सामाजिक वर्गों के विशेष स्वरूप हैं जो कम-से-कम प्रवृत्ति में प्रत्येक समाज में मिलती हैं।
अतः विकल्प (A) सही है।

57. मर्टन ने भूमिका पुंज, प्रस्थिति पुंज तथा प्रस्थिति क्रम विन्यास की अवधारणा दी है, अर्थात् प्रस्थिति पुंज की अवधारणा लिटन की नहीं है।
अतः विकल्प (C) सही है।

58. जयप्रकाश नारायण 'सर्वोदय योजना' को तैयार करने में अग्रणी रहे हैं। 'सर्वोदय' शब्द गाँधी द्वारा दिया गया एक ऐसा विचार है जिसके अंतर्गत सर्वभूत हितशत: की भारतीय कल्पना, सुकरात की 'सत्य साधना' और रस्किन की 'अंत्योदय की अवधारणा' समाहित है।

अतः विकल्प (B) सही है।

59. रेडियो का शिक्षित एवं अशिक्षित दोनों को ही लाभ प्राप्त होता है। यह दूर-दराज के क्षेत्रों में भी सहजता से पहुँच जाता है तथा सर्वसुलभ है। जिन देशों में रेडियो के स्वतंत्र प्रसारण की व्यवस्था है वहाँ यह जनमत निर्माण में और भी महत्वपूर्ण भूमिका निभाता है।
अतः विकल्प (D) सही है।

60. आर्थिक लागत निहित स्वार्थ और जड़ता सामाजिक परिवर्तन के अवरोधक कारक हैं, जबकि आर्थिक प्रतिस्पर्धा सामाजिक परिवर्तन लाने में उत्तरदायी होती है जो खुले समाज की विशेषता है।
अतः विकल्प (B) सही है।

61. 'कम्युनिस्ट घोषणापत्र' मार्क्स की अमर रचना है जो कि लन्दन से फरवरी, 1848 में प्रकाशित हुई। इसमें ही सर्वप्रथम सर्वहारा वर्ग के क्रांतिकारी सिद्धान्तों की एक संक्षिप्त एवं सरल व्यवस्था की गई थी।
अतः विकल्प (C) सही है।

62. विल्फ्रेडो परैटो-"वस्तुत: कुछ भी कभी नहीं बदलता और इतिहास है तथा सदैव 'कुलीन तंत्रों की कब्रगाह' बना रहेगा।"
अतः विकल्प (D) सही है।

63. लघु एवं वृहद् परम्परा की दो जुड़वाँ अवधारणाओं का प्रतिपादन रॉबर्ट रेडफील्ड द्वारा कृषक समुदायों के सांस्कृतिक जीवन के विश्लेषण की एक पद्धति के रूप में किया गया है।
अतः विकल्प (C) सही है।

64. सोरोकिन के अनुसार "गतिशीलता नैतिकता के विघटन को जन्म देती है।" यह आत्मीयता को कम कर देती है तथा व्यक्तियों के मनोसामाजिक अलगाव एवं अकेलेपन को बढ़ा देती है।
अतः विकल्प (A) सही है।

65. प्रबलीकरण सिद्धान्त में अब्राहम विलकर ने बताया है कि मादक द्रव्यों की सुखद अनुभूतियाँ उनके उपयोग को बढ़ावा देती हैं।
अतः विकल्प (A) सही है।

66. 'साम्प्रदायिक व्यक्ति' वे हैं जो राजनीति को धर्म के माध्यम से चलाते हैं। ऐसे व्यक्ति अपने धर्म को दूसरे धर्मों से श्रेष्ठ मानते हैं।
अतः विकल्प (A) सही है।

67. आर.के. मर्टन के अनुसार कर्मकाण्डवाद या विधिवाद में व्यक्ति द्वारा विधियों को पूर्ण करने के पीछे निर्धारित कौन-से लक्ष्य हैं, इन्हें वे नहीं जानते। व्यवहार के इस प्रकार में मर्टन ने लक्ष्यों की प्राप्ति को नकारात्मक (-) चिह्न

दिया है अर्थात् विचलनकारी लक्ष्य होता है।
अतः विकल्प (C) सही है।

68. अनेक समाजशास्त्रयों विशेषकर पारसंस, क्लोवार्ड और रॉबर्ट के. मर्टन ने एनामी सिद्धान्त को विस्तृत एवं व्याख्यायित किया है। अर्थात् डेनिस एच. रोंग आदर्श शून्यता (एनामी) के सिद्धान्त से संबद्ध नहीं है।
अतः विकल्प (D) सही है।

69. पंचायती राज का प्रमुख उद्देश्य लोगों को विकास मूलक प्रशासन में भागीदार बनाना है। पंचायती राज व्यवस्था को 93वें संविधान संशोधन अधिनियम 1992 द्वारा संवैधानिक दर्जा प्रदान किया गया था।
अतः विकल्प (D) सही है।

70. आन्द्रे गुंडर फ्रैंक ने विश्व के विकसित पूँजीवादी देशों या मेट्रोपोलिस तथा एशिया, अफ्रीका एवं लैटिन अमेरिका के औपनिवेशिक राष्ट्रों के बीच औपनिवेशिक सम्बन्धों के व्यवस्थित सिद्धान्त को विकसित किया है। उन्होंने विश्व पर प्रभुत्व के संदर्भ में मेट्रोपालिस को एक महान महानगरीय केन्द्र को महत्वपूर्ण बताया है।
अतः विकल्प (B) सही है।

71. अस्पृश्यता निवारण अधिनियम 1955, अनैतिक कार्य दबाव अधिनियम 1956, दहेज निरोधक अधिनियम 1961 सामाजिक विधान के अन्तर्गत आते है जबकि राष्ट्रीय सुरक्षा अधिनियम सुरक्षात्मक विधान के अन्तर्गत आते हैं।
अतः विकल्प (D) सही है।

72. जी. एस. घुर्ये ने 'महादेव कोली लोग' (1963) नामक पुस्तक में महाराष्ट्र के कोली लोगों का अध्ययन कर भारतीय समाजशास्त्र और सामाजिक मानवशास्त्र में अनुभववादी परम्परा की जड़ों को मजबूत किया है।
अतः विकल्प (D) सही है।

73. पितृवंशीय हिन्दू परिवार में उत्तराधिकार तथा विरासत के दो मुख्य सम्प्रदाय थे। मिताक्षरा और दायभाग जिनके प्रवर्तक क्रमशः विज्ञानेश्वर तथा जीमूतवाहन थे। दायभाग मुख्यतः असम और पश्चिमी बंगाल में प्रचलित था।
अतः विकल्प (B) सही है।

74. 1920 के दशक में दक्षिण भारत में ब्राह्मणों की सर्वोच्चता को चुनौती देने तथा लोगों से ब्राह्मणवाद का विरोध करने के लिए आगे आने के लिए ई .वी. रामास्वामी नायकर के नेतृत्व में 'आत्म सम्मान आंदोलन' चलाया गया।
अतः विकल्प (C) सही है।

75. अनुच्छेद 24 में बालकों की सुरक्षा के लिए विशेष प्रावधान हैं- "14 वर्ष से कम आयु के किसी बालक को किसी कारखाने या खान में काम करने के लिए नियोजित नहीं किया जायेगा या किसी अन्य परिसंकटमय नियोजन में नहीं लगाया जाएगा।"
अतः विकल्प (A) सही है।

76. जाउसे एवं कैस्ट्रो ने यह स्पष्ट किया कि जब अधिकाश लोग 'निरंतर भूख' (पुरानी भूख) से त्रस्त रहेंगे तो इसका प्रभाव 'शारीरिक भूख' (यौन क्रिया) में वृद्धि होगी।
अतः विकल्प (A) सही है।

77. 'आत्मवाचक भूमिका ग्रहण' की अवधारणा मीड ने दी जो कि कूले की लुकिंग ग्लास शेल्फ की अवधारणा के समान है।
अतः विकल्प (A) सही है।

78. आधुनिकता ज्ञान की संतान है। यह तर्क और लोकतंत्र के मध्य सूत्रधार बना हुआ है। इसलिए, जुरगेन हेबरमास आधुनिकता को एक अधूरी परियोजना के रूप में देखते हैं। इसका मतलब यह है कि एक उत्तर आधुनिक दुनिया की संभावना के बारे में सोचने से पहले आधुनिकता के दायरे में अभी बहुत कुछ किया जाना चाहिए।

अतः विकल्प (A) सही है।

79. भारत में अनुसूचित जातियों एवं जनजातियों के लोगों के लिए सरकारी नौकरियों में आरक्षण क्रमशः 15 प्रतिशत तथा 7.5 प्रतिशत है।
अतः विकल्प (D) सही है।

80. संविधान की रचना के समय बी.आर. अम्बेडकर ने अनुच्छेद-32 के उपबंध संवैधानिक प्रतिकारों का अधिकार को संविधान की मूल आत्मा तथा मर्म बतायां था।
अतः विकल्प (D) सही है।

81. अनुच्छेद 17 के अनुसार अस्पृश्यता का अंत कर उसका किसी भी रूप में प्रचलन निषिद्ध कर दिया गया है।
अतः विकल्प (B) सही है।

82. जॉन रावल के प्रसिद्ध न्याय के विभेदक सिद्धान्त के साथ ही न्याय की अवधारणा बाह्य रूप से प्रारम्भ हुई।
अतः विकल्प (B) सही है।

83. मर्टन के अनुसार सामाजिक एवं सांस्कृतिक संरचना ही उस संरचना में विद्यमान लोगों पर सामाजिक विचलित व्यवहार के लिए दबाव बनाती है।
अतः विकल्प (C) सही है।

84. एस्किमो ऑस्ट्रेलियन एबोरिजिन्स कैरिब् इण्डियन के कुछ समूहों में वृद्ध व्यक्तियों तथा शिशुओं को जान से मार देने का प्रचलन है ।
अतः विकल्प (C) सही है।

85. राबर्ट वीयरस्टीड ने समाजशास्त्र की कुछ विशेषताओं का उल्लेख किया है जिसमें एक है, समाजशास्त्र एक परिशुद्ध विज्ञान है न कि व्यावहारिक।
अतः विकल्प (A) सही है।

86. दुर्खीम के लिए तुलनात्मक समाजशास्त्र, समाजशास्त्र की कोई शाखा नहीं है, बल्कि स्वयं समाजशास्त्र है।

तुलनात्मक समाजशास्त्र में राष्ट्र-राज्यों के बीच या विभिन्न प्रकार के समाजों के बीच सामाजिक प्रक्रियाओं की तुलना शामिल है। तुलनात्मक समाजशास्त्र के दो मुख्य दृष्टिकोण हैं: कुछ विभिन्न देशों और संस्कृतियों में समानता चाहते हैं जबकि अन्य एक विचरण की तलाश करते हैं।
अतः विकल्प (B) सही है।

87. जनजातीय समाज में अन्तर्विवाह, निश्चित भौगोलिक क्षेत्र तथा एकल सामाजिक श्रेणी होता है। जनजातीय समाज में असमानता पाई जाती है, किन्तु वह संरचित नहीं होती ।
अतः विकल्प (D) सही है।

88. समाज को सर्वोत्तम रूप में समझने के लिए स्पेंसर ने इसकी तुलना सावयव की भाँति समाज की संरचना एवं प्रकार्य में सामंजस्य बताया।
अतः विकल्प (D) सही है।

89. अगस्तय काॅम्ट 'सामाजिक संगठन को एक सामान्य सहमति के रूप 'में परिभाषित करते हैं और कहते हैं सरकार बिना इसके समर्थन के शक्तिहीन है।'

आम सहमति सिद्धांत एक सामाजिक सिद्धांत है जो एक विशेष राजनीतिक या आर्थिक प्रणाली को एक निष्पक्ष प्रणाली के रूप में रखता है, और यह कि सामाजिक परिवर्तन इसके द्वारा प्रदान की गई सामाजिक संस्थाओं के भीतर होना चाहिए।
अतः विकल्प (B) सही है।

90. मॉरिस ऑपलर ने संस्कृति के गठन के अध्ययन तथा विश्लेषण करने के संदर्भ में 'संस्कृति लय' सम्बन्धी अवधारणा को विकसित किया ।
अतः विकल्प (A) सही है।

91. बोटोमोर ने आभासी समूहों (अर्द्ध समूहों) में सामाजिक वर्ग, प्रस्थिति समूह, आय एवं यौन समूह तथा भीड़ को सम्मिलित किया है।
अतः विकल्प (B) सही है।

92. सामाजिक संरचना अंगों की एक व्यवस्थित क्रमबद्धता को प्रकट करती है जिसे अपरिवर्तनीय माना जाता है। यह अपेक्षाकृत अधिक स्थायी होता है जबकि सामाजिक संबंध अल्पकालीन अथवा दीर्घकालीन हो सकता है सामाजिक संरचना सामाजिक संबंध का पर्याियवाची नहीं है।
अतः विकल्प (D) सही है।

93. मैक्स वेबर ने जर्मन शब्द वर्स्टेहन का प्रयोग समझ (समझ) के संदर्भ में किया है।
अतः विकल्प (A) सही है।

94. व्यक्ति एवं समाज के मध्य सम्बन्ध के विषय में परैटो का दृष्टिकोण प्रकार्यवादी है।

संस्थानात्मक, प्रकार्यवादी के रूप में मार्शल, मार्क्स, दुर्खीम, वेबर, रेडक्लिफ-ब्राउन, मैलिनो वस्की. पारसंस, मर्टन, होमान्स और अन्य जाने जाते हैं।
अतः विकल्प (A) सही है।

95. मैलिनोवस्की का प्रकार्यवाद प्रायः: वैयक्तिक प्रकार्यवाद के रूप में प्रयोग होता है, क्योंकि इनका सामाजिक तथा सांस्कृतिक व्यवस्था का व्यवहार सांस्कृतिक मूल्यों द्वारा परिवर्धित व्यक्तियों की आधारभूत जैवकीय आवश्यकताओं की सामूहिक प्रतिक्रिया है।
अतः विकल्प (B) सही है।

96. इवान इलिच ने अपनी रचना 'डीस्कूलिंग सोसाइटी' 1971 में स्वीकारा कि स्कूल एक दमनकारी संस्था है जो सृजनात्मकता व कल्पना को समाप्त करने वाली अभिजात्य वर्ग के हितों का संरक्षण करती है। स्कूल में बच्चों का आत्म विकास व स्वतंत्र दृष्टिकोण बाधित होता है।

अतः विकल्प (C) सही है।

97. नार्डिक प्रजाति माध्यमिक सिर वाले, लम्बे कद, कांकेशायड प्रजाति के कारण गौर वर्ण तथा आँखों का रंग हरा, नीला या भूरा होता है। अर्थात् छोटा सिर नार्डिक प्रजाति की विशेषता नहीं है।
अतः विकल्प (A) सही है।

98. गिलिन एवं गिलिन ने संस्कृति के अधिक जटिल और विकसित रूप को ही सभ्यता कहा है।
अतः विकल्प (A) सही है।

99. क्षेत्रीय समूह का विस्तृत अध्ययन मैकाइवर एवं पेज ने किया। प्राथमिक समूह की अवधारणा कूले ने दी। समनर ने अन्तःसमूह एवं बाह्य समूह को स्पष्ट किया। मर्टन ने संदर्भ समूह को विश्लेषित किया।
अतः विकल्प (B) सही है।

100. ऑस्ट्रेलिया की अरुण्टा जनजाति के अध्ययन के पश्चात् दुर्खीम ने टोटमवाद को धर्म का सबसे आदिम प्रकार माना है।
अतः विकल्प (C) सही है।

101. कूले के शब्दों में 'जब एक वर्ग पूर्णतः आनुवंशिकता पर आधारित है तो हम उसे जाति कहते हैं।' मजूमदार एवं मदान के अनुसार, जाति एक बन्द वर्ग है।
अतः विकल्प (C) सही है।

102. अमेरिकन मानवशास्त्री वार्नर ने यांकी शहर में सामाजिक स्तरीकरण के अध्ययन में प्रतिष्ठात्मक उपागम का प्रयोग किया है। इनका उपागम सूक्ष्म अध्ययन विधि पर आधारित है जिसमें व्यक्ति के वर्ग का निर्धारण उसके और पड़ोसियों के मत के आधार पर किया जाता है।
अतः विकल्प (D) सही है।

103. जे एच. हट्टन के अनुसार भारतवर्ष की प्राचीनतम प्रजाति नीग्रिटो है। तत्पश्चात् प्रोटो ऑस्ट्रेलॉयड प्रजातियों का आगमन हुआ जिनके पूर्वज फिलिस्तीन में हैं।
अतः विकल्प (B) सही है।

104. नगरीकरण की प्रारम्भिक अवस्था में कुल जनसंख्या से नगरीय जनसंख्या का प्रतिशत कम (25 प्रतिशत से कम) पाया जाता है और इसमें धीरे-धीरे क्रमिक वृद्धि होती है। वर्तमान में विश्व के अधिकांश विकासशील देश नगरीकरण की प्रारम्भिक अवस्था में है। प्रारम्भिक अवस्था अर्थात् विजातीय रूपान्तरण में है।
अतः विकल्प (A) सही है।

105. दो या दो से अधिक नगरों से बना एक ऐसा शहर जो कभी विस्तृत खेतखलिहानों द्वारा अलग-अलग छोटे-मोटे नगरों में बँटा हुआ था, किन्तु अब इनके बीच नगरीय तथा अर्द्ध नगरीय बस्तियों के विकास ने इन्हें जोड़कर मेगालोपोलिस में बदल दिया है।
अतः विकल्प (C) सही है।

106. लुइस ममफोर्ड ने नगरीय विकास की 6 अवस्थाओं का उल्लेख किया है:

(i) इयोपोलिस

(ii) पोलिस

(iii) मेट्रोपालिस

(iv) मेगालोपोलिस

(v) टाइरेनोपोलिस

(vi) नेक्रोपोलिस
अतः विकल्प (C) सही है।

107. पूर्व औद्योगिक नगरों की उत्पादन पद्धति, अधिशेष उत्पादन उससे अर्जित धन, बढ़ता हुआ श्रम-विभाजन, राज्य की सत्ता का विस्तार, वाणिज्य, यातायात तथा संचार की सुविधाओं की वृद्धि, विनिमय के माध्यम के रूप में मुद्रा का प्रसार इनके कारण न केवल सामाजिक, आर्थिक एवं सांस्कृतिक विकास हुआ अपितु इन कारकों ने आधुनिक औद्योगिक नगरों के विकास का मार्ग प्रशस्त किया।
अतः विकल्प (A) सही है।

108. क्षेत्र या प्रदेश का तात्पर्य उसकी प्रकृति से लिया जाता है। एक क्षेत्र में समान लक्षणों की समरूपता होती है और वह अपने लक्षणों के द्वारा दूसरे क्षेत्रों से भिन्न होता है। क्षेत्र अनिश्चित, किन्तु एक समान फैलाव वाला भू-भाग होता है।
अतः विकल्प (A) सही है।

109. जब लोग भीड़-भाड़, गंदी बस्तियों तथा पानी की निकासी समस्याओं से बचने के लिए मुख्य नगर के बाहर के आवास क्षेत्रों की ओर रहने लगते हैं तो उसे-'उपनगर' कहा जाता है। उपनगर ज्यादा साफ-सुथरे एवं अधिक सुनियोजित होते हैं, अर्थात् मैट्रोपोलिटन रीजन कहते हैं।
अतः विकल्प (D) सही है।

110. राधा कमल मुखर्जी ने सामाजिक विज्ञानों में क्षेत्रीय शोध के महत्व को महसूस किया। परन्तु क्षेत्रीय आयामों के बारे में विस्तृत लेखन एस.सी. दुबे की पुस्तक 'इण्डियन विलेज' में मिलता है। इस अध्ययन ने भारत में समाजशास्त्र के क्षेत्र में शोध के लिए एक नए आयाम का उद्घाटन किया है जो समसामयिक क्षेत्रीय एवं आनुभविक अध्ययन पर बल देता है।
अतः विकल्प (D) सही है।

111. स्पेंसर का उद्विकासीय सिद्धान्त दो इन्द्रयगोचर किन्तु विचारों के अन्तर्संबंधित तनावों को शामिल करना है:

(i) सरल समाजों से मिश्रित समाजों तक गतिशीलता जो उद्विकासीय क्रम में-साधारण मिश्रित, दोहरे मिश्रित तथा तिहरे मिश्रित समाज के रूप में समुच्चयन के आधार पर बँटा हुआ है।

(ii) युयुत्सु से औद्योगिक समाज का परिवर्तन।
अतः विकल्प (B) सही है।

112. भूमिका एवं प्रस्थिति के संप्रत्ययों के बारे में विशिष्ट विचार व्यक्त करने वालों में-लिन्टन, हिलर, मर्टन, पारसन्स एवं डेविस नामक समाजशास्त्री प्रमुख हैं। महान विचारक अरस्तु ने अपनी पुस्तक 'पॉलिटिक्स' में भूमिका एवं प्रस्थिति दोनों ही शब्दों का उल्लेख किया है, किन्तु राल्फ लिंटन पहला समाजशास्त्री था, जिसने इन दोनों संप्रत्ययों की विशद व्याख्या प्रस्तुत की।
अतः विकल्प (D) सही है।

113. डॉ. मजूमदार-एक जनजाति परिवारों या परिवारों के समूह का संकलन होता है, जिसका एक सामान्य नाम होता है जिसके सदस्य एक निश्चित भू-भाग में रहते हैं। समान भाषा तथा कर्त्तव्यों की एक सुविकसित व्यवस्था मानते हैं।

इस परिभाषा में स्पष्ट है कि जनजाति के साथ, समुदाय का एक अनिवार्य तत्व निश्चित भू-भाग से जुड़ा है। इस दृष्टि से जनजाति समुदाय का उदाहरण है।
अतः विकल्प (B) सही है।

114. ऑगबर्न एवं निमकॉफ के अनुसार "एक सीमित क्षेत्र में सामाजिक जीवन के सम्पूर्ण संगठन को समुदाय कहा जाता है।" समुदाय के लिए आवश्यक तीन तत्व हैं:

(1) जनसंख्या

(2) निश्चित भू-भाग एवं

(3) सामुदायिक भावना अर्थात् स्थिर सरकार आवश्यक नहीं है।
अतः विकल्प (D) सही है।

115. समिति मनुष्यों का एक समूह है, जिसे किसी सामान्य उद्देश्य या उद्देश्यों को प्राप्त करने के लिए संगठित किया गया है।
अतः विकल्प (A) सही है।

116. संस्था नियमों एवं कार्यप्रणालियों की एक व्यवस्था है। लोकाचार के नियम जब तक निश्चित संरचना में व्यवस्थित हो जाते हैं, तब इसे संस्था कहा जाता है। संस्था रीति-रिवाज एवं कार्य-प्रणालियों की व्यवस्था है। संस्था की प्रकृति स्थाई होती है।
अतः विकल्प (B) सही है।

117. समाज में प्रकार्य का अर्थ सम्पूर्ण सामाजिक संरचना को व्यवस्थित बनाये रखने एवं अनुकूलन करने में उसकी इकाइयों द्वारा जो सकारात्मक योगदान दिया जाता है, से लगाया जाता है।
अतः विकल्प (B) सही है।

118. सामाजिक मूल्य विभिन्न सामाजिक घटनाओं को मापने (मूल्यांकन करने) का वह पैमाना है जो किसी घटना-विशेष के प्रति सामाजिक दृष्टिकोण प्रस्तुत करता है। सामाजिक मूल्य प्रत्येक समाज के वातावरण और परिस्थितियों में भिन्नता के कारण अलग-अलग होते हैं।
अतः विकल्प (C) सही है।

119. निषेधात्मक दिशा में प्रतिमान से अतिक्रमण होता है, पर विधेयात्मक में प्रतिमान की प्रस्थापना या उपलब्धि होती है। दोषपूर्ण या अशक्त अनुमोदन के कारण भी प्रतिमानों के अतिक्रमण की सम्भावना अधिक बनी रहती है।
अतः विकल्प (B) सही है।

120. जिस प्रकार 'टोटम' अंग्रेजी भाषा का शब्द न होकर अमेरिकन इंडियन जनजातियों का शब्द है, उसी प्रकार-'टैबू' भी पॉलनीशन भाषा का शब्द है, जिसका अर्थ है-निषेध या वर्जन प्रत्येक धर्म में कुछ न कुछ बातों का निषेध होता है, जिन्हें निषेधाज्ञाएँ कहते हैं। इसी तरह जनजातीय धर्म में भी कुछ निषेध होते हैं जिन्हें-निषेधाज्ञाए वर्जनाओं कहते हैं।
अतः विकल्प (B) सहो है।

121. तथ्यों की वस्तुनिष्ठता से आशय घटना से सम्बन्धित तथ्यों को पूर्वग्रह अथवा भावनाओं की अपेक्षा साक्ष्य एवं तर्क के आधार पर निष्पक्ष, तटस्थ तथा किसी भी प्रकार की अभिनति एवं पूर्वधारणाओं से मुक्त होकर देखना-परखना है।
अतः विकल्प (C) सही है।

122. सामाजिक प्रतिमान हमारे व्यवहारों पर नियंत्रण रखते हैं और हमें उचित-अनुचित का भेद बताते हैं, जिनका पालन करने पर समाज उचित पुरस्कार देता है और उल्लंघन करने पर दण्ड की व्यवस्था की जाती है। संक्षेप में-"समाज में आचरण के नियम ही सामाजिक प्रतिमान कहलाते हैं।"
अतः विकल्प (B) सही है।

123. फेयर चाइल्ड- "अनुशास्ति किसी भी क्रिया या व्यवहार को दी जाने वाली आज्ञा या सामाजिक स्वीकृति है।" अर्थात् इसे किसी समाज में व्यक्ति के व्यवहार पर प्रतिबंध लागू करने के अंतर्गत रख सकते हैं।
अतः विकल्प (B) सही है।

124. मर्टन को प्रतिमानता परिप्रेक्ष्य का प्रवर्तक माना जाता है। अप्रतिमान समाज या समूह के आदर्शों के कमजोर होने या उनमें किसी प्रकार की भ्रान्ति की स्थिति को कहते हैं।
अतः विकल्प (B) सही है।

125. उपरोक्त अवधारण स्पेंगलर की है, जिनके अनुसार नगरीकरण एक ऐसी प्रक्रिया है, जिसमें ग्रामीण क्षेत्र शहरी क्षेत्रों में रूपान्तरित हो जाते हैं और देहात 'नगरीकृत' हो जाता है। यह एक ऐसी प्रक्रिया है, जिसके द्वारा शहरों में उत्कर्ष एवं विकास होता है।
अतः विकल्प (C) सही है।

Q.1 एक ऐसे लक्ष्य की प्राप्ति के लिए मिलजुलकर कार्य करने में, जिसे सब चाहते हैं, निम्न में से कौन-सी भावना निहित होती है?

A. प्रतिस्पर्धा   **B.** संघर्ष   **C.** सहयोग   **D.** समझौता

Q.2 वह प्रक्रिया जिससे एक समूह का सामाजिक-सांस्कृतिक अस्तित्व दूसरे समूह में विलीन हो जाता है, क्योंकि उसने दूसरे समूह की संस्कृति स्वीकार कर ली है, कही जाती है।

A. समीकरण   **B.** समाकलन
C. विसरण   **D.** सांस्कृतिक सम्पर्क

Q.3 संघर्ष सिद्धान्त का प्रतिपादक निम्नलिखित में से कौन-सा विचारक था?

A. मैकाइवर तथा पेज   **B.** हर्बर्ट स्पेन्सर
C. टैल्कॉट पारसन्स   **D.** डेहरनडार्फ

Q.4 जनसंख्या के संघटन तथा परिवर्तन का सांख्यिकीय विश्लेषण तथा वर्णन निम्नलिखित में से किस शाखा से संबंधित है?

A. जनगणना   **B.** जनांकिकी
C. जनसंख्या   **D.** जनसंख्या गतिकी

Q.5 'दर्पणित व्यक्तित्व' एक समाजीकरण प्रक्रिया है जिसका मूलभूत अर्थ-

A. हमारे लिए अन्य लोगों द्वारा सोचे जाने का आत्म-प्रत्यक्षण
B. अनुमोदन तथा निरनुमोदन का सही निर्णय
C. ध्यानाकर्षण तथा प्रशंसा की खोज
D. अपने व्यक्तित्व का सही प्रतिफलन

Q.6 सत्ता का अर्थ -

A. कानूनी हो सकती है
B. परम्परागत हो सकती है
C. करिश्माई हो सकती है
D. उपर्युक्त सभी हो सकती हैं

Q.7 सजीव जन्म देने की स्त्री-सामर्थ को कहा जाता है-

A. प्रजनन-क्षमता   **B.** प्रसूतिता
C. बंध्यता   **D.** रुग्णता

Q.8 अधिकांश भूमिकाएँ _____ होती है।

A. अन्योन्य   **B.** व्यक्तिमूलक
C. स्वत:स्फूर्त   **D.** एकाकी

Q.9 भारतीय संविधान का अनुच्छेद 335 _____ आरक्षण प्रदान करता है।

A. अनुसूचित जातियों/जनजातियों को सरकारी नौकरियों में
B. अनुसूचित जातियों/जनजातियों को लोक सभा में सथान के लिए
C. अनुसूचित जातियों/जनजातियों को विधान सभा में स्थान के लिए
D. अनुसूचित जातियों/जनजातियों को शिक्षा संस्थानों में स्थान के लिए

Q.10 औद्योगिक समाज _____ की मूलभूत विशेषता है।

A. यंत्रीकृत उत्पादन के साधन
B. संयुक्त परिवारों का टूटना
C. निर्धनता
D. धर्म की आस्था का अभाव

Q.11 निम्नलिखित समाजों के प्रकारों में कौन-सा एक समाज अधिकारी तंत्र का पूर्ण अभाव दर्शाता है?

A. उत्तर-औद्योगिक   **B.** कृषिक

C. जनजातीय   **D.** औद्योगिक

Q.12 निम्नलिखित विशेषताओं में से कौन-सी एक जनजातीय समाज के साथ संबद्ध नहीं है?

A. अंतर्विवाह   **B.** एकल सामाजिक श्रेणी
C. सामान्य प्रदेश   **D.** संरचित असमानता

Q.13 निम्नलिखित कथनों में से कौन एक श्रेणीबद्ध संगठन के प्रत्यय को सही परिभाषित करता है?

A. एक समाज जो केवल प्राकृतिक असमानता के परिप्रेक्ष्य में विभेदित है।
B. एक समाज जो वेबर की, "वर्ग, प्रस्थिति तथा शक्ति" वाली शास्त्रीय त्रिशासकी के परिप्रेक्ष्य में विभाजित है।
C. असमानता जो प्रस्थितियों के संस्तरण में संस्थागत है।
D. उत्पादन की एक व्यवस्था जो केवल प्रदत्त प्रस्थिति समूहों को उत्पादन के साधनों को नियंत्रित करने की अनुज्ञा देती है।

Q.14 कृषक समाजों के सामाजिक-सांस्कृतिक विश्लेषण के लिए 'लघु परम्परा' तथा 'वृहत् परम्परा' के संप्रत्ययों का निरूपण किसने किया था?

A. मिल्टन सिंगर   **B.** नार्मन ब्राउन
C. मैकिम मैरियट   **D.** रॉबर्ट रेडफील्ड

Q.15 निम्नलिखित कथनों पर विचार कीजिए-

1. नगरीकरण के परिणामस्वरूप कस्बों एवं नगरों में रहने वाले लोगों में वृद्धि होती है।
2. नगरीकरण नगरीय केन्द्रो से पास-पड़ोस के पृष्ठ-प्रदेश को विचारों तथा व्यवहारों के विकिरण की एक प्रक्रिया है।
3. नगरीकरण के अन्तर्गत लोगों का ग्रामीण आवास से नगरीय आवास में तथा कृषि संबंधी कार्य से कृषि निरपेक्ष कार्य में संचलन और नगरीय प्रभाव की परिव्याप्ति शामिल है।

उपर्युक्त कथनों में से कौन सा कथन सही है?

A. केवल 1   **B.** 1 और 2
C. 1 और 3   **D.** 1, 2 और 3

Q.16 ग्रामीण तथा नगरीय समुदाय के बीच वैषम्य का उत्तम आधार निम्न में से क्या है?

A. भौगोलिक अवस्थिति
B. जनसंख्या का विशिष्ट आकार
C. जनसंख्या का विशिष्ट घनत्व
D. व्यवसायों की विविधता

Q.17 निम्नलिखित नगरों के प्रकारों में से किस एक प्रकार में उत्पादन विशेषीकरण प्रक्रिया में नही, बल्कि उत्पाद में पाया जाता है?

A. औद्योगिक नगर   **B.** पूर्व-औद्योगिक नगर
C. आधुनिक पश्चिमी नगर   **D.** उत्तर-औद्योगिक नगर

Q.18 भारत में नगरीकरण-

A. औद्योगीकरण के फलस्वरूप प्रारम्भ हुआ
B. औद्योगीकरण का कारण बना
C. आधुनिक शिक्षा के फलस्वरूप प्रारम्भ हुआ
D. औद्योगीकरण तथा पशिचमी प्रभाव के पहले अस्तित्व में था

Q.19 चेतना का निर्धारण सामाजिक अस्तित्व द्वारा होता है न कि सामाजिक अस्तित्व चेतना द्वारा। यह कथन निम्न में से किसका है?

A. रिचर्ड सेन्टर्स   **B.** डब्ल्यू एल. वार्नर
C. कार्ल मार्क्स   **D.** इमाईल दुर्खीम

Q.20 जाति प्रस्थिति निर्धारित होती है।
A. शिक्षा द्वारा
B. समाजीकरण द्वारा
C. आर्थिक सम्पन्नता द्वारा
D. जन्म द्वारा

Q.21 निम्नलिखित में से कौन-से सामाजिक स्तरीकरण के स्वरूप है?
A. आय समूह
B. जमींदार तथा आसामी
C. जाति तथा वर्ग
D. प्रजातीय समूह

Q.22 एक बहुजातीय भारतीय ग्राम में एक हरिजन परिवार एक ब्राह्मण परिवार की जीवन शैली का अनुसरण करने का प्रयास करता है। परिणामतः हरिजन परिवार की जीवन शैली में कुछ परिवर्तन घटित होते हैं। समाजशास्त्रीय भाषा-शैली में ऐसे परिवर्तनों को निम्न में से किस पर आरोपित किया जाता है?
A. अनुकरण
B. संस्कृतिकरण
C. संस्कृतिग्रहण
D. पर-संस्कृतीग्रहण

Q.23 व्यक्ति के वर्ग का निर्धारण होता है-
A. उसके व्यवसाय द्वारा
B. उसके जन्म द्वारा
C. उसकी जाति द्वारा
D. उसकी सामाजिक प्रस्थिति द्वारा

Q.24 जनजातीय समाजों में "अवस्था-समुच्चय" को निम्न में से किसका एक आधार माना जाता है?
A. सामाजिक विनिधान
B. सामाजिक विभेदीकरण
C. सामाजिक गणना
D. सामाजिक स्तरीकरण

Q.25 जातिवाद से हमारा आशय है-
A. अपनी जाति के समर्थन में पूर्वग्रह होना
B. अपनी जाति के समर्थन में केवल पूर्वग्रह नहीं वरन् अन्य जातियों के विरोध में भी पूर्वग्रह होना
C. हर एक जाति विरोधी पूर्वग्रह होना
D. कतिपय जातियों के समर्थन में पूर्वग्रह होना

Q.26 मैक्स वेबर के अनुसार एक प्रस्थिति समूह वह है जो-
A. मान तथा प्रतिष्ठा पर आधारित है।
B. मान तथा शक्ति पर आधारित है।
C. शक्ति तथा प्रतिष्ठा पर आधारित है।
D. मान, शक्ति तथा प्रतिष्ठा पर आधारित है।

Q.27 मैक्स वेबर के अनुसार स्तरीकरण के निम्न तीन आधार क्या हैं?
A. वर्ग, शक्ति तथा शिक्षा
B. शक्ति, प्रस्थिति तथा शिक्षा
C. वर्ग, प्रस्थिति तथा शक्ति
D. वर्ग, प्रस्थिति तथा शिक्षा

Q.28 निम्नलिखित में से कौन-सी एक सामाजिक स्तरीकरण की सर्वाधिक महत्वपूर्ण विशेषता है?
A. सामाजिक विभेदीकरण
B. विभेदीकरण श्रेणीकरण
C. भौगोलिक वियोजन
D. सांस्कृतिक विविधता

Q.29 समाजशास्त्र में 'भूमिका की अवधारणा' का सम्बन्ध होता है-
A. व्यक्ति की स्थिति सम्बन्धी पक्ष से
B. स्थिति के अचल पक्ष से
C. प्रस्थिति के व्यावहारिक संघटक से
D. व्यवहार के मानकात्मक पक्ष से

Q.30 'बुर्जुआ नैतिकता पाखंड, असमानता और कब्जे पर आधारित थी'। निम्नलिखित में से कौन इस पर विश्वास नहीं करता था?
A. कार्ल मार्क्स
B. एलेक्जेंड्रा कोल्लोन्ताई
C. मैरी वोल्स्टनक्राफ्ट
D. एंगेल्स

Q.31 निम्न में से किसने जादू को विज्ञान की 'जारज भगिनी' के रूप में कहा है-
A. टाइलर
B. फ्रेजर
C. मैलिनोवस्की
D. इनमें से कोई नहीं

Q.32 भारत में जाति व्यवस्था की उत्पत्ति में निम्नलिखित में से किसने 'माना' विश्वास को एक प्रमुख कारक के रूप में स्पष्ट किया है?
A. हट्टन
B. आईबेटसन
C. नेसफील्ड
D. रिजले

Q.33 जनजातियों में धर्म के एक सामान्य स्वरूप को जिसके काल तथा देश का अत्यन्त पृथक्करण किया गया है, उसे समाजशास्त्री कहते हैं-
A. एकेश्वरवाद
B. बहुदेववाद
C. टोटमवाद
D. शिन्तो धर्म

Q.34 कार्ल मार्क्स के अनुसार धर्म-
A. क्रांतिकारी क्रियाओं में सहायक है।
B. समुदाय को एक सारूप्य देता है।
C. सामाजिक परिवर्तन के लिए उद्दीपक देता है।
D. सामाजिक संस्थाओं की स्थापित व्यवस्था को समर्थन प्रदान करता है।

Q.35 निम्नलिखित कारकों में से कौन-सा एक कारक पूँजीवादी तथा समाजवादी आर्थिक व्यवस्था के बीच सारभूत अन्तर की सर्वोत्तम पहचान है?
A. उत्पादन के साधन
B. उत्पादन के साधनों का स्वामित्व
C. औद्योगिक व्यवस्था की जटिलता
D. कार्य संगठन

Q.36 निम्नलिखित युक्तिमूलक-वैध सत्ता से संबंधित कथन है। इसमें से कौन-सा कथन सही है?
A. यह अधिकारी के द्वारा गृहीत पद में निहित है।
B. यह समरूपता पर बल देती है।
C. जनसाधारण के अधिकारी के प्रति अनुग्रह के कारण यह कार्य करती है।
D. यह व्यक्ति पर निर्भर करती है जो पद पर आसीन है।

Q.37 समाजशास्त्र का विशिष्टवादी सम्प्रदाय जिस अध्ययन पर बल देता है, वह है-
A. सामाजिक परिवर्तन
B. सामाजिक नियंत्रण
C. सामाजिक प्रक्रियाएँ
D. सामाजिक विघटन

Q.38 निम्नांकित समाजशास्त्रियों में कौन-सा एक स्वरूपात्मक सम्प्रदाय का अधिवक्ता नहीं है?
A. सिमेल
B. मैक्स वेबर
C. दुर्खीम
D. वॉन वीज

Q.39 यह किसकी मान्यता है कि मानव जीवन के किसी भी पहलू का मूल तत्व विपरीत दिशाओं में विरोधी तत्वों के सह-अस्तित्व पर आधारित है:
A. मार्क्स
B. सिमेल
C. कोजर
D. वेबर

Q.40 किसने कहा है कि "संस्कृति के कब्जे में मनुष्य की विशिष्टता निहित है"?
A. रॉबर्ट मॉरिसन मैकाइवर
B. डैनी के डेविस
C. रूथ फुल्टन बेनेडिक्ट
D. एमाइल दुर्खीम

Q.41 यह मान्यता कि समाज के सदस्यों के मध्य सम्बन्ध एवं नियमानुकूल संगठित होते हैं; किसकी मान्यता है?
A. अन्तःक्रियावाद
B. अस्तित्ववाद

C. प्रकार्यवाद   **D.** संघर्ष सिद्धान्त

Q.42 किसने मत व्यक्त किया कि लोगों की संस्कृति का प्रमुख निर्धारक उत्पादन का ढंग है?

A. बी. बी. टेलर
B. कार्ल मार्क्स
C. मैक्स वेबर
D. इनमें से कोई नहीं

Q.43 निम्नांकित सामाजिक सांस्कृतिक परिवर्तन के सिद्धान्तकारों में किसने यह तथ्य प्रक्षेपित किया है कि परिवर्तन बाह्य कारको द्वारा समर्थन पाते हुए व्यवस्था के भीतर से घटित होता है?

A. वी. परेटो
B. ओसवाल्ड स्पेंगलर
C. ए.जे. टॉयनबी
D. पी.ए. सोरोकिन

Q.44 पी. ए. सोरोकिन को निम्न के मध्य विभेद के लिए जाना जाता है-

A. अन्तःसमूह एवं बाह्य समूह
B. समूह में प्राथमिक एवं द्वितीयक सम्बन्धों के हेतु
C. यांत्रिकीय एकात्मता एवं सावयवी एकात्मता हेतु
D. अन्तःक्रिया की घनिष्ठता, सावंदात्मक एव आनिवार्य व्यवस्था के हेतु

Q.45 समाजीकरण के बारे में कौन सा सही कथन है?

A. एक भूमिका की खोज की प्रक्रिया
B. एक समय प्रक्रिया
C. एक नीति बनाने की प्रक्रिया
D. एक चुनाव प्रक्रिया

Q.46 निम्नांकित में से कौन-से कार्य किसी सामाजिक व्यवस्था को बनाये रखने हेतु टालकॉट पारसंस के अनुसार आवश्यक हैं?

1. अनुकूलन
2. सामाजिक क्रिया
3. एकीकरण
4. लक्ष्य प्राप्ति
5. प्रतिमान अनुरक्षण
6. समाजीकरण

नीचे दिये गये कूट के अनुसार सही उत्तर का चयन कीजिए :

A. 1, 2, 3 और 4
B. 1, 4, 3 और 5
C. 4, 5, 1 और 6
D. 1, 2, 4 और 5

Q.47 सामाजिक प्रतिमानों की अनुपस्थिति में नहीं होगा-

A. समुदाय   **B.** विवाह   **C.** समिति   **D.** समाज

Q.48 भीड़ एवं श्रोता समूह के मध्य साधारण गुण क्या है?

A. दोनों में भौतिक उपस्थिति वांछित है
B. दोनों में अनुशासन अपरिहार्य है
C. दोनों में निश्चित अभिप्रेरक होते हैं
D. दोनों में लोगों की अभिरुचि बनाये रखने का प्रयास किया जाता है

Q.49 'सामाजिक संस्थाएँ सामान्य इच्छाओं द्वारा संस्थापित संगठित मानव सम्बन्धों का पुंज हैं,' कहा गया-

A. सी. एच. कूले द्वारा
B. के. डेविस द्वारा
C. ई. ए. रॉस द्वारा
D. शेरिफ एवं शेरिफ द्वारा

Q.50 आर. के. मर्टन के अनुसार भूमिका पुंज है-

A. किसी समूह में सदस्यों द्वारा प्रतिपादित भूमिकाओं का पुंज
B. किसी विशेष सामाजिक प्रस्थिति से सम्बन्धित सहचारी भूमिकाओं का पुंज
C. किसी समूह के समान प्रस्थितियों से जुड़े भूमिका पुंज
D. किसी समूह में सोपानात्मक रूप से व्यवस्थित भूमिकाओं का पुंज

Q.51 सामाजिक परिवर्तनशीलता के लिए कौन-सा कारक उत्तरदायी नहीं है?

A. मानव व्यवहार की अनुकूलनशीलता
B. नेतृत्व
C. व्यक्ति की भूमिका
D. धर्म

Q.52 निम्नांकित में से किसने वर्ग-संस्तरण अध्ययन में ऐतिहासिक द्वन्द्वात्मक उपागम का प्रयोग किया है?

A. आन्द्रे बेते
B. एम. एन. श्रीनिवास
C. डी. डी. कोशाम्बी
D. आर. के. मुखर्जी

Q.53 मैक्स वेबर ने भारतीय जाति की विशेषता बतायी है-

A. एक नृजातीय समूह
B. एक समुदाय
C. हिन्दुओं का एक संचयन
D. एक बन्द प्रस्थिति समूह

Q.54 लुइस ड्यूमा ने अपने 'होमो हाइरार्किकस' जिस सिद्धान्त का प्रतिपादन किया, वह है-

A. कर्म और धर्म का सिद्धान्त
B. जाति अन्तःर्विवाह का सिद्धान्त
C. सम्पूरकता और पृथकता का संरचनात्मक सिद्धान्त
D. व्यावसायिक विभेदीकरण का सिद्धान्त

Q.55 'कोलिस' का अध्ययन किसके नाम के साथ सम्बन्धित है?

A. डी. एन. मजूमदार
B. एस. सी. दुबे
C. जी. एस. घुरिये
D. के. एम. कपाड़िया

Q.56 निम्नांकित में से किसने यह प्रस्थापना प्रस्तुत की कि ज्ञान की स्थिति बदल जाती है ज्यों ही एक समाज उत्तर औद्योगिक युग में प्रवेश करता है और संस्कृति उत्तर आधुनिक युग में प्रवेश करती है?

A. डेविड हार्वे
B. फ्रेडरिक जेम्सन
C. जे. एफ. ल्योटार्ड
D. जे. हैबरमास

Q.57 समकालीन समाजशास्त्रियों में कौन आधुनिक सामाजिक परिवर्तनों के प्रसंग में अति यथार्थता और मृत्यु संस्कृति की बात करता है?

A. एफ. जेम्सन
B. जे. बोद्रिलार्ड
C. डी. हार्वे
D. यू. बेक

Q.58 मानवजातीय समूह के लिए क्या सच नहीं है?

A. बँटी हुई ऐतिहासिकता
B. भाषा के आधार पर समानता
C. एक स्थिर वर्ग
D. एक भिन्न सामाजिक अस्तित्व

Q.59 निम्नांकित में से किसने सर्वप्रथम आर्थिक विनिमय और सामाजिक विनिमय के बीच स्पष्ट विभेद किया?

A. जे. फ्रैजर
B. लोवि स्ट्रॉस
C. बी. मैलिनोवस्की
D. जी. होमन्स

Q.60 निम्नलिखित में से कौन सामाजिक डार्विनवाद में विश्वास करता है?

A. विसरणवादी
B. कार्यानुरूप
C. विकासवादी
D. ऊपर के सभी

Q.61 किसने अभिव्यक्तिशील क्रिया के सिद्धान्त को प्रतिपादित किया है?

A. कार्ल पॉपर
B. जे. हैबरमास
C. एच. जी. गेडामेर
D. निकलस लुहमैन

Q.62 समाजों के प्रकारों की विवेचना में किसने 'युद्ध प्रिय समाज' शब्द का प्रयोग किया?

A. स्पेन्सर   **B.** दुर्खीम   **C.** रॉस   **D.** कूले

Q.63 निम्नांकित में से कौन-सा कथन सामाजिक समूह का अर्थबोध कराता है?

A. किसी लोकप्रिय स्थान के श्रोतागण
B. किसी घटनास्थल की भीड़
C. सामाजिक सम्बन्धों में बँधे कुछ व्यक्ति
D. सिनेमा हॉल में व्यक्तियों का जमघट

Q.64 निम्नांकित में से कौन-सा लक्षण प्रजाति का बोध कराता है?
A. सांस्कृतिक गुण
B. आनुवंशिकता गुण
C. पर्यावरणात्मक गुण
D. मनुष्य की नस्ल

Q.65 निम्नलिखित कथनों में से कौन संस्कृति के अर्थ का बोध कराता है?
A. समग्र की व्यवस्था में परिवर्तन
B. भौतिक और अभौतिक कृतियों की समग्रता
C. पारिस्थितिकी एवं पर्यावरण का प्रभाव
D. वंशानुक्रमण का प्रभाव

Q.66 निम्नांकित में से कौन द्वितीयक समूह से सम्बन्धित है?
A. एक पड़ोस
B. स्कूल
C. एक मनोरंजन क्लब
D. एक परिवार

Q.67 निम्नांकित जोड़ों में से कौन सही सुमेलित नहीं है?

(a) एक्टिव सोसाइटी	एटजियानी
(b) दी सिटी	मैक्स वेबर
(c) क्रेडेन्सियल सोसाइटी	स्पेन्सर
(d) फिलासॉफी सोसाइटी	सिमेल

A. (a)
B. (b)
C. (c)
D. (d)

Q.68 चार प्रकार की सरल अर्थव्यवस्थाएं दी गयी हैं, उन्हें सही उद्भव क्रम में रखिए, जिस क्रम में वे आविर्भूत हुई हैं-
1. चरवाहा
2. आखेट
3. कुटीर
4. झूम
नीचे दिए गये कूट से सही उत्तर का चयन कीजिए-
A. 2, 3, 1, 4
B. 2, 1, 4, 3
C. 1, 2, 3, 4
D. 4, 1, 2, 3

Q.69 निम्नांकित जोड़ों में से कौन सही सुमेलित नहीं है?

(a) उत्तर औद्योगिकवाद	डैनियल
(b) पवित्र/निरपेक्ष	दुर्खीम
(c) विलासी वर्ग	वेब्लन
(d) संदर्भ समूह	मर्टन

A. (a)
B. (b)
C. (c)
D. (d)

Q.70 निम्नांकित जोड़ों में से कौन सही सुमेलित नहीं है?

(a) उद्योगवाद	प्रौद्योगिकीय प्राथमिकता
(b) नगरीयता	सामाजिक विजातीयता
(c) पूँजीवाद	समानतावाद
(d) उपभोक्तावाद	वस्तुएँ

A. (a)
B. (b)
C. (c)
D. (d)

Q.71 निम्नांकित चार प्रकार की सामाजिक व्यवस्थाएँ हैं। इन्हें सभी उद्भव क्रम में रखिए जिसमें वे आविर्भूत हुई-
1. बर्बर
2. सभ्य
3. दासतापूर्ण
4. उत्तर औद्योगिक
नीचे दिए गये कूट की सहायता से सही उत्तर का चयन कीजिए-
A. 3, 1, 2, 4
B. 1, 3, 2, 4
C. 2, 3, 1, 4
D. 4, 1, 3, 2

Q.72 किसने कहा है, 'एक प्रजाति आनुवंशिक शारीरिक विभिन्नताओं द्वारा पहचाने लोगों का एक वृहत् समूह है'?
A. बिसेन्स और बिसेन्ज
B. क्रोबर
C. टेलर
D. रिजले

Q.73 हर्बर्ट रिजले ने भारत में प्रजातियों का विभाजन किया है:
A. चार प्रकार में
B. पाँच प्रकार में
C. सात प्रकार में
D. छ: प्रकार में

Q.74 संस्कृति के उत्कृष्ट सावयवी दृष्टिकोण को प्रतिपादित किया है-
A. टॉनीज
B. हरबर्ट स्पेन्सर
C. परेटो
D. किंग्स्ले डेविस

Q.75 निम्नांकित अर्थव्यवस्थाओं में से कौन उत्तर औद्योगिक अर्थव्यवस्था से सम्बन्धित है?
A. कृषि अर्थव्यवस्था
B. निर्माणकारी अर्थव्यवस्था
C. चरवाहा अर्थव्यवस्था
D. सेवा अर्थव्यवस्था

Q.76 निम्न में से कौन-सी जनजाति उत्तर-पूर्वी भारत से सम्बन्धित नहीं है?
A. नागा
B. खस
C. बोडो
D. कुकी

Q.77 ग्रामीण समाज से सम्बन्धित निम्न कथनों में से सही को चिह्नित कीजिए-
A. शिक्षा का स्तर विस्तृत होता है।
B. एक सामाजिक वर्ग से दूसरे सामाजिक वर्ग में निरन्तर बदलाव होता है।
C. एक स्थान से दूसरे स्थान को निरन्तर स्थानान्तरण होता है।
D. एक सामाजिक समूह या वर्ग से निरन्तर बदलाव नहीं होता है।

Q.78 निम्नलिखित कथनों पर विचार कीजिए-
1. ग्रामीण
2. जनजातीय
3. उत्तर औद्योगिक
4. औद्योगिक
नीचे दिए गये कूट की सहायता से सही उत्तर का चयन कीजिए-
A. 3, 2, 4, 1
B. 4, 3, 2, 1
C. 1, 2, 3, 4
D. 3, 4, 1, 2

Q.79 किसने समाजों का वर्गीकरण सरल, मिश्रित, दोहरे मिश्रित एवं तिहरे मिश्रित के रूप में किया है?
A. ईमाइल दुर्खीम
B. इविंग गॉफमैन
C. कार्ल मार्क्स
D. हर्बर्ट स्पेन्सर

Q.80 निम्नलिखित संगठनों में कौन प्रतिस्पर्धा और संघर्ष पर आधारित है?
A. नातेदारी संगठन
B. एक धार्मिक संगठन
C. एक औद्योगिक संगठन
D. एक सजातीय संगठन

Q.81 वह प्रक्रिया जिसमें दो समूह अपनी संस्कृतियों को इस प्रकार मिश्रित करते हैं ताकि वे एक हो जाएं उसे कहा जाता है-
A. पर-संस्कृतिग्रहण
B. एकीकरण
C. आत्मसात्करण
D. सम्मिश्रण

Q.82 निम्नांकित में से कौन एक संस्था का अर्थ बोध कराता है?
A. सम्बन्धों के प्रस्थापित प्रतिमान
B. स्वीकृत कार्य प्रारूप
C. कार्य प्रणाली के प्रस्थापित स्वरूप एवं दशाएँ
D. लोकप्रिय जीवन शैली

Q.83 निम्नांकित में से किसने 'दी कांस्टीट्यूशन ऑफ सोसाइटी: एन आउट लाइन ऑफ दी थ्योरी ऑफ स्ट्रक्चरेशन' पुस्तक लिखी है?

A. फ्रोडरिक जेम्सन
B. अलरिच बेक
C. एंथनी गिडेंस
D. ज्याँ बोद्रिलार्ड

Q.84 निम्नांकित में से कौन तृतीयक नातेदार है?
A. पितामह
B. ससुर का भाई
C. साली
D. पिता का भाई

Q.85 भारतीय समाजशास्त्रियों में किसने जाति व्यवस्था का अध्ययन कर यह उच्चारित किया है कि 'भारत में जाति इण्डो आर्यन संस्कृति की ब्राह्मणी संतान है, जिसका पालन-पोषण गंगा और यमुना के मैदान में हुआ और इसके उपरान्त यह देश के अन्य भागों में स्थानान्तरित हुई है?
A. एम. एन. श्रीनिवास
B. आन्द्रे बेते
C. जी. एस. घुरिये
D. एस. सी. राय

Q.86 "ज्वाइंट फैमिली इन एन अरबन सेटिंग" पुस्तक किसने लिखी है?
A. के. एम. कपाड़िया
B. एम. एन. श्रीनिवास
C. ई. ए. रॉस
D. ए. डी. रॉस

Q.87 सामाजिक संस्तरण एक सूचक है-
A. सामाजिक समानता का
B. सामाजिक असमानता का
C. सामाजिक न्याय का
D. विवरणात्मक न्याय का

Q.88 नातेदारों के अन्तःवैयक्तिक सम्बन्धों को कौन-सी व्यवस्था संचालित करती है?
A. जजमानी व्यवस्था
B. जाति व्यवस्था
C. वर्ण व्यवस्था
D. नातेदारी व्यवस्था

Q.89 भारत में सामाजिक परिवर्तन के संदर्भ में जाति को एक सांस्कृतिक कोटि के रूप में किसने वर्णित किया है?
A. ए. आर. देसाई
B. जी. एस. घुरिये
C. आन्द्रे बेते
D. एम. एन. श्रीनिवास

Q.90 निम्नांकित में से किसने स्तरीकरण के प्रकार्यात्मक सिद्धान्त को स्थापित असमानता के रूप में व्यक्त किया है?
A. बर्गेस एवं लॉक
B. गिलिन एवं गिलिन
C. डेविस एवं मूर
D. मैकाइवर एवं पेज

Q.91 निम्नांकित मे से कौन-सा जोड़ा सही सुमेलित है?

(a) कानून	अनौपचारिक नियंत्रण
(b) परम्परा	प्रत्यक्ष नियंत्रण
(c) परिवार	अनौपचारिक नियंत्रण
(d) हास्य	औपचारिक नियंत्रण

A. (a)
B. (b)
C. (c)
D. (d)

Q.92 'एनॉमी' के लक्षणों के संदर्भ में निम्नांकित में से कौन इससे सम्बन्धित नहीं है?
A. आदर्शशून्यता
B. शक्तिहीनता
C. आत्मविलगाव
D. निद्राहीनता

Q.93 निम्नांकित सिद्धान्तकारों में कौन अपराध के अध्ययन से सम्बन्धित नहीं है?
A. सदरलैण्ड एवं क्रेसी
B. इलिएट एवं मेरिल
C. कोजर एव रोजेनबर्ग
D. बार्न्स एवं टीटर

Q.94 निम्न में से किसने समूहों को "प्रति- सामाजिक" एवं 'असामाजिक' वर्गों में वर्गीकृत किया?
A. डी. सैन्डर्सन
B. जार्ज हैसेन
C. इलवर्ड
D. वार्ड

Q.95 सूची-I को सूची-II से सुमेलित कीजिए और दिए गए कूट में से सही उत्तर का चयन कीजिए-

सूची-I (समस्याएं)	सूची-II (प्रकृति)
a. मादक द्रव्यव्यसन	1. एच.आई.वी. पॉजिटिव
b. जातिवाद	2. अपने क्षेत्र मात्र के लिए भक्ति भावना
c. एड्स	3. केवल अपनी जाति हेतु वफादारी
d. क्षेत्रवाद	4. द्व्येसन

A. a-1, b-2, c-4, d-3
B. a-3, b-4, c-2, d-1
C. a-1, b-2, c-3, d-4
D. a-4, b-3, c-1, d-2

Q.96 निम्नांकित में किस समाजशास्त्री ने भारत में क्षेत्रीय आयामों पर विस्तृत रूप से लिखा है?
A. जी. एस. घुरिये
B. एन. के. बोस
C. आर. के. मुखर्जी
D. एस. सी. दुबे

Q.97 किसके अनुसार समाजशास्त्र सामाजिक गुणों की प्रस्तुतीकरण, समझ को प्रस्तुत करने का प्रयास करता है?
A. मैकाइवर
B. टॉनी
C. मैक्स वेबर
D. उपर्युक्त में से कोई नहीं

Q.98 विचलन के नामकरण के सिद्धान्त का प्रतिपादन किसने किया?
A. जॉक युग
B. हॉवर्ड एस. बेकर
C. डेविड मातजा
D. इनमें से कोई नहीं

Q.99 किसने कहा है 'वैश्वीकरण विश्व चेतना को एक सम्पूर्ण रूप में तीव्रता प्रदान करता है'?
A. ए. गिडेन
B. आर. राबर्ट्सन
C. डी. एन. धनागरे
D. एम. फेरान्टी

Q.100 सामाजिक संरचना की परिभाषा 'अन्तःक्रियारत सामाजिक शक्तियों के जाल' के रूप में किसने की है?
A. बी टॉलकॉट पार्सन्स
B. ई. डब्ल्यू. स्टीवर्ट
C. एस. एफ. नैडल
D. कार्ल मैनहेम

Q.101 किस उद्योग पर और कहाँ डॉ. सदरलैण्ड ने श्वेतवसन अपराध सम्बन्धी अध्ययन किया था?
A. यू. के. में वस्त्र उद्योग पर
B. जर्मनी में गलीचा उद्योग पर
C. यू. एस. ए. में मांस उद्योग पर
D. अफ्रीका में कोयला खदानों पर

Q.102 निम्नांकित भारतीय संविधान के अनुच्छेद पुंजों में कौन पिछड़े वर्गों के लिए विशेष प्रावधान प्रस्तुत करते हैं?
A. अनुच्छेद 13(4) एवं 14(4)
B. अनुच्छेद 15(4) एवं 16(4)
C. अनुच्छेद 18(4) एवं 19(4)
D. अनुच्छेद 20(2) एवं 22(2)

Q.103 पिछड़े वर्गों के लिए संविधान प्रदत्त मापदण्डों में निम्नांकित कौन-सा कथन सम्बन्धित है?
A. आर्थिक और शैक्षिक पिछड़ापन
B. सांस्कृतिक और आर्थिक पिछड़ापन
C. सामाजिक और शैक्षिक पिछड़ापन
D. बौद्धिक और नैतिक पिछड़ापन

Q.104 अस्पृश्यता (अपराध) अधिनियम सर्वप्रथम कब पारित हुआ?
A. 1885
B. 1955
C. 1975
D. 1990

Q.105 निम्नांकित में से किसने जनजातीय सात्मीकरण की प्रक्रिया की व्याख्या करने के लिए 'जनजाति-जाति सांतत्य' प्रारूप दिया है?

A. एम. एन. श्रीनिवास
C. एस. सी. दुबे
B. सुरजीत सिन्हा
D. डी. एन. मजूमदार

Q.106 भारत के निम्नांकित राज्यों में कौन-सा एक राज्य ऐसा है, जिनमें अनुसूचित जातियों की जनसंख्या का अधिकतम प्रतिशत है?

A. पंजाब B. राजस्थान C. असम D. उड़ीसा

Q.107 'दी पॉलिटिक्स ऑफ अनटचेबिलिटी' पुस्तक किसने लिखी है?

A. एम. एन. श्रीनिवास
C. जे. एच. हट्टन
B. जी. एस. घुरिये
D. ओ. एम. लिन्च

Q.108 जेम्स जार्ज फ्रेजर की पुस्तक 'दी गोल्डन बाउ' में निम्नांकित में से किन पक्षों को प्रस्तुत किया गया है?

A. भारत की राजनीति
B. वैश्वीकरण एवं सामाजिक परिवर्तन
C. जाति और वर्ग का सम्बन्ध
D. धर्म और जादू

Q.109 महिलाओं के उत्थान से सम्बन्धित सामाजिक नीति उपागम में जिस अवधारणा का अनुसरण किया जाता है, वह है-

A. महिला कल्याण
C. महिला सशक्तीकरण
B. महिला विकास
D. उपर्युक्त सभी

Q.110 भारत में प्रथम पिछड़े वर्ग आयोग के अध्यक्ष कौन थे?

A. बी. पी. मण्डल
C. काका कालेलकर
B. बी. आर. अम्बेडकर
D. एम. के. गांधी

Q.111 निम्नांकित में से कौन-सा कथन एक दबाव समूह का अर्थ बोध कराता है?

A. एक समूह जो समाज सुधार का कार्य करता है
B. एक राजनीतिक दल का एक भाग जो चुनाव में मत प्राप्ति हेतु दूसरों को प्रलोभन देता है
C. दूसरों की क्रियाओं को नियंत्रित करने हेतु प्रभाव डालने वाला समूह
D. प्राकृतिक विपदा पीड़ितों हेतु कार्य करने वाले समुदाय का एक भाग

Q.112 दबाव समूह के बहुलकवादी सिद्धान्त का प्रतिपादन निम्नांकित में से किसने किया है?

A. राबर्ट निस्बेट
C. राबर्ट डाहल
B. राबर्ट मर्टन
D. माइकेल यूसिम

Q.113 भारत में पश्चिमीकरण की प्रक्रिया को किस अवधारणा से स्पष्ट किया जा सकता है?

A. समायोजन
C. सात्मीकरण
B. सन्दर्भ समूह
D. पर-संस्कृति ग्रहण

Q.114 निम्न में से कौन ग्रामीण एवं नगरीय समाज में मौलिक अन्तर स्थापित करता है?

A. परिवहन का ढंग
C. व्यावसायिक विभिन्नता
B. परिवहन का माध्यम
D. वर्ग अन्तर

Q.115 निम्नांकित में से किस समाजशास्त्री ने औपचारिक तार्किकता के 'लौह पिंजरे' की व्याख्या की है?

A. वी. परैटो
C. के. डेविस
B. जे. हैबरमॉस
D. मैक्स वेबर

Q.116 भारतीय संविधान की छठी अनुसूची का प्रावधान सम्बन्धित है-

A. सरकारी सेवाओं में आरक्षण
B. जनजातीय भूमि परिरक्षण
C. उत्तर-पूर्व भारत के जनजातीय क्षेत्रों में प्रशासन की स्वायत्तता
D. शिक्षण संस्थाओं में आरक्षण

Q.117 'दी पावर इलीट' पुस्तक को किसने लिखा है?

A. सी. राइट मिल्स
C. के. डेविस
B. टी.बी. बोटोमोर
D. एस. एन. आइन्सटाड

Q.118 सावयव एवं उसके पर्यावरण के मध्य सम्बन्धों के अध्ययन को कहा जाता है-

A. वनस्पति विज्ञान
C. स्थलाकृति विज्ञान
B. भूगोल
D. पारिस्थितिकी विज्ञान

Q.119 निम्नांकित पुस्तकों में से किसमें सी एच. कूले ने "प्राथमिक समूहों" की अवधारणा का उल्लेख किया है जो अभिलक्षित करती है घनिष्ठ, आमने-सामने के सम्बन्ध?

A. सामाजिक संरचना
C. मानव समूहों की प्रकृति
B. मानव समूह
D. सामाजिक संगठन

Q.120 "जैवकीय पिता" तथा "सामाजिक पिता" के बीच पृथक्करण पाए जाने वाले परिवार को कहा जाता है-

A. उभयस्थानिक
C. बहुपति
B. दाम्पत्यमूलक
D. पितृतंत्रात्मक

Q.121 जिस विवाह में एक उच्च जाति की स्त्री निम्न जाति के पुरुष से विवाह करती है, उसे कहा जाता है-

A. बहिर्विवाह
C. अनुलोम विवाह
B. प्रतिलोम विवाह
D. अंतर्विवाह

Q.122 मुस्लिम विधि के अनुसार मेहर-

A. वधू शुल्क है जो विवाह के समय दिया जाता है
B. शास्ति है जो पत्नी के साथ दुर्व्यवहार करने के कारण पति द्वारा दी जाती है
C. स्वीकृति भुगतान है जो कि पति द्वारा विवाह विच्छेद के समय किया जाता है
D. धनराशि है जो कि विवाह के समय काजी को दी जाती है

Q.123 सॉरोरेट की निम्नलिखित परिभाषा में से कौन एक सही है?

A. मृत पत्नी की भगिनी से विवाह करने की एक प्रथा है
B. मृत पति के भ्राता से विवाह करने की एक प्रथा है
C. भगिनी की पुत्री से विवाह करने की एक प्रथा है
D. माता की पुत्री से विवाह करने की एक प्रथा है

Q.124 निम्नलिखित युग्मों में से कौन एक समरक्त स्वजनों का दृष्टान्त नहीं है?

A. भ्राता-भगिनी
C. पति-पत्नी
B. पिता-पुत्र
D. माता-पुत्री

Q.125 एक व्यक्ति के लिए उसका दत्तक पुत्र-

A. एक वैवाहिक स्वजन है
B. एक समरक्त स्वजन है
C. न तो एक वैवाहिक स्वजन है और न एक समरक्त स्वजन ही
D. एक वैवाहिक स्वजन है तथा एक समरक्त स्वजन भी

// स्मार्ट उत्तर पुस्तिका //

सही उत्तर — उन छात्रों के प्रतिशत को इंगित करता है जिन्होंने प्रश्नों का सही उत्तर दिया था।

छोड़ दिया — उन छात्रों के प्रतिशत को इंगित करता है जिन्होंने प्रश्नों को छोड़ दिया था।

प्रश्न संख्या	उत्तर	सही उत्तर / छोड़ दिया	प्रश्न संख्या	उत्तर	सही उत्तर / छोड़ दिया	प्रश्न संख्या	उत्तर	सही उत्तर / छोड़ दिया	प्रश्न संख्या	उत्तर	सही उत्तर / छोड़ दिया	प्रश्न संख्या	उत्तर	सही उत्तर / छोड़ दिया
1	C	39.66 % / 8.62 %	17	B	27.59 % / 55.17 %	33	C	41.38 % / 51.72 %	49	C	13.79 % / 55.18 %	65	B	37.93 % / 55.17 %
2	B	22.41 % / 55.18 %	18	D	22.41 % / 55.18 %	34	D	29.31 % / 55.17 %	50	B	31.03 % / 55.18 %	66	C	24.14 % / 55.17 %
3	D	31.03 % / 53.45 %	19	C	29.31 % / 51.72 %	35	B	31.03 % / 55.18 %	51	C	12.07 % / 55.17 %	67	C	25.86 % / 55.17 %
4	B	32.76 % / 55.17 %	20	D	43.1 % / 55.18 %	36	A	24.14 % / 55.17 %	52	D	17.24 % / 55.17 %	68	B	37.93 % / 55.17 %
5	D	12.07 % / 55.17 %	21	C	36.21 % / 53.45 %	37	C	24.14 % / 55.17 %	53	D	39.66 % / 55.17 %	69	B	25.86 % / 55.17 %
6	D	34.48 % / 53.45 %	22	B	25.86 % / 55.17 %	38	C	34.48 % / 55.18 %	54	C	27.59 % / 55.17 %	70	C	36.21 % / 55.17 %
7	B	22.41 % / 55.18 %	23	D	29.31 % / 51.72 %	39	B	18.97 % / 55.17 %	55	C	34.48 % / 55.18 %	71	A	17.24 % / 51.73 %
8	A	24.14 % / 55.17 %	24	B	22.41 % / 55.18 %	40	B	13.79 % / 55.18 %	56	C	15.52 % / 55.17 %	72	A	24.14 % / 55.17 %
9	A	36.21 % / 55.17 %	25	B	36.21 % / 55.17 %	41	C	27.59 % / 53.44 %	57	B	32.76 % / 55.17 %	73	C	25.86 % / 55.17 %
10	A	37.93 % / 55.17 %	26	D	31.03 % / 55.18 %	42	B	27.59 % / 53.44 %	58	A	15.52 % / 55.17 %	74	B	31.03 % / 55.18 %
11	C	31.03 % / 55.18 %	27	C	37.93 % / 53.45 %	43	D	24.14 % / 55.17 %	59	C	27.59 % / 55.17 %	75	D	27.59 % / 55.17 %
12	D	29.31 % / 55.17 %	28	B	18.97 % / 55.17 %	44	D	32.76 % / 55.17 %	60	C	31.03 % / 55.18 %	76	B	22.41 % / 55.18 %
13	C	15.52 % / 53.45 %	29	C	29.31 % / 53.45 %	45	A	29.31 % / 53.45 %	61	B	20.69 % / 55.17 %	77	D	25.86 % / 55.17 %
14	D	36.21 % / 55.17 %	30	B	22.41 % / 55.18 %	46	B	22.41 % / 55.18 %	62	A	32.76 % / 55.17 %	78	C	22.41 % / 55.18 %
15	D	31.03 % / 55.18 %	31	B	37.93 % / 55.17 %	47	D	29.31 % / 55.17 %	63	C	36.21 % / 55.17 %	79	D	32.76 % / 51.72 %
16	D	24.14 % / 55.17 %	32	A	32.76 % / 55.17 %	48	A	22.41 % / 55.18 %	64	B	29.31 % / 55.17 %	80	C	39.66 % / 55.17 %

प्रश्न संख्या	उत्तर	सही उत्तर / छोड़ दिया		प्रश्न संख्या	उत्तर	सही उत्तर / छोड़ दिया		प्रश्न संख्या	उत्तर	सही उत्तर / छोड़ दिया		प्रश्न संख्या	उत्तर	सही उत्तर / छोड़ दिया		प्रश्न संख्या	उत्तर	सही उत्तर / छोड़ दिया
81	C	39.66 %	53.44 %	90	C	32.76 %	55.17 %	99	B	17.24 %	55.17 %	108	D	29.31 %	55.17 %	117	A	34.48 %	53.45 %
82	C	36.21 %	55.17 %	91	C	27.59 %	55.17 %	100	D	22.41 %	55.18 %	109	C	17.24 %	53.45 %	118	D	37.93 %	55.17 %
83	C	20.69 %	55.17 %	92	D	27.59 %	55.17 %	101	C	29.31 %	55.17 %	110	C	36.21 %	55.17 %	119	D	18.97 %	53.44 %
84	B	37.93 %	55.17 %	93	C	29.31 %	53.45 %	102	B	37.93 %	55.17 %	111	C	29.31 %	53.45 %	120	C	24.14 %	55.17 %
85	C	34.48 %	55.18 %	94	B	24.14 %	55.17 %	103	C	31.03 %	55.18 %	112	C	20.69 %	55.17 %	121	B	41.38 %	55.17 %
86	D	27.59 %	55.17 %	95	D	41.38 %	55.17 %	104	B	37.93 %	55.17 %	113	D	20.69 %	53.45 %	122	A	32.76 %	55.17 %
87	B	27.59 %	53.44 %	96	D	27.59 %	55.17 %	105	B	32.76 %	55.17 %	114	C	37.93 %	55.17 %	123	A	32.76 %	55.17 %
88	D	34.48 %	55.18 %	97	C	24.14 %	55.17 %	106	A	27.59 %	55.17 %	115	D	17.24 %	55.17 %	124	C	34.48 %	55.18 %
89	D	25.86 %	55.17 %	98	B	34.48 %	55.18 %	107	D	24.14 %	55.17 %	116	C	41.38 %	55.17 %	125	C	34.48 %	55.18 %

कार्य विश्लेषण	
औसत अंक (%)	41.41%
टॉपर्स स्कोर (%)	100.0%
आपका स्कोर	

//संकेत और समाधान//

1. डेविस-" एक सहयोगी समूह वह है, जो एक ऐसे उद्देश्य की प्राप्ति के लिए मिलजुलकर कार्य करता है, जिसे सभी चाहते है।"

अतः विकल्प (C) सही है।

2. एक संस्कृति द्वारा अपने से भिन्न दूसरी संस्कृति को अपने में घुला मिला लेने की प्रक्रिया को 'समाकलन या सात्मीकरण' कहते हैं। इस प्रक्रिया में धीरे-धीरे दूसरी संस्कृति के पृथक अस्तित्व का लोप हो जाता है।

अतः विकल्प (B) सही है।

3. जर्मन समाजशास्त्री जार्ज सिमेल ने संघर्ष को अंतर्क्रिया का एक मुख्य स्वरूप माना है। डेहरनडार्फ ने कहा है कि सामाजिक व्यवस्था में हर समय संगठन, समन्वय तथा स्थिरता नहीं देखी जा सकती है। सभी संस्थाओं में सत्ता के संबंध में अंतर-संस्थात्मक संघर्ष उत्पन्न होते हैं।

अतः विकल्प (D) सही है।

4. जनांकिकी शब्द का सर्वप्रथम प्रयोग फ्रांस के विचारक - ए. गुइलर्ड ने किया। उनके अनुसार "जनांकिकी मानव प्राणी का प्राकृतिक एवं सामाजिक इतिहास है। इसके अंतर्गत जनसंख्याओं का गणितीय अध्ययन, उनमें उत्पन्न होने वाले सामान्य परिवर्तन तथा उनकी भौतिक , नगरीय, बौद्धिक एवं नैतिक संरचनाओं का अध्ययन किया जाता है।" माल्थस को जनांकिकी का पिता कहा जाता है।

अतः विकल्प (B) सही है।

5. अमेरिकी समाजशास्त्री चार्ल्स कूले ने अपनी पुस्तक 'Human Nature and the Social Order' में अपने समाजीकरण संबंधी सिद्धान्त-आत्म-दर्पण दर्शन सिद्धान्त (Looking Glass Self Theory) का प्रतिपादन किया। उनका मत है कि समाज के सम्पर्क में आने पर ही व्यक्ति के 'आत्म' (Self) का विकास होता है। समाज व्यक्ति के लिए दर्पण का कार्य करता है। व्याख्यानुसार विकल्प (D) है जो इस विकल्प को स्पष्ट करता है।

अतः विकल्प (D) सही है।

6. वेबर ने सत्ता की विवेचना शक्ति के रूप में की है और उन्होंने सत्ता के 3 रूपों की चर्चा की है-

(1) पारम्परिक सत्ता

(2) तार्किक-कानूनी सत्ता

(3) करिश्माई सत्ता

अतः विकल्प (D) सही है।

7. प्रजननता को सजीव जन्मे शिशुओं की संख्या द्वारा मापा जा सकता है। प्रसूतिता या सन्तानोत्पादकता से तात्पर्य महिलाओं की अधिकतम जन्म देने की शक्ति से है।

अतः विकल्प (B) सही है।

8. अधिकांश भूमिकाएँ अन्योन्य होती हैं। ज्ञात हो कि भूमिका किसी एक सामाजिक प्रस्थिति के साथ जुड़े हुए विचारों का एक ऐसा समूह है जो दूसरों के पद प्रस्थिति के साथ उसके संबंधों को परिभाषित करता है। इन विचारों में भूमिका से जुड़े हुए विश्वास, मूल्य, मानदंड और मनोवृत्तियाँ सम्मिलित होती हैं।

अतः विकल्प (A) सही है।

9. भारतीय संविधान का अनुच्छेद 335 अनुसूचित जातियों /जनजातियों को सरकारी नौकरियों में आरक्षण प्रदान करता है, जबकि अनुच्छेद-330 लोकसभा में तथा अनुच्छेद-332 राज्यों की विधानसभाओं में SC/ST को आरक्षण प्रदान करता है।

अतः विकल्प (A) सही है।

10. औद्योगिक समाज औद्योगीकरण का प्रतिफल है। औद्योगीकरण एक ऐसी प्रक्रिया है, जिसमें लघु एवं कुटीर उद्योगों का स्थान बड़े पैमाने के उद्योग ले लेते हैं। उद्योगों में जड़ शक्ति का प्रयोग किया जाता है और उत्पादन मशीनों की सहायता से होता है।

अतः विकल्प (A) सही है।

11. चूँकि जनजातीय समाजों में नियमों का विकास रक्त-संबंध के आधार पर होता है। ऐसे समाज में व्यक्ति की जाति या रक्त संबंध ही सब कुछ होते हैं। अतएव इससे संबंधित ही उनके नियम या कानून होते हैं तथा उसके विज्ञान का आधार उसके सगे-संबंधी, जाति-बिरादरी तथा रिश्तेदार आदि होते हैं। अतएव जनजातीय समाज में अधिकारी तंत्र स्वाभाविक रूप से अनुपस्थित होता है।

अतः विकल्प (C) सही है।

12. जनजातीय समाज में अन्तर्विवाह, निश्चित भौगोलिक क्षेत्र तथा एकल सामाजिक श्रेणी होती है। जनजातीय समाज में असमानता पाई जाती है, किन्तु वह संरचित नहीं होती।

अतः विकल्प (D) सही है।

13. सामान्यतः प्रस्थिति में पद- सोपान अथवा अधिक्रम का भाव निहित नहीं होता, किन्तु कुछ समाजशास्त्रियों ने प्रस्थिति में ऊँच-नीच, संस्तरण एवं सम्मान के भाव को जोड़कर एक व्यक्ति की विभिन्न प्रस्थितियों के योग को सामाजिक प्रस्थिति कहा है। इस व्याख्यानुसार, सामाजिक प्रस्थिति किसी संस्तरण व्यवस्था में व्यक्ति के एक अनुक्रम का संकेत देती है, अर्थात् संस्थागत है।

अतः विकल्प (C) सही है।

14. ग्रेट एंड लिटिल ट्रेडिशन की जुड़ता संप्रत्यय का प्रतिपादन रॉबर्ट रेडफील्डरेडफील्ड द्वारा कृषक समुदायों के सांस्कृतिक जीवन के विश्लेषण की एक पद्धति के रूप में किया गया था। 'वृहत् परम्परा' से तात्पर्य ऐसे उच्च एवं बौद्धिक प्रभावों से है, जिनका जन्म बाहर से होता है, जबकि 'लघु परम्परा' से तात्पर्य ऐसे प्रभावों से है जिनका उद्गम गाँवों (स्थानीय संस्कृति) में होता है।

अतः विकल्प (D) सही है।

15. नगर सामाजिक रूप से विषम जातीय व्यक्तियों का एक अपेक्षाकृत वृहद् सघन एवं स्थाई होता है। समाजशास्त्री नगरीय और ग्रामीण जीवन की तुलना सामाजिक संबंधों में कार्य दशाओं में परिवर्तन के आधार पर करते हैं। नगरीकरण एक निश्चित प्रक्रिया है, इसमें कोई समाज खेतिहर से औ द्योगिक समाज में परिवर्तित हो जाता है।

अतः विकल्प (D) सही है।

16. समाजशास्त्रीय दृष्टि से किसी ग्रामीण समुदाय और शहरी समुदाय के मध्य स्पष्ट विभाजन रेखा खींचने वाला संक्षरण है- व्यवसायों की विविधता, जिसके अंतर्गत सामुदायिक जीवन के तरीके, लोगों की आदतें एवं प्रवृत्तियाँ पूरे विश्व में प्रत्येक जगह ग्रामीण क्षेत्रों में रहने वाले लोगों का मुख्य पेशा खेती है, जो कि मात्र आर्थिक गतिविधि ही नहीं जीवन-पद्धति भी है, जबकि नगरों में व्यावसायिक दृष्टि से द्वितीयक एवं तृतीयक व्यवसायों की प्रधानता होती है।

अतः विकल्प (D) सही है।

17. 'पूर्व-औद्योगिक नगर' शब्द समाज शास्त्रीय साहित्य को 1960 में-गिडियन जोवर्ग ने प्रदान किया। ये नगर कृषक ग्राम समाजों की उत्पादन पद्धति कृषि, दस्तकारी, वाणिज्य और पशुपालन पर आधारित थे। पूर्व औद्योगिक नगर खाद्यान्नों की पूर्ति के लिए अपने तात्कालिक पर्यावरण पर निर्भर थे। इस अवस्था में "श्रम-विभाजन" कृषक एवं नगरवासी के मध्य था।

अतः विकल्प (B) सही है।

18. भारत में नगरीय विकास का एक लम्बा इतिहास है। ईसा से 2000 वर्ष पूर्व सिन्धु घाटी में मोहनजोदड़ो और हड़प्पा जैसे सुनियोजित ढंग से बसाये गये नगर विकसित अवस्था में थे। सिन्धु घाटी सभ्यता के पतन के पश्चात् आर्य सभ्यता के विकसित होने पर तक्षशिला और इन्द्रप्रस्थ जैसे नगरों का उदय

हुआ। अत: कहा जा सकता है कि भारत में नगरीकरण औद्योगीकरण तथा पश्चिमी प्रभाव के पहले अस्तित्व में था।

अतः विकल्प (D) सही है।

19. हीगल के अनुसार चिन्तन की प्रक्रिया अर्थात् 'विचार' ही वास्तविक जगत का निर्माता है। उनके द्वंद्वात्मक विकासवाद की इस धारणा के विपरीत कार्ल मार्क्स ने अपने विख्यात ग्रंथ-दास कैपिटल की भूमिका में लिखा कि मैंने हीगल के द्वंद्वाद को सिर के बल खड़ा पाया, मैंने उसे पैरों के बल खड़ा कर दिया, अर्थात् चेतना का निर्धारक अस्तित्व है न कि अस्तित्व का निर्धारक चेतना।

अतः विकल्प (C) स्ही है।

20. जाति प्रस्थिति व्यक्ति की प्रदत्ता प्रस्थिति होती है जिसका निर्धारण जन्म के आधार पर किया जाता है, अर्थात् इसमें कोई भी परिवर्तन व्यक्ति चाहकर भी नहीं कर सकता है।

अतः विकल्प (D) सही है।

21. टी.बी. बोटोमोर के अनुसार स्तरीकरण संरचनाओं के अनेक रूप हो सकते हैं जिनमें से चार तो बिल्कुल स्पष्ट हैं:

(क) दासता
(ख) इस्टेट
(ग) जाति
(घ) वर्ग

अतः विकल्प (C) सही है।

22. उपरोक्त अवधारणा संस्कृतीकरण के अंतर्गत आती है। श्रीनिवास ने अपनी पुस्तक- 'रिलीजन् ऐन्ड सोसायटी अमंग् द कूर्स् ऑफ़ साउथ् इण्डिया' में जाति की गतिशीलता की प्रक्रिया को व्यक्त करने हेतु संस्कृतीकरण के संप्रत्यय का प्रयोग किया। उनकी मान्यता है कि जाति प्रथा उस कठोर प्रणाली से काफी दूर है जिसमें प्रत्येक घटक की जाति की स्थिति हमेशा के लिए निश्चित कर दी जाती है।

अतः विकल्प (B) सही है।

23. मार्क्स ने आर्थिक उत्पादन की प्रक्रिया से जुड़े व्यक्तियों के पदों के सन्दर्भ में 'वर्ग' को परिभाषित किया है। उनकी मान्यता है कि वर्ग समान विशेषताओं के लिए व्यक्तियों का एक समूह मात्र नहीं है, अपितु इस समूह के सदस्यों में अपने वर्ग के संबंध में जागरूकता भी होनी चाहिए।

अतः विकल्प (D) सही है।

24. सामाजिक विभेदीकरण जनजातीय समाजों में अवस्था सम्मुचय का आधार है। जनजातीय समाजों में किसी व्यक्ति का समाज में स्थान उसके अधिकार और कर्तव्य, सम्पत्ति पर अधिकार प्रायः दूसरे सदस्यों के साथ उसके जन्मजात सम्बन्धों पर निर्भर होते हैं। इन समाजों की संरचना के मुख्य तत्व-कुल-समूह गोत्र-भ्रातृदल (फ्रेटी) तथा युग्म संगठन का अर्द्धक है।

अतः विकल्प (B) सही है।

25. वर्ण व्यवस्था भारतीय समाज का एक महत्वपूर्ण अंग रही है, जिसने सामाजिक और राजनीतिक जीवन के सभी पक्षों को प्रभावित किया है। जातिवाद राष्ट्रीय एकता के लिए घातक सिद्ध हुआ है। जातिवाद किसी व्यक्ति की अपनी जाति के प्रति अंध श्रृद्धा है जो कि दूसरी जातियों के हितों की परवाह नहीं करती और अपनी जाति के सामाजिक, आर्थिक, राजनीतिक और अन्य जरूरतों को पूरी करने पर ही ध्यान देती है।

अतः विकल्प (B) सही है।

26. जाति, प्रजाति, पूर्वज-परम्परा तथा उपभोग-प्रतिमानों के आधार पर निर्मित प्रतिष्ठा के लिए हुए व्यक्तियों का संकलन 'प्रस्थिति-समूह' कहलाता है। ऐसे समूह के सभी व्यक्तियों की जीवन-शैली प्रायः समान होती है तथा समाज में उन्हें समान सम्मान प्राप्त होता है।

अतः विकल्प (D) सही है।

27. मैक्स वेबर की मार्क्स की भांति स्तरीकरण उत्पन्न करने में वर्गों के महत्व को स्वीकार करती है। संपत्ति पर अधिकार सामाजिक जीवन संबंधी सुविधाओ एवं वर्ग निर्धारण के लिए महत्वपूर्ण है। मार्क्स के आर्थिक कारक के साथ-साथ वेबर सत्ता एवं शक्ति को भी महत्वपूर्ण मानते है।

अतः विकल्प (C) सही है।

28. ऑगबर्न एवं निमकॉफ के अनुसार "वह प्रक्रिया जिसके द्वारा व्यक्तियों एवं समूहों को थोड़े-बहुत स्थान प्रस्थितियों के द्वारा उच्चता और निम्नता के क्रम में श्रेणीबद्ध किया जाता है।"

अतः विकल्प (B) सही है।

29. भूमिका किसी सामाजिक प्रस्थिति के साथ जुड़े हुए विचारों का एक ऐसा समूह है जो दूसरी पद-प्रस्थिति के साथ उसके सम्बन्धों को परिभाषित करता है। इन विचारों में भूमिका से जुड़े हुए-विश्वास, मूल्य, मानदण्ड और मनोवृत्तियाँ सम्मिलित होती हैं।

अतः विकल्प (C) सही है।

30. एलेक्जेंड्रा कोल्लोन्ताई एक रूसी कम्युनिस्ट क्रांतिकारी थे। वह बोल्शेविक पार्टी की सदस्य और मज़दूरों के विपक्ष की सदस्य थीं। वह कहती हैं कि बुर्जुआ नैतिकता पाखंड, असमानता और कब्जे पर आधारित थी।

अतः विकल्प (B) सही है।

31. फ्रेजर ने "जादू" को 'अर्थ-विज्ञान' एवं विज्ञान की अवैध बहन' (Bastard Sister) कहा है तथापि ये शब्द इसी अर्थ में प्रयुक्त हुए हैं कि जादू, आदिम मानव का विज्ञान है, वर्तमान सभ्यता का नही"।

अतः विकल्प (B) सही है।

32. हटन ने जाति-व्यवस्था की उत्पत्ति के कारणों को ज्ञात करने के उद्देश्य से आदिम संस्कृति के अध्ययन पर विशेष बल दिया है। जाति-व्यवस्था के अंतर्गत विद्यमान 'भोजन तथा विवाह' संबंधी निषेधों को उन्होंने 'माना' के आधार पर समझाने का प्रयास किया है।

अतः विकल्प (A) सही है।

33. विभिन्न जनजातीय समूह अपने वंश की उत्ति सोत की कल्पना में सूर्य तथा चन्द्रमा तक जा पहुंचे हैं। कुछ जनजातियाँ स्वयं को सूर्यवंशी या चन्द्रवंशी कहती है। कुछ किसी वृक्ष या पशु-पक्षी को अपना मूल-प्रवर्तक मानते हैं। अपनी इन मान्यताओं के प्रति वे विशेष श्रद्धा, भक्तित एवं उदारता का भाव रखते हैं। यह वस्तु, पशु, पक्षी आदि उस जनजाति का 'टोटमवाद' (Totem) कहलाता है।

अतः विकल्प (C) सही है।

34. मार्क्स के अनुसार धर्म जनता के लिए अफीम है, क्योंकि वह व्यक्ति पद अफीम के नशे के समान अपना प्रभाव डालता है। धर्म मानव एवं उसके कर्मों का संबंध। अलौकिक शक्ति से स्थापित करता है। वह प्रत्येक वस्तु एवं घटना का प्रणेता ईश्वर को मानकर मानव को भाग्यवादी बनाता है।

अतः विकल्प (D) सही है।

35. समाजवाद का जन्म पूँजीवाद एवं व्यक्तिगत सम्पत्ति की बुराइयों के विरोध में हुआ। यह श्रमिकों के संगठन पर जोर देता है। समाजवादी व्यक्तिगत सम्पत्ति के विरोधी हैं और वे उत्पादन के साधनों एवं यातायात के साधनों पर राष्ट्र का स्वामित्व चाहते हैं।

अतः विकल्प (B) सही है।

36. लीगल रैशनल अथॉरिटी का आधार बौद्धिक रूप से निर्मित नियम अथवा कानून होते हैं। ऐसी सत्ता का पालन किसी पद पर नियुक्ति के कारण नहीं, अपितु उस वैधानिक व्यवस्था द्वारा होता है, जो उस पद के साथ जुड़ी हुई है।

अतः विकल्प (A) सही है।

37. समाजशास्त्र में विशिष्टवादी या स्वरूपवादी सम्प्रदाय सामाजिक सम्बन्धों जैसे सहयोग, प्रतिस्पर्धा, संघर्ष, समायोजन साहब-मातहत सम्बन्ध के गहन अध्ययन पर बल देता है, ये प्रमुखत: सामाजिक प्रक्रियाएँ है।

अतः विकल्प (C) सही है।

38. स्वरूपात्मक सम्प्रदाय से सम्बन्धित प्रमुख विद्वान सिमेल, वीरकान्त, वानवीज, मैक्स वेबर तथा टॉनिज आदि हैं, जबकि समन्वयात्मक सम्प्रदाय के प्रमुख समर्थकों में सोरोकिन, दुर्खीम, हॉबहाऊस तथा गिन्सबर्ग आदि के नाम विशेष रूप से उल्लेखनीय हैं।

अतः विकल्प (C) सही है।

39. सिमेल ने द्वन्द्वात्मक दृष्टिकोण के विश्लेषण में तीन मुख्य बिंदुओ पर ध्यान दिया है-

(1) द्विवाद का सिद्धान्त

(2) अन्तः क्रिया का स्वरूप

(3) संघर्ष का सकारात्मक प्रकार्य। द्विवाद का सिद्धान्त इस मान्यता पर आधारित है कि मानव जीवन के किसी भी पहलु का मूल तत्व विपरीत दिशाओं में विरोधी तत्वों के सह-अस्तित्व पर आधारित होता है।

अतः विकल्प (B) सही है।

40. डैनी के डेविस (20 अगस्त, 1908 - 27 फरवरी, 1997) एक अंतरराष्ट्रीय स्तर पर मान्यता प्राप्त अमेरिकी समाजशास्त्री और जनसांख्यिकी विशेषज्ञ थे। उन्हें अमेरिकी दार्शनिक समाज द्वारा बीसवीं शताब्दी के सबसे उत्कृष्ट सामाजिक वैज्ञानिकों में से एक के रूप में पहचाना गया था।

डेविस ने यूरोप, दक्षिण अमेरिका, अफ्रीका और एशिया में समाजों के प्रमुख अध्ययनों का नेतृत्व और संचालन किया, "जनसंख्या विस्फोट" शब्द गढ़ा, और जनसांख्यिकीय संक्रमण मॉडल के नामकरण और विकास में एक प्रमुख भूमिका निभाई। उनकी सहायता है कि "संस्कृति के अधिकार में मनुष्य की विशिष्टता निहित है"। वह भी उपनगरीयकरण के सिद्धांत के विकास में मूल विद्वानों में से एक था। उन्हें "शून्य जनसंख्या वृद्धि" शब्द का श्रेय भी दिया जाता है।

अतः विकल्प (B) सही है।

41. प्रकार्यवाद इस प्रेक्षण से प्रारम्भ होता है कि समाज में व्यवहार संरचित होता है।इसका तात्पर्य यह है कि समाज के सदस्यों के बीच सम्बन्ध नियमों के सन्दर्भ में संगठित होता है।

अतः विकल्प (C) सही है।

42. मार्क्स के अनुसार जिस प्रकार की उत्पादन प्रणाली होती है समाज की ऊपरी संरचना, अर्थात् धर्म, प्रथाएँ, राजनीति, साहित्य, कला, विज्ञान एवं संस्कृति भी उसी प्रकार की बन जाती हैं, जब व्यक्त करने हेतु संस्कृतीकरण के संप्रत्यय का प्रयोग किया। उनकी मान्यता है कि जाति प्रथा उस कठोर प्रणाली से काफी दूर है जिसमें प्रत्येक घटक की जाति की स्थिति हमेशा के लिए निश्चित कर दी जाती है।

अतः विकल्प (B) सही है।

43. पी.ए. सोरोकिन के अनुसार, "किसी भी सामाजिक सांस्कृतिक व्यवस्था के परिवर्तन का कारण स्वयं व्यवस्था में होता है और किसी अन्य की ओर देखने की आवश्यकता नहीं होती है। यद्यपि वह पर्यावरण के प्रभाव को नहीं ठुकराते हैं।

अतः विकल्प (D) सही है।

44. पी. ए. सोरोकिन ने सम्बन्धों को तीन प्रकारों में वर्गीकृत किया है-

(a) घनिष्ठता सम्बन्ध
(b) संविदात्मक सम्बन्ध
(c) अनिवार्य सम्बन्ध

अतः विकल्प (D) सही है।

45. समाजीकरण वह प्रक्रिया है जिसके माध्यम से लोगों को समाज के कुशल सदस्य बनने की शिक्षा दी जाती है। यह उन तरीकों का वर्णन करता है जो लोग सामाजिक मानदंडों और अपेक्षाओं को समझने, समाज की मान्यताओं को स्वीकार करने और सामाजिक मूल्यों के बारे में जागरूक होने के लिए आते हैं। उदाहरण के लिए, भूमिका निभाना, किसी दोस्त के साथ बातचीत करना या नौकरी के लिए साक्षात्कार देना प्रत्याशित का उदाहरण है।

अतः विकल्प (A) सही है।

46. पारसंस ने बताया कि कोई भी प्रणाली तब तक जीवित रह सकती है, जब तक वह चार प्रकार्यात्मक आवश्यकताओं की पूर्ति करती रहती है। ये हैं-

(1) अनुकूलन
(2) लक्ष्य उपलब्धि
(3) एकीकरण
(4) प्रतिमान-अनुरक्षण

अतः विकल्प (B) सही है।

47. सामाजिक प्रतिमान सभी समाजों में अनिवार्य रूप से पाये जाते हैं। हम ऐसे मानव समाज की कल्पना नहीं कर सकते हैं जिसके कोई आदर्श नियम न हों।

अतः विकल्प (D) सही है।

48. भीड़ एवं श्रोता समूह दोनों के लिए भौतिक उपस्थिति वांछित है। भीड़ उद्देश्य रहित होती है, जबकि श्रोता समूह का निश्चित उद्देश्य होता है।

अतः विकल्प (A) सही है।

49. ई. ए. रॉस के अनुसार "सामाजिक संस्थाएँ सामान्य इच्छा से स्थापित या अभिमति प्राप्त संगठित मानव-सम्बन्धों का समूह है।"

अतः विकल्प (C) सही है।

50. आर. के. मर्टन के अनुसार, "भूमिका पुंज से मेरा तात्पर्य भूमिका सम्बन्ध के उस ताने-बाने से है जिसमें एक व्यक्ति एक विशिष्ट सामाजिक प्रस्थिति को धारण करने के कारण बँधा होता है।"

अतः विकल्प (B) सही है।

51. मानव व्यवहार की अनुकूलनशीलता, नेतृत्व एवं धर्म सभी के द्वारा सामाजिक परिवर्तन लाया जा सकता है, जबकि व्यक्तियों द्वारा भूमिका का निर्वहन सामाजिक परिवर्तनशीलता का कारक नहीं है।

अतः विकल्प (C) सही है।

52. आर. के. मुखर्जी (राधाकमल मुखर्जी) ने द्वंद्वात्मक मॉडल को लेकर ऐतिहासिक एवं इसी तरह के आनुभविक अध्ययन किए हैं। उन्होंने अपनी पुस्तक 'द राइज एण्ड फॉल ऑफ द ईस्ट इणिडया कम्पनी' (1958) में इसका उल्लेख किया है।

अतः विकल्प (D) सही है।

53. वेबर का मत है कि परम्परागत भारतीय समाज के जाति व्यवस्था में बंद प्रस्थिति समूह अपने सर्वाधिक विकसित रूप में दिखता है।

अतः विकल्प (D) सही है।

54. लुइस ड्यूमा ने अपनी पुस्तक 'होमो हाइरार्किकस' में जाति व्यवस्था का समस्त विश्लेषण पवित्रता और अपवित्रता की विचारधारा पर आधारित संस्तरण और पृथक्करण के मूल्यों के आधार पर किया है। अतः इस सिद्धान्त को सम्पूरकता और पृथक्कता का संरचनात्मक सिद्धान्त कहा गया है।

अतः विकल्प (C) सही है।

55. जी. एस. घुरिये ने 'महादेव कोली लोग' (1963) के अध्ययन में क्षेत्र-कार्य विधि का प्रयोग कर भारतीय समाजशास्त्र और सामाजिक मानव शास्त्र में अनुभववादी परम्परा की जड़ों को मजबूत किया है।

अतः विकल्प (C) सही है।

56. जे. एफ. ल्योटार्ड का कहना है कि "समाज की अवस्था बदलने के साथ-साथ ज्ञान की स्थिति बदलती है, संस्कृति की स्थिति भी बदलती है जो समाज उत्तर औद्योगिक अवस्था में पहुंचे हैं वहाँ उत्तर आधुनिक यग का आरम्भ हो चुका है।"

अतः विकल्प (C) सही है।

57. बोड्रिलार्ड की सामाजिक सिद्धान्त की एक कड़ी अति यथार्थता है। उनकी एक और अवधारण संस्कृति की है। वे आग्रहपूर्वक कहते हैं कि उत्तर-आधुनिक समाज की संस्कृति विनाशकारी परिवर्तन के दौर से गुजर रही है। अब लोग अधिक से अधिक निष्क्रिय हो रहे हैं। इनके उत्तर आधुनिक समाज के विचार को निम्न बिंदुओं में रखेंगे-मीडिया एवं जनता सिम्युलेशन और यथार्थता; उपभोक्ता समाज; प्रतीकात्मक विनिमय: प्रलोभन, फैशन; हर्षोन्माद और मृत्यु।

अतः विकल्प (B) सही है।

58. प्रजातीय समूह एक ऐसा समूह है जो सामान्य सांस्कृतिक परम्पराओं और अपनी भिन्न पहचान के रूप में वृहत् समाज का एक उप समूह है। उसमें निश्चित, विशिष्ट रीति-रिवाज के समान ही अपनी विशिष्ट भाषा और धर्म होता है। सम्भवतया सबसे महत्वपूर्ण उनमें परम्परागत विशिष्ट समूह के रूप मे अपनी पहचान बनाये रखने की भावना है। इस प्रकार उनमें बँटी हुई ऐतिहासिकता नहीं होती है।

अतः विकल्प (A) सही है।

59. मैलिनोवस्की ने आर्थिक विनिमय और सामाजिक विनिमय के बीच एक स्पष्ट विभाजन-रेखा खींची। सामाजिक विनिमय सिद्धांत एक सामाजिक व्यवहार के रूप में विनिमय को देखता है जिसके परिणामस्वरूप आर्थिक और सामाजिक परिणाम दोनों हो सकते हैं। सामाजिक आदान-प्रदान सिद्धांत का आम तौर पर बाजार के साथ मानवीय संबंधों की तुलना करके विश्लेषण किया गया है।

अतः विकल्प (C) सही है।

60. विकासवाद जीवों के विकास में विश्वास का वर्णन करता है। समय के साथ इसका सही अर्थ बदल गया है क्योंकि विकास के अध्ययन में प्रगति हुई है। 19 वीं शताब्दी में, इस विश्वास का वर्णन करने के लिए इसका उपयोग किया गया था कि जीवों ने जान-बूझकर प्रगतिशील विरासत परिवर्तन (ऑर्थोजेनेसिस) के माध्यम से खुद को बेहतर बनाया है। सांस्कृतिक विकास और सामाजिक विकास को शामिल करने के लिए दूरसंचार विश्वास आगे बढ़ा। 1970 के दशक में नियो-इवोल्यूशनिज्म शब्द का उपयोग इस विचार का वर्णन करने के लिए किया गया था कि "मानव जीवन की एक परिचित शैली को संरक्षित करने की मांग करता है जब तक कि उन कारकों द्वारा परिवर्तन को मजबूर नहीं किया गया था जो उनके नियंत्रण से परे थे"।

अतः सही विकल्प (C) है।

61. उपरोक्त सिद्धान्त के प्रतिपादक जे. हैबरमास थे। सिद्धान्त के अंतर्गत मानव जीवन की विमुक्ति और उद्धार के लक्ष्यों को ध्यान में रखते हुए हैबरमास ने भाषा, सम्प्रेषण और समाज के उद्भव के सिद्धान्त के कुछ तत्वों को अपनी पुस्तक 'द थ्योरी ऑफ कम्युनिकेटिव एक्शन' (1981) में प्रस्तुत किया।

अतः विकल्प (B) सही है।

62. टॉनीज ने 'गेम इनशैफ्ट' और 'गैसेलशैफ्ट, दुर्खीम ने 'यांत्रिक एकता' और 'साववयवी एकता', मेन ने 'प्रर्थिति' एवं 'संविदा तथा स्पेंसर ने 'युद्ध प्रिय' और औद्योगिक समाजों में समाज का विभाजन किया है।

अतः विकल्प (A) सही है।

63. सामाजिक समूह से तात्पर्य व्यक्तियों के एक ऐसे समुच्चय या संकलन से है जिसके सदस्यगण सामान्य हित एवं रुचियों के आधार पर सामाजिक सम्बन्धों के ताने-बाने द्वारा आबद्ध या बँधे होते हैं।

अतः विकल्प (C) सही है।

64. प्रजाति एक बड़ा जैविकीय मानव-समूह है जिसमें अनेक विशेष आनुवंशिक लक्षण पाए जाते हैं, जो कुछ सीमा के अन्दर भिन्न होते हैं।

अतः विकल्प (B) सही है।

65. समाज द्वारा निर्मित भौतिक एवं अभौतिक दोनों पक्षों को संस्कृति में शामिल किया जाता है। भौतिक संस्कृति का सम्बन्ध व्यक्ति की बाहरी दशा से होता है, जबकि अभौतिक संस्कृति का सम्बन्ध व्यक्ति की आंतरिक अवस्था से होता है।

अतः विकल्प (B) सही है।

66. परिवार, क्रीड़ा समूह, पड़ोस, मित्रमण्डली, गपशप समूह, गैंग, जनजाति परिषद् गाँव आदि प्राथमिक समूह हैं जबकि सेना, राजनीतिक दल, बड़े व्यापारिक संगठन, मजदूर संघ, विश्वविद्यालय मनोरंजन क्लब आदि द्वितीयक समूह हैं।

अतः विकल्प (C) सही है।

67. एक्टिव सोसाइटी-एटजियानी, दी सिटी-मैक्स वेबर तथा फिलासॉफी आफ मनी-सिमेल की पुस्तकें हैं, जबकि क्रैडेन्सियल सोसायटी के लेखक रैन्डल कौलिंस हैं।

अतः विकल्प (C) सही है।

68. मानव समाज की पहली अवस्था आखेट एवं खाद्य संकलन की है, दूसरी बागवानी वाले समाज की तथा तीसरी अवस्था में आरम्भिक एवं सरल कृषि समाजों का विकास हुआ तथा अंतिम अवस्था कुटीर एवं लघु उद्योगों की है।

अतः विकल्प (B) सही है।

69. दुर्खीम ने पवित्र की अवधारणा दी जबकि हावर्ड बेकर ने पवित्र और निरपेक्ष (Secular) की अवधारणा दी है।

अतः विकल्प (B) सही है।

70. पूँजीवाद में पूँजीपति वर्ग की प्रधानता होती है तथा यह असमानता को बल प्रदान करता है। इसमें धनी और धनी तथा गरीब और अधिक गरीब होने लगता है।

अतः विकल्प (C) सही है।

71. मॉर्गन ने मानव संस्कृति के उद्विकास के तीन स्तरों की कल्पना की है-

1 दासतापूर्ण

2 बर्बर

3 सभ्य अवस्था

इसके पश्चात् उत्तर औद्योगिक समाज आता है।

अतः विकल्प (A) सही है।

72. बिसेन्ज के अनुसार, 'प्रजाति मनुष्यों का विशाल समूह है जो वंशानुगत प्राप्त शारीरिक अंतरों के कारण अन्य समूहों से भिन्न है।

अतः विकल्प (A) सही है।

73. हर्बर्ट रिजले ने भारत में सात प्रकार की प्रजातियों का उल्लेख किया है।

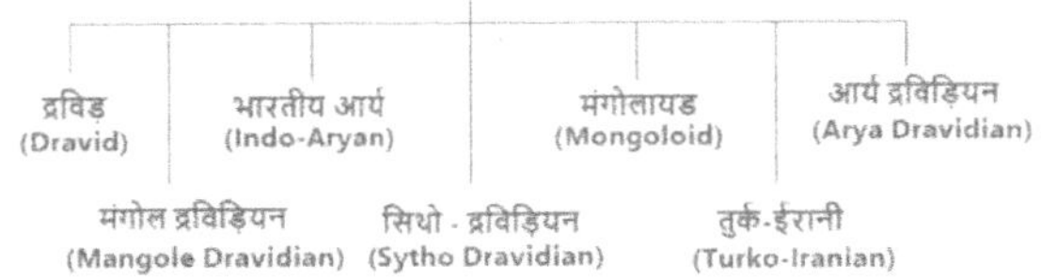

अतः विकल्प (C) सही है।

74. हरबर्ट स्पेंसर तथा लिप्पर्ट ने संस्कृति की अधिसावयवी (सुपर ऑर्गेनिक) प्रकृति का उल्लेख किया है। मानवशास्त्र में क्रोबर ने सन् 1917 में इस अवधारणा का स्पष्ट उल्लेख किया है।

अतः विकल्प (B) सही है।

75. उत्तर औद्योगेक अर्थव्यवस्था-वस्तुओ का उत्पादन करने वाली अर्थव्यवस्था से सेवा जुटाने वाली अर्थव्यवस्था में परिणत है। भारतीय अर्थव्यवस्था में सेवा क्षेत्र का योगदान कई गुना रहा है, सकल घरेलू उत्पाद में इसका हिस्सा 55.2 प्रतिशत है, 10 प्रतिशत की वार्षिक दर से बढ़ रहा है, कुल रोजगार के लगभग एक चौथाई का योगदान दे रहा है

अतः विकल्प (D) सही है।

76. खस जनजाति उत्तरांचल में पाई जाने वाली जनजाति है, जबकि नागा, बोडो एवं कूकी उत्तर पूर्वी भारत की जनजातियाँ हैं।

अतः विकल्प (B) सही है।

77. ग्रामीण समाज में रूपांतरण की प्रक्रिया धीमी होती है। वहां एक सामाजिक समूह या वर्ग से निरंतर बदलाव नहीं होता है।

अतः विकल्प (D) सही है।

78. सामाजिक व्यवस्था के विकास क्रम में तीन प्रकार हैं-जनजातीय समाज-कृषि आधारित समाज-औद्योगिक समाज समाजशास्त्री एक अन्य प्रकार के समाज की भी चर्चा करते हैं जिसे हम उत्तरऔद्योगिक समाज कहते हैं। यह औद्योगिक समाज से उद्भूत हो रहा है।

अतः विकल्प (C) सही है।

79. हर्बर्ट स्पेन्सर ने उद्विकास के चरणों के आधार पर चार प्रकार के समाजों की पहचान की-सरल, संयुक्त या मिश्र, द्विगुणित मिश्र और त्रिगुणित मिश्र।

अतः विकल्प (D) सही है।

80. औद्योगिक संगठन में प्रतिस्पर्धा एवं संघर्ष दोनों में पाये जाते हैं। एक उद्योगपति दूसरे उद्योगपति से प्रतिस्पर्धा करता है। औद्योगिक संगठन में मालिक और मजदूर में संघर्ष होता है।

अतः विकल्प (C) सही है।

81. एक संस्कृति द्वारा अपने से भिन्न दूसरी संस्कृति को अपने में घुला-मिला लेने की प्रक्रिया को आत्मसात्करण कहते हैं। इस प्रक्रिया में धीरे-धीरे दूसरी संस्कृति के पृथक अस्तित्व का लोप हो जाता है।

अतः विकल्प (C) सही है।

82. संस्था सामूहिक क्रिया की विशेषता व्यक्त करने वाली कार्यप्रणाली के स्थापित स्वरूप अथवा अवस्था को कहते हैं।

अतः विकल्प (C) सही है।

83. 'दी कांस्टीट्यूशन ऑफ सोसाइटी' (1984) एंथनी गिडेंस द्वारा लिखित पुस्तक है जिसमें 'संरचनाकरण' के अपने सिद्धान्त को प्रतिपादित किया है।

अतः विकल्प (C) सही है।

84. द्वितीयक सम्बन्धियों के प्राथमिक संबंधियों की गणना तृतीयक नातेदारों में की जाती है, जैसे साले की पत्नी या पुत्र। इसी प्रकार ससुर द्वितीयक नातेदार हैं व ससुर का भाई तृतीयक नातेदार होगा।

अतः विकल्प (B) सही है।

85. जाति के उद्भव के बारे में जी. एस. घुरिये ने कहा है कि "जाति प्रणाली इण्डो-आर्य संस्कृति के ब्राह्मणों का शिशु (संतान) है जिसका पालन-पोषण गंगा के मैदान में हुआ और वहां से इसे देश के दूसरे भागों में लाया गया।"

अतः विकल्प (C) सही है।

86. ए. डी. रॉस ने 1961 में "ज्वाइंट फैमिली इन एन अरबन सेटिंग" लिखी है। परिवार-जिसे समाजशास्त्रियों द्वारा परिवर्तन के लिए बहुत प्रतिरोधी माना जाता है। इसका उद्देश्य पारंपरिक मध्यम और उच्च वर्ग के शहरी हिंदू परिवार पर औद्योगिक और तकनीकी परिवर्तन का प्रभाव दिखाना है।

अतः विकल्प (D) सही है।

87. सामाजिक संस्तरण सामाजिक असमानता का विशिष्ट सूचक है। संस्तरण किसी सामाजिक व्यवस्था के सदस्य को ऊंच-नीच के क्रम में सजाना है, जिनमें प्रतिष्ठा, सम्पत्ति, प्रभाव तथा सामाजिक स्थिति की अन्य विशेषताओं मे काफी विभिन्नताएं देखने को मिलती है।

अतः विकल्प (B) सही है।

88. किसी समाज में प्रस्थिति एवं भूमिकाओं की एक प्रथानुगत व्यवस्था जो निकटस्थ नातेदारों के व्यवहार को संचालित एवं नियंत्रित करती है, नातेदारी व्यवस्था कहलाती है।

अतः विकल्प (D) सही है।

89. एम. एन. श्रीनिवास ने जाति की व्याख्या मूल्यों के आधार पर की है जो सांस्कृतिक आधार। आन्द्रे बेते शक्ति के आधार पर, जबकि जी. एस. घुरिये ने प्रजातीय तथा मानव शास्त्रीय आधार पर जाति की व्याख्या की है।

अतः विकल्प (D) सही है।

90. डेविस एवं मूर ने स्तरीकरण की प्रकार्यात्मक आवश्यकता पर बल दिया है। उनके अनुसार प्रत्येक समाज में आवश्यक रूप से संस्थागत असमानता अथवा सामाजिक स्तरीकरण रहना चाहिए।

सामाजिक स्तरीकरण वह प्रक्रिया है जिसमे व्यक्तियों के समूहों को उनकी प्रतिष्ठा, संपत्ति और शक्ति की मात्रा के सापेक्ष पदानुक्रम में विभिन्न श्रेणियों में उच्च से निम्न रूप में स्तरीकृत किया जाता है।

अतः विकल्प (C) सही है।

91. कानून औपचारिक नियंत्रण तथा हास्य अनौपचारिक नियंत्रण करता है। परम्परा अप्रत्यक्ष सामाजिक नियंत्रण का साधन है जबकि परिवार अनौपचारिक नियंत्रण करता है।

अतः विकल्प (C) सही है।

92. एनॉमी भ्रम, असुरक्षा, आदर्श शून्यता की अवस्था है। निद्राहीनता से इसका सम्बन्ध नहीं है।

अतः विकल्प (D) सही है।

93. कोजर एवं रोजेनबर्ग का सम्बन्ध अपराध के अध्ययन से नहीं है इन्होंने संघर्षवादी दृष्टिकोण से समाज का विश्लेषण किया है, जबकि सदरलैण्ड, बार्न्स एवं टीटर, इलिएट एवं मेरिल ने अपराध का अध्ययन कर अपने सिद्धान्त दिए।

अतः विकल्प (C) सही है।

94. जार्ज हैसेन ने समूहों का वर्गिकरण दूसरे समूहों के साथ उनके सम्बन्धों के आधार पर किया है। इस प्रकार उसने असामाजिक आभासी सामाजिक, समाज विरोधी अथवा समाज-पक्षी समूहों का उल्लेख किया है।

अतः विकल्प (B) सही है।

95. मादक द्रव्यव्यसन उन पदार्थों को कहते हैं जिनके सेवन से नशे का अनुभव होता है तथा व्यक्ति उसका आदी हो जाता है। जातिवाद किसी व्यक्ति की अपनी जाति के प्रति अंध—श्युधा है जो कि दूसरी जातियों के हितों की परवाह नहीं करती। एक सामान्य व्यक्ति एच. आई. वी. संक्रमित व्यक्ति के संपर्क में आता है तो उसे एड्स हो सकता है। अपने क्षेत्र के प्रति अधिक प्रयत्न, आर्थिक, सामाजिक व राजनीतिक अधिकारों की चाह की भावना को क्षेत्रवाद कहते है।

अतः विकल्प (D) सही है।

96. भारत में क्षेत्रीय आयामों पर लिखने की शुरुआत तो आर. के. मुखर्जी ने की किन्तु एस. सी. दुबे ने अपनी पुस्तक, 'भारतीय ग्राम में' इस पर व्यापक रूप से लिखा है।

अतः विकल्प (D) सही है।

97. मैक्स वेबर के अनुसार समाजशास्त्र क्रमबद्धरूप में सामाजिक क्रिया की प्रस्तुतीकरण समझ को प्रस्तुत करने का प्रयास करता है।

अतः विकल्प (C) सही है।

98. हॉवर्ड एस. बेकर ने अपनी पुस्तक ' आउट साइडर्स' (1963) में विचलन के नामकरण सिद्धान्त (Labelling theory) का प्रतिपादन किया है।

अतः विकल्प (B) सही है।

99. आर. राबर्टसन कहते हैं कि-"एक प्रक्रिया के रूप में वैश्वीकरण की अवधारणा का सम्बन्ध संसार का सिमट जाना है और यह दुनिया एक है इसकी चेतना का गहरा जना है। वैश्वीकरण अपने आप में सम्पूर्ण विश्व की चेतना है।"

अतः विकल्प (B) सही है।

100. कार्ल मैनहेम के अनुसार "सामाजिक संरचना परस्पर क्रिया करती हुई सामाजिक शक्तियों का जाल है जिससे अवलोकन और विचारने जैसे विभिन्न प्रणालियों का विकास होता है।" जाल से तात्पर्य सामाजिक प्रतिमानों से है, सामाजिक शक्तियों से उनका तात्पर्य व्यवस्थित प्रतिमानों से है। ये शक्तियाँ परस्पर अंतः क्रिया करती रहती है और समाज में निरीक्षण एवं चिंतन की पद्धतियों को भी जन्म देती हैं।

अतः विकल्प (D) सही है।

101. डॉ. सदरलैण्ड ने अपने अध्ययन के लिए अमेरिका के 200 बडे संस्थानों में से 70 को चुना। इसके साथ ही पन्द्रह 'शक्ति और बिजली निगमों' का विशेष अध्ययन किया।

अतः विकल्प (C) स्ही है।

102. अनुच्छेद 15(4) की या अनुच्छेद 29(2) की कोई बात राज्य को सामाजिक और शैक्षणिक दृष्टि से पिछड़े हुए नागरिकों के किन्हीं वर्गों की उन्नति के लिए, या अनुसूचित जातियों और जनजातियों के लिए कोई विशेष उपबंध करने से निवारित नहीं करेगा, अनुच्छेद 16(4) पिछड़े वर्गों के नागरिकों की नियुक्तियों या पदों के आरक्षण के लिए उपबंध करने से निवारित नहीं करेगा।

अतः विकल्प (B) सही है।

103. भारतीय संविधान में पिछड़े वर्ग के लिए सामाजिक व शैक्षणिक दृष्टि से पिछड़ेपन को आधार माना गया है।

अतः विकल्प (C) सही है।

104. अस्पृश्यता को समाप्त करने, इससे सम्बन्धित सभी आचरणों को रोकने और अस्पृश्यता बरतने वाले को दण्डित करने के उद्देश्य से जून, 1955 से सारे देश में अस्पृश्यता (अपराध) अधिनियम, 1955 लागू किया गया।

अतः विकल्प (B) सही है।

105. सुरजीत सिन्हा का प्रमुख कार्य भूमिजहिन्दू अन्तर्क्रिया (1957) पर आधारित रहा है जिसके आधार पर उन्होंने जनजाति- सत्ता, भूमिज क्षेत्रीय सत्ता जैसी कई अवधारणाओं को विकसित किया है।

अतः विकल्प (B) सही है।

106. पंजाब तथा हिमाचल प्रदेश में अनुसूचित जातियों का अनुपात सबसे अधिक है, जो क्रमशः 28.31% तथा 25.34% है।

अतः विकल्प (A) सही है।

107. 'दी पॉलिटिक्स ऑफ अनटचेबिलिटी' कोलंबिया यूनिवर्सिटी प्रेस न्यूयॉर्क पुस्तक ओ. एम. लिन्च के द्वारा लिखी गयी है।

अतः विकल्प (D) सही है।

108. जेम्स जार्ज फ्रेजर ने अपनी बहुचर्चित पुस्तक 'दी गोल्डन बाउ' में दैवीय बलिदान के अर्थ को ढूँढ़ने का प्रयत्न किया और इसके लिए उन्होंने नृप्रजातीय, लोकगीत, मिथक और बाइबिल से ढेर सारे उदाहरण प्रस्तुत किये। अतः फ्रेजर ने अपनी पुस्तक में धर्म और जादू के पक्षों को प्रस्तुत किया है।

अतः विकल्प (D) सही है।

109. महिलाओं के उत्थान से सम्बन्धित सामाजिक नीति उपागम में महिला सशक्तीकरण की अवधारणा का अनुसरण किया जाता है। आठवीं पंचवर्षीय योजना में महिला विकास से महिला सशक्तीकरण की अवधारणा की ओर दृष्टिकोण प्रस्तुत किया गया।

अतः विकल्प (C) सही है।

110. काका कालेलकर की अध्यक्षता में राष्ट्रपति ने 29 जनवरी 1953, में पिछड़ा वर्ग आयोग की नियुक्ति की थी। ताकि पिछड़े वर्गों की अस्मिता के लिए सामाजिक शैक्षणिक आधार तय किया जा सके।

अतः विकल्प (C) सही है।

111. किसी राजनैतिक दल से जुड़े दबाव समूह ऐसे समूह होते हैं, जो संबंधित राजनैतिक दलों पर अपने हितों की पूर्ति के लिए दबाव डालते हैं अथवा दूसरों की क्रियाओं को नियंत्रित करने हेतु प्रभाव डालते हैं। उदाहरण- ब्रिटेन में श्रमिक संगठन लेबर पार्टी पर और भारत में विश्व हिन्दू परिषद भारतीय जनता पार्टी पर इस प्रकार का दबाव बनाये हुए हैं।

अतः विकल्प (C) सही है।

112. राबर्ट डाहल ने अपनी पुस्तक 'Who Governs?' में शक्ति के बहुलवादी सिद्धान्त की व्याख्या की है। उनका मत है कि शक्ति विभिन्न हित समूहों में विभक्त होती है और यह अभिजनों की बहुलता सामान्य हितों के एकीकृत समूह को नहीं निर्मित करती है।

अतः विकल्प (C) सही है।

113. संस्कृति सम्पर्क द्वारा होने वाले परिवर्तनों की प्रक्रिया को पर-संस्कृति ग्रहण कहते हैं। भारत में पश्चिमीकरण की प्रक्रिया पश्चिमी संस्कृति के संपर्क में आने से प्रारम्भ हुई और भारत के लोगों को वहाँ की संस्कृति के तत्वों को अपनाया है। जैसा कि श्रीनिवास एवं अन्य के अध ययनों में उल्लिखित है।

अतः विकल्प (D) सही है।

114. ग्रामीण समाज एवं नगरीय समाज में मौलिक अन्तर व्यावसायिक विभिन्नता का है। ग्रामीण समाज कृषि प्रधान है जबकि नगरीय समाज उद्योग एवं अन्य गतिविधियों का केन्द्र होता है।

अतः विकल्प (C) सही है।

115. मैक्स वेबर ने कहा है कि औद्योगिक पूँजीवाद में जैसे-जैसे लागत, लाभ, कुशलता की सामाजिक महत्ता में बढ़ोतरी होती है तार्किकीकरण एक शक्तिशाली सिद्धान्त के रूप में विकसित हो जाता है और इसका परिणाम होता है एक ऐसे 'लौह पिंजरे' का निर्माण जो व्यक्तियों के जीवन को शिकंजे में कसता जाता है और जिससे निकलने की दूर तक कोई आशा की किरण दिखाई नहीं देती

अतः विकल्प (D) सही है।

116. भारतीय संविधान की छठी अनुसूची में असम, मेघालय, त्रिपुरा और मिजोरम राज्यों के जनजाति क्षेत्रों के प्रशासन के बारे में उपबंध है।

अतः विकल्प (C) सही है।

117. सी. राइट मिल्स की पुस्तक 'द पावर इलीट' (1956) मार्क्सवादी विचारों को प्रतिबिम्बित करता है।इसमें मिल्स ने संयुक्त राज्य अमेरिका की शक्ति

संरचना को स्पष्ट करते हुए लिखा है कि अमेरिका का शासन अंतर्ग्रथित और स्वनिर्मित अभिजनों के समूहों द्वारा किया जाता है।

अतः विकल्प (A) सही है।

118. सावयव तथा उनके प्राकृतिक वास के बीच पाये जाने वाले पारस्परिक संबंधों के अध्ययन को पारिस्थितिकी विज्ञान या पारिस्थितिकी शास्त्र कहते हैं।

अतः विकल्प (D) सही है।

119. 1909 में चार्ल्स कूले ने अपनी पुस्तक सोशल ऑर्गनाइजेशन (समाजिक संगठन) में 'प्राथमिक समूह सम्प्रत्यय' प्रस्तुत किया। उन्होंने उस समूह को प्राथमिक समूह के नाम से पुकारा है, जिसके सदस्यों में आमने-सामने के संबंध पाये जाते हैं।

अतः विकल्प (D) सही है।

120. जनक पद का प्रयोग किसी बच्चे के लिए उसके जैवकीय पिता के लिए होता है और पिता पद का प्रयोग वैधानिक (सामाजिक) रूप से मान्यता प्राप्त पिता के लिए होता है। बहुपति प्रथा वाले समाजों में इस प्रथा का प्रचलन दिखायी पड़ता है।

अतः विकल्प (C) सही है।

121. उपरोक्त अवधारणा प्रतिलोम विवाह के अंतर्गत आती है, जबकि उसके विपरीत अर्थात् उच्च जाति का पुरुष एवं निम्न जाति की स्त्री के मध्य संपन्न विवाह अनुलोम विवाह कहलाता है।

अतः विकल्प (B) सही है।

122. मुस्लिम विवाह के समय लड़के की ओर से लड़की को 'मेहर' अर्थात् कुछ धनराशि दी जाती है अथवा देने का वचन दिया जाता है। इसके कुछ लक्षणों के आधार पर 'मेहर' को कन्या-मूल्य कहा जा सकता है।

अतः विकल्प (A) सही है।

123. सॉरोरेट बहुपत्नी प्रथा का ही एक रूप है। प्रथम पत्नी की मृत्यु के उपरान्त उसकी बहन से किया गया विवाह-सीमित साली विवाह कहलाता है, किन्तु जब किसी व्यक्ति को परिवार की ज्येष्ठ लड़की के साथ विवाह करने पर उसकी छोटी बहनों पर भी वैवाहिक अधिकार प्राप्त हो जाता है, तब यह प्रथा' असीमित साली विवाह' के नाम से जानी जाती है।

अतः विकल्प (A) सही है।

124. पति-पत्नी वैवाहिक स्वजनों का दृष्टान्त है। इसी तरह एक पुरुष का साला, एक स्त्री का देवर, ज्येष्ठ अथवा ननद आदि उसका विवाह मूलक नातेदार हैं। अन्य सभी विकल्प समरक्त स्वजनों के दृष्टान्त हैं।

अतः विकल्प (C) सही है।

125. टोडा जनजाति में पुरसुतपिनी संस्कार के माध्यम से पिता का निर्धारण होता है जो कि सामाजिक पिता होता है न कि जैविक पिता। इसी प्रकार दत्तक पुत्र न तो वैवाहिक स्वजन है और न ही समरक्त स्वजन, बल्कि वह भी सामाजिक स्वजन है।

अतः विकल्प (C) सही है।

Q.1 ग्रीन-हाउस प्रभाव किसके कारण बढ़ रहा है?

A. वायुमंडलीय दबाव में परिवर्तन

B. ग्रीन-हाउस गैसों की संख्या में परिवर्तन

C. ग्रीन-हाउस गैसों की सांद्रता में परिवर्तन

D. ग्लेशियरों और शुष्क वायुमंडलीय परिस्थितियों का पिघलना

Q.2 सुनामी किस कारण से आती है?

A. समुद्र में विशाल उच्च ज्वार की लहरें

B. समुद्र की खराब मौसम की स्थिति

C. समुद्र तल की अचानक गति

D. अंतरमहाद्वीपीय टकराव महासागर है

Q.3 अपशिष्ट प्रबंधन वर्तमान में निपटने वाले सबसे मौजूदा मुद्दों में से एक रहा है। निम्नलिखित में से कौन सा इसके लिए एक अच्छा उदाहरण है?

A. पार्क और सड़कों को साफ रखें

B. जहाजों को साफ करने के लिए कम पानी का उपयोग करें

C. जैवनिम्नीकरण कचरे को पुनः चक्रित करें

D. इलेक्ट्रॉनिक गैजेट्स का उपयोग कम करें

Q.4 भोपाल आपदा के दौरान लीक हुई गैस थी:

A. एथिल सायनाटेट

B. एथिल सायनाकेरिलेट

C. मिथाइल आइसोसाइनेट

D. मिथाइल डाइसोसाइनेट

Q.5 निम्नलिखित में से कौन से वैश्विक तापमान का प्रभाव होने की संभावना सबसे कम है?

A. कुछ प्रजातियों का विलुप्त होना

B. समुद्र के जल स्तर में वृद्धि

C. पौधों में हाइड्रोकार्बन की कमी

D. कृषि के लिए उपजाऊ डेल्टा क्षेत्रों का नुकसान

Q.6 मशरूम किसका आशाजनक श्रोत बनाते है?

A. कार्बोहाइड्रेट

B. प्रोटीन

C. खनिज पदार्थ

D. कार्बोहाइड्रेट प्लस लिपिड

Q.7 हालाँकि परमाणु ऊर्जा के उपयोग को प्रदूषण मुक्त माना जाता है, फिर भी इसके कारण गंभीर स्वास्थ्य खतरे पैदा हो सकते हैं:

A. परमाणु विस्फोट

B. परमाणु संयंत्र में कोई आपदा

C. परमाणु कचरे के निपटान के तरीकों की अनुपलब्धता

D. परमाणु संयंत्र के सामान्य चलने के दौरान विकिरण की अनावृत्ति

Q.8 पेट्रोप्लांट इसके स्रोत हैं:

A. तरल हाइड्रोकार्बन

B. तरल नाइट्रोजन

C. तरल ईंधन

D. एल्कोहल

Q.9 व्यावसायिक रोग किसके द्वारा होते है?

A. कुपोषण

B. अधिक काम करनेवाला

C. विषाक्त रासायनिक अवशेष

D. अपर्याप्त बुनियादी सुविधाएं

Q.10 निम्नलिखित में से कौन ऊर्जा का एक गैर-वाणिज्यिक स्रोत है?

A. कोयला

B. तेल

C. कृषि अपशिष्ट

D. बिजली

Q.11 कौन सी गैस उपयोगी होने के साथ-साथ इंसान के लिए हानिकारक है?

A. ओजोन

B. ऑक्सीजन

C. कार्बन डाइऑक्साइड

D. मीथेन

Q.12 संगम युग की एक व्यापक कृति, टोल्कप्पियम से संबंधित है:

A. आयु की राजनीति

B. तमिल व्याकरण

C. अवधि के युद्ध

D. कर और शुल्क का संग्रह

Q.13 भगवतवाद में प्रेमन का अर्थ है:

A. भक्ति की पूर्णता

B. सबके लिए प्रेम

C. जीने के लिए उच्च नैतिक संहिता

D. इनमे से कोई भी नहीं

Q.14 निम्नलिखित में से गलत जोड़ी चुनें:

A. वल्लभाचार्य - जैनम्

B. शंकराचार्य - अद्वैत वेदांत

C. रामानुजाचार्य - विश्वस्तद्वैतम्

D. माधवाचार्य -द्वेतम्

Q.15 सूफीवाद के संबंध में निम्नलिखित युग्मों पर विचार करें-

1. वली: सूफी जो एक चमत्कार करने के लिए भगवान की कृपा कर रहे हैं।

2. ज़ियारत: सूफी संतों की कब्रों की तीर्थयात्रा।

3. तसव्वुफ़: सूफ़ी संतों का संगीत प्रदर्शन।

नीचे दिए गए कोड का उपयोग करके सही ढंग से मिलान किए गए जोड़े का चयन करें।

A. केवल 1 और 2

B. केवल 1 और 3

C. 2 और 3 केवल

D. 1, 2 और 3

Q.16 कबीर के बारे में निम्नलिखित में से कौन सा कथन सही नहीं है?

A. वह तीर्थयात्रा और मूर्ति पूजा के खिलाफ नहीं थे

B. वह सार्वभौमिक प्रेम में विश्वास करते थे

C. उन्होंने एक ईश्वर और भक्ति के प्रसार पर जोर दिया

D. उन्होंने गृहस्थ जीवन के सामान्य जीवन को त्यागना आवश्यक नहीं समझा

Q.17 सतह अलंकरण की 'पिएट्रा-ड्यूरा' तकनीक को सबसे पहले अपनाया गया था-

A. इतिमद-उद- दोला का मकबरा

B. ताज महल

C. मोती मस्जिद

D. दीवान-ए अनम

Q.18 'फर्र-ए- इजादी' का विचार, जिस पर मुगल शासन आधारित था, सबसे पहले निम्नलिखित में से किस सूफी संत द्वारा विकसित किया गया था?

A. शिहाबुद्दीन सुहरावर्दी

B. निजामुद्दीन औलिया

C. इब्न अल-अरबी

D. बायज़ीद बस्तामी

Q.19 सूची- ॥ के साथ सूची-। का मिलान करें और नीचे दिए गए कोड से अपना उत्तर चुनें:

सूची-।	सूची-॥
a. त्रिरत्नकरा	1. बौद्ध धर्म
b. जातक	2. जैन धर्म
c. मुद्राक्ष	3. सोमदेव
d.कथासरितसागर	4. विशाखदत्त

A. a-2, b-3, c-4, d-1
B. a-2, b-1, c-3, d-4
C. a-4, b-2, c-1, d-3
D. a-2, b-1, c-4, d-3

Q.20 औपनिवेशिक काल के दौरान भारत में ब्रिटिश कला के आने के साथ निम्नलिखित में से किसका आगमन हुआ था?

A. भित्ति कला
B. तैल चित्र
C. परिप्रेक्ष्य
D. लघुचित्र

Q.21 गुरु नानक के बारे में निम्नलिखित में से कौन सा कथन सही है / हैं?
1. वह एक ईश्वर में विश्वास करता थे जो निराकार और सर्वव्यापी था।
2. उन्होंने त्याग के मार्ग को अस्वीकार कर दिया लेकिन वेदों के अधिकार को स्वीकार कर लिया।
3. यह उसका विश्वास था कि भगवान की कोई जाति नहीं है, वह जाति को कोई विचार नहीं देता है।

A. केवल 1
B. केवल 1 और 2
C. केवल 1 और 3
D. केवल 2 और 3

Q.22 निम्नलिखित में से कौन सा कथन मुगल और राजपूत स्कूल ऑफ पेंटिंग्स के बारे में गलत है/हैं?
1. मुगल शैली अभिजात है जबकि राजपूत शैली लोकतांत्रिक है।
2. मुगल शैली राजपूत शैली से अधिक यथार्थवादी है।
3. राजपूत शैली के विपरीत, मुगल कला लोक कला से प्रेरित थी।
4. राजपूत शैली के विपरीत, मुगल शैली प्रकृति में धर्मनिरपेक्ष है।

A. केवल 1 और 4
B. केवल 2 और 3
C. केवल 3
D. केवल 4

Q.23 "व्यवहार का एक पैटर्न जो बनता है" कहा जाता है-

A. सामाजिक समस्या
B. आर्थिक समस्या
C. राजनीतिक समस्या
D. इनमें से कोई नहीं

Q.24 जनसंख्या के बारे में सामाजिक सरोकार का सिद्धांत किसके द्वारा प्रतिपादित किया गया था?

A. आर्सेन ड्यूमॉन्ट
B. पी. वी. यंग
C. कार्ल मार्क्स
D. उपर्युक्त सभी

Q.25 भारत में किस प्रकार की बेरोजगारी पाई जाती है?

A. संरचनात्मक बेरोजगारी
B. मौसमी बेरोजगारी
C. प्रच्छन्न बेरोजगारी
D. उपरोक्त सभी

Q.26 यदि कोई व्यक्ति बाजार में प्रचलित मजूरी दर पर काम करने के लिए तैयार है, लेकिन वह काम करने में असमर्थ है, तो इसे किस प्रकार की बेरोजगारी कहा जाएगा?

A. स्वैच्छिक बेरोजगारी
B. अनैच्छिक बेरोजगारी
C. ऋतुकालीन बेरोज़गारी
D. इनमे से कोई भी नहीं

Q.27 विकसित देशों में किस प्रकार की बेरोजगारी पाई जाती है?

A. अनैच्छिक बेरोजगारी
B. स्वैच्छिक बेरोजगारी
C. संरचनात्मक बेरोजगारी
D. प्रच्छन्न बेरोजगारी

Q.28 अगर किसी कंपनी में नए कंप्यूटर लगाए जा रहे हैं और कुछ कर्मचारियों को कंप्यूटर की जानकारी न होने के कारण नौकरी से निकाल दिया जाता है तो इसे किस तरह की बेरोजगारी कहा जाएगा?

A. प्रच्छन्न बेरोजगारी
B. संरचनात्मक बेरोजगारी
C. छिपी हुई बेरोजगारी
D. घर्षण बेरोजगारी

Q.29 किसने प्रच्छन्न बेरोजगारी की अवधारणा विकसित की?

A. जॉन कीन्स
B. अमर्त्य सेन
C. जॉन रॉबिन्सन
D. अल्फ्रेड मार्शल

Q.30 किसी देश की श्रम शक्ति में किसे गिना जाता है?

A. 18 से 60 वर्ष की आयु की जनसंख्या
B. 15 से 65 वर्ष की आयु की जनसंख्या
C. 18 से 65 वर्ष की आयु की जनसंख्या
D. 21 से 62 वर्ष की आयु की जनसंख्या

Q.31 अल्कोहल का दुरुपयोग इनमें से किस आयु वर्ग में सबसे बड़ा है?

A. 15- से 17 वर्ष के लिए
B. 18- से-29-वर्ष-के लिए
C. 30- to 54-वर्ष के लिए
D. 55 और इससे ज्यादा के लिए

Q.32 दिन में कितने पेय महिलाओं के लिए मध्यम अल्कोहल की खपत के रूप में परिभाषित किए गए हैं?

A. 1
B. 2
C. 3
D. 4

Q.33 अल्कोहल का उपयोग विकार 65 से अधिक उम्र वालो के लिए खतरनाक क्यों है?

A. पुराने वयस्कों को डॉक्टर के प्रिस्क्रिप्शन लेने की अधिक संभावना है
B. अल्कोहल के लिए शरीर में कम सहनशीलता है
C. यह रक्तचाप बढ़ाता है
D. उपरोक्त सभी

Q.34 जब वह शादी करता है और उसके बच्चे होते हैं, तो कौन सा परिवार किसी व्यक्ति द्वारा बनता है?

A. अभिविन्यास का परिवार
B. सृजन का परिवार
C. एकल परिवार
D. वैवाहिक

Q.35 _________ (वर्ष) में संशोधित बाल विवाह अधिनियम ने 15 से 18 वर्ष की लड़कियों के लिए विवाह की न्यूनतम आयु बढ़ा दी।

A. 1986
B. 1976
C. 1929
D. 1991

Q.36 महिलाओं के मुद्दों पर संयुक्त राष्ट्र द्वारा 1975 में आयोजित विश्व सम्मेलन के लिए निम्नलिखित में से कौन सा स्थान था?

A. मेक्सिको
B. बीजिंग
C. कोपेनहेगन
D. नैरोबी

Q.37 उच्च मातृ मृत्यु दर में योगदान करने वाले कारक को चिह्नित करें?

A. अतिश्रम
B. स्वास्थ्य सेवा का अभाव
C. परजीवी रोग
D. उपर्युक्त सभी

Q.38 राष्ट्रीय ग्रामीण रोजगार गारंटी अधिनियम किस वर्ष में पारित किया गया था?

A. 2006
B. 2003
C. 2005
D. इनमें से कोई नहीं

Q.39 भारत सरकार की 'मेक इन इंडिया' पहल के संबंध में निम्नलिखित में से कौन सा कथन सही नहीं है?

A. कार्यक्रम वित्त मंत्रालय द्वारा कार्यान्वित किया जा रहा है।
B. इस पहल का उद्देश्य उन चुनिंदा घरेलू कंपनियों की पहचान करना है, जो नवोन्मेष में नेतृत्व कर रही हैं और उन्हें एक वैश्विक चैंपियन में बदलने के लिए नई तकनीक का उपयोग कर रही हैं।
C. विदेशी निवेशकों का मार्गदर्शन करने के लिए 'इन्वेस्ट इंडिया' नाम की एक संस्था बनाई गई है।
D. उपरोक्त में से कोई नहीं

Q.40 प्रधानमंत्री रोजगार योजना का जोर क्षेत्र कौन सा है?
A. बेरोजगार युवा
B. निःशक्तजन
C. वृद्ध लोग
D. इनमे से कोई भी नहीं

Q.41 IAY का पूर्ण रूप बताये?
A. इंदिरा आवास योजना
B. भारतीय आवास योजना
C. भारतीय गरीबी उन्मूलन योजना
D. एकीकृत गरीबी उन्मूलन योजना

Q.42 'समाजशास्त्र' शब्द दो शब्दों से बना है। वे है-
A. सोसायटी और लोगी
B. सोसाइटी और लॉजिस्टिया
C. सोशियस और लोगोस
D. सोशिआ और लोगोस

Q.43 'समाज सामाजिक रिश्तों की वेब है' किसकी परिभाषा है?
A. मैकलेवर   B. एच. मेन   C. प्लूटो   D. अरस्तू

Q.44 सामाजिक विकास की एक कसौटी के रूप में श्रम के सामाजिक विभाजन के महत्व पर जोर किसके द्वारा दिया गया है?
A. कार्ल मार्क्स
B. एमाइल दुर्खीम
C. फ्रेडरिक एंगेल्स
D. हरबर्ट हाइमन

Q.45 गुलाम व्यवस्था का आधार हमेशा से है?
A. राजनीतिक
B. आर्थिक
C. प्रचलन
D. सामाजिक जरूरत

Q.46 ग्रामीण समुदाय की एक विशेषता है-
A. औपचारिक संबंध
B. तर्कसंगत इच्छाशक्ति
C. सामुदायिक भावना
D. संघ की एक विशाल संख्या

Q.47 'राज्य जीवन के लिए अस्तित्व में आता है और अच्छे जीवन के लिए अस्तित्व में रहता है।' यह किसकी राय है?
A. अरस्तू
B. सी. डब्ल्यू मिल्स
C. आर. दहल
D. वी. पारेतो

Q.48 सम्पूर्ण ग्रामीण रोजगार योजना किस प्रधानमंत्री द्वारा राष्ट्र को समर्पित की गई थी?
A. श्री अटल बिहारी वाजपेयी
B. श्री राजीव गांधी
C. डॉ. मनमोहन सिंह
D. इनमे से कोई भी नहीं

Q.49 माइक्रो क्रेडिट, उद्यमशीलता और सशक्तिकरण तीन महत्वपूर्ण घटक किसके है?
A. कुदुम्बश्री
B. एनआरडीपी
C. आईआरडीपी
D. इनमे से कोई भी नहीं

Q.50 बालिका समृद्धि योजना के लाभों को प्रतिबंधित किया गया है-
A. एक घर में दो बालिकाएँ चाहे घर में बच्चों की संख्या जितनी भी हो।
B. घर में एक बच्ची हो चाहे घर में बच्चों की संख्या जितनी भी हो।
C. घर में सभी बालिकाए हो चाहे बच्चों की संख्या घर में जितनी भी हो।
D. घर में तीन बालिकाए हो चाहे बच्चो की संख्या घर में जितनी भी हो।

Q.51 इंटरनेशनल रिन्यूएबल एनर्जी एजेंसी का मुख्यालय है-
A. अबू धाबी   B. दुबई   C. शारजाह   D. कुवैत

Q.52 संयुक्त राष्ट्र का मुख्यालय _________ में स्थित है।
A. न्यूयॉर्क शहर
B. जिनेवा
C. नैरोबी
D. वियना

Q.53 निम्नलिखित में से कौन G -20 देशों के समूह का सदस्य नहीं है?
A. जर्मनी   B. इंडोनेशिया   C. श्रीलंका   D. भारत

Q.54 संयुक्त राष्ट्र सचिवालय का मुख्यालय, संयुक्त राष्ट्र का प्रमुख अंग कहाँ है?
A. न्यूयॉर्क, अमेरिका
B. जिनेवा, स्विट्जरलैंड
C. पेरिस, फ्रांस
D. कैलिफोर्निया, अमेरिका

Q.55 अंतराष्ट्रीय परमाणु ऊर्जा एजेंसी (IAEA) का मुख्यालय कहाँ स्थित है?
A. ऑस्ट्रिया
B. स्विट्ज़रलैंड
C. बेल्जियम
D. जर्मनी

Q.56 कार्यात्मकता का मानना है कि सामाजिक संस्थाएं इसके जवाब में उत्पन्न होती हैं-
A. लोगों में संघर्ष
B. भेदभाव
C. समाज की जरूरतें
D. समाज में असमानता

Q.57 अंतर्राष्ट्रीय श्रम संगठन का मुख्यालय कहाँ है?
A. लंदन
B. जिनेवा
C. बर्लिन
D. वाशिंगटन डी. सी.

Q.58 खाद्य और कृषि संगठन का मुख्यालय कहाँ है?
A. लंदन
B. जिनेवा
C. वाशिंगटन डी. सी.
D. रोम

Q.59 उत्तराखंड में आई.आई.एम. कहाँ पर स्थित है?
A. काशीपुर   B. खटीमा   C. पौड़ी   D. ऋषिकेश

Q.60 राष्ट्रीय डेयरी अनुसंधान संस्थान हरियाणा के किस जिले में है?
A. कैथल   B. करनाल   C. जींद   D. कुरुक्षेत्र

Q.61 इंजीनियरिंग निर्यात संवर्धन परिषद (EEPC) का मुख्यालय निम्नलिखित में से किस शहर में स्थित है?
A. नई दिल्ली   B. चेन्नई   C. कोलकाता   D. मुंबई

Q.62 निम्नलिखित में से कौन-सा विवाह का नवस्थानीय नियम है ?
A. नया रसोईघर बनाने वाले पति-पत्नी
B. नया उपासना-स्थल निश्चित करने वाले पति-पत्नी
C. अपना नया निवास स्थान संगठित करने वाले पति-पत्नी
D. नया पड़ोस प्राप्त करने वाले पति-पत्नी

Q.63 सरल समाजों में राजनैतिक संस्था का निम्नलिखित में से कौन-सा आधार है?
A. नातेदारी   B. राजत्व   C. जनरीति   D. रूढ़ि

Q.64 श्रम विभाजन आधार है-
A. जाति व्यवस्था का
B. जनजाति व्यवस्था का
C. श्रम का
D. समाज का

Q.65 वह विशेष स्थिति जिसमें किसी व्यक्ति में अंतरंग, स्व-प्रेरित और पारस्परिक संपर्क होता है, उसे कहा जाता है-
A. सहयोगात्मक समूह
B. प्राथमिक समूह
C. प्रतिरूप समूह
D. संदर्भ समूह

Q.66 सांस्कृतिक पूंजी सिद्धांत का परिचय किसने दिया?
A. सी. राइट मिल्स
B. अल्फ्रेड शुट्ज़
C. विलियम ग्राहम समनेर
D. पियरे बोरडियु

Q.67 'पैटर्न ऑफ कल्चर' किसने लिखी है?

A. चार्लोट पर्किंस गिलमैन
B. रूथ बेनेडिक्ट
C. डब्ल्यू. एच. आर. रिवर्स
D. मार्सेल मौस

Q.68 'गुलदाउदी और तलवार' किसने लिखी?
A. चार्लोट पर्किंस गिलमैन
B. रूथ बेनेडिक्ट
C. मार्सेल मौस
D. डब्ल्यू. एच. आर. रिवर्स

Q.69 एक प्रतीक क्या है?
A. वह कुछ और ही दर्शाता है
B. जो खुद का प्रतिनिधित्व करता है
C. वह केवल भावनाओं का प्रतिनिधित्व करता है
D. इनमें से कोई भी नहीं

Q.70 उच्च वर्गों की संस्कृति के रूप में किसे जाना जाता है?
A. बुलंद संस्कृति
B. उच्च संस्कृति
C. सकारात्मक संस्कृति
D. ऊपरी संस्कृति

Q.71 दैनिक जीवन में संस्कृति की भूमिका को समझने के लिए समाजशास्त्र के हाल के जोर के रूप किसे में जाना जाता है?
A. सांस्कृतिक उत्थान
B. सांस्कृतिक गंभीरता
C. सांस्कृतिक मोड़
D. सांस्कृतिक परिणाम

Q.72 गैर-भौतिक संस्कृति है-
A. मूर्त
B. पर्याप्त
C. नुमायान
D. अमूर्त

Q.73 ______ वे मानक हैं जो लोगों के बारे में हैं कि अच्छा और बुरा क्या है।
A. मूल्य
B. लाभ
C. सिद्धांत
D. जनादेश

Q.74 मौखिक सांस्कृतिक परंपरा को संदर्भित करता है-
A. भाषण के माध्यम से संस्कृति का प्रसारण
B. कला के माध्यम से संस्कृति का प्रसारण
C. छवियों के माध्यम से संस्कृति का प्रसारण
D. शिल्प के माध्यम से संस्कृति का संचरण

Q.75 जब कोई व्यक्ति किसी विदेशी भूमि पर जाता है, तो वह अनुभव करता है-
A. संस्कृति का आनंद
B. संस्कृति का अभाव
C. संस्कृति अनुपयुक्त
D. सांस्कृतिक आघात

Q.76 संस्कृति में क्या निहित है?
A. ज्ञान
B. भाषा
C. मानदंड
D. उपरोक्त सभी

Q.77 'मनुष्य के पास वृत्ति है'। क्या यह कथन सत्य है?
A. हाँ
B. नहीं
C. कभी कभी
D. कभी कभार

Q.78 निम्नलिखित में से कौन सी ऐसी चीज है जो सार्थक रूप से किसी और चीज़ का प्रतिनिधित्व करती है?
A. हस्ताक्षर
B. चित्र
C. प्रतीक
D. कानून

Q.79 किस परिकल्पना में कहा गया है कि भाषा अपने बोलने वालों की वास्तविकता को देखने के लिए आकार देती है?
A. ब्राउन-मर्टन
B. रेडक्लिफ-मर्टन
C. सपीर-मैथ्यू
D. सपीर-व्हॉर्फ

Q.80 जब मान एक दूसरे के विपरीत होते हैं, तो यह ज्ञात होता है-
A. मूल्य-विरोधाभास
B. मूल्य-परिवर्तन
C. मान-स्थिर
D. मूल्य-विकल्प

Q.81 राष्ट्रीय ग्रामीण रोजगार गारंटी अधिनियम किस वर्ष में पेश किया गया था?
A. 2002
B. 2003
C. 2004
D. 2005

Q.82 युवा विद्रोह ______ संस्कृति का एक उदाहरण है।
A. अनुकूली
B. सामाजिक
C. प्रतिसंहिता
D. क्रांतिकारी

Q.83 कौन सा शब्द स्पष्ट रूप से संहिताबद्ध मानदंड या नियम को संदर्भित करता है?
A. टैरिफ
B. कानून
C. अधिकार
D. क्रमागत उन्नति

Q.84 भारत राजस्थान में मेवाड़ के शासक परिवार, ______ प्राधिकरण का एक उदाहरण है।
A. नौकरशाही
B. करिश्माई
C. परंपरागत
D. इनमें से कोई भी नहीं

Q.85 ______ ज़मीदार मध्यवर्ती जातियों को संदर्भित करता है जो संख्या में बड़ी संख्या में हैं और इस प्रकार किसी दिए गए क्षेत्र में राजनीतिक प्रभुत्व का आनंद लेते हैं।
A. निम्न जाति
B. अछूतों
C. प्रमुख जातियाँ
D. जेंट्रीफिकेशन

Q.86 किस विचारक ने एक सिद्धांत का प्रस्ताव किया जहां जीवित जीव प्राकृतिक परिस्थितियों में खुद को ढालकर कई शताब्दियों या यहां तक कि सदियों से धीरे-धीरे विकसित होते हैं या बदलते हैं?
A. स्पेंसर
B. डार्विन
C. आइंस्टाइन
D. कॉम्टे

Q.87 फ्रांसीसी क्रांति (1789-93) और 1917 की सोवियत या रूसी क्रांति ______ के उदाहरण हैं।
A. क्रमागत विकास
B. राजनीतिक विकास
C. सामाजिक विकास
D. क्रांति

Q.88 किस शक्ति को उचित या सही माना गया?
A. टैरिफ
B. करिश्माई
C. अधिकार
D. विकास

Q.89 शहरी समुदाय जिन्हें नियंत्रित प्रविष्टि और निकास के साथ बाड़ या दीवारों द्वारा बंद कर दिया जाता है, उन्हें ______ समुदाय कहा जाता है।
A. प्रतिवर्ती
B. काउंटर
C. सुरक्षा पूर्ण
D. क्रांति

Q.90 नई कताई और बुनाई मशीनों ने ब्रिटेन के कपड़ा उद्योग में तकनीकी नवाचारों के साथ भारतीय उपमहाद्वीप के ______ उद्योग को नष्ट कर दिया।
A. परिवहन
B. हथकरघा
C. रेशम
D. कपास

Q.91 समाजशास्त्र शब्द किसने दिया ?
A. हर्बर्ट स्पेंसर
B. ऑगस्टे कॉम्टे
C. इमाइल दुर्खीम
D. कार्ल मार्क्स

Q.92 सामाजिक शब्द किस भाषा से लिया गया है?
A. जर्मन
B. लैटिन
C. यूनानी
D. रोमन

Q.93 अगस्ते कॉम्टे एक ______ समाजशास्त्री थे।
A. फ्रांसीसी
B. अमेरिकन
C. अंग्रेजों
D. जर्मन

Q.94 लोगो शब्द किस भाषा से लिया गया है?

A. अमेरिकन   B. रोमन   C. ग्रीक   D. लैटिन

Q.95 निम्नलिखित में से कौन सबसे छोटा विज्ञान है?
A. इतिहास   B. भूगोल
C. समाजशास्त्र   D. दर्शन

Q.96 मैक्स वेबर एक ________ समाजशास्त्री थे।
A. ब्रिटिश   B. अमेरिकन   C. हंगेरियन   D. जर्मन

Q.97 बुद्धिवाद _________ पर आधारित विचार का एक विद्यालय है।
A. अनुभव   B. शब्दों   C. विचार   D. कारण

Q.98 जॉर्ज सिमेल एक ______ समाजशास्त्री थे।
A. आस्ट्रियान   B. फ्रांसीसी   C. ब्रिटिश   D. जर्मन

Q.99 औपचारिक स्कूल के मुख्य प्रस्तावक कौन थे?
A. जॉर्ज सिमेल   B. कॉम्टे
C. दुर्खीम   D. कार्ल मार्क्स

Q.100 सामाजिक विज्ञान में समुदाय और समाज शब्दों के प्रस्तावक कौन थे?
A. फर्डिनेंड सौसुर   B. फर्डिनेंड टोनीस
C. निकोस पोलांट्ज़स   D. जैक्स लैकन

Q.101 किसने कहा कि चार वर्ण विभाजन एक ऊर्ध्वाधर नहीं है, लेकिन एक क्षैतिज एक है जिसमें सभी जातियों को समान पायदान पर रखा गया है?
A. एम. एन. श्रीनिवास   B. एम. के. गांधी
C. बी. आर. अम्बेडकर   D. जी.एस. घुर्ये

Q.102 "होमो हायराकर्किस" पुस्तक किसने लिखी है?
A. लुइस ड्यूमॉन्ट   B. हेनरी मेन
C. निकोलस डिर्क   D. जॉन हेनरी हटन

Q.103 सत्यशोधक समाज किसके द्वारा स्थापित किया गया था?
A. बाल गंगाधर तिलक   B. महादेव गोविंद रानाडे
C. राजा राम मोहन राय   D. ज्योतिबा फुले

Q.104 गांधी द्वार जुटाया गया भारत का किसान आंदोलन कौन सा है?
A. चम्पारण आंदोलन   B. बारडोली आंदोलन
C. खेड़ा आंदोलन   D. मैप्पिला आंदोलन

Q.105 ग्रीनहाउस प्रभाव के कारण पृथ्वी के तापमान में वृद्धि के रूप में जाना जाता है:
A. वैश्विक गिरावट   B. वैश्विक क्षय
C. वैश्विक संकट   D. ग्लोबल वार्मिंग

Q.106 कर्नाटक के उत्तर कन्नड़ जिले में अप्पिको आंदोलन की सुविधा किसने दी?
A. मंजुनाथ हेगड़े   B. शिशिर हेगड़े
C. पांडुरंगा हेगड़े   D. संतोष हेगड़े

Q.107 सिविल सोसाइटी संगठन किसलिए काम करते हैं?
A. आर्थिक विकास   B. सेगमेंटल ग्रोथ
C. समावेशी विकास   D. विशिष्ट वृद्धि

Q.108 ________, समाचार पत्र और ब्रॉडशीट दो प्रकार के होते हैं-
A. पत्रिकाएँ   B. पर्चे
C. पत्र-पत्रिका   D. दैनिक समाचार पत्रों

Q.109 किस भाषा से जेमिन्शाफ्ट शब्द की व्युत्पत्ति हुई है?
A. जर्मन   B. स्पेनिश   C. लैटिन   D. यूनानी

Q.110 मीडिया में दृश्य और श्रव्य सामग्री का दमन, विनियमन और निषेध जिसे लोग आपत्तिजनक और अश्लील समझते हैं, कहलाते हैं:
A. सामाजिक सेंसरशिप   B. सांस्कृतिक सेंसरशिप
C. प्रतिलोम सेंसरशिप   D. नैतिक सेंसरशिप

Q.111 जीवन की संभावना, सामाजिक स्थिति और राजनीतिक प्रभावों का आनंद ________ द्वारा लिया जाता है।
A. प्राथमिक समूह   B. तृतीयक समूह
C. विशेषाधिकार समूह   D. रूचि के समूह

Q.112 यह धारणा कि मनुष्य को अपनी बुनियादी जरूरतों को पूरा करने के लिए सहयोग करना पड़ता है, और खुद को और अपनी दुनिया को पैदा करने और पुन: पेश करने में मदद मिलती है किसके द्वारा समर्थित किया गया था?
A. इमाइल दुर्खीम
B. चार्ल्स डार्विन
C. टॉम बॉटमोर
D. इमाइल दुर्खीम और कार्ल मार्क्स

Q.113 'एकीकृत आदिवासी विकास परियोजना' भारत में किस वर्ष में शुरू की गई थी?
A. 1975 ईसवी   B. 1980 ईसवी
C. 1983 ईसवी   D. 1987 ईसवी

Q.114 'प्लेस, वर्क एंड पीपल' फॉर्मूला को परिवार के अध्ययन के लिए किसके द्वारा पोस्ट किया गया था?
A. फ्रेडरिक ले प्ले   B. सी. एच. कूली
C. ई. डेमोलिंस   D. हेनरी डी टूरविल

Q.115 'व्हाइट कॉलर' पुस्तक किसने लिखी है?
A. सी. एच. कूली   B. सी. राइट मिल्स
C. चार्ल्स मोंटेस्क्यू   D. जी. एच. मीड

Q.116 'पावर एलीट' नामक पुस्तक किसने लिखी है?
A. सी. राइट मिल्स   B. सस्यूर
C. कार्ल मैनहेम   D. संत साइमन

Q.117 समाजीकरण का 'लुकिंग ग्लास सेल्फ थ्योरी' किसने दिया था?
A. इमाइल दुर्खीम   B. चार्ल्स कूली
C. आर. के. मर्टन   D. सिगमंड फ्रॉयड

Q.118 प्रकृति से निकटता की विशेषता है-
A. कृषि समाज   B. शहरी समाज
C. औद्योगिक समाज   D. उत्तर-औद्योगिक समाज

Q.119 कुषाणों ने प्रसिद्ध _____ कला लाई।
A. कथकली   B. मोहिनीअट्टम
C. कथक   D. गांधार

Q.120 किसने परिभाषित किया धर्म अलौकिक शक्तियों के प्रति एक दृष्टिकोण है?
A. मैक आइवर   B. पेज
C. ओगबर्न   D. गिन्सबर्ग

Q.121 मैंगोलॉइड ________ में केंद्रित हैं।
A. भारत   B. अमेरिका   C. यू.के.   D. यूरोप

Q.122 परिवार का मुख्य कर्तव्य-
A. शिक्षा   B. समाजीकरण
C. आंतरिककरण   D. कृषि

Q.123 _________ ग्रामीण समाज की प्रमुख विशेषता है।
A. सामाजिक विषमता
B. गतिशील जीवन
C. एकरूपता
D. सामाजिक गतिशीलता

Q.124 भारतीय सामाजिक संरचना की महत्वपूर्ण विशेषता?
A. मोनो धार्मिक
B. बहु धार्मिक
C. कठोर मानसिकता
D. सामाजिक गतिशीलता

Q.125 गांवों की आर्थिक गतिविधियां _________ द्वारा निर्धारित की जाती हैं।
A. आर्थिक स्थितियां
B. सामाजिक स्थिति
C. सांस्कृतिक स्थिति
D. राजनीतिक स्थिति

// स्मार्ट उत्तर पुस्तिका //

| सही उत्तर | उन छात्रों के प्रतिशत को इंगित करता है जिन्होंने प्रश्नों का सही उत्तर दिया था। |

| छोड़ दिया | उन छात्रों के प्रतिशत को इंगित करता है जिन्होंने प्रश्नों को छोड़ दिया था। |

प्रश्न संख्या	उत्तर	सही उत्तर / छोड़ दिया	प्रश्न संख्या	उत्तर	सही उत्तर / छोड़ दिया	प्रश्न संख्या	उत्तर	सही उत्तर / छोड़ दिया	प्रश्न संख्या	उत्तर	सही उत्तर / छोड़ दिया	प्रश्न संख्या	उत्तर	सही उत्तर / छोड़ दिया
1	C	19.67 % / 9.84 %	17	A	24.59 % / 65.57 %	33	D	31.15 % / 65.57 %	49	A	11.48 % / 63.93 %	65	B	18.03 % / 67.22 %
2	C	14.75 % / 67.22 %	18	A	18.03 % / 67.22 %	34	A	6.56 % / 67.21 %	50	A	16.39 % / 67.22 %	66	D	21.31 % / 67.21 %
3	C	26.23 % / 65.57 %	19	D	24.59 % / 62.3 %	35	C	18.03 % / 63.94 %	51	A	24.59 % / 65.57 %	67	B	21.31 % / 65.58 %
4	C	29.51 % / 67.21 %	20	B	14.75 % / 65.58 %	36	A	19.67 % / 65.58 %	52	A	19.67 % / 63.94 %	68	B	8.2 % / 65.57 %
5	C	14.75 % / 67.22 %	21	C	24.59 % / 67.21 %	37	D	31.15 % / 65.57 %	53	C	18.03 % / 65.58 %	69	A	16.39 % / 63.94 %
6	B	22.95 % / 67.21 %	22	C	11.48 % / 67.21 %	38	C	21.31 % / 65.58 %	54	A	16.39 % / 67.22 %	70	B	19.67 % / 67.22 %
7	D	26.23 % / 63.93 %	23	A	18.03 % / 62.3 %	39	A	13.11 % / 67.22 %	55	A	21.31 % / 63.94 %	71	C	11.48 % / 62.29 %
8	A	13.11 % / 65.53 %	24	A	18.03 % / 63.94 %	40	A	31.15 % / 65.57 %	56	C	22.95 % / 67.21 %	72	D	24.59 % / 65.57 %
9	C	18.03 % / 65.58 %	25	D	27.87 % / 65.57 %	41	A	31.15 % / 63.93 %	57	B	21.31 % / 63.94 %	73	A	22.95 % / 67.21 %
10	C	29.51 % / 67.21 %	26	B	21.31 % / 67.21 %	42	C	31.15 % / 65.57 %	58	D	13.11 % / 67.22 %	74	A	26.23 % / 67.21 %
11	A	22.95 % / 65.57 %	27	B	21.31 % / 65.58 %	43	A	27.87 % / 65.57 %	59	A	14.75 % / 65.58 %	75	D	21.31 % / 65.58 %
12	B	18.03 % / 65.58 %	28	D	18.03 % / 67.22 %	44	B	24.59 % / 63.93 %	60	B	26.23 % / 67.21 %	76	D	34.43 % / 63.93 %
13	A	16.39 % / 63.94 %	29	C	19.67 % / 67.22 %	45	B	14.75 % / 63.94 %	61	C	11.48 % / 65.57 %	77	A	27.87 % / 67.21 %
14	A	14.75 % / 67.22 %	30	B	13.11 % / 67.22 %	46	A	8.2 % / 67.21 %	62	C	29.51 % / 67.21 %	78	C	26.23 % / 67.21 %
15	A	13.11 % / 67.22 %	31	B	26.23 % / 65.57 %	47	A	21.31 % / 65.58 %	63	A	24.59 % / 65.57 %	79	D	16.39 % / 63.94 %
16	A	24.59 % / 63.93 %	32	A	13.11 % / 67.22 %	48	A	14.75 % / 67.22 %	64	C	18.03 % / 63.94 %	80	A	24.59 % / 65.57 %

प्रश्न संख्या	उत्तर	सही उत्तर / छोड़ दिया	प्रश्न संख्या	उत्तर	सही उत्तर / छोड़ दिया	प्रश्न संख्या	उत्तर	सही उत्तर / छोड़ दिया	प्रश्न संख्या	उत्तर	सही उत्तर / छोड़ दिया	प्रश्न संख्या	उत्तर	सही उत्तर / छोड़ दिया
81	D	19.67 % / 65.58 %	90	B	29.51 % / 67.21 %	99	A	24.59 % / 63.93 %	108	A	21.31 % / 65.58 %	117	B	27.87 % / 65.57 %
82	C	18.03 % / 67.22 %	91	B	29.51 % / 67.21 %	100	B	26.23 % / 63.93 %	109	A	19.67 % / 67.22 %	118	A	29.51 % / 67.21 %
83	B	21.31 % / 65.58 %	92	B	31.15 % / 63.93 %	101	B	18.03 % / 63.94 %	110	D	8.2 % / 67.21 %	119	D	24.59 % / 65.57 %
84	C	29.51 % / 67.21 %	93	A	32.79 % / 65.57 %	102	A	24.59 % / 67.21 %	111	C	24.59 % / 65.57 %	120	C	13.11 % / 67.22 %
85	C	21.31 % / 67.21 %	94	C	27.87 % / 67.21 %	103	D	32.79 % / 63.93 %	112	D	21.31 % / 63.94 %	121	A	27.87 % / 63.93 %
86	B	24.59 % / 67.21 %	95	C	19.67 % / 65.58 %	104	A	24.59 % / 67.21 %	113	B	18.03 % / 65.58 %	122	B	27.87 % / 67.21 %
87	D	18.03 % / 63.94 %	96	D	29.51 % / 63.93 %	105	D	27.87 % / 67.21 %	114	A	24.59 % / 67.21 %	123	C	26.23 % / 65.57 %
88	C	14.75 % / 67.22 %	97	D	13.11 % / 65.58 %	106	C	21.31 % / 67.21 %	115	B	22.95 % / 65.57 %	124	B	21.31 % / 63.94 %
89	C	24.59 % / 65.57 %	98	D	16.39 % / 67.22 %	107	C	26.23 % / 67.21 %	116	A	26.23 % / 65.57 %	125	B	22.95 % / 63.94 %

कार्य विश्लेषण	
औसत अंक (%)	30.12%
टॉपर्स स्कोर (%)	97.65%
आपका स्कोर	

//संकेत और समाधान//

1. ग्रीनहाउस गैसों की सांद्रता में परिवर्तन के कारण ग्रीनहाउस प्रभाव बढ़ रहा है।

ग्रीन हाउस गैसें: वे थर्मल इंफ्रारेड रेंज के भीतर उज्ज्वल ऊर्जा को अवशोषित और उत्सर्जित कर सकते हैं कुछ प्रमुख ग्रीनहाउस गैसों में जल वाष्प, कार्बन डाइऑक्साइड, मीथेन, सीएफसी आदि हैं। औद्योगिक स्रोतों से कुछ GHG हैं:
(1). हाइड्रोफ्लोरोकार्बन (HFC)
(2). पेरफ्लोरोकारबन्स (PFCs)
(3). सल्फर हेक्साफ्लोराइड (SF_6)
(4). नाइट्रोजन ट्राइफ्लोराइड (NF_3)
अतः विकल्प (C) सही है।

2. एक सुनामी समुद्र तल की अचानक गति के कारण होती है। सुनामी समुद्री जल की लहरें हैं जो कई कारकों के कारण अचानक उत्पन्न होती हैं। सुनामी दो शब्दों का गठन है- 'त्सु' का अर्थ है बंदरगाह और 'नामी' का अर्थ है लहर जब सुनामी खतरनाक हो जाती है तो यह प्रकृति में विनाशकारी हो जाती है और मानव और प्राकृतिक संसाधनों को नुकसान पहुंचाती है।
अतः विकल्प (C) सही है।

3. अपशिष्ट प्रबंधन (या अपशिष्ट निपटान) में कचरे को प्रबंधित करने से लेकर उसके अंतिम निपटान तक के लिए आवश्यक गतिविधियां और क्रियाएं शामिल हैं। इसमें कचरा प्रबंधन प्रक्रिया की निगरानी और विनियमन के साथ-साथ संग्रह, परिवहन, उपचार और कचरे का निपटान शामिल है। एक अच्छा उदाहरण जैवनिम्नीकरण कचरे को पुनः चक्रित करना है।

अपशिष्ट प्रबंधन पदानुक्रम का क्रम, सबसे कम से कम पसंदीदा है:

रोकथाम-पुनः उपयोग-रीसायकल-रिकवरी-निपटान

रोकथाम: अपशिष्ट उत्पादन को रोकना और कम करना।

पुनः उपयोग: अपशिष्ट बनने से पहले उत्पादों को दूसरा जीवन देना।

रीसायकल: किसी भी पुनर्प्राप्ति ऑपरेशन को रीसायकल करें जिसके द्वारा अपशिष्ट पदार्थों को मूल, या अन्य उद्देश्यों के लिए उत्पादों, सामग्रियों या पदार्थों में पुनः वितरित किया जाता है।

रिकवरी: कुछ गैर-वैज्ञानिक फार्मूले के आधार पर कुछ अपशिष्ट भस्मीकरण जो कम अकुशल भस्मक को अपग्रेड करते हैं।

निपटान: कचरे के निपटान के लिए विभिन्न प्रक्रियाएं लैंडफिलिंग, भस्मीकरण, पायरोलिसिस, गैसीकरण और अन्य अंतिम समाधान हैं।
अतः विकल्प (C) सहो है।

4. भोपाल गैस त्रासदी- 3 दिसंबर 1984 को भोपाल में यूनियन कार्बाइड इंडिया लिमिटेड कंपनी (यूसीआईएल) से मिथाइल आइसोसाइनेट गैस के रिसाव के कारण दुनिया की सबसे खराब औद्योगिक तबाही हुई थी। लाखों लोगों को बीमार छोड़ दिया गया और प्रभावित लोगों को अगली पीढ़ियों तक गैस के हानिकारक प्रभावों पर पारित किया गया, जिससे यह इतिहास में सबसे खतरनाक मानव निर्मित पर्यावरणीय आपदा बन गया।
अतः विकल्प (C) सही है।

5. ग्लोबल वार्मिंग के दूरगामी, लंबे समय तक चलने वाले, और कई मामलों में, ग्रह पृथ्वी के लिए विनाशकारी परिणाम-जैसे प्रजातियों के विलुप्त होने, समुद्री जल स्तर में वृद्धि और कृषि के लिए उपजाऊ डेल्टा क्षेत्रों का नुकसान होना है। ग्लोबल वार्मिंग, पृथ्वी की सतह, महासागरों और वायुमंडल का क्रमिक ताप, , मुख्य रूप से जीवाश्म ईंधन के जलने से जो कार्बन डाइऑक्साइड (CO_2), मीथेन और अन्य ग्रीनहाउस गैसों को वायुमंडल में मिलाते हैं, ये सब मानव गतिविधि के कारण होता है।

अतः विकल्प (C) सही है।

6. मशरूम प्रोटीन का एक आशाजनक स्रोत बनाते हैं। मशरूम एक कवक वृद्धि है जो आमतौर पर एक डंठल पर गुंबददार टोपी का रूप लेती है, जिसमें टोपी के नीचे की तरफ गिल्स होती है मशरूम को अब पोषक तत्वों के स्रोत के रूप में पहचाना जाता है, इसके कुछ पोषण और औषधीय मूल्य हैं वे पोषक तत्व संतुलन में मदद करते हैं, मानव प्रतिरक्षा प्रणाली को मजबूत करते हैं, शरीर के प्राकृतिक प्रतिरोध को बढ़ाते हैं, और बीमारी को कम करते हैं।
अतः विकल्प (B) सही है।

7. परमाणु ऊर्जा, परमाणु प्रतिक्रियाओं का उपयोग है जो गर्मी उत्पन्न करने के लिए परमाणु ऊर्जा छोड़ती है, जो कि परमाणु ऊर्जा संयंत्र में बिजली का उत्पादन करने के लिए भाप टरबाइनों में सबसे अधिक उपयोग किया जाता है। परमाणु ऊर्जा को परमाणु विखंडन, परमाणु क्षय और परमाणु संलयन प्रतिक्रियाओं से प्राप्त किया जा सकता है। यद्यपि परमाणु ऊर्जा के उपयोग को प्रदूषण-मुक्त माना जाता है, फिर भी परमाणु संयंत्र के सामान्य रूप से चलने के दौरान विकिरण के संपर्क में आने से यह गंभीर स्वास्थ्य संकट पैदा कर सकता है।
अतः विकल्प (D) सही है।

8. पेट्रोप्लांट्स तरल हाइड्रोकार्बन के स्रोत हैं। पेट्रो प्लांट ईंधन के वैकल्पिक स्रोत हैं। उन्हें पेट्रोलियम प्लांट के रूप में भी जाना जाता है, वे प्रकाश संश्लेषक उत्पादों की पर्याप्त मात्रा को लेटेक्स में बदलने में सक्षम हैं। लेटेक्स में तरल हाइड्रोकार्बन होते हैं और हाइड्रोकार्बन को पेट्रोलियम जैसे उच्च श्रेणी के परिवहन ईंधन में परिवर्तित किया जा सकता है।
अतः विकल्प (A) सही है।

9. एक "व्यावसायिक रोग"बीमारी है जो मुख्य रूप से रासायनिक अवशेषों से उत्पन्न जोखिम कारकों के संपर्क में होने से होती है। ILO निम्नलिखित शब्दों में व्यावसायिक रोगों को परिभाषित करता है:

"प्रत्येक सदस्य को निर्धारित शर्तों के तहत, पदार्थों के संपर्क से उत्पन्न होने वाली बीमारियों और प्रक्रियाओं, व्यवसायों या व्यावसायिक रोगों के रूप में खतरनाक स्थितियों के संबंध में जानकारी रखनी चाहिए।"

अतः विकल्प (C) सही है।

10. कृषि अपशिष्ट ऊर्जा का एक गैर-वाणिज्यिक स्रोत है।

1. ऊर्जा आर्थिक विकास के लिए और इसके अबाधित विकास को बनाए रखने के लिए मूल निविष्ट है।

2. ऊर्जा की खपत और विकास के बीच का संबंध सकारात्मक है।

3. ऊर्जा स्रोत की उपलब्धता के आधार पर इसे दो में वर्गीकृत किया जा सकता है,
(a). ऊर्जा का एक वाणिज्यिक स्रोत
(b). ऊर्जा का गैर-वाणिज्यिक स्रोत
अतः विकल्प (C) सही है।

11. ओजोन उपयोगी होने के साथ-साथ इंसान के लिए हानिकारक भी है। यह मूल रूप से समताप मण्डल (वायुमंडल की दूसरी ऊष्मीय परत) के निचले हिस्से में केंद्रित है। यह पृथ्वी की सतह से 15-25 किमी ऊपर केंद्रित है। यह ऑक्सीजन के तीन परमाणुओं (O_3) से बना है। ओजोन एक रंगहीन गैस है।
अतः विकल्प (A) सही है।

12. टोल्कप्पियम तमिल भाषा के व्याकरण और तमिल साहित्य और भाषा विज्ञान के क्षेत्र में प्रारंभिक कार्य है। इसे तमिल में टोल्कपियार ने लिखा था। यह तमिल व्याकरण पर एक कार्य है। यह उस समय के राजनीतिक और सामाजिक परिदृश्य के विषय में भी बताता है। तमिल भाषा का प्रयोग संगम साहित्य में किया गया था। संस्कृत भाषा में महत्वपूर्ण कार्य वेद पंचतंत्र, राजतरंगिणी और प्रियदर्शिका हैं।
अतः विकल्प (B) सही है।

13. भगवतवाद में प्रेमन का अर्थ है भक्ति की पूर्णता। भागवत पुराण में भाव की एक नवीन व्याख्या प्रस्तुत की गई है जो कृष्ण के साथ रासलीला (और गोपियों से मिलने वाले अन्य मार्ग) पर उनकी टिप्पणी को करीब से पढ़ने के

लिए गोपियों के मार्ग के रूप में स्पष्ट रूप से पहचानती है, क्योंकि श्रीधर कथा में तीखे, विशिष्ट रूप से विशिष्ट कामातुरता और प्रेमन का परिचय देते हैं। श्रीधर यह भी कहते हैं कि भागवत कृष्ण की "काम पर विजय" को चित्रित करता है और रासलीला सुनने और सुनाने वाले भक्त इसी तरह कृष्ण-भक्ति के पुरस्कार के रूप में काम पर विजय प्राप्त करते हैं।
अतः विकल्प (A) सही है।

14. वल्लभाचार्य- जैनम् सही जोड़ी नहीं है, क्योंकि पुष्टिमार्ग को वल्लभाचार्य के शिक्षण के रूप में जाना जाता है। उन्होंने शुद्धाद्वैत का प्रस्ताव रखा, जो एक हिंदू वैष्णव परंपरा थी, जो कृष्ण की पूजा पर केंद्रित थी। वल्लभाचार्य राजस्थान और गुजरात के वैष्णव पंथ के संस्थापक थे। उन्होंने कहा कि उन्होंने भगवान कृष्ण से अपनी प्रणाली प्रत्यक्ष सीखी थी। उन्होंने कृष्ण के रूप में भगवान विष्णु की पूजा का उपदेश दिया। उन्होंने खुद को भगवान अग्नि का अवतार बताया।
अतः विकल्प (A) सही है।

15. वली को ईश्वर का दोस्त माना जाता था जिसने अल्लाह से निकटता का दावा किया था। ज़ियारत सूफी संतों की कब्रों की तीर्थयात्रा का चलन है।

तसव्वुफ इस्लामिक ग्रंथों में सूफीवाद के लिए इस्तेमाल किया जाने वाला शब्द है। कार्य क्रोध, ईर्ष्या, द्वेष, प्रेम, वासना और प्रसिद्धि जैसे नीच गुणों से हृदय को शुद्ध करना। यह नैतिकता की तर्ज पर काम करता है। यह मनुष्य का उसके निर्माता के साथ सीधा संबंध है जो सांस और धर्म का जीवन है। इसलिए जोड़ी 3 सही ढंग से मेल नहीं खाती है।
अतः विकल्प (A) सही है।

16. कबीर, जिन्हें आम तौर पर पंद्रहवीं शताब्दी में रखा गया था, ने भगवान की एकता पर जोर दिया, जिसे वे कई नामों से पुकारते हैं, जैसे कि राम, हरि, गोविंदा, अल्लाह, सेल, साहिब आदि। उन्होंने मूर्ति पूजा, तीर्थयात्रा, पवित्र नदियों में स्नान करने की दृढ़ता से निंदा की। या औपचारिक पूजा में भाग लेते हैं, जैसे कि नमाज़। न ही उन्होंने संत जीवन के लिए एक सामान्य गृहस्थ के जीवन को त्यागना आवश्यक समझा। वह सार्वभौमिक प्रेम में विश्वास करते थे।
अतः विकल्प (A) सही है।

17. पिएट्रा ड्यूरा सामान्य दृष्टिकोण से पत्थर को तराशने की कला है। 16 वीं शताब्दी के अंत में फ्लोरेंटाइन द्वारा डिजाइन और महारत हासिल, इसमें पहले से निरस्त संगमरमर की प्लेटों पर पत्थरों के समावेश से सजावटी टुकड़े बनाने में शामिल हैं। परिणाम, जब अच्छी गुणवत्ता, असाधारण ठीक है। रंग खेल काम को वास्तविकता के करीब बनाता है। इतिमाद-उद- दौला के मकबरे की संरचना जहाँगीर के समय की गैर-गुंबददार संरचनाओं की उत्कृष्टता को दर्शाती है।
अतः विकल्प (A) सही है।

18. 'फर्र-ए- इजादी' सूफी संत शिहाबुद्दीन सुहरावर्दी द्वारा विकसित किया गया था। फर्र-ए- इजादी के अनुसार, मुगल शासक भगवान से शक्ति प्राप्त करता था, जिसमें एक पदानुक्रम था जिसके अनुसार दिव्य प्रकाश राजा पर प्रसारित किया जाता था जो आध्यात्मिक मार्गदर्शन का स्रोत बनता था।
अतः विकल्प (A) सही है।

19.

सूची-I	सूची-II
a. त्रिरत्नकरा	2. जैन धर्म
b. जातक	1. बौद्ध धर्म
c. मुद्राक्ष	4. विशाखदत्त
d. कथासरितसागर	3. सोमदेव

अतः विकल्प (D) सही है।

20. यूरोपीय कलाकार अपने साथ यथार्थवाद का विचार लेकर आए। यह एक ऐसी धारणा थी जिसे कलाकारों ने ध्यान से देखा था और जो कुछ भी देखा था उसे ईमानदारी से चित्रित किया था। जिस कलाकार ने उत्पादन किया, वह वास्तविक और जीवंत दिखने की उम्मीद कर रहा था। यूरोपीय कलाकारों ने अपने साथ तेल चित्रकला की तकनीक भी लाई - एक ऐसी तकनीक जिसके साथ भारतीय कलाकार बहुत परिचित नहीं थे तैल चित्र ने कलाकारों को वास्तविक दिखने वाली छवियों का उत्पादन करने में सक्षम बनाया। थॉमस

डेनियल और उनके भतीजे विलियम डेनियल इस परंपरा के भीतर चित्रित कलाकारों में सबसे प्रसिद्ध थे।
अतः विकल्प (B) सही है।

21. गुरु नानक एक ऐसे ईश्वर को मानते थे जो निराकार और सर्वव्यापी था। यह उनका विश्वास था कि भगवान की कोई जाति नहीं है, वह जाति को कोई विचार नहीं देता है। उन्होंने कभी भी त्याग के मार्ग को अस्वीकार नहीं किया बल्कि वेदों के अधिकार को स्वीकार किया। उन्होंने अपने शिक्षण को 'नम, दान, विक्षिप्त' के आदर्श वाक्य के साथ फैलाया, जिसका अर्थ था सही पूजा, सामाजिक कल्याण और आचरण की शुद्धता। उनकी शिक्षाओं को अब नाम-जपना, कीर्ति-कर्ण और वंदचना के रूप में याद किया जाता है, जिसका अर्थ है ईश्वर की पूजा, ईमानदार जीवन, और दूसरों के साथ मदद करना या साझा करना।
अतः विकल्प (C) सही है।

22. मुगल स्कूल ऑफ पेंटिंग: मुगल शैली अभिजात है। यह यथार्थवादी, भौतिकवादी और धर्मनिरपेक्ष है। कला ज्यादातर इंपीरियल अदालतों तक ही सीमित थी। इसमें मुगल वैभव और धूमधाम को दर्शाया गया है। मुगल कला को लोक कला से अलग किया गया था। मुगल शैली मानव जीवन के भौतिकवादी पहलू से संबंधित है जैसे हिरणों का शिकार, जानवरों की लड़ाई, आदि।
अतः विकल्प (C) सही है।

23. "व्यवहार का एक पैटर्न जो गठित होता है" को सामाजिक समस्या कहा जाता है। एक सामाजिक समस्या किसी भी ऐसी स्थिति या व्यवहार है जिसका बड़ी संख्या में लोगों के लिए नकारात्मक परिणाम होता है और जिसे आमतौर पर एक ऐसी स्थिति या व्यवहार के रूप में पहचाना जाता है जिसे संबोधित करने की आवश्यकता होती है। इस परिभाषा में एक उद्देश्य घटक और एक व्यक्तिपरक घटक दोनों हैं।
अतः विकल्प (A) सही है।

24. 1890 में, एक फ्रांसीसी विद्वान, आर्सेन ड्यूमॉन्ट ने 'सामाजिक सरोकार' के सिद्धांत को प्रतिपादित किया। ड्यूमॉन्ट के अनुसार, एक सभ्य समुदाय में, सामाजिक सरोकार का सिद्धांत जनसंख्या के प्रजनन व्यवहार को नियंत्रित करता है। आर्सेन ड्यूमॉन्ट ने कानून का अध्ययन किया और 1880 की फ्रांसीसी जनगणना के परिणामों को पढ़ने के बाद, कम प्रजनन क्षमता के कारणों के अध्ययन के लिए अपना जीवन समर्पित करने का संकल्प लिया, या, अपने पसंदीदा निर्माण, निर्जनीकरण में समय दिया। ड्यूमॉन्ट ने कभी शादी नहीं की या एक आधिकारिक पद नहीं रखा और विश्वविद्यालय के पद को प्राप्त करने की उम्मीद में निजी संसाधनों के साथ अपने शोध का समर्थन किया।
अतः विकल्प (A) सही है।

25. प्रच्छन्न बेरोजगारी और मौसमी बेरोजगारी ग्रामीण भारत में विशेष रूप से कृषि क्षेत्र में पाए जाने वाले दो सबसे आम प्रकार के बेरोजगारी हैं। यद्यपि संरचनात्मक बेरोजगारी भारत में पाई जाने वाली एक और बेरोजगारी है।

संरचनात्मक बेरोजगारी- जब कोई देश अपनी आर्थिक संरचना में भारी बदलाव से गुजरता है, तो यह संरचनात्मक बेरोजगारी की ओर जाता है। इन परिवर्तनों का सामान्य रूप से उत्पादन कारक की मांग या आपूर्ति पर प्रभाव पड़ता है। दूसरे शब्दों में, संरचनात्मक बेरोजगारी दुनिया भर में, हर क्षेत्र में हो रही तकनीकी प्रगति और आर्थिक विकास का परिणाम है।

प्रच्छन्न बेरोजगारी- तब होती है जब श्रम बल का कुछ हिस्सा या तो नौकरियों के बिना छोड़ दिया जाता है या अनावश्यक रूप से संचालित होता है, जैसे कि कार्यबल की उत्पादकता प्रभावी रूप से शून्य। यह बेरोजगारी है जिसका कुल उत्पादन पर कोई प्रभाव नहीं है।

मौसमी बेरोजगारी- तब होती है जब लोग वर्ष के कुछ निश्चित समय में बेरोजगार होते हैं, क्योंकि वे उन उद्योगों में काम करते हैं, जहां उन्हें पूरे वर्ष की आवश्यकता नहीं होती है। उद्योगों के उदाहरण जहां मांग, उत्पादन और रोजगार मौसमी हैं, उनमें पर्यटन और अवकाश, खेती, निर्माण और खुदरा बिक्री शामिल हैं।
अतः विकल्प (D) सही है।

26. इस प्रकार की बेरोजगारी में, व्यक्ति काम करना चाहता है लेकिन उसे नौकरी नहीं मिलती है क्योंकि अर्थव्यवस्था में नौकरी देने की कमी होती है। अनैच्छिक बेरोजगारी तब होती है जब कोई व्यक्ति अभी तक प्रचलित मजदूरी पर काम करने को तैयार है। अनैच्छिक बेरोजगारी को स्वैच्छिक बेरोजगारी से अलग किया जाता है, जहां श्रमिक काम नहीं करना चुनते हैं क्योंकि उनका आरक्षण वेतन प्रचलित मजदूरी से अधिक है।
अतः विकल्प (B) सही है।

27. स्वैच्छिक बेरोजगारी: विकसित देश में लोगों के लिए काम आसानी से उपलब्ध है, लेकिन वे प्रचलित मजदूरी दर पर काम करने के लिए तैयार नहीं हैं। इसलिए, वे स्वेच्छा से बेरोजगार हैं। ऐसी स्थिति जिसमें कोई काम नहीं करने का विकल्प चुनता है, या तो क्योंकि वे कम वेतन के साथ नौकरी नहीं करेंगे, या वे काम नहीं करते समय लाभ में सरकार से प्राप्त राशि से संतुष्ट है, हमेशा अर्थव्यवस्था में स्वैच्छिक बेरोजगारी होगी, जो स्वाभाविक है।
अतः विकल्प (B) सही है।

28. घर्षण बेरोजगारी: ऐसे बेरोजगार लोग कंप्यूटर सीखकर फिर से काम कर सकते हैं लेकिन जब तक वे कंप्यूटर सीखेंगे तब तक बेरोजगार कहलाएंगे। घर्षण बेरोजगारी एक प्रकार की बेरोजगारी है जो तब उत्पन्न होती है जब श्रमिक नई नौकरियों की खोज कर रहे होते हैं या एक नौकरी से दूसरी नौकरी में संक्रमण कर रहे होते हैं। यह प्राकृतिक बेरोजगारी का हिस्सा है। अन्य प्रकार की बेरोजगारी के विपरीत, आर्थिक मंदी के दौरान घर्षण बेरोजगारी नहीं बढ़ती है।
अतः विकल्प (D) सही है।

29. जॉन रॉबिन्सन ने प्रच्छन्न बेरोजगारी की अवधारणा विकसित की। कड़ाई से बोलते हुए, यह शब्द पहली बार 1936 में जॉन रॉबिन्सन द्वारा गढ़ा गया था, जिन्होंने इसे "अवसाद के दौरान प्रभावी मांग की कमी के कारण अपने सामान्य नौकरियों से हटाए गए श्रमिकों द्वारा अवर नौकरियों को अपनाने" के रूप में परिभाषित किया था।
अतः विकल्प (C) सही है।

30. कामकाजी उम्र की आबादी श्रम के आंकड़ों में एक केंद्रीय अवधारणा है। कार्यशील आयु के आकार में परिवर्तन (आमतौर पर 15 से 65 वर्ष की आबादी के रूप में परिभाषित) श्रम बाजार और अर्थव्यवस्था को महत्वपूर्ण रूप से प्रभावित कर सकता है। बढ़ती कामकाजी उम्र की आबादी आर्थिक विकास के अवसर प्रदान करती है, जबकि एक ही समय में रोजगार सृजन और नए श्रम बाजार के प्रवेशकों के एकीकरण के लिए चुनौतियां पैदा करती है।
अतः विकल्प (B) सही है।

31. NIAAA की रिपोर्ट है कि अल्कोहल-उपयोग विकार की सबसे अधिक दर 18-से-29-वर्ष के युवा वयस्कों में है। कोई फर्क नहीं पड़ता कि उम्र क्या है, हालांकि, अल्कोहल के दुरुपयोग से यकृत रोग, प्रतिरक्षा प्रणाली को नुकसान और मस्तिष्क क्षति सहित स्वास्थ्य समस्याओं का एक मेजबान हो सकता है। भारी पीने से यकृत, अन्त्रप्रणाली, गले और स्वरयंत्र के कैंसर होने का खतरा बढ़ जाता है। अल्कोहल भी वाहनों से होने वाली दुर्घटनाओं, मनोरंजक चोटों और काम से संबंधित चोटों से मौत का जोखिम उठाती है।
अतः विकल्प (B) सही है।

32. महिलाओं के लिए, यह केवल 1 मानक पेय है, पुरुषों के लिए, यह 2 पेय है। एक पेय को 112-औंस की बोतल या बीयर या वाइन कूलर की अल्कोहल, 15-औंस गिलास अल्कोहल या 80-प्रमाण-आसुत भाग के 1.5 औंस के रूप में परिभाषित किया गया है। महिलाओं का शरीर पुरुषों के बराबर अलकोहल पीने पर उतना जल्दी अल्कोहल को पचा नहीं पाता है जितना जल्दी उसे पुरुष पचा लेते है । ऐसा इसलिए हो सकता है क्योंकि उनके शरीर आमतौर पर छोटे होते हैं।
अतः विकल्प (A) सही है।

33. ओवर-द-काउंटर या प्रिस्क्रिप्शन दवाओं के साथ अल्कोहल का मिश्रण खतरनाक या घातक भी हो सकता है। लोगों की उम्र के रूप में, उन्हें अक्सर पुरानी स्वास्थ्य समस्याओं के लिए एक से अधिक दवा दी जाती है। कई दवाएं अल्कोहल के साथ हानिकारक होती है। अल्कोहल भी कई पुरानी स्थितियों को बदतर बना सकती है । इनमें उच्च रक्तचाप और अल्सर शामिल हैं। वृद्ध लोगों की धीमी प्रतिक्रिया समय के साथ-साथ सुनने और देखने में भी संभावित समस्याएं होती हैं। उनके पास अधिक भंगुर हड्डियां होती है जो गिरने पर आसानी से टूट सकती है । अल्कोहल के सेवन के साथ संयुक्त रूप से ये कारक पुराने वयस्को में गिरने, कार दुर्घटना में और अन्य चोटों में जोखिम का कारण बनते है।
अतः विकल्प (D) सही है।

34. अभिविन्यास के परिवार से तात्पर्य उस परिवार से है जिसमें व्यक्ति का पालन-पोषण होता है। हालाँकि इसमें आम तौर पर किसी के माता-पिता और भाई-बहन शामिल होते हैं, लेकिन इसमें दादा-दादी या अन्य रिश्तेदार भी शामिल हो सकते हैं। अभिविन्यास का परिवार कई पारिवारिक रूपों में से एक है और प्राथमिक प्लेटफार्मों में से एक के रूप में सोचा गया है जिसके लिए एक शुरुआती समाजीकरण के अनुभवों का सामना करता है। दृष्टिकोण और विश्वास परिवार के सभी सदस्यों से सीखा जा सकता है और शोध के अनुसार, बच्चे पर एक स्थायी छाप छोड़ सकता है क्योंकि वह एक वयस्क में परिपक्व होता है।
अतः विकल्प (A) सही है।

35. यह 1 नवंबर 2007 से लागू हुआ, 1929 के बाल विवाह निषेध अधिनियम (CMRA) या शारदा अधिनियम की जगह। इस कानून में 1978 में संशोधन किया गया था, जिसमें लड़कियों की शादी की कानूनी उम्र 15 से 18 साल और लड़कों की 18 से 21 साल कर दी गई थी। संशोधित कानून को बाल विवाह निरोधक अधिनियम, 1929 के रूप में जाना जाता था।
अतः विकल्प (C) सही है।

36. महिलाओं पर विश्व सम्मेलन, 1975 19 जून और 2 जुलाई 1975 के बीच मैक्सिको सिटी, मैक्सिको में आयोजित किया गया था। यह संयुक्त राष्ट्र द्वारा महिलाओं के मुद्दों पर पूरी तरह ध्यान केंद्रित करने के लिए आयोजित पहला अंतर्राष्ट्रीय सम्मेलन था और नीति निर्देशों में एक महत्वपूर्ण मोड़ था। मेक्सिको की राजधानी अमेरिका में सबसे पुरानी राजधानी शहर है और दो में से एक स्वदेशी लोगों द्वारा स्थापित किया गया है, दूसरा क्विटो, इक्वाडोर है।
अतः विकल्प (A) सही है।

37. मातृ मृत्यु को बढ़ाने वाले कारकों में बाधित श्रम, कुपोषण, गरीबी, अधिक कार्य, प्राथमिक स्वास्थ्य देखभाल की कमी, परजीवी रोग शामिल हैं। मातृ मृत्यु का 50-98% प्रत्यक्ष प्रसूति संबंधी कारणों (रक्तस्राव, संक्रमण और उच्च रक्तचाप से ग्रस्त विकार, टूटे हुए गर्भाशय, हेपेटाइटिस, और एनीमिया) के कारण होता है। सेप्सिस के कारण मातृ मृत्यु का 50% अवैध रूप से प्रेरित गर्भपात से संबंधित है। भारत में MMR में पिछले 15 वर्षों में उल्लेखनीय गिरावट नहीं आई है।
अतः विकल्प (D) सही है।

38. 2005 में, भारत ने एक राष्ट्रीय गरीबी-विरोधी कार्यक्रम शुरू किया, जिसे अब महात्मा गांधी राष्ट्रीय ग्रामीण रोजगार गारंटी योजना कहा जाता है, जिसने सार्वजनिक निर्माण परियोजनाओं पर प्रति वर्ष 100 दिनों तक अकुशल मैनुअल श्रम की पेशकश की। हालाँकि, इस परियोजना के प्रभाव मूल्यांकन से पता चला है कि यह कार्यक्रम उस तरह से कार्य नहीं कर रहा है जिस तरह से इसे डिज़ाइन किया गया था और कई लोगों को जिन्हें अभी भी काम करने की आवश्यकता थी, विशेष रूप से सबसे गरीब राज्यों में - जहाँ काम की सबसे अधिक आवश्यकता थी।
अतः विकल्प (C) सही है।

39. मेक इन इंडिया, भारत सरकार की एक पहल है जो कंपनियों को भारत में निर्माण के लिए प्रोत्साहित करती है और विनिर्माण में समर्पित निवेशों को प्रोत्साहित करती है।
अतः विकल्प (A) सही है।

40. प्रधानमंत्री रोजगार योजना (PMRY) को स्वरोजगार के अवसर तैयार करने के लिए डिज़ाइन किया गया है, जो 1 मिलियन बेरोजगार युवाओं के लिए स्थायी हैं, जो शिक्षित हैं। यह योजना आर्थिक रूप से व्यवहार्य गतिविधियों के लिए वित्त पोषण सहायता प्रदान करती है जो कृषि और संबद्ध गतिविधियों को शामिल करती हैं (प्रत्यक्ष कृषि कार्यों जैसे कि फसल उगाना, खाद की खरीद,

आदि को छोड़कर)।
अतः विकल्प (A) सही है।

41. सहायता प्राप्त अनुसूचित जाति / अनुसूचित जनजाति, बंधुआ मजदूरों और गैर-एससी / एसटी श्रेणियों को गरीबी रेखा से नीचे गरीबी रेखा से नीचे इंदिरा आवास योजना के तहत घरों के निर्माण के लिए पूर्ण अनुदान और मौजूदा निष्क्रिय कूचा घरों के उन्नयन के रूप में। जाती है। योजना के दिशा निर्देशों, संदर्भ केंद्र और एक वार्षिक रिपोर्ट के बारे में जानकारी यहाँ दी गई है। आप एक लाभार्थी, निधि प्रबंधन, हुडको और बीएमपीटीसी परियोजना से संबंधित संस्थानों आदि का चयन कर सकते हैं।
अतः विकल्प (A) सही है।

42. "समाजशास्त्र" दो शब्दों से बना है: सोशियस, जिसका अर्थ है साथी या सहयोगी, और 'लोगोस ', जिसका अर्थ विज्ञान या अध्ययन है। "समाजशास्त्र" का व्युत्पत्तिक अर्थ इस प्रकार है समाज का विज्ञान। समाजशास्त्र को विभिन्न समाजशास्त्रियों द्वारा कई तरीकों से परिभाषित किया गया है। शब्द "समाजशास्त्र" लैटिन शब्द सोशियस (साथी) और ग्रीक शब्द लोगो (अध्ययन) से लिया गया है, जिसका अर्थ है "साहचर्य का अध्ययन।" हालांकि यह अनुशासन के लिए एक प्रारंभिक बिंदु है, समाजशास्त्र वास्तव में बहुत अधिक जटिल है।
अतः विकल्प (C) सही है।

43. सामाजिक प्राणी के रूप में, पुरुष न केवल एक साथ रहते हैं, बल्कि वे लगातार बातचीत भी करते हैं। इस प्रकार, एक दृष्टिकोण से, समाज "सामाजिक रिश्तों की वेब" है, जैसा कि मैकलेवर ने दर्शाया है , या "प्रत्येक के रूपों या प्रक्रियाओं का एक जटिल जो दूसरों के साथ बातचीत करके जीवित और बढ़ रहा है", जैसा की कूली ने इसे परिभाषित किया है।
अतः विकल्प (A) सही है।

44. दुर्खीम के काम से संबंधित होगा कि कैसे समाज आधुनिकता में अपनी अखंडता और सुसंगतता को बनाए रख सकता है, एक ऐसा युग जिसमें पारंपरिक सामाजिक और धार्मिक संबंध अब नहीं माना जाता है, और जिसमें नए सामाजिक संस्थान अस्तित्व में आए हैं। दुर्खीम ने समाजशास्त्र को माना कि मनोविज्ञान जैसे अन्य विषयों से अद्वितीय है, बड़े पैमाने पर प्रकृति की वजह से। कुछ उपकरण जिन्हें समाजशास्त्र में इस्तेमाल किया जा सकता है, चुनाव, सर्वेक्षण, आँकड़े भी शामिल हैं, जिसमें ऐतिहासिक रोगी भी शामिल हैं।
अतः विकल्प (B) सही है।

45. गुलाम व्यवस्था का आधार हमेशा आर्थिक होता है क्योंकि इसके साथ एक प्रकार का अभिजात वर्ग उभरा जो दास श्रम पर रहता था। गुलामी एक ऐसी प्रणाली है जिसके तहत लोगों को खरीदी और बेची जाने वाली संपत्ति के रूप में माना जाता है, और काम करने के लिए मजबूर किया जाता है। जिस तरह से धन, व्यापार और उद्योग के अध्ययन या सिद्धांतों का आयोजन किया जाता है।
अतः विकल्प (B) सही है।

46. एक औपचारिक संबंध आमतौर पर संबंधपरक प्रणालियों या संरचनाओं का एक सेट इंगित करता है जो प्रबंधन, पैटर्न या संरचना के संदर्भ में अच्छी तरह से परिभाषित, विकसित होते हैं। इसके विपरीत, अनौपचारिक रिश्ते लोगों के बीच अछूते, बिना इजाजत और स्वैच्छिक संबंधों का उल्लेख करते हैं (बर्न्स और स्टेलर, 1961)।
अतः विकल्प (A) सही है।

47. राज्य जीवन के लिए अस्तित्व में आता है और अच्छे जीवन के लिए अस्तित्व में रहता है, अरस्तू का कथन है।। प्राचीन ग्रीस में शास्त्रीय काल के दौरान अरस्तू एक यूनानी दार्शनिक और बहुरूपिया था। प्लेटो द्वारा सिखाया गया, वह लिसेयुम, पेरिपेटेटिक स्कूल ऑफ फिलॉसफी और अरस्तोटेलियन परंपरा के संस्थापक थे।
अतः विकल्प (A) सही है।

48. सम्पूर्ण ग्रामीण रोजगार योजना प्रधानमंत्री श्री अटल बिहारी वाजपेयी द्वारा राष्ट्र को समर्पित की गई थी।। सम्पूर्ण ग्रामीण रोजगार योजना भारत सरकार द्वारा ग्रामीण गरीबों के लिए लाभकारी रोजगार प्रदान करने के उद्देश्य से शुरू की गई एक योजना थी। 21 फरवरी 2003 से ईएएस आवंटन आधारित योजना बन गई। कार्यक्रम पंचायती राज संस्थाओं के माध्यम से लागू किया गया था।

सम्पूर्ण ग्रामीण रोजगार योजना 25 सितंबर 2001 को रोजगार आश्वासन योजना (EAS) और जवाहर ग्राम समृद्धि योजना (JGSY) के प्रावधानों को मिलाकर लॉन्च की गई थी। कार्यक्रम प्रकृति में स्व-लक्ष्यीकरण है और इसका उद्देश्य ग्रामीण क्षेत्रों में उन लोगों को रोजगार और भोजन प्रदान करना है जो गरीबी रेखा से नीचे रहते थे।

अतः विकल्प (A) सही है।

49. माइक्रोक्रेडिट, उद्यमशीलता और सशक्तिकरण, कुदुम्बश्री योजना के तीन महत्वपूर्ण घटक हैं। कुदुम्बश्री, वह नाम है जिसके द्वारा केरल राज्य सरकार के राज्य गरीबी उन्मूलन मिशन (SPEM) को व्यापक रूप से जाना जाता है। राज्य गरीबी उन्मूलन मिशन (SPEM), जिसे कुदुम्बश्री मिशन के रूप में जाना जाता है, स्थानीय स्व-सरकारी विभाग के तहत गरीबी उन्मूलन के लिए राज्य सरकार का साधन है। मिशन संरचना में एक राज्य मिशन और 14 जिला मिशन शामिल हैं। राज्य मिशन को तीन प्रभागों में विभाजित किया गया - आजीविका विकास, संगठन और सामाजिक विकास, और सिस्टम समर्थन।
अतः विकल्प (A) सही है।

50. बालिका समृद्धि योजना बालिकाओं की सुविधा के लिए महिला और बाल विकास के लिए नीतियों के तहत 1997 में भारत सरकार द्वारा शुरू की गई थी। बालिका समृद्धि योजना 15 अगस्त 1997 को या उसके बाद पैदा हुई बच्चियों को लाभ देती है, जो गरीबी रेखा के नीचे के परिवारों से हैं। इस योजना के सभी लाभ हर घर में केवल दो बालिकाओं को प्रदान किए जाते हैं, चाहे वे घर में बच्चों की संख्या जितनी भी हो।
अतः विकल्प (A) सही है।

51. इंटरनेशनल रिन्यूएबल एनर्जी एजेंसी (IRENA): यह पहला अंतरराष्ट्रीय संगठन है जो विशेष रूप से नवीकरणीय ऊर्जा पर ध्यान केंद्रित करता है, दोनों औद्योगिक और विकासशील देशों में जरूरतों को संबोधित करता है। इसकी स्थापना 2009 में हुई थी और इसकी विधि 8 जुलाई 2010 को लागू हुई थी। इसका मुख्यालय मसदर सिटी, अबू धाबी में है।
अतः विकल्प (A) सही है।

52. संयुक्त राष्ट्र का मुख्यालय न्यूयॉर्क शहर में स्थित है। मुख्य कार्यालय जिनेवा, वियना, नैरोबी और हेग में हैं। संयुक्त राष्ट्र (यूएन) एक अंतर-सरकारी संगठन है जिसका उद्देश्य अंतरराष्ट्रीय शांति और स्थिरता को संरक्षित करना, राष्ट्रों के बीच मैत्रीपूर्ण संबंधों को बढ़ावा देना, अंतरराष्ट्रीय सहयोग प्राप्त करना और राष्ट्रों के कार्यों के सामंजस्य के लिए एक मंच होना है। यह दुनिया का सबसे बड़ा, सबसे प्रसिद्ध, सबसे अधिक विश्व स्तर पर मान्यता प्राप्त, और सबसे प्रभावशाली अंतर सरकारी संगठन है।
अतः विकल्प (A) सही है।

53. मार्च 2020 में असाधारण "G -20 लीडर्स वर्चुअल समिट" की अध्यक्षता सऊदी अरब ने की थी ताकि कोरोना महामारी का मुकाबला करने और उसके मानवीय और आर्थिक प्रभाव को सीमित करने के लिए वैश्विक प्रयासों के समन्वय में आगे बढ़ने के तरीकों पर चर्चा की जा सके। G -20 अंतरराष्ट्रीय मुद्रा कोष और विश्व बैंक के प्रतिनिधियों के साथ 19 देशों और यूरोपीय संघ का एक अनौपचारिक समूह है। G-20 के सदस्य अर्जेंटीना, ऑस्टेलिया, ब्राजील, कनाडा, चीन, फ्रांस, जर्मनी, भारत, इंडोनेशिया, इटली, जापान, कोरिया गणराज्य, मैक्सिको, रूस, सऊदी अरब, दक्षिण अफ्रीका, तुर्की, यूनाइटेड किंगडम, संयुक्त राज्य अमेरिका, और यूरोपीय संघ है। श्रीलंका G-20 का सदस्य नहीं है।
अतः विकल्प (C) सही है।

54. सचिवालय संयुक्त राष्ट्र के मुख्य अंगों में से एक है। इसे संयुक्त राष्ट्र के कार्यकारी हाथ के रूप में भी जाना जाता है संयुक्त राष्ट्र महासचिव, जिसे महासभा द्वारा नियुक्त किया जाता है, सचिवालय का प्रमुख होता है। इसका मुख्यालय अमेरिका के न्यूयॉर्क में है।
अतः विकल्प (A) सही है।

55. अंतर्राष्ट्रीय परमाणु ऊर्जा एजेंसी (IAEA) का मुख्यालय ऑस्ट्रिया के वियना में स्थित है। अंतर्राष्ट्रीय परमाणु ऊर्जा एजेंसी (IAEA) 1957 में बनाई गई थी। युकिया अमानो अंतर्राष्ट्रीय परमाणु ऊर्जा एजेंसी के महानिदेशक हैं। कुल सदस्य - 171 सदस्य देश यह एजेंसी परमाणु ऊर्जा के शांतिपूर्ण उपयोग को

बढ़ावा देती है और परमाणु हथियारों के साथ किसी भी सैन्य उद्देश्य के लिए इसके उपयोग को रोकती है।
अतः विकल्प (A) सही है।

56. क्रियात्मक दृष्टिकोण सामाजिक संस्थाओं को व्यक्तिगत और सामाजिक आवश्यकताओं को पूरा करने के लिए सामूहिक साधनों के रूप में समझाने का प्रयास करता है। इसे कभी-कभी संरचनात्मक-कार्यात्मकता भी कहा जाता है क्योंकि यह अक्सर सामाजिक संरचनाओं (जैसे, सामाजिक संस्थानों) को समाज की जरूरतों को पूरा करने के तरीकों पर केंद्रित होता है।
अतः विकल्प (C) सही है।

57. अंतर्राष्ट्रीय श्रम संगठन (ILO) एक संयुक्त राष्ट्र एजेंसी है जो श्रम समस्याओं, विशेष रूप से अंतर्राष्ट्रीय श्रम मानकों, सामाजिक सुरक्षा और सभी के लिए काम के अवसरों से निपटती है। ILO के 187 सदस्य राज्य हैं और इसका मुख्यालय जिनेवा, स्विट्जरलैंड में है।
अतः विकल्प (B) सही है।

58. संयुक्त राष्ट्र का खाद्य और कृषि संगठन (एफएओ) एक विशेष एजेंसी है जो भूख को हराने के लिए अंतरराष्ट्रीय प्रयासों का नेतृत्व करती है। इसका मुख्यालय रोम, इटली में है। विकसित और विकासशील दोनों देशों में कार्य करते हुए, एफएओ एक तटस्थ मंच के रूप में कार्य करता है, जहां सभी देश समझौतों और वाद-विवाद नीति के बराबर मिलते हैं।
अतः विकल्प (D) स्ही है।

59. भारतीय प्रबंधन संस्थान काशीपुर को आईआईएम काशीपुर के नाम से भी जाना जाता है, यह काशीपुर, उत्तराखंड में स्थित एक सार्वजनिक व्यावसायिक विद्यालय है। यह उन 13 भारतीय प्रबंधन संस्थानों में से एक है जिसे सरकार ने ग्यारहवीं पंचवर्षीय योजना के दौरान स्थापित किया है। 29 अप्रैल 2011 को संस्थान की आधारशिला रखी गई।
अतः विकल्प (A) सही है।

60. राष्ट्रीय डेयरी अनुसंधान संस्थान (NDRI) हरियाणा के करनाल जिले में स्थित है। यह मूल रूप से 1923 में बैंगलोर में इंपीरियल इंस्टीट्यूट ऑफ एनिमल हसबैंड्री एंड डेयरिंग के रूप में शुरू किया गया था और बाद में 1955 में, इसका मुख्यालय करनाल में स्थानांतरित हो गया। यह प्रमुख डेयरी अनुसंधान संस्थान है जो देश में डेयरी विकास के लिए अनुसंधान, शिक्षण और विस्तार गतिविधियों को संचालित करता है।
अतः विकल्प (B) सही है।

61. इंजीनियरिंग निर्यात संवर्धन परिषद (EEPC) का मुख्यालय कोलकाता में स्थित है। ईईपीसी इंडिया प्रचारक गतिविधियों का आयोजन जैसे क्रेता-विक्रेता की बैठक (बीएसएम) - भारत और विदेश दोनों में,विदेशी व्यापार मेलों / प्रदर्शनियों, और चयनित विदेशी प्रदर्शनियों में भारत पवेलियन / सूचना बूथ में करती है।
अतः विकल्प (C) सही है।

62. निवास के आधार पर विवाह एवं परिवार को-नवस्थानीय, पितृ स्थानीय, मातृ स्थानीय, मातृ-पितृ स्थानीय, मामा स्थानीय एवं द्वि-स्थानीय परिवार में विभक्त किया गया है। सामान्यतः नव स्थानीय परिवार का प्रचलन पश्चिमी देशों में पाया जाता है। इस नये निवास को संगठित करने वाले पति-पत्नी होते हैं।
अतः विकल्प (C) सही है।

63. सरल समाजों में नातेदारी व्यवस्था सामाजिक संरचना का आधार बिन्दु होती है। अंग्रेजी भाषा के 'Kinship' शब्द की हिन्दी संगोत्रता, बन्धुत्व, नातेदारी एवं स्वजन की गयी है। नातेदारी एवं विवाह जीवन के आधारभूत तथ्य हैं। यौन इच्छा विवाह को जन्म देती है और विवाह परिवार एवं नातेदारी को। सृष्टि के प्रारम्भ से ही जिन बातों ने व्यक्तियों को एकता के सूत्र में बांधने में महत्वपूर्ण भूमिका अदा की है, उनमें आर्थिक हित और समान सरुक्षा महत्त्वपूर्ण हैं।
अतः विकल्प (A) सही है।

64. श्रम विभाजन के आधार पर ही प्रस्थितियों का निर्माण होता है। शिक्षा, व्यवसाय, सम्पत्ति संचय, विवाह,श्रम विभाजन आदि का सम्बन्ध अर्जित प्रस्थितियों से ही है । व्यक्ति की सफलता एवं असफलता के आधार पर भी उसे सामाजिक प्रतिष्ठा प्राप्त होती है। इसलिए श्रम विभाजन श्रम का

आधार है।
अतः विकल्प (C) सही है।

65. जब कभी भी जहाँ लोग सामूहिक रूप से और कमोवेश नियमित रूप से एक-दूसरे के साथ सम्पर्क में आते हैं, तो प्राथमिक समूहों का उद्भव होता है। प्राथमिक समूह के संदर्भ में मैकाइवर एवं पेज का कहना है कि "'यह सामाजिक ढांचे की इकाई कोशिका है।"
अतः विकल्प (B) सही है।

66. 1970 के दशक में, एक फ्रांसीसी समाजशास्त्री पियरे बोरडियू ने सांस्कृतिक पूंजी के विचार को विकसित करने के तरीके के रूप में विकसित किया कि कैसे समाज में सत्ता का हस्तांतरण किया गया और सामाजिक वर्गों को बनाए रखा गया। कार्ल मार्क्स का मानना था कि आर्थिक पूंजी (धन और संपत्ति) एक सामाजिक व्यवस्था में आपकी स्थिति तय करती है।
अतः विकल्प (D) सही है।

67. 'पैटर्न ऑफ कल्चर' रूथ बेनेडिक्ट द्वारा लिखा गया है। इसमें, प्रसिद्ध मानवविज्ञानी रूथ बेनेडिक्ट तीन समाजों-दक्षिण-पश्चिमी संयुक्त राज्य के जूनी, पश्चिमी कनाडा के क्वाकीटल, और मेलुन्सिया-के डोबुआंस और इन में व्यवहार की विविधता को प्रदर्शित करता है।
अतः विकल्प (B) सही है।

68. गुलदाउदी और तलवार: जापानी संस्कृति के पैटर्न अमेरिकी मानवविज्ञानी रूथ बेनेडिक्ट द्वारा जापान का 1946 का अध्ययन है। यह पारंपरिक संस्कृति में विरोधाभासों की एक श्रृंखला के संदर्भ में, द्वितीय विश्व युद्ध में जापानी के व्यवहार को समझने और भविष्यवाणी करने के लिए, अमेरिकी सूचना कार्यालय के निमंत्रण पर लिखा गया था। यह पुस्तक जापान के कब्जे के दौरान जापानी संस्कृति के बारे में अमेरिकी विचारों को आकार देने में प्रभावशाली थी, और अपराध संस्कृतियों और शर्म की संस्कृतियों के बीच अंतर को लोकप्रिय बनाया।
अतः विकल्प (B) सही है।

69. एक प्रतीक कुछ भी है जो कुछ के लिए है, या प्रतिनिधित्व करता है, या वह कुछ और ही दर्शाता है। एक कहानी में, एक चरित्र, एक क्रिया, एक वस्तु या एक जानवर प्रतीकात्मक हो सकता है। अक्सर ये प्रतीक कुछ सार के लिए खड़े होते हैं, जैसे प्रकृति का बल, दुनिया की एक स्थिति या एक विचार।
अतः विकल्प (A) सही है।

70. लोकप्रिय उपयोग में, उच्च संस्कृति शब्द एक उच्च वर्ग (अभिजात वर्ग) या एक स्थिति वर्ग (बुद्धिजीवी) की संस्कृति की पहचान करता है; और समाज के व्यापक-वर्ग के ज्ञान और परंपरा (जैसे लोक संस्कृति) के सामान्य भंडार का भी पता लगाता है, जो समाज की सामाजिक-वर्ग प्रणाली को स्थानांतरित करता है।
अतः विकल्प (B) सही है।

71. सांस्कृतिक मोड़ 1970 के दशक के प्रारंभ में मानविकी और सामाजिक विज्ञान के विद्वानों के बीच एक आंदोलन है जो संस्कृति को समकालीन बहस का केंद्र बनाता है; यह अर्थ की दिशा में एक बदलाव और एक प्रत्यक्षवादी महामारी विज्ञान से दूर का वर्णन भी करता है। दैनिक जीवन में संस्कृति की भूमिका को समझने के लिए समाजशास्त्र के हाल के जोर को सांस्कृतिक मोड़ के रूप में जाना जाता है।
अतः विकल्प (C) सही है।

72. हमारी संस्कृति को उन मूल्यों, मानदंडों और मान्यताओं के रूप में परिभाषित किया जा सकता है जो हमारे समाज में हैं। गैर-भौतिक संस्कृति का तात्पर्य अमूर्त विचारों और सोचने के तरीकों से है जो एक संस्कृति को बनाते हैं। गैर-सामग्री संस्कृति के उदाहरणों में ट्रैफिक कानून, शब्द और ड्रेस कोड शामिल हैं। भौतिक संस्कृति के विपरीत, गैर-भौतिक संस्कृति अमूर्त है।
अतः विकल्प (D) सही है।

73. मूल्य एक संस्कृति के मानक हैं जो समझदार हैं कि समाज में क्या अच्छा है और क्या बुरा है। संस्कृति की मान्यताओं को प्रसारित करने और सिखाने के लिए मूल्य गहराई से एम्बेडेड और महत्वपूर्ण हैं। मान एक समाज को आकार देने में मदद करते हैं जो यह बताता है कि अच्छा और बुरा, सुंदर और बदसूरत, मांग या परहेज है। उस मूल्य पर विचार करें जो संयुक्त राज्य अमेरिका युवाओं

पर रखता है। बच्चे निर्दोषता और पवित्रता का प्रतिनिधित्व करते हैं, जबकि एक युवा वयस्क उपस्थिति कामुकता का प्रतीक है।
अतः विकल्प (A) सही है।

74. मौखिक परंपरा, या मौखिक विद्या, मानव संचार का एक रूप है जिसमें ज्ञान, कला, विचार और सांस्कृतिक सामग्री प्राप्त होती है, संरक्षित होती है, और एक पीढ़ी से दूसरी पीढ़ी तक मौखिक रूप से प्रसारित होती है। प्रसारण भाषण या गीत के माध्यम से होता है और इसमें लोककथाओं, गाथागीत, मंत्र, गद्य या छंद शामिल हो सकते हैं।
अतः विकल्प (A) सही है।

75. सांस्कृतिक आघात एक चिंता, अवसाद या भ्रम की भावना है, जो किसी विदेशी देश या समाज में रहने के दौरान आपकी परिचित संस्कृति, पर्यावरण और मानदंडों से कटा हुआ होता है। संस्कृति के आघात का अनुभव करने वाले लोग उत्साह, परेशानी, समायोजन और स्वीकृति के विभिन्न चरणों से गुजरते हैं।

अतः विकल्प (D) सही है।

76. संस्कृति के प्रमुख तत्व ज्ञान, प्रतीक, भाषा, मानदंड, मूल्य और कलाकृतियां हैं। भाषा प्रभावी सामाजिक संपर्क को संभव बनाती है और प्रभावित करती है कि लोग अवधारणाओं और वस्तुओं की कल्पना कैसे करते हैं।

अतः विकल्प (D) सही है।

77. सभी जानवरों की तरह, मनुष्यों में वृत्ति, आनुवंशिक रूप से कठिन-वायर्ड व्यवहार होते हैं जो महत्वपूर्ण पर्यावरणीय आकस्मिकताओं से निपटने की हमारी क्षमता को बढ़ाते हैं। सांपों से हमारा सहज भय एक उदाहरण है। इनकार, बदला, आदिवासी निष्ठा, लालच और खरीद की हमारी इच्छा सहित अन्य प्रवृत्ति, अब हमारे अस्तित्व को खतरा है।
अतः विकल्प (A) सही है।

78. एक प्रतीक कुछ भी है जो सार्थक रूप से कुछ और का प्रतिनिधित्व करता है। एक चिह्न, संकेत या शब्द है जो इंगित करता है, इंगित करता है, या एक विचार, वस्तु या संबंध का प्रतिनिधित्व करने के रूप में समझा जाता है। प्रतीक लोगों को उन चीज़ों से परे जाने की अनुमति देते हैं जो कि जानी जाती हैं या देखी जाती हैं अन्यथा बहुत अलग अवधारणाओं और अनुभवों के बीच संबंध बनाकर। सभी संचार (और डेटा प्रोसेसिंग) प्रतीकों के उपयोग के माध्यम से प्राप्त किया जाता है। प्रतीक शब्दों, ध्वनियों, इशारों, विचारों या दृश्य चित्रों का रूप लेते हैं और उनका उपयोग अन्य विचारों और विश्वासों को व्यक्त करने के लिए किया जाता है।
अतः विकल्प (C) सही है।

79. सापिर-व्हॉर्फ परिकल्पना, जिसे भाषाई सापेक्षता परिकल्पना के रूप में भी जाना जाता है, इस प्रस्ताव को संदर्भित करता है कि विशेष भाषा जो बोलती है वह वास्तविकता के बारे में सोचने के तरीके को प्रभावित करती है। शब्द "सापिर-व्हॉर्फ परिकल्पना" को कई कारणों से भाषाविदों द्वारा एक मिथ्या नाम माना जाता है: सपिर और व्हॉर्फ ने कभी भी किसी भी कार्य को सह-लेखक नहीं किया, और कभी भी एक परिकल्पना के संदर्भ में अपने विचारों को नहीं बताया। इस परिकल्पना के कमजोर और मजबूत संस्करण के बीच अंतर भी एक बाद का आविष्कार है; सपिर और व्हॉर्फ ने कभी भी इस तरह की एक द्वंद्वात्मकता स्थापित नहीं की, हालांकि अक्सर उनके लेखन और इस सापेक्षता सिद्धांत के उनके विचारों को मजबूत या कमजोर शब्दों में चित्रित किया जाता है।
अतः विकल्प (D) सही है।

80. मूल्य विरोधाभास: यदि मूल्य एक-दूसरे के विपरीत हैं, और इसके अपवाद अत्यधिक स्थितिजन्य और असंगत रूप से लागू किए गए हैं, तो अपने आप से एक मूल्य प्रणाली आंतरिक रूप से असंगत या विरोधाभासी है।
अतः विकल्प (A) सही है।

81. भारत ने एक गरीबी-विरोधी कार्यक्रम 2005 में शुरू किया, अब यह महात्मा गांधी राष्ट्रीय ग्रामीण रोजगार गारंटी योजना कहा जाता है, जो सार्वजनिक निर्माण परियोजनाओं पर प्रति वर्ष 100 दिनों तक अकुशल मैनुअल श्रम प्रदान करती है।
अतः विकल्प (D) सही है।

82. एक प्रतिसंहिता एक ऐसी संस्कृति है जिसके मूल्य और व्यवहार के मानदंड मुख्य रूप से मुख्यधारा के समाजों के विपरीत, कभी-कभी मुख्यधारा के समाज के लोगों से भिन्न होते हैं।एक नकली आंदोलन एक अच्छी तरह से परिभाषित युग के दौरान एक विशिष्ट आबादी के लोकाचार और आकांक्षाओं को व्यक्त करता है। जब विपक्षी ताकतें महत्वपूर्ण जन तक पहुंचती हैं, तो प्रतिसंहिता नाटकीय सांस्कृतिक परिवर्तनों को उत्प्रेरक कर सकता है।
अतः विकल्प (C) सही है।

83. एक कानून स्पष्ट रूप से संहिताबद्ध मानदंड या नियम है जो सभी नागरिकों के लिए लागू होते हैं। सामाजिक मानदंड दोनों अनौपचारिक समझ हो सकते हैं जो समाज के सदस्यों के व्यवहार को नियंत्रित करते हैं, साथ ही नियमों और कानूनों में भी संहिताबद्ध होते हैं। विद्वानों ने नियामक मानदंडों (जो बाधा व्यवहार), संवैधानिक मानदंड (जो आकार के हितों) और निर्धारित मानदंडों के बीच अंतर करते हैं।
अतः विकल्प (B) सही है।

84. परंपरागत प्राधिकरण (पारंपरिक वर्चस्व के रूप में भी जाना जाता है) नेतृत्व का एक रूप है जिसमें किसी संगठन या सत्ताधारी शासन का अधिकार काफी हद तक परंपरा या रिवाज से जुड़ा होता है। दिए गए मामलों की मुख्य वजह यह है कि यह "हमेशा से ऐसा ही रहा है"। राजस्थान भारत में मेवाड़ के शासक परिवार, परंपरागत प्राधिकरण का एक उदाहरण है।

अतः विकल्प (C) सही है।

85. "एक जाति को तब प्रभावी कहा जा सकता है जब वह अन्य जातियों के मुकाबले संख्यात्मक रूप से उपसर्ग करती है और जब वह आर्थिक और राजनीतिक शक्ति का उत्पादन करती है। एक बड़ी और शक्तिशाली जाति समूह अधिक आसानी से प्रभावी हो सकती है यदि स्थानीय जाति पदानुक्रम में उसकी स्थिति बहुत कम नहीं है।" प्रमुख जाति अक्सर निम्न जाति समूह के लिए एक संदर्भ मॉडल के रूप में कार्य करती है। निम्न जाति के लोग अपने व्यवहार, अनुष्ठान प्रतिरूप, रीति-रिवाजों आदि का अनुकरण करते हैं। इस तरह से, वे सांस्कृतिक संचरण में मदद करते हैं।
अतः विकल्प (C) सही है।

86. प्रकृति में डार्विन की शुरुआती रुचि ने उन्हें एडिनबर्ग विश्वविद्यालय में अपनी चिकित्सा शिक्षा की उपेक्षा करने के लिए प्रेरित किया, इसके बजाय, उन्होंने समुद्री अकशेरुकी जीवों की जांच करने में मदद की। कैम्ब्रिज विश्वविद्यालय (क्राइस्ट कॉलेज) के अध्ययन ने प्राकृतिक विज्ञान के लिए उनके जुनून को प्रोत्साहित किया। इसलिए जहां जीवित जीव कई शताब्दियों या यहां तक कि सदियों से धीरे-धीरे विकसित होते हैं या बदलते हैं, प्राकृतिक परिस्थितियों से खुद को जोड़कर डार्विन द्वारा दिया जाता है।
अतः विकल्प (B) सही है।

87. फ्रांसीसी क्रांति (1789-93) और 1917 की सोवियत या रूसी क्रांति, क्रांति के उदाहरण हैं। क्रांतियां मानव इतिहास के माध्यम से हुई हैं और तरीकों, अवधि और प्रेरक विचारधारा के संदर्भ में व्यापक रूप से भिन्न हैं। उनके परिणामों में संस्कृति, अर्थव्यवस्था और सामाजिक-राजनीतिक संस्थानों में बड़े बदलाव शामिल हैं, आमतौर पर कथित भारी निरंकुशता या लोकतंत्र के जवाब में जो है।

अतः विकल्प (D) सही है।

88. सत्ता एक इकाई या व्यक्ति की दूसरों को नियंत्रित या निर्देशित करने की क्षमता है, जबकि अधिकार एक ऐसा प्रभाव है जिसे कथित वैधता पर समर्पित किया जाता है। मैक्स वेबर ने शक्ति और प्राधिकरण का अध्ययन किया, दो अवधारणाओं के बीच अंतर किया और प्राधिकरण के प्रकारों को वर्गीकृत करने के लिए एक प्रणाली तैयार की। इसलिए अधिकार को उचित या सही माना जाता है।
अतः विकल्प (C) सही है।

89. सुरक्षा पूर्ण समुदायों में आमतौर पर छोटी आवासीय सड़कें होती हैं और विभिन्न साझा सुविधाएं शामिल होती हैं। छोटे समुदायों के लिए, इन सुविधाओं

में केवल एक पार्क या अन्य सामान्य क्षेत्र शामिल हो सकते हैं। बड़े समुदायों के लिए, अधिकांश दैनिक गतिविधियों के लिए निवासियों के लिए समुदाय के भीतर रहना संभव हो सकता है। सुरक्षा पूर्ण समुदाय एक प्रकार का सामान्य रुचि विकास है, लेकिन इच्छानुरूप समुदायों से अलग हैं।
अतः विकल्प (C) सही है।

90. नई कताई और बुनाई मशीनों ने ब्रिटेन में कपड़ा उद्योग में तकनीकी नवाचारों के साथ भारतीय उपमहाद्वीप के हथकरघा उद्योग को नष्ट कर दिया। हथकरघा उद्योग भारत में आर्थिक गतिविधियों के सबसे बड़े असंगठित क्षेत्रों में से एक था, जो ग्रामीण और अर्ध-शहरी क्षेत्रों के 43.31 लाख बुनकरों को रोजगार प्रदान करता था। राष्ट्रीय हथकरघा विकास कार्यक्रम रियायती ऋण प्रदान करता है, कई ब्लॉक-स्तरीय क्लस्टर परियोजनाओं, विपणन सहायता को सहायता प्रदान करता है।
अतः विकल्प (B) सही है।

91. समाजशास्त्र शब्द की उत्पत्ति फ्रांसीसी शब्द सोशियोलॉजी से हुई है, 1830 में फ्रांसीसी दार्शनिक इसिडोर ऑगस्टे काॉम्टे (1798-1857) द्वारा लैटिन भाषा में दिया गया एक हाइब्रिड शब्द: सोशियस, जिसका अर्थ है "साथी"; और प्रत्यय-धर्म, जिसका अर्थ है "ग्रीक का अध्ययन", ग्रीक, लॉज, "ज्ञान"।
अतः विकल्प (B) सही है।

92. समाजशास्त्र शब्द की उत्पत्ति फ्रांसीसी शब्द सोशियोलॉजी से हुई है, 1830 में फ्रांसीसी दार्शनिक इसिडोर ऑगस्टे कॉम्टे (1798-1857) द्वारा लैटिन भाषा में दिया गया एक हाइब्रिड शब्द: सोशियस, जिसका अर्थ है "साथी"; और प्रत्यय-धर्म, जिसका अर्थ है "ग्रीक का अध्ययन", ग्रीक, लॉज, "ज्ञान"।
अतः विकल्प (B) सही है।

93. अगस्टे कोम्टे, फुल इसिडोर-अगस्टे-मैरी-फ्रांस्वा-ज़ेवियर कोम्टे, (जन्म 19 जनवरी, 1798, मोंटपेलियर, फ्रांस में 5 सितंबर, 1857, पेरिस में मृत्यु हो गई) फ्रांसीसी दार्शनिक समाजशास्त्र और प्रत्यक्षवाद के संस्थापक के रूप में जाने जाते हैं। कॉम्टे ने समाजशास्त्र को अपना नाम दिया और नए विषय को एक व्यवस्थित तरीके से स्थापित किया।
अतः विकल्प (A) सही है।

94. लोगो: ग्रीक शब्द लोगो (पारंपरिक रूप से शब्द, विचार, सिद्धांत या भाषण) का उपयोग दार्शनिकों और धर्मशास्त्रियों दोनों के बीच किया गया है।
अतः विकल्प (C) सही है।

95. 'समाजशास्त्र' शब्द पहली बार 1838 में एक फ्रांसीसी दार्शनिक ऑगस्ट कॉम्टे ने अपनी प्रसिद्ध पुस्तक 'कोर्स डे फिलॉसफी पॉजिटिव' में दिया था, इसलिए इसे समाज के विज्ञान के रूप में जाना जाता है। समाजशास्त्र सबसे छोटा सामाजिक विज्ञान है, लेकिन इसका मानव समाज और इसके कार्य के अस्तित्व के साथ-साथ एक लंबा अतीत है।
अतः विकल्प (C) सड़ी है।

96. मैक्स वेबर, (जन्म 21 अप्रैल, 1864, एरफ़र्ट, प्रशिया [जर्मनी] का निधन 14 जून, 1920, म्यूनिख, जर्मनी), जर्मन समाजशास्त्री और राजनीतिक अर्थशास्त्री जिन्हें "प्रोटेस्टेंट एथिक" पर उनकी थीसिस के लिए जाना जाता है, जो की पूंजीवाद से संबंधित प्रोटेस्टेंटवाद और नौकरशाही पर उनके विचारों के लिए थी।
अतः विकल्प (D) सही है।

97. पश्चिमी दर्शन में तर्कवाद, वह दृष्टिकोण जो ज्ञान के मुख्य स्रोत और परीक्षण के रूप में कारण को मानता है। कि वास्तविकता में ही एक स्वाभाविक तार्किक संरचना है होल्डिंग, बुद्धिवादी दावा सत्य के एक वर्ग मौजूद है कि बुद्धि सीधे समझ सकते हैं।
अतः विकल्प (D) सही है।

98. जॉर्ज सिमेल जर्मन समाजशास्त्री, दार्शनिक और आलोचक थे। सिमेल ने एक क्षणिक संबंध के साथ "रूपों" और "सामग्री" के संदर्भ में सामाजिक और सांस्कृतिक घटनाओं पर चर्चा की, जिसमें रूप सामग्री बन जाता है, और इसके विपरीत संदर्भ पर निर्भर करता है। इस अर्थ में, सिमेल सामाजिक विज्ञानों में

तर्क करने की संरचनात्मक शैली के अग्रदूत थे।
अतः विकल्प (D) सही है।

99. औपचारिक स्कूल जर्मन समाजशास्त्री जॉर्ज सिमेल के नेतृत्व में था। औपचारिक स्कूल के अनुसार, समाजशास्त्र के विषय में सामाजिक संबंधों के रूप होते हैं। जॉर्ज सिमेल, अल्फ्रेड वीरकंड्ट, लियोपोल्ड वॉनविस, मैक्स-वेबर एल्बियन स्माल और फर्डिनेंड टोनीज़ उनके विचार के स्कूलों के मुख्य प्रस्तावक थे। ये समाजशास्त्री समाजशास्त्र के दायरे को अन्य सामाजिक विज्ञानों से अलग रखना चाहते थे।
अतः विकल्प (A) सही है।

100. समुदाय और समाज, आदर्श प्रकार के सामाजिक संगठन जिन्हें जर्मन समाजशास्त्री फर्डिनेंड टोनीस ने अपने प्रभावशाली कार्य समुदाय और समाज (1887, समुदाय और समाज) में व्यवस्थित रूप से विस्तृत किया था।
अतः विकल्प (B) सही है।

101. एम. के. गांधी, ने कहा कि 'वर्ण' प्रणाली पदानुक्रमित नहीं थी। सभी चार वर्ण समाज में स्थिति और कार्यात्मक के बराबर थे। चार वर्णों को क्षैतिज और परस्पर बदले जाने योग्य रखा गया था।
अतः विकल्प (B) सही है।

102. होमो हायरार्किकस: एस्सई सुर ले सिस्टेम देस जाती (1966) भारतीय जाति व्यवस्था पर लुईस ड्यूमॉन्ट का ग्रंथ है। यह उच्च जातियों की आदतों का पालन करने के लिए जाति पदानुक्रम और निचली जातियों के आरोही प्रवृत्ति का विश्लेषण करता है। इस अवधारणा को एम. एन. श्रीनिवास ने संस्कृतकरण कहा था।

103. सत्यशोधक समाज 24 सितंबर 1873 को पुणे, महाराष्ट्र में ज्योतिबा फुले द्वारा स्थापित एक सामाजिक सुधार समाज था। इसने शिक्षा के एक मिशन को बढ़ावा दिया और विशेष रूप से महिलाओं, शूद्रों और दलितों पर ध्यान केंद्रित करते हुए, वंचित समूहों के लिए सामाजिक अधिकारों और राजनीतिक पहुंच में वृद्धि की।
अतः विकल्प (D) सही है।

104. चम्पारण किसान आंदोलन स्वतंत्रता आंदोलन का एक हिस्सा था। दक्षिण अफ्रीका से लौटने के बाद, गांधीजी ने चंपारण (बिहार) और खेड़ा (गुजरात) के किसान संघर्षों का नेतृत्व करते हुए असहयोग का प्रयोग किया।
अतः विकल्प (A) सही है।

105. ग्लोबल वार्मिंग पिछली शताब्दी में पृथ्वी की औसत सतह के तापमान में असामान्य रूप से तेजी से वृद्धि है, जो मुख्य रूप से जीवाश्म ईंधन को जलने वाले लोगो द्वारा जारी ग्रीन हाउस गैसों के कारण है।
अतः विकल्प (D) सही है।

106. पांडुरंगा हेगड़े, उत्तरा कन्नड़ जिले, कर्नाटक, भारत के एक पर्यावरणविद् हैं और उन्हें उस व्यक्ति के रूप में जाना जाता है जिन्होंने पश्चिमी घाट में पेड़ों की रक्षा के लिए अप्पिको आंदोलन शुरू किया था। पांडुरंगा हेगड़े का जन्म 1956 में उत्तरा कन्नड़ जिले, कर्नाटक में हुआ था और उन्होंने कर्नाटक विश्वविद्यालय से स्नातक की पढ़ाई की थी। उन्होंने दिल्ली में चार्टर्ड एकाउंटेंट के रूप में काम किया और बाद में खुद को दिल्ली स्कूल ऑफ सोशल वर्क में सामाजिक कार्य में प्रशिक्षित किया।

अतः विकल्प (C) सही है।

107. संयुक्त राष्ट्र मानवाधिकार विशेषज्ञों के एक समूह का कहना है कि एक स्वतंत्र और जीवंत नागरिक समाज समावेशी और सतत विकास सुनिश्चित करने के लिए महत्वपूर्ण है। 2015 के बाद के विकास के एजेंडे के लॉन्च के रूप में, हम संयुक्त राष्ट्र के सदस्य राज्यों से यह सुनिश्चित करने के लिए कहते हैं कि नए वैश्विक लक्ष्यों को अंतरराष्ट्रीय मानवाधिकार मानदंड और मानकों में मजबूती से शामिल किया जाए, जिसमें भागीदारी का सिद्धांत भी शामिल है, और यह कि वे प्रभावी कार्यान्वयन के लिए स्वतंत्र और जीवंत नागरिक समाज के महत्व को स्वीकार करते हैं।

अतः विकल्प (C) सही है।

108. प्रिंट पत्रकारिता की दुनिया में, समाचार पत्रों के लिए दो मुख्य प्रारूप ब्रॉडशीट और पत्रिकाएँ हैं। कड़ाई से बोलते हुए, ये शब्द ऐसे पत्रों के पृष्ठ आकार को संदर्भित करते हैं, लेकिन विभिन्न स्वरूपों में अलग-अलग इतिहास और संघ हैं।
अतः विकल्प (A) सही है।

109. जेमिन्शाफ्ट: जेमिन्शाफ्ट, जिसे आम तौर पर "समुदाय और समाज" के रूप में अनुवादित किया जाता है, वे श्रेणियां हैं जिनका इस्तेमाल जर्मन समाजशास्त्री फर्डिनेंड टॉन्रीज द्वारा किया गया था ताकि सामाजिक रिश्तों को दो द्वंद्वात्मक रूप से एक दूसरे में परिभाषित किया जा सके।
अतः विकल्प (A) सही है।

110. मीडिया में दृश्य और श्रव्य पदार्थ का दमन, विनियमन और निषेध जिसे लोग आक्रामक और अश्लील मानते हैं उसे नैतिक सेंसरशिप कहा जाता है। नैतिक सेंसरशिप उन सामग्रियों को हटाना है जो अश्लील हैं या नैतिक रूप से संदिग्ध मानी जाती हैं।

अतः विकल्प (D) सही है।

111. जीवन की संभावना, सामाजिक स्थिति और राजनीतिक प्रभावों का आनंद विशेषाधिकार समूह द्वारा लिया जाता है। सामाजिक विशेषाधिकार विशेष लाभ या हकदारी का सिद्धांत है, जिसका उपयोग स्वयं के लाभ के लिए या दूसरों के विरोध के लिए किया जाता है। इन समूहों को सामाजिक वर्ग, आयु ऊंचाई, राष्ट्रीयता, विकलांगता, जातीय या नस्लीय श्रेणी, लिंग, लिंग पहचान, न्यूरोलॉजी, यौन अभिविन्यास और धर्म के आधार पर संचालित किया जा सकता है।
अतः विकल्प (C) सही है।

112. कार्ल मार्क्स (आमतौर पर एक संघर्ष के परिप्रेक्ष्य से जुड़े) और इमाइल दुर्खीम (आमतौर पर एक कार्यात्मक दृष्टिकोण के साथ पहचाने जाने वाले) दोनों मानते हैं कि मानव को अपनी बुनियादी जरूरतों को पूरा करने के लिए और खुद को और अपनी दुनिया को बनाने और पुन: पेश करने के लिए सहयोग करना होगा।
अतः विकल्प (D) सही है।

113. 'एकीकृत आदिवासी विकास परियोजना' भारत में 1980 ईसवी में शुरू की गई थी। जनजातीय उप-योजना (टीएसपी) के तहत एकीकृत जनजातीय विकास परियोजनाओं (आईटीडीपी) पर कार्यक्रम गरीबी को कम करने, शैक्षिक स्थिति में सुधार और आदिवासी परिवारों के शोषण को खत्म करने के विशिष्ट उद्देश्यों के साथ पांचवीं पंचवर्षीय योजना के बाद से लागू किया जा रहा है।

अतः विकल्प (B) सही है।

114. फ्रेडरिक ले प्ले द्वारा परिवार के अध्ययन के लिए सूत्र 'प्लेस, वर्क एंड पीपल' को पोस्ट किया गया था। फ्रेडरिक ले प्ले, पूर्ण पियरे-गिलाउमे-फ्रेडरिक ले प्ले में, (जन्म 11 अप्रैल, 1806, ला रिवियेर-सेंट-सौवेउर, फ्रांस में निधन 5 अप्रैल, 1882, पेरिस), फ्रांसीसी खनन इंजीनियर और समाजशास्त्री जिन्होंने व्यवस्थित अनुसंधान के लिए तकनीक विकसित की थी।
अतः विकल्प (A) सही है।

115. व्हाइट कॉलर: द अमेरिकन मिडिल क्लासेस समाजशास्त्री सी. राइट मिल्स द्वारा अमेरिकी मध्यम वर्ग का अध्ययन है, जो पहली बार 1951 में प्रकाशित हुआ था। यह "नए वर्ग" के गठन का वर्णन करता है: सफेदपोश कार्यकर्ता। यह आधुनिक पूंजीवाद की आधुनिक दुनिया में सामाजिक अलगाव का एक प्रमुख अध्ययन है, जहां शहरों में "बिक्री कौशल मानसिकता" का प्रभुत्व है। सी। राइट मिल्स (र 19 अगस्त 1916 - 20 मार्च 1962) एक अमेरिकी समाजशास्त्री थे, और 1946 से 1962 में उनकी मृत्यु तक कोलंबिया विश्वविद्यालय में समाजशास्त्र के प्रोफेसर थे।
अतः विकल्प (B) सही है।

116. पावर एलीट समाजशास्त्री सी. राइट मिल्स की 1956 की पुस्तक है, जिसमें मिल्स, सैन्य, कॉर्पोरेट और समाज के राजनीतिक तत्वों के नेताओं के परस्पर हितों पर ध्यान देते हैं और सुझाव देते हैं कि उन संस्थाओं द्वारा सामान्य नागरिक हेरफेर का एक अपेक्षाकृत शक्तिहीन विषय है।

अतः विकल्प (A) सही है।

117. समाजशास्त्री चार्ल्स हॉर्टन कूली के अनुसार, व्यक्ति स्वयं की अवधारणा विकसित करते हैं कि वे कैसे दूसरों के द्वारा माना जाता है, एक अवधारणा कूली "दिखने वाले ग्लास स्वयं" के रूप में गढ़ी गई है। यह प्रक्रिया, विशेषकर जब डिजिटल युग में लागू होती है, तो पहचान की प्रकृति, समाजीकरण और स्वयं के बदलते परिदृश्य के बारे में सवाल उठाती है।
अतः विकल्प (B) सही है।

118. कृषि प्रधान समाज, या कृषि समाज, कोई भी समुदाय जिसकी अर्थव्यवस्था फसलों और खेती के उत्पादन और रखरखाव पर आधारित है। कृषि प्रधान समाज को परिभाषित करने का एक और तरीका यह है कि कृषि में देश के कुल उत्पादन का कितना हिस्सा है।
अतः विकल्प (A) सही है।

119. कुषाण कला ने गांधार के ग्रीको-बौद्ध कला की परंपराओं को मिश्रित किया, जो कि हेलेनिस्टिक कलात्मक तोपों से प्रभावित है, और मथुरा की अधिक भारतीय कला है। माना जाता है कि गांधार की अधिकांश ग्रीको-बौद्ध कला का निर्माण कुषाणों द्वारा किया गया था, जो पहली शताब्दी ई.पू. के अंत से शुरू हुआ था। कुषाण अपने धर्मों में उदार थे, ईरानी, ग्रीक या भारतीय परंपराओं से दसियों देवताओं की वंदना करते थे जैसा कि उनके सिक्कों पर देखा जा सकता है।
अतः विकल्प (D) सही है।

120. ओगबर्न के अनुसार, "धर्म अलौकिक शक्तियों के प्रति दृष्टिकोण है।" ओगबर्न ने मर्सर विश्वविद्यालय से बीए की डिग्री और कोलंबिया विश्वविद्यालय से एमए और पीएचडी की डिग्री प्राप्त की। उन्होंने 1929 में अमेरिकन सोशियोलॉजिकल सोसाइटी के अध्यक्ष के रूप में कार्य किया। वह 1920 से 1926 तक जर्नल ऑफ द अमेरिकन स्टेटिस्टिकल एसोसिएशन के संपादक थे। 1931 में, उन्हें अमेरिकन स्टैटिस्टिकल एसोसिएशन के अध्यक्ष के रूप में चुना गया, जिसने उन्हें 1920 में फेलो के रूप में भी चुना।

अतः विकल्प (C) सही है।

121. हिमालय के आस-पास के क्षेत्रों में मंगोल केंद्रित हैं, उदाहरण- लद्दाख, सिक्किम, अरुणाचल प्रदेश और उत्तर-पूर्वी भारत के अन्य क्षेत्र।
अतः विकल्प (A) सही है।

122. परिवार का प्राथमिक कार्य समाज की निरंतरता को सुनिश्चित करना है, दोनों जैविक रूप से, और सामाजिक रूप से समाजीकरण के माध्यम से। इन कार्यों को देखते हुए, समय के साथ परिवार में किसी की भूमिका की प्रकृति बदल जाती है।
अतः विकल्प (B) सही है।

123. जनसंख्या की एकरूपता: ग्राम समुदाय प्रकृति में एकरूप हैं। उनके अधिकांश निवासी कृषि और उसके संबद्ध व्यवसायों से जुड़े हुए हैं, हालांकि विभिन्न जातियों, धर्मों और वर्गों से संबंधित लोग हैं।
अतः विकल्प (C) सही है।

124. भारतीय सामाजिक संरचना की महत्वपूर्ण विशेषता बहु-धार्मिक है। सबसे सामान्य तरीके से, सामाजिक संरचना की पहचान एक सामाजिक इकाई (एक समाज या एक समाज के भीतर एक समूह) की उन विशेषताओं से होती है जो समय के साथ बनी रहती हैं, परस्पर जुड़ी होती हैं, और एक पूरे के रूप में इकाई के कामकाज और इसके व्यक्तिगत सदस्यों की गतिविधियों को प्रभावित करती हैं।
अतः विकल्प (B) सही है।

125. गांवों की आर्थिक गतिविधियां सामाजिक स्थिति द्वारा निर्धारित की जाती हैं।सामाजिक परिस्थितियों में व्यक्तिगत, घरेलू और सामुदायिक दोनों स्तरों पर सामाजिक और भौतिक परिवेशों की संभावित रूप से परिवर्तनीय विशेषताएं शामिल हैं - अर्थात, घरों, स्कूलों, कार्यस्थलों और पड़ोस की विशेषताएं, जो नीतियों द्वारा आकार में हो सकती हैं (कम से कम सिद्धांत रूप में, और राजनीतिक इच्छाशक्ति पर्याप्त दी गई हैं)।
अतः विकल्प (B) सही है।

Q.1 एक समूह अपनी एकता के लिए तब सर्वाधिक जागरूक हो जाता है-
A. जब उसके सदस्यों के सामान्य हित होते हैं
B. जब वह दूसरे द्वारा डराया-धमकाया जाता है
C. जब उसके सदस्य यथार्थता में अलगाव का जीवन व्यतीत करते हैं
D. जब वह टूटने के बिन्दु पर होता है

Q.2 निम्नलिखित में से किस एक में अन्तर्निहित सहयोग और संघर्ष के तत्व पाए जाते है?
A. समिति
B. प्रतिस्पर्धा
C. सामंजस्य
D. आत्मसात्करण

Q.3 जनांकिकीय संक्रमण सिद्धान्त के अनुसार संक्रमण पूर्व अवस्था पर-
A. जन्म दर तथा मृत्यु दर दोनों उच्च होती हैं
B. मृत्यु दर निम्न, परन्तु जन्म दर उच्च होती है
C. मृत्यु दर उच्च, परन्तु जन्म दर निम्न होती है
D. जन्म दर तथा मृत्यु दर दोनों निम्न होती है

Q.4 सामाजिक स्तरीकरण शब्द संदर्भित करता है-
A. विभिन्न श्रेणियों में जनसंख्या के विभाजन को
B. वर्ग के संदर्भ में जनसंख्या के विभाजन को
C. श्रेष्ठता तथा हीनता की भावना से जनसंख्या के विभाजन को
D. सामाजिक विभेदीकरण तथा श्रेणीकरण के एक प्रकार को

Q.5 सर्वहाराकरण की प्रक्रिया का अर्थ है-
A. बुर्जुआवर्ग का अवरोहण श्रमिक वर्ग में होना
B. मध्यम वर्ग का अवरोहण श्रमिक वर्ग में होना
C. निम्न मध्यम वर्ग का अवरोहण श्रमिक वर्ग में होना
D. किसी भी वर्ग का अवरोहण श्रमिक वर्ग में होना

Q.6 मैक्स वेबर ने जाति का यह लक्षण बताया हैं-
A. एक नृजाति समूह
B. एक सम्प्रदाय
C. हिन्दुओं की धर्म-सभा
D. एक संवृत्त प्रस्थिति समूह

Q.7 मैक्स वेबर के अनुसार, पूँजीवादी समाज में वर्ग की रचना का सही आधार निम्न में से कौन-सा है?
A. सम्पत्ति का स्वामित्व अथवा अस्वामित्व
B. बाजार परिस्थिति में सम्पत्ति सम्बन्ध
C. व्यक्तियो की आय
D. व्यक्तियों की सत्ता

Q.8 निम्नलिखित में 'संपदा' व्यवस्था का कौन एक तत्व है-
A. भवन
B. संरचना
C. पादरी वर्ग
D. बुर्जुआवर्ग

Q.9 उस समूह को, जिसकी सुनिश्चित सत्ता हो, अपना नाम हो, जो परिबद्ध हो, जिसमें अपने अस्तित्व की चेतना हो और जिसमें सांस्कृतिक सजातीयता हो, कहा जाता है-
A. जाति
B. वर्ग
C. दल
D. गोत्र

Q.10 एक गाँव जिसमें जजमानी व्यवस्था अपनाई जाती है, उसमें नाई और धोबी का सम्बन्ध निम्नलिखित में से किससे है?
A. कारीगर जातियाँ
B. सेवक जातियाँ
C. भूतपूर्व अछूत वर्ग
D. मध्यम जातियाँ

Q.11 लोगों का केन्द्रीय नगरों से पास-पड़ोस के क्षेत्र में लघु समुदायों में रहने के लिए चले जाने को कहा जाता है-
A. उपनगरीयकरण
B. अलपनगरीयकरण
C. अतिनगरीयकरण
D. ग्रामनगरीयकरण

Q.12 निम्न में से जाति व्यवस्था की कौन-सी आवश्यक विशेषता नहीं है?
A. शुद्धता तथा अपवित्रता
B. सोपानिक व्यवस्था
C. वंश के आधार पर विशेषीकरण
D. सहपूर्वज-पूजा

Q.13 निम्नलिखित जनजातियों में किसमें स्त्रियों द्वारा हल-छना तथा घर पर छप्पर डालना वर्जित है?
A. खारिया
B. खासी
C. संथाल
D. गोंड

Q.14 वर्ग के बारे में निम्नलिखित मतों में से कौन-सा मार्क्स से सम्बन्धित है?
A. वर्ग का आधार सम्पत्ति पर आधिपत्य से है
B. वर्ग का आधार उपभोग के प्रतिमानों से है
C. वर्ग का आधार उत्पादन के साधनों के स्वामित्व से है
D. वर्ग का आधार उत्पादन कौशल से है

Q.15 निम्नलिखित में से किसने सामाजिक संहति के आधार पर पूर्व तथा उद्योगोत्तर समाजों में भेद किया है?
A. मैक्स वेबर
B. कार्ल मार्क्स
C. ई. दुर्खीम
D. कार्ल मैनहीम

Q.16 निम्नलिखित में उद्योगोत्तर समाज के उदय के कौन-से कारण है?
1. नवीन प्रौद्योगिकियों का उदय
2. नवीन राजनैतिक सत्ता का उदय
3. नवीन वर्गों का उदय
4. नवीन नैतिक व्यवस्था का उदय
A. 1, 2, 3
B. 2, 3, 4
C. 4, 3, 2
D. 1, 3, 4

Q.17 भारत में श्रमिक संघ आंदोलन का निम्न में कौन-अग्रणी है-
A. वी.वी. गिरि
B. बी.पी. वाडिया
C. एम.के. गाँधी
D. एस.ए. डाँगे

Q.18 जादू को कहा जाता है-
A. आधुनिक विज्ञान
B. आध्यात्मिक विज्ञान
C. धार्मिक विज्ञान
D. आदि विज्ञान

Q.19 निम्नलिखित में से कौन समिति नहीं है-
A. उद्यान में टहलते वृद्ध जन
B. मजदूर संघ
C. बोट क्लब
D. टेनिस क्लब

Q.20 निम्नलिखित में से कौन प्रस्थिति नहीं है-
A. 31 वर्ष पुराना मनुष्य
B. बच्चा
C. पिता
D. पुत्री

Q.21 निम्नलिखित में कौन संयुक्त परिवार को बनाये रखने के लिए उत्तरदायी है-
A. व्यक्तिवाद
B. संयुक्त समिति
C. नगरीवाद
D. औद्योगिकवाद

Q.22 सहयोग का सम्बन्ध है-

A. 'मैं' की भावना **B.** 'तुम' की भावना

C. 'वे' की भावना **D.** 'हम' की भावना

Q.23 निम्नलिखित में कौन-सा विवाह स्वरूप एक विधुर के अपनी पत्नी की बहन के साथ विवाह स्वरूप करने का सही प्रतिनिधित्व करता है?

A. लेवीरेट **B.** सॉरोरेट **C.** पोलीजिन **D.** मोनोगैमी

Q.24 भारत में संयुक्त परिवार की विशेषता का विस्तृत स्वजन समूह के रूप में किसने वर्णन किया है?

A. ए.आर. देसाई **B.** के. एम. कपाडिया

C. इरावती कर्वे **D.** ए.डी. रॉस

Q.25 निम्नलिखित में से किसने कहा है "मानव द्वारा वस्तुओं के ऊपर नियंत्रण के संदर्भ में सम्पत्ति की कल्पना की जानी चाहिए"?

A. टी. वेबेलेन **B.** एल. टी. हॉबहाउस

C. आर.एच. लुई **D.** एल.एच. मॉर्गन

Q.26 निम्नलिखित में से कौन-सी आर्थिक प्रवृत्तियाँ उपभोक्तावाद की ओर रुझान पैदा करती है?

A. वस्तु विनिमय **B.** बाजार

C. मिश्रित **D.** संतुलित

Q.27 'राइट्स डी पैसेज' शब्दावली किसने प्रस्तुत की?

A. रेडक्लिफ ब्राउन **B.** रॉबर्टसन स्मिथ

C. एडमण्ड लीच **D.** अर्नोल्ड वान गेनैप

Q.28 निम्नलिखित में से कौन-सा कथन प्रजातीय भ्रामकता है?

A. सभी प्रजातियाँ अशुद्ध है

B. त्वचा के रंग जैसे आनुवंशिक लक्षण किसी प्रजाति के लिए अपवर्जक नहीं होते

C. प्रजातीय अन्तर्मिश्रण विकृति उत्पन्न करता है

D. उपरोक्त सभी

Q.29 समाजशास्त्रीय मानदण्ड के अनुसार निम्नलिखित में से कौन एक समूह की रचना दर्शाता है?

A. धनी वर्ग

B. कॉलेज विद्यार्थी

C. सेवानिवृत्त व्यक्तियों की समिति

D. टाट इस्पात कम्पनी

Q.30 निम्नलिखित में से कौन अर्जित प्रस्थिति का सही उदाहरण है?

A. विवाहित **B.** प्रौढ़ **C.** युवा **D.** राजकुमार

Q.31 आंतरिक संघर्ष न होने पर भी अनेक व्यक्ति बहुमुखी भूमिकाएँ निभाते हैं, क्योंकि

A. उन्हें भिन्न समय पर भिन्न भूमिकाएँ निभानी होती है

B. उनके द्वारा निभाई गई विभिन्न भूमिकाओं में सुसंगति होती है

C. भूमिकाओं की मांग इतनी अलग-अलग नही होती कि उनमें भूमिका संघर्ष उत्पन्न हो

D. प्रत्येक भूमिका की एक अद्वितीय प्रस्थिति होती है

Q.32 मानवकृतियाँ-

A. जीवन के मूलभूत तथ्य है

B. लोगों द्वारा निर्मित औजार या वस्तुएँ हैं

C. जो सही है के प्रति हमारा विश्वास है

D. अन्य व्यक्तियों के प्रति हमारे समायोजन के प्रतिमान है।

Q.33 समुदाय-

A. समूहों का संग्रह है जो एक स्थल में निवास करता है

B. अनाश्रित सम्बन्धों की एक व्यवस्था की तरह कार्य करता है

C. अपने निवासियों के लिए समी प्राथमिक वस्तुएँ उपलब्ध कराता है

D. सामुदायिक भावना व्यक्त करता है

Q.34 "उदारता, उच्च पद पाना, भौतिक वस्तुओं पर स्वामित्व, समय की पाबन्दी और देशभक्ति के उदाहरण हैं। उन्हें वांछनीय तथा प्रयास करने के लिए उपयुक्त माना जाता है।" इन्हें कहा जाता है-

A. मूल्य **B.** नैतिक आचार

C. व्यक्तिगत मत **D.** लोकाचार

Q.35 संस्कृति-

A. सामाजिक अन्तःक्रिया का फल है।

B. में उपार्जित एवं अनुपार्जित दोनों प्रकार के व्यवहार सम्मिलित है।

C. समाकलित व्यवहार नहीं है।

D. एक पराजैविक है।

Q.36 पिता के भाई की बहू निम्न में किस एक का उदाहरण है?

A. विवाही स्वजन **B.** समरक्त स्वजन

C. द्वितीयक स्वजन **D.** प्राथमिक स्वजन

Q.37 'प्रत्याशामूलक सामाजीकरण' का प्रत्यय किसने विकसित किया है-

A. पी. सोरोकिन ने **B.** कार्ल मार्क्स ने

C. आर.के. मर्टन **D.** आन्द्रे बिले

Q.38 निम्नलिखित में से कौन एक भारत में नातेदारी व्यवस्था के अध्ययन के निकट रूप से सम्बन्धित है?

A. जी.एस. घुरिये **B.** योगेन्द्र सिंह

C. के.एम. कपाड़िया **D.** आन्द्रे बेताई

Q.39 ऑगबर्न के अनुसार सामाजिक विलम्बना में क्या पिछड़ता है-

A. भौतिक संस्कृति **B.** अभौतिक संस्कृति

C. प्रौद्योगिकी **D.** कर्मचारी तंत्र

Q.40 समाज की अर्थव्यवस्था के अध्ययन में एक समाजशास्त्री निम्न में से किस पर ध्यान केंद्रित करता है?

A. आर्थिक सत्ता का वितरण

B. आर्थिक मन्दी का मुकाबला

C. आर्थिक और राजनीतिक क्रियाओं का विलयन

D. समाज के संस्थापक स्वरूप जिसके अन्तर्गत आर्थिक क्रिया की जाती है

Q.41 समाज में 'शासक वर्ग' की अवधारणा _______ द्वारा विकसित की गई है।

A. विलफ्रेडो पैरेटो **B.** गिटानो मोस्का

C. चार्ल्स राइट मिल्स **D.** रॉबर्ट माइकल्स

Q.42 भारत में अन्तर्जातीय सम्बन्धों का विश्लेषण डब्ल्यू एच. वाइजर ने मुख्यतः निम्नलिखित आधार पर किया है-

A. वैवाहिक सम्बन्ध **B.** सहभोजी सम्बन्ध

C. जजमानी सम्बन्ध **D.** सामाजिक सम्बन्ध

Q.43 कुछ जनजातियों में 'पोटलाश' का प्रमुख प्रकार्य है-

A. सम्पत्ति एकत्र करना है

B. प्रस्थिति हेतु प्रतियोगिता करना है

C. परोपकार करना है

D. मनोरंजन करना है

Q.44 स्वतंत्रता पश्चात् अनुसूचित जातियों को उनकी रक्षा के लिए दिये गये निम्नलिखित विभिन्न अधिकारों में से कौन एक सही नहीं है? वह अधिकार इंगित कीजिए जो उन्हें अनुमोदित नहीं किया गया है।

A. सम्पत्ति प्राप्त करने का अधिकार

B. अनुसूचित क्षेत्रों के प्रशासन व नियंत्रण के लिए प्रावधान करना

C. राज्यकोष में से अनुदान प्राप्त करना

D. स्वयं की धार्मिक संस्थाएँ स्थापित करना

Q.45 भारतीय संविधान के 14वें अनुच्छेद में इस बात का प्रावधान किया गया है कि-

A. अनुसूचित जातियों, जनजातियों के सभी सदस्यों को कानून की दृष्टि में समानता हो

B. मंडल कमीशन के प्रतिवेदन को कानूनी अनुमोदन प्राप्त है

C. अनुसूचित जातियों, जनजातियों की महिलाओं को सभी मामलों में विशेष सुरक्षा प्रदान की जाये

D. अनुसूचित जातियों, जनजातियों के सभी बालकों को निःशुल्क तथा अनिवार्य प्राथमिक शिक्षा प्रदान की जाये

Q.46 सरल जनजातीय समाजों के आर्थिक पिछड़ेपन का कौन एक मुख्य कारण है?

A. गरीबी तथा अज्ञानता

B. सामाजिक तथा सांस्कृतिक परम्पराएँ

C. आदिम प्रौद्योगिकी

D. नातेदारी संगठन

Q.47 निम्नलिखित कथनों में से कौन एक सही है?

A. अमेरिका में किये गये अध्ययनों से ज्ञात होता है कि श्वेत अमेरिकी अश्वेत लोगों से श्रेष्ठ हैं

B. अमेरिका में किये गये अध्ययनों से ज्ञात होता है कि अश्वेत प्रजातियाँ श्वेत प्रजातियों की अपेक्षा सामाजिक तौर पर श्रेष्ठ होती है

C. समाजशास्त्रियों की मान्यता है कि प्रजाति और संस्कृति में कोई सहसम्बन्ध नहीं है

D. कोई नहीं

Q.48 समुदाय का गैसलशैफ्ट तथा गैमिनशैफ्ट में वर्गीकरण किसने किया है?

A. कुले   **B.** समनर   **C.** टॉनीज   **D.** वेबर

Q.49 भौतिक तथा अभौतिक संस्कृति में भेद किसने किया है?

A. ऑगबर्न   **B.** जॉनसन   **C.** लिन्टन   **D.** क्रोबर

Q.50 'सापेक्षिक प्रवंचना' का प्रत्यय किसने प्रतिपादित किया है-

A. टैककट पार्सन्स ने   **B.** आर. के. मर्टन ने

C. गिलिन तथा गिलिन ने   **D.** किंग्सले डेविस ने

Q.51 "डिसेन्ट ऑफ मैन एण्ड सलेक्शन इन रिलेशन टु सेक्स" पुस्तक किसने लिखी है?

A. ई.ए. होबेल   **B.** ए.एल. क्रोबर

C. चार्ल्स डार्विन   **D.** डी. एन. मजूमदार

Q.52 किसने ' भूमिका-समुच्चय' की अवधारणा विकसित की है?

A. पार्सन्स   **B.** निसबेट

C. आर. के. मर्टन   **D.** लिन्टन

Q.53 निम्न में से किसे आधुनिक परिवार का आवश्यक लक्षण नहीं माना जा सकता ?

A. परिवार एवं उपभोग की इकाई के रूप में

B. लघु परिवार

C. विवाहेत्तर यौनाचरण

D. परिवार या धार्मिक नियंत्रण की कमी

Q.54 बहिर्विवाह-

A. एक प्रयोगात्मक विवाह है

B. मैत्री विवाह है

C. अपने समूह में विवाह है

D. समूह से बाहर विवाह है

Q.55 समाज-

A. एक सामाजिक समूह है।

B. एक समुदाय है।

C. व्यक्तियों का एक समूह है।

D. सामाजिक सम्बन्धों का जाल है।

Q.56 किसी देश या प्रान्त की जनसंख्या में भिन्नता को निम्न में से कौन प्रभावित करता है?

A. मृत्यु दर   **B.** प्रजनन

C. प्रजनन-क्षमता   **D.** उपरोक्त सभी

Q.57 निम्न में से किसने सामाजिक परिवर्तन की प्रक्रिया का विश्लेषण तीन सांस्कृतिक मानसिकताओं के मध्य उतार-चढ़ाव के रूप में किया है?

A. स्पैंगलर   **B.** क्रोबर   **C.** टॉयनबी   **D.** सोरोकिन

Q.58 "जाति एक बन्द अंगीय समूह है।" यह किसने कहा है-

A. एफ.जी. बेली   **B.** एम.एन. श्रीनिवास

C. वाई एम. डामले   **D.** डी.एन मजूमदार

Q.59 विवाह-जन्य नातेदारी उत्पन्न होती है-

A. सामाजिक एवं वैधानिक रूप से परिभाषित वैवाहिक सम्बन्धों से

B. खून के रिश्तों से

C. आनुवंशिकता से

D. उपरोक्त में से किसी से नहीं

Q.60 निम्न में से किसने जादू के दो प्रकारों- अनुकरणीय एवं संक्रामक में भेद किया?

A. ई. बी. टायलर   **B.** एच. स्पेन्सर

C. एल. एच. मॉर्गन   **D.** जे. फ्रेजर

Q.61 निम्नलिखित में से कौन-सी एक विशेषता प्राथमिक समूह की नहीं है?

A. आमने सामने के सम्बन्ध

B. घनिष्ठ-सम्बन्ध

C. व्यक्तिगत सम्बन्ध

D. अवैयक्तिक सम्बन्ध

Q.62 सामाजिक स्तरीकरण विशेषाधिकार, प्रतिष्ठा तथा सत्ता से सम्बन्धित सिद्धान्त का प्रतिपादन निम्न में से किसने किया है?

A. मैक्स वेबर   **B.** कार्ल मार्क्स

C. आर. डेहनडॉर्फ   **D.** सी. राइट मिल्स

Q.63 निम्नलिखित में से किस तथ्य के असमान वितरण को सामाजिक स्तरीकरण कहते हैं-

A. शक्ति   **B.** प्रतिष्ठा

C. पुरस्कार   **D.** उपरोक्त सभी के

Q.64 निम्नलिखित में से कौन-सा कथन सही है?

A. आदर्श नियम मूल्यों का निर्धारण करते हैं।

B. आदर्श नियम मूल्यों द्वारा निर्धारित होते हैं

C. आदर्श नियम एवं मूल्य आपस में स्वतंत्र है

D. इनमें से कोई नहीं

Q.65 निम्नलिखित में से मानव की किस प्रक्रिया पर शक्ति पाने को फ्रेजर ने जादू कहा है?

A. आर्थिक प्रक्रियाएँ   **B.** सामाजिक प्रक्रियाएँ

C. जैविकीय प्रक्रियाएँ   **D.** प्राकृतिक प्रक्रियाएँ

Q.66 आत्मसात् का अर्थ है-

A. दो समुदायों के मध्य सांस्कृतिक गुणों का आदान-प्रदान

B. एक समुदाय का दूसरे समुदाय पर प्रभुत्व

C. दो समुदायों का एक दूसरे के साथ लड़ना

D. उपरोक्त में कोई नहीं

Q.67 एक सामाजिक संस्था होती है-

A. मूर्त

B. अमूर्त

C. व्यक्तियों का एक समूह

D. एक भीड़

Q.68 निम्नलिखित में से जनजाति की कौन-सी एक विशेषता नहीं है?

A. सजातीयता

B. विजातीयता

C. सजातीय विवाह

D. टोटम

Q.69 निम्न में से कौन-सी विशेषता एक औद्योगिक समाज की है?

A. आमने-सामने के सम्बन्ध

B. आर्थिक प्रतिस्पर्धा

C. क्रान्ति

D. मानव सुख शान्ति

Q.70 मानव उद्विकास के सिद्धान्त के साथ किसका नाम जुड़ा है-

A. चार्ल्स डार्विन

B. हर्बर्ट स्पेन्सर

C. ईमाइल दुर्खीम

D. रॉस

Q.71 "मैरिज एंड फेमिली इन इण्डिया " पुस्तक के लेखक-

A. एम.एन. श्रीनिवास

B. पी. एन. प्रभु

C. के. एम. कपाडिया

D. एम.एस. गोरे

Q.72 अस्पृश्यता अधिनियम किस सन् में पारित किया गया?

A. 1935

B. 1948

C. 1951

D. 1955

Q.73 निम्नलिखित में से संस्कृति की कौन-सी विशेषता नही है?

A. यह प्राणिशास्त्रीय विरासत है

B. यह एक पीढ़ी से दूसरी पीढ़ी में हस्तांतरित होती है

C. यह अमूर्त है

D. यह परिवर्तनशील है

Q.74 द्वितीयक समूह में किस प्रकार के सम्बन्धों की विशेषता होती है?

A. आमने-सामने के सम्बन्ध

B. अनौपचारिक सम्बन्ध

C. व्यक्तिगत सम्बन्ध

D. औपचारिक सम्बन्ध

Q.75 टायलर के धर्म के सिद्धान्त को कहा जाता है-

A. जीवित सत्तावाद

B. जीववाद

C. प्रकृतिवाद

D. टोटमवाद

Q.76 समाजशास्त्र की उत्पत्ति का आधार है-

A. फ्रांसीसी क्रांति

B. औद्योगिक क्रांति

C. (A) तथा (B) दोनों

D. केवल (B)

Q.77 निम्नलिखित में से कृषक समाज का सर्वव्यापी लक्षण कौन-सा है?

A. व्यक्तिवाद

B. परिवारवाद

C. जातिवाद

D. क्षेत्रवाद

Q.78 निम्नलिखित में से कौन 'समिति' का उदाहरण नहीं है?

A. क्रिकेट क्लब

B. कर्मचारी संघ

C. एक पार्क में प्रातः घूमने वाले लोग

D. व्यापारिक संघ

Q.79 निम्नलिखित में से कौन-सा मानव समाज का विशिष्ट लक्षण है?

A. प्रजनन की क्षमता

B. सामूहिक व्यवहार

C. आत्म-परिरक्षण

D. संस्कृति

Q.80 सामाजिक संरचना की कोई इकाई जब सामाजिक व्यवस्था में संतुलन को बनाये रखने में बाधा पहुचाती है तो उसे कहते है -

A. अप्रकार्य

B. अनुकूलनशील प्रकार्य

C. दुष्प्रकार्य

D. इनमे से कोई नहीं

Q.81 भारत में ग्रामीण तथा नगरीय समाजों के मध्य प्रमुख विभेदकारी कारक है-

A. भाषा-भिन्नताएँ

B. जनसंख्या-घनत्व में भिन्नताएँ

C. पारिवारिक भिन्नताएँ

D. सांस्कृतिक भिन्नताएँ

Q.82 स्वजातिवाद का विपरीत पक्ष है-

A. सांस्कृतिक सापेक्षवाद

B. प्रति-संस्कृति

C. उप-संस्कृति

D. सांस्कृतिक सार्व भौमिकता

Q.83 निम्नलिखित में से कौन-सा नाम 'सामाजिक समझौते ' के सिद्धान्त के साथ नहीं जुड़ा है?

A. मैकियावली

B. हॉब्स

C. लॉक

D. रूसो

Q.84 एक विख्यात इंग्लैंड के समाजशास्त्री का मत है कि मानव समाज की व्याख्या ठीक उसी प्रकार की जा सकती है, जिस प्रकार डार्विन ने पृथ्वी पर जीवन के उद्भव एवं विकास की व्याख्या की। निम्नांकित में से वह कौन है?

A. टी बी. बोटोमोर

B. डब्यू सी. रन्चीमैन

C. एन. स्पेन्सर

D. उपरोक्त में से कोई नहीं

Q.85 वर्ण व्यवस्था का प्रथम उल्लेख होता है-

A. ऋग्वेद

B. अथर्ववेद

C. यजुर्वेद

D. सामवेद

Q.86 निम्नलिखित समाजशास्त्रियों में से कौन सामाजिक संरचना की परिभाषा मुख्य रूप से भूमिका के माध्यम से देता है?

A. इमाइल दुर्खीम

B. हर्बर्ट स्पेन्सर

C. एस एफ. नाडेल

D. ए. आर. रैडक्लिफ ब्राउन

Q.87 निम्नांकित में से कौन-सा एक कारक अल्पसंख्यक समूहों को बहुसंख्यक समूहों के साथ आत्मसात् करने में वास्तव में अवरोधी होता है?

A. आर्थिक स्वार्थ

B. धार्मिक कट्टरता

C. राजनैतिक चेतना

D. अपने समूहों की छवि एवं पहचान बनाये रखने की उत्कंठ अभिलाषा

Q.88 मानव के अनुभव में एक जटिल सम्पूर्णता के रूप में पर्यावरण की व्याख्या किसने की है?

A. समनर

B. मैकाइवर

C. वेबर

D. पार्सन्स

Q.89 सांस्कृतिक परिवर्तन परिणाम है-

A. आविष्कार का

B. अन्य संस्कृतियों के साथ सम्पर्क का

C. आविष्कार एवं अन्य संस्कृतियों से सम्पर्क का

D. समाजीकरण का

Q.90 मैक्स वेबर की कौन-सी पुस्तक में सामाजिक क्रिया का वर्गिकरण प्रस्तुत है?

A. द थ्योरी आफ सोशल एण्ड इकॉनामिक आर्गनाइजेशन

B. द मेथोडोलाजी ऑफ सोशल साइंसेज

C. द प्रोटेस्टेन्ट इथिक एण्ड 'द स्पिर्ट ऑफ कैपिटलिज्म'

D. द रिलीजन ऑफ इंडिया

Q.91 विविध सांस्कृतिक पृष्ठभूमि के लोगों में सोचने, क्रिया करने तथा अनुभव के विभिन्न तरीके होते हैं परन्तु कोई भी एक तरीका दूसरे से मूलभूत रूप से अच्छा नहीं माना जाता। निम्नलिखित में से कौन-सी अवधारणा इस स्थिति को उपयुक्त रूप से स्पष्ट करती है?

A. सांस्कृतिक विलम्बन　　　**B.** सांस्कृतिक प्रतिमान
C. सांस्कृतिक सापेक्षता　　　**D.** व्यवस्थापन

Q.92 सोरोकिन पक्षधर है -

A. समाजशास्त्र के स्वरूपात्मक सम्प्रदाय का
B. समाजशास्त्र के समन्वयात्मक सम्प्रदाय का
C. समाजशास्त्र के जैविकीय सम्प्रदाय का
D. इनमें से किसी का भी नहीं

Q.93 अनुसूचित जनजाति के कल्याण हेतु कौन-सा स्वैच्छिक अभिकरण सबसे अधिक महत्वपूर्ण ढंग से कार्यरत है?

A. समाज कल्याण मंत्रालय
B. भारतीय आदिम जाति सेवक संघ
C. जनजातीय सलाहकार परिषद्
D. जनजातीय शोध संस्थाएँ

Q.94 भारतीय संविधान के अनुच्छेद 17 में निम्नलिखित में से कौन सा उद्देश्य निहित है?

A. कानून के समक्ष समानता
B. नौकरियों में स्थान आरक्षण
C. अस्पृश्यता का सही रूपों में उन्मूलन
D. उपरोक्त में से कोई नहीं

Q.95 एल्विन ने भारतीय जनजातियों के संदर्भ में पृथक्करण की नीति का समर्थन इस कारण किया क्योंकि-

A. सम्पर्क से आदिम संस्कृति का विघटन हुआ है
B. आदिम संस्कृति आधुनिक संस्कृति से श्रेष्ठ है
C. सम्पर्क से वे प्रभावशाली समूह बन जायेंगे
D. सम्पर्क से हमारी संस्कृति कमजोर हो जायेगी

Q.96 बढ़ते हुए मानवीय सुख के आधार पर प्रगति की व्याख्या किसने की है?

A. काम्ट　　**B.** स्पेन्सर　　**C.** दुर्खीम　　**D.** वार्ड

Q.97 दुर्खीम के अनुसार आधुनिक समाजों में निम्नांकित में से कौन-सा मुख्य स्रोत सहबद्धता तथा एकता के लिए उत्तरदायी है?

A. दमनकारी कानून　　　**B.** श्रम विभाजन
C. वर्ग संघर्ष में तीव्रता　　**D.** शिक्षा का प्रसार

Q.98 निम्नांकित में सामाजिक नियंत्रण की विधि कौन-सी है?

A. प्रचार　　　　　　**B.** कानून
C. प्रशिक्षण　　　　　**D.** उपरोक्त सभी

Q.99 निम्नांकित में से समाज में संरचनात्मक परिवर्तन का उदाहरण कौन-सा है?

A. एक जनजातीय समाज का ईसाई धर्म स्वीकार करना
B. सामंतवादी समाज का पूँजीवादी समाज में परिवर्तन
C. कृषक समाज का यांत्रिक कृषि के हंग को अपनाना
D. श्रमिक संघ का कार्य के घंटों में परिवर्तन कराने में सफलता प्राप्त करना

Q.100 'लेवीरेट' से बोध होता है-

A. भाइयों तथा बहनों में विवाह
B. मृत पति के भाई तथा उसकी विधवा स्त्री में विवाह
C. मामा की पुत्री के साथ विवाह

D. बुआ की लड़की के साथ विवाह

Q.101 राजनैतिक संस्थाओं को समझने की कुंजी है-

A. वोट की अवधारणा
B. राजनैतिक दल की अवधारणा
C. नेतृत्व
D. सत्ता

Q.102 सामाजिक स्तरीकरण उस प्रक्रिया का नाम है जिसके द्वारा-

A. समाज में भूमिकाओं का वितरण व्यक्तियों से होता है
B. लिंग के आधार पर समाज का वर्गीकरण होता है
C. समाज के भीतर विभिन्न समूहों का एकीकरण होता है
D. व्यक्तियों को प्रस्थिति सोपानक्रम के आधार पर रखा जाता है

Q.103 विवाह पर 'द हिस्ट्री ऑफ ह्यूमन मैरिज' पुस्तक के रचयिता कौन थे?

A. एल.एच. मार्गन　　　**B.** ई. वेस्टरमार्क
C. हैमन्डार्फ　　　　　**D.** फ्रेजर

Q.104 निम्नांकित में से कौन-सी मूल विशेषता 'संरचना' का 'प्रकार्य' से अन्तर स्पष्ट करती है?

A. सामाजिक संगठन के स्वरूप
B. भागों की प्रकार्यात्मक परस्पर निर्भरता
C. सामाजिक व्यवस्था के अन्तः क्रियात्मक भागों में एक क्रम
D. सापेक्षिक सिथरता एवं परिवर्तन

Q.105 निम्नांकित में से किसने जनसंख्या-घनत्व को श्रम-विभाजन से सम्बद्ध बताया?

A. हर्बर्ट स्पेन्सर　　　**B.** एडम स्मिथ
C. दुर्खीम　　　　　　**D.** मैक्स वेबर

Q.106 'होमो हाईराकिक्स' पुस्तक किसने लिखी?

A. मिल्टन सिंगर　　　**B.** फ्रेड पोलक
C. मैकिम मैरियट　　　**D.** लुइस ड्यूमान्ट

Q.107 राबर्ट रेडफील्ड के अनुसार लघु समुदाय की मुख्य विशेषता है-

A. लघुता　　　　　　**B.** आत्मनिर्भरता
C. सजातीयता　　　　　**D.** उपर्युक्त सभी

Q.108 'रेसेज़ एण्ड कल्चर्स ऑफ इण्डिया' पुस्तक किसने लिखी?

A. राधा कमल मुखर्जी　　**B.** डी. एन. मजूमदार
C. गिलिन　　　　　　**D.** बी. एस. गुहा

Q.109 'श्वेतवसन अपराध' की अवधारणा सर्वप्रथम किसने प्रतिपादित की?

A. दुर्खीम　　　　　　**B.** कार्ल मार्क्स
C. एम.एन. श्रीनिवास　　**D.** एडविन सदरलैंड

Q.110 'संस्कृतीकरण' से बोध होता है-

A. परिवार में बच्चों के समाजीकरण का
B. विदेश सेवा में नवनियुक्त अधिकारियों को दिये जाने वाले अभिविन्यास पाठ्यक्रम प्रशिक्षण का
C. किसी प्रभुत्वशाली संस्कृति के तत्वों का आश्रित संस्कृति पर अधिरोपण का
D. भारत में निम्न जातियों अथवा जनजातियों द्वारा अपनी सामाजिक प्रस्थिति को ऊँचा उठाने के लिए उच्च जातियों की संस्कृति के अनुकरण का

Q.111 विचलित व्यवहार परिभाषित किया गया है, ऐसा व्यवहार-

A. जिसमें सामाजिक प्रतिमानों का उल्लंघन निहित होता है
B. अंतःकरण के विरुद्ध कार्य करना निहित होता है
C. अनैतिक व्यक्ति की भर्त्सना निहित होती है

D. किसी प्रतिज्ञा का तोड़ना निहित होता है

Q.112 संस्कृति का मुख्य वाहक क्या है?

A. आवास　　**B.** सड़क　　**C.** प्रतीक　　**D.** व्यक्ति

Q.113 निम्नलिखित में से कौन-सा एक कथन संस्था का सर्वोत्तम वर्णन करता है?

A. नैतिक सिद्धान्तों का निर्धारित समुच्चय
B. कार्यविधि का सुस्थापित रूप और शर्ते
C. समाज द्वारा स्थापित संगठन
D. समाज द्वारा स्थापित मूल्य व्यवस्था

Q.114 निम्नलिखित में से कौन-सा संस्था का उदाहरण नही है?

A. विवाह　　**B.** समसमूह　　**C.** परिवार　　**D.** नातेदारी

Q.115 निम्नलिखित में "नातेदारी" की सबसे अच्छी परिभाषा कौन-सी है?

A. वंशावली सम्बन्धो की सामाजिक मान्यता तथा अभिव्यक्ति
B. सामाजिक मान्यता प्राप्त सम्बन्ध
C. सांस्कृतिक अनुकूलित सम्बन्धों की मान्यता
D. सम्बन्धियों का समूहन

Q.116 हवाइयन नातेदारी व्यवस्था से सम्बन्धित शब्दावली की विशेषता उन समाजों द्वारा बताई गई है जो निम्नलिखित का अनुसरण करते हैं-

A. पैतृक वंशानुक्रम व्यवस्था
B. मातृक वंशानुक्रम व्यवस्था
C. सजातीय वंशानुक्रम व्यवस्था
D. द्विपक्षीय वंशानुक्रम व्यवस्था

Q.117 निम्नलिखित किस जनजाति में सबसे छोटी पुत्री को सम्पत्ति का उत्तराधिकार प्राप्त होता है?

A. खासी　　**B.** खासा　　**C.** कुकी　　**D.** अपेटिमस

Q.118 हिन्दू धर्म से दूसरे धर्मों में परिवर्तित व्यक्तियों को पुन: हिन्दू धर्म में लाने का 'शुद्धिकरण' आंदोलन किसने प्रारम्भ किया?

A. ब्रह्म समाज　　　　**B.** प्रार्थना समाज
C. आर्य समाज　　　　**D.** राधा स्वामी

Q.119 निम्नलिखित में से कौन-सा एक सही सुमेलित नही है?

A. बौद्ध धर्म : मठविषयक रहस्यवाद
B. जैन धर्म: ईश्वरवाद
C. ईसाई धर्म : प्रार्थना द्वारा मोक्ष
D. हिन्दू धर्म : कर्म और धर्म

Q.120 उत्तरी जापान के "आयनो" लोगों में परम्परा से प्रचलित वह परिपाटी, जिसके तहत किसी व्यक्ति द्वारा अपने शत्रु की मूर्ति के सिर और वक्ष में कील ठोककर पेड़ पर टाँगा जाता है, निम्नलिखित का उदाहरण है-

A. होम्योपैथिक जादू　　　　**B.** सहानुभूतिपूर्ण जादू
C. अनुकरणात्मक जादू　　　　**D.** संक्रामक जादू

Q.121 निम्नलिखित में से "मैजिक साइंस एंड रिलीजन एण्ड अदर एसेज" पुस्तक का लेखक कौन है?

A. बी. मैलिनोवस्की　　　　**B.** ए.आर. रेदक्लिफ-ब्राउन
C. जे.जी. फ्रेजर　　　　**D.** इ.बी. टालर

Q.122 निम्नलिखित में से जादू का वर्गीकरण किसने किया है?

A. मॉर्गन　　**B.** स्पेंसर　　**C.** मेन　　**D.** फ्रेजर

Q.123 सामान्यतः दायभाग का चलन किस राज्य में है?

A. राजस्थान　　　　**B.** पश्चिमी बंगाल
C. पंजाब　　　　**D.** महाराष्ट्र

Q.124 मैलिनोवस्की ने 'कुला' संस्था का जो वर्णन किया है वह निम्नलिखित में से किसका उदाहरण है?

A. ऋण के निपटारे की पद्धति
B. वस्तुओं के औपचारिक विनिमय की पद्धति
C. समाज में उच्च प्रर्थिति प्राप्त करने की पद्धति
D. सम्पत्ति को अर्जित करने का साधन

Q.125 निम्नलिखित में किन को नौकरशाही संगठन की संज्ञा दी जाएगी?

1. औद्योगिक निगम
2. दंड- संस्था
3. चर्च
4. धर्म-सभा

निम्नलिखित कूटों से सही उत्तर का चयन कीजिए-

A. 1 और 2　　**B.** 1 और 4　　**C.** 1,2 और 3　　**D.** 1,2 और 4

// स्मार्ट उत्तर पुस्तिका //

सही उत्तर — उन छात्रों के प्रतिशत को इंगित करता है जिन्होंने प्रश्नों का सही उत्तर दिया था।

छोड़ दिया — उन छात्रों के प्रतिशत को इंगित करता है जिन्होंने प्रश्नों को छोड़ दिया था।

प्रश्न संख्या	उत्तर	सही उत्तर / छोड़ दिया
1	C	22.58 % / 16.13 %
2	B	41.94 % / 35.48 %
3	A	41.94 % / 29.03 %
4	D	35.48 % / 35.49 %
5	D	6.45 % / 35.49 %
6	D	48.39 % / 32.26 %
7	B	38.71 % / 35.43 %
8	C	25.81 % / 35.48 %
9	A	45.16 % / 35.49 %
10	B	58.06 % / 35.49 %
11	A	41.94 % / 35.48 %
12	D	45.16 % / 35.49 %
13	A	22.58 % / 32.26 %
14	C	58.06 % / 35.49 %
15	C	25.81 % / 35.48 %
16	A	35.48 % / 32.26 %

प्रश्न संख्या	उत्तर	सही उत्तर / छोड़ दिया
17	D	19.35 % / 35.49 %
18	D	51.61 % / 35.49 %
19	A	58.06 % / 29.04 %
20	B	25.81 % / 32.25 %
21	B	41.94 % / 32.25 %
22	D	58.06 % / 35.49 %
23	B	48.39 % / 29.03 %
24	B	16.13 % / 35.48 %
25	B	29.03 % / 35.49 %
26	B	41.94 % / 35.48 %
27	D	25.81 % / 32.25 %
28	C	16.13 % / 35.48 %
29	C	22.58 % / 32.26 %
30	D	22.58 % / 35.48 %
31	D	19.35 % / 35.49 %
32	A	41.94 % / 32.25 %

प्रश्न संख्या	उत्तर	सही उत्तर / छोड़ दिया
33	D	38.71 % / 29.03 %
34	A	41.94 % / 35.48 %
35	B	45.16 % / 35.49 %
36	A	41.94 % / 35.48 %
37	C	38.71 % / 35.48 %
38	C	48.39 % / 35.48 %
39	B	41.94 % / 35.48 %
40	D	45.16 % / 35.49 %
41	B	32.26 % / 32.26 %
42	C	58.06 % / 32.26 %
43	B	41.94 % / 32.25 %
44	A	32.26 % / 35.48 %
45	A	48.39 % / 32.26 %
46	C	19.35 % / 35.49 %
47	C	22.58 % / 35.48 %
48	C	58.06 % / 35.49 %

प्रश्न संख्या	उत्तर	सही उत्तर / छोड़ दिया
49	A	58.06 % / 35.49 %
50	B	41.94 % / 35.48 %
51	C	25.81 % / 32.25 %
52	C	61.29 % / 32.26 %
53	C	29.03 % / 35.49 %
54	D	58.06 % / 35.49 %
55	D	51.61 % / 35.49 %
56	D	61.29 % / 35.48 %
57	D	54.84 % / 35.48 %
58	D	54.84 % / 35.48 %
59	A	58.06 % / 35.49 %
60	D	51.61 % / 32.26 %
61	D	51.61 % / 35.49 %
62	D	22.58 % / 35.48 %
63	D	58.06 % / 35.49 %
64	B	41.94 % / 35.48 %

प्रश्न संख्या	उत्तर	सही उत्तर / छोड़ दिया
65	D	35.48 % / 35.49 %
66	A	45.16 % / 35.49 %
67	B	45.16 % / 35.49 %
68	B	48.39 % / 35.48 %
69	B	48.39 % / 35.48 %
70	A	38.71 % / 35.48 %
71	C	51.61 % / 29.04 %
72	D	58.06 % / 32.26 %
73	A	35.48 % / 35.49 %
74	D	35.48 % / 35.49 %
75	B	29.03 % / 35.49 %
76	C	61.29 % / 35.48 %
77	B	25.81 % / 35.48 %
78	C	58.06 % / 35.49 %
79	D	41.94 % / 29.03 %
80	A	32.26 % / 32.26 %

प्रश्न संख्या	उत्तर	सही उत्तर / छोड़ दिया
81	B	48.39 % / 32.26 %
82	A	41.94 % / 35.48 %
83	A	54.84 % / 35.48 %
84	C	48.39 % / 35.48 %
85	A	61.29 % / 35.48 %
86	C	29.03 % / 35.49 %
87	D	45.16 % / 32.26 %
88	B	45.16 % / 35.49 %
89	C	25.81 % / 35.48 %

प्रश्न संख्या	उत्तर	सही उत्तर / छोड़ दिया
90	C	35.48 % / 35.49 %
91	C	51.61 % / 35.49 %
92	B	48.39 % / 35.48 %
93	B	35.48 % / 32.26 %
94	C	61.29 % / 35.48 %
95	A	41.94 % / 35.48 %
96	D	32.26 % / 35.48 %
97	B	48.39 % / 35.48 %
98	D	41.94 % / 35.48 %

प्रश्न संख्या	उत्तर	सही उत्तर / छोड़ दिया
99	B	41.94 % / 35.48 %
100	B	61.29 % / 35.48 %
101	B	41.94 % / 35.48 %
102	D	38.71 % / 35.48 %
103	B	51.61 % / 35.49 %
104	D	16.13 % / 35.48 %
105	C	61.29 % / 35.48 %
106	D	51.61 % / 35.49 %
107	D	64.52 % / 32.25 %

प्रश्न संख्या	उत्तर	सही उत्तर / छोड़ दिया
108	B	29.03 % / 35.49 %
109	D	64.52 % / 32.25 %
110	D	51.61 % / 35.49 %
111	A	58.06 % / 32.26 %
112	C	51.61 % / 35.49 %
113	B	48.39 % / 32.26 %
114	B	45.16 % / 35.49 %
115	A	38.71 % / 35.48 %
116	B	16.13 % / 35.48 %

प्रश्न संख्या	उत्तर	सही उत्तर / छोड़ दिया
117	A	41.94 % / 32.25 %
118	C	41.94 % / 35.48 %
119	B	51.61 % / 32.26 %
120	C	41.94 % / 32.25 %
121	A	35.48 % / 32.26 %
122	D	61.29 % / 35.48 %
123	B	54.84 % / 32.26 %
124	B	45.16 % / 35.49 %
125	C	16.13 % / 35.48 %

कार्य विश्लेषण	
औसत अंक (%)	46.12%
टॉपर्स स्कोर (%)	90.35%
आपका स्कोर	

//संकेत और समाधान//

1. एक समूह में वर्ग चेतना का अर्थ है कि उसमें वास्तविक स्थितियों के प्रति झूठी चेतना के स्थान पर पूर्ण जागरूकता आ जाती है अर्थात् समूह के सदस्यों में यथार्थता का ज्ञान होने पर उनमें एकता के लिए जागरूकता आ जाती है। मार्क्स ने इसे 'स्वयं के लिए वर्ग' के माध्यम से स्पष्ट किया है जहाँ सर्वहारा वर्ग अपने शोषण व अलगाव के प्रति जागरूक हो जाता है।

अत: विकल्प (C) सही है।

2. रॉस का कथन है कि "प्रतिस्पर्धा प्रत्येक व्यक्ति को उसके सामाजिक जगत में स्थान प्रदान करने का प्रमुख कार्य करती है। प्रतिस्पर्धा एक प्रगतिशील शक्ति है जो निर्माण करती है न कि विनाश।"

अत: विकल्प (B) सही है।

3. जनांकिकी संक्रमण के सिद्धान्त में आर्थिक विकास से संबंधित जन्म और मृत्यु दरों की तीन अवस्थाओं को स्वीकार किया गया है। इसकी प्रथम अवस्था में जबकि देश की अर्थव्यवस्था कृषि प्रधान और निम्न आय वाली होती है- जन्मदर और मृत्यु दर दोनों उच्च होते हैं। विकल्प (B) द्वितीय एवं (D) तृतीय अवस्था का द्योतक है ।

अत: विकल्प (A) सही है।

4. सदरलैण्ड एवं मैक्सवेल के अनुसार "सामाजिक स्तरीकरण अंत:क्रिया अथवा विभेदीकरण की प्रक्रिया है, जिसके आधार पर कुछ लोगों का स्थान कम अन्य लोगों की तुलना में उच्च होता है।" सामाजिक स्तरीकरण सामाजिक विभेदीकरण तथा श्रेणीकरण के एक प्रकार को संदर्भित करता है।

अत: विकल्प (D) सही है।

5. सर्वहाराकरण की प्रक्रिया का अर्थ है किसी भी वर्ग का अवरोहण श्रमिक वर्ग में होना। मार्क्स के द्वंद्वात्मक सिद्धान्त के अनुसार, सामाजिक स्तरीकरण का मुख्य आधार-आर्थिक हितों की भिन्नता, इनके आधार पर वर्गों की संरचना तथा आर्थिक हितों के परस्पर विरोध के कारण होने वाला 'वर्ग-संघर्ष'। इतिहास के सभी काल खण्डों में-धनी तथा निर्धन, विजेता तथा विजित, शोषक तथा शोषित ये दो वर्ग रहे हैं। इनमें से पहले वर्ग का मार्क्स 'बुर्जुआ' एवं दूसरे वर्ग को-'सर्वहारा वर्ग' की संज्ञा से अभिहीत किया है।

अत: विकल्प (D) सही है।

6. मैक्स वेबर कहते हैं कि प्रस्थिति समूह भारत में परम्परात्मक हिन्दू समाज की जाति व्यवस्था में अधिक विकसित रूप से देखा जा सकता है। मैक्स वेबर ने एक संवृत प्रस्थिति समूह को जाति का लक्षण बताया हैं।

अत: विकल्प (D) सही है।

7. मैक्स वेबर का कथन है कि "वर्ग की अवधारणा को यथार्थ रूप से समझने के लिए यह आवश्यक है कि हम बाजार अवस्था का उचित ज्ञान कर लें, क्योंकि यह बाजार ही है जो कि व्यक्तियों के लिए सामान्य अवस्था को उत्पन्न करता है। मैक्स वेबर के अनुसार, पूँजीवादी समाज में वर्ग की रचना का सही आधार "बाजार परिस्थिति में सम्पत्ति सम्बन्ध" है।

अत: विकल्प (B) सही है।

8. अभिजन, सामान्यजन तथा पादरी "संपदा व्यवस्था" के तत्व है। संपदा व्यवस्था सामाजिक पदानुक्रम का एक रूप है जिसमें एक किसान या सेर को भूमि के एक टुकड़े का मालिकाना हक होना चाहिए। बदले में, एक रईस सुरक्षा या किसी अन्य सहनत सेवा प्रदान करेगा।

अत: विकल्प (C) सही है।

9. एक जाति व्यक्तियों का एक छोटा और विशेष नाम वाला समूह है जिसमें सजातीय विवाह, आनुवंशिक सदस्यता और एक विशेष जीवन शैली की विशेषता होती है। जाति में अपने सामाजिक अस्तित्व के प्रति प्रबल चेतना होती है तथा प्रत्येक जाति की अपनी सांस्कृतिक विशेषताएँ होती हैं, जबकि वर्ग के संदर्भ में ऐसा नहीं है।

10. जजमानी व्यवस्था में चमार, नाई, धोबी, कुम्हार, लुहार आदि सभी की सेवाओं को सुनिश्चित किया जाता था। संरक्षक (पुरोहित) उन लोगों के जीवन यापन के लिए भोजन भी सुनिश्चित करते थे, जो विशेषज्ञ सेवाएँ प्रदान करते थे, उन्हें उनकी सेवाओं के मूल्य के बराबर अनाज कपड़े या अन्य आर्थिक महत्व की चीजें प्रदान की जाती थीं ।

अत: विकल्प (B) सही है।

11. वर्तमान में अधिकांश नगरीय लोग भीड़-भाड़, गंदी बस्तियों तथा पानी की निकासी की समस्याओं से बचने के लिए मुख्य नगर के बाहर के आवास क्षेत्रों की ओर रहना पसन्द कर रहे हैं, जिन्हें 'उपनगरों' की संज्ञा दी जाती है। उपनगर ज्यादा साफ सु थरे तथा अधिक सुनियोजित होते हैं।

अत: विकल्प (A) सही है।

12. सहपूर्वज-पूजा जाति व्यवस्था की आवश्यक विशेषता नहीं है । फ्रेंच समाजशास्त्री ड्यूमा के अनुसार "जाति प्रणाली का मुख्य आधार 'शुद्धता' एवं प्रदूषण' की अवधारणा है। शुद्धता की कसौटियों पर जो अतिधकतम शुद्ध है, उसे सामाजिक स्तरीकरण के स्थान क्रम में सर्वोच्च स्थान प्रदान किया जाता है। जिन समूहों में शुद्धता के तत्व कम पाये जाते है, उन्हें पदानुक्रम में निम्न श्रेणी प्राप्त होती है।

अत: विकल्प (D) सही है।

13. खारिया जनजातियों में स्त्रियों द्वारा हल-छना तथा घर पर छप्पर डालना वर्जित है। इसके अतिरिक्त डॉ. मजूमदार ने नव प्रसूता स्त्रियों के लिए कुछ निषेधाज्ञा का वर्णन किया है- उरांव जनजाति के किसान स्त्री को हल नहीं छूने देते खारिया जनजाति स्त्री के हल छूने पर उसे हल में जोत देते हैं, उसे घास खिलाते हैं और अंत में उससे गांव भर में भीख मँगवाते हैं।

अत: विकल्प (A) सही है।

14. मार्क्स ने आर्थिक उत्पादन की प्रक्रिया से जुड़े व्यक्तियों के पदों के संदर्भ में वर्ग को परिभाषित किया है। मार्क्स के अनुसार वर्ग समान विशेषताओं के लिए व्यक्तियों का एक समूह मात्र नहीं है, अपितु, इस समूह के सदस्यों में अपने वर्ग के संबंध में जागरूकता भी होनी चाहिए ।

अत: विकल्प (C) सही है।

15. ई. दुर्खीम ने अपनी 2 भागों में बँटी प्रख्यात पुस्तक "सोशल डिवीज़न ऑफ़ लेबर" के प्रथम भाग में 'सामाजिक एकता' का विश्लेषण करते हुए कहा है कि इसके स्वरूप में परिवर्तन-यांत्रिक संहति से सावयवी संहति में होता है।

अत: विकल्प (C) सही है।

16. उत्तर औद्योगिक समाज की धारणा डेनियल बेल ने दी। इससे उनका तात्पर्य उन नए सामाजिक ढाँचों से है जो औद्योगिक दृष्टि से विकसित समाजों में विशेषतः USA में 20वीं सदी के मध्य से अस्तित्व में आती रही है। यह समाज वस्तुतः एक नए ज्ञान पर आधारित समाज है जो पुराने कॉर्पोरेट पूँजीवाद से उपज रहा है। उद्योगोत्तर समाज के उदय के कारण है,

- नवीन प्रौद्योगिकियों का उदय
- नवीन राजनैतिक सत्ता का उदय
- नवीन वर्गों का उदय

अत: विकल्प (A) सही है।

17. एस.ए. डाँगे भारत में श्रमिक संघ आंदोलन के अग्रणी है। बम्बई में सोशलिस्ट पत्र के संपादक एस.ए. डाँगे ने कामगारों तथा कृषकों को समर्थन देकर साम्यवादी विचारों का प्रसार किया।

अत: विकल्प (D) सही है।

18. जादू को आदि विज्ञान माना जाता है क्योंकि जादू की असफलता सिद्ध हो जाने पर ही धर्म का प्रादुर्भाव हुआ। फ्रेजर जादू को अर्द्धविज्ञान (आदि विज्ञान) भी कहते हैं।

अत: विकल्प (D) सही है।

19. उद्यान में टहलते वृद्धजन समिति नहीं हैं क्योंकि समिति को मनुष्यों के विचारपूर्वक बनाये गये ऐसे संगठन के रूप में परिभाषित किया जा सकता है जिसके एक या कुछ उद्देश्य होते हैं और साथ ही जिनकी एक कार्यकारिणी भी होती है।

अत: विकल्प (A) सही है।

20. एक विशेष प्रतिस्थिति के लिए निश्चित आयु का होना भी आवश्यक होता है। चूंकि एक बच्चा अबोध अवस्था में रहता है, इस दृष्टि से वह प्रस्थिति शून्य होती है।

अत: विकल्प (B) सही है।

21. इसी संयुक्त समिति के कारण संयुक्त परिवार एक-दूसरे से बँधा रहता है, क्योंकि संयुक्त परिवार में कर्त्ता की भूमिका प्रमुख होती है। कर्वे ने परम्परागत (संयुक्त) परिवार की पांच विशेषताएं बताई हैं: सह निवास, सह रसोई, सह सम्पत्ति, सह पूजा, तथा कोई नातेदारी सम्बन्ध।

अत: विकल्प (B) सही है।

22. किसी समान लक्ष्य की प्राप्ति के लिए विभिन्न व्यक्तियों या समूहों का परस्पर मिलकर कार्य करना ही सहयोग है इस कारण इसमें 'हम' की भावना पाई जाती है।

अत: विकल्प (D) सही है।

23. विवाह का एक नियम जो एक व्यक्ति को अपनी प्रथम पत्नी की छोटी बहनों या उनमें से किसी एक के साथ, प्रथम पत्नी के जीवन काल में ही अतिरिक्त पत्नियों के रूप में अथवा प्रथम पत्नी की मृत्यु के उपरान्त उसके स्थानापन्न के रूप में विवाह करने की स्वीकृति देता है। उस विवाह को सॉरोरेट (साली विवाह) कहते है।

अत: विकल्प (B) सही है।

24. के. एम. कपाड़िया ने भारत में संयुक्त परिवार की विशेषता को विस्तृत स्वजन समूह के रूप में वर्णन किया है, जबकि इरावती कर्वे के अनुसार 'जाति एक विस्तृत स्वजन समूह है।

अत: विकल्प (B) सही है।

25. एल. टी. हॉबहाउस के अनुसार, 'सम्पत्ति मानव द्वारा वस्तुओं के ऊपर नियंत्रण के संदर्भ में समझी जानी चाहिए। एल. टी. हॉबहाउस एक ब्रिटिश उदारवादी, राजनीतिक सिद्धांतकार तथा समाजशास्त्री थे। एल.टी. हॉबहाउस के अनुसार- अधिकार तथा कर्तव्य सामाजिक कल्याण की दशाएं हैं- समाज के प्रत्येक सदस्य का इस कल्याण के प्रति द्वैध संबंध है। उसका उसमें एक भाग है, यह उसका अधिकार है। उसको इसमें एक भाग देना है, यह उसका कर्तव्य है।"

अत: विकल्प (B) सही है।

26. बाजार वह स्थान है जहाँ वस्तुओं का क्रय-विक्रय हो ता है। आज की औद्योगिक पूंजीवादी व्यवस्था में श्रम, उद्यमी, उपभोग की वस्तुओं तथा पेशेवर सेवाओं सभी का अपना बाजार है। बाजार का अस्तित्व वस्तुओं के एक से अधिक विक्रेताओं के अस्तित्व पर निर्भर करता है। औद्योगिक पूँजीवादी व्यवस्था में बाजार की कार्य पद्धति मुक्त बाजार और खुली प्रतिस्पर्धा पर आधारित है।

अत: विकल्प (B) सही है।

27. बेलाजिअन मानवशास्त्री-वॉन गैनेप ने (द राइट ऑफ पैसेज) 1901 में संस्कारों के वर्गिकरण की एक रूपरेखा प्रस्तुत की। गैनेप ने लिखा कि "एक व्यक्ति का समाज में मात्र जन्म ही नहीं होता अपितु जीवन- पथ के संस्कारों (Rites de Passage) द्वारा तराश कर उसकी एक सामाजिक व्यक्ति के रूप में पुनर्रचना की जाती है।

अत: विकल्प (D) सही है।

28. प्रजातीय अन्तर्मिश्रण के कारण विकृति उत्पन्न होती है ऐसी मान्यता त्रुटिपूर्ण है, क्योंकि यातायात की सुविधा के कारण विभिन्न प्रजातियों का मिश्रण इतना अधिक हुआ कि आज कोई भी प्रजाति पूर्ण शुद्धता का दावा नहीं कर सकती, क्योंकि प्रत्येक प्रजाति में वर्णसंकरता के लक्षण पाये जाते हैं, किन्तु उनमें कोई विकृति नहीं है।

अत: विकल्प (C) सही है।

29. सेवानिवृत्त व्यक्तियों की समिति में सामाजिक समूह की सभी विशेषताओं का समावेश है इसलिये इसे सामाजिक समूह कहा जा सकता है।

अत: विकल्प (C) सही है।

30. प्राप्त या अर्जित प्रस्थिति एक अवधारणा है जिसे मानवविज्ञानी राल्फ लिंटन द्वारा विकसित किया गया है जो एक सामाजिक स्थिति को दर्शाता है जिसे एक व्यक्ति योग्यता के आधार पर प्राप्त कर सकता है। यह एक ऐसी स्थिति है जिसे अर्जित या चुना जाता है। यह असवर्धित स्थिति के विपरीत है। यह प्रस्थिति व्यक्ति को स्वमेव अर्थात् जन्म से प्राप्त हो जाती है। अर्जित प्रस्थिति के उदाहरणों में एथलीट, वकील, राजकुमार, डॉक्टर, माता-पिता, पति / पत्नी, अपराधी, चोर या विश्वविद्यालय के प्रोफेसर बनना शामिल है।

अत: विकल्प (D) सही है।

31. प्रत्येक प्रस्थिति से सम्बन्धित एक भूमिका अवश्य होती है। इसलिये व्यक्ति विभिन्न प्रस्थितियों से सम्बन्धित विभिन्न भूमिकाओं का निर्वाह बिना आन्तरिक संघर्ष के करता है।

अत: विकल्प (D) सही है।

32. मानवकृतियाँ मानव विज्ञान की शब्दावली है जिसका तात्पर्य जीवन के मूलभूत तथ्यों से है।

अत: विकल्प (A) सही है।

33. सामुदायिक भावना के अतिरिक्त समुदाय के अन्य अनिवार्य तत्व हैं- जनसंख्या एवं निश्चित भू-भाग।

अत: विकल्प (D) सही है।

34. यह सब सामाजिक मूल्य है जिसका पालन व्यक्ति के नैतिक उत्थान के लिए आवश्यक होता है। मूल्य के समाजशास्त्र का अध्ययन राधा कमल मुखर्जी ने किया है।

अत: विकल्प (A) सही है।

35. संस्कृति में, पीढ़ी दर पीढ़ी चला आ रहा व्यवहार एवं वर्तमान पीढ़ी के उपार्जित व्यवहार दोनों का समावेश होता है। क्रोबर द्वारा संस्कृति की इस विशेषता का उल्लेख किया गया है।

अत: विकल्प (B) सही है।

36. नातेदारी व्यवस्था के अंतर्गत संबंधों को समरक्त संबंधी एवं विवाही संबंधों में विभक्त किया जाता है। पिता प्राथमिक स्वजन, पिता के भाई द्वितीयक स्वजन है अत: पिता के भाई की बहू हमारी विवाही स्वजन होगी।

अत: विकल्प (A) सही है।

37. मर्टन ने सन्दर्भ समूह के प्रकार्यात्मक पक्ष के अन्तर्गत प्रत्याशामूलक समाजीकरण का वर्णन किया है।

अत: विकल्प (C) सही है।

38. नातेदारी अध्ययन के अतिरिक्त कपाड़िया ने भारतीय परिवार एवं विवाह के अध्ययन के आधार पर-'मैरिज एंड फेमिली इन इण्डिया' नामक पुस्तक लिखी है, जबकि आंद्रे बेतई ने भारतीय गाँवों की प्रकृति को स्पष्ट करने के लिए 'अग्रहम गांव, तंजौर (तमिलनाडु), जिन्होंने उसे श्रीपुरम कहा का अध्ययन किया तथा घुरिये जाति उत्पत्ति के प्रजातीय सिद्धांत से सम्बन्धित है।

अत: विकल्प (C) सही है।

39. ऑगबर्न ने अपनी पुस्तक-'सोशल चेंज' में सांस्कृतिक विलम्बना सिद्धान्त का प्रतिपादन किया है तथा कहा है कि भौतिक संस्कृति, अभौतिक संस्कृति की अपेक्षा तीव्र गति से परिवर्तित होती है, फलतः उन दोनों में असंतुलन उत्पन्न हो जाता है।

अत: विकल्प (B) सही है।

40. समाज के जिस संस्थापक रूप में आर्थिक क्रियाएँ सम्पन्न की जाती हैं इसी रूप में एक समाजशास्त्री अपना ध्यान केन्द्रित करता है।

अत: विकल्प (D) सही है।

41. समाज में 'शासक वर्ग' की अवधारणा गिटानो मोस्का द्वारा विकसित की गई है।

गिटानो मोस्का के अनुसार, सभी समाजों में केवल दो प्रकार के वर्गों के लोग पाये जाते हैं। एक, उस वर्ग के लोग जो शासन करते हैं और दूसरे, जिन पर शासन किया जाता है पहले वर्ग के लोग अल्पसंख्यक होते हुए भी सभी प्रकार के राजनीतिक कार्यों का नियन्त्रण अपने हाथों में रखते हैं। जबकि दूसरा वर्ग बहुसंख्यक होते हुए भी प्रथम वर्ग द्वारा कभी वैध तरीकों से और कभी अधिक या कम मात्रा में स्वेच्छाचारी एवं हिंसक तरीकों से निर्देशित व नियन्त्रित रहता है।

अतः विकल्प (B) सही है।

42. डब्लूएच. वाइजर ने अपनी रचना 'दि हिन्दू जजमानी सिस्टम' 1936 में अन्तर्जातीय संबंधों व्व विश्लेषण जजमानी संबंध के आधार पर किया है। वाइजर के अनुसार जजमानी व्यवस्था भारतीय ग्राम को एक आत्मनिर्भर समुदाय के रूप में बनाये रखने में सहायक होती है।

अत: विकल्प (C) सही है।

43. पोटलाश एक बहुत ही व्यय साह्य भोज का नाम है जिसका प्रमुख कार्य अपनी सामाजिक प्रस्थिति को ऊँचा दिखाना और इस प्रस्थिति के अंतर्गत ये प्रतियोगिता का आयोजन करते हैं। इसका प्रचलन दक्षिणी अमेरिका में निवास करने वाली जनजातियों का क्विटल, शिमसियन, हैडा आदि में पाया जाता है।

अत: विकल्प (B) सही है।

44. सम्पत्ति का अधिकार पहले भारत के सभी नागरिकों को प्रदान किया गया एक मौलिक अधिकार था, परन्तु संवैधानिक संशोधन द्वारा अब यह वैधानिक अधिकार है।

अत: विकल्प (A) सही है।

45. अनुच्छेद 14 में सभी नागरिकों को समानता का अधिकार प्रदान किया गया है। इससे कहा ग्या है कि राज्य भारत के राज्य क्षेत्र में किसी व्यक्ति को विधियों के समक्ष समता से, विधियों के समान संरक्षण से वंचित नहीं करेगा।'

अत: विकल्प (A) सही है।

46. जनजातीय समाज में रूढ़िवादिता के कारण आदिम प्रौद्योगिकी को ही अपनाये रहते हैं जो कि इनके आर्थिक पिछड़ेपन का प्रमुख कारण है।

अत: विकल्प (C) सही है।

47. प्रजाति शब्द का प्रयोग धर्म, भाषा, समान निवास स्थान, संस्कृति राष्ट्र आदि विभिन्न अर्थों में किया गया है, जो कि प्रजाति की सामान्य व्याख्या मात्र है, न कि वैज्ञानिक।' वस्तुतः प्रजाति एक प्राणिशास्त्रीय अवधारणा है, अतएव धर्म राष्ट्र संस्कृति के साथ इसका कोई संबंध नहीं है।

अत: विकल्प (C) सही है।

48. टॉनीज ने समाज के दो आधारभूत स्वरूप बताये हैं। गैमांइन गैसेलशैफ्ट (समाजशास्त्र) गैमाइनशैफ्ट (समुदाय) है।

अत: विकल्प (C) सही है।

49. ऑगबर्न ने अपनी पुस्तक- सोशल चेंज में प्रस्तुत 'सांस्कृतिक विलंबना सिद्धांत' के अन्तर्गत-भौतिक एवं अभौतिक संस्कृति में भेद किया है।

अत: विकल्प (A) सही है।

50. आर. के. मर्टन ने समूह के सन्दर्भ में सापेक्षिक प्रवंचना सिद्धान्त का वर्णन किया है, जिसका तात्पर्य व्यक्ति स्वयं की परिस्थिति के साथ दूसरे लोगों की परिस्थिति की तुलना करता है उसी आधार पर अपने आपके सम्बन्ध में कोई निष्कर्ष निकालता है।

अत: विकल्प (B) सही है।

51. मानव की उत्पत्ति के संबंध में वैज्ञानिक धारणा एवं सिद्धांत प्रस्तुत करने का श्रेय 'डार्विन' को है। उन्होंने अपनी पुस्तकें 'Origin of Species' में जीवों की उत्पत्ति तथा विकास एवं 'The Desent of Man' में मानव उद्विकास को स्पष्ट किया है।

अत: विकल्प (C) सही है।

52. इसके अतिरिक्त मर्टन ने भूमिका प्रतिमान प्रस्थिति एवं प्रस्थिति शृंखला का भी वर्णन किया है।

अत: विकल्प (C) सही है।

53. विवाहेत्तर यौनाचरण सामाजिक नियमहीनता का उदाहरण है। विवाहेत्तर यौनाचरण आधुनिक परिवार का आवश्यक लक्षण नहीं माना जा सकता है।

अत: विकल्प (C) सही है।

54. बहिर्विवाह का अर्थ है समूह से बाहर विवाह इसके विपरीत स्थिति में जब व्यक्ति अपने ही समूह के अंदर विवाह करता है तो उसे अंतर्विवाह कहा जाता है।

अत: विकल्प (D) सही है।

55. चूँकि सामाजिक सम्बन्ध द्वारा समाज का निर्माण होता है इसलिये समाज को मैकाइवर और पेज ने सामाजिक सम्बन्धों का जाल कहा है। समाज एक से अधिक लोगों के समुदायों से मिलकर बने एक वृहद समूह को कहते हैं जिसमें सभी व्यक्ति मानवीय क्रियाकलाप करते हैं। समाज लोगों का ऐसा समूह होता है जो अपने अंदर के लोगों के मुकाबले अन्य समूहों से काफी कम मेलजोल रखता है।

अत: विकल्प (D) सही है।

56. मृत्युदर, प्रजजन एवं प्रजनन क्षमता तीनों ही कारक किसी देश या प्रान्त की जनसंख्या की भिन्नता को प्रभावित करते हैं।

अत: विकल्प (D) सही है।

57. सोरोकिन ने अपनी पुस्तक 'सोशल एंड कल्चरल डायनामिक' में प्रस्तुत सामाजिक, सांस्कृतिक गतिशीलता सिद्धान्त के अंतर्गत-चेतनात्मक एवं भावनात्मक संस्कृति के मध्य उतार-चढ़ाव को सामाजिक परिवर्तन माना है। साथ ही जिस बिन्दु पर इन दोनों संस्कृतियों का मिश्रण होता है उसे आदर्शात्मक संस्कृति कहा है।

अत: विकल्प (D) सही है।

58. डॉ. मजूमदार का मानना है कि एक बार किसी जाति में जन्म लेने के बाद उसमें आजीवन कोई परिवर्तन नहीं होता इसलिये जाति एक बन्द वर्ग है।

अत: विकल्प (D) सही है।

59. विवाह-जन्य नातेदारी का उदय सामाजिक एवं वैधानिक रूप से मान्यता प्राप्त सम्बन्धों द्वारा होता है। विवाह-जन्य अर्थात् जिनके साथ विवाह हो सकता है उस नातेदारी के सम्बन्धी होते हैं।

अत: विकल्प (A) सही है।

60. जे. फ्रेजर ने जादू के दो प्रकारो अनुकरणीय एवं संक्रामक में भेद किया है उनके अनुसार अनुकरणात्मक जादू समानता के नियम पर आधारित है जबकि संक्रामक जादू सम्पर्क के नियम पर आधारित है।

अत: विकल्प (D) सही है।

61. अवैयक्तिक संबंध प्राथमिक समूह की विशेषता नहीं है, इसके विपरीत प्राथमिक समूह के विपरीत द्वितीयक समूह ऐसे समूह होते हैं जिनमें सदस्यों के बीच संबंध अवैयक्तिक संबंध, शारीरिक निकटता, गौण, औपचारिक, एकपक्षीय, अस्थायी, विशेष हितों पर आधारित एवं हस्तान्तरणीय होते हैं।

अत: विकल्प (D) सही है।

62. मार्क्स ने आर्थिक अवसं रचना . डेहरनडार्फ ने सत्ता, वेबर ने सम्पत्ति, शक्ति व प्रस्थिति तथा सी. राइट मिल्स ने विशेषाधिकार, प्रतिष्ठा व सत्ता के आधार पर सामाजिक स्तरीकरण सिद्धान्त का प्रतिपादन किया है।

अत: विकल्प (D) सही है।

63. के. डेविस एवं मूर ने अपने सामाजिक स्तरीकरण के प्रकार्यात्मक सिद्धान्त के अंतर्गत यह स्पष्ट किया है कि जब समाज में कुछ लोगों को अधिक अधिकार, पुरस्कार एवं सुविधाएं प्रदान की जाती हैं तो समाज में स्वत: स्तरीकरण उत्पन्न हो जाता है। इसलिए उपरोक्त सभी शक्ति, प्रतिष्ठा, पुरस्कार सामाजिक स्तरीकरण के अवयव हैं।

अत: विकल्प (D) सही है।

64. सामाजिक प्रतिमान (आदर्श नियम) समाज में व्यवहार करने के वे निश्चित एवं प्रमाणित तरीके हैं, जो समाज द्वारा स्वीकृत और साथ ही जो हमारे जीवन के हर क्षेत्र में विद्यमान होते हैं।

अत: विकल्प (B) सही है।

65. प्रकृति की जिन क्रियाओं पर मानव ने विजय पाली वह जादू है और जिन पर विजय नहीं पायी वह धर्म है। फ्रेजर ने जादू के संबंध में विवेचना करते हुए लिखा है कि जादू में दो आधारभूत सिद्धांतों का समावेश है - प्रथम तो यह कि समान कारण से समान कार्य उत्पन्न होता है, अर्थित एक कार्य अपने कारण के सदश्य होता है । और दूसरा यह कि जो वस्तु एक बार किसी के संपर्क में आ जाती है वह सदैव उसके संपर्क में रहकर उस समय भी एक दूसरे पर क्रिया व प्रतिक्रिया करती रहती है जबकि उनका शारीरिक संबंध टूट गया हो अर्थित वे एक दूसरे से दूर या पृथक हो।

अत: विकल्प (D) सही है।

66. एक समूह द्वारा दूसरे समूह के सांस्कृतिक गुणों को अपनाना (आदान-प्रदान) ही आत्मसात् कहलाता है। आत्मसात् में आमतौर पर अलग-अलग डिग्री का क्रमिक परिवर्तन शामिल होता है। पूर्ण आत्मसात तब होता है जब समाज के नए सदस्य मूल सदस्यों से अविभाज्य हो जाते हैं।

अत: विकल्प (A) सही है।

67. समाज की स्थापित कार्य प्रणाली ही संस्था है, चूँकि ये कार्य प्रणाली अमूर्त होती है इसलिये संस्था अमूर्त है। एक सामाजिक संस्था व्यक्तियों और सामाजिक समूहों के बीच और संबंधों का एक पैटर्न है। सामाजिक संस्था की विशेषताओं में यौन संरचना, स्पोटोटेमपोर्मल सामंजस्य, नेतृत्व, संरचना, श्रम का विभाजन, संचार प्रणाली और इसी प्रकार के गुण शामिल हो सकते हैं।

अत: विकल्प (B) सही है।

68. जनजाति एक ऐसा क्षेत्रीय मानव समूह है जिसकी एक सामान्य भाषा, संस्कृति, राजनीतिक संगठन एवं व्यवसाय होता है तथा जो सामान्य अन्तर्विवाह के नियमों का पालन करता है। अत: विजातीयता जनजाति की विशेषता नहीं है।

अत: विकल्प (B) सही है।

69. औद्योगिक समाज में द्वैतीयक एवं तृतीयक उद्योगों की प्रधानता होती है इसलिए इस समाज में आर्थिक प्रतिस्पर्धा सर्वाधिक होती है। उत्पादन, विनिमय, वितरण तथा उपभोग के क्षेत्र मे विभिन्न व्यक्तियों एवं समूहों के बीच पायी जाने वाली प्रतिस्पर्धा आर्थिक प्रतिस्पर्धा कहलाती है।

अत: विकल्प (B) सही है।

70. मानव उद्विकास के साथ चार्ल्स डार्विन का जबकि हर्बर्ट स्पेन्सर का नाम-सामाजिक उद्विकास से, ईमाइल दुर्खीम का सामाजिक तथ्य से तथा रॉस का-सामाजिक नियन्त्रण से संबधित है।

अत: विकल्प (A) सही है।

71. "मैरिज एंड फेमिली इन इण्डिया" के लेखक के एम. कपाडिया है। यह पुस्तक 1958 में प्रकाशित हुई थी। इस पुस्तक में एम. कपाडिया ने विवाह एवं परिवार के बारे में उल्लेख किया है। इनकी अन्य महत्वपूर्ण पुस्तकें हैं पूर्ण हिन्दू किनशिप (1947), रूरल फैमिली पैटर्न (1956) तथा कास्ट इन ट्रांजीशन (1962)।

अत: विकल्प (C) सही है।

72. अस्पृश्यकता अधिनियम 1955 में पारित किया गया। इसके पश्चात् अस्पृश्यता का उन्मूलन कर दिया गया।

अत: विकल्प (D) सही है।

73. संस्कृति सीखा हुआ व्यवहार है इसलिये इसे प्राणिशास्त्रीय विरासत नहीं कहा जा सकता। संस्कृति समाज के वातावरण एवं परिस्थिति के अनुसार होती है। जब वातावरण एवं परिस्थिति में परिवर्तन होता है तो संस्कृति भी उसके अनुसार अपने का ढ़ालती है। यदि यह विशेषता एवं गुण न रहे तो संस्कृति का अस्तित्व ही नहीं रह जायेगा।

अत: विकल्प (A) सही है।

74. चूँकि द्वितीयक समूह का निर्माण उद्देश्य प्राप्ति के लिए किया जाता है, इसलिये इसमें औपचारिक सम्बन्ध पाये जाते हैं।

अत: विकल्प (D) सही है।

75. टायलर के धर्म के सिद्धान्त को जीववाद कहा जाता है, जबकि जीवित सत्तावाद के प्रतिपादक मैक्समूलर, प्रोउस आदि प्रकृतिवाद भी मैक्समूलर का है तथा टोटमवाद के प्रतिपादक दुर्खीम हैं।

अत: विकल्प (B) सही है।

76. फ्रांसीसी क्रांति तथा औद्योगिक क्रांति दोनों ही समाजशास्त्र का आधार हैं।

अत: विकल्प (C) सही है।

77. कृषक समाज में संयुक्त परिवार पाये जाते हैं अतः कृषक समाज का प्रमुख लक्षण परिवारवाद है।

अत: विकल्प (B) सही है।

78. समिति के तीन महत्वपूर्ण आधार हैं- व्यक्तियों का समूह एक या कुछ उद्देश्यों की पूर्ति के लिए बनाया गया संगठन तथा सहयोग। इन तीनों आधारों पर समिति के प्रमुख उदाहरण हैं- अर्थशास्त्रीय समितियाँ, व्यापारिक संघ, मोहल्ला सुधार समिति, संघ लोक सेवा आयोग, क्रिकेट क्लब टीम, कर्मचारी संगठन। इस आधार पर पार्क में टहलने वाले लोगों को समिति नहीं कहा जा सकता है।

अत: विकल्प (C) सही है।

79. लैडिस के अनुसार "संस्कृति वह संसार है जिसमें एक व्यक्ति जन्म से लेकर मृत्यु तक निवास करता है तथा अस्तित्व को बनाये रखता है।"

अत: विकल्प (D) सही है।

80. सामाजिक संरचना की कोई इकाई जब सामाजिक व्यवस्था में संतुलन को बनाये रखने में बाधा पहुचाती है तो उसे अप्रकार्य कहते है। तथा मनमाने आचरणों को प्रोत्साहन मिलने लगे, तब इसी दशा को हम सामाजिक विघटन कहते हैं। समाज का एक प्रमुख विशेषता पारस्परिक निर्भरता हैं।

अतः विकल्प (A) सही है।

81. ग्रामीण समाज नें बहुत कम समाजों में अधिकतम जनसंख्या घनत्व होता है।

अतः विकल्प (B) सही है।

82. स्वजातिवाद का तात्पर्य है अपनी संस्कृति का पाया जाना, जबकि सांस्कृतिक सापेक्षवाद का तात्पर्य विभिन्न संस्कृतियो का पाया जाना है।

अतः विकल्प (A) सही है।

83. मैकियावेली, शेष सभी विचारक सब समझौते के सिद्धान्त से सम्बन्धित हैं।

अतः विकल्प (A) सही है।

84. स्पेन्सर ने डार्विन के जैविकीय उद्विकास के आधार पर सामाजिक उद्विकास का वर्णन किया।

अतः विकल्प (C) सही है।

85. वर्ण व्यवस्था हिन्दू सामाजिक संगठन की एक प्रमुख अवधारणा है। इसका सर्वप्रथम प्रयोग ऋग्वेद में किया गया जिसका रचना काल 4000 ई.पू. है। वर्ण व्यवस्था हिन्दू धर्म में सामाजिक विभाजन का एक आधार है। हिन्दू धर्म-ग्रंथों के अनुसार समाज को चार वर्णों में विभाजित किया गया है- क्षत्रिय, ब्राह्मण, वैश्य और शूद्र जबकि बौद्ध धर्म के ग्रन्थों के अनुसार समाज को छ: वर्णों में विभाजित किया गया है।

अतः विकल्प (A) सही है।

86. सामाजिक संरचना की अवधारणा का सर्वप्रथम प्रयोग स्पेन्सर ने अपनी पुस्तक 'Principles of Sociology' में किया है नाडेल ने संरचना को भूमिका के माध्यम से परिभाषित किया है।

अतः विकल्प (C) सही है।

87. अपने समूह की छवि को बनाये रखना ही वास्तव में आत्मसात करने में अवरोधी है।

अतः विकल्प (D) सही है।

88. इस परिभाषा में मैकाइवर ने कहा कि पर्यावरण मानव के अनुभव में एक सम्पूर्ण जटिलता है अत: हम भौगोलिक एवं सामाजिक पर्यावरण को बिल्कुल पृथक नहीं कर सकते है।

अतः विकल्प (B) सही है।

89. सांस्कृतिक परिवर्तन के फलस्वरूप अन्य संस्कृतियों से सम्पर्क होता है। आविष्कार द्वारा भौतिक संस्कृति में परिवर्तन होता है।

अतः विकल्प (C) सही है।

90. द प्रोटेस्टेन्ट इथिक एण्ड 'द स्पिरिट ऑफ कैपेटेलिज्म' में क्रिया का वर्गीकरण प्रस्तुत है। मैक्स वेबर के अनुसार, "क्रिया में हम उन सब मानव व्यवहारों को सम्मिलित करते हैं जब और जिसका कर्ता के लिए कोई अर्थ होता है या जब वह अपने दृष्टिकोण से उसका अर्थ लगाता है।"

अतः विकल्प (C) सही है।

91. उपरोक्त अवधारणा सां स्कृतिक सापेक्षता को स्पष्ट करती है। सांस्कृतिक सापेक्षवाद का तात्पर्य है विभिन्न संस्कृतियों का पाया जाना।

अतः विकल्प (C) सही है।

92. सोरोकिन ने अपनी पुस्तक Society Culture and Personality में लिखा है कि समाजशास्त्र सामाजिक-सांस्कृतिक घटनाओं के सामान्य स्वरूपों, प्रारूपों और अनेक प्रकार के अन्तर्सम्बन्धों का सामान्य विज्ञान है। यह परिभाषा सोरोकिन को समन्वयात्मक सम्प्रदाय का पक्षधर सिद्ध करती है। समन्वयात्मक सम्प्रदाय के अन्य स्मर्थक दुर्खीम एवं हॉबहाउस है।

अतः विकल्प (B) सही है।

93. भारतीय आदिम जाति सेवक संघ अनुसूचित जनजाति के कल्याण के लिए महत्वपूर्ण ढंग से कार्यरत है। इसके अतिरिक्त जनजातीय सलाहकार परिषद् एवं समाज कल्याण मंत्रालय भी जनजातियों के कल्याण के लिये अनेक कार्य करती हैं।

अतः विकल्प (B) सही है।

94. अनुच्छेद 17 द्वारा देश में अस्पृयता का उन्मूलन कर दिया गया है। उसका किसी भी रूप में आचरण निषिद्ध है। 'अस्पृश्यता' से किसी निर्योग्यता को लागू करना विधि द्वारा दंडित अपराध है।

अतः विकल्प (C) सही है।

95. एल्विन ने जनजातीय संस्कृति को विघटन से रोकने के लिए ही जनजातियों हेतु राष्ट्रीय उपवन का सुझाव दिया तथा अपनी पुस्तक-The Philosophy of NEFA (1957) में जनजातियों की समस्या को स्पष्ट किया है।

अतः विकल्प (A) सही है।

96. वार्ड ने प्रगति की परिभाषा के अन्तर्गत बताया कि मानव के सुख में वृद्धि करने वाली प्रक्रिया को प्रगति कहेंगे। वार्ड के अनुसार- "प्रगति वह है जो कि मानव सुख में वृद्धि उत्पन्न करती है।" जैसा कि वार्ड ने ठीक ही कहा है समाज के सदस्यों के सुख में उत्तरोत्तर वृद्धि सामाजिक प्रगति की एक निश्चित पहचान है और इसकी अनुपस्थिति में किसी भी परिवर्तन को प्रगति नहीं कहा जा सकता।

अतः विकल्प (D) सही है।

97. दुर्खीम ने अपनी पुस्तक 'दि-डिवीजन ऑफ लेबर इन सोसायटी' में स्पष्ट किया है कि श्रम-विभाजन द्वारा समाज में एकता का विकास होता है। दुर्खीम को आधुनिक समाजशास्त्र का संस्थापक और समाज-वैज्ञानिक शब्दावली में दुनिया का पहला अधिकारिक समाजशास्त्री माना जाता है।

अतः विकल्प (B) सही है।

98. प्रचार, कानून तथा प्रशिक्षण तीनों ही सामाजिक नियन्त्रण की विधियाँ हैं और इनकी गणना सामाजिक नियन्त्रण के औपचारिक साधनों के अन्तर्गत की जाती है। इसके अतिरिक्त जनमत एवं फैशन भी सामाजिक नियन्त्रण की विधि है।

अतः विकल्प (D) सही है।

99. जब समाज में चल रही संस्थाओं अथवा नियमों में परिवर्तन शुरू हो जाए तो उसे संरचनात्मक परिवर्तन कहते हैं। सामाजिक संरचना सदैव गतिमान बनी रहती है। सामाजिक संरचना समाज के व्यक्तियों के अन्तर्सम्बन्धों की रचना है। सामंतवादी समाज का पूँजीवादी समाज में परिवर्तन भी सामाजिक संरचना में सदैव गतिमान को प्रदर्शित करता है।

अतः विकल्प (B) सही है।

100. मृत पति के छोटे भाई से विवाह देवर विवाह या लेवीरेट कहलाता है। पतिभ्राता विवाह में एक विधवा स्त्री अपने मृत पति के किसी भाई के साथ विवाह करती है। इस विवाह को 'देवर विवाह' भी कहा जाता है।

अतः विकल्प (B) सही है।

101. राजनीतिक दल की अवधारणा द्वारा राजनीतिक संस्थाओं को समझा जा सकता है। राजनीति के अध्ययन से अभिप्राय केवल राज्य और सरकार की औपचारिक राजनीतिक संस्थाओं का अध्ययन करना ही नहीं अपितु यह एक सामाजिक क्रिया है क्योंकि सभी प्रकार के सामाजिक सम्बन्धों में राजनीति पायी जाती है।

अतः विकल्प (B) सही है।

102. सामाजिक स्तरीकरण समाज में व्यक्तियों को कुछ ऐसे समूहों में विभाजित करता है जिससे कि समस्त इकाइयाँ उच्चता और निम्नता के क्रम में व्यवस्थित हो जायें। अर्थात् व्यक्तियों को प्रस्थिति सोपानक्रम (अर्जित एवं प्रदत्त) के आधार पर रखा जाता है।

अतः विकल्प (D) सही है।

103. ई. वेस्टरमार्क द्वारा 1921 में रचित 'द हिस्ट्री ऑफ ह्यूमन मैरिज' पुस्तक में हिन्दू विवाह से सम्बन्धित बातों का उल्लेख किया गया है। ई. वेस्टरमार्क एक फिनिश दार्शनिक और समाजशास्त्री थे। अन्य विषयों के अलावा, उन्होंने अतिरंजना और अनाचार निषेध का अध्ययन किया।

अतः विकल्प (B) सही है।

104. सामाजिक संरचना अपेक्षाकृत एक स्थायी अवधारणा है जबकि प्रकार्य एक गतिशील अवधारणा है। एक समाज में जो कार्य समाज के लिए उपयोगी हो सकता है वही प्रकार्य है। अतः प्रश्नोक्त अवधारणा एवं व्याख्या से स्पष्ट है यह सापेक्षिक स्थिरता एवं परिवर्तन के अंतर्गत आती है।

अतः विकल्प (D) सही है।

105. दुर्खीम ने जनसंख्या घनत्व को श्रम विभाजन से संबद्ध बताया है। दुर्खीम ने कहा, "श्रम के विभाजन को पहले से ही गठित समाज के सदस्यों के बीच ही प्रभावित किया जा सकता है।" दुर्खीम के लिए, श्रम का विभाजन एक समाज के गतिशील या नैतिक घनत्व के साथ सीधे अनुपात में है। इसे लोगों की एकाग्रता और एक समूह या समाज के समाजीकरण की मात्रा के संयोजन के रूप में परिभाषित किया गया है।

अतः विकल्प (C) सही है।

106. 'होमो हाईराकिक्स' पुस्तक लुइस ड्यूमान्ट ने लिखी है। यह पुस्तक उच्च जातियों की आदतों का पालन करने के लिए जाति पदानुक्रम और निचली जातियों के आरोही प्रवृत्ति का विश्लेषण करती है। इस अवधारणा को एम.एन. श्रीनिवास ने संस्कृतिकरण की संज्ञा दी।

अतः विकल्प (D) सही है।

107. समुदाय के सभी सदस्य समान संस्कृति के आदर्शों एवं मूल्यों से निर्देश ग्रहण करते हैं। लघु समुदाय की विशेषताओं में निश्चित भौगोलिक क्षेत्र, सामान्य जीवन, लघुता, स्वतः उत्पत्ति, सजातीयता, आत्मनिर्भरता आदि को शामिल किया जाता है।

अतः विकल्प (D) सही है।

108. 'रेसेज़ एण्ड कल्चर्स ऑफ इण्डिया' पुस्तक डी. एन. मजूमदार ने लिखी है। डी. एन. मजूमदार की अन्य कृतियाँ हैं-

- ए ट्राइब इन ट्रैंज़िशन : ए स्टडी इन कल्चर पैटर्न (1937)
- फार्च्यून्स ऑफ प्रिमिटिव ट्राइब्स (1944)
- दि मैट्रिक्स ऑफ इंडियन कल्चर (1947)
- दि अफ़ेयर्स ऑफ ए ट्राइब : ए स्टडी इन ट्राइबल डाइनेमिक्स (1950)

अतः विकल्प (B) सही है।

109. एडविन सदरलैंड एवं वुडवर्थ अपराध के विशेषज्ञ माने गये हैं। धनवान व्यक्तियों द्वारा किये जाने वाले आर्थिक अपराधों को एडविन सदरलैंड ने 'श्वेतवसन अपराध' (White Collar Crime) के नाम से सर्वप्रथम अभिहित किया था। सामाजिक विभेदीकरण व आर्थिक असमानता – सामाजिक व आर्थिक असमानता भी श्वेतवसन अपराध वृद्धि का एक कारण है।

अतः विकल्प (D) सही है।

110. श्री निवास ने स्पष्ट किया है कि उच्च जाति का अनुसरण करके निम्न जाति अपने सामाजिक स्तर को ऊँचा उठाने का प्रयत्न करती है और इसी को संस्कृतीकरण कहा जाता है। ऐसा करने के लिए वे उच्च या प्रभावी जातियों के रीति-रिवाज़ या प्रचलनों को अपनाती हैं। संस्कृतीकरण भारत में देखा जाने वाला विशेष तरह का सामाजिक परिवर्तन है।

अतः विकल्प (D) सही है।

111. विचलित व्यवहार (Deviance) मनुष्य का वह व्यवहार है जो समाज द्वारा स्वीकृत मानकों अथवा मान्य नियमों का उल्लंघन करते हुए किया जाता है। यह एक सापेक्षित प्रघटना है और इसका आकार-प्रकार, स्थान एवं समय के सन्दर्भ में परिवर्तित होता रहता है।

अतः विकल्प (A) सही है।

112. संस्कृति का मुख्य वाहक है प्रतीक अथवा चिह्न। प्रत्येक संकेत अथवा प्रतीक का विशेष सांस्कृतिक महत्व होता है। संस्कृति किसी समाज में गहराई तक व्याप्त गुणों के समग्र स्वरूप का नाम है, जो उस समाज के सोचने, विचारने, कार्य करने के स्वरूप में अन्तर्निहित होता है।

अतः विकल्प (C) सही है।

113. संस्था या संस्थापना की अवधारणा से एक तरह के सामाजिक नियंत्रण का संकेत मिलता है। इससे तात्पर्य किसी समूह के स्वीकृत और वैधानिक दृष्टि से मान्य आचार-व्यवहार की उन प्रणालियों से है जिनकी नींव कभी-कभार कानून और कभी-कभी समुदाय की नैतिक स्वीकृति- इन दोनों पर टिकी होती है। कार्यविधि का सुस्थापित रूप और शर्ते संस्था का सर्वोत्तम वर्णन करती है।

अतः विकल्प (B) सही है।

114. विवाह एवं नातेदारी संस्था का तथा परिवार समिति एवं संस्था दोनों का उदाहरण है। अर्थात् समसमूह संस्था का उदाहरण नहीं है। वे सभी व्यक्ति, जो रक्त सम्बन्ध अथवा समाज द्वारा मान्य किसी निकट सम्बन्ध की परस्पर अनुभूति रखते है और तदनुरूप आपस मे व्यवहार करते है, नातेदार कहलाते है और इस पर आधारित समूह मे आन्तरिक विभेदीकरण एवं संगठन की व्यवस्था नातेदारी व्यवस्था कहलाती है।

अतः विकल्प (B) सही है।

115. नातेदारी को हम रक्त-संबंध या शादी के आधार पर निसृत सामाजिक संबंध के रूप में परिभाषित कर सकते हैं। नातेदारी समूह (Kin Group) एक ऐसा समूह है, जिसके सदस्य रक्त अथवा विवाह के बंधन के आधार पर परस्पर जुड़े होते हैं। अतः कह सकते हैं वंशावली सम्बन्धों की सामाजिक मान्यता तथा अभिव्यक्ति है।

अतः विकल्प (A) सही है।

116. हवाइयन नातेदारी व्यवस्था से सम्बन्धित शब्दावली की विशेषता उन समाजों द्वारा बताई गई है जो मातृक वंशानुक्रम व्यवस्था का अनुसरण करते हैं। भारत में भी केरल के नायरों में मातृवंशीय संयुक्त परिवार पाये जाते हैं। यह 'तारावाद' के नाम से जाना जाता है। मातृवंशीय नायरो में माँ के भाई की बेटियों से विवाह को प्राथमिकता दी जाती है। नायर वंशीय व्यवस्था में मामा तारवाड़ या तारावाद का वास्तविक या संभावित प्रधान होता है।

अतः विकल्प (B) सही है।

117. विलियम इण्टर के अनुसार मैदानी खासी असम के कछार और डारंग तथा बांग्लादेश के सिलहट जिले की समतल भूमि में पाये जाते हैं। इनकी भाषा ऑस्ट्रोएशियाटिक परिवार की है तथा ये मंगोल प्रजाति से संबंधित हैं। खासी जनजाति में सबसे छोटी पुत्री को सम्पत्ति का उत्तराधिकार प्राप्त होता है।

अतः विकल्प (A) सही है।

118. आर्य समाज की स्थापना 1875 में मुम्बई में स्वामी दयानंद सरस्वती ने की थी। उन्होंने अपनी प्रख्यात पुस्तक 'सत्यार्थ प्रकाश' में अपने मूल विचारों को व्यक्त किया, 1886 में दयानंद ने एंग्लो वैदिक स्कूल की स्थापना लाहौर में की। 'वेदों की ओर लौटो' का नारा दिया, अन्य समाज सुधार के साथ उनका एक लक्ष्य-हिन्दुओ का धर्म परिवर्तन न होने देना था, तथा उन्होंने धर्म परिवर्तित हिन्दुओं को पुन: हिन्दू धर्म में दीक्षित करने के लिए 'शुद्धिकरण आंदोलन' का सूत्रपात किया।

अतः विकल्प (C) सही है।

119. जैन धर्म वेदों में विश्वास नहीं करता है, इस दृष्टि से वह नास्तिक धर्म के अंतर्गत आता है।जैन धर्म ईश्वरवाद में आस्था नहीं रखता है।

बौद्ध धर्म मठविषयक रहस्यवाद के सिद्धांतो पर आधारित है।

ईसाई धर्म में ईसाई लोग ईसा मसीह की मूर्ति की पूजा करते हैं और प्रार्थना द्वारा मोक्ष की प्राप्ति आस्था रखते है।

हिन्दू धर्म विश्व का प्राचीनतम धर्म माना जाता है। इसे 'वैदिक सनातन वर्णाश्रम धर्म' भी कहते हैं जिसका अर्थ है कि इसकी उत्पत्ति मानव की उत्पत्ति से भी पहले से है। इसमें कर्म और धर्म मान्यता है।

अतः विकल्प (B) सही है।

120. फ्रेजर ने जादू के 2 भेद किये हैं-

- अनुकरणात्मक जादू
- संक्रामक जादू

पहले प्रकार का जादू इस नियम पर आधारित है कि जब एक प्रकार की क्रिया की जाती है तो उसका परिणाम भी उसी प्रकार का होता है, अर्थात् समान कारण से समान कार्य उत्पन्न होता है। इसे 'सम्मोहन जादू' भी कहा जाता है। जबकि संक्रामक जादू में मान्यता है कि जो वस्तु एक बार किसी के सम्पर्क में आ जाती है, वह हमेशा उसके सम्पर्क में रहती है। उत्तरी जापान के "आयनो" लोगों में परम्परा से प्रचलित वह परिपाटी, जिसके तहत किसी व्यक्ति द्वारा अपने शत्रु की मूर्ति के सिर और वक्ष में कील ठोककर पेड़ पर टाँगा जाता है, अनुकरणात्मक जादू का उदाहरण है।

अतः विकल्प (C) सही है।

121. "मैजिक साइंस एंड रिलीजन एण्ड अदर एसेज" पुस्तक का लेखक बी. मैलिनोवस्की है। बी. मैलिनोवस्की एक मानवविज्ञानी थे, जिनके नृविज्ञान, सामाजिक सिद्धांत और क्षेत्र अनुसंधान पर लेखन मानव विज्ञान के अनुशासन पर एक स्थायी प्रभाव था।

अतः विकल्प (A) सही है।

122. फ्रेजर ने जादू से संबंधित 2 सिद्धान्तों का प्रतिपादन किया-

- समानता का नियम- इस पर आधारित जादू कोहोमियोपैथिक या अनुकरणात्मक जादू कहते हैं।
- संपर्क या संसर्ग का नियम- इस नियम पर आधारित जादू को संक्रामक जादू कहते हैं।

अतः विकल्प (D) सही है।

123. दायभाग अर्थात् वह संयुक्त परिवार जिसमें पिता अपने जीवन-काल मे सम्पत्ति का पूर्ण स्वामी माना जाता है और उसकी मृत्यु के बाद ही पुत्र-पैतृक सम्पत्ति का अधिकारी होता है। संयुक्त परिवार का यह रूप पश्चिम बंगाल, असम एवं दक्षिण भारत के कुछ भागों में पाया जाता है।

अतः विकल्प (B) सही है।

124. मैलिनोवस्की द्वारा वर्णित मलेशिया के ट्रोबिएंड द्वीपवासियों की उपहार-विनिमय (वस्तुओं के औपचारिक विनिमय की पद्धति) की एक प्रथा 'कुला' के नाम से जानी जाती है जो व्यापारिक साझेदारी तथा सांकेतिक विनिमय की धारणा को प्रकट करती है।

अतः विकल्प (B) सही है।

125. नौकरशाही की विशेषताओं में तकनीकी विशेषज्ञता, कानूनी रूपों से कार्यों का संचालन, व्यावसायिक वर्ग, लाल फीताशाही, चर्च, निष्पक्षता, कानूनी रूपों से कार्यों का संचालन आदि को सम्मिलित किया जाता है। नौकरशाही व्यक्ति और कार्यों का व्यवस्थित संगठन है जिसके द्वारा सामूहिक प्रयत्न रूपी उद्देश्य को प्रभावशाली ढंग से प्राप्त किया जा सकता है। औद्योगिक निगम और धर्म-सभा को नौकरशाही संगठन की संज्ञा दी जाती है।

अतः विकल्प (C) सही है।

Q.1 निम्नलिखित में से कौन-सा केवल संस्था का उदाहरण है?

A. विवाह   **B.** पाठशाला   **C.** परिवार   **D.** क्लब

Q.2 समाजों के वर्गीकरण में 'एशियाई समाज' की श्रेणी किसने परिभाषित की?

A. टानीज
B. माइकल मान
C. मैक्स वेबर
D. कार्ल मार्क्स

Q.3 निम्नलिखित में से कौन-सी विशेषता समुदाय से सम्बन्धित नहीं है?

A. व्यापक उद्देश्य
B. सामान्य नियम
C. विशिष्ट नाम
D. उपर्युक्त में से कोई नहीं

Q.4 निम्नलिखित में से कौन-सा समुदाय का उदाहरण है?

A. छात्र-संघ
B. रोटरी क्लब
C. गाँव-पंचायत
D. उपर्युक्त में से कोई नहीं

Q.5 जब हम परिवार को व्यक्तियों के एक गठित समूह के रूप में देखते हैं, तब उसे कहते हैं-

A. समिति   **B.** संस्था   **C.** समुदाय   **D.** बाह्य-समूह

Q.6 लिन्टन ने प्रदत्त और अर्जित प्रस्थितियों में भेद अपनी जिस पुस्तक में किया, वह है-

A. द ट्री ऑफ कल्चर
B. होमो हाइराक्रिक्स
C. द स्टडी ऑफ मैन
D. मैन एण्ड सोसाइटी

Q.7 निम्नलिखित अवधारणाओं में से किस अवधारणा का सीधा सम्बन्ध सामाजिक परिवर्तन से है?

A. संस्कृतीकरण
B. समाजीकरण
C. परकीकरण
D. एकीकरण

Q.8 'प्रस्थिति अनुक्रम' की अवधारणा को प्रस्तावित किया-

A. आर.के. मर्टन ने
B. मैक्स वेबर ने
C. टालकॉट पारसन्स ने
D. राल्फ लिन्टन ने

Q.9 भूमिका का वर्गीकरण 'सम्बन्धात्मक' और 'गैर सम्बन्धात्मक' भूमिकाओं में किसने किया ?

A. एस. एफ. नाडेल ने
B. राल्फ लिन्टन ने
C. जी. ए. लुण्डबर्ग ने
D. इलिएट और मेरिल ने

Q.10 'भूमिका-संकुल में अस्थायित्व के संरचनात्मक स्रोत' की अवधारणा को किसने प्रतिपादित किया है?

A. राल्फ लिंटन ने
B. मैक्स वेबर ने
C. आर.के. मर्टन ने
D. उपर्युक्त सभी ने

Q.11 निम्नलिखित विचारक-समूहों में से कौन-सा समूह सामाजिक परिवर्तन के रैखिक दृष्टिकोण से सम्बन्धित है?

A. कॉम्ट, परेटो और मार्क्स
B. परेटो, सोरोकिन और ऑगबर्न
C. कॉम्ट, ऑगबर्न और मार्क्स
D. कॉम्ट, स्पेन्सर तथा परेटो

Q.12 निम्नलिखित अध्ययनों में से कौन-सा नियोजित सामाजिक परिवर्तन पर अध्ययन से सम्बन्धित है?

A. एन इंडियन विलेज
B. ए राजस्थान विलेज
C. दर रिमेम्बर्ड विलेज
D. इंडियाज चेंजिंग विलेज

Q.13 सामाजिक परिवर्तन सम्बन्धी किस सिद्धान्तकार का विचार 'दबाव-सिद्धान्त' पर आधारित है?

A. राल्फ डेहरनडार्फ
B. कोजर
C. जोज़फ अर्नल्ड ट्रान्बी
D. स्पेंगलर

Q.14 मैलिनोवस्की के अनुसार, संस्कृति का प्रत्येक तत्त्व प्रकार्यात्मक होता है-

A. मात्र व्यक्तियों के लिए
B. मात्र समूहों के लिए
C. संस्थाओं और व्यक्तियों के लिए
D. व्यक्तियों और समूहों के लिए

Q.15 'सांस्कृतिक-विलम्बना' की अवधारणा का प्रतिपादन किया-

A. ऑगबर्न ने
B. निमकॉफ ने
C. सोरोकिन ने
D. टॉयलर ने

Q.16 एक उप-संस्कृति जो हमारी इन्द्रियों को अच्छी लगती है और समाज की अन्य उप-सांस्कृतिक प्रणालियों को नकारती है, कही जाती है-

A. आदर्श संस्कृति
B. यथार्थ संस्कृति
C. भौतिक संस्कृति
D. प्रति-संस्कृति

Q.17 यह किसका कथन है कि भारत की एकता, उसके इतिहास के अधिकांश समय में, सामाजिक या राजनैतिक एकता न होकर, सांस्कृतिक एकता ही रही है?

A. पारसन्स   **B.** टायनबी   **C.** बोटोमोर   **D.** श्रीनिवास

Q.18 जब दूसरी संस्कृति के प्रभाव से सम्पूर्ण जीवन पद्धति परिवर्तन की प्रक्रिया में हो, तब उसे कहते हैं-

A. प्रसार
B. पर-संस्कृतिग्रहण
C. संस्कृतिग्रहण
D. प्रति-परसंस्कृतिग्रहण

Q.19 निम्नलिखित में से कौन-सा समूह मात्र संघर्ष सिद्धान्तकारों का है?

A. रॉजेन हॉफर, मार्क्स, डेहरनडार्फ
B. मार्क्स, सिमेल, पारसन्स
C. मार्क्स, डेहरनडार्फ, सोरोकिन
D. उपर्युक्त में से कोई नहीं

Q.20 सामाजिक संघर्ष के प्रकार्यों को किसने विश्लेषित किया?

A. कोजर ने
B. डेहरनडार्फ ने
C. मार्क्स ने
D. उपर्युक्त में से किसी ने नहीं

Q.21 सूची-I तथा सूची-II को सुमेलित कीजिए तथा सूचियों के नीचे दिए गए कूट की सहायता से सही उत्तर का चयन कीजिए-

सूची-I	सूची-II
a. संस्कृतीकरण	1. स्टीफन के. सैंडरसन
b. ऐच्छिक समूह	2. एम. एन. श्रीनिवास
c. प्रत्यक्षवाद	3. जॉर्ज हर्बर्ट मीड
d. भूमिका ग्रहण	4. अगस्ते कॉमट

A. a-2, b-3, c-4, d-1
B. a-2, b-1, c-4, d-3
C. a-1, b-2, c-3, d-4
D. a-1, b-3, c-2, d-4

Q.22 जागीर व्यवस्था का प्रादुर्भव कहाँ हुआ?

A. प्राचीन रोम साम्राज्य
B. प्राचीन यूनान

| **C.** मध्यकालीन यूरोप | **D.** मध्यकालीन भारत |

Q.23 'स्वत: स्फूर्त' की अवधारणा का उपयोग किसने किया है?

| **A.** मैक्स वेबर | **B.** इमाइल दुर्खीम |
| **C.** आगस्त कॉम्त | **D.** विल्फ्रेडो परेटो |

Q.24 सूची-I को सूची-II से मिलान कीजिए तथा सूचियों के अन्त में दिए गए कूट की सहायता से सही उत्तर का चयन कीजिए-

सूची-I	सूची-II
a. कार्ल मार्क्स	1. 1818 ई.-1883 ई.
b. हरबर्ट स्पेंसर	2. 1820 ई.-1903 ई.
c. इमाइल दुर्खीम	3. 1858 ई.-1917 ई.
d. विल्फ्रेडो परेटो	4. 1848 ई.-1923 ई.

| **A.** a-1, b-2, c-3, d-4 | **B.** a-4, b-3, c-2, d-1 |
| **C.** a-3, b-1, c-4, d-2 | **D.** a-2, b-4, c-1, d-3 |

Q.25 मानव विकास के मुख्य आयाम है-

1. जीवन प्रत्याशा
2. साक्षरता का प्रतिशत
3. रहन सहन का स्तर
4. प्रौद्योगिकी प्रोन्नति
5. प्राकृतिक संसाधन

नीचे दिए गये कूट से सही उत्तर का चयन कीजिये-

| **A.** 1 तथा 2 | **B.** 3 तथा 4 |
| **C.** 1, 2 तथा 3 | **D.** 3, 4 तथा 5 |

Q.26 प्रघटनाशास्त्र अन्वेषण की एक दार्शनिक विधि है, जिसका विकास किया गया-

| **A.** अल्फ्रेड शूज द्वारा | **B.** एडमंड हसर्ल द्वारा |
| **C.** विलियम जेम्स द्वारा | **D.** जॉर्ज हरबर्ट मीड द्वारा |

Q.27 निम्नलिखित में कौन-सा एक उपबंध भारत के संविधान में केवल जनजातियों से सम्बन्धित है?

A. सेवाओं और पदों पर नियुक्तियाँ (335)
B. लोक सभा में सीटों का आरक्षण (330)
C. राज्य विधान सभाओं में सीटों का आरक्षण (332)
D. अनुसूचित क्षेत्र की घोषणा (224)

Q.28 निम्नलिखित में कौन-सा शब्द सामाजिक पितृत्व को व्यक्त करने के लिए प्रयोग में लाया जाता है?

| **A.** जेनिटोर | **B.** जेनिट्रिक्स |
| **C.** पेटर | **D.** कमपेराजगो |

Q.29 भारत के अधिनियम में छठी अनुसूची का सम्बन्ध है-

| **A.** अनुसूचित जनजाति से | **B.** अनुसूचित जाति से |
| **C.** अन्य पिछड़े वर्गों से | **D.** अल्पसंख्यको से |

Q.30 निम्नलिखित में से कौन-सी विशेषताएँ भारतीय संयुक्त परिवार को संगठित रखती रहीं ?

1. सामान्य सम्पत्ति
2. पितृपूजा
3. भौतिक समृद्धता
4. मोक्ष का साधन

| **A.** 1, 2 और 3 | **B.** 1, 3 और 4 |
| **C.** 1 और 2 | **D.** 2 और 4 |

Q.31 वैयक्तिक अध्ययन का स्वरूप है-

| **A.** गुणात्मक विश्लेषण | **B.** परिमाणात्मक विश्लेषण |

| **C.** वर्णनात्मक विश्लेषण | **D.** वस्तुनिष्ठ विश्लेषण |

Q.32 मानव जातियों में अंतर करने के लिए निम्नलिखित में कौन-सा लक्षण सबसे अधिक विश्वसनीय है?

| **A.** रक्त प्रारूप | **B.** केश स्वरूप |
| **C.** नेत्रों की बनावट | **D.** वर्णकता |

Q.33 प्रजातिवाद, नृजाति केन्द्रवाद का स्वरूप है जो समूह की किस श्रेष्ठता के विश्वास पर आधारित है?

A. सांस्कृतिक उद्विकास
B. प्रौद्योगिकीय विकास
C. जैविक अक्षयनिधि
D. सामाजिक-आर्थिक विकास

Q.34 हर्बर्ट रिजले ने भारतीय जनसंख्या को वृहद सात प्रजातीय समूहों में वर्गीकृत किया है। अपने वर्गीकरण में उसने किस शब्द का प्रयोग नहीं किया है?

| **A.** नीग्रीट | **B.** मंगोलायड |
| **C.** सीथो-द्रविड़ | **D.** इन्डो-आर्यन |

Q.35 निम्नलिखित में से कौन-सा प्रजातीय समूह है?

| **A.** आर्यन | **B.** द्रविड़ |
| **C.** एस्किमो | **D.** काकेशायड |

Q.36 हर्सकोविट्स के लिए संस्कृति का अर्थ है-

A. पर्यावरण का मानव निर्मित अंश
B. मानव समूहों का सामाजिक व्यवहार
C. एक समुदाय की मानवकृति, सामाजिक कृति तथा मानसिक कृति
D. समुदाय के सामाजिक सम्बन्धों का जाल

Q.37 'सामाजिक उद्विकास' की अवधारणा का प्रतिपादन सर्वप्रथम किसने किया ?

| **A.** आगस्त कॉम्ट | **B.** हर्बर्ट स्पेंसर |
| **C.** ईमाइल दुर्खीम | **D.** लेस्टर सी. वार्ड |

Q.38 'अर्द्ध-प्राथमिक समूह' की अवधारणा को प्रस्तुत किया-

| **A.** फर्डिनेंड टानीज ने | **B.** चार्ल्स कूले ने |
| **C.** डेविस ने | **D.** श्रीरस्टिड ने |

Q.39 निम्नलिखित में से किसने द्वितीयक समूह को 'शीत जगत' के रूप में समझा है?

| **A.** चार्ल्स कूले ने | **B.** हीलर ने |
| **C.** फर्डिनेंड टानीज ने | **D.** लैनिडस ने |

Q.40 समूहों को ऐच्छिक और गैर-ऐच्छिक रूपों में विभाजित किसने किया?

A. लेस्टर वार्ड ने
B. इतिरिम अलेक्सांद्रोविच सोरोकिन ने
C. रॉबर्ट के. मर्टन ने
D. डेविस ने

Q.41 'संदर्भ समूह' की अवधारणा किसने दी?

| **A.** हरबर्ट हाइमन | **B.** रॉबर्ट के. मर्टन |
| **C.** थियोडोर न्यूकाम्ब | **D.** टी. बी. बॉटमोर |

Q.42 'संदर्भ समूह' पद को प्रचलित किया-

| **A.** आर.के. मर्टन ने | **B.** सी.एच. कूले ने |
| **C.** एच. एन. जॉनसन ने | **D.** हरबर्ट हाइमन ने |

Q.43 किसने प्राथमिक समूह को 'मानव स्वभाव की पोषिका' कह कर परिभाषित किया?

A. किंगस्ले डेविस ने

B. मैकाइवर और पेज ने

C. रॉबर्ट वीयरस्टीड ने

D. उपर्युक्त में से किसी ने नही

Q.44 समूहों को 'अन्त: समूह' और 'बाह समूह' में किसने वर्गीकृत किया है?

A. सी एच. कूले ने

B. डब्ल्यू. जी. समनर ने

C. आर.के. मर्टन ने

D. के. डेविस ने

Q.45 प्रभु जाति की अवधारणा का प्रतिपादन किसने किया?

A. जे. एच. हट्टन

B. जी. एस. घुरिये

C. एन. के. बोस

D. एम. एन. श्रीनिवास

Q.46 निम्नलिखित में से किसने सामाजिक स्तरीकरण के प्रकार्यात्मक सिद्धान्त का प्रतिपादन किया?

A. डब्ल्यू ई. मूरे ने

B. किंगस्ले डेविस ने

C. किंगस्ले डेविस और डब्ल्यू. ई. मूरे ने

D. कार्ल मार्क्स ने

Q.47 निम्नलिखित में से कौन-सा सामाजिक विभेदीकरण का उदाहरण है न कि सामाजिक स्तरीकरण का उदाहरण है?

A. वर्ग

B. लिंग

C. भूस्वामित्व

D. शक्ति

Q.48 भारत की अनुसूचित उपजातियों के लिए किसने 'पिछड़े हिंदू' शब्द का उपयोग किया ?

A. आर. गुहा ने

B. जी. एस. घुरिये ने

C. कालेलकर ने

D. अम्बेडकर ने

Q.49 भारत की भूमिज जनजाति का अध्ययन किसने किया?

A. एस.सी. राय ने

B. एस.सी. दुबे ने

C. सुरजीत सिन्हा ने

D. वेरियर एल्विन ने

Q.50 भारत में 'समन्वित जनजाति विकास परियोजना' आरम्भ की गई-

A. 1975 ई. से

B. 1980 ई. से

C. 1983 ई. से

D. 1987 ई. से

Q.51 नीचे उल्लिखित जनजातियों में से कौन-सी मातृवंशीय है?

A. खरिया

B. टोडा

C. खांसी

D. संथाल

Q.52 निम्नलिखित अनुच्छेदों में से कौन-सा पिछड़े वर्गों के कल्याण से सम्बन्धित है?

A. अनुच्छेद 15 (4) व 16 (4)

B. अनुच्छेद 39 व 40

C. अनुच्छेद 110 व 112

D. अनुच्छेद 50 व 51

Q.53 समाजीकरण की प्रक्रिया को समझाने के क्रम में 'सामान्यीकृत अन्य' के प्रत्यय का उपयोग किसने किया?

A. चार्ल्स कूले ने

B. जॉर्ज हर्बर्ट मीड ने

C. टैल्कॉट पारसन्स ने

D. हर्बर्ट स्पेन्सर ने

Q.54 निम्नलिखित उदाहरणों में से कौन-सा क्षैतिज गतिशीलता का उदाहरण है?

A. स्कूल अध्यापक का प्रधानाध्यापक बनना।

B. पुत्र का पिता से अधिक शिक्षा प्राप्त करना।

C. एक जिलाधिकारी को दूसरे जिले में स्थानान्तरण करना।

D. एक पी.सी एस. अधिकारी का आई.ए.एस. अधिकारी नामित होना।

Q.55 सामाजिक गतिशीलता को क्षैतिज और उदग्र गतिशीलता के रूप में किसने वर्गीकृत किया है?

A. मिलर ने

B. लिपसेट ने

C. बेनडिक्स ने

D. उपर्युक्त में से किसी ने नहीं

Q.56 निम्नलिखित में से किसने प्राथमिक एवं द्वितीयक विचलन की अवधारणा को प्रस्तुत किया है?

A. सदरलैण्ड **B.** मार्शल **C.** लीमर्ट **D.** पोल्लाक

Q.57 सामाजिक नियन्त्रण क्रियाशील होता है-

A. औपचारिक नियमों और नियमावलियों द्वारा

B. अनौपचारिक नियमों और नियमावलियों द्वारा

C. औपचारिक और अनौपचारिक दोनों प्रकार के नियमों और नियमावलियों द्वारा

D. उपर्युक्त में से किसी के द्वारा नहीं

Q.58 निम्नलिखित में से किसने सामाजिक नियन्त्रण को " विपथगामी प्रवृत्तियों के फूल बनने से पहले ही कुचल देना " कह कर परिभाषित किया है?

A. जॉनसन ने

B. मिलर ने

C. पारसन्स ने

D. कोहेन ने

Q.59 किम्बाल यंग ने सामाजिक नियन्त्रण के किन दो स्वरूपों का उल्लेख किया है?

A. औपचारिक एवं अनौपचारिक

B. संगठित और असंगठित

C. चेतन और अचेतन

D. सकारात्मक और नकारात्मक

Q.60 निम्नलिखित में से किसने 'उदीयमान जाति' की अवधारणा का उपयोग किया?

A. एम. एन. श्रीनिवास ने

B. माधव सदाशिव गोरे ने

C. जी. एस. घुरिये ने

D. रजनी कोठारी ने

Q.61 किसने यह मत व्यक्त किया कि वर्ग स्थिति को न केवल उत्पादन के विशिष्ट स्वरूप के आधार पर बल्कि उस सामाजिक संरूपण, जिसका कि वह एक अंग है, के आधार पर परिभाषित किया जाना चाहिये?

A. टॉम बोटेमोर

B. लूइस अलथ्यूजर

C. जायरस बानाजी

D. ए. वी. चायनॉव

Q.62 लीच और बेली जैसे प्रेक्षकों ने जिस आदर्श सिद्धान्त पर आधारित होकर भारत की जातिव्यवस्था के विषय में निष्कर्ष दिया है, वह यह है कि-

A. जाति एक प्रतिस्पर्धात्मक व्यवस्था है

B. जाति एक गैर-प्रतिस्पर्धात्मक व्यवस्था है।

C. जाति प्रतिस्पर्धात्मक एवं गैर- प्रतिस्पर्धात्मक दोनों ही प्रकार की व्यवस्था है।

D. जाति न तो प्रतिस्पर्धात्मक न ही गैर प्रतिस्पर्धात्मक व्यवस्था है।

Q.63 अन्तर्जातीय विवाह के कारण किसी व्यक्ति का अपनी जाति से निष्कासन उदाहरण है-

A. सकारात्मक नियन्त्रण का

B. नकारात्मक नियन्त्रण का

C. अप्रत्यक्ष नियन्त्रण का

D. उपर्युक्त में से कोई नहीं

Q.64 'लोक-नगर सातत्व' की अवधारणा निम्नलिखित में से किसने दी है?

A. मेरियट

B. रॉबर्ट रेडफील्ड

C. डी. एन. मजुमदार

D. एस. सी. दुबे

Q.65 निम्नलिखित में से किसे कृषक समाज कहा जा सकता है?

A. जापान

B. जर्मनी

C. फ्रांस

D. उपर्युक्त में से कोई नहीं

Q.66 निम्नलिखित में से कौन-सी संस्था कृषक समाज व्यवस्था से सम्बद्ध नहीं है?

A. जाति

B. संयुक्त परिवार

C. तृतीयक उद्योग

D. कुटीर उद्योग

Q.67 भारतीय राजनीति में "सर्वोदय" शब्द का प्रयोग सर्वप्रथम किसने किया?

A. विनोबा भावे

B. दादा धर्माधिकारी

C. एम. के. गांधी

D. नरेन्द्र देव

Q.68 आठवीं पंचवर्षीय योजना का काल था-

A. 1985-1990 ई.

B. 1990-1995 ई.

C. 1992-1997 ई.

D. 1995-2000 ई.

Q.69 निम्नलिखित संस्थाओं में से कौन-सी संस्था पूंजीवाद की प्रमुख आर्थिक संस्था है?

A. वृहद्-स्तरीय उत्पादन

B. मुद्रा और ऋण

C. मूल यांत्रिकी

D. उपर्युक्त सभी

Q.70 भारत में पंचवर्षीय योजनाओं के निर्देशन में जो सिद्धांत लागू होता है वह है-

A. न्याय के साथ वृद्धि

B. आर्थिक समृद्धता

C. समाज कल्याण

D. सामाजिक न्याय

Q.71 भारत में सामुदायिक विकास कार्यक्रम का अन्तिम उद्देश्य है-

A. रहन-सहन की दशा को ऊँचा उठाना

B. कृषि उत्पादन को बढ़ाना

C. राष्ट्रीय आय को बढ़ाना

D. नवीन ग्रामीण संस्कृति का सृजन करना

Q.72 समग्रवादी सामाजिक नियोजन में सम्मिलित है-

1. फासीवादी सामाजिक नियोजन

2. साम्यवादी सामाजिक नियोजन

3. पूँजीवादी सामाजिक नियोजन

4. समाजवादी सामाजिक नियोजन

5. प्रजातांत्रिक सामाजिक नियोजन

नीचे दिए गये कूट से सही उत्तर का चयन कीजिये-

A. 1 और 2

B. 3 और 4

C. 1, 2 और 3

D. 3, 4 और 5

Q.73 निम्नलिखित में से किसने धर्म के आत्मवादी सिद्धान्त का प्रतिपादन किया है?

A. टायलर ने

B. मैरेट ने

C. मैक्स मूलर ने

D. मैलिनोवस्की ने

Q.74 "पवित्र" एवं 'साधारण (प्रोफेन)" की अवधारणा किसने दी?

A. स्पेंसर

B. मैक्स वेबर

C. सोरोकिन

D. दुर्खीम

Q.75 परिवार विषयक अध्ययनो में 'भूमिका मोलभाव' की अवधारणा का प्रयोग किसने किया?

A. विलियम गुडे

B. के एम. कपाड़िया

C. आई.पी. देसाई

D. एस.पी. नगेन्द्र

Q.76 निम्नलिखित पदों में से कौन-सा वैवाहिक प्रतिबन्ध से सम्बन्धित नहीं है?

A. निकटानिगमन निषेध

B. बहिर्विवाह

C. अन्त.विवाह

D. बहुपति विवाह

Q.77 हिन्दू विवाह अधिनियम 1955 निम्नलिखित किन विवाहों की मनाही करता है?

A. सगोत्र विवाह

B. सप्रवर विवाह

C. सपिण्ड विवाह

D. उपरोक्त सभी

Q.78 पारम्परिक हिन्दू समाज में विवाह के मुख्य उद्देश्यों का सही क्रम है-

A. प्रजा, रति और धर्म

B. रति, धर्म और प्रजा

C. धर्म, रति और प्रजा

D. धर्म, प्रजा और रति

Q.79 हिन्दू उत्तराधिकार अधिनियम, 1956 जिन समुदायों के उत्तराधिकार सम्बन्धी विषयों को नियन्त्रित करता है, वे हैं-

A. मात्र हिन्दू

B. हिन्दू एवं सिख

C. हिन्दू, सिख, बौद्ध एवं जैन

D. वर्ष 1947 से भारत में रहने वाले सभी समुदाय

Q.80 निम्नलिखित में से कुछ एक विवाह सम्बन्धी नातेदारों के उदाहरण हैं-

1. पत्नी

2. भाई

3. ससुर

4. पिता

A. 1 और 2

B. 1 और 3

C. 3 और 4

D. 1 और 4

Q.81 'मैन एण्ड सोसाइटी इन द एज ऑफ रिकन्स्ट्रक्शन' किसके द्वारा लिखी गई?

A. सोरोकिन

B. मैनहीम

C. वेबर

D. दुर्खीम

Q.82 'कास्ट इन इण्डियन पॉलिटिक्स' नामक पुस्तक का लेखन किसने किया?

A. आन्द्रे बेते

B. बोटोमोर

C. रजनी कोठारी

D. योगेश अटल

Q.83 'दि थ्योरी ऑफ दी लेजर क्लास' पुस्तक किसने लिखी?

A. कार्ल मार्क्स

B. विलफ्रेडो परेटो

C. थोरस्टीन वेबलेन

D. डेविड दुर्खीम

Q.84 वसन विहीन अपराध की अवधारणा किसने दी?

A. एडविन सदरलैंड ने

B. टैफ्ट ने

C. लोम्ब्रोसो ने

D. रॉबर्ट एम. मैकाइवर ने

Q.85 औद्योगीकरण की सबसे भयावह समस्या है-

A. श्रम एवं पूंजी के बीच संघर्ष

B. वृद्धों की समस्या

C. बीमारी एवं दुर्घटना की समस्या

D. प्रदूषण की समस्या

Q.86 निम्नलिखित में से किसने उत्तर-आधुनिक विकास को 'परवर्ती पूँजीवाद के सांस्कृतिक तर्क के रूप में स्पष्ट किया है?

A. फ्रैंकलिन हेनरी गिडिंग्स

B. जीन-फ्रांकोइस ल्योटार्ड

C. फ्रेड्रिक जेम्सन

D. जॉन एच. हार्वे

Q.87 निम्नलिखित में से कौन—सा उत्तर-औद्योगिक अर्थव्यवस्था का उदाहरण है?

A. एक मात्र भरण-पोषण मूलक अर्थव्यवस्था

B. एक कृषि-अर्थव्यवस्था

C. एक से वामूलक उप भोग आधारित अर्थव्यवस्था

D. उपर्युक्त में से कोई नहीं

Q.88 एक गतिशील समाज का सर्वाधिक विशिष्ट लक्षण है-

A. वाहनों का आधिक्य

B. बहुउद्देशीय भवनों की उपस्थिति

C. प्रस्थितियों में परिवर्तन का अवसर

D. उपर्युक्त में से कोई नहीं

Q.89 समकालीन समाज को 'मृत्यु संस्कृति' के रूप में निम्नलिखित में से कौन देखता है?

A. फ्रेड्रिक जेम्सन **B.** जीन बॉड्रीलार्ड

C. उलरिच बेक **D.** जर्गेन हैबरमास

Q.90 उत्तर-आधुनिक समाज के संदर्भ में 'पाश्टीश' प्रत्यय का उपयोग किसने किया है?

A. एम. एन. श्रीनिवास ने **B.** जॉर्ज रिटजर ने

C. मैरी सी. वाटर्स ने **D.** फ्रेड्रिक जेम्सन ने

Q.91 मानव विकास के प्रमुख पहलू हैं-

1. जीवन प्रत्याशा

2. साक्षरता का प्रतिशत

3. रहन-सहन की दशा

4. प्रौद्योगिकी उन्नति

5. प्राकृतिक संसाधनों की खोज

नीचे दिए गये कूट से सही उत्तर का चयन कीजिये-

A. 1 और 2 **B.** 3 और 4

C. 1, 2 और 3 **D.** 3, 4 और 5

Q.92 रानीखेड़ा ग्राम का अध्ययन किया-

A. ऑस्कर लेविस ने **B.** बी. आर. चौहान ने

C. मैक्किम मैरियट ने **D.** डी. एन. मजूमदार ने

Q.93 'विरचना' की अवधारणा सम्बद्ध है-

A. जीन बाड्रीलार्ड से

B. मिशन फूको से

C. जैक्स देरिदा से

D. जीन फ्रांकोइस ल्योटार्ड से

Q.94 निम्नलिखित में से किसने विचलन को, सांस्कृतिक लक्ष्यों तथा संस्थागत साधनों से उन्हें प्राप्त करने के बीच के अंतराल के रूप में परिभाषित किया है?

A. डेविड दुर्खीम **B.** रॉबर्ट के. मर्टन

C. टायलर **D.** बैंकर

Q.95 जब दो सांस्कृतिक समूह एक-दूसरे के सम्पर्क में आते हैं और परिणामस्वरूप कुछ निश्चित समय में एक समूह दूसरे समूह से इतना अधिक ग्रहण करता है कि अपनी पहचान खो जाता है और दूसरे समूह में विलीन हो जाता है, इस प्रक्रिया को कहते है-

A. संस्कृतीकरण **B.** समाजीकरण

C. समाकलन **D.** आत्मसातकरण

Q.96 प्रतिस्पर्धा को 'शांतिपूर्ण संघर्ष' के रूप में किसने वर्णित किया?

A. हर्बर्ट स्पेंसर **B.** लुईस ए. कोजर

C. मैक्स वेबर **D.** साइमन फ्रेजर

Q.97 समाजीकरण होता है-

A. बाल्यावस्था में **B.** युवावस्था में

C. जीवनपर्यन्त **D.** विभिन्न अन्तरालों

Q.98 वह प्रक्रिया जिससे व्यक्ति समूह-मूल्यों को आभ्यंतरीकृत करता है, कहलाता है।

A. आत्मसातकरण **B.** समाकलन

C. समाजीकरण **D.** समंजन

Q.99 वे अनुष्ठान जो एक व्यकित के जीवन-काल में जीवन-चक्र के एक चरण से दूसरे चरण के निर्णायक संक्रमण में महत्वपूर्ण होते हैं, कहलाते है-

A. भूमिका धारण **B.** जीवन यात्रा संस्कार

C. प्रस्थिति क्रिस्टलीकरण **D.** प्रस्थिति विन्यास

Q.100 विवाह का एक प्रकार जो देवर-विवाह कहलाता है-

A. उसकी मृत पत्नी की बहन के बीच

B. उसके मृत भाई की पत्नी के बीच

C. निम्न जाति की महिला के बीच

D. उच्च जाति की महिला के बीच

Q.101 नीलगिरि पहाड़ियों की टोडा जनजाति के लोगों द्वारा अपनाए गए विवाह के निम्न विभिन्न प्रकारों का सही क्रम क्या है?

1. एक विवाह

2. बहुपली विवाह

3. बहुपति विवाह

निम्नलिखित कूट में से सही उत्तर चुनिए-

A. 3, 2, 1 **B.** 1, 2, 3 **C.** 2, 3, 1 **D.** 3, 1, 2

Q.102 निम्नलिखित में से किस-किस को जन्म मूलक परिवार में सम्मिलित किया जाता है?

1. माता-पिता

2. पति-पत्नी

3. सहोदर

निम्नलिखित कूट में से सही उत्तर चुनिए-

A. 1, 2 तथा 3 **B.** 1 तथा 3

C. 2 तथा 3 **D.** 1 तथा 3

Q.103 "प्रस्थिति समूह" शब्द गढ़ा था-

A. रोबर्ट मर्टन ने **B.** मैक्स वेबर ने

C. टाल्कट पारसन्स ने **D.** रैल्फ लिंटन ने

Q.104 जाति स्तरीकरण की व्यवस्था किस पर आधारित है?

A. पुनर्जन्म **B.** चातुर्वर्ण

C. वर्णाश्रम व्यवस्था **D.** गोत्र

Q.105 किसके अनुसार जाति प्रथा ने भारतवर्ष को बर्बरता की ओर जाने से रोका था?

A. डेविड मैडलबाम **B.** श्यामा चरण दुबे

C. अब्बे जे.ए. डुबोइस **D.** ड्यूमा

Q.106 वर्ग स्तरीकरण में अयथार्थ चेतना अग्रायत्मिक होती है, क्योंकि ये अभिज्ञता में बाधा डालती है-

A. व्यवस्था में उनकी भूमिका के विषय में

B. उनकी माँगो के विषय में

C. उनकी वास्तविक प्रस्थिति के विषय में

D. उनके स्वयं के विषय में

Q.107 डेविस एवं मूर ने किस शीर्षक के अन्तर्गत सामाजिक स्तरीकरण के क्षेत्र में ज्वलंत और निरन्तर प्रेरक वाद-विवाद किया?

A. स्तरीकरण का प्रकार्यात्मक विश्लेषण

B. स्तरीकरण के कुछ सिद्धान्त: एक आलोचनात्मक विश्लेषण

C. स्तरीकरण के कुछ सिद्धान्त

D. स्तरीकरण का द्वन्द्वात्मक विश्लेषण

Q.108 अपने विचारों को आदर्श सिद्धान्तों पर आधारित करके लीच एवं बैले जैसे पर्यवेक्षकों ने यह निष्कर्ष निकाला है कि भारतवर्ष में जाति प्रथा मुख्य रूप से-

A. एक गैर प्रतियोगी व्यवस्था है

B. एक प्रतियोगी व्यवस्था है

C. प्रतियोगी एवं गैर प्रतियोगी दोनों व्यवस्था है

D. न तो प्रतियोगी और न ही गैर प्रतियोगी व्यवस्था है

Q.109 एस.सी. दुबे द्वारा वर्णित आनुष्ठानिक पवित्रता के दो चरण हैं-

A. शारीरिक स्वच्छता एवं सामाजिक दूरी

B. दीर्घ प्रक्षालन क्रियाविधि एवं दीक्षा संस्कार

C. एकान्तवास एवं पृथग्वास

D. औपचारिक पूजा एवं कर्मकांड

Q.110 निम्नलिखित में से कौन से कथन वर्ग व्यवस्था के सम्बन्ध में सही है?

1. एक वर्ग व्यवस्था को एक 'बन्द' व्यवस्था माना जा सकता है।

2. एक वर्ग व्यवस्था को एक 'मुक्त' व्यवस्था माना जा सकता है।

3. एक वर्ग व्यवस्था में व्यक्ति सामाजिक स्तरीकरण में ऊपर नीचे नहीं जा सकता।

4. एक वर्ग व्यवस्था को सामान्यत: सामाजिक गतिशीलता से पहचाना जाता है।

निम्नलिखित कूट की सहायता से सही उत्तर का चयन कीजिये-

A. 1 तथा 3   **B.** 2 तथा 3   **C.** 1 तथा 4   **D.** 2 तथा 4

Q.111 निम्नलिखित युग्मों में से कौन-सा एक सही सुमेलित नहीं है?

A. एलेनोर कैथलीन गॉफ़ एबरले

B. एफ . जी बैले बिस्सीपाड़ा

C. एस.सी. दुबे: श्रीपुरम

D. एम.एन. श्रीनिवास: रामपुर

Q.112 किसी समाज में एक वर्ग का सर्वाधिक मूलभूत विभाजन मिलता है-

A. धनी तथा निर्धन के बीच

B. जनसाधारण तथा शासकों के बीच

C. कृषक तथा उद्योगपति के बीच

D. ईश्वरवादी तथा निरीश्वरवादी के बीच

Q.113 मार्क्स के अनुसार बुर्जवा वर्ग को इसके यथोचित हिस्से से अधिक मिलता है, मुख्यत:

A. उत्पादन के साधनों पर पूर्ण नियंत्रण के कारण

B. उद्योग पर एकाधिकार के कारण

C. वैध साधनों से लाभ संग्रह के कारण

D. सर्वहारा वर्ग पर नियंत्रण के कारण

Q.114 जाति और वर्ग में मुख्य भेद यह है, कि-

A. जाति वर्गविहीन समाज में परिचालित होती है तथा वर्ग जातिविहीन समाज में परिचालित होता है।

B. जाति सदैव संवृत होती है जबकि वर्ग सदैव विवृत होता है।

C. जाति के मामले में व्यक्ति की प्रस्थिति आरोपित होती है जबकि वर्ग में अर्जित होती है।

D. जाति के मामले में व्यक्ति को सर्वाधिक हानि उठानी पड़ती है जबकि वर्ग में ऐसा न्हीं होता।

Q.115 प्रकार्यात्मक स्तरीकरण के रूप में द्वैध संगठन किन में प्रचलित है?

A. जातियाँ   **B.** वर्ग

C. एथ्क्लास   **D.** जनजातियाँ

Q.116 निम्नलिखित में से कौन-सा क्रम औद्योगिक समाज के विकास को सर्वोत्तम रूप से निरूपित करता है?

A. जागीरदारी प्रथा, श्रेणी पद्धति, गृह उत्पादन प्रणाली तथा औद्योगिक समाज

B. श्रेणी पद्धति, जागीरदारी प्रथा, गृह उत्पादन प्रणाली तथा औद्योगिक समाज

C. गृह उत्पादन प्रणाली श्रेणी पद्धति, जागीरदारी प्रथा तथा औद्योगिक समाज

D. जागीरदारी प्रथा, गृह उत्पादन प्रणाली, श्रेणी पद्धति तथा औद्योगिक समाज

Q.117 निम्नलिखित में से कौन-सी एक विशेषता उद्योगोत्तर समाज से संबंधित नहीं है?

A. वर्धित स्रोतों का सामाजिक कल्याण एवं सुरक्षा के लिए विभाजन

B. उपभोग के स्वरूप का भोजन, वस्त्र और आवास की मूल आवश्यकताओं से बढ़कर होना

C. समाज प्रौद्योगिक परिपक्वता से आगे बढ़ता है

D. समाज की अर्थव्यवस्था शेष संसार से अपेक्षाकृत पृथक है

Q.118 निम्नलिखित में से कौन-सी एक प्राथमिक उप-व्यवस्था समाज के अनुकूली कार्य के सम्बन्ध में विशेषीकृत है?

A. राज्य व्यवस्था   **B.** अर्थव्यवस्था

C. संस्कृति   **D.** धर्म

Q.119 हर्बर्ट स्पैन्सर ने समाज के प्रकारों को उनके निम्नलिखित में से किसके अंशों के अनुसार सरलतम से सर्वाधिक जटिल होने के रूप में वर्गीकृत किया है?

A. सम्मिश्रण   **B.** समुच्चयन

C. सामाजिक बन्धन   **D.** ज्ञान

Q.120 आरोपित प्रतिमान एवं विशिष्टतापरक सामाजिक सम्बन्धों की ऊँची दर को सामान्यत: सम्बद्ध किया जाता है-

A. आदिमता से   **B.** पिछड़ापन से

C. आधुनिकता से   **D.** पश्चिमीपन से

Q.121 रेडफील्ड तथा सिंगर के विचार में प्राथमिक नगरीकरण की प्रक्रिया को किसके विकास से विशेषीकृत किया जाता है?

A. लोक परम्परा   **B.** अभिजात परम्परा

C. वृहद् परम्परा   **D.** लघु परम्परा

Q.122 डेनियल लर्नर ने गैर-आर्थिक चरों और किसके बीच सख्त अन्त: सबन्ध नापा है?

A. नगरीकरण   **B.** औद्योगिकरण

C. ग्राम—नगरीकरण   **D.** पश्चिमीकरण

Q.123 स्पेंसर ने पूरे विकास को किन दो प्रकार के समाजों के रूप में देखा?

A. सैनिक तथा औद्योगिक

B. कृषिक तथा औद्योगिक

C. जनजातीय तथा औद्योगिक

D. लोक तथा औद्योगिक

Q.124 निम्नलिखित में से किसने ग्राम-नगर सातत्य की अवधारणा दी?

A. अर्नेस्ट वाटसन बर्जेस   **B.** रॉबर्ट रेडफील्ड

C. लुई बर्थ   **D.** रोबर्ट पार्क

Q.125 सजातीय नातेदारी का क्या अर्थ है-

A. समान पूर्वज

B. मुख्य समूह से निकली उपशाखाएँ

C. समान पुरुष पूर्वज

D. उपरोक्त में से कोई नहीं

// स्मार्ट उत्तर पुस्तिका //

सही उत्तर — उन छात्रों के प्रतिशत को इंगित करता है जिन्होंने प्रश्नों का सही उत्तर दिया था।

छोड़ दिया — उन छात्रों के प्रतिशत को इंगित करता है जिन्होंने प्रश्नों को छोड़ दिया था।

प्रश्न संख्या	उत्तर	सही उत्तर / छोड़ दिया	प्रश्न संख्या	उत्तर	सही उत्तर / छोड़ दिया	प्रश्न संख्या	उत्तर	सही उत्तर / छोड़ दिया	प्रश्न संख्या	उत्तर	सही उत्तर / छोड़ दिया	प्रश्न संख्या	उत्तर	सही उत्तर / छोड़ दिया
1	A	36.11 % / 19.45 %	17	D	38.89 % / 50.0 %	33	C	27.78 % / 41.66 %	49	C	36.11 % / 50.0 %	65	D	38.89 % / 50.0 %
2	D	47.22 % / 50.0 %	18	B	38.89 % / 50.0 %	34	A	30.56 % / 50.0 %	50	B	36.11 % / 50.0 %	66	C	47.22 % / 50.0 %
3	A	22.22 % / 47.22 %	19	A	44.44 % / 41.67 %	35	D	27.78 % / 50.0 %	51	C	44.44 % / 50.0 %	67	C	47.22 % / 50.0 %
4	D	19.44 % / 50.0 %	20	A	41.67 % / 50.0 %	36	A	47.22 % / 50.0 %	52	A	50.0 % / 50.0 %	68	C	41.67 % / 50.0 %
5	A	41.67 % / 50.0 %	21	B	44.44 % / 50.0 %	37	B	47.22 % / 50.0 %	53	B	36.11 % / 50.0 %	69	D	36.11 % / 50.0 %
6	C	36.11 % / 47.22 %	22	C	30.56 % / 50.0 %	38	B	47.22 % / 50.0 %	54	C	50.0 % / 50.0 %	70	A	27.78 % / 50.0 %
7	A	30.56 % / 50.0 %	23	B	33.33 % / 41.67 %	39	D	33.33 % / 50.0 %	55	D	25.0 % / 50.0 %	71	A	27.78 % / 41.66 %
8	A	30.56 % / 50.0 %	24	A	44.44 % / 50.0 %	40	A	25.0 % / 50.0 %	56	C	33.33 % / 50.0 %	72	A	16.67 % / 50.0 %
9	A	33.33 % / 50.0 %	25	C	41.67 % / 50.0 %	41	B	19.44 % / 50.0 %	57	C	44.44 % / 50.0 %	73	A	38.89 % / 50.0 %
10	C	38.89 % / 50.0 %	26	B	27.78 % / 50.0 %	42	D	30.56 % / 47.22 %	58	C	30.56 % / 50.0 %	74	D	44.44 % / 50.0 %
11	C	38.89 % / 50.0 %	27	D	33.33 % / 50.0 %	43	D	19.44 % / 50.0 %	59	D	33.33 % / 50.0 %	75	A	27.78 % / 50.0 %
12	D	41.67 % / 50.0 %	28	C	25.0 % / 50.0 %	44	B	50.0 % / 50.0 %	60	D	19.44 % / 50.0 %	76	D	33.33 % / 50.0 %
13	A	44.44 % / 50.0 %	29	A	41.67 % / 50.0 %	45	D	44.44 % / 50.0 %	61	B	36.11 % / 50.0 %	77	C	36.11 % / 50.0 %
14	C	22.22 % / 50.0 %	30	A	19.44 % / 50.0 %	46	C	50.0 % / 50.0 %	62	A	16.67 % / 50.0 %	78	D	47.22 % / 50.0 %
15	A	47.22 % / 50.0 %	31	D	30.56 % / 50.0 %	47	B	36.11 % / 50.0 %	63	B	44.44 % / 50.0 %	79	C	38.89 % / 47.22 %
16	D	38.89 % / 50.0 %	32	A	22.22 % / 50.0 %	48	B	47.22 % / 50.0 %	64	B	41.67 % / 50.0 %	80	B	47.22 % / 50.0 %

प्रश्न संख्या	उत्तर	सही उत्तर / छोड़ दिया
81	B	27.78 % / 50.0 %
82	C	33.33 % / 50.0 %
83	C	36.11 % / 50.0 %
84	B	27.78 % / 50.0 %
85	D	41.67 % / 50.0 %
86	C	19.44 % / 50.0 %
87	C	36.11 % / 47.22 %
88	C	44.44 % / 50.0 %
89	B	30.56 % / 50.0 %

प्रश्न संख्या	उत्तर	सही उत्तर / छोड़ दिया
90	D	33.33 % / 50.0 %
91	C	41.67 % / 50.0 %
92	A	27.78 % / 50.0 %
93	C	30.56 % / 50.0 %
94	B	27.78 % / 50.0 %
95	D	38.89 % / 50.0 %
96	C	30.56 % / 50.0 %
97	C	41.67 % / 50.0 %
98	C	38.89 % / 50.0 %

प्रश्न संख्या	उत्तर	सही उत्तर / छोड़ दिया
99	B	41.67 % / 50.0 %
100	B	50.0 % / 50.0 %
101	C	19.44 % / 50.0 %
102	D	11.11 % / 50.0 %
103	B	22.22 % / 50.0 %
104	B	30.56 % / 50.0 %
105	C	27.78 % / 50.0 %
106	D	11.11 % / 50.0 %
107	C	8.33 % / 50.0 %

प्रश्न संख्या	उत्तर	सही उत्तर / छोड़ दिया
108	A	22.22 % / 50.0 %
109	A	25.0 % / 50.0 %
110	D	33.33 % / 50.0 %
111	C	36.11 % / 50.0 %
112	A	36.11 % / 50.0 %
113	A	44.44 % / 50.0 %
114	C	36.11 % / 50.0 %
115	A	22.22 % / 50.0 %
116	A	27.78 % / 50.0 %

प्रश्न संख्या	उत्तर	सही उत्तर / छोड़ दिया
117	D	27.78 % / 50.0 %
118	B	13.89 % / 50.0 %
119	B	36.11 % / 50.0 %
120	A	30.56 % / 50.0 %
121	A	19.44 % / 50.0 %
122	A	27.78 % / 50.0 %
123	A	47.22 % / 50.0 %
124	B	36.11 % / 50.0 %
125	B	30.56 % / 50.0 %

कार्य विश्लेषण

औसत अंक (%)	42.59%
टॉपर्स स्कोर (%)	96.0%
आपका स्कोर	

//संकेत और समाधान//

1. संस्था की विशेषतायें:

(1) विशिष्ट उद्देश्य

(2) संस्थाओं का निर्माण किया जाता है

(3) विचार या आवश्यकता का परिणाम

(4) ढांचा या संरचना

(5) संस्था व्यक्तिगत नहीं सामाजिक होती है

(6) भूतकालीन अनुभवों के आधार पर स्थापित

(7) समाज द्वारा अभिमति प्राप्त

उपर्युक्त प्रश्न में पाठशाला, परिवार ऐसे हैं जो समिति एवं संस्था दोनों गुण रखते हैं क्योंकि इनमें सदस्यों की संख्या भी होती है जो समिति की विशेषता है। जबकि 'क्लब', समिति है। इसलिए, विवाह केवल संस्था है।

अतः विकल्प (A) सही है।

2. कार्ल मार्क्स ने उत्पादन के तरीकों के आधार पर समाज का वर्गीकरण 4 भागों में किया है-

(1) एशियाई समाज (Asoatoc)

(2) पुरातन (Ancient)

(3) सामंती (Feudal)

(4) पूँजीवाद (Capitalist)

अतः विकल्प (D) सही है।

3. समुदाय की विशेषताएँ निम्नलिखित हैं-

(1) निश्चित क्षेत्र

(2) सामुदायिक भावना

(3) सामान्य जीवन एवं संस्कृति

(4) विशिष्ट नाम

(5) स्वतः विकास

(6) स्थायित्व

(7) मनुष्यों का समूह

(8) मूर्तता उद्देश्य

(9) सामान्य नियम व्यवस्था

(10) आत्म निर्भरता

(11) अनिवार्य सदस्यता

(12) साधन एवं साध्य दोनों

अतः विकल्प (A) सही है।

4. समुदाय के आधार, मैकाइवर एवं पेज के अनुसार (1) स्थानीयता (निश्चित क्षेत्र) (2) सामुदायिक भावना (Community feeling) है।

चूँकि इस प्रश्न में छात्र संघ, रोटरी क्लब एवं गाँव पंचायत में इन दोनों तत्वों का अभाव है, इसलिए यह समुदाय नहीं बल्कि समिति के उदाहरण हैं।

अतः विकल्प (D) सही है।

5. परिवार व्यक्तियों के एक समूह के रूप में समिति है तथा उनके बीच निर्मित कार्य प्रणालियों का स्वरूप संस्था है। इस प्रकार परिवार समिति एवं संस्था दोनों है।

अतः विकल्प (A) सही है।

6. रैल्फ लिंटन ने 1936 में अपनी पुस्तक "द स्टडी ऑफ मैन" में प्रस्थिति के दो भागों-अर्जित प्रस्थिति एवं प्रदत्त प्रस्थिति का उल्लेख करते हुये दोनों में भेद स्पष्ट किया है। उनके अनुसार प्रदत्त प्रस्थिति वह है जो व्यक्ति को जन्म से प्राप्त होती है जबकि अर्जित प्रस्थिति व्यक्ति अपनी योग्यता के अनुसार प्राप्त करता है।

अतः विकल्प (C) सही है।

7. भारत में सामाजिक परिवर्तन के विश्लेषण के संबंध में डॉ. एम.एन. श्रीनिवास ने संस्कृतीकरण की अवधारणा दी है। संस्कृतीकरण एक ऐसी प्रक्रिया है जिसके अनुसार निम्न हिन्दू जातियाँ या जनजातीय समूह उच्च अथवा निम्न कही जाने वाली जातियों की दिशा में अपनी प्रथाओं, संस्कारों, विचारों तथा जीवन- शैली को बदलने का यत्न करती है संस्कृतीकरण समाज के सांस्कृतिक प्रतिमान के संदर्भ में अर्थात् स्थानीय प्रभुजाति के सन्दर्भ में सामाजिक गतिशीलता का एक आन्दोलन है।

अतः विकल्प (A) सही है।

8. 'प्रस्थिति अनुक्रम' (Status sequence) की अवधारणा प्रो. आर.के. मर्टन द्वारा दी गई है। एक व्यक्ति द्वारा उत्तरोत्तर क्रम में धारण की गई प्रस्थितियों की शृंखला को प्रस्थिति क्रम कहते हैं। जैसे बालक, युवा, प्रौढ़ तथा वृद्ध की प्रस्थितियाँ एक के बाद एक चलती रहती हैं।

अतः विकल्प (A) सही है।

9. एस.एफ. नाडेल ने भूमिकाओं को दो भागों में बाँटा है-सम्बन्धात्मक भूमिका एवं गैर सम्बन्धात्मक भूमिका। सम्बन्धात्मक भूमिका हमेशा पूरक भूमिका से जुड़ी होती है। जैसे पति तभी होगा जब उसकी पत्नी होगी। इसके विपरीत कुछ ऐसी भी भूमिकाएँ होती हैं जिनमें पूरक भूमिकाओं की आवश्यकता नहीं होती जैसे-एक फकीर, साधु, कवि या विद्वान आदि की भूमिकाएँ स्वतंत्र भूमिकाएँ हैं।

अतः विकल्प (A) सही है।

10. भूमिका संकुल (Role set) की अवधारणा में मर्टन ने अस्थायित्व के संरचनात्मक स्रोत की व्याख्या करते हुए बताया की जब व्यक्ति की एक स्थिति में परिवर्तन आता है तो उसकी स्थिति समुच्चय में भी परिवर्तन आता है। चूँकि स्थितियों के अनुसार ही व्यक्तियों की भूमिकायें होती हैं, इसलिए एक व्यक्ति की जितनी स्थितियाँ होंगी उतनी ही उसकी भूमिकाएँ होंगी जिसे रोल सेट कहा जाता है।

अतः विकल्प (C) सही है।

11. सामाजिक परिवर्तन दो प्रकार का होता है-रेखीय एवं चक्रीय। रेखीय परिवर्तन वह है जब परिवर्तन क्रमबद्ध तरीके से एक ही दिशा में निरंतर चलता है, जिससे जुड़े विद्वान—कॉम्ट, स्पेन्सर, मॉर्गन, बैकोफन, टायलर, हैडुन, लेबी ब्रुहल, ऑगबर्न, मार्क्स आदि हैं। चक्रीय परिवर्तन के विचारकों का मानना है कि सामाजिक परिवर्तन जहाँ से प्रारम्भ होता है अंत में वहीं पहुँच कर समाप्त होता है, यह स्थिति बार-बार दोहरायी जाती है। इससे जुड़े विद्वानों में से-परेटो, सोरोकिन, टॉयनबी स्पेंगलर आदि हैं।

अतः विकल्प (C) सही है।

12. श्री श्यामाचरण दुबे ने भारत में किशन गढ़ी के गाँव का अध्ययन किया। उन्होंने भारत में नियोजित सामाजिक परिवर्तन पर अध्ययनोपरान्त 'इंडियाज चैलेंज विलेज' पुस्तक लिखी।

अतः विकल्प (D) सही है।

13. सामाजिक परिवर्तन के संघर्ष सिद्धान्त को स्वीकार करते हुए डेहरनडार्फ ने संघर्ष का आधार राजनीतिक बताया है। उनके अनुसार संघर्ष का कारण

सत्ता के द्वारा व्यक्तिगत स्वार्थ की पूर्ति है। उनका यह सिद्धान्त उत्पीड़न का सिद्धान्त या दबाव सिद्धान्त (Theory of coercion) पर आधारित है।

अतः विकल्प (A) सही है।

14. मैलिनोवस्की ने अपनी पुस्तक "द थ्योरी ऑफ़ कल्चर" (1944) में प्रकार्यवाद की अवधारणा देते हुए बताया है कि संस्कृति का प्रत्येक तत्व संस्थाओं तथा व्यक्तियों दोनों के लिए प्रकार्यात्मक होता है।

अतः विकल्प (C) सही है।

15. सांस्कृतिक विलम्बना (Cultural lag) की अवधारणा अमेरिकन समाजशास्त्री डब्ल्यू एफ. ऑगबर्न ने अपनी पुस्तक Social Change (1922) में प्रतिपादित की। उनके अनुसार संस्कृति दो प्रकार (भौतिक, अभौतिक) की होती है। संस्कृति के इन दोनों पक्षों में समान गति से परिवर्तन नहीं होता है। संस्कृति के भौतिक पक्ष से अभौतिक पक्ष की अपेक्षा तीव्र परिवर्तन होता है। परिणामतः परिवर्तन की दौड़ में संस्कृति का अभौतिक पक्ष, भौतिक पक्ष से पिछड़ जाता है। इस पिछड़े पन को ही 'सांस्कृतिक पिछड़ापन' कहा जाता है।

अतः विकल्प (A) सही है।

16. प्रति संस्कृति-वह संस्कृति है जो एक उप-संस्कृति होती है तथा अपनी मुख्य संस्कृति का विरोध करती है या नकारती है। आदर्शात्मक संस्कृति सोरोकिन के अनुसार चेतनात्मक एवं भावात्मक दोनों संस्कृतियों के बीच की अवस्था। भौतिक संस्कृति, संस्कृति का मूर्त पक्ष है इसे सभ्यता कहा जाता है।

अतः विकल्प (D) सही है।

17. श्रीनिवास के अनुसार "भारत की एकता, उसके इतिहास के अधिकांश समय में, सामाजिक या राजनैतिक एकता न होकर, सांस्कृतिक एकता ही रही है।

अतः विकल्प (D) सही है।

18. प्रसार- किसी वस्तु विचार, पार्थिव अपार्थिव तत्व, नवोन्मेष आदि के अपने उत्पत्ति स्थल से अन्य क्षेत्रों में उत्तरोत्तर फैलने की प्रक्रिया को प्रसार कहते हैं।

पर-संस्कृतिग्रहण- जब एक संस्कृति दूसरी संस्कृति के तत्वों को स्वेच्छा से अथवा दबाव से ग्रहण करती है तब इसे पर-संस्कृतिग्रहण कहते हैं।

संस्कृतिग्रहण-एक ऐसी प्रक्रिया जिसके द्वारा मानव प्राणी अपने समूह की संस्कृति के अनुसार अपने आप को ढालता है तथा अपनी प्रस्थिति एवं भूमिकाओं से संबंधित कार्यों को करना सीखता है, संस्कृतिग्रहण कहलाती है।

प्रति-परसंस्कृतिग्रहण-जब एक उप संस्कृति अपनी मुख्य संस्कृति के महत्वपूर्ण लक्षणों को अस्वीकार या उनका विरोध करती है तो इसे प्रति-परसंस्कृतिग्रहण कहते हैं।

अतः विकल्प (B) सही है।

19. सामाजिक परिवर्तन के संघर्ष सिद्धान्त के प्रमुख विचारक-कार्ल मार्क्स, कोजर, डेहरनडार्फ , लुडविग गम्प्लोविक्स, रॉजेन हॉफर आदि हैं।

अतः विकल्प (A) सही है।

20. लुइस ए. कोजर ने अपनी पुस्तक (The functions of social conflicts) में डेहरनडार्फ एवं पारसन्स का विरोध करते हुए संघर्ष का प्रकार्यवादी सिद्धान्त दिया। इसलिए टर्नर ने इन्हें 'संघर्ष मूलक प्रकार्यवादी ' कहा है।

अतः विकल्प (A) सही है।

21. सही सुमेलित क्रम इस प्रकार से है-

सूची-I	सूची-II
a. संस्कृतीकरण	2. एम. एन. श्रीनिवास
b. ऐच्छिक समूह	1. स्टीफन के सैंडरसन
c. प्रत्यक्षवाद	4. अगस्ते कॉमट
d. भूमिका ग्रहण	3. जॉर्ज हर्बर्ट मीड

अतः विकल्प (B) सही है।

22. जागीर व्यवस्था का प्रादुर्भव मध्यकालीन यूरोप में हुआ। मध्यकालीन युग यूरोप समाज दास प्रथा तथा जागीर व्यवस्था पर आधारित था।

अतः विकल्प (C) सही है।

23. 'स्वतः स्फूर्त' की अवधारणा का प्रयोग इमाइल दुर्खीम द्वारा किया गया है। उनके अनुसार सभी घटनाओ का कारण स्वयं समाज ही है।

अतः विकल्प (B) सही है।

24. सही सुमेलित क्रम इस प्रकार से है-

सूची-I	सूची-II
a. कार्ल मार्क्स	1. 1818 ई.-1883 ई.
b. हरबर्ट स्पेंसर	2. 1820 ई.-1903 ई.
c. इमाइल दुर्खीम	3. 1858 ई.-1917 ई.
d. विल्फ्रेडो परेटो	4. 1848 ई.-1923 ई.

अतः विकल्प (A) सही है।

25. मानव विकास के प्रमुख तीन आधार हैं-

(1) जीवन प्रत्याशा

(2) साक्षरता का प्रतिशत

(3) जीवन स्तर प्रति व्यक्ति आय

अतः विकल्प (C) सही है।

26. प्रघटनाशास्त्र (फेनामेनालॉजी) की अवधारणा सर्वप्रथम अपनी पुस्तक 'फेनामेना माइन्ड' में दी। आधुनिक काल में इसका विकास एडमंड हसर्ल की कृतियों में देखने को मिलता है। इस विधि को समाजशास्त्र में प्रयोग करने का श्रेय हसर्ल के शिष्य अल्फ्रेड शूज को है।

अतः विकल्प (B) सही है।

27. अनुसूचित क्षेत्र की घोषणा (224) भारत के संविधान में केवल जनजातियों से संबंधित है- 335 - S.C. तथा S.T. दोनों के लिए सेवाओं और पदों पर नियुक्तियों से सम्बन्धित है। 330 - S.C. तथा S.T. दोनों से सम्बन्धित लोकसभा में सीधे सीटें के आरक्षण से सम्बन्धित है। 332-राज्य विधान सभाओं S.C. तथा S.T. दोनों के सीटों के आरक्षण से सम्बन्धित है।

अतः विकल्प (D) सही है।

28. जेनिटर (Genitor) जीव वैज्ञानिक पिता को सूचित करता है जो कि वास्तविक रूप से बच्चे का पिता होता है, जबकि पेटर सामाजिक पितृत्व को इंगित करता है, भले ही वह वास्तविक पिता न हो। कई समाजों में जैसे-अफ्रीका तथा ऑस्ट्रेलिया में-जनक (जेनिटर) एवं पिता (पेटर) में अंतर किया जाता है।

अतः विकल्प (C) सही है।

29. भारतीय संविधान के छठी अनुसूची का संबंध-असम, मेघालय, त्रिपुरा एवं मिजोरम राज्यों के जनजाति क्षेत्रों के अन्य पिछड़े वर्गों से हैं। प्रशासन के बारे में उपबंध से है।

अतः विकल्प (A) सही है।

30. सामान्य संपत्ति, पितृपूजा, भौतिक सम्बद्धता के अतिरिक्त सामान्य रसोई, सामान्य निवास, सामान्य पूजा या धार्मिक कर्तव्य रक्त संबंध से संबंधित सामाजिक सुरक्षा आदि कारण भी परिवार को संगठित रखने में सहायक सिद्ध हुए हैं।

अतः विकल्प (A) सही है।

31. गुडे एवं हॉट के अनुसार, "यह (वैयक्तिक अध्ययन) एक ऐसी विधि है जो किसी इकाई को उसके संपूर्ण रूप में देखती है।" अर्थात् यह वैयक्तिक अध्ययन का वस्तुनिष्ठ विश्लेषण है।

अतः विकल्प (D) सही है।

32. चूँकि रक्त के 4 मुख्य वर्ग होते है - A, B, AB तथा O, प्रत्येक मनुष्य इन्हीं चारों में से किसी वर्ग के अंतर्गत आता है। प्रत्येक रक्त समूह के कुछ शारीरिक गुण-दोष भी होते हैं, जिनके आधार पर जनसंख्या-विश्लेषण में मदद मिलती है। अतएव मानव जातियों में अंतर करने के लिए रक्त प्रारूप का विशेष महत्व है।

अतः विकल्प (A) सही है।

33. उपरोक्त अवधारणा, जैविक अक्षय विधि के अंतर्गत आती है। रुथ बेनेडिक्ट का कथन है "प्रजातिवाद ऐसी विचारधारा है, जिसमें यह विश्वास किया जाता है कि एक प्रजाति दूसरी से श्रेष्ठ है । किन्तु किसी प्रजाति को छोटा और किसी प्रजाति को श्रेष्ठ मानना आदि 'पूर्वग्रह के नाम से समाजशास्त्र में जाना जाता है।

अतः विकल्प (C) सही है।

34. रिजले ने 1915 में भारतीय भू-भाग की जनसंख्या को सर्वप्रथम 'मानवमिति' (Anthroponietry) के आधार पर 7 प्रजातीय समूहों में विभक्त किया-

(i) टको-ईरानीअन

(ii) इन्डो-आर्यन

(iii) सीथो-द्रविड़

(iv) आर्यो-द्रविड़

(v) मंगोल—द्रविड़

(vi) मंगोलॉयड

(vii) द्रविड़िअन

हर्बर्ट रिजले ने नीग्रीट शब्द का प्रयोग नहीं किया है।

अतः विकल्प (A) सही है।

35. मुख्यतः 3 प्रजातीय समूह है-

(i) काकेशायड

(ii) नीग्रोयड

(iii) मंगोलिया

काकेशायड प्रजाति समूह मुख्य रूप से यूरोप, पश्चिमी तथा दक्षिणी एशिया, ऑस्ट्रेलिया तथा अमेरिकी भू-क्षेत्र में फैला हुआ है। उसे 'श्वेत प्रजाति' भी कहा जाता है।

अतः विकल्प (D) सही है।

36. हर्सकोविट्स ने कहा है कि "कल्चर इज़ द मैन मेड ऑफ़ एनवायरनमेंट" अर्थात् संस्कृति मनुष्य द्वारा निर्मित पर्यावरण का भाग है।

अतः विकल्प (A) सही है।

37. डार्विनवाद के जीवों के उद्विकास के आधार पर स्पेंसर ने अपनी पुस्तक 'कल्चर इज़ द मैन मेड ऑफ़ एनवायरनमेंट' में समाज एवं सावयव में समानता स्थापित करते हुए-'सामाजिक उद्विकास' की अवधारणा को जन्म दिया।

अतः विकल्प (B) सही है।

38. प्राथमिक समूह तथा अर्द्ध प्राथमिक समूह (Quasi Primary group) की अवधारणा चार्ल्स कूले ने दी है, जबकि (Quasi group) की अवधारणा गिन्स बर्ग तथा बोटोमोर ने दी है।

अतः विकल्प (B) सही है।

39. लैणिडस के अनुसार द्वितीय समूह का वृहद् आकार होता है तथा इसमें सदस्यों की संख्या अधिक होती है इसलिए यहाँ पर संबंधों की घनिष्ठता का अभाव होता है सदस्य एक-दूसरे के प्रति उदासीन रहते हैं। इसी उदासीनता के कारण लैणिडस ने इन्हें 'शीत जगत' कहा है।

अतः विकल्प (D) सही है।

40. लेस्टर वार्ड ने समूह को दो भागों में बाँटा है:

(1) ऐच्छिक समूह

(2) अनैच्छिक समूह

यह वर्गीकरण गिडिंग्स तथा गिलिन एवं गिलिन ने भी किया है।

अतः विकल्प (A) सही है।

41. 'संदर्भ समूह' की अवधारणा सर्वप्रथम हाइमन द्वारा 1942 में दी गई तत्पश्चात शेरिफ, न्यूकाम्ब, मर्टन, टर्नर एवं स्टाउफर ने भी इस अवधारणा पर योगदान दिया। 'संदर्भ व्यक्ति' की अवधारणा देते हुये मर्टन ने कहा जिस ढंग से कोई समूह 'संदर्भ समूह' हो सकता है उसी प्रकार एक व्यक्ति भी किसी के लिए 'संदर्भ व्यक्ति' हो सकता है।

अतः विकल्प (B) सही है।

42. 'संदर्भ समूह' शब्द का प्रयोग सर्वप्रथम हर्बर्ट हाइमन ने 1942 में किया था बाद में मर्टन तथा स्टाउफर ने इसका विकास किया।ऐसा समूह संदर्भ समूह कहलाता है जिसके साथ एक व्यक्ति अपना समीकरण बैठाता है या बैठाने की आकांक्षा रखता है तथा इसके अनुसार एक व्यक्ति अपने मूल्यों, विश्वासों, मनोवृत्तियों को ढालने का प्रयास करता है, और उसी के अनुरूप अपने व्यवहार को निर्देशित करता है।

अतः विकल्प (D) सही है।

43. 'प्राथमिक समूह' की अवधारणा चार्ल्स कूले ने दी है। प्राथमिक समूह को 'मानव स्वभाव की पोषिका' पारसन्स ने कहा है।

अतः विकल्प (D) सही है।

44. सदस्यों के बीच घनिष्ठता एवं सामाजिक दूरी के आधार पर समूह के दो भागों-अन्तः समूह एवं बाह्य समूह में डब्ल्यू. जी. समनर ने वर्गीकृत किया है।

अतः विकल्प (B) सही है।

45. प्रभुत्वपूर्णता की अवधारणा का सर्वप्रथम प्रयोग अफ्रीकी राजनीतिक व्यवस्था के विश्लेषण में हुआ। भारतीय समाजशास्त्र में इस अवधारणा का सर्वप्रथम प्रयोग प्रो. एम. एन. श्रीनिवास ने जाति व्यवस्था के विश्लेषण में किया। उनके अनुसार प्रभुजाति वह है जो किसी गाँव क्षेत्र विशेष में आर्थिक एवं राजनीतिक दृष्टि से महत्वपूर्ण प्रभाव डालती है। इस जाति का प्रथानुगत जातीय श्रेणी में सर्वोच्च स्थान होना जरूरी नहीं है।

अतः विकल्प (D) सही है।

46. सामाजिक स्तरीकरण की प्रकार्यवादी विचारधारा के प्रवर्तक किंग्स्ले डेविस एवं डब्ल्यू. ई. मूरे हैं। इस सिद्धान्त के समर्थकों के अनुसार सामाजिक स्तरण समाज की जरूरतों की उपज है न कि व्यक्तियों की जरूरतों की।

अतः विकल्प (C) सही है।

47. सामाजिक स्तरीकरण के आधार एवं निर्धारक निम्न हैं-

(1) वर्ण व्यवस्था

(2) जाति

(3) इस्टेट

(4) वर्ग

(5) उपलब्धियाँ

(6) भूस्वामित्व

(7) सत्ता

(8) शक्ति आदि हैं

अतः लिंग, विभेदीकरण का उदाहरण है न कि स्तरीकरण का उदाहरण है।

अतः विकल्प (B) स्ही है।

48. जनजाति को जी. एस. घुरिये ने 'पिछड़े हिन्दू' ठक्कर बापा ने आदिवासी, बेरियर ऐल्विन ने वनवासी, हट्टन ने आदिम जाति, एल पी. विद्यार्थी ने गिरिजन, गिरिधन, अंग्रेजों ने दलित वर्ग एवं भारतीय संविधान में अनुसूचित जनजाति कहा गया है।

अतः विकल्प (B) सही है।

49. 'भूमिज' जनजाति का अध्ययन सुरजीत सिन्हा ने, 'ओरॉव' जनजाति का, एस. सी. राय ने 'कमार' जनजाति का, एस. सी. दुबे ने बैगा, एवं मुरिया का अध्ययन वेरियर एत्विन ने किया।

अतः विकल्प (C) सही है।

50. भारत में 'समन्वित जनजातीय विकास परियोजना' का प्रारम्भ 1980 ई. में किया गया।

आदिवासी उप-योजना (टीएसपी) के तहत समन्वित जनजाति विकास परियोजना (आईटीडीपी) पर कार्यक्रम पांचवीं पंचवर्षीय योजना के बाद से लागू किया जा रहा है, ताकि गरीबी को कम करने, आदिवासी परिवारों के शोषण को खत्म करने के लिए शैक्षिक स्थिति में सुधार के विशिष्ट उद्देश्यों को पूरा किया जा सके।

अतः विकल्प (B) सडी है।

51. मातृवंशीय परिवार में कोई सदस्य पुरुष नहीं होता। स्त्रियां विवाहोपरान्त अपनी माता के घर में निवास करती हैं। वंश तथा उत्तराधिकार माता के आधार पर होता है। पति यदा-कदा आता रहता है। गारो, खांसी तथा नायरो में इस प्रकार के परिवार मिलते हैं।

अतः विकल्प (C) सडी है।

52. अनुच्छेद 15 (4) में सामाजिक एवं शैक्षिक दृष्टि से पिछड़े वर्गों के लिए विशेष उपबंध, अनुच्छेद 16 (4) में पिछडे वर्गों के लिए आरक्षण, अनुच्छेद 39 में नीति निदेशक तत्व अनुच्छेद 40 में ग्राम पंचायत। अनुच्छेद 110 में धन विधेयक अनुच्छेद 112 में वित्तीय विषयों के संबंध में प्रक्रिया, अनुच्छेद 50 में कार्य पालिका से न्याय पालिका का पृथक्करण तथा अनुच्छेद 51 में अन्तर्राष्ट्रीय शांति एवं सुरक्षा संबंध है।

अतः विकल्प (A) सही है।

53. जार्ज हर्बर्ट मीड ने अपनी पुस्तक "माइंड सेल्फ एंड सोसाइटी" (1934) में 'सामान्यीकृत अन्य' (Generalized other) तथा 'विशिष्ट अन्य' (Specialised other) की अवधारणाएँ दी हैं।

अतः विकल्प (B) सही है।

54. क्षैतिज गतिशीलता में व्यक्ति या समूह उसी स्तर पर एक स्थान उसी स्तर पर एक स्थान से दूसरे स्थान पर गमन करता है, इसमें सिर्फ स्थान परिवर्तन होता है सामाजिक संरचना नहीं। उदाहरणार्थ-एक व्यक्ति का एक गाँव छोड़कर दूसरे गाँव में रहना, श्रमिक का एक फैक्ट्री से दूसरी फैक्ट्री में कार्य करना। एक प्रोफेसर का एक विश्वविद्यालय से दूसरे में स्थानान्तरण आदि।

अतः विकल्प (C) सही है।

55. सोरोकिन ने सामाजिक गतिशीलता को दो भागों में-क्षैतिज (Horizontal) गतिशीलता तथा उद्ग्र (Vertical) गतिशीलता में बाँटा है। क्षैतिज गतिशीलता में व्यक्ति एक स्थान से दूसरे स्थान पर गमन करता है। उद्ग्र गतिशीलता भी दो

प्रकार की है- ऊर्ध्वगामी सामाजिक गतिशीलता तथा अधोगामी उद्ग्र गतिशीलता।

अतः विकल्प (D) सही है।

56. प्राथमिक एवं द्वितीयक विचलन की अवधारणा लीमर्ट ने दी है। उनके अनुसार प्राथमिक विचलन सामान्यत: उन व्यक्तियों द्वारा किये जाते हैं जो सामान्य तौर पर सामाजिक नियमों के अनु रूप व्यवहार करते हैं, पर कभी-कभी लुक-छिपकर कुछ गलत कार्य कर बैठते हैं, तो उसे प्राथमिक विचलन कहते हैं। प्राथमिक विचलन हेतु कोई दण्ड नहीं दिया जाता। जैसे किसी दुकान से बिना भुगतान किये चुपके से सामान लेकर चले जाना, जबकि द्वितीय विचलन वह है जो सार्वजनिक स्तर पर लोगों को मालूम है, जिन लोगों की पहचान समाज में स्पष्ट रूप से गलत व्यक्ति के रूप में हो चुकी है, वे इसके अन्तर्गत आते हैं। जैसे-चोर, डकैत, तस्कर आदि। इस विचलन हेतु स्पष्ट दण्ड होता है।

अतः विकल्प (C) सही है।

57. सामाजिक नियंत्रण दोनों प्र कार औपचारिक एवं अनौपचारिक तरह से क्रियाशील होता है। औपचारिक नियंत्रण वह है जो लिखित निश्चित कानूनों द्वारा सम्पन्न होता है तथा जिसे व्यक्ति या समूह को मानना ही पड़ता है। इसका विरोध करने पर दण्ड दिया जाता है। जबकि अनौपचारिक नियंत्रण वह नियंत्रण है जिसका विकास कोई सामाजिक समूह अपने कल्याण के लिए करता है तथा इसकी अवहेलना करने पर समाज निन्दा या बहिष्कार करता है, यदा. प्रथायें, लोकाचार, धर्म आदि।

अतः विकल्प (C) सही है।

58. पारसन्स प्रकार्यवादी थे उनके अनुसार यदि कोई सामाजिक मूल्य से विचलित होता है तो इससे समाज का प्रतिमान खतरे में पड़ सकता है। अतः वैसे व्यवहारो को प्रस्फुटित होने के पहले ही दबा देना चाहिए।

अतः विकल्प (C) सही है।

59. सामाजिक नियंत्रण के सकारात्मक एवं नकारात्मक प्रकार किम्बाल यंग द्वारा, औपचारिक एवं अनौपचारिक-बोगाड्स एवं वीयरस्टीड ने, संगठित एवं असंगठित- गुरविच एवं मूर तथा चेतन एवं अचेतन सामाजिक नियंत्रण का उल्लेख, चार्ल्स कूले एवं बर्नार्ड ने किया है।

अतः विकल्प (D) सही है।

60. 'उदीयमान जाति' की अवधारणा रजनी कोठारी ने अपने एक अध्ययनोपरान्त दी है।

रजनी कोठारी (16 अगस्त 1928 - 19 जनवरी 2015) एक भारतीय राजनीतिक वैज्ञानिक, राजनीतिक सिद्धांतकार, अकादमिक और लेखक थे।

अतः विकल्प (D) सही है।

61. लुइस अलथ्यूजर का मत है कि वर्गस्थिति को न केवल उत्पादन के विशिष्ट स्वरूप के आधार पर नहीं, बल्कि उस सामाजिक संरूपण, जिसका कि वह एक अंग है के आधार पर परिभाषित किया जाना चाहिए।

अतः विकल्प (B) सही है।

62. लीच एवं बेली के अनुसार जाति एक प्रतिस्पर्धात्मक व्यवस्था है।

जाति व्यवस्था हिंदुओं को चार मुख्य श्रेणियों में विभाजित करती है - ब्राह्मण, क्षत्रिय, वैश्य और शूद्र। कई लोग मानते हैं कि समूह सृष्टि के हिंदू देवता ब्रह्मा से उत्पन्न हुए हैं।

अतः विकल्प (A) सही है।

63. नकारात्मक सामाजिक नियंत्रण के अन्तर्गत नियंत्रण के लिए आदेश और दण्ड का प्रावधान रहता है, जिसके भय से विसामान्य व्यवहारों पर प्रतिबंध लगाया जाता है, जैसे फांसी, कैद, जुर्माना, समाज द्वारा निन्दा या उपहास इत्यादि नकारात्मक सामाजिक नियंत्रण में सहायक हैं।

अतः विकल्प (B) सही है।

64. राबर्ट रेडफील्ड अमेरिकी सांस्कृतिक मानवशास्त्री, ग्रामीण समाजशास्त्र के जनक हैं। इन्होंने मेक्सिको के टेपोजलान गाँव के अध्ययनोपरान्त लोक समाज, लोक-नगरीय सातत्य, कृषक समाज, लघु व दीर्घ परम्परा, लोक संस्कृति तथा लघु समुदाय जैसी महत्वपूर्ण अवधारणाओं का उल्लेख किया।

अतः विकल्प (B) सही है।

65. कृषक समाज वह समाज है जिसके लिए कृषि आजीविका का मात्र साधन ही नहीं, वरन् उनकी जीवनशैली का आधार भी होता है। इनके लिए कृषि वृत्ति का उद्देश्य लाभ कमाना नहीं होता। वे व्यापार के लिए नहीं वरन् उपभोग के लिए खेती करते हैं। इस प्रश्न में जापान, जर्मनी तथा फ्रान्स एक 'समुदाय' के उदाहरण हैं न कि कृषक समाज में उदाहरण है।

अतः विकल्प (D) सही है।

66. कृषक समाज व्यवस्था की विशेषतायें-

(1) भूमि से अत्यन्त लगाव,

(2) अपेक्षतया समरूप समाज,

(3) अविभेदीकृत एवं अस्तरीकृत समाज,

(4) कुटीर उद्योगों की प्रधानता,

(5) ग्रामीण जाति व्यवस्था,

(6) संयुक्त परिवार

इस प्रकार तृतीयक उद्योग अर्थात से वा क्षेत्र आधुनिक औद्योगिक समाज की विशेषता है1

अतः विकल्प (C) सही है।

67. 'सर्वोदय' शब्द का प्रयोग सर्वप्रथम गांधी जी ने दिया था, 'सर्वोदय योजना' जय प्रकाश नारायण की है।

सर्वोदय एक शब्द है जिसका अर्थ है 'यूनिवर्सल उत्थान' या 'सभी की प्रगति'। यह शब्द पहली बार मोहनदास गांधी द्वारा जॉन रस्किन के ट्रैक्ट के 1908 के अनुवाद के शीर्षक के रूप में राजनैतिक अर्थव्यवस्था पर लिखा गया था, "आन्टू दिस लास्ट", और गांधी अपने स्वयं के राजनीतिक दर्शन के आदर्श के लिए इस शब्द का उपयोग करने के लिए आए थे।

अतः विकल्प (C) सही है।

68. प्रथम पंचवर्षीय योजना-(1951-1956), द्वितीय (1956-1961), तृतीय (1961-1966), तीन वर्ष का योजनावकास (1976, 1968, 1969) चौथी (1969-1974), पाँचवीं (1974-79), छठवीं-(1980-85) (एक वर्ष का Rolling Plan 1919), सातवी (1985-1990), आठवीं (राजनीतिक अस्थिरता के कारण आठवीं दो वर्ष बाद प्रारम्भ हो सकी) (1992-1997), नवी योजना (1997-2002), दसवी (2002-2007), ग्यारहवीं (2007-2012), बारहवी-(2012-2017) कार्यकाल रहा।

अतः विकल्प (C) सही है।

69. पूँजीवाद की विशेषताएँ-

(i) आर्थिक उत्पादन के साधनों (भूमि एवं पूँजी) का नियंत्रण तथा केन्द्रीकरण निजी हाथो में,

(ii) स्वतंत्र बाजार प्रणाली द्वारा सम्पदा तथा साधनों का अर्जन,

(iii) स्वतंत्र श्रमिकों द्वारा बाजार में अपना श्रम बेचना,

(iv) आर्थिक क्रिया के लक्ष्य एवं प्रेरणा के रूप में अधिकाधिक लाभ की आकांक्षा,

(v) वृहत् आधार पर उत्पादन,

(vi) मुख्यत: निजी लाभ की कामना से प्रेरित स्पर्धा आदि है।

अतः विकल्प (D) सही है।

70. भारत में सामुदायिक विकास कार्यक्रमों का अन्तिम लक्ष्य उन व्यक्तियों के रहन-सहन की दशा को ऊँचा उठाना है जो पिछड़े हुये हैं तथा विकास की मुख्य धारा से बाहर है।

अतः विकल्प (A) सही है।

71. भारत में सामुदायिक विकास कार्यक्रमों का अन्तिम लक्ष्य उन व्यक्तियों के रहन-सहन की दशा को ऊँचा उठाना है जो पिछड़ हुये हैं तथा विकास की मुख्य धारा से बाहर है।

अतः विकल्प (A) सही है।

72. समग्रवादी सामाजिक नियोजन में फासीवादी सामाजिक नियोजन तथा साम्यवादी सामाजिक नियोजन आते हैं, क्योंकि फासीवाद सर्वसत्तावाद का समर्थक है तथा साम्यवाद जन-स्वामित्व पर आधारित है, जबकि समाजवादी व्यवस्था राज्य के स्वामित्व पर प्रजातांत्रिक व्यवस्था राज्य के स्वामित्व पर एवं पूँजीवादी व्यवस्था निजी स्वामित्व पर आधारित है।

अतः विकल्प (A) सही है।

73. टायलर एवं स्पेन्सर ने आत्मवादी (Animism) सिद्धान्त प्रतिपादित किया उनके अनुसार धर्म की उत्पत्ति आत्मा पर विश्वास एवं उसके भय के कारण हुई है। धर्म का आधार बिन्दु आत्मा पर विश्वास करना है।

अतः विकल्प (A) सही है।

74. दुर्खीम ने अपनी पुस्तक "धार्मिक जीवन के प्रारम्भिक स्वरूप" में धर्म के सिद्धान्त की व्याख्या करते हुए दो अवधारणायें दी है: पवित्र एवं पार्थिव (Sacred and Prophane) दुर्खीम के अनुसार समाज की वस्तुओं को देखने की अभिवृत्ति ही वस्तु को पवित्र या पार्थिव बनाती है। अपने आप में कोई वस्तु पवित्र या अपवित्र नहीं है। समाज जिसे पवित्र कहता है वह पवित्र है समाज जिसे अपवित्र कहता है वह अपवित्र है।

अतः विकल्प (D) सही है।

75. परिवार विषयक अध्ययनों में "भूमिका सौदेबाजी" की अवधारणा विलियम गुडे ने दी है। गुडे निराशावादी विचारक हैं। उनका मानना है कि परिवार धीरे-धीरे समाप्ति की ओर है, क्योंकि इसके सारे कार्य किसी न किसी संस्था द्वारा किये जाने लगे हैं। वर्तमान में परिवार में सिर्फ भूमिकाओं को लेकर सौदेबाजी चल रही है।

अतः विकल्प (A) सही है।

76. निकटाभिगमन निषेध एक वैवाहिक प्रतिबन्ध है, जिसमें निकट के नातेदारों से विवाह प्रतिबन्धित किया गया है। बहिर्विवाह में व्यक्ति अपने गोत्र, पिण्ड तथा प्रवर से बाहर ही विवाह कर सकता है। इस प्रकार ये सभी विवाह निषेधों से संबंधित है। जबकि बहुपति विवाह, विवाह का एक प्रकार है।

अतः विकल्प (D) सही है।

77. हिन्दू विवाह अधिनियम 1955 में केवल सपिण्ड विवाह को प्रतिबंधित किया गया है, जबकि सगोत्र एवं सप्रवर विवाह को मान्यता प्रदान कर दी गई है।

अतः विकल्प (C) सही है।

78. परम्परागत हिन्दू समाज में विवाह का प्रमुख उद्देश्य धर्म है। उसके बाद संतानोत्पत्ति तत्पश्चात् शारीरिक सुख अर्थात् रतिक्रिया।

अतः विकल्प (D) सही है।

79. हिन्दू उत्तराधिकार अधिनियम 1956 ने 'हिन्दू' के अंतर्गत हिन्दू, सिख, बौद्ध तथा जैन की व्याख्या की है। अतः इन चारों समुदायों का उत्तराधिकार संबंधी विषयों पर यह अधिनियम लागू होता है।

अतः विकल्प (C) सही है।

80. पत्नी तथा ससुर (पत्नी के पिता) विवाह सम्बन्धी नातेदारों में, जबकि रक्त संबंधी नातेदानों में माता, पिता, भाई, बहन, दादा, दादी आदि आते हैं।

अतः विकल्प (B) सड़ी है।

81. "मैन एण्ड सोसाइटी इन द एज ऑफ रिकन्स्ट्रक्शन" पुस्तक के लेखक कार्ल मैनहीम हैं।

अतः विकल्प (B) सही है।

82. 'कास्ट इन इण्डियन पॉलिटिक्स' पुस्तक रजनी कोठारी की है। इस पुस्तक में उन्होंने 'जाति एवं राजनीति' के संबंधों में चर्चा की है।

अतः विकल्प (C) सही है।

83. 'दि थ्योरी ऑफ़ दी लेजर क्लास' नामक पुस्तक की रचना थोरस्टीन वेबलेन ने की है। इसमें उन्होंने विलासी वर्ग की अवधारणा दी है।

अतः विकल्प (C) सही है।

84. वसन विहीन अपराध की अवधारणा टैफ्ट ने दी। श्वेतवसन की अवधारणा सदरलैण्ड ने दी। लोम्ब्रोसो के अनुसार अपराधी जन्मजात होते हैं।

अतः विकल्प (B) सही है।

85. औद्योगीकरण की सबसे भयावह समस्या प्रदूषण की समस्या है। आज वायु प्रदूषण, ध्वनि प्रदूषण तथा जल प्रदूषण का प्रमुख कारण औद्योगीकरण ही है।

अतः विकल्प (D) सही है।

86. फ्रेड्रिक जेमसन ने उत्तर आधुनिक विकास को परवर्ती पूँजीवाद के सांस्कृतिक तर्क के रूप में स्पष्ट किया है।

फ्रेड्रिक जेमसन (जन्म 14 अप्रैल, 1934) एक अमेरिकी साहित्यिक आलोचक, दार्शनिक और मार्क्सवादी राजनीतिक सिद्धांतकार हैं। उन्हें समकालीन सांस्कृतिक रुझानों के विश्लेषण के लिए, विशेष रूप से उत्तर आधुनिकता और पूंजीवाद के उनके विश्लेषण के लिए जाना जाता है।

अतः विकल्प (C) सही है।

87. डेनियल बेल के अनुसार उत्तर औद्योगिक समाज एक ऐसा समाज है जहाँ केन्द्रीय महत्व के रूप में सम्पत्ति व धन सम्पदा का स्थान ज्ञान लेता रहा है और यही शक्ति व सत्ता का मुख्य स्रोत बनता जा रहा है। ऐसे समाज में वस्तुओं का निर्माण करने वाले उद्योगों की अपेक्षा सेवा प्रदान करने वाले उद्योग मुख्य भूमिका अदा कर रहे हैं। इस समाज में उत्पादन व्यवस्था का मुख्य आधार सूचना एवं ज्ञान बनता जा रहा है। इस व्यवस्था में श्रमिक वर्ग का स्थान सफेदपोश कार्मिक वर्ग लेते जा रहे हैं। जबकि भरण-पोषण अर्थव्यवस्था जनजातीय समाज की विशेषता है तथा कृषि अर्थव्यवस्था कृषक समाज की विशेषता है।

अतः विकल्प (C) सही है।

88. गतिशील समाज की विशेषता है कि उसमें प्रस्थिति में परिवर्तन का अवसर विद्यमान रहता है।व्यक्ति अपनी योग्यता के अनुसार अपनी अर्जित प्रस्थिति परिवर्तित कर सकता है। जबकि बन्द समाज (गतिहीन समाज) में प्रस्थिति परिवर्तन के अवसर नगण्य होते हैं।

अतः विकल्प (C) सही है।

89. जीन बॉड्रीलार्ड के अनुसार उत्तर आधुनिक समाज वस्तुत: मौत के कगार पर खड़ा है यह कब धराशायी हो जायेगा कहा नहीं जा सकता। वर्तमान दुनिया को जीन बॉड्रीलार्ड ने सिम्यूलेशन (बहाना या स्वांग नकली चीज) की दुनिया कहा है। उनके अनुसार उत्तर आधुनिक समाज-मीडिया समाज है, उपभोक्ता समाज है, एक अहत समाज (Wounded Society) है।

अतः विकल्प (B) सही है।

90. उत्तर आधुनिक समाज के संदर्भ में 'पाश्टीश' प्रत्यय का उपयोग फ्रेड्रिक जेम्सन ने किया है।

उत्तर आधुनिकता (उत्तर आधुनिक स्थिति) समाज की आर्थिक या सांस्कृतिक स्थिति या स्थिति है जिसे आधुनिकता के बाद अस्तित्व में कहा जाता है।

अतः विकल्प (D) सही है।

91. मानव विकास सूचकांक के प्रमुख तीन आधार हैं-

(1) जीवन प्रत्याशा

(2) साक्षरता

(3) प्रति व्यक्ति आय (जीवन स्तर)

अतः विकल्प (C) सही है।

92. रानीखेड़ा ग्राम का अध्ययन ऑस्कर लेविस ने किया है। इसके अलावा टेपोजलान तथा रामपुर का भी अध्ययन लेविस ने किया है। बी. आर. चौहान ने राजस्थान के राणावती की सादड़ी गाँव का मैकियम मैरिट ने किशन गढ़ी (यू.पी.) डी एन. मजूमदार ने मोहाना तथा युद्धी गाँवों का अध्ययन किया है।

अतः विकल्प (A) सही है।

93. 'विरचना' (Deconstruction) की अवधारणा जैक्स देरिदा ने दी है।

विरचना पाठ और अर्थ के बीच संबंध को समझने का एक तरीका है। यह दाशनिक जैक्स देरिदा (1930-2004) द्वारा उत्पन्न किया गया था, जिन्होंने अपने पूरे करियर के दौरान इस शब्द को विभिन्न रूप से परिभाषित किया।

अतः विकल्प (C) सही है।

94. उपर्युक्त अवधारणा रॉबर्ट के. मर्टन की है। इसके अंतर्गत समाज द्वारा निर्देशित लक्ष्यों को समाज द्वारा स्वीकृत साधनों से प्राप्त करना अनुरूपता है, किन्तु इनमें यदि कोई समानता संतुलन व तालमेल नहीं बैठता है तो वह विचलन है। मर्टन विचलन के प्र कार बताये हैं-

i) संस्कारवाद

(ii) प्रत्यावर्तन

(iii) अति-अनुकलन

अतः विकल्प (B) सही है।

95. आत्मसातकरण मनोवैज्ञानिक प्रक्रिया मी है और सामाजिक प्रक्रिया मी। निमकॉफ की मान्यतानुसार "सात्मीकरण एक ऐसी प्रक्रिया है जिसके द्वारा कभी एक-दूसरे से भिन्न रह चुके व्यक्ति या समूह एक-दूसरे जैसे हो जाते हैं और अपने हितों व रूपरंग के आधार पर एक-दूसरे से तादात्म्य कायम कर लेते हैं।

अतः विकल्प (D) सही है।

96. मैक्स वेबर ने प्रतिस्पर्धा को 'शांतिपूर्ण संघर्ष' कहा है जिसमें शान्तिपूर्ण प्रयलों द्वारा ऐसे अवसरों तथा लाभों पर नियंत्रण प्राप्त किया जा सकता है जो दूसरों के द्वारा भी वांछित है।

अतः विकल्प (C) सही है।

97. समाजीकरण की प्रक्रिया बच्चे के जन्म से लेकर मृत्युपर्यन्त चलने वाली प्रक्रिया है। बचपन से लेकर वृद्धावस्था तक वह अनेक प्रस्थितियों को धारण करता है और उनके अनुसार अपनी भूमिकाओं का निर्वाह करना सीखता है।

अतः विकल्प (C) सही है।

98. पारसन्स व्यक्ति द्वारा सामाजिक मूल्यों को सीखने और अभ्यांतरीकृत (Internalized) करने को ही समाजीकरण कहते हैं।

अतः विकल्प (C) सही है।

99. उपरोक्त प्रश्न की अवधारणा जीवन यात्रा संस्कार के अंतर्गत आती है। मनु ने 16 प्रकार के संस्कारों का उल्लेख किया है। ऋग्वेद में मात्र 3 संस्कारगर्भाधान, विवाह एवं अन्त्येष्टि का उल्लेख मिलता है। जैमिनी के अनुसार

"संस्कार वह क्रिया है, जिसके करने से कोई पदार्थ या व्यक्ति किसी कार्य के उपयुक्त हो जाता है।"

अतः विकल्प (B) सही है।

100. पतिभ्राता विवाह में एक विधवा अपने पति के किसी भी एक भाई के साथ विवाह करती है। यदि विधवा पति के बड़े भाई से विवाह करती है तो यह -ज्येष्ठ विवाह', यदि छोटे भाई से करती है तो 'देवर विवाह' या 'भाभी विवाह' कहलाता है।

अतः विकल्प (B) सही है।

101. भारत के दक्षिणांचल में नीलगिरि के पर्वतीय क्षेत्रों में इस क्षेत्र की प्राचीनतम जनजाति टोडा निवास करती है, जिनकी कुल संख्या लगभग 2000 है। इनमें संयुक्त परिवार प्रणाली का प्रमुख स्थान है तथा कई भाइयों का परिवार एक साथ रहता है। इनमें बहुपति तथा बहुपली विवाह का प्रचलन है। टोडा समाज में स्त्रियों की संख्या काफी कम है, इसलिए भी कई भाइयों की एक पत्नी हो सकती है।

अतः विकल्प (C) सही है।

102. वह परिवार जिसमें व्यक्ति जन्म लेता है तथा उसका पालन-पोषण होता है, जन्ममूलक परिवार (Family of Origin or Orientation) कहलाता है, ऐसे परिवार में व्यक्ति के माता-पिता एवं अविवाहित भाई-बहन आते हैं।

अतः विकल्प (D) सही है।

103. प्रस्थिति समूह शब्द की रचना मैक्स वेबर द्वारा दी गयी, जबकि मर्टन ने-प्रस्थिति प्रतिमान का, लिंटन ने-प्रदत्त एवं अर्जित प्रस्थिति का पारसन्स ने सामाजिक व्यवस्था के प्रकार्य वादी सिद्धान्त का प्रतिपादन किया है।

अतः विकल्प (B) सही है।

104. सर्वप्रथम ऋग्वेद के दशम मंडल-पुरुष सूक्त में चातुर्वर्ण व्यवस्था के रूप में-ब्राह्मण, क्षत्रिय, वंश एवं शूद्र का उल्लेख प्राप्त होता है।

अतः विकल्प (B) सही है।

105. अब्बे जे.ए. दुबोइस की मान्यता है कि "यदि भारत की जनता उस समय भी बर्बरता के कीचड़ में नही डूबी, जबकि समस्त यूरोप डूबा हुआ था, तो इसका पूर्ण श्रेय उसकी जाति प्रथा को है, जिसके लिए वह विख्यात है।

अतः विकल्प (C) सही है।

106. प्रत्येक वर्ग के सदस्यों में एक प्रकार की वर्ग-चेतना पायी जाती है। फलत: भिन्न वर्ग निर्मित हो जाते है जो कि अप्रकार्यात्मक रूप से अपने वर्ग के प्रति पक्षपातपूर्ण एवं अन्य वर्गों के प्रति उपेक्षापूर्ण दृष्टिकोण अपनाते हैं।

अतः विकल्प (D) सही है।

107. डेविस एवं मूर ने अपने लेख 'सम प्रिंसिपल्स ऑफ़ स्ट्रैटिफिकेशन' में स्तरीकरण के प्रकार्यवादी सिद्धान्त का प्रतिपादन किया है। जिसके अंतर्गत प्रश्नोक्त अवधारणा आती है।

अतः विकल्प (C) सही है।

108. एफ.जी. बैले पहले ऐसे सामाजिक मानवशास्त्री थे, जिन्होंने जाति और भू-राजस्व के मध्य संबंध को अपने अध्ययन का विषय बनाया उन्होंने 50 के दशक में उड़ीसा में क्षेत्रीय अध्ययन किया। इसके अतिरिक्त चूँकि जाति का निर्धारण जन्म के आधार पर होता है। व्यक्ति चाहकर भी अपनी जाति में परिवर्तन नहीं कर सकता। इस आधार पर यह गैर प्रतियोगी व्यवस्था है।

अतः विकल्प (A) सही है।

109. एस. सी. दुबे के अनुसार शारीरिक स्वच्छता एवं सामाजिक दूरी अनुष्ठानिक पवित्रता के दो प्रमुख चरण हैं, जबकि दुर्खीम का कथन है-'पवित्र और अपवित्र मानव मस्तिष्क द्वारा हर जगह व हमेशा दो वर्गों और यहाँ तक कि दो दुनिया के रूप में स्वीकार किये जाते हैं, जिनके मध्य कुछ भी सामान्य नहीं होता।

अतः विकल्प (A) सही है।

110. वर्ग व्यवस्था को मुक्त व्यवस्था माना जाता है जिसमें ऊर्ध्व या निम्न में सामाजिक गतिशीलता के द्वार खुले रहते हैं।

अतः विकल्प (D) सही है।

111. आन्द्रे बेतेई ने 'श्रीपुरम' में कृषक समाज का अध्ययन किया था। आन्द्रे बेतेई, (जन्म 30 सितंबर 1934) एक भारतीय समाजशास्त्री और लेखक हैं। वे दक्षिण भारत में जाति व्यवस्था के अपने अध्ययन के लिए जाने जाते हैं।

अतः विकल्प (C) सही है।

112. मार्क्स ने वर्ग के आर्थिक आधार को स्वीकार करते हुए कहा कि "जीविका उपार्जन के विभिन्न साधनों के कारण, मनुष्य पृथक-पृथक वर्गों में विभाजित हो जाते हैं। उनकी मान्यता है कि एक सामाजिक वर्ग को उसके उत्पादन के साधनों और सम्पत्ति के वितरण के साथ होने वाले संबंधों के संदर्भ में ही परिभाषित किया जा सकता है।"

अतः विकल्प (A) सही है।

113. मार्क्स का मत है कि इतिहास के प्रत्येक युग में दो वर्ग रहे हैं। मानव समाज का इतिहास इन दो वर्गों के संघर्ष का इतिहास है। एक वर्ग वह है जिसका उत्पादन के साधन पर स्वामित्व रहा है और दूसरा वह जो श्रम के द्वारा जीवनयापन करता है। इन दोनों ही वर्गों में सतत् संघर्ष चलता रहता है।

अतः विकल्प (A) सही है।

114. चूँकि जाति व्यक्ति की प्रदत्त प्रस्थिति होती है जिसकी सदस्यता व्यक्ति को जन्मना समाज द्वारा स्वमेव प्रदान कर दी जाती है। इसके विपरीत वर्ग की सदस्यता व्यक्ति स्वयं की योग्यता एवं प्रयास के द्वारा प्राप्त करता है, इस दृष्टि से यह अर्जित प्रस्थिति होती है।

अतः विकल्प (C) सही है।

115. यह एक समता मूलक व्यवस्था है।प्रत्येक जाति अपनी सेवा या वस्तु के लिए अन्य जाति से सेवा या वस्तु प्राप्त करती है। प्रकार्यात्मक स्तरीकरण सभी जातियों को एक-दूसरे पर निर्भर तथा अपरिहार्य बनाती है। इस कारण जातियों में द्वैध संगठन प्रचलित होता है।

अतः विकल्प (A) सही है।

116. औद्योगिक समाज के विकास क्रम में सबसे पहले जागीरदारी प्रथा आई, जहाँ बड़े भू-स्वामी तथा किसान थे। उसके पश्चात् जमींदारों व सम्पन्न वर्ग की आवश्यकताओं की पूर्ति दक्ष शिल्पियों द्वारा श्रेणी पद्धति का प्रारम्भ हुआ। 16 वीं सदी के आते-आते श्रेणी व्यवस्था कमजोर पड़ गई तथा नई गृह उत्पादन प्रणाली का प्रारम्भ हुआ जहाँ व्यापारी कच्चा माल कारीगरों के घर दे आते थे और उनसे निर्मित उत्पाद लेकर स्वयं बाजार में बेचने लगे। मांग के और बढ़ने तथा नई प्रौद्योगिकी आने से औद्योगिक समाज का विकास हुआ।

अतः विकल्प (A) सही है।

117. समाज की अर्थ व्यवस्था शेष संसार से अपेक्षाकृत पृथक है, उद्योगोत्तर समाज से संबद्ध नहीं है। उद्योगोत्तर (उत्तर औद्योगिक) समाज की संकल्पना का प्रतिपादन-डेनियल बेल ने किया था। यह समाज वस्तुतः एक नए ज्ञान पर आधारित समाज है जो पुराने 'कॉर्पोरेट' पूँजीवाद से उपज रहा है।

अतः विकल्प (D) सही है।

118. पारसंस ने सामाजिक व्यवस्था की चार उप व्यवस्था-अर्थव्यवस्था, राज्य व्यवस्था, सामाजिक व्यवस्था और सांस्कृतिक व्यवस्था का उल्लेख किया है जिसमें अर्थव्यवस्था समाज के अनुकूली कार्यों से सम्बन्धित हैं तथा राज्य व्यवस्था लक्ष्य प्राप्ति व शक्ति क्षेत्र से सम्बन्धित है।

अतः विकल्प (B) सही है।

119. स्पैन्सर का उद्विकासीय सिद्धान्त दो इन्द्रियगोचर किन्तु विचारों के अन्तर्सम्बन्धित तनावो को शामिल करता है-

(i) सरल समाजों में मिश्रित समाजों तक गतिशीलता, जो उद्विकासीय क्रम में साधारण मिश्रित दोहरे मिश्रित तथा तिहरे मिश्रित समाज के रूप में समुच्चयन के आधार पर बँटा हुआ है।

(ii) युयुत्सु से औद्योगिक समाज तक परिवर्तन।

अतः विकल्प (B) सही है।

120. विशिष्टतावादी सामाजिक संरचना में व्यकितगत प्रयासों से होने वाली उपलब्धियों को प्रोत्साहित नहीं किया जाता। यह समाज परंपरावाद समर्थक होते हैं। व्यवहार के वे मानक जिन्हे मानदंड कहा जाता है, जनसामान्य के सांस्कृतिक जीवन में पले एवं रचे-बसे होते हैं। जब समाजशास्त्री मानदंड (Norms) की अवधारणा का प्रयोग करते हैं तो उनका इशारा सोचने के तरीके या चिंतन पद्धतियों की ओर नहीं अपितु काम करने के तरीकों या कार्य पद्धतियों की ओर होता है।

अतः विकल्प (A) सही है।

121. नगरीय जीवन की मुख्य विशेषता औद्योगिक कार्य, लोक परम्परा, प्रस्थिति एवं व्यवसाय में उच्च गतिशीलता, मानव निर्मित पर्यावरण आदि को शामिल किया जाता है। नगरीकरण की प्रक्रिया प्राचीनकाल से चली आ रही है। नगरीकरण की वृद्धि औद्योगिकता या संपूर्ण आर्थिक विकास के साथ घनिष्ठ रूप से सम्बन्धित है।

अतः विकल्प (A) सही है।

122. औद्योगिक क्रिया नगरों के प्रमुख कार्यों में से एक है। जिन नगरों का अस्तित्व एवं विकास औद्योगिक क्रियाओं तथा उत्पादनों पर आधारित होता है, उन्हें औद्योगिक नगर कहते हैं। ऐसे नगरों की अधिकांश कार्यशील जनसंख्या उद्योग-धंधों में कार्यरत होती है।

अतः विकल्प (A) सही है।

123. स्पेंसर के अनुसार, समाज सर्वप्रथम एक अभिन्न और असीमित खानाबदोशों के खानबदोशी झुण्ड के रूप में था कालान्तर में इनमें व्याप्त सैनिक क्रियाओं के विकास के कारण विभिन्न समुदायों में विभक्त व्यक्तियों का एकीकरण हुआ तथा सामाजिक विकास के साथ-साथ समाज में विभेदीकरण की प्रक्रिया भी क्रियाशील हुई। इसी के साथ उसका ध्यान सैन्य अभियानों, विजय एवं विस्तार से हटकर उद्योग के विकास की ओर गया, जिसे धीरे-धीरे औद्योगिक समाज का विकास हुआ।

अतः विकल्प (A) सही है।

124. रॉबर्ट रेडफील्ड ने उपरोक्त अवधारणा को प्रस्तुत किया जिसके अंतर्गत वस्तुतः ग्राम और नगर एक सातत्य के रूप में है, न कि द्वैत के रूप में। ग्राम और नगर एक ही मापक के दो छोर के रूप में हैं, जिनका स्पष्ट विभाजन मापक के किसी एक बिन्दु से नहीं किया जा सकता। अतएव ग्राम और नगर को बिल्कुल पृथक् इकाई नहीं अपितु अधिकांश के विकास में विभिन्न चरण या अवस्थाओ के रूप में माना जा सकता है।

अतः विकल्प (B) सही है।

125. सजातिय नातेदारी का अर्थ मुख्य समूह से निकली उपशाखाएँ हैं। इसी के अंतर्गत जटिल समाजों की अपेक्षा आदिवासियों की नातेदारी का क्षेत्र अत्यन्त व्यापक होता है, क्योंकि वे पूर्वजों को ढूँढते-ढूँढते आदिकाल के किसी काल्पनिक पूर्वज मान लिया जाता है और इस पूर्वज की संतानों में आपस में विवाह नहीं हो सकता।

अतः विकल्प (B) सही है।

Q.1 चमत्कारी सत्ता आधारित होती है:

A. असाधारण व्यक्ति की प्रतिभा एवं शालीनता पर
B. विधिक कानून की मान्यता में विश्वास पर
C. मौलिक सक्षमता की मान्यता में विश्वास पर
D. अतिप्राचीन परम्पराओं की पवित्रता पर

Q.2 एक दबाव समूह को आमतौर पर कहा जाता है:

A. नृजाति समूह
B. अनौपचारिक समूह
C. विशिष्ट हित समूह
D. जाति समूह

Q.3 मुस्लिम विवाह में विवाह विच्छेद के समय दूल्हे द्वारा दुल्हन को अदा की जाने वाली राशि को कहते हैं:

A. तलाक
B. मेहर
C. खला
D. दहेज

Q.4 भारतीय संविधान का निम्नलिखित में से कौन-सा एक अनुच्छेद राष्ट्रपति का पिछड़ी जातियों की दशाओं का अन्वेषण करने के लिए प्रदान करता है?

A. अनुच्छेद 338
B. अनुच्छेद 340
C. अनुच्छेद 342
D. अनुच्छेद 344

Q.5 संरक्षात्मक 'भेदभाव' शब्द का सर्वोत्तम वर्णन है:

A. केवल अनुसूचित जातियों के लिए अवसरों की बेहतर व्यवस्था
B. विभिन्न अनुसूचित जनजातियों में प्रतियोगिता संघर्ष की भावना को प्रोत्साहन
C. दुर्बल तबके के लोगों को केवल शिक्षा सुविधाये उपलब्ध कराना
D. दुर्बल तबके के लोगों को सुधारात्मक तथा कल्याणकारी उपाय उपलब्ध कराना

Q.6 इमाइल दुर्खीम के विचार से निम्नलिखित में से कौन-सा एक प्रकार्य ऐसा है जो समाज में श्रम-विभाजन से सम्बन्धित नहीं है?

A. सामूहिक चेतना
B. जनसंख्या का घनत्व
C. आंगिक अन्योन्याश्रितता
D. प्रकार्यों का विशेषीकरण

Q.7 निम्नलिखित में से किन के विचार से अस्तित्व से चेतना का निर्धारण होता है और चेतना से अस्तित्व का निर्धारण नहीं होता?

A. कार्ल मार्क्स
B. मैक्स वेबर
C. एफ. हीगल
D. एच. स्पेंसर

Q.8 निम्नलिखित में से मानव समाज के विकास की रेखीय व्याख्या किसने दी?

A. परेटो
B. वेबर
C. स्पेंसर
D. सोरोकिन

Q.9 दुर्खीम के अनुसार निम्नलिखित में से कौन-से कारक यांत्रिक संहति से आंगिक संहति में परिवर्तित होने में बाधक होते हैं?

1. प्रतिमानहीनता
2. अपर्याप्त संगठन
3. अवसरों में असमानता

निम्नलिखित कूट में से सही उत्तर चुनिए:

A. 1 तथा 2
B. 2 तथा 3
C. 1 तथा 3
D. 1, 2 तथा 3

Q.10 निम्नलिखित में से कौन-सी एक 'विज्ञान' की सर्वोत्तम व्याख्या है?

A. किसी परिघटना को समझने और व्याख्या करने की विधि
B. वस्तुओं को बनाने का ढंग
C. किसी परिघटना को कार्यरूप देने की विधि
D. प्रकृति की जानकारी प्राप्त करने का ढंग

Q.11 अन्तर्राष्ट्रीय संदर्भ में निम्नलिखित में से किस एक पर विवाद भारतीय वैज्ञानिकों को प्रभावित कर रहा है?

A. विदेशी सहायता
B. विदेशी सहयोग
C. प्रौद्योगिकी हस्तांतरण
D. मानव मूल्यों से वचनबद्धता

Q.12 निम्नलिखित में से कौन-सी एक घटना ने विनोबा भावे को भूदान आन्दोलन को प्रारम्भ करने को प्रेरित किया?

A. नालगोंडा घटना
B. श्री काकुलम घटना
C. नक्सलवादी घटना
D. मधुबनी घटना

Q.13 संस्कृति और सभ्यता में एक मुख्य भिन्नता है:

A. संस्कृति वह है जो हमने अर्जित की है ओर सभ्यता वह है जिसे अर्जित करने की हम आकांक्षा करते हैं
B. संस्कृति वह है जो बुद्धि से आती है और सभ्यता नहीं आती
C. संस्कृति द्वितीयक है और सभ्यता प्राथमिक है
D. संस्कृति वह है जो हम हैं और सभ्यता वह है जो हमारे पास है

Q.14 निम्नलिखित में से किसने मानव समाज के विकास की तीन अवस्थाओं, जंगलीपन, बर्बरता एवं सभ्यता, को चिह्नांकित किया?

A. ए.एल. क्रोवर
B. सी. डार्विन
C. एच. स्पेंसर
D. एल.एच. मॉर्गन

Q.15 प्रत्येक चीज कहीं तो उचित होती है, किन्तु हर जगह नहीं। इसका संदर्भ है:

A. सांस्कृतिक सार्वभौम
B. सांस्कृतिक सापेक्षता
C. प्रति-संस्कृति
D. बहुसंस्कृतिवाद

Q.16 जब सांस्कृतिक विशेषक एक समाज से दूसरे समाज में फैलते हैं, वह प्रक्रिया कहलाती है:

A. विसरण
B. सामान्तरवाद
C. विकास
D. बहुवाद

Q.17 सांस्कृतिक पश्चता की धारणा विश्लेषित करती है कि परिवर्तन की गति तीव्र होती है:

A. समाज के गैर-आर्थिक क्षेत्रों की तुलना में आर्थिक क्षेत्रों में
B. समाज के आर्थिक अधिकार क्षेत्र की तुलना में राजनैतिक अधिकार क्षेत्र में
C. समाज के सांस्कृतिक क्षेत्र की तुलना में प्रौद्योगिक क्षेत्र में
D. समाज की सांस्कृतिक गतिविधियों की तुलना में धार्मिक गतिविधियों में

Q.18 संजाति केन्द्रवाद किसके लिए दुष्प्रकार्यपूर्ण है?

A. अंतरा-समूह सम्बन्ध
B. समसमूह सम्बन्ध
C. अंत:समूह सम्बन्ध
D. सामुदायिक सम्बन्ध

Q.19 पारसन्स की सामाजिक व्यवस्था के संप्रत्ययीकरण के लिए संस्थायन की धारणा निर्णायक है। वह उसे देखते हैं:

A. एक प्रक्रिया के रूप में एवं एक संरचना के रूप में
B. एक प्रकार्य के रूप में एवं एक ढाँचे के रूप में
C. एक ढाँचा के रूप में एवं एक संरचना के रूप में
D. एक संरचना के रूप में एवं एक प्रकार्य के रूप में

Q.20 आर.के. मर्टन के अनुसार भूमिका विन्यास है:
A. किसी समूह के सदस्यों द्वारा निभाई गई भूमिकाओं का समुच्चय
B. एक संबद्ध भूमिका-वृंद जिसका सम्बन्ध किसी निश्चित सामाजिक प्रस्थिति से हो
C. किसी समूह में समान प्रस्थितियों की भूमिकाओं का समुच्चय
D. किसी समूह में सोपानिक रूप से व्यवस्थित भूमिका-वंद

Q.21 एक समाज को जब सामाजिक गतिशीलता की रुकावटों की अनुपस्थिति से विशेषीकृत किया जाता है तो उसे कहते हैं:
A. आदर्श समाज
B. गतिशील समाज
C. बंद समाज
D. खुला समाज

Q.22 निम्नलिखित में से कौन-सी विशेषताएँ प्राथमिक समूह से संबद्ध हैं ?
1. छोटा आकार
2. स्वार्थपरता
3. पृष्ठभूमि की समानता
4. साझे हितों की प्रबलता
निम्नलिखित कूट में से सही उत्तर चुनिए:
A. 1, 2 तथा 3
B. 2, 3 तथा 4
C. 1, 3 तथा 4
D. 1, 2 तथा 4

Q.23 एक समूह जिससे तुलना करके हम अपनी प्रस्थिति की परख करते हैं कहलाता है:
A. स्वजन समूह
B. समकक्षी समूह
C. द्वितीयक समूह
D. संदर्भ समूह

Q.24 सामाजिक स्थिति में एक ऐसा परिवर्तन जिससे एक व्यक्ति की प्रस्थिति नहीं बदलती, कहलाता है:
A. सामाजिक गतिहीनता
B. समस्तरीय गतिहीनता
C. उदग्र गतिशीलता
D. संरचनात्मक गतिशीलता

Q.25 भूमिका का एक स्पष्टीकरण यह है कि वह:
A. प्रस्थिति का व्यष्टि स्तर पहलू है
B. प्रस्थिति का स्थिर पहलू है
C. प्रस्थिति का गतिशील पहलू है
D. प्रस्थिति का समष्टि पहलू है

Q.26 प्रस्थिति और भूमिका से सम्बन्धत कौन से निम्नलिखित कथन सही है?
1. प्रस्थिति एक समाज में मान्यता प्राप्त सामाजिक स्थिति है।
2. भूमिका समाज के प्रति एक उचित व्यवहार होता है।
3. भूमिका व्यक्ति की प्रस्थिति के लिए एक निर्देशिका होती है जिसकी व्यक्ति से आशा की जाती है।
4. जैसे-जैसे व्यक्ति अर्जित करता है वह उस पर आरोपित होती जाती है।
निम्नलिखित कूट में से सही उत्तर चुनिए:
A. 1, 2 तथा 3
B. 1, 2 तथा 4
C. 1 तथा 4
D. 3 तथा 4

Q.27 'यान्त्रिक संहति' तथा 'आंगिक संहति' की अवधारणाएँ विकसित की थीं?
A. एच. स्पेंसर ने
B. सी. लेबिस्ट्रास ने
C. ए.आर. रेडक्लिफ ब्राउन ने
D. ई. दुर्खीम ने

Q.28 निम्नलिखित में से किस एक के कारण नदी-घाटी सभ्यता के काल में नगरों की संवृद्धि हुई?
A. हस्तशिल्प संवृद्धि
B. जनसंख्या वृद्धि
C. कृषि अवशेष
D. धातुकर्म कला

Q.29 निम्नलिखित कथनों में से कौन-सा सही है?
A. भारत में 1947 से निरन्तर नगरीकरण की उच्च-दर महसूस की जाती रही है।
B. भारत में तीव्र नगरीय संवृद्धि मुख्यत: निवल प्रवसन के कारण है।
C. सहज वृद्धि भारत के नगरीकरण की एक सार्थक संघटक रही है।
D. भारत में छोटे नगरों में सर्वोच्च वृद्धि दर देखी गई है।

Q.30 महानगर के निम्नलिखित में से किस एक विशेष गुण को परिभाषित करने में उसे प्रजातीय अथवा सांस्कृतिक गलन पात्र कहा जाता है?
A. विषमजातीयता
B. गतिशीलता
C. घनत्व
D. आकार

Q.31 समाजशास्त्र के जनक का जन्म हुआ वर्ष:
A. 1822 ई. में
B. 1820 ई. में
C. 1810 ई. में
D. 1798 ई. में

Q.32 किसने समाजशास्त्र की विषयवस्तु की रूपरेखा प्रस्तुत करने के लिये तीन मुख्य मार्गोंऐतिहासिक, आनुभाविक एवं विश्लेषणात्मक का उल्लेख किया है?
A. पी.ए. सोरोकिन
B. आगस्त कॉम्ट
C. होवार्ड बेकर
D. एलेक्स इकलेस

Q.33 समाजों के वर्गीकरण में भारतीय समाज को 'एशियाई समाज' किसने कहा है?
A. दुर्खीम
B. ड्यूमा
C. मैक्स वेबर
D. मार्क्स

Q.34 निम्नलिखित में से कौन-सी एक विशेषता समुदाय से सम्बन्धित नहीं है?
A. व्यापक उद्देश्य
B. सामान्य नियम
C. विशिष्ट उद्देश्य
D. विशिष्ट नाम

Q.35 संस्थाओं के उद्विकास में निम्नलिखित में से कौन-सा तत्व सम्मिलित नहीं है?
A. विचार
B. समूह की आदते
C. व्यक्तित्व
D. संरचना

Q.36 निम्नलिखित में कौन-सी एक संस्था की विशेषता नहीं है?
A. ऐच्छिक सदस्यता
B. सुपरिभाषित उद्देश्य
C. अधिक स्थायित्व
D. एक अमूर्त व्यवस्था

Q.37 किसने कहा है कि 'प्रस्थिति एवं भूमिका' सन्दर्भ समूह व्यवहार का 'संरचनात्मक परिप्रेक्ष्य' प्रदान करते हैं?
A. टी. पारसन्स
B. जेम्स सिल्वर बर्ग
C. आर.के. मर्टन
D. एम.एफ. निमकॉफ

Q.38 'प्रस्थिति एवं संविदा' के आधार पर समाजों में किसने अन्तर प्रस्तुत किया है?
A. टॉनीज
B. दुर्खीम
C. सरहेनरी मैन
D. उपर्युक्त में से कोई नहीं

Q.39 भूमिका संकुल में 'अस्थायित्व के संरचनात्मक स्रोत' की अवधारणा को किसने प्रतिपादित किया है?
A. राल्फ लिन्टन
B. मैक्स वेबर
C. आर.के. मर्टन
D. एस.एफ. नाडेल

Q.40 वह सामाजिक पद जिसे व्यक्तिगत रुचि एवं प्रतिस्पर्धा द्वारा प्राप्त किया जाता है, कहलाता है:
A. प्रदत्त प्रास्थिति
B. अर्जित प्रास्थिति
C. भूमिका ग्रहण
D. प्ररिथति पुंज

Q.41 'प्रस्थिति अनुक्रम' की अवधारणा को किसने प्रतिपादित किया है?

A. आर.के. मर्टन
B. एस.एफ. नाडेल
C. टालकॉट पारसन्स
D. राल्फ लिण्टन

Q.42 निम्नलिखित युग्मों में से कौन-सा सुमेलित नहीं है?

A. भूमिका निर्माण - टर्नर
B. भूमिका ग्रहण - मीड
C. भूमिका पुंज - मर्टन
D. भूमिका दूरी - सोरोकिन

Q.43 भूमिकाओं' को दो श्रेणियों-'पार्श्वमंच भूमिका' एवं 'अग्रमंच भूमिका' में किसने वर्गीकृत किया है?

A. शुट्ज
B. गारफिकेल
C. गॉफमैन
D. बर्गर

Q.44 "आदर्शात्मक संस्कृति' की अवधारणा का प्रयोग किसने किया है?

A. सोरोकिन
B. ऑगबर्न
C. गिलिन
D. मैकाइबर

Q.45 यह मत किसने व्यक्त किया है कि वर्ग स्थिति को न केवल उत्पादन के विशिष्ट स्वरूप के आधार पर बल्कि उस सामाजिक संरूपण, जिसके वे सदस्य है, के आधार पर परिभाषित किया जाना चाहिये?

A. टी.बी. बोटोमोर
B. लुइस आलथ्यूजर
C. जायरस बानाजी
D. ए.वी. चायनॉव

Q.46 निम्नलिखित में से कौन-सा एक संस्कृतीकरण का उदाहरण है?

A. नम्बूदरियों में विवाह का ब्रह्म स्वरूप
B. क्षत्रियों में सप्त-पदी
C. कर्नाटक के कृषक जाति में सप्त-पदी
D. वर्तमान नायरों में एक विवाह प्रथा

Q.47 निम्नलिखित में से कौन-सा संस्कृति का तत्व नहीं है?

A. प्रतीक
B. भाषा
C. आदर्श मानक
D. स्तरीकरण

Q.48 निम्नलिखित में से कौन संघर्ष के सिद्धान्त से सम्बन्धित नही है?

A. लेविस ए. कोजर
B. राल्फ डेहरनडार्फ
C. टी एन. कार्वर
D. हरबर्ट स्पेंसर

Q.49 किसने कहा कि सजातीयता से विजातीयता को प्रस्थान प्रगति का सार्वभौमिक नियम है?

A. आगस्त कॉम्ट
B. चार्ल्स डार्विन
C. ई. दुर्खीम
D. हरबर्ट स्पेंसर

Q.50 निम्नलिखित में से कौन-सी सहयोगात्मक प्रक्रियाएँ है?

1. सहयोग
2. संघर्ष
3. प्रतिस्पर्धा
4. सात्मीकरण

नीचे दिए गये कूट से सही उत्तर का चयन कीजिये:

A. 1 और 2
B. 1, 2 और 3
C. 2, 3 और 4
D. 1 और 4

Q.51 निम्नलिखित विशेषताओं में से कौन-सी प्राथमिक समूह के सम्बन्ध में नहीं हैं?

1. कंधे से कंधे का सम्बन्ध
2. हम की भावना
3. सादृश्य हित
4. सामान्य हित

नीचे दिए गये कूट से सही उत्तर का चयन कीजिये:

A. 1 तथा 2
B. 2 तथा 3
C. 1, 2 और 3
D. 2, 3 तथा 4

Q.52 समाजशास्त्र में 'वर्ग संघर्ष' का विचार किसने प्रतिपादित किया है?

A. जॉर्ज सिमेल
B. कार्ल मार्क्स
C. एल ए. कोजर
D. ए.आर. देसाई

Q.53 सन्दर्भ समूह व्यवहार का मुख्य आधार कौन-सा है?

A. वंचन
B. तुलना
C. सापेक्ष वंचन
D. विचलन

Q.54 निम्नलिखित में से कौन विकास के प्रसारवादी सिद्धांत से सम्बन्धित है?

A. आगस्त कॉम्ट
B. टालकॉट पारसन्स
C. मैक्लीलैन्ड
D. डेनियल लर्नर

Q.55 द्वितीयक समूहो में किस प्रकार के सम्बन्ध पाए जाते हैं?

A. औपचारिक सम्बन्ध
B. अनौपचारिक सम्बन्ध
C. व्यक्तिगत सम्बन्ध
D. आमने-सामने के सम्बन्ध

Q.56 सामाजिक-स्तरीकरण का प्रकार्यात्मक सिद्धान्त किसने प्रतिपादित किया है?

A. मैक्स वेबर
B. लुई ड्यूमो
C. किंग्सले डेविस
D. उपर्युक्त सभी

Q.57 किसने वर्ग, प्रास्थिति एवं शक्ति को सामाजिक स्तरीकरण का मुख्य आधार माना है?

A. कार्ल मार्क्स
B. वी. परेटो
C. मैक्स वेबर
D. किंग्सले डेविस

Q.58 निम्नलिखित में से कौन-सा भारतीय समाज में सामाजिक स्तरीकरण का परस्परात्मक आधार रहा है?

A. सम्पत्ति
B. जाति
C. वर्ग
D. उपर्युक्त में से कोई नहीं

Q.59 सामाजिक स्तरीकरण की मूलभूत व्यवस्था से सम्बन्धित सही शब्दों से समूह का चयन कीजिए:

A. जाति, वर्ग, वर्ण, समूह
B. दासप्रथा, जागीर, जाति, वर्ग
C. गुलामी, बुर्जुआ, पूँजीवादी, श्रमिक
D. दासप्रथा, धनी, गरीब, जाति

Q.60 प्रत्यक्ष एवं अप्रत्यक्ष सहयोग की अवधारणा किसने दी?

A. डेविस
B. जॉनसन
C. मैकाइवर एवं पेज
D. गिलिन एवं गिलिन

Q.61 निम्नलिखित में से किसने सामाजिक स्तरीकरण को समाज की प्रकार्यात्मक आवश्यकता माना है?

A. वेबर एवं डेहरनडार्फ
B. बेडिक्स एवं लिपसेट
C. मार्क्स एवं टयुमिन
D. डेविस एवं मूर

Q.62 सामाजिक स्तरीकरण के चार स्वरूप-दासप्रथा, जागीरें, जातियाँ तथा सामाजिक वर्ग, किसने बताये है?

A. पारसन्स
B. जॉनसन
C. स्मेलसर
D. बोटोमोर

Q.63 निम्नलिखित में से कौन-सा सामाजिक संरचना का घटक है?

A. आयु एवं लिंग
B. व्यक्तियों की एक बड़ी संख्या
C. प्रस्थिति एवं भूमिका समुच्चय
D. वृहद् परिवारों का पुंज

Q.64 'संरचनात्मक दृष्यव्यता' की अवधारणा को किसने दिया है?

A. मर्टन
B. पारसंस
C. नाडेल
D. सोरोकिन

Q.65 प्रारंभ में अनुसूचित जातियों एवं जनजातियों के लिये आरक्षण किया गया था:

A. 10 वर्षों के लिए   **B.** 20 वर्षों के लिए
C. 30 वर्षों के लिए   **D.** 40 वर्षों के लिए

Q.66 किसने संरचनाकरण की अवधारणा को प्रतिपादित किया है?

A. लेवी स्ट्रॉस   **B.** सोसरे   **C.** पारसंस   **D.** गिडुंस

Q.67 राष्ट्रपति द्वारा काका कालेलकर की अध्यक्षता में पिछड़ा वर्ग आयोग का गठन कब, लिया गया था?

A. 30 मार्च, 1954 को   **B.** 29 जनवरी, 1953 को
C. 15 अगस्त, 1950 को   **D.** 26 जनवरी, 1951 को

Q.68 टॉलकॉट पारसन्स समाज को एक व्यवस्था के रूप में समझते हैं, जिसकी चार प्रकार्यात्मक पूर्व आवश्यकताएँ होती हैं, वे हैं:

A. अर्थव्यवस्था, राजनीतिक व्यवस्था, वैचारिकी और नातेदारी
B. भोजन, यौन. सुरक्षा एवं स्वच्छता
C. अनुकूलन, लक्ष्य-प्राप्ति, एकीकरण एवं प्रतिमान बनाये रखना
D. शिक्षा समाजीकरण, सामाजिक नियन्त्रण एवं धर्म

Q.69 निम्नलिखित अधिनियमों में से कौन हिन्दू विवाह में विच्छेद की अनुमति देता है?

A. विशेष विवाह अधिनियम-1954
B. बाल विवाह (निरोधक) अधिनियम-1929
C. हिन्दू विवाह अधिनियम-1955
D. हिन्दू उत्तराधिकार अधिनियम-1956

Q.70 अस्पृश्यता (अपराध) अधिनियम 1955' का अब नया नाम 'नागरिक अधिकार संरक्षण अधिनियम' है यह नये नाम का अधिनियम किस वर्ष से लागू किया गया?

A. 1961 ई. से   **B.** 1970 ई. से
C. 1976 ई. से   **D.** 1982 ई. से

Q.71 संविधान के निम्नलिखित अनुच्छेदों में से कौन-सा अनुच्छेद अनुसूचित जातियों एवं जनजातियों से सम्बन्धित नहीं है?

A. अनुच्छेद 342   **B.** अनुच्छेद 344
C. अनुच्छेद 332   **D.** अनुच्छेद 343

Q.72 भारतीय संविधान के किस अनुच्छेद में 'पिछड़े वर्ग' का प्रयोग किया गया है?

A. 15 (4)   **B.** 16 (4)   **C.** 17 (4)   **D.** 23 (4)

Q.73 निम्नलिखित में से भारतीय संविधान का कौन-सा अनुच्छेद अनुसूचित जनजातियों के कल्याण के लिए सहायता प्रदान करने की चर्चा करता है?

A. 275   **B.** 244 (A)   **C.** 334   **D.** 164 (1)

Q.74 निम्नलिखित में से किसका एक मूल सम्बन्ध भारतीय संविधान के अनुच्छेद 17 से है?

A. अस्पृयता-उन्मूलन
B. पिछड़े वर्गों का प्रतिनिधित्व
C. अनुसूचित जातियों के लिए सेवाओं में आरक्षण
D. अनु सूचित जतियों का राजनीतिक प्रतिनिधित्व

Q.75 किस वर्ष आठवीं पंचवर्षीय योजना प्रारम्भ की गयी?

A. 1992 ई.   **B.** 1991 ई.   **C.** 1990 ई.   **D.** 1989 ई.

Q.76 किसने कहा कि 'स्व' एवं 'समाज' जुड़वाँ हैं?

A. मागरिट मीड   **B.** इ. गॉफममन
C. जिंसबर्ग   **D.** सी एच. कूले

Q.77 निम्नलिखित में से कौन-सा क्षैतिज गतिशीलता का उदाहरण है?

A. एक स्कूल अध्यापक का प्रधानाध्यापक बन जाना
B. पुत्र का पिता से उच्चतर शिक्षा प्राप्त करना
C. एक जिलाधिकारी का दूसरे जिले में स्थानान्तरण
D. एक पी सी.एस. अधिकारी का आई.ए.एस. नामित होना

Q.78 किसने कहा है कि जाति व्यवस्था में संस्कृतीकरण और पश्चिमीकरण की प्रक्रियाओं द्वारा गतिशीलता सम्भव है:

A. डी. एन. मजूमदार   **B.** एन के. बोस
C. आन्द्रे बेते   **D.** एम.एन. श्रीनिवास

Q.79 ईसाइयत में एक अस्पृश्य का धर्मान्तरित होना उदाहरण है:

A. राजनीतिक गतिशीलता का
B. सामाजिक गतिशीलता का
C. क्षैतिज गतिशीलता का
D. उदग्र गतिशीलता का

Q.80 सामाजिक स्थिति में परिवतन जो व्यक्ति की प्रस्थिति में बदलाव नहीं लाता है, कहलाता है:

A. क्षैतिज गतिशीलता
B. उदग्र गतिशीलता
C. संरचनात्मक गतिशीलता
D. सामाजिक अस्थरता

Q.81 आदर्श शून्यता की अवधारणा को किसने प्रतिपादित किया है?

A. कार्ल मार्क्स   **B.** आर. के. मर्टन
C. एमिल दुर्खीम   **D.** मैक्स वेबर

Q.82 मर्टन के अनुसार मनोविकृत, चाण्डाल, बहिष्कृत, भगोड़े, आवारागर्द, चिरकालिक शराबी एवं मादक द्रव्य सेवी हैं:

A. अनुरूपतावादी   **B.** नवाचारी
C. कर्मकाण्डवादी   **D.** अपवर्तनवादी

Q.83 विचलन के नामकरण के सिद्धान्त को किसने प्रतिपादित किया है?

A. ई.एच. सदरलैण्ड   **B.** होवार्ड एस. बेकर
C. डेविड माट्जा   **D.** मार्शल बी. किलनार्ड

Q.84 अन्तर्जातीय विवाह के कारण किसी व्यक्ति को जाति से बहिष्कृत करना उदाहरण है:

A. सकारात्मक नियन्त्रण को
B. नकारात्मक नियन्त्रण को
C. अप्रत्यक्ष नियन्त्रण को
D. औपचारिक नियन्त्रण को।

Q.85 किसका कथन है कि "भारत प्रजातियों का एक अजायब घर है"?

A. रेमण्ड फर्थ   **B.** डी एन. मजूमदार
C. हरबर्ट रिजले   **D.** सी. डब्ल्यू. क्रुक

Q.86 जातिवाद से हमारा तात्पर्य:

A. अपनी ही जाति के पक्ष में अभिनति
B. प्रत्येक जाति के विरुद्ध अभिनति
C. न केवल अपनी ही जाति के पक्ष में बल्कि अन्य जातियों के विरुद्ध भी अभिनति
D. कुछ ही जातियों के पक्ष में अभिनति

Q.87 निम्नलिखित में से कौन-सी विशेषताएँ जाति के सम्बन्ध में सही हैं ?

1. जन्म पर आधारित
2. सदस्यता प्रदत्त होती है।
3. गतिशीलता लंबवत् होती है।
4. व्यवसाय वंशानुगत नहीं होता है।

नीचे दिए गये कूट से सही उत्तर का चयन कीजिए:

A. 1 तथा 2   **B.** 3 तथा 4
C. 1, 2 तथा 3   **D.** 2, 3 तथा 4

Q.88 किसने जाति का प्रजातीय सिद्धान्त दिया है?
A. नेसफील्ड   **B.** होकार्ट
C. हरबर्ट रिजले   **D.** जी.एस. घुरिये

Q.89 निम्नलिखित में से कौन-सी एक आर्थिक संस्था नहीं है?
A. श्रम विभाजन   **B.** सम्पत्ति
C. भू-स्वामित्व   **D.** कृषि उत्पाद

Q.90 निम्नलिखित में से कौन-सा धर्म ईशकेन्द्रित नहीं है?
A. यहूदी   **B.** ईसाई   **C.** इस्लाम   **D.** हिन्दू

Q.91 निम्नलिखित में से कौन से विवाह संबंधी नातेदारी के उदाहरण हैं?
1. पत्नी
2. भाई
3. श्वसुर
4. पिता
नीचे दिए गये कूट से सही उत्तर का चयन कीजिए:
A. 1 और 2   **B.** 1 और 3   **C.** 3 और 4   **D.** 1 और 4

Q.92 हिन्दू धर्मशास्त्र के अनुसार निम्नलिखित में से कौन-सा प्रशस्त विवाह (मान्य विवाह) है?
1. ब्रह्म
2. आर्ष
3. गान्धर्व
4. असुर
नीचे दिए गये कूट से सही उत्तर का चयन कीजिए:
A. 1 तथा 2   **B.** 3 तथा 4
C. 1, 2 तथा 3   **D.** 2, 3 तथा 4

Q.93 हिन्दू धर्मशास्त्र के अनुसार विवाह के स्वरूप हैं:
A. दो   **B.** चार   **C.** आठ   **D.** सोलह

Q.94 निम्नलिखित में से कौन-सा एक तृतीयक नातेदार है?
A. दादा   **B.** पिता का भाई
C. माता का भाई   **D.** श्वसुर का भाई

Q.95 नातेदारी सम्बन्ध मुख्य रूप से दो प्रकार के होते है:
A. वैवाहिक एवं पड़ोस के सम्बन्ध
B. वैवाहिक एवं सामुदायिक सम्बन्ध
C. विवाहजन्य एवं समरक्त सम्बन्ध
D. समरक्त एवं सामुदायिक सम्बन्ध

Q.96 उस पितृतात्मक परिवार का नामकरण क्या होगा, जहाँ एक पुरुष अपनी पत्नी, बच्चे, सास एवं साली के साथ निवास करता है?
A. संयुक्त परिवार   **B.** एकाकी परिवार
C. विस्तृत परिवार   **D.** बहुपत्नी विवाही परिवार

Q.97 निम्नलिखित में से कौन-से कथन विवाह के संदर्भ में सही हैं ?
1. विवाह एक संस्था है।
2. विवाह एक समिति है।
3. विवाह एक संविदा हो सकता है।
4. विवाह एक समूह हो सकता है।
नीचे दिए गये कूट की सहायता से सही उत्तर का चयन कीजिए:
A. 1 तथा 2   **B.** 2 तथा 3   **C.** 2 तथा 4   **D.** 1 तथा 3

Q.98 किसने समाज में आत्महत्या की दर को समूह की एकात्मकता के अंश से सम्बन्धित माना है?
A. लॉवेल जे. कार   **B.** सिरिल बर्ट
C. आर. के. मर्टन   **D.** एमिल दुर्खीम

Q.99 किसने दावा किया है कि सामाजिक विघटन का मूल स्रोत आदर्श शून्यता (एनॉमी) है?
A. आर.के. मर्टन   **B.** टालकॉट पारसन्स
C. एच एम. जॉनसन   **D.** एमिल दुर्खीम

Q.100 निम्नलिखित में से कौन-सी सामाजिक विघटन की प्रमुख विशेषता नहीं है?
A. यह पुरातन और नवीन व्यवस्था के बीच द्वन्द है
B. यह एक समूह से दूसरे के प्रकार्यों के हस्तांतरण का परिणाम है
C. यह सामाजिक संरचना में परिवर्तन का प्रतिफल है
D. यह एक स्थिर राजनैतिक व्यवस्था का परिणाम है

Q.101 "अपराधी उपसंस्कृति वृहद् संस्कृति से अपने आदर्शों को ग्रहण करती है, किन्तु उन्हें औधा देती है।" विचलन के सन्दर्भ में इसे किसने कहा है?
A. वाल्टर मिलर   **B.** अल्बर्ट कोहेन
C. रॉबर्ट के. मर्टन   **D.** एडवर्ड शिल्स

Q.102 औद्योगीकरण से सबसे अधिक कौन-सी सामाजिक संस्था प्रभावित हई है?
A. सामन्तवाद   **B.** राजतन्त्र
C. धर्म   **D.** परिवार

Q.103 निम्नलिखित में से किसने सामाजिक एकात्मता के आधार पर पूर्व-औद्योगिक एवं उत्तरऔद्योगिक समाजों में भेद सथापित किया है?
A. मैक्स वेबर   **B.** कार्ल मार्क्स
C. एमिल दुर्खीम   **D.** कार्ल मैनहीम

Q.104 नगरीय विश्लेषण के पारिस्थितिकी उपागम के विकास का श्रेय है:
A. फ्रैंकफर्ट सम्प्रदाय को   **B.** वियेना सम्प्रदाय को
C. मेनचेस्टर सम्प्रदाय को   **D.** शिकागो सम्प्रदाय को

Q.105 'फंक्शन्स आफ सोशल कॉन्फ्लिक्ट" पुस्तक किसने लिखी है?
A. जार्ज सिमेल   **B.** लेविस ए. कोजर
C. डी. पी. मुखर्जी   **D.** ए.आर. देसाई

Q.106 'ह्यूमन सोसाइटी' पुस्तक किसने लिखी है?
A. ए.आर. रेडक्लिफ ब्राउन   **B.** बी. मालिनोवस्की
C. किंग्सले डेविस   **D.** रॉबर्ट वीयरस्टीड

Q.107 'होमो हायरर्किक्स' पुस्तक किसने लिखी है?
A. पी एफ. पोकॉक   **B.** लुई ड्यूमा
C. रेमण्ड फर्थ   **D.** के. डेविस

Q.108 जीवन के एक वर्ष से नीचे बच्चों की मृत्यु को कहते है है:
A. बाल मृत्यु-संख्या
B. अन्तर्गर्भाशय मृत्यु-संख्या
C. नवजात मृत्यु-संख्या
D. शिशु मृत्यु-संख्या

Q.109 निम्नलिखित में से कौन-से वे कारक हैं जिन पर जनसंख्या वृद्धि निर्भर करती है?
1. जन्म-दर, मृत्यु-दर, प्रवास।
2. जन्म-दर, मृत्यु-दर, अंत: प्रवास।
3. निर्धनता, उच्च प्रजनन, बहिःप्रवास।

4. उच्च प्रजनन, अंतःप्रवास , सन्तति नियमन का अभाव।

निम्नलिखित कूट की सहायता से सही उत्तर का चयन कीजिए:

A. 1 तथा 4　　**B.** 2 तथा 3　　**C.** केवल 1　　**D.** केवल 4

Q.110 निम्नलिखित में से कौन-सा एक जनसंख्या की भावी प्रवृत्ति को सर्वोत्तम रूप से इंगित करता है?

A. शिशु-महिला अनुपात

B. सकल जनन-दर (जी. आर.आर.)

C. शुद्ध जनन-दर (एन. आर. आर.)

D. मानकित जन्म-दर

Q.111 सूची-I को सूची-II से सुमेलित कीजिए तथा प्रश्न के अन्त में दिये गये कूट की सहायता से सही उत्तर का चयन कीजिए:

सूची-I	सूची-II
a. शक्ति अभिजन	1. परेटो
b. शासक अभिजन	2. मार्क्स
c. शासक वर्ग	3. मिल्स
d. निषेधात्मक सनूह	4. रिजमैन

A. a-1, b-2, c-3, d-4　　**B.** a-4, b-3, c-1, d-2

C. a-3, b-1, c-2, d-4　　**D.** a-2, b-4, c-1, d-3

Q.112 निम्नलिखित युग्मों में से कौन-सा एक सही सुमेलित नहीं है?

A. पूर्ण संस्था- गॉफ मैन

B. पूर्व-औद्योगिक समाज- सोबर्ग

C. उत्तर-आधुनिक समाज - दुर्खीम

D. संकेंद्रित जोन सिद्धान्त - बर्गेस

Q.113 सूची-I को सूची-II से सुमेलित कीजिए तथा सूचियों के अन्त में दिये नीचे कटों की सहायता से सही उत्तर चयन कीजिए:

सूची-I (अवधारणा)	सूची-II (विचारक)
a. जेमाइनशाफ्ट	1. टॉनीज
b. अनुकूलनात्मक संस्कृति	2. ऑगबर्न
c. ऐंद्रिक संस्कृति	3. सोरोकिन
d. सामाजिक तथ्य	4. दुर्खीम
	5. मैक्स वेबर

A. a-1, b-2, c-3, d-4　　**B.** a-4, b-3, c-2, d-1

C. a-3, b-1, c-4, d-2　　**D.** a-5, b-4, c-1, d-3

Q.114 यह किसने परिभाषित किया है कि 'भूमिका प्रस्थिति का गत्यात्मक स्वरूप है?'

A. मीड　　**B.** लिण्टन　　**C.** दुर्खीम　　**D.** मर्टन

Q.115 अन्तर-पीढ़ीगत व्यावसायिक गतिशीलता और अन्तःपीढ़ीगत व्यावसायिक गतिशीलता सम्बन्धी वर्गीकरण दिया है:

A. लिपसेट और बेन्डिक्स　　**B.** ऑगबर्न और निमकॉफ

C. पी. ए. सोरोकिन　　**D.** टाल्कट पारसन्स

Q.116 प्रतिलोम विवाह कहते हैं:

A. जब एक औरत किसी पुरुष के साथ बिना विवाह किये साथ रहती है

B. जब एक व्यक्ति वधू खरीदता है

C. श्रेष्ठ जाति की कन्या तथा निम्न जाति के पुरुष के मध्य विवाह

D. श्रेष्ठ जाति के पुरुष तथा निम्न जाति की कन्या के मध्य विवाह

Q.117 निम्न में से किसने 'दलित वर्ग कल्याण लीग' की स्थापना की थी?

A. एम. के. गांधी　　**B.** लोकमान्य तिलक

C. गोखले　　**D.** बी. आर. अम्बेडकर

Q.118 अनुसूचित जाति/अनुसूचित जनजाति उत्पीड़न अधिनियम किस वर्ष पारित हुआ?

A. 1850　　**B.** 1955　　**C.** 1961　　**D.** 1989

Q.119 'जैसिलशैफ्ट' व्यक्त करता है:

A. परम्परागत समाज को　　**B.** समितात्मक समाज को

C. जनजातीय समाज को　　**D.** समुदात्मक समाज को

Q.120 सामाजिक आन्दोलन की अवधारणा की केन्द्रीय मान्यता है:

A. लोग सामाजिक परिवर्तन की प्रक्रिया में हस्तक्षेप करते है

B. लोग संयुक्त कार्य से उपक्रम करते है

C. लोग औपचारिक संगठनों के माध्यम से मानव घटना की दिशा को प्रभावित करने का सामूहिक प्रयास करते हैं

D. उपर्युक्त सभी

Q.121 स्वतंत्रता के पश्चात् अनुसूचित जातियों को उनकी रक्षा के लिए निम्न दिये गये विभिन्न अधिकारों में से एक सही नहीं है। वह अधिकार इंगित कीजिये जिसने उन्हें सम्मोदित नहीं किया:

A. सम्पत्ति प्राप्त करने का अधिकार

B. अनुसूचित क्षेत्रों के प्रशासन व नियंत्रण के लिए प्रावधान करना

C. राज्य कोष से अनुदान प्राप्त करना

D. स्वयं की धार्मिक संस्थाएँ स्थापित करना

Q.122 निम्न में से कौन सामाजिक सक्रिय व्यक्ति 'क्रिया समाजशास्त्र' की स्थापना सामान्य समाजशास्त्र की एक शाखा के रूप में करने हेतु अपने विचारों को आगे बढ़ा रहा है?

A. सुन्दरलाल बहुगुणा　　**B.** मेधा पाटेकर

C. बिन्देश्वरी पाठक　　**D.** अशोक अग्रवाल

Q.123 'संरक्षात्मक भेदभाव' शब्द का सर्वोत्तम वर्णन है:

A. केवल अनुसूचित जातियों के लिए अवसरों की बेहतर व्यवस्था

B. विभिन्न अनुसूचित जनजातियों में प्रतियोगिता की भावना को प्रोत्साहन

C. दुर्बल श्रेणी के लोगों को केवल शिक्षा सुविधाएँ उपलब्ध कराना

D. दुर्बल श्रेणी के लोगों को सुधारात्मक तथा कल्याणकारी उपाय उपलब्ध कराना

Q.124 समाजशास्त्र में प्रयुक्त 'राजनीतिक समाजीकरण' से निम्न में से क्या अभिप्राय है?

1. विशाल जनता रैलियों में राजनीतिक तथा जनसमूह के बीच अन्तःक्रिया

2. जनसंचार के माध्यम से राजनीतिक मामलों के बारे में प्रचार

3. बच्चों में राजनीतिक अभिरुचियों को जगाना

नीचे दिए गये कूटों में से सही उत्तर दीजिए:

A. 1, 2 और 3　　**B.** 1 और 2

C. 1 और 3　　**D.** 2 और 3

Q.125 निम्न में से भारत की पंचवर्षीय योजनाओं के उद्देश्य कौन-से हैं?

1. आर्थिक वृद्धि

2. आधुनिकीकरण

3. आत्मनिर्भरता

4. सामाजिक उद्विकास

नीचे दिए गये कूट से सही उत्तर का चयन कीजिए:

A. 1 एवं 2　　**B.** 3 एव 4　　**C.** 1, 2 एव 3　　**D.** 1, 2 एव 4

// स्मार्ट उत्तर पुस्तिका //

सही उत्तर उन छात्रों के प्रतिशत को इंगित करता है जिन्होंने प्रश्नों का सही उत्तर दिया था।

छोड़ दिया उन छात्रों के प्रतिशत को इंगित करता है जिन्होंने प्रश्नों को छोड़ दिया था।

प्रश्न संख्या	उत्तर	सही उत्तर / छोड़ दिया
1	A	55.88 % / 17.65 %
2	C	50.0 % / 38.24 %
3	B	58.82 % / 29.42 %
4	B	32.35 % / 38.24 %
5	D	44.12 % / 38.23 %
6	D	32.35 % / 35.3 %
7	A	41.18 % / 38.23 %
8	C	41.18 % / 38.23 %
9	B	17.65 % / 38.23 %
10	A	47.06 % / 38.23 %
11	D	41.18 % / 35.29 %
12	A	47.06 % / 38.23 %
13	D	58.82 % / 29.42 %
14	D	44.12 % / 38.23 %
15	B	38.24 % / 35.29 %
16	A	58.82 % / 35.3 %
17	A	29.41 % / 38.24 %
18	C	29.41 % / 38.24 %
19	A	47.06 % / 23.53 %
20	B	44.12 % / 32.35 %
21	D	50.0 % / 29.41 %
22	C	50.0 % / 38.24 %
23	D	58.82 % / 23.53 %
24	B	44.12 % / 38.23 %
25	C	41.18 % / 38.23 %
26	A	47.06 % / 38.23 %
27	D	47.06 % / 29.41 %
28	C	41.18 % / 38.23 %
29	A	52.94 % / 29.41 %
30	A	50.0 % / 38.24 %
31	D	61.76 % / 35.3 %
32	D	47.06 % / 35.29 %
33	D	55.88 % / 23.53 %
34	C	29.41 % / 38.24 %
35	C	52.94 % / 35.3 %
36	A	44.12 % / 35.29 %
37	C	44.12 % / 38.23 %
38	C	47.06 % / 38.23 %
39	C	44.12 % / 38.23 %
40	B	50.0 % / 38.24 %
41	A	55.88 % / 29.41 %
42	D	50.0 % / 35.29 %
43	C	52.94 % / 35.3 %
44	A	47.06 % / 38.23 %
45	B	52.94 % / 29.41 %
46	D	41.18 % / 38.23 %
47	D	52.94 % / 35.3 %
48	D	44.12 % / 38.23 %
49	D	35.29 % / 38.24 %
50	D	50.0 % / 38.24 %
51	C	26.47 % / 35.29 %
52	B	55.88 % / 32.36 %
53	C	44.12 % / 38.23 %
54	D	44.12 % / 38.23 %
55	A	50.0 % / 35.29 %
56	C	41.18 % / 38.23 %
57	C	35.29 % / 38.24 %
58	B	44.12 % / 38.23 %
59	B	47.06 % / 35.29 %
60	C	61.76 % / 32.36 %
61	D	50.0 % / 38.24 %
62	D	44.12 % / 38.23 %
63	C	52.94 % / 35.3 %
64	A	26.47 % / 38.24 %
65	A	52.94 % / 35.3 %
66	D	32.35 % / 38.24 %
67	B	50.0 % / 38.24 %
68	C	55.88 % / 38.24 %
69	C	47.06 % / 38.23 %
70	C	44.12 % / 38.23 %
71	D	47.06 % / 23.53 %
72	B	50.0 % / 32.35 %
73	A	38.24 % / 38.23 %
74	A	55.88 % / 38.24 %
75	A	44.12 % / 38.23 %
76	D	26.47 % / 35.29 %
77	C	50.0 % / 38.24 %
78	D	55.88 % / 38.24 %
79	C	41.18 % / 26.47 %
80	A	52.94 % / 35.3 %

प्रश्न संख्या	उत्तर	सही उत्तर / छोड़ दिया
81	C	55.88 % / 29.41 %
82	D	32.35 % / 38.24 %
83	B	50.0 % / 38.24 %
84	B	52.94 % / 38.24 %
85	B	38.24 % / 38.23 %
86	C	52.94 % / 38.24 %
87	A	41.18 % / 35.29 %
88	C	47.06 % / 38.23 %
89	D	32.35 % / 38.24 %

प्रश्न संख्या	उत्तर	सही उत्तर / छोड़ दिया
90	A	41.18 % / 38.23 %
91	B	55.88 % / 38.24 %
92	A	52.94 % / 38.24 %
93	C	61.76 % / 29.42 %
94	D	55.88 % / 38.24 %
95	C	55.88 % / 35.3 %
96	C	47.06 % / 38.23 %
97	D	44.12 % / 38.23 %
98	D	52.94 % / 38.24 %

प्रश्न संख्या	उत्तर	सही उत्तर / छोड़ दिया
99	D	41.18 % / 35.29 %
100	D	50.0 % / 35.29 %
101	B	47.06 % / 38.23 %
102	D	47.06 % / 38.23 %
103	C	20.59 % / 38.23 %
104	D	38.24 % / 38.23 %
105	B	47.06 % / 38.23 %
106	C	50.0 % / 38.24 %
107	B	61.76 % / 35.3 %

प्रश्न संख्या	उत्तर	सही उत्तर / छोड़ दिया
108	D	50.0 % / 38.24 %
109	A	50.0 % / 29.41 %
110	B	41.18 % / 38.23 %
111	C	58.82 % / 29.42 %
112	C	50.0 % / 38.24 %
113	A	64.71 % / 29.41 %
114	B	35.29 % / 38.24 %
115	A	38.24 % / 35.29 %
116	C	55.88 % / 38.24 %

प्रश्न संख्या	उत्तर	सही उत्तर / छोड़ दिया
117	D	61.76 % / 29.42 %
118	D	35.29 % / 38.24 %
119	B	41.18 % / 29.41 %
120	D	55.88 % / 32.36 %
121	A	55.88 % / 32.36 %
122	C	32.35 % / 38.24 %
123	D	50.0 % / 35.29 %
124	A	35.29 % / 38.24 %
125	C	35.29 % / 38.24 %

कार्य विश्लेषण	
औसत अंक (%)	43.76%
टॉपर्स स्कोर (%)	92.71%
आपका स्कोर	

//संकेत और समाधान//

1. चमत्कारी या करिश्माई सत्ता का आधार व्यक्ति का चमत्कारी गुण या विलक्षण व्यक्तित्व होता है। जिन व्यक्तियों के पास विलक्षण शक्ति होती है, वे करिश्माई सत्ता के अधिकारी होते है, जिनकी आज्ञा का पालन व्यक्ति श्रद्धा भाव से करता है। महात्मा गाँधी ऐसी सत्ता के सर्वोत्तम उदाहरण हैं।
अतः विकल्प (A) सही है।

2. किसी एक विशिष्ट वर्ग के समूह के हितों को प्रतिनिधारित करने हेतु आपस में मिलकर व्यक्तियों, मालिकों, या अन्य संगठनों के समूहों को 'दबाव-समूह' कहा जाता है। दबाव-समूहों के राजनीतिक दलों से विशेष संबंध होते हैं और जिन दलों से ये जुड़े होते हैं उन पर अपने हितों की पूर्ति हेतु दबाव डालते हैं।
अतः विकल्प (C) सही है।

3. मुस्लिम विवाह पद्धति में विवाह के समय वर के द्वारा वधू के सम्मान में पत्नी को धन या सम्पत्ति मेहर के रूप में प्रदान किया जाता है, जिसके फलस्वरूप पुरुष को स्त्री के साथ संभोग करने का अधिकार प्राप्त हो जाता है। यदि पुरुष अपनी पत्नी को तलाक देना चाहता है तो उसे मेहर को, जो कि स्त्रीधन माना जाता है, वापस करना पड़ता है।
अतः विकल्प (B) सही है।

4. अनु. 338 राष्ट्रीय अनुसूचित जाति एवं अनुसूचित जनजाति हेतु आयोग का उपबंध करता है, अनुच्छेद 342 , अनुसूचित जनजातियों के समूहों का राष्ट्रपति द्वारा विनिर्दिष्ट करने से संबंधित है तथा अनुच्छेद 344 राजभाषा के आयोग एवं संसद की समिति के गठन से संबंधित है।
अतः विकल्प (B) सही है।

5. भारतीय संविधान की धारा-46 में उल्लेख है कि "राज्य समाज के कमजोर वर्गों विशेषत: S.C./S.T. हेतु शैक्षणिक एवं आर्थिक हितों को बढ़ावा देने का विशेष प्रयास करेगा तथा शोषण एवं अन्याय से उनकी सुरक्षा करेगा।"
अतः विकल्प (D) सही है।

6. प्रकार्य किसी सामाजिक क्रिया का परिणाम है, जो किसी संरचना तथा उसके निर्माणक अंगों के अनुकलन और सामंजस्य में सहायक होता है।
अतः विकल्प (D) सही है।

7. मार्क्स ने अपने ऐतिहासिक भौतिकवाद सिद्धान्त के अंतर्गत यह स्पष्ट किया है कि चेतना से अस्तित्व का निर्धारण करने का हीगल का सिद्धान्त सिर के बल खड़ा था, उसे हमने पैर के बल खड़ा कर दिया अर्थात् पहले अस्तित्व है, फिर चेतना।
अतः विकल्प (A) सही है।

8. मानव समाज के विकास के रेखीय सिद्धान्त का समर्थन करते हुए स्पेन्सर ने 'सामाजिक उद्विकासीय' का सिद्धान्त प्रतिपादित किया। उनकी मान्यता है कि हमारा सामाजिक जीवन, सांस्कृतिक जीवन आदि उद्विकासीय नियमों के अनुरूप परिवर्तित हुए हैं।
अतः विकल्प (C) सही है।

9. दुर्खीम ने अपनी पुस्तक "द डिविजन आफ सोसायटी" में श्रम-विभाजन के सिद्धान्त के आधार पर 2 प्रकार के समाजों का उल्लेख किया है -

(i) यान्त्रिक एकता पर आधारित समाज अर्थात् जो सरल एवं संगठित होता है।
(ii) सायवयी या आंगिक एकता पर आधारित समाज अर्थात् जिसकी प्रकृति जटिल होती है।
अतः विकल्प (B) सही है।

10. विज्ञान का संबंध किसी विशिष्ट प्रकार की विषय-सामग्री से नहीं होकर वैज्ञानिक पद्धति से प्राप्त किये गए क्रमबद्ध व व्यवस्थित ज्ञान से है। आगस्त कॉम्ट ने समाजशास्त्र को एक विज्ञान मानते हुए इसे 'विज्ञानों की रानी ' संज्ञा से अभिहित किया है।
अतः विकल्प (A) सही है।

11. मूल्य एक ऐसी आचार संहिता या गुणों का समावेश है जिसे अपनाकर व्यक्ति अपने व्यक्तित्व का विकास कर समाज में प्रभावशाली एवं विश्वसनीय

बनकर उभरता है।
अतः विकल्प (D) सही है।

12. सन् 1951 में संत विनोबा भावे द्वारा भूदान आंदोलन आरम्भ किया गया जो कि एक स्वैच्छिक भूमि सुधार आन्दोलन था। तेलंगाना के नालगोंडा जिले से 18 अप्रैल, 1951 को विनोबा भावे ने इस आन्दोलन की शुरुआत की। विनोबा की कोशिश थी कि भूमि का पुनर्वितरण केवल सरकारी कानूनों के जरिए नहीं, बल्कि एक आन्दोलन के द्वारा इसकी सफल कोशिश की जाए।
अतः विकल्प (A) सही है।

13. मैकाइवर एवं पेज ने कहा है कि "संस्कृति वह है जो हम हैं और सभ्यता वह है जो हमारे पास है।" उन्होंने इन दोनों में पाये जाने वाले अंतरों को इस प्रकार व्यक्त किया है -

सभ्यता की माप सरल है, किन्तु संस्कृति की नहीं, सभ्यता सदैव आगे बढ़ती है। संस्कृति नहीं, सभ्यता साधन है, जबकि संस्कृति साध्य, सभ्यता बाह्य है जबकि संस्कृति आंतरिक, सभ्यता मूर्त है जबकि संस्कृति अमूर्त इत्यादि।
अतः विकल्प (D) सही है।

14. समाज के विकास के संबंध में मॉर्गन ने समरेखीय उद्विकासवादी सिद्धान्त का प्रतिपादन करते हुए समाज को - जंगली, बर्बर एवं सभ्य अवस्था में विभक्त किया है, जबकि स्पेंसर ने समाज को-सरल, मिश्रित, दोहरे मिश्रित एवं तिहरे मिश्रित समाज में बाँटा है।
अतः विकल्प (D) सही है।

15. रुथ बेनेडिक्ट ने अपनी पुस्तक 'पैटर्न्स ऑफ कल्चर' में सापेक्षवाद की अवधारणा को स्पष्ट करते हुए कहा है कि हमें सभी संस्कृतियों को समान रूप से वैध मानना चाहिए।
अतः विकल्प (B) सही है।

16. जब दो संस्कृतियाँ परस्पर सम्पर्क में आती हैं तो वे एक-दूसरे को प्रभावित करती हैं तथा उनमें से कोई एक-दूसरे के या दोनों ही परस्पर कुछ सांस्कृतिक तत्वों को ग्रहण करती हैं तो उसे 'प्रसार' या 'विसरण' कहते हैं।
अतः विकल्प (A) सही है।

17. अमेरिकन समाजशास्त्री आगबर्न ने सांस्कृतिक पश्चता या विलंबना की उपकल्पना के माध्यम से सामाजिक परिवर्तन में सांस्कृतिक कारकों की भूमिका को स्पष्ट किया है। उनकी मान्यता है कि भौतिक संस्कृति (प्रौद्योगिकी) अभौतिक संस्कृति (संस्कृतिक क्षेत्र) की तुलना में शीघ्र परिवर्तित होती है।
अतः विकल्प (A) सही है।

18. व्यक्ति के अंदर दूसरों की संस्कृतियों का मूल्यांकन अपने हिसाब से करने की प्रवृत्ति होती है। वह जिन मानकों एवं मानदंडों से अवगत होता है उसी दृष्टि से अन्य संस्कृति के लोगों की व्यवहार प्रणालियों के महत्व पर टीका-टिप्पणी करता है तथा अन्य की तुलना में स्वयं की संस्कृति को श्रेष्ठ समझता है, जो कि अंतः समूह संबंध के लिए घातक होती है।
अतः विकल्प (C) सही है।

19. पारसन्स की दृष्टि में संस्थाकरण एक प्रक्रिया भी है और संरचना भी। सामाजिक व्यवस्था और कुछ न होकर व्यक्तियों के बीच होने वाली बार-बार दोहरायी जाने वाली, अन्तःक्रियाएँ हैं जो कालान्तर में संस्था का रूप ले लेती हैं।
अतः अंतःक्रियाओं का संस्थाकरण ही सामाजिक व्यवस्था है।
अतः विकल्प (A) सही है।

20. एक संबद्ध भूमिका वृंद जिसका संबंध किसी निश्चित सामाजिक प्रस्थिति से हो, भूमिका विन्यास कहलाता है। इसके अंतर्गत मर्टन का कथन है कि एक प्रस्थिति में होते हुए भी व्यक्ति भिन्न-भिन्न प्रस्थितियों के व्यक्तियों से अलग-अलग जो व्यवहार करता है, उसकी संपूर्णता को ही भूमिका विन्यास या प्रतिमान कहा जाता है।
अतः विकल्प (B) सही है।

21. पूर्णत: खुले समाज में जहाँ लंबवत् गतिशीलता निर्बाध ढंग से देखने को मिलती है, प्रत्येक व्यक्ति को मनोवांछित व सबसे उचित संस्थिति (दायित्व/श्रेणी) चुनने व निश्चित करने का समान अवसर मिलता है। इसकी एकमात्र सीमा इस संस्थिति के लिए उसकी पात्रता तथा उसके प्रति उसका

स्वयं का संगठन है।
अतः विकल्प (D) सही है।

22. प्राथमिक समूह अवधारणा का उपयोग सर्वप्रथम सी एच. कूले ने अपनी प्रसिद्ध पुस्तक 'सोश ल ऑर्गनाइजेशन' में (1909 ई.) में किया। तब से आज तक यह अवधारणा चर्चा का एक विषय रही है। सी.एच. कूले के अनुसार "प्राथमिक समूह से हमारा तात्पर्य उन समूहों से है जिनमें सदस्यों के बीच आमने-सामने के घनिष्ठ संबंध एवं पारस्परिक सहयोग की विशेषता होती है।ऐसे समूह अनेक अर्थों में प्राथमिक होते हैं, लेकिन विशेष रूप से इस अर्थ में कि ये सामाजिक स्वभाव और आदर्शों के निर्माण में बुनियादी योग देते हैं।"
अतः विकल्प (C) सही है।

23. संदर्भ समूह नामक उपकल्पना का सर्वप्रथम प्रतिपादन हाईमैन ने 1942 में अपने लेख ' द साइकोलॉजी आफ स्टेटस' में किया था। संदर्भ समूह वह समूह होता है जिसका व्यक्ति स्वयं सदस्य तो नहीं होता है, किन्तु सदस्य बनने की आकांक्षा रखता है।
अतः विकल्प (D) सही है।

24. सोरोकिन के अनुसार, "किसी व्यक्ति अथवा सामाजिक तथ्य का स्थानान्तरण सामाजिक स्थिति में ही जब एक समूह से दूसरे समूह में होता है तो उसे क्षैतिज या समस्तरीय गतिशीलता कहा जाता है।"
अतः विकल्प (B) सही है।

25. भूमिका की संकल्पना का सर्वप्रथम प्रयोग 'मनोविज्ञान' में व्यक्ति के व्यवहार एवं मनोविश्लेषण के संबंध में - मीड, न्युकाम्ब, मैरिनो एवं सरविन आदि मनोवैज्ञानिकों ने किया था। समाजशास्त्र में भूमिका की प्रस्थिति का गतिशील या व्यावहारिक पहलू माना जाता है।
अतः विकल्प (C) स्ही है।

26. समाज का कोई भी व्यक्ति ऐसा नहीं है जिसे कोई प्रस्थिति प्राप्त न हो। एक व्यक्ति समाज में जो भी पद या स्थिति प्राप्त करता है, उसे प्रस्थिति कहते हैं। इस प्रस्थिति से जुड़े कुछ कार्य होते हैं जो समाज द्वारा मान्य होते हैं, इसे ही भूमिका कहते हैं।
अतः विकल्प (A) सही है।

27. दुर्खिम ने अपनी प्रख्यात कृति श्रम का सामाजिक विभाजन के द्वितीय भाग में 'श्रम विभाजन सिद्धान्त' की अवधारणा को विकसित किया। उनकी मान्यता थी कि प्राचीन समाजों में पायी जाने वाली 'यांत्रिकी संहति' को 'श्रम विभाजन में- आंगिक संहति (सावयवी एकता) में परिवर्तित कर दिया।
अतः विकल्प (D) सही है।

28. ईसापूर्व छठी शताब्दी बुद्धकाल में नगरों के विकास के कारण मु ख्यत: कृषि-अवशेष था, जिसे जलमार्गों द्वारा व्यापार विनिमय के उद्देश्य से नदियों के किनारे स्थित मंडियों तक ले जाया जाता था। कालांतर में यही व्यापारिक केन्द्र नगरों के रूप में विकसित हुए।
अतः विकल्प (C) सही है।

29. स्वतंत्रता प्राप्ति (1947) के पश्चात् स्वतंत्र भारत की प्रथम जनगणना (1951) में नगर की परिभाषा अधिक शिथिल कर दी गयी थी। जिससे कई हजार ग्राम जो पहले की परिभाषा के अनुसार नगर नहीं बन सकते थे, वे भी नगरों की श्रेणी में आ गये और नगरों की संख्या एकाएक बढ़कर 2844 तक पहुँच गयी। इस समय तक देश की 17.29 प्रतिशत जनसंख्या नगरों में रहने लगी थी।
अतः विकल्प (A) सही है।

30. महानगर या मेट्रोपोलिस अवस्था में नगर अधिक विशाल होने तथा बड़े पैमाने पर कारखाने, शिक्षण संस्थाएँ, व्यापारिक तथा वाणिज्यिक संस्थाएँ आदि संकेन्द्रित कर लेता है जिससे आकर्षित होकर भिन्न जाति, प्रदेश, धर्म एवं संस्कृति के लोग य्ँहाँ आकर एक विषमजातीय समुदाय का निर्माण करते हैं। उसी दृष्टि से महानगर प्रजातीय अथवा सांस्कृतिक गलन पात्र कहा जाता है।
अतः विकल्प (A) सही है।

31. समाजशास्त्र के जनक आगस्त कॉम्ट का जन्म 19 जनवरी सन् 1798 में फ्रांस के माटंपेलियर नामक स्थान पर एक कैथोलिक परिवार में हुआ था।

आगस्त कॉम्ट एक फ्रांसीसी दार्शनिक और लेखक थे जिन्होंने प्रत्यक्षवाद के सिद्धांत को सूत्रबद्ध किया। उन्हें प्रायः आधुनिक अर्थ में विज्ञान का पहला दार्शनिक माना जाता है।
अतः विकल्प (D) सही है।

32. समाजशास्त्र की विषय वस्तु की रूपरेखा प्रस्तुत करने के लिए तीन मुख्य मार्गों:

(1) ऐतिहासिक

(2) आनुभाविक तथा

(3) विश्लेषणात्मक का उल्लेख एलेक्स इंकलेस ने किया है। उन्होंने समाजशास्त्र में समाज के अध्ययन के रूप में संस्था तथा सामाजिक सम्बन्धों के अध्ययन को सम्मिलित किया है।
अतः विकल्प (D) सही है।

33. कार्ल मार्क्स ने अपनी पुस्तक राजनीतिक अर्थव्यवस्था का आलोचक एवं पूर्व पूंजीवादी आर्थिक गठन में समाज को उत्पादन के तरीके के चार स्तरों की चर्चा की हैं:

1. एशियाई

2. पुरातन

3. सामन्ती

4. पूँजीवादी
अतः विकल्प (D) सही है।

34. समुदाय की विशेषताएँ:

(1) स्वतः विकास, (2) स्थायीपन, (3) विशिष्ट नाम, (4) मूर्तता, (5) व्यापक उद्देश्य, (6) सामान्य जीवन, (7) सामान्य नियम व्यवस्था, (8) आत्म निर्भरता, (9) अनिवार्य सदस्यता
अतः विकल्प (C) सही है।

35. संस्था के निर्माण का क्रम:

(1) विचार या धारणा, (2) आदत, (3) जन-रीति, (4) प्रथा, (5) लोकाचार, (6) संस्था

विचार आवश्यकता पूर्ति का एक उपाय है जिसमें क्रिया की पुनरावृत्ति जुड़कर व्यक्तिगत आदत बन जाती है जो सामूहिक पुनरावृत्ति के द्वारा जन-रीति में बदल जाती है। जनरीतियाँ सामाजिक मान्यता प्राप्त करके प्रथाएँ बनती हैं जो समूह की स्वीकृति जनकल्याण की भावना तथा बाध्यता के साथ जुड़कर लोकाचार बन जाती है। लोकाचार एक निश्चित कार्यप्रणाली तथा निश्चित संरचना में ढलकर संस्था का निर्माण करते हैं। संस्था एक अमूर्त अवधारणा है।
अतः विकल्प (C) सही है।

36. संस्था की विशेषताएँ हैं -

(1) सम्पूर्ण सांस्कृतिक व्यवस्था में संस्था का एक इकाई के रूप में कार्य (2) अधिक स्थायित्व (3) एक या अनेक सुस्पष्ट उद्देश्य (4) सांस्कृतिक उपकरण (5) प्रतीक (6) परम्परा (7) विचार (8) संरचना (9) अभिमति एवं अधिकार (10) विरासत ।

ऐच्छिक सदस्यता संस्था की विशेषता के अंतर्गत नहीं आती है।
अतः विकल्प (A) सही है।

37. आर के मर्टन ने कहा कि 'स्थिति और भूमिका' संदर्भ समूह व्यवहार का एक 'संरचनात्मक परिप्रेक्ष्य' प्रदान करते हैं।

आर.के. मर्टन एक अमेरिकी समाजशास्त्री थे, जिन्हें आधुनिक समाजशास्त्र का संस्थापक पिता माना जाता है, और अपराध विज्ञान के क्षेत्र में एक प्रमुख योगदानकर्ता थे।
अतः विकल्प (C) सही है।

38. सर हेनरी मेन ने समाज को दो आधारों पर विभाजित किया है:

(1) प्रस्थिति समाज

(2) संविदा समाज

प्रस्थिति समाज में प्रदत्त प्रस्थिति का महत्व अधिक होता है। ग्रामीण समाज सरल समाज तथा भारतीय जाति आधारित समाज को प्रस्थिति समाज माना जाता है। जबकि अर्जित प्रस्थिति के महत्व वाला समाज संविदा समाज है।
अतः विकल्प (C) सही है।

39. मर्टन के अनुसार जब व्यक्ति की एक स्थिति में परिवर्तन आता है तो उसकी स्थिति समुच्चय में भी परिवर्तन आता है। चूँकि स्थितियों के अनुसार ही व्यक्तियों की भूमिकाएँ होती हैं, इसलिए एक व्यक्ति की जितनी स्थितियाँ होंगी उतनी ही उसकी भूमिकाएँ भी होंगी, जबकि किसी व्यक्ति की एक से अधिक स्थितियाँ होती हैं तो उसी के अनुरूप उसकी भूमिकाएँ होती हैं जिसे भूमिका संकुल कहा जाता है।
अतः विकल्प (C) सही है।

40. लिंटन ने प्रस्थिति को दो भागों-अर्जित एवं प्रदत्त में बाँटा है, वे पद जो व्यक्ति को जन्म तथा समाज के द्वारा प्राप्त होते हैं प्रदत्त प्रस्थिति कहलाते हैं। इसके विपरीत व्यक्ति की अपनी इच्छाओं, योग्यता एवं प्रतिस्पर्धा द्वारा प्राप्त पद अर्जित प्रस्थिति कहलाते हैं।
अतः विकल्प (B) सही है।

41. मर्टन ने 'प्रस्थिति संकुल' भूमिका संकुल एवं प्रास्थिति अनुक्रम की अवधारणा दी है। एक व्यक्ति द्वारा उत्तरोत्तर क्रम में धारण की गयी प्रास्थितियों की श्रृंखला को प्रास्थित अनुक्रम कहते हैं। जैसे बालक, युवा, प्रौढ़ तथा वृद्ध की प्रास्थितियाँ चलती रहती हैं। इसी प्रकार एक चिकित्सा का विद्यार्थी इन्टर्न रेजिडेंट, रजिस्ट्रार तथा स्वतन्त्र चिकित्सक की प्रास्थितियाँ उत्तरोत्तर ग्रहण करता चला जाता है।
अतः विकल्प (A) सही है।

42. भूमिका निर्माण: भूमिका निर्माण की अवधारणा टर्नर द्वारा दी गयी है। आवश्यकतानुसार व्यक्ति द्वारा अपनी योग्यता व ज्ञान द्वारा एक नयी भूमिका का निर्माण, भूमिका निर्माण कहलाता है।

भूमिका ग्रहण: भूमिका ग्रहण की अवधारणा मीड की है। भविष्य में मिलने वाली भूमिकाओं को निभाना सीखना है या नई भूमिका प्राप्त होने पर उसके अनुरूप आचरण करने का प्रयास करना भूमिका ग्रहण है।

भूमिका पुंज: यह मर्टन की अवधारणा है। एक व्यक्ति अपनी प्रास्थिति से सम्बन्धित विभिन्न परिस्थितियों को धारण करने वाले व्यक्तियों के साथ अलग-अलग प्रकार की जो भूमिका निभाता है उसके सम्पूर्णता को भूमिका पुंज कहते हैं।

भूमिका दूरी: यह अवधारणा नाडेल की है। जब व्यक्ति द्वारा एक ही भूमिका को निभाने से नीरसता या अरुचि हो जाती है तो उससे वह दूर होने की चेष्टा करता है। यही भूमिका दूरी है। भूमिका दूरी की अवधारणा पुस्तकों में गॉफमैन की है, जबकि आयोग के हल के अनुसार नाडेल में है।
अतः विकल्प (D) सही है।

43. इरविंग गॉफमैन ने दो प्रकार की भूमिकाएँ-पार्श्वमंच भूमिका एवं अग्रमंच भूमिका बतायी है। गॉफमैन ने सामाजिक अन्तक्रिया के अपने अभिनय शास्त्रीय उपागम में पार्श्वमंच एवं अग्रमंच भूमिकाओं की अवधारणाओं का प्रयोग किया है। एक सामाजिक अभिनेता किसी अमुक समय पर जो भूमिका निभाता है, उसके दो स्वरूप हमारे सामने आते हैं।
अतः विकल्प (C) सही है।

44. सोरोकिन ने अपनी पुस्तक (सामाजिक और सांस्कृतिक गतिशीलता) में सामाजिक परिवर्तन ने चक्रीय सिद्धान्त की व्याख्या करते हुए संस्कृति को तीन भागों में बाँटा है:

1. आदर्शात्मिक संस्कृति

2. इन्द्रियपरक संस्कृति

3. आदर्शवादी संस्कृति
अतः विकल्प (A) सही है।

45. लुइस आलथ्यूजर के अनुसार वर्ग स्थिति को न केवल उत्पादन के विशिष्ट स्वरूप के आधार पर बल्कि उस सामाजिक संरूपण जिसका कि वह एक अंग है, के आधार पर परिभाषित किया जाना चाहिए।
अतः विकल्प (B) सही है।

46. संस्कृतीकरण एक प्रक्रिया है जिसके माध्यम से कोई नई हिंदू जाति, आदिवासी या अन्य समूह के लोग अपने रीति-रिवाजों, सांस्कृतिक सिद्धान्तों तथा जीवन शैली को अपनी मूल जाति से उचच मानते हैं। संस्कृतीकरण के परिणामस्वरूप किसी विशेष जाति और वर्ग के लिए केवल स्थगित परिवर्तन होता है।
अतः विकल्प (D) सही है।

47. संस्कृति के प्रमुख घटक:

(1) प्रौद्योगिकी

(2) आर्थिक संगठन

(3) राजनीतिक संगठन

(4) सामाजिक संगठन

(5) विचारधारा-विश्वास मान्यताएँ मानवीय चिन्तन, आदर्श मानक, प्रतीक आदि हैं

(6) कला

(7) भाषा

(8) कानून

(9) लोक साहित्य

(10) मूल्य
अतः विकल्प (D) सही है।

48. सामाजिक परिवर्तन के संघर्ष सिद्धांत के आरम्भिक विचारक इब्न खाल्दून, हॉब्स, डेविड ह्यूम आदि थे तथा पश्चातवर्ती विचारक कार्ल मार्क्स, लुडविक गम्प्लोविक्ज, रॉल्फ डेहरनडार्फ, लुइस कोजर आदि हैं। अतः हरबर्ट स्पेन्सर संघर्ष के सिद्धान्त से संबंधित नहीं है।
अतः विकल्प (D) सही है।

49. स्पेंसर ने समाज की तुलना सावयव से करते हुए अपने उद्विकासीय सिद्धान्त की व्याख्या करते हुए बताया है कि उद्विकास या प्रगति पदार्थ एवं अनिश्चिय असंबद्ध सजातीयता से निश्चित सम्बद्ध विजातीयता में बदलता है।
अतः विकल्प (D) सही है।

50. सामाजिक प्रक्रियाएँ मुख्यत दो प्रकार की होती हैं:

(1) सहयोगात्मक सामाजिक प्रक्रिया

(2) विघटनात्मक

सहयोगात्मक सामाजिक प्रक्रिया के अन्तर्गत तीन प्रक्रियाएँ:

1. सहयोग

2. समायोजन

3. सात्मीकरण

विघटनात्मक सामाजिक प्रक्रिया के अन्तर्गत दो प्रक्रियाएँ:

1 प्रतियोगिता

2. संघर्ष
अतः विकल्प (D) सही है।

51. समूह को दो भागों में बाँटा गया है।प्राथमिक तथा द्वितीयक। वह समूह जिनमें सदस्यों के बीच आमने-सामने घनिष्ठ सम्बन्ध होते हैं, उन्हें प्राथमिक समूह कहते हैं। द्वितीयक समूह में आमने-सामने का सम्बन्ध काफी कमजोर होता है।प्राथमिक समूह अपने आप में बहुत ही मजबूती से बँधा हुआ समूह है। प्राथमिक समूह में शारीरिक नजदीकी, घनिष्ठ सम्बन्ध एवं पारस्परिक सम्बन्ध का होना आवश्यक है।
अतः विकल्प (C) सही है।

52. 'वर्ग संघर्ष' की अवधारणा कार्ल मार्क्स ने अपनी पुस्तक 'कम्युनिस्ट मैनिफेस्टो' में दी है। उनके अनुसार ऐसे व्यक्तियों के समूहों में हिंसात्मक विरोध को वर्ग संघर्ष माना जाता है जो न्यूनाधिक मात्रा में स्थायी रूप से सम्बन्धित होते हैं तथा जिन्हें सार्वजनिक रूप से उनके प्रशिक्षण सुविधाओं तथा प्रस्थिति के आधार पर भिन्न माना जाता है, ऐसे समूहों की भिन्नता अनुभव, धन-सम्पदा, शिक्षा, राजनीतिक प्रभाव, जीवन शैली, आराम अथवा सौन्दर्यात्मक रूप आदि में स्पष्ट झलकती है।
अतः विकल्प (B) सही है।

53. मर्टन के अनुसार सन्दर्भ समूह वह होता है जिसे व्यक्ति अपनी उपलब्धि, अपनी भूमिका सम्पादन तथा अपनी महत्वकांक्षा आदि के मूल्यांकन के लिए चुनते हैं। किसी व्यक्ति को संदर्भ समूह की आवश्यकता इसलिए पड़ती है, क्योंकि उसे लगता है कि यह उन सुविधाओं से वंचित रह गया है जो उस समूह के सदस्यों के पास है। इसे मर्टन ने सापेक्षित वंचितता कहा है।
अतः विकल्प (C) सही है।

54. डेनियल लर्नर विकास के प्रसारवादी सिद्धान्त से जुड़े हैं-अन्य प्रसारवादी विचारक-इलियट पैरी, ग्रेबनर, एंकर मैन, सिमि तथा रॉबर्ट लॉबी हैं।

डेनियल लर्नर एक अमेरिकी विद्वान और लेखक थे जो आधुनिकीकरण सिद्धांत पर अपने अध्ययन के लिए जाने जाते थे। औपनिवेशिक राष्ट्रों में आर्थिक और सामाजिक विकास को बढ़ावा देने के लिए मास मीडिया और अमेरिकी सांस्कृतिक उत्पादों के उपयोग के बारे में अमेरिकी विचारों को आकार देने में बालगेट तुर्की के लर्नर के अध्ययन ने महत्वपूर्ण भूमिका निभाई।
अतः विकल्प (D) सही है।

55. घनिष्ठता से विहीन अनुभवों को प्रदर्शित करने वाले समूह द्वितीयक समूह कहलाते हैं। सम्पर्क की आकस्मिकता ऐसे समूहों का सार है।द्वितीयक समूह प्राथमिक समूहों की अपेक्षा बड़े, अधिक औपचारिक विशेषीकृत, अस्थायी तथा सम्पर्क की दृष्टि से अप्रत्यक्षता लिये होते हैं।
अतः विकल्प (A) सही है।

56. सामाजिक स्तरीकरण के प्रकार्यात्मक सिद्धान्त का प्रतिपादन किंग्सले डेविस एवं मूर ने किया है। इस सिद्धान्त के अनुसार स्तरण समाज की जरूरतों की उपज है न कि व्यक्तियों की जरूरतों की।
अतः विकल्प (C) सही है।

57. मैक्स वेबर ने सामाजिक स्तरीकरण का त्रिस्तरीय मॉडल प्रस्तुत करते हुए सामाजिक स्तरीकरण के तीन आधार आर्थिक (वर्ग), राजनैतिक (शक्ति) व सामाजिक (प्रास्थिति) बताये है। जबकि कार्ल मार्क्स ने एकमात्र आधार आर्थिक माना है। सोरोकिन ने भी तीन आधारआर्थिक, राजनैतिक एवं व्यावसायिक बताए हैं।
अतः विकल्प (C) सही है।

58. भारतीय समाज में जाति स्तरीकरण का ही नहीं बल्कि व्यक्तियों की हैसियत का भी मुख्य आधार है। जाति के आधार पर हिन्दू समाज में ऊँची या नीची श्रेणी प्राप्त होती है। जाति की सदस्यता हमें जन्म से ही प्राप्त होती है।
अतः विकल्प (B) सही है।

59. सामाजिक स्तरीकरण मुख्यतया पाँच आधारों पर विभक्त रहा है:

(1) दास प्रथा

(2) वर्ण व्यवस्था

(3) जाति

(4) इस्टेट

(5) वर्ग

कभी तो कोई समाज इन पाँच में से किसी एक आधार पर स्तरित रहा है तो कभी एक साथ दो आधार पर। उदाहरणार्थ-मध्यकालीन यूरोप जहाँ दास प्रथा तथा इस्टेट पर आधारित था आज वहीं यूरोप वर्ग व्यवस्था पर आधारित है। इस प्रकार भारत-प्राचीन काल में क्रमश: वर्ण तथा जाति पर आधारित था, किन्तु आज जाति एवं वर्ण दोनों स्तरण का मुख्य आधार है।
अतः विकल्प (B) सही है।

60. डेविस के अनुसार "एक सहयोगी समूह वह है जो एक ऐसे उद्देश्य की प्राप्ति के लिए मिल-जुलकर कार्य करता है जिसको सभी चाहते हैं।" मैकाइवर एवं पेज ने अपनी पुस्तक 'सोसायटी' में सहयोग को प्रत्यक्ष एवं अप्रत्यक्ष सहयोग में बाँटा है।
अतः विकल्प (C) सही है।

61. सामाजिक स्तरीकरण के प्रकार्यवादी सिद्धान्त का प्रतिपादन करते हुए किंग्सले डेविस तथा क्लिबर्ट मूर ने सामाजिक स्तरीकरण को समाज के लिए प्रकार्यात्मक रूप से आवश्यक माना है। उनके अनुसार सामाजिक स्तरण समाज की जरूरतों की उपज है न कि व्यक्तियों की जरूरतों की।
अतः विकल्प (D) सही है।

62. बोटोमोर ने मानव इतिहास में प्रचलित सामाजिक स्तरीकरण के प्रमुख चार स्वरूपों का वर्णन किया है:

1. दास प्रथा

2. जागीरें

3. जाति

4. सामाजिक वर्ग
अतः विकल्प (D) सही है।

63. वृहद् परिवारों का पुंज सामाजिक संरचना का घटक है। पारसन्स के अनुसार सामाजिक संरचना ऐसा पद है जिसका प्रयोग परस्पर संबंधित संस्थाओं, संगठनों तथा सामाजिक प्रतिमानों की एक विशिष्ट व्यवस्था के साथ-साथ किसी समूह में प्रत्येक सदस्य द्वारा ग्रहण की गई प्रस्थितियों एवं भूमिकाओं की विशिष्ट क्रमबद्धता के लिए किया जाता है।
अतः विकल्प (C) सही है।

64. संरचनात्मक दृष्यता का सिद्धान्त मर्टन ने दिया है। मर्टन के अनुसार, संरचना एवं प्रकार्य का सम्बन्ध इकाइयों द्वारा किये जाने वाले कार्यों के परिणामों से है। प्रकार्य का सामाजिक संरचना से उतना घनिष्ठ सम्बन्ध नहीं है जितना सामाजिक संगठन एवं सामाजिक व्यवस्था से है।
अतः विकल्प (A) सही है।

65. लोकसभा तथा राज्य विधान सभाओं में अनुसूचित जाति तथा अनुसूचित जनजाति के लिए आरक्षण (अनु. 330 तथा अनु. 332) उनकी जनसंख्या के आधार पर 1971 की जनगणना पर आधारित थी। 84वें संविधान 2000 द्वारा यह आरक्षण 2026 तक तथा 1991 पर आधारित कर दिया गया। प्रारम्भ में यह आरक्षण संविधान लागू होने की तारीख से 10 वर्ष तक के लिए किया गया था इसके पश्चात् इस अवधि को समय पर 10-10 वर्ष के लिए बढ़ाया जाता रहा है।
अतः विकल्प (A) सही है।

66. 'संरचनाकरण' की अवधारणा एंथोनी गिद्दुंस द्वारा दी गई है। उनके अनुसार संरचनाकरण एक सामाजिक सत्ता मीमांसात्मक सिद्धान्त है जो विश्व में विद्यमान वस्तुओं के स्वरूपों की व्याख्या करता है। यह सिद्धान्त विकास के नियमों या वास्तविक रूप में क्या होता है, इनके बारे में न कोई चर्चा करता है और न कोई प्राक्कल्पनाएँ प्रस्तुत करता है।
अतः विकल्प (D) सही है।

67. अन्य पिछड़े वर्गों के सामाजिक आर्थिक उन्नयन के लिए 1953 में एक पिछड़ा वर्ग आयोग की स्थापना अनु. 340 के अन्तर्गत राष्ट्रपति द्वारा की गयी। इसके अध्यक्ष काका कालेलकर थे। इन्होंने अपनी रिपोर्ट 1995 में प्रस्तुत की । इन्होंने पिछड़े वर्गों को चिह्नित करने के निम्न आधार बताये:

(1) हिन्दू समाज की पारम्परिक जाति पद सोपानी में निम्न स्थान

(2) किसी जाति या समुदाय विशेष के बड़े वर्ग में शैक्षिक उत्थान की कमी

(3) सरकारी सेवाओं में प्रतिनिधित्व का अभाव

(4) व्यापार वाणिज्य तथा उद्योग में प्रतिनिधित्व का अभाव
अतः विकल्प (B) सही है।

68. टॉलकॉट पारसन्स समाज को एक व्यवस्था के रूप में मानते हुए कहते हैं। अन्तःक्रियाओं का संस्थाकरण ही सामाजिक व्यवस्था है। उन्होंने इस व्यवस्था के लिए चार प्रकार्यात्मक पूर्व आवश्यकताओं की व्याख्या की है:

(1) लक्ष्य

(2) अनुकूलन

(3) लेटेन्सी यानी यथास्थिति

(4) एकीकरण
अतः विकल्प (C) सही है।

69. हिन्दू विवाह अधिनियम, 1955 जम्मूकश्मीर को छोड़कर सम्पूर्ण भारत पर लागू होता है। इसके अन्तर्गत बौद्ध, सिख एवं जैन आते हैं। इनमें हिन्दू विवाह की प्रचलित विभिन्न विधियों को मान्यता दी गयी है तथा स भी जातियों को विवाह-विच्छेद के अधिकार दिये गये हैं।

विवाह-विच्छेद के आधार:

(1) व्यभिचार

(2) धर्म परिवर्तन

(3) असाध्य कुष्ठ रोग

(4) संन्यास

(5) सात वर्षों से लापता या जीवित न हो

(6) न्यायिक पृथक्करण के एक वर्ष या उसके बाद तक पुनः सहवास न हो

(7) पुनः स्थापना की डिक्री हो जाने के 2 वर्ष तक अमल न किया गया हो

(8) पति बलात्कार, गुदा-मैथुन अथवा पशुगमन का दोषी हो
अतः विकल्प (C) सही है।

70. अस्पृश्यता (अपराध) अधिनियम 1955 सन् 1976 में संशोधन करके इसका नया नाम नागरिक अधिकार संरक्षण अधिनियम कर दिया गया। इस विधेयक को और अधिक कड़ा बनाने के लिए 1989 में अनु. जाति पर होने वाले अत्याचार को रोकने के लिए अत्याचार निवारण अधिनियम, 1989 बना।
अतः विकल्प (C) सही है।

71. अनु. 342 राष्ट्रपति द्वारा अनुसूचित जनजातियों से सम्बन्धित अधिसूचना अनुच्छेद 344 अनुसूचित क्षेत्रों व जनजाति क्षेत्रों का प्रशासन। अनुच्छेद 332 राज्यों की विधान सभाओं में अनुसूचित जातियों और अनुसूचित जनजातियों के लिए स्थानों का आरक्षण। अर्थात् अनुच्छेद 343 अनुसूचित जातियों एवं जनजातियों से संबंधित नहीं है।
अतः विकल्प (D) सही है।

72. अनु. 15 (4) इस अनुच्छेद की या अनु. 29 के खण्ड 2 की कोई बात राज्य को सामाजिक व शैक्षिक दृष्टि से पिछड़े हुए नागरिकों के किसी वर्ग की उन्नति के लिए या अनुसूचित जातियों या अनुसूचित जनजातियों के लिए कोई विशेष उपबन्ध करने से निवारित नहीं करेगी।

अनु. 16 (4)-इस अनु. की कोई बात राज्य को पिछड़े हुए नागरिकों के किसी वर्ग के पक्ष में, जिसका प्रतिनिधित्व राज्य की राय में अधीन सेवाओं में पर्याप्त नहीं है, नियुक्तियों या पदों के आरक्षण के लिए निवारित नहीं करेगी।
अतः विकल्प (B) सही है।

73. अनु. 275 (1) के परन्तुक में यह उपबन्ध किया गया है कि संसद उन राज्यों को विशेष अनुदान प्रदान करेगी जो अनुसूचित जनजातियों के कल्याण के लिए या अनुसूचित क्षेत्रों में प्रशासन स्तर को उन्नति के लिए भारत सरकार के अनुमोदन से हाथ में ली गयी योजनाओं को कार्यान्वित कर रहे हों। इस प्रयोजन के लिए असम राज्य को विशेष अनुदान दिया जाता है।
अतः विकल्प (A) सही है।

74. अनु. 17 के अनुसार 'अस्पृश्यता' का अंत किया जाता है और उसका किसी भी रूप में आचरण निषिद्ध किया जाता है। 'अस्पृश्यता' से उपजी किसी निर्योग्यता को लागू करना अपराध होगा जो विधि के अनुसार दण्डनीय होगा।
अतः विकल्प (A) सही है।

75. प्रथम पंचवर्षीय योजना 1 अप्रल 1951 से 31 मार्च 1956 तक, द्वितीय पंचवर्षीय योजना 1956 से 1961 तक, ततीय पंचवर्षीय योजना 1961 से 1966 तक. चौथी पंचवर्षीय योजना 1969 से 1974 तक, पाँचवीं पंचवर्षीय योजना 1974 से 1979 तक, छठी पंचवर्षीय योजना 1980 से 1985 , सातवी पंचवर्षीय योजना 1985 से 1990 तक, आठवी पंचवर्षीय योजना 1992 से 1997 तक, नवीं पंचवर्षीय योजना 1997 से 2002 तक, दसवीं पंचवर्षीय योजना 2002 से 2007 तक ग्यारहवी पंचवर्षीय योजना 2007 से 2012 तक तथा बारहवी पंचवर्षीय योजना 2012-2017 तक।
अतः विकल्प (A) सही है।

76. कूले ने समाजीकरण का सिब्धान्त प्रस्तुत करते हुए कहा है कि स्व:समाज जुड़वा है। कूले के अनुसार व्यक्ति ही समाज का निर्माता है जिसमें ' दिमाग' और स्व:' होता है। स्व: ही व्यक्ति सामाजिक जीवन में अनुभव करता है।
अतः विकल्प (D) सही है।

77. क्षैतिज सामाजिक गतिशीलता में एक व्यक्ति उसी स्तर के एक समूह से दूसरे समूह में गमन करता है। उदाहरणार्थ एक प्रोफेसर का एक विश्वविद्यालय से दूसरे विश्वविद्यालय में, इंजीनियर का एक मिल से दूसरे मिल में उसी पद पर काम करना क्षैतिज सामाजिक गतिशीलता। क्षैतिज गतिशीलता में व्यक्ति या समूह की स्थिति में कोई परिवर्तन नहीं होता है।
अतः विकल्प (C) सही है।

78. एम.एन. श्रीनिवास के अनुसार भारतीय जाति व्यवस्था में संस्कृतीकरण और पश्चिमीकरण की प्रक्रियाओं द्वारा गतिशीलता सम्भव है। जो जाति संस्कृतीकरण करती है वह अपने आस-पास की दूसरी जातियों की तुलना में ऊँची उठ जाती है। यद्यपि इससे सम्पूर्ण जाति संरचना में कोई परिवर्तन नहीं होता है किन्तु संस्कृतीकरण करने वाली जाति की स्थिति में परिवर्तन आ जाता है।
अतः विकल्प (D) सही है।

79. क्षैतिज गतिशीलता में सामाजिक वर्ग की प्रस्थिति में कोई बदलाव नहीं आता है। इसलिए ईसाइयत में एक अस्पृश्य का धर्मान्तरित होना क्षैतिज गतिशीलता है।
अतः विकल्प (C) सही है।

80. सोरोकिन ने सामाजिक गतिशीलता को दो भागों-क्षैतिज तथा उद्ग्र में बाँटा है। क्षैतिज गतिशीलता में एक व्यक्ति उसी स्तर के एक समूह से दूसरे समूह में गमन करता है अर्थत् बिना सामाजिक वर्ग पद में परिवर्तन किये प्रास्थिति एवं भूमिकाओं पर विशेष रूप से व्यावसायिक क्षेत्र में परिवर्तन को क्षैतिज गतिशीलता कहते हैं।
अतः विकल्प (A) सही है।

81. आदर्श शून्यता शब्द का सर्वप्रथम प्रयोग 19वीं शताब्दी में फ्रांसीसी समाजशास्त्री एमिल दुर्खीम ने सामाजिक सहभागिता के विभिन्न पक्षों पर प्रकाश डालने के लिए किया था ।उनके अनुसार ऐसी दशाएँ जो मानव के विकास एवं सुख-समृद्धि के लिए आवश्यक मानी जाती हैं। इनका अभाव ही आदर्श शून्यता की स्थिति दर्शाता है। दुर्खीम के बाद इस अवधारणा का प्रयोग मर्टन ने किया।
अतः विकल्प (C) सही है।

82. अपवर्तनवादी प्रत्याहार मर्टन के अनुसार यह व्यवहार का वह प्रकार है जिसमें व्यक्ति न तो साध्यों को स्वीकार करता है और न उन्हें प्राप्त करने के

लिए वैध संस्थागत साधनों को मानता है। इसके अन्तर्गत मनोविकृत, चाण्डाल बहिष्कृत, भगोड़े, आवारा, शराबी तथा मादक द्रव्य सेवी आते हैं।

अनुरूपतावादी- व्यक्ति इसमें सांस्कृतिक लक्ष्यों एवं साधनों को समान रूप से मानते हैं। व्यक्ति नवाचारी और उत्तर आध ऊनिकता द्वारा निर्धारित लक्ष्यों को प्राप्त करने के लिए तो भरसक प्रयास करता है, किन्तु इनकी प्राप्ति के लिए समाज द्वारा अनुमोदित साधनों को नहीं मानता कर्मकाण्डवादी व्यक्ति सांस्कृतिक लक्ष्यों के प्रति उदासीन होता है लेकिन संस्थागत साधानों को पूरी तरह अपनाता है।
अतः विकल्प (D) सही है।

83. विचलन के नामकरण सिद्धान्त के बीच सर्वप्रथम लेमर्ट के प्राथमिक और द्वितीयक विचलन मे किये गये भेद में देखने को मिलता है, किन्तु इस सिद्धान्त के प्रमुख प्रतिपादक होवर्ड एस. बेकर हैं।
अतः विकल्प (B) सही है।

84. अन्तर्जातीय विवाह के कारण किसी व्यक्ति को जाति से बहिष्कृत करना नकारात्मक सामाजिक नियंत्रण का उदाहरण है। नकारात्मक नियंत्रण में दण्ड द्वारा सही व्यवहार करने के लिए बाध्य किया जाता है। दण्ड, उपहास, व्यंग, आलोचना, बहिष्कार, जेल जुर्माना और मृत्युदण्ड इसी प्रकार के नियंत्रण हैं।
अतः विकल्प (B) सही है।

85. डी. एन. मजूमदार के अनुसार भारत में कई प्रकार की जातियाँ पायी जाती हैं इसलिए उन्होंने भारत को प्रजातियों का एक अजायबघर कहा है।

सांस्कृतिक नृविज्ञान के क्षेत्र में, डी. एन. मजूमदार अपनी महत्वपूर्ण नृवंशविज्ञान के लिए प्रसिद्ध हैं। उन्होंने बिहार के कोल्हान के हो, खासा, कोरवा और उत्तर प्रदेश के थारु एम. पी., बस्तर के गोंड और गुजरात के भीलों के मध्य व्यापक कार्य किया।
अतः विकल्प (B) सही है।

86. राजनीति में रूपान्तरित जाति के प्रति निष्ठा जातिवाद है। जातिवाद द्वारा जाति के आधार पर ऊँच-नीच की भावना को प्रश्रय दिया जाता है। काका कालेलकर के अनुसार 'जातिवाद एक ऐसी उच्च, बन्धुत्व जैसे स्वस्थ सामाजिक मानकों की उपेक्षा करती है।'
अतः विकल्प (C) सही है।

87. जाति एक ऐसा सामाजिक समूह है जिसकी सदस्यता जन्म पर आधारित होती है और जो अपने सदस्यों पर खान-पान, विवाह, पेशा और सामाजिक सहवास सम्बन्धी अनेक प्रतिबन्ध लागू करती है। कोई भी व्यक्ति अपने गुणों, सम्पत्ति एवं शिक्षा में वृद्धि करके या व्यवसाय परिवर्तन करके जाति नहीं बदल सकता।
अतः विकल्प (A) सही है।

88. जाति व्यवस्था की उत्पत्ति का प्रजातीय सिद्धान्त रिजले ने, धार्मिक सिद्धान्त होकार्ट एवं सेनार्ट ने, व्यावसायिक सिद्धान्त नेसफील्ड ने, राजनीतिक सिद्धान्त अब्बे दुबाय तथा माना सिद्धान्त हट्टन ने प्रतिपादित किया है।
अतः विकल्प (C) सही है।

89. श्रम विभाजन, सम्पत्ति भू-स्वामित्व आर्थिक संस्थाएँ हैं, जबकि कृषि उत्पाद आर्थिक संस्था नहीं है।
अतः विकल्प (D) सही है।

90. ईसाई धर्म, इस्लाम धर्म तथा हिन्दू धर्म ईश्वर को मानते हैं अर्थात् ईश्वरवादी हैं जबकि यहूदी तथा बौद्ध अनीश्वरवादी अर्थात् ईश्वर को नहीं मानते हैं।
अतः विकल्प (A) सही है।

91. नातेदार दो प्रकार के होते हैं:

(1) विवाह सम्बन्धी

(2) रक्त सम्बन्धी

विवाह सम्बन्धियों के अन्तर्गत पति-पत्नी, साला, सास-श्वसुर इत्यादि आते हैं। जबकि रक्त सम्बन्धियों के अन्तर्गत माता-पिता व सन्तान, भाई-बहन, दादा-

दादी मामा आदि आते है।
अतः विकल्प (B) सही है।

92. हिन्दू धर्मशास्त्र के अनुसार आठ प्रकार के विवाह प्रचलित हैं जिनमें चार प्रशस्त (मान्य) ब्रह्म, दैव, आर्ष तथा प्रजापत्य तथा चार अप्रशस्त (अमान्य) विवाह असुर, गान्धर्व, राक्षस, पैशाच प्रचलित है ।
अतः विकल्प (A) सही है।

93. हिन्दू धर्मशास्त्र के अनुसार आठ प्रकार के विवाह के स्वरूप बताये गये हैं:

(1) ब्रह्म विवाह

(2) दैव विवाह

(3) आर्ष विवाह

(4) प्रजापात्य विवाह

(5) असुर विवाह

(6) गान्धर्व विवाह

(7) राक्षस विवाह

(8) पैशाच विवाह
अतः विकल्प (C) सही है।

94. जी. पी. मरडॉक ने नातेदारी को तीन भागों:

(1) प्राथमिक नातेदार (8 प्रकार)

(2) द्वितीय नातेदार (33 प्रकार के)

(3) तृतीयक नातेदार (151 प्रकार के) में बाँटा है

उनके अनुसार द्वितीयक सम्बन्धियों के प्राथमिक सम्बन्धी तृतीयक नातेदार कहलाते हैं जैसे साले की पत्नी, श्वसुर का भाई, मामा का पुत्र, मामा का भाई आदि।
अतः विकल्प (D) सही है।

95. सामाजिक रूप से मान्यता प्राप्त ऐसे सम्बन्धों को नातेदारी कहा जाता है जो रक्त विवाह अथवा दत्तकता पर आधारित होते हैं।

इस प्रकार से दो प्रकार की नातेदारी होती है:

(1) विवाह मूलक नातेदारी

(2) रक्त मूलक नातेदारी
अतः विकल्प (C) सही है।

96. दो या दो से अधिक नाभिक परिवारों द्वारा निर्मित परिवार विस्तृत परिवार कहलाता है। इस प्रकार के परिवार में दो या दो से अधिक पीढ़ियाँ साथ-साथ रहती हैं तथा पति अथवा पत्नी की ओर की सभी विवाहित सन्तानों उनके जीवन साथी तथा परिवारों द्वारा बना होता है। उदाहरणार्थ विस्तृत परिवार में दादी-दादी उनकी सन्तानों, उनके जीवन साथी तथा सन्तानें सम्मिलित होती हैं।
अतः विकल्प (C) सही है।

97. विवाह एक संस्था है न कि समिति। विवाह का स्वरूप संविदात्मक या संस्कारगत हो सकता है। चूँकि विवाह एक अमूर्त संस्था है। अतः समूह नहीं हो सकता।
अतः विकल्प (D) सही है।

98. दुर्खीम के अनुसार आत्महत्या एक ऐसा सामाजिक तथ्य है जिसका सम्बन्ध बराबर समाज और सामाजिक संरचना से रहा है। आत्महत्या सामाजिक सुदृढ़ता से जुड़ी है-सुदृढ़ता अधिकता आत्महत्या कम, सुदृढ़ता कम तो आत्महत्या अधिक।
अतः विकल्प (D) सही है।

99. दुर्खीम के अनुसार सामाजिक विघटन का मूल कारण आदर्शशून्यता (एनोमी) है। सामाजिक जीवन में अत्यधिक विशिष्टीकरण तथा श्रम विभाजन के

कारण जैविकीय सुदृढ़ता की स्थिति में अपेक्षित सामाजिकता, सामूहिक चेतना और प्रकार्यात्मक निर्भरता की क्षमता का अभाव हो जाता है। व्यक्ति इन परिस्थितियों में समाज से अलग-थलग पड़ जाता है। दुर्खीम इसे प्रतिमानहीनता कहते हैं।
अतः विकल्प (D) सही है।

100. सामाजिक विघटन की निम्न विशेषताएँ हैं:

(1) एकता का अभाव

(2) सामाजिक नियन्त्रण के साधनों पर प्रभाव कम होना

(3) व्यक्तिवाद का जोर,

(4) सामूहिक आदर्शों का महत्व कम होना

(5) रूढ़ियों एवं संस्थाओं का संघर्ष

(6) कार्यों का एक समिति से दूसरी समिति को हस्तान्तरण

(7) प्रस्थिति तथा भूमिका की अनिश्चितता

(8) सामाजिक परिवर्तन की तेज गति

अर्थात् एक स्थिर राजनीतिक व्यवस्था का परिणाम सामाजिक विघटन की विशेषता नहीं है।
अतः विकल्प (D) सही है।

101. अल्बर्ट कोहेन ने अपराध सम्बन्धी विचलित उपसंस्कृति के सिद्धान्त की व्याख्या करते हुए कहा है कि "अपराधी उपसंस्कृति वृहद् संस्कृति से अपने आदर्शों को ग्रहण करती है, किन्तु उन्हें औंधा देती है।"
अतः विकल्प (B) सही है।

102. औद्योगिकीकरण से सबसे अधिक प्रभावित होने वाली संस्था परिवार है, आज संयुक्त परिवारों का एकल परिवारों में परिवर्तन औद्योगीकरण के प्रभाव के कारण ही है।
अतः विकल्प (D) सही है।

103. एमिल दुर्खीम ने अपनी पुस्तक श्रम का सामाजिक विभाजन के प्रथम भाग में सामाजिक एकता का विश्लेषण करते हुए सामाजिक एकता के आधार पर समाज को दो भागों:

(1) यांत्रिक (पूर्व औद्योगिक)

(2) सावयवी समाज (उत्तर-औद्योगिक) में बाँटा है।
अतः विकल्प (C) सही है।

104. शिकागो सम्प्रदाय के संस्थापक एल्बिन स्मॉल थे। शिकागो सम्प्रदाय ने विशेषतया नगरीय समस्याओं (अपराध, अपचार, गरीबी आदि) के अध्ययन की ओर विशेष ध्यान दिया तथा परिस्थितिकीय एवं नृ-विज्ञानी अध्ययन विधियों का प्रयोग किया। बाद के इसी सम्प्रदाय के आधार पर अन्तःक्रियावादी परिप्रेक्ष्य का विकास हुआ।
अतः विकल्प (D) सही है।

105. 'फंक्शन्स आफ सोशल कॉन्फ्लिक्ट,' (1956) पुस्तक लुइस ए. कोजर द्वारा सामाजिक स्तरण के संघर्ष सिद्धान्त की व्याख्या करके लिखी गयी।

लुईस ए कोजर एक जर्मन-अमेरिकी समाजशास्त्री थे, कोजर पहले समाजशास्त्री थे जिन्होंने संरचनात्मक कार्यात्मकता और संघर्ष सिद्धांत को एक साथ लाने की कोशिश की, उनका काम सामाजिक संघर्ष के कार्यों को ज्ञात करने पर केंद्रित था।

अतः विकल्प (B) सही है।

106. 'ह्यूमन सोसाइटी' पुस्तक किंग्सले डेविस द्वारा लिखी गयी। इसमें उन्होंने सामाजिक स्तरण के प्रकार्यवादी सिद्धान्त की व्याख्या की है।
अतः विकल्प (C) सही है।

107. लुइस ड्यूमा ने अपनी पुस्तक 'होमो हॉयरार्किकस' में जाति व्यवस्था के स्तरण की व्याख्या करते हुए इसके दो आधार-पवित्र एवं अपवित्र बताये हैं।
अतः विकल्प (B) सही है।

108. शिशु मृत्यु-दर के अन्तर्गत किसी निश्चित समयावधि में एक वर्ष से कम आयु के सजीव जन्मे शिशुओं की मृत्यु-दर का अध्ययन करते हैं। नवजात-शिशु मृत्यु दर (Neo-natal mortality rate) में जन्म से लेकर प्रथम चार सप्ताह के अन्तर्गत हुई मृत्यु-दर का अध्ययन करते हैं।
अतः विकल्प (D) सही है।

109. जब किसी देश में जन्म-दर की अपेक्षा मृत्यु-दर न्यूनतम होती है तो जनसंख्या में वृद्धि होती है। जिन रूढ़िवादी समाजों में सामाजिक मान्यताएँ तथा धार्मिक विश्वास आदि परिवार नियोजन में बाधक होते हैं, वहाँ जनसंख्या वृद्धि दर तीव्र होती है, जिससे वहाँ का जनसंख्या घनत्व तेजी से बढ़ता जाता है। सामाजिक प्रथाएँ तथा जीवन मूल्य जनसंख्या के सथानान्तरण को नियंत्रित करते हैं जिसका प्रत्यक्ष तथा परोक्ष प्रभाव जनसंख्या के वितरण प्रतिरूप में देखने को मिलता है। भौतिकवादी पाश्चात्य संस्कृति आर्थिक सम्पन्नता के लिए जनसंख्या के 'प्रवास' को प्रोत्साहित करती है।
अतः विकल्प (A) सही है।

110. जनसंख्या की भावी प्रवृत्ति सकल प्रजनन दर की प्रवृत्तियों पर निर्भर करती है।

कल प्रजनन दर (जीआरआर) एक महिला के अपने सभी प्रसव वर्षों, जो कि लगभग 45 वर्ष तक होती है, के दौरान बची पुत्रियों की औसत संख्या है जो कि उस अवधि के आयु-प्रजनन दर और लिंगानुपात के अधीन होता है।
अतः विकल्प (B) सही है।

111.

सूची-I	सूची-II
a. शक्ति अभिजन	3. सी. राइट मिल्स
b. शासक अभिजन	1. परेटो
c. शासक वर्ग	2. मार्क्स
d. निषेधात्मक समूह	4. रिजमैन

अतः विकल्प (C) सही है।

112. 'पूर्ण संस्था' अवधारणा गॉफमैन की है, पूर्व-औ द्योगिक समाज सोबर्ग की अवधारणा है, संकेन्द्रित जोन सिद्धान्त बर्गेस का है जबकि उत्तर आधुनिक समाज की अवधारणा डेनियल वेल की है न कि दुर्खीम की।
अतः विकल्प (C) सही है।

113.

सूची-I (अवधारणा)	सूची-II (विचारक)
a. जेमाइनशाफ्ट	1. टॉनीज
b. अनुकूलनात्मक संस्कृति	2. ऑगबर्न
c. ऐन्द्रिक संस्कृति	3. सोरोकिन
d. सामाजिक तथ्य	4. दुर्खीम

अतः विकल्प (A) सही है।

114. लिण्टन ने ही भूमिका को प्रस्थिति का गत्यात्मक पहलू माना है। मर्टन प्रस्थिति शृंखला व प्रस्थिति प्रतिमान, वेबर ने प्रस्थिति समूह को परिभाषित किया है।
अतः विकल्प (B) सही है।

115. लिपसैट व बैन्डिक्स अपनी पुस्तक सोशल मोबिलिटी इण्डस्ट्रयल सोसाइटी में अन्तर-पीढ़ीगत व्यावसायिक और अन्तः पीढ़ीगत व्यावसायिक गतिशीलता का उल्लेख किया है।

अन्तर-पीढ़ीगत गतिशीलता किसी व्यक्ति या घर की स्थिति में पिछली पीढ़ियों की तुलना में परिवर्तन है, जबकि अन्तः पीढ़ीगत गतिशीलता समय के साथ किसी व्यक्ति या घर की स्थिति में परिवर्तन है।
अतः विकल्प (A) सही है।

116. वह विवाह का एक नियम जिसके अनुसार लड़की का विवाह अपने से नीचे कुल में किया जाता है, अर्थात् जब पत्नी अपने पति से ऊँचे कुल की होती है, तब इस प्रकार का विवाह प्रतिलोम विवाह कहा जाता है।
अतः विकल्प (C) सही है।

117. भीमराव अम्बेडकर ने दलित वर्ग कल्याण लीग की स्थापना की, जिसका उद्देश्य, कर्मकाण्डों व ब्राह्मणवाद का विरोध करना व महारों एवं अन्य पिछड़ी जातियों की स्थिति में सुधारात्मक परिवर्तन लाना था।
अतः विकल्प (D) सही है।

118. 1850 - जाति नियोग्यता निर्मूलन अधिनियम

1955 - अस्पृश्यता निवारण अधिनियम

1961 - दहेज निरोधक, अधिनियम

1989 - अनुसूचित जाति/अनुसूचित जनजाति उत्पीडन अधिनियम
अतः विकल्प (D) स्ही है।

119. टॉनीज के अनुसार आधुनिक समाज में समितात्मकता का वर्चस्व है जिसमें संबंधों की लघुता, अज्ञानता, औपचारिकता व द्वैतीयकता पायी जाती है।प्राथमिक समूह जैसे- परिवार, चर्च आदि के कार्य भी समितियों द्वारा ले लिये गये हैं।
अतः विकल्प (B) सही है।

120. सामाजिक आन्दोलन एक सामूहिक प्रयास है जिसका उद्देश्य समाज या संस्कृति में कोई आंशिक अथवा पूर्ण परिवर्तन लाना अथवा परिवर्तन का विरोध करना होता है। अत: सारी अवधारणाएँ सामाजिक आन्दोलन की केन्द्रीय मान्यताओं के अंतर्गत आती है।
अतः विकल्प (D) सही है।

121. सम्पत्ति का अधिकार एक विधिक मान्य अधिकार है। धारा 275 के अन्तर्गत केन्द्र द्वारा अनुसूचित जातियों के कल्याण हेतु अनुदान दिया जाता है। धारा-28, 29 के अन्तर्गत प्रत्येक जाति/धर्म अपनी सांस्कृतिक विशेषताओं को बनाये रखने हेतु धार्मिक संस्थायें स्थापित कर सकती है। अनुसूची V में अनुसूचित क्षेत्रों के प्रशासन व नियन्त्रण की व्यवस्था है।
अतः विकल्प (A) सही है।

122. सामाजिक कर्य का अर्थ है सकारात्मक और सक्रिय हस्तक्षेप के माध्यम से लोगों और उनके सामाजिक माहौल के बीच अन्तःक्रिया प्रोत्साहित करके व्यक्तियों की क्षमताओं को बेहतर करना ताकि वे अपनी जरूरतें पूरी करते हुए अपनी असुरक्षा को कम कर सकें।
अतः विकल्प (C) सही है।

123. संविधान की धारा 46 में दुर्बल श्रेणी के लो गों के उत्थान हेतु सकारात्मक कार्यवाहियाँ करने की राज्य को स्पष्ट सत्ता प्रदान की गई है जिसका मुख्य उपागम पिछड़ों का कल्याणात्मक विकास है।
अतः विकल्प (D) सड़ी है।

124. बच्चों को पाठ्य-पुस्तिकाओं के द्वारा राजनीतिक व्यक्तित्व, राजनीतिक मूल्यों व सिद्धान्तों का अभ्यांतरण कराया जाता है। उन्हें लोकतंत्र के स्तम्भों का ज्ञान कराया जाता है। जन रैलियों व सभाओं के द्वारा नेता सरकार के कृत्य-कुकृत्यों व नीतियों से आम जनता को वाफिक/ज्ञात कराते हैं।वर्तमान में जनसंचार के माध्यम से सरकार/राजनीतिक पार्टियों की नीतियों व उपलब्धियों से जनता को उल्लेरित किया जाता है। यथा- इंडिया शाइनिंग/भारत उदय, विकसित व समृद्ध भारत । बोटोमोर अपनी पुस्तक पॉलिटिकल सोशियोलॉजी में राजनीतिक समाजीकरण की विस्तृत चर्चा की है।
अतः विकल्प (A) सही है।

125. विभिन्न पंचवर्षीय योजनाओं का क्रमवार उद्देश्य रहा है:

कृषि उत्पादन में विस्तार (प्रथम) - 1951-56

औद्योगिकीकरण (द्वितीय) - 1956-61

स्वनिर्भरता (तृतीय) - 1961-66

स्थायित्व के साथ विकास (चतुर्थी) - 1969-74

आवश्यकताअं की पूर्ति (छठी) - 1980-85

आधुनिकीकरण व ऊर्जा संसाधन में वृद्धि (सातवी) - 1985-90

मानव विकास (आठवीं) - 1992-97

मानव विकास (नवी) - 1997-2002

अत: स्पष्ट है कि आर्थिक वृद्धि, आधुनिकीकरण तथा आत्मनिर्भरता पंचवर्षीय योजनाओं के उद्देश्य थे।
अतः विकल्प (C) सही है।

Q.1 निम्नलिखित में से किसने सामाजिक समूहों को अन्तः एवं बाह्य समूह में विभाजित किया ?

A. कूले   B. मर्टन   C. मैकाइवर   D. समनर

Q.2 निम्नांकित युग्मों में से कौन-सा युग्म सही नहीं है?

A. प्राथमिक समूह - कूले   B. सन्दर्भ समूह - मर्टन

C. बाह्य समूह - समनर   D. मानव समूह - वेबर

Q.3 संस्कृति के वर्गीकरण में विचारात्मक संस्कृति शब्द का नामकरण किसने किया ?

A. ऑगबर्न   B. मैक्स वेबर   C. सोरोकिन   D. परेटो

Q.4 निम्नांकित में से कौन-सा एक कथन औद्योगिक समाज की विशेषता है ?

A. परम्पराओं एवं प्रथाओं का अनुरक्षण

B. सजातीयता एवं वर्ग चेतना की कमी

C. प्रतिस्पर्धा एवं संघर्ष

D. यान्त्रिकी एकता

Q.5 समाज को 'गैमेनशैफ्ट" और 'गैसेलशैफ्ट" में वर्गीकृत किसने किया ?

A. कूले   B. समनर   C. टॉनीज   D. मैक्स वेबर

Q.6 निम्नांकित में से कौन सामाजिक संरचना का निर्णायक है?

A. आयु एवं लिंग अनुपात

B. प्रजनन एवं मृत्यु-दर

C. प्रस्थिति एवं भूमिका

D. परिवार का आकार एवं स्वजनों की संख्या

Q.7 निम्नांकित में से कौन-सा कथन संस्कृति से सम्बन्धित है?

A. आनुवंशिक गुणों की समग्रता

B. मानव कृतियों की समग्रता

C. पर्यावरणात्मक एवं परिस्थिति प्रभाव

D. प्रकृति के नियमों में परिवर्तन

Q.8 निम्नलिखित में से कौन बाह्य-समूह है?

A. परिवार   B. सेना

C. क्रीड़ा समूह   D. पड़ोस

Q.9 निम्नांकित में से कौन-सा कथन प्रजाति का सूचक है?

A. समाज का भाषायी विभाजन

B. पृथ्वी पर मानव की नस्ल

C. लोगों का क्षेत्रीय आधार पर विभाजन

D. समाज का सांस्कृतिक विभाजन

Q.10 एक उपसंस्कृति, जो कुछ विश्वासों एवं मूल्यों से सम्बन्ध है, समाज की प्रभावी संस्कृति को आमूल रूप से नकारती है तथा वैकल्पिक संस्कृति का प्रतिपादन करती है, वह है-

A. भावपरक संस्कृति   B. चेतनात्मक संस्कृति

C. प्रति-संस्कृति   D. यथार्थ संस्कृति

Q.11 निम्नांकित में से कौन-सी अर्थव्यवस्था उत्तर-औद्योगिक समाज से सम्बन्धित है?

A. वस्तु-विनिमय अर्थव्यवस्था

B. कृषि अर्थव्यवस्था

C. चरागाही अर्थव्यवस्था

D. सेवामूलक अर्थव्यवस्था

Q.12 किसकी दृष्टि में विवेकीकरण पूँजीवाद के उदय का आधार है-

A. लेविस प्योर   B. बोल्डिंग कैनेथ

C. टाम बर्न्स   D. मैक्स वेबर

Q.13 प्रजाति के निर्धारण में निम्नांकित में से कौन-सा एक भौतिक लक्षण अधिक स्थायी माना जाता है?

A. शारीरिक कद   B. त्वचा का रंग

C. शीर्ष देशना   D. नासिका देशना

Q.14 सामाजिक संरचना को "क्रिया की अविरल धारा" के रूप में किसने परिभाषित किया है?

A. नाडेल   B. गिड़िंग्स

C. मार्टिन्डेल   D. उपरोक्त में से कोई नहीं

Q.15 निम्नलिखित में से कौन एक कृषक समाज की विशेषता है?

A. प्रकृति से सामीप्य

B. विशेषीकरण एवं श्रम-विभाजन

C. वैज्ञानिक दृष्टिकोण

D. तर्कसंगत सम्बन्ध

Q.16 निम्नांकित में से कौन-सा एक कथन सही है?

A. समिति एक साधन है, साध्य नहीं

B. संस्था एक साधन है, साध्य नहीं

C. समिति स्वतः विकसित होती है

D. संस्था की प्रकृति अस्थायी होती है

Q.17 समुदाय वह लघुत्तम क्षेत्रीय समूह है जिसमें सामाजिक जीवन के सभी पक्ष समाहित होते हैं। लेखक इंगित करें:

A. किंग्सले डेविस   B. मैकाइवर एवं पेज

C. गिड़िंग्स   D. सोरोकिन

Q.18 वे सभी क्रिया-कलाप जिसमें लोग सादृश्य चीजे साथ-साथ करते हैं कहलाता है-

A. एकीकरण   B. अनुकूलन

C. प्रत्यक्ष सहयोग   D. अप्रत्यक्ष सहयोग

Q.19 जब प्रतिस्पर्धा अपने नियमों का अनुपालन नहीं करती है, तब वह रूपान्तरित हो जाती है:

A. सहयोग में   B. आत्मीकरण में

C. प्रतिकूलता में   D. संघर्ष में

Q.20 सामाजिक स्तरीकरण के "सम्पत्ति, प्रतिष्ठा और शक्ति" संबंधी सिद्धान्त का प्रतिपादन किसने किया?

A. कार्ल मार्क्स   B. डेविस और मूर

C. मैक्स वेबर   D. सी. एच. कूले

Q.21 निम्नांकित में से कौन एक जाति की विशेषता है?

A. अन्तर्विवाह   B. बहुपत्नी प्रथा

C. खुली व्यवस्था   D. सामाजिक गतिशीलता

Q.22 निम्नलिखित में से किसमें सदस्यता नहीं होती?

A. समिति   B. समुदाय

C. सामाजिक समूह   D. संस्था

Q.23 निम्नलिखित में से कौन 'प्रशस्त' (मान्य एवं प्रचलित) हिन्दू विवाह का स्वरूप है?

1. ब्रह्म
2. आर्ष
3. असुर
4. पैशाच
नीचे दिए गए कूट से सही उत्तर का चयन कीजिए-
A. 1 एवं 2   **B.** 1 एवं 4   **C.** 1, 2 एवं 4   **D.** 1, 3 एवं 4

Q.24 आगस्त कॉम्ट ने समाज के अध्ययन को विभाजित किया है-
A. उपसंरचना एवं अतिसंरचना में
B. सामाजिक स्थितिशास्त्र एवं सामाजिक गतिशास्त्र में
C. अन्तःसमूह और बाह्यसमूह में
D. उपरोक्त में से कोई नहीं

Q.25 निम्नलिखित में से कौन एक समुदाय की विशेषता नहीं है?
A. निश्चित स्थानीयता   **B.** लोगों का समूह
C. ऐच्छिक सदस्यता   **D.** सामुदायिक भावना

Q.26 वेस्टरमार्क के मतानुसार परिवार का प्रारम्भिक स्वरूप था-
A. पितृसत्तात्मक
B. मातृसत्तात्मक
C. स्वच्छन्द सम्भोग पर आधारित
D. लिंग-साम्यवादी

Q.27 विवाह तथा तज्जनित बच्चों से निर्मित परिवार कहलाते हैं।
A. प्रजनन परिवार   **B.** अनुकूलनात्मक परिवार
C. विस्तृत परिवार   **D.** संयुक्त परिवार

Q.28 यदि कोई पुरुष एक समय में एक ही स्त्री से विवाह करता है, परन्तु तलाक एवं पुनर्विवाह के मामले में पर्याप्त शिथिलता बरतता है तो यह व्यवहार कहलाएगा-
A. एकविवाह   **B.** क्रमिक एकविवाह
C. बहुभार्यता   **D.** क्रमिक बहुभार्यता

Q.29 भूमिका वी एक व्याख्या यह है कि यह:
A. प्रस्थिति का व्यष्टि-स्तर पहलू है
B. प्रस्थिति का स्थिर पहलू है
C. प्रस्थिति का गत्यात्मक पहलू है
D. प्रस्थिति का समष्टिगत पहलू है

Q.30 विवाह का नव-स्थानीय नियम निम्नलिखित में कौन-सा है?
A. एक नव दम्पत्ति के पास एक नए रसोईघर का होना
B. एक नव दम्पत्ति के पास एक नया पूजास्थल का होना
C. एक नव दम्पत्ति के पास रहने के लिए एक नया घर होना
D. एक नव दम्पत्ति के पास एक नया पड़ोस का होना

Q.31 सामाजिक स्थिति में ऐसा परिवर्तन जिससे व्यक्ति की प्रस्थिति नहीं बदलती, कहलाता है-
A. सामाजिक गतिशीलता
B. क्षैतिज गतिशीलता
C. लंबवत् गतिशीलता
D. संरचनात्मक गतिशीलता

Q.32 डेविस एवं मूर ने किस शीर्षक के अन्तर्गत सामाजिक स्तरीकरण के क्षेत्र में जीवन्त एवं सतत् वाद-विवाद को उत्प्रेरित किया ?
A. ए फंक्शनल ऐनालिसिस ऑफ स्ट्रेटीफिकेशन
B. सम प्रिन्सिपल्स ऑफ स्ट्रेटीफिकेशन: ए क्रिटिकल ऐनालिसिस
C. सम प्रिन्सिपल्स ऑफ स्ट्रेटीफिकेशन
D. डाइलेक्टिकल ऐनालिसिस ऑफ स्ट्रेटीफिकेशन

Q.33 'प्रस्थिति समूह' शब्द के प्रणेता थे-

A. रॉबर्ट मर्टन   **B.** मैक्स वेबर
C. टलकॉट पारसन्स   **D.** राल्फ लिन्टन

Q.34 लिंग, आयु एवं जाति सभी उदाहरण हैं-
A. अर्जित प्रस्थिति के   **B.** प्रदत्त प्रस्थिति के
C. जैविक प्रस्थिति के   **D.** सांस्कृतिक प्रस्थिति के

Q.35 चार प्रकार के उद्भव क्रम सामाजिक परिवर्तन के कुछ प्राविधिक संसाधनों के दिए गए हैं। इनमें से सही उद्भव क्रम का चयन कीजिए-
A. फिल्म-रेडियो-प्रेस-टेलीविजन
B. टेलीविजन-फिल्म-रेडियो-प्रेस
C. प्रेस-रेडियो-फिल्म-टेलीविजन
D. रेडियो-प्रेस-टेलीविजन-फिल्म

Q.36 भूमिका-संकुल की अवधारणा को सर्वप्रथम किसने प्रस्तुत किया-
A. लिन्टन   **B.** पार्सन्स   **C.** मर्टन   **D.** मीड

Q.37 निम्नांकित में कौन सामाजिक नियन्त्रण के साधन है-
1. जनमत एवं प्रचार
2. समूह सुदृढ़ता एवं एकता
3. परम्पराएँ एवं प्रथाएँ
4. समितियाँ एवं संघ
सही उत्तर का चयन निम्नलिखित कूट से करें-
A. 1, 2 और 3   **B.** 1 और 3
C. 3 और 4   **D.** 1, 3 और 4

Q.38 जाति एवं वर्ग में भिन्नता का प्रमुख आधार है-
A. लम्बवत् विभाजन
B. वंशानुगत सामाजिक प्रस्थिति
C. असमानता
D. उप-सांस्कृतिक अन्तर

Q.39 भारत की द्वितीय पंचवर्षीय योजना का मुख्य उद्देश्य था-
A. कृषि का विकास
B. उद्योगों का विकास
C. संचार-साधनों का विकास
D. यातायात के साधनों का विकास

Q.40 शिक्षक ज्ञान-मीमांसा से बहुत अधिक सम्बद्ध होता है क्योंकि उसका उद्देश्य _______ को प्रोत्साहित करना है।
A. मूल्यों   **B.** सत्य   **C.** ज्ञान   **D.** कौशल

Q.41 निम्नांकित में से कौन-सा कथन सामाजिक नियन्त्रण के उद्देश्य से सम्बन्धित है?
A. सामाजिक प्रस्थिति में बदलाव
B. राज्य के प्रभाव में वृद्धि
C. समाज में सुदृढ़ता, एकता एवं अनुरूपता स्थापित करना
D. लोगों के व्यवहार में कठोरता लाना

Q.42 निम्नलिखित में से किसने सामाजिक परिवर्तन के 'सामाजिक-सांस्कृतिक गत्यात्मक' सिद्धान्त का प्रतिपादन किया?
A. टायनबी   **B.** सोरोकिन   **C.** गिलिन   **D.** परेटो

Q.43 संस्कृति तथा सभ्यता में मुख्य अन्तर है-
A. संस्कृति वह है जिसे हमने अर्जित किया है और सभ्यता वह है जिसे अर्जित करने की हम आकांक्षा करते हैं
B. संस्कृति वह है जो बुद्धि से उत्पन्न होती है, जबकि सभ्यता नहीं
C. संस्कृति द्वितीयक है और सभ्यता प्राथमिक
D. संस्कृति वह है जो हम हैं और सभ्यता वह है जो हम रखते हैं

Q.44 निम्नलिखित में से कौन-सा क्रम कार्ल मार्क्स द्वारा प्रतिपादित सामाजिक परिवर्तन की प्रक्रिया का सर्वोत्तम द्योतक है:

A. उत्पादन-सम्बन्धों में परिवर्तन, उत्पादन की शक्तियों में परिवर्तन तथा ऊपरी संरचना में परिवर्तन

B. उत्पादन की शक्तियों में परिवर्तन, सम्बन्धों में परिवर्तन तथा ऊपरी संरचना में परिवर्तन

C. ऊपरी संरचना में परिवर्तन, उत्पादन सम्बन्धों में परिवर्तन एवं उत्पादन की शक्तियों में परिवर्तन

D. उत्पादन की शक्तियों में परिवर्तन, ऊपरी संरचना में परिवर्तन तथा उत्पादन-सम्बन्धों में परिवर्तन

Q.45 भारत में किशोर न्याय अधिनियम पारित हुआ था-

A. 1951 ई.   B. 1961 ई.   C. 1955 ई.   D. 1986 ई.

Q.46 भारतीय संविधान की निम्नलिखित धाराओं में से किस एक धारा में कहा गया है कि राज्यों को नशाखोरी-उन्मूलन का प्रयत्न करना चाहिए-

A. अनुच्छेद 19   B. अनुच्छेद 348
C. अनुच्छेद 47   D. अनुच्छेद 50

Q.47 निम्नलिखित में से कौन एक मर्टन की विचलन की व्याख्या में निहित नहीं है?

A. अन्वेषण   B. अनुष्ठानवाद
C. अलगाव   D. पश्चगमन

Q.48 निम्नलिखित में से किसने विचलन को सांस्कृतिक लक्ष्यों एवं उन्हें प्राप्त करने के संस्थागत साधनों के बीच अन्तराल के रूप में परिभाषित किया है?

A. दुर्खीम   B. मर्टन
C. लेवी-स्ट्रास   D. रेडक्लिफ ब्राउन

Q.49 निम्नांकित में से कौन-सा कथन विचलन को व्यक्त करता है?

A. जीवन की मौलिक आवश्यकताओं का अभाव
B. आर्थिक प्राप्ति हेतु नए संसाधनों का प्रयोग
C. किसी समाज के स्थापित आदर्शों को चुनौती देना
D. जीवन के प्रति अवैज्ञानिक दृष्टिकोण

Q.50 वैयक्तिक विघटन और सामाजिक विघटन के बीच सम्बन्ध के बारे में निम्नलिखित में से कौन-सा एक कथन सही नहीं है?

A. वैयक्तिक विघटन सामाजिक विघटन का कारण हो सकता है
B. वैयक्तिक विघटन सामाजिक विघटन का परिणाम हो सकता है
C. वैयक्तिक विघटन का सामाजिक विघटन के साथ कोई भी सम्बन्ध नहीं है
D. वैयक्तिक विघटन के साथ सामाजिक विघटन का पारस्परिक सम्बन्ध है

Q.51 व्यक्त प्रकार्य का तात्पर्य है-

A. अनिच्छित एवं अभिज्ञात परिणाम
B. इच्छित एवं अनभिज्ञात परिणाम
C. अनिच्छित एवं अभिज्ञात परिणाम
D. इच्छित एवं अभिज्ञात परिणाम

Q.52 निम्नलिखित में से कौन अन्तःसमूह है-

A. कारखाना   B. सेना   C. परिवार   D. चर्च

Q.53 एक दबाव समूह को सामान्यतया कहा जाता है-

A. नृजाति समूह   B. अनौपचारिक समूह
C. विशिष्ट हित समूह   D. जाति समूह

Q.54 निम्नलिखित में से कौन कथन सरल समाज के विषय में सही है?

1. सरल समाज पूर्णतया नेताविहीन होता है।
2. सरल समाज ऐसी एकात्मक क्रियाशील समष्टि है जो अन्य किसी समाज के अधीन नहीं होती है।

3. सरल समाज के विभिन्न अंश कुछ सार्वजनिक लक्ष्यों के लिए सहयोग करते हैं।
4. सरल समाज पूर्णतया भ्रमणशील होता है।

निम्नलिखित कूट की सहायता से सही उत्तर का चयन करें-

A. 1 एवं 2   B. 2 एवं 3   C. 3 एवं 4   D. 1 एवं 4

Q.55 निम्नलिखित संवैधानिक प्रावधानों के अनुच्छेदों में कौन-सा अनुच्छेद अनुसूचित जातियों एवं जनजातियों से सम्बन्धित नहीं है?

A. अनुच्छेद 342   B. अनुच्छेद 244
C. अनुच्छेद 330 एवं 332   D. अनुच्छेद 343

Q.56 निम्नलिखित में से कौन एक कृषक जनजाति है?

A. खारिया   B. चेन्चू   C. कादार   D. ओराँव

Q.57 निम्नलिखित में से अनुक्रम की कौन-सी श्रेणी सांस्कृतिक परिवर्तन में घटित होती है?

A. प्रसार-पर-संस्कृतिग्रहण-आत्मसातकरण
B. प्रसार तथा आत्मसातकरण
C. पर-संस्कृतिग्रहण तथा प्रसार
D. आत्मसातकरण तथा पर-संस्कृतिग्रहण

Q.58 निम्नलिखित में से कौन एक समाज की पूर्ण व्याख्या करता है?

A. स्वयम् सम्पूर्णता
B. अन्तःसम्बन्धित भूमिकाओं की संरचना
C. विशिष्ट उद्देश्य
D. एक सुपरिभाषित क्षेत्र

Q.59 पार्सन्स की सामाजिक व्यवस्था की अवधारणा में संस्थाकरण की अवधारणा महत्वपूर्ण है। वह इसे किस प्रकार देखते हैं? अपना उत्तर निम्नलिखित कूट के आधार पर दें-

1. एक प्रक्रिया के रूप में
2. एक व्यवस्थापक के रूप में
3. एक संरचना के रूप में
4. एक प्रकार्य के रूप में

A. 1 एवं 2   B. 1 एवं 3   C. 2 एवं 4   D. 1 एवं 4

Q.60 निम्नलिखित में से कौन एक संस्कारगत विवाह है?

A. प्रेम विवाह   B. ईसाई विवाह
C. हिन्दू विवाह   D. मुस्लिम विवाह

Q.61 निम्नलिखित में से किसने कहा है कि "अधिकांश क्रियाशील संस्थाएँ जनरीतियों से प्रारंभ करके प्रथाओं के तत्पश्चात् रूढ़ियों में विकसित होकर तब परिपक्व होती हैं जब नियम विशिष्ट हो जाते हैं"-

A. मैकाइवर   B. ऑगबर्न   C. सोरोकिन   D. समनर

Q.62 जब हम एक परिवार को एक समूह के रूप में लेते हैं तो उसे कहेंगे-

A. संस्था   B. समिति   C. समुदाय   D. समाज

Q.63 निम्नलिखित में से कौन एक कृषक समाज से सम्बन्धित नहीं है?

A. जाति   B. संयुक्त परिवार
C. तृतीयक उद्योग   D. कुटीर उद्योग

Q.64 निम्नलिखित में से किस अधिनियम ने हिन्दू विवाह के अन्तर्विवाह संबंधी नियमों को बदला है?

A. विशेष हिन्दू विवाह अधिनियम, 1954
B. हिन्दू विवाह अधिनियम, 1955
C. बाल विवाह निरोधक अधिनियम, 1929
D. विधवा पुनर्विवाह अधिनियम, 1956

Q.65 परिवार को 'संघर्ष के एक केन्द्र' के रूप में किसने देखा है?

A. कौर्निश   **B.** माक्स   **C.** मरडॉक   **D.** हॉटमैन

Q.66 नीचे दिए गए वाक्यों में कौन-सा वाक्य सही है?

A. संस्थाएँ मूर्त होती हैं

B. हम संस्थाओं के सदस्य होते है, समितियों के नहीं

C. संस्थाएँ प्रकृति से अस्थायी होती है

D. हम समितियों के सदस्य होते है, संस्थाओं के नहीं

Q.67 भारत में अन्तर्जातीय सम्बन्धों का विश्लेषण डब्ल्यू. एच. वाइजर ने मुख्यतः किस आधार पर किया है?

A. जजमानी सम्बन्धों के   **B.** सामाजिक सम्बन्धो के

C. विवाह सम्बन्धो के   **D.** सहभोजी सम्बन्धों के

Q.68 परिवार सर्वाधिक महत्वपूर्ण-

A. प्राथमिक समूह है   **B.** स्वार्थ/हित समूह है

C. संगठित समूह है   **D.** द्वितीयक समूह है

Q.69 सिमल के समूह के वर्गीकरण का आधार है-

A. जनसंख्या की रचना   **B.** सामाजिक सम्बन्ध

C. सदस्यता की प्रकृति   **D.** आकार

Q.70 गलत कथन का चयन कीजिए-

A. भारत एक धर्मनिरपेक्ष राज्य है

B. संस्कृतीकरण एक प्रक्रिया है

C. हरित-क्रांति ने कृषि उत्पादन में वृद्धि की है

D. आधुनिकीकरण पाश्चात्यकरण से भिन्न नहीं है

Q.71 निम्नलिखित में से उस एक को चिहित करें जो ग्रामीण नगर दोनों के पारस्परिक प्रभाव को व्यक्त करता हो:

A. नगरीकरण   **B.** अन्तर्देश

C. मलिनबस्ती   **D.** ग्रामीण नगर सातत्व

Q.72 निम्नलिखित में से जो संस्कृतीकरण की प्रक्रिया से सम्बन्धित नहीं है, उस पर निशान लगाएँ-

A. यह जाति समूहों से सम्बन्धित है

B. यह सामाजिक गतिशीलता की ओर संकेत करता है

C. इसके एक से अधिक आयाम है

D. यह ऋतुजन्न सम्बन्धी परिवर्तन है

Q.73 निम्नलिखित वक्तव्यों पर विचार करें-

(अ) भारत में ग्रामीण बेरोजगारी नगरीय बेरोजगारी का एक प्रमुख कारण है।

(ब) भारत में आधुनिक कृषि प्रौद्योगिकी का प्रयोग भूमिहीनों के लिए गाँव से पलायन करने क एक प्रबल प्रेरक है।

उपर्युक्त वक्तव्यों पर आधारित होकर अपने उत्तर का चयन करें:

A. (अ) सही है, परन्तु (ब) गलत है

B. (ब) सही है, परन्तु (अ) गलत है

C. दोनों (अ) एवं (ब) सही है, परन्तु (ब) वास्तव में (अ) की उपयुक्त व्याख्या नहीं करता है

D. दोनों (अ) एवं (ब) सही हैं, और (ब) वास्तव में (अ) की उपयुक्त व्याख्या करता है

Q.74 "नगरवाद एक जीवन दर्शन है", की धारणा किसने प्रस्तुत की है?

A. लुई वर्थ   **B.** बर्गेल   **C.** बर्गेस   **D.** मेकेन्जी

Q.75 जब सामाजिक प्रस्थिति का निर्धारण जन्म और आनुवंशिकता के आधार पर होता है, तो इस प्रक्रिया को इस प्रकार से जाना जाता है-

A. वर्ण स्तरीकरण   **B.** वर्ग स्तरीकरण

C. खुला स्तरीकरण   **D.** बन्द स्तरीकरण

Q.76 निम्नलिखित वक्तव्यों पर विचार करें-

1. अप्रवासन ने नगरीकरण में वृद्धि की है।

2. उत्प्रवासन हर जगह समान है।

3. अप्रवासन से नगर के घनत्व में वृद्धि हुई है

उपर्युक्त वक्तव्यों में से कौन-सही है?

A. 1 एवं 2   **B.** 2 एवं 3

C. 1 एवं 3   **D.** 1, 2 और 3

Q.77 भारतीय संविधान में पिछड़े-वर्ग का क्या आधार है?

A. निर्धनता

B. परम्परागत व्यवसाय

C. भूमिजोत-क्षेत्र

D. सामाजिक तथा शैक्षणिक पिछड़ापन

Q.78 यह कथन किसका है-"जब एक वर्ग कुछ दृढ़ता के साथ आनुवंशिक होता है तो हम उसे जाति कह सकते हैं"-

A. एन. के. दत्त   **B.** जी. एस. घुरिये

C. सी. एच. कूले   **D.** हर्बर्ट रिजले

Q.79 निम्नलिखित दो सूचियो के विषयों का मेलान करें तथा तदनुसार नीचे दिये गये कोड से अपने उत्तर का चयन करें -

सूची-I	सूची-II
a. स्थानीकरण	1. उच्च जाति की संस्कृति का अभिस्वीकरण
b. सार्वभौमीकरण	2. आधुनिक युग
c. संस्कृतीकरण	3. वृहद् परम्परा
d. आधुनिकीकरण	4. लघु परम्परा

A. a-2, b-3, c-4, d-1   **B.** a-4, b-2, c-3, d-1

C. a-4, b-3, c-1, d-2   **D.** a-1, b-3, c-2, d-4

Q.80 उस वर्ष को चिहित करें जिसमें समेकित ग्रामीण विकास कार्यक्रम को अमल में लाया गया था-

A. 1980   **B.** 1981   **C.** 1982   **D.** 1985

Q.81 समेकित ग्रामीण विकास कार्यक्रम का प्राथमिक उद्देश्य क्या था?

A. श्रम की समस्याओं के समाधान के लिए

B. ग्रामीण बेरोजगारी को समाप्त करने के लिए

C. कृषि उत्पादन में वृद्धि के लिए

D. निर्धनता उन्मूलन के रूप में

Q.82 निम्नलिखित कथनों पर विचार करें-

(अ) हरित क्रान्ति से भारत में कृषि उत्पादन में वृद्धि हुई है।

(ब) भारत में कृषि प्रौद्योगिकी में बड़ी तेजी से विकास हुआ हैउपर्युक्त कथनों के आधार पर अपना उत्तर दें-

उपर्युक्त कथनों के आधार पर अपना उत्तर दें-

A. (अ) सही है, परन्तु (ब) गलत है

B. (अ) गलत है, परन्तु (ब) सही है

C. दोनो (अ) और (ब) सही है और (ब) वास्तव में (अ) की उपग्रक्त व्याख्या करता है

D. दोनों (अ) और (ब) सही हैं, और (ब) वास्तव में (अ) की उपयुक्त व्याख्या नहीं करता है

Q.83 उत्तर प्रदेश में सर्वप्रथम समाजशास्त्र का अध्यापन एवं शोध किस विश्वविद्यालय में प्रारम्भ हुआ?

A. काशी हिन्दू विश्वविद्यालय

B. काशी विद्यापीठ

C. लखनऊ विश्वविद्यालय

D. गोरखपुर विश्वविद्यालय

Q.84 "आधुनिक भारत में सामाजिक परिवर्तन'" पुस्तक का लेखक कौन है?

A. योगेश अटल

B. एम. एन. श्रीनिवास

C. के. एन. शर्मा

D. बी . आर. चौहान

Q.85 किसके द्वारा "समाज, सामाजिक सम्बन्धों का जाल है" परिभाषित किया गया है?

A. टॉलकट पार्सन

B. इमाइल दुर्खीम

C. मैकाइवर एवं पेज

D. आर. के. मर्टन

Q.86 कार्ल मार्क्स ने सामाजिक परिवर्तन का कौन-सा सिद्धान्त प्रतिपादित किया है?

A. प्रगतिवादी

B. वर्ग संघर्ष

C. उद्विकासवादी

D. प्रकार्यवादी

Q.87 निम्नलिखित में से किसने जनसंख्या घनत्व को श्रम-विभाजन से सम्बद्ध बताया?

A. हर्बर्ट स्पेन्सर

B. एडम स्मिथ

C. एमाइल दुर्खीम

D. मैक्स वेबर

Q.88 "अभिजात वर्ग के परिभ्रमण का सिद्धांत" किसने प्रतिपादित किया है?

A. अगस्त कॉम्ट

B. कार्ल मार्क्स

C. विल्फ्रेडो परेटो

D. टालकॉट पारसन्स

Q.89 आगस्त कॉम्ट ने समाज के अध्ययन को विभाजित किया है-

A. अधः संरचना तथा अति संरचना

B. सामाजिक स्थिति विज्ञान तथा सामाजिक गति विज्ञान

C. अन्त: समूह तथा बाह्य समूह

D. उपरोक्त में से कोई नहीं

Q.90 धर्म की उत्पत्ति का 'आत्मवाद का सिद्धांत' किसने प्रतिपादित किया है?

A. ई. दुर्खीम

B. मैक्स वेबर

C. ई. बी. टायलर

D. एस. जे. फ्रेजर

Q.91 "हिस्ट्री ऑफ धर्मशास्त्र" पुस्तक का लेखक कौन है?

A. पी. एच. प्रभु

B. योगेन्द्र सिंह

C. राधाकृष्णन

D. पी. वी. काणे

Q.92 निर्धनता मापन के लिए कितने आधार है?

A. एक **B.** दो **C.** तीन **D.** अनेक

Q.93 निम्नलिखित दोनों सूचियों के सही विषयों का मिलान करें तथा तदनुसार नीचे दिये गये कोड में से अपने उत्तर का चुनाव करें-

सूची-I	सूची-II
a. परिवार नियोजन	1. निरोध
b. ऋतुस्राव	2. पोलियो दवा
c. पोलियो	3. स्त्रियाँ
d. गर्भनिरोधक	4. जन्म नियंत्रण

A. a-1, b-2, c-3, d-4

B. a-4, b-3, c-2, d-1

C. a-3, b-2, c-1, d-4

D. a-2, b-3, c-4, d-1

Q.94 सामाजिक अन्तःक्रिया की आवश्यक विशेषता है-

A. सामाजिक सम्पर्क एवं सम्प्रेषण

B. सामाजिक तनाव

C. सामाजिक स्तरीकरण

D. सामाजिक विभेदीकरण

Q.95 निम्नलिखित में से कौन अनुलम्बवत् गतिशीलता का आधार नहीं होता है?

A. जाति **B.** गुण **C.** योग्यता **D.** उपलब्धि

Q.96 जी. एस. घुरिये के अनुसार, निम्नलिखित में से कौन-सी जाति की विशेषता नहीं है?

A. संस्तरण (बिछाना, फैलाना)

B. विवाह का प्रतिबन्ध

C. व्यवसाय के प्रतिबन्धित चुनाव का अभाव

D. भोजन तथा सामाजिक सहवास पर प्रतिबन्ध

Q.97 सरकारी सेवा में पिछड़े वर्गों के लिए स्थानों के आरक्षण का प्रतिशत क्या है?

A. 21 **B.** 27 **C.** 22 **D.** 28

Q.98 निम्नलिखित में से जो सामाजिक विघटन के लक्षण को व्यक्त नहीं करता है, उसको चिहित कीजिये-

A. प्रकार्यों का एक समूह से दूसरे समूह को हस्तान्तरण

B. भूमिकाओं में संघर्ष

C. एकात्यता का ह्रास

D. व्यक्तिवादी प्रवृत्ति का पतन

Q.99 किसके कहा है-"सामाजिक विघटन एक प्रक्रिया है, जिसके द्वारा एक समूह के सदस्यों के बीच सम्बन्ध टूट जाते हें या समाप्त हो जाते हैं"-

A. पी. एच. लैण्डिस

B. थामस एवं नैनिकी

C. इलियट एवं मेरिल

D. आर. इ. एल. फेरिस

Q.100 किसने कहा-"अपराध वह क्रिया है जिसे राज्य ने सामूहिक कल्याण के लिए हानिकारक घोषित किया है और जिसके कर्त्ता को दणिडत करने की शक्ति राज्य में है":

A. लैण्डिस एण्ड लैण्डिस

B. गारौफैलो

C. इलियट एण्ड मेरिल

D. इनमें से कोई नहीं

Q.101 एक वयस्क अपराधी एवं एक बाल अपराधी में भेद करने का क्या आधार है?

A. महापराध

B. दुराचरण

C. आयु

D. गिरफ्तारी परवाना

Q.102 क्षेत्रीय विस्तार के आरोही क्रम में कौन-सा क्रम सही है?

A. जिला-परिषद् , ग्राम-पंचायत, खण्ड विकास समिति

B. खण्ड विकास समिति, ग्राम-पंचायत, जिला-परिषद्

C. ग्राम-पंचायत, खण्ड विकास समिति, जिला परिषद्

D. जिला-परिषद्, खण्ड विकास समिति, ग्राम पंचायत

Q.103 उस स्थिति को चिहित कीजिये जिसके अन्तर्गत परिवीक्षा का नियम लागू होता है:

A. एक अपराधी को कुछ शर्तों का पालन करने का आदेश दिया जाता है

B. उस कैदी के लिए, जिसे उसके निवेदन पर उसकी माँ की अन्त्येष्टि में शामिल होने की अनुमति दी गई हो

C. मृत्यु-दण्ड से दणिडत अपराधी की अन्तिम इच्छा के लिए

D. जमानत पर रिहा किये गए अपराधी के लिए

Q.104 भारत में मताधिकार की न्यूनतम आयु क्या है?

A. 18 वर्ष **B.** 19 वर्ष **C.** 20 वर्ष **D.** 21 वर्ष

Q.105 निम्नलिखित दो सूचियो के विषयो का मेलान करें तथा तदनुसार नीचे दिये गये कोड से अपने उत्तर का चयन करें-

सूची-I	सूची-II
a. श्वेत वसन अपराध	1. योरोपीय अपराधशास्त्री
b. जैविकीय अधिगम	2. सदरलैण्ड
c. शरीरविज्ञानी अधिगम	3. अमेरिकी अपराधशास्त्रीय सम्प्रदाय
d. समाजशास्त्रीय अधिगम	4. बोम्ब्रोसिन अधिगम

A. a-2, b-1, c-3, d-4

B. a-1, b-3, c-4, d-2

C. a-2, b-1, c-4, d-3

D. a-3, b-2, c-4, d-1

Q.106 ग्राम पंचायत की सदस्यता के लिए न्यूनतम आयु क्या है?

A. 18 वर्ष   **B.** 19 वर्ष   **C.** 20 वर्ष   **D.** 21 वर्ष

Q.107 निम्नलिखित में से कौन-सा एक श्वेतवसन अपराध है?

A. तस्करी   **B.** द्यूतक्रीड़ा   **C.** घूसखोरी   **D.** चोरी

Q.108 पंचायती राज संस्थाओं का न्यूनतम कार्य-काल क्या है?

A. 3 वर्ष   **B.** 4 वर्ष   **C.** 5 वर्ष   **D.** 6 वर्ष

Q.109 दण्ड का कौन-सा सिद्धान्त "जैसे को तैसा" के नियम का अनुपालन करता है?

A. प्रतिकारात्मक   **B.** प्रतिरोधात्मक

C. सुधारात्मक   **D.** प्रतिशोधात्मक

Q.110 भारत में प्राचीर-विहीन कारागार किसने संस्थापित किया है?

A. जवाहरलाल न्हेरू   **B.** गोविन्द बल्लभ पन्त

C. डॉ. सम्पूर्णानन्द   **D.** सरदार बल्लभ भाई पटेल

Q.111 संघर्ष के सामाजिक प्रकार्य के सिद्धान्त को निम्नांकित में से किसने प्रतिपादित किया?

A. मार्क्स   **B.** मर्टन   **C.** पारसन्स   **D.** कोजर

Q.112 समाज में 'शासक वर्ग' की अवधारणा किसने विकसित की है?

A. वी. परेटो   **B.** जी. मोस्का

C. सी. राइट मिल्स   **D.** टी. बी. बोटोमोर

Q.113 वे अवलोकित परिणाम, जो किसी व्यवस्था में अनुकूलन अथवा समायोजन लाते हैं, कहलाते हैं-

A. प्रकार्य   **B.** अकार्य

C. सामाजिक परिवर्तन   **D.** संचार

Q.114 प्रघटना विज्ञान की परिभाषा में निम्नलिखित में से कौन-सा तत्त्व निहित है?

A. जीवन जगत   **B.** अन्तर-आत्मपरकता

C. प्राकृतिक मनोवृत्तियाँ   **D.** उपरोक्त सभी

Q.115 टैल्कॉट पारसन्स ने किस शब्द का प्रयोग सभी अभिनेताओं का सामना करने और सभी सामाजिक स्थितियों में शामिल होने के लिए मौलिक दुविधाओं को समझाने के लिए किया है?

A. सोशल एक्शन

B. वैल्यू ओरिएंटेशन

C. पैटर्न वेरिएबल्स

D. फंक्शनल प्री-रेकिसीट्स

Q.116 परिवार तथा नातेदारी का क्षेत्रीय अध्ययन किसने किया है?

A. आई. पी. देसाई   **B.** के. एम. कपाड़िया

C. ए. एम. शाह   **D.** इरावती कर्वे

Q.117 निम्नलिखित में से कौन-सा कथन सही है?

A. समाज में सहयोग और संघर्ष दोनों हैं

B. समाज में केवल सहयोग है

C. समाज में केवल संघर्ष है

D. समाज में न सहयोग है न संघर्ष है

Q.118 निम्न में से संस्कृति के गलत लक्षण को बताइये-

A. संस्कृति मान्व निर्मित है

B. संस्कृति संचारित होने का गुण रखती है

C. संस्कृति में संचयता का गुण होता है

D. संस्कति व्यक्तिगत है

Q.119 निम्नलिखित में से किसने कहा है कि "अधिकांश संस्थाएँ जनरीतियों से प्रारम्भ होकर प्रथाओं के तत्पश्चात् रूढ़ियों में विकसित होकर तब परिपक होती हैं जब नियम विशिष्ट हो जाते है?"

A. मैकाइवर   **B.** ऑगबर्न   **C.** सोरोकिन   **D.** समनर

Q.120 "व्यक्तित्व एक मानसिक घटक है। यह न तो आंगिक है और न ही सामाजिक है, बल्कि दोनों के मेलजोल से इसका निर्माण होता है।"

A. वी. वी. अकोलकर   **B.** आगर्बन तथा निमकॉफ

C. के. डेविस   **D.** किम्बल यंग

Q.121 किसने कहा "समिति सदस्यता इंगित करती है, संस्था सेवा की विधि या साधन को इंगित करती है"?

A. मैकाइवर   **B.** नाडेल   **C.** मैक्स वेबर   **D.** जिन्सबर्ग

Q.122 निम्न में से कौन-सा सिद्धान्त सीखने का है?

A. धर्म का कार्यात्मक सिद्धान्त

B. नियंत्रण का सिद्धान्त

C. सामाजिक संरचना का सिद्धान्त

D. सम्बद्ध प्रत्यावर्तन का सिद्धान्त

Q.123 "समाजीकरण का तात्पर्य सीखने से है ताकि व्यक्ति सामाजिक कार्यों को कर सके।' यह किसकी परिभाषा है?

A. आगर्बन तथा निमकॉफ   **B.** एच. एम. जॉनसन

C. के. डेविस   **D.** इनमें से कोई नहीं

Q.124 समाजीकरण के सामूहिक प्रतिनिधित्व के सिद्धान्त को किसने प्रतिपादित किया है?

A. ई. दुर्खीम   **B.** सी. एच. कूले

C. के. यंग   **D.** टी. एस. मदान

Q.125 सामाजिक नियंत्रण की जनरीतियों एवं प्रथाओं से संबंधित साधनों को बताइये-

1. पर्दा प्रथा

2. दहेज निरोध कानून

3. अन्तर्जातीय विवाह

4. अलौकिक शक्ति में विश्वास

A. 1, 2 और 3   **B.** 2, 3 और 4

C. 1, 2 और 4   **D.** 1, 3 और 4

// स्मार्ट उत्तर पुस्तिका //

| सही उत्तर | उन छात्रों के प्रतिशत को इंगित करता है जिन्होंने प्रश्नों का सही उत्तर दिया था। |

| छोड़ दिया | उन छात्रों के प्रतिशत को इंगित करता है जिन्होंने प्रश्नों को छोड़ दिया था। |

प्रश्न संख्या	उत्तर	सही उत्तर / छोड़ दिया	प्रश्न संख्या	उत्तर	सही उत्तर / छोड़ दिया	प्रश्न संख्या	उत्तर	सही उत्तर / छोड़ दिया	प्रश्न संख्या	उत्तर	सही उत्तर / छोड़ दिया	प्रश्न संख्या	उत्तर	सही उत्तर / छोड़ दिया
1	D	36.54 % / 9.61 %	17	A	17.31 % / 65.38 %	33	B	17.31 % / 61.54 %	49	C	26.92 % / 65.39 %	65	D	15.38 % / 65.39 %
2	D	32.69 % / 65.39 %	18	C	30.77 % / 65.38 %	34	B	26.92 % / 65.39 %	50	C	26.92 % / 65.39 %	66	D	25.0 % / 65.38 %
3	C	28.85 % / 63.46 %	19	D	32.69 % / 61.54 %	35	C	23.08 % / 65.38 %	51	D	34.62 % / 65.38 %	67	A	30.77 % / 65.38 %
4	C	28.85 % / 65.38 %	20	C	32.69 % / 65.39 %	36	C	30.77 % / 65.38 %	52	C	30.77 % / 65.38 %	68	A	34.62 % / 65.38 %
5	C	34.62 % / 65.38 %	21	A	30.77 % / 63.46 %	37	B	3.85 % / 65.38 %	53	C	28.85 % / 65.38 %	69	D	23.08 % / 65.38 %
6	C	28.85 % / 63.46 %	22	D	25.0 % / 65.38 %	38	B	28.85 % / 65.38 %	54	B	23.08 % / 65.38 %	70	D	28.85 % / 65.38 %
7	B	28.85 % / 65.38 %	23	A	36.54 % / 61.54 %	39	B	19.23 % / 65.39 %	55	D	26.92 % / 65.39 %	71	D	34.62 % / 61.53 %
8	B	32.69 % / 65.39 %	24	B	32.69 % / 65.39 %	40	C	13.46 % / 65.39 %	56	D	15.38 % / 65.39 %	72	D	30.77 % / 65.38 %
9	B	25.0 % / 65.38 %	25	C	25.0 % / 65.38 %	41	C	32.69 % / 63.46 %	57	A	28.85 % / 65.38 %	73	D	21.15 % / 65.39 %
10	C	32.69 % / 65.39 %	26	A	30.77 % / 65.38 %	42	B	25.0 % / 63.46 %	58	B	25.0 % / 65.38 %	74	A	26.92 % / 65.39 %
11	D	30.77 % / 65.38 %	27	A	32.69 % / 63.46 %	43	D	28.85 % / 65.38 %	59	B	19.23 % / 65.39 %	75	D	28.85 % / 65.38 %
12	D	28.85 % / 65.38 %	28	B	23.08 % / 65.38 %	44	B	17.31 % / 65.38 %	60	C	34.62 % / 65.38 %	76	C	28.85 % / 65.38 %
13	C	23.08 % / 65.38 %	29	C	28.85 % / 63.46 %	45	D	28.85 % / 65.38 %	61	D	25.0 % / 65.38 %	77	D	34.62 % / 65.38 %
14	B	17.31 % / 65.38 %	30	C	30.77 % / 65.38 %	46	C	23.08 % / 65.38 %	62	B	26.92 % / 65.39 %	78	C	28.85 % / 65.38 %
15	A	32.69 % / 65.39 %	31	B	30.77 % / 65.38 %	47	C	13.46 % / 65.39 %	63	C	32.69 % / 65.39 %	79	C	34.62 % / 61.53 %
16	A	26.92 % / 65.39 %	32	C	23.08 % / 65.38 %	48	B	19.23 % / 65.39 %	64	B	26.92 % / 65.39 %	80	A	26.92 % / 65.39 %

प्रश्न संख्या	उत्तर	सही उत्तर / छोड़ दिया	प्रश्न संख्या	उत्तर	सही उत्तर / छोड़ दिया	प्रश्न संख्या	उत्तर	सही उत्तर / छोड़ दिया	प्रश्न संख्या	उत्तर	सही उत्तर / छोड़ दिया	प्रश्न संख्या	उत्तर	सही उत्तर / छोड़ दिया
81	C	13.46 % / 65.39 %	90	C	26.92 % / 65.39 %	99	C	26.92 % / 65.39 %	108	C	34.62 % / 65.38 %	117	A	36.54 % / 63.46 %
82	C	25.0 % / 65.38 %	91	D	23.08 % / 65.38 %	100	A	19.23 % / 65.39 %	109	D	23.08 % / 65.38 %	118	D	32.69 % / 65.39 %
83	C	32.69 % / 65.39 %	92	B	28.85 % / 65.38 %	101	C	34.62 % / 65.38 %	110	C	32.69 % / 65.39 %	119	D	26.92 % / 63.46 %
84	B	23.08 % / 65.38 %	93	B	34.62 % / 65.38 %	102	C	32.69 % / 65.39 %	111	D	26.92 % / 63.46 %	120	C	15.38 % / 65.39 %
85	C	34.62 % / 65.38 %	94	A	26.92 % / 65.39 %	103	A	23.08 % / 65.38 %	112	B	26.92 % / 65.39 %	121	A	28.85 % / 65.38 %
86	B	34.62 % / 65.38 %	95	A	28.85 % / 65.38 %	104	A	32.69 % / 65.39 %	113	A	36.54 % / 63.46 %	122	B	17.31 % / 65.38 %
87	C	32.69 % / 63.46 %	96	C	25.0 % / 65.38 %	105	C	26.92 % / 65.39 %	114	D	32.69 % / 65.39 %	123	B	25.0 % / 65.38 %
88	C	32.69 % / 65.39 %	97	B	34.62 % / 65.38 %	106	D	32.69 % / 65.39 %	115	C	23.08 % / 65.38 %	124	A	28.85 % / 65.38 %
89	B	34.62 % / 65.38 %	98	C	13.46 % / 65.39 %	107	C	30.77 % / 65.38 %	116	D	23.08 % / 65.38 %	125	D	25.0 % / 65.38 %

कार्य विश्लेषण	
औसत अंक (%)	41.65%
टॉपर्स स्कोर (%)	92.0%
आपका स्कोर	

//संकेत और समाधान//

1. एक अन्तःसमूह वह समूह है जिससे हम सम्बन्धित होते हैं, अर्थात् उनके साथ अपनत्व की भावना महसूस करते हैं। इसलिए समूह के सदस्य के लिए अन्य सभी समूह बाह्य समूह होते हैं। समाजशास्त्र और सामाजिक मनोविज्ञान में, एक इन-ग्रुप एक सामाजिक समूह है, जिसके सदस्य के रूप में मनोवैज्ञानिक व्यक्ति की पहचान होती है।

अतः विकल्प (D) सही है।

2. वेबर ने मानव समूह की अवधारणा का प्रतिपादन नहीं किया है। मैक्स वेबर एक जर्मन समाजशास्त्री, इतिहासकार, न्यायविद और राजनीतिक अर्थशास्त्री थे, जिन्हें आधुनिक पश्चिमी समाज के विकास में सबसे महत्वपूर्ण सिद्धांतकारों में माना जाता है। उनके विचार सामाजिक सिद्धांत और सामाजिक अनुसंधान को गहराई से प्रभावित करते हैं।

अतः विकल्प (D) सही है।

3. सोरोकिन ने अपने सामाजिक सांस्कृतिक गतिशीलता सिद्धांत के अंतर्गत चेतनात्मक, विचारात्मक (भावात्मक) एवं आदर्शात्मक संस्कृति का उल्लेख किया है।

अतः विकल्प (C) सही है।

4. औद्योगीकरण के साथ-साथ जैसे-जैसे समाज की जटिलता बढ़ती गयी। उसी तरह प्रतिस्पर्धा एवं संघर्ष भी बढ़ता गया।

अतः विकल्प (C) सही है।

5. टॉनीज़ के अनुसार 18वीं सदी के उत्तरार्द्ध से समाज धीरे-धीरे गैमेनशैफ्ट से गैसेलशैफ्ट में अर्थात् समुदाय से सहकारी संघ में परिवर्तित होता रहा है। जेमिनशाफ्ट और गेशल्सचफ्ट जर्मन शब्द हैं जिनका अर्थ क्रमशः समुदाय और समाज है। शास्त्रीय सामाजिक सिद्धांत में प्रस्तुत, वे विभिन्न प्रकार के सामाजिक संबंधों पर चर्चा करने के लिए उपयोग किए जाते हैं जो छोटे, ग्रामीण, पारंपरिक समाज बनाम बड़े पैमाने पर, आधुनिक, औद्योगिक लोगों में उपस्थित हैं।

अतः विकल्प (C) सही है।

6. पारसंस की परिभाषा से स्पष्ट होता है कि सामाजिक संरचना का निर्माण सामाजिक संस्थाओं, एजेंसियों, प्रतिमानों एवं सदस्यों के पदों एवं भूमिकाओं से होता है।

अतः विकल्प (C) सही है।

7. हर्स कोविट्स के अनुसार, "संस्कृति पर्यावरण का वह भाग है जिसे मनुष्यों ने निर्मित किया है।" संस्कृति से मानव कृतियों की समग्रता का बोध होता है जिसके अंतर्गत मूल्य, विश्वास, लोकरीति आदि आती है।

अतः विकल्प (B) सही है।

8. सेना बाह्य समूह है बाकी तीनों परिवार क्रीड़ा समूह तथा पड़ोस अंतःसमूह का उदाहरण है।

अतः विकल्प (B) सही है।

9. वैज्ञानिक दृष्टि से प्रजाति को ऐसे जनसमूह के रूप में परिभाषित किया जाता है जिसके सदस्यों की जैविक आनुवंशिकता एक जैसी होती है।

अतः विकल्प (B) सही है।

10. जब संस्कृति प्रभावी संस्कृति से अन्तर रखती हो तो उसे प्रति-संस्कृति कहा जाता है। प्रति-संस्कृति एक अवधारणा है जो विभिन्न राष्ट्रों, पृष्ठभूमि और नस्लों के व्यापारिक लोगों के बीच अंतर और उन्हें बाँटने के महत्व को पहचानती है। वैश्वीकरण के साथ, प्रति-संस्कृति शिक्षा व्यवसायों के लिए महत्वपूर्ण रूप से महत्वपूर्ण हो गई है।

अतः विकल्प (C) सही है।

11. औद्योगिक अर्थव्यवस्था में विशेषीकरण के कारण सेवामूलक अर्थव्यवस्था पायी जाती है। अर्थव्यवस्था सामग्री के उत्पादन से लेकर सेवाओं के प्रावधान तक एक संक्रमण से गुजरती है।

ज्ञान पूंजी का एक मूल्यवान रूप बन जाता है, मानव पूंजी।

विचारों का उत्पादन अर्थव्यवस्था को विकसित करने का मुख्य तरीका है।

अतः विकल्प (D) सही है।

12. मैक्स वेबर ने अपनी कृति-'दि प्रोटेस्टेण्ट एथिक एंड दी स्पिरिट ऑफ कैपेटलिज्म' में यह सिद्ध किया है कि प्रोटेस्टेण्ट धर्म में ऐसी विवेकपूर्ण बातें थीं जो आधुनिक पूँजीवाद को जन्म दे सकती थीं

अतः विकल्प (D) सही है।

13. प्रजाति के निर्धारण में निश्चित शारीरिक लक्षणों के अंतर्गत शीर्ष देशना को प्रमुख माना गया है, क्योंकि इन पर पर्यावरण का प्रभाव बहुत कम पड़ता है।

अतः विकल्प (C) सही है।

14. गिड्डिंस (एन्थनी गिड्डिंग्स) ने सामाजिक संरचना की "क्रिया की अविरल धारा" के रूप में परिभाषित किया है, जबकि नाडेल संरचना को विभिन्न अंगों की व्यवस्थित क्रमबद्धता के रूप में देखते हैं जिसमें संरचना के अंगों में तो परिवर्तन आता है, लेकिन संपूर्ण संरचना कम या अधिक रूप से स्थायी होती है। नाडेल संरचना को भूमिका व संस्था के पदों में व्यक्त करते हैं।

अतः विकल्प (B) सही है।

15. कृषक समाज प्राथमिक उद्योग से जुड़ा होने के कारण प्रकृति से निकट रूप से संबंधित होता है। कृषि प्रधान समाज एक प्रकार का पूर्व-औद्योगीकृत समाज है जहाँ अर्थव्यवस्था और धन का प्राथमिक आधार कृषि है। इसकी प्रमुख विशेषता यह है कि अर्थव्यवस्था, धन और समाज, सामान्य रूप से, मुख्य रूप से कृषि पर केंद्रित है। मानव और पशु श्रम कृषि उत्पादन के लिए नियोजित प्राथमिक उपकरण हैं।

अतः विकल्प (A) सही है।

16. समिति एवं संस्था दोनों ही अपने आप में साध्य नहीं होकर मानवीय हितों या उद्देश्यों की पूर्ति के लिए माध्यम या साधन हैं और समिति की विचार पूर्वक स्थापना की जाती है तथा संस्था स्वतः विकसित होती है। साथ ही समिति अस्थायी प्रकृति की एवं संस्था अपेक्षाकृत स्थायी प्रकृति की होती है।

अतः विकल्प (A) सही है।

17. किंग्सले डेविस की इस परिभाषा में मुख्यतः उत्कर्षों का उल्लेख किया है-

(1) व्यक्तियों का समूह,

(2) निश्चित भौगोलिक क्षेत्र एवं

(3) सामाजिक जीवन के सभी पहलुओं का समावेश

अतः विकल्प (A) सही है।

18. मैकाइवर ने सहयोग के 2 प्रकार-

(1) प्रत्यक्ष सहयोग एवं

(2) अप्रत्यक्ष सहयोग बताये हैं।

प्रत्यक्ष सहयोग में व्यक्तियों के बीच आमने-सामने का संबंध पाया जाता है।

अतः विकल्प (C) सही है।

19. डेविस के अनुसार जहाँ प्रतिस्पर्धियों का ध्यान प्रतिस्पर्धा से हटकर प्रतिद्वंद्वियों पर केन्द्रित हो जाता है, वहीं संघर्ष प्रारम्भ हो जाता है।

अतः विकल्प (D) सही है।

20. मैक्स वेबर के अनुसार "समिति पर अधिकार" जीवन अवसर व वर्ग निर्धारित करते हैं। शक्ति के अधिकारों से राजनैतिक दल व सम्मान में अन्तर से परिस्थिति समूह बनते हैं।

अतः विकल्प (C) सही है।

21. वेस्टरमार्क ने अन्तर्विवाह को जाति व्यवस्था का सार तत्व माना है।

अतः विकल्प (A) सही है।

22. संस्था, किसी कार्य को संपन्न करने का व्यवस्थित तरीका है। अतएव इसमें सदस्यता नहीं पायी जाती है।

अतः विकल्प (D) सही है।

23. कौटिल्य ने ब्रह्म, आर्ष, प्राजापत्य एवं दैव विवाह को 'प्रशस्त' विवाह एवं असुर, पैशाच, राक्षस एवं गंधर्व को अप्रशस्त विवाह की श्रेणी में रखा है।

अतः विकल्प (A) सही है।

24. आगस्त कॉम्ट ने पूरे समाज को सामाजिक स्थितिशास्त्र एवं सामाजिक गतिशास्त्र में विभाजित किया है।

अतः विकल्प (B) सही है।

25. समुदाय की सदस्यता अनिवार्य होती है। एक समूह के रूप में समुदाय जो एक समाज के भीतर एक सामाजिक संरचना का पालन करते हैं (संस्कृति, मानदंड, मूल्य, स्थिति), वे एक विशेष स्थान के भीतर सामाजिक जीवन को व्यवस्थित करने के लिए एक साथ काम कर सकते हैं, या वे समय और स्थान पर निरंतर रहने की भावना से बाध्य हो सकते हैं।

अतः विकल्प (C) सही है।

26. वेस्टरमार्क के अनुसार प्रारंभिक परिवार का स्वरुप पितृ सत्तात्मक था। मातृसत्तात्मक के समर्थक-विफाल्ट, वैकोफन एवं टायलर एवं स्वच्छन्द सम्भोग के समर्थक-मार्गन, फ्रेजर ब्रिफाल्ट आदि है।

अतः विकल्प (A) सही है।

27. प्रजनन मूलक परिवार का निर्माण व्यक्ति विवाह के पश्चात् स्वयं करता है। इसमें एक पुरुष उसकी पत्नी एवं अविवाहित बच्चे शामिल होते हैं।

अतः विकल्प (A) सही है।

28. एक विवाह के 3 प्रमुख रूप हैं-

(1) एक पुरुष एक ही स्त्री से विवाह करता है, साथ ही किसी एक पक्ष की मृत्यु के पश्चात् भी कोई पक्ष विवाह नहीं करता है।

(2) एक स्त्री से विवाह किंतु रखैल आदि एवं

(3) तलाक या मृत्यु की दशा में दूसरा विवाह कर लेता है। चूंकि वह व्यक्ति तलाक एवं पुनर्विवाह में पर्याप्त शिथिलता बरतता है, अर्थात् अपरोक्ष रूप से नकारता है ऐसी स्थिति में ऐसे विवाह को 'क्रमिक एक विवाह' माना जा सकता है। जबकि क्रमिक बहु भार्यता सीमित बहुभार्यता की स्थिति में वह शिथिलता अथवा नकार का अभाव पाया जाता है।

अतः विकल्प (B) सही है।

29. समाजशास्त्र में भूमिका को प्रस्थिति का गतिशील या व्यावहारिक पहलू माना जाता है। एक व्यक्ति जिस प्रकार से एक प्रस्थिति से संबंधित दायित्वों का निर्वाह और उससे संबंधित सुविधाओं एवं विशेषाधिकारों का उपभोग करता है, उसे ही भूमिका कहते हैं।

अतः विकल्प (C) सही है।

30. जब परिवार में पति-पत्नी विवाह के बाद अपना अलग नया घर बना कर रहे हैं तो उसे नव स्थानीय परिवार कहते हैं।

अतः विकल्प (C) सही है।

31. सोरोकिन के अनुसार क्षैतिज सामाजिक, गतिशीलता का अर्थ एक व्यक्ति या सामाहिक वस्तु का एक ही स्तर में स्थित एक समूह से दूसरे समूह में स्थानान्तरण होना है।

अतः विकल्प (B) सही है।

32. डेविस एवं मूर ने सामाजिक स्तरीकरण के प्रकार्यवादी सिद्धांत का प्रतिपादन अपनी कृति-'सम प्रिन्सिपल्स ऑफ स्ट्रेटीफिकेशन' में किया है।

अतः विकल्प (C) सही है।

33. जर्मन समाजशास्त्री मैक्स वेबर (1864-1920) ने स्तरीकरण का एक तीन-घटक सिद्धांत तैयार किया जो एक स्थिति समूह (स्थिति वर्ग और स्थिति संपत्ति) को ऐसे लोगों के समूह के रूप में परिभाषित करता है, जो एक समाज के भीतर, गैर के आधार पर विभेदित हो सकते हैं।

अतः विकल्प (B) सही है।

34. प्रदत्त प्रस्थिति समाज स्वयं व्यक्ति को प्रदान करता है, जबकि अर्जित प्रस्थिति व्यक्ति अपनी योग्यता, कुशलता एवं प्रतिस्पर्धा के आधार पर प्राप्त करता है।

अतः विकल्प (B) सही है।

35. प्रेस का अविष्कार 1455 में हुआ और सर्वप्रथम भारत में समाचार पत्र बंगाल 1780 में प्रकाशित हुआ।

फिल्म-भारत में 1912 में फिल्म पुण्डलीक को आर. जी. टोर्ने और एन. जी. चित्रा ने मिलकर बना दी तथा 1913 में राजा हरिश्चन्द्र बनी तथा 1931 में बोलती फिल्म "आलम आरा" बनीं।

रेडियो-भारत में रेडियो प्रसारण सर्वप्रथम 1927 में बम्बई एवं कलकत्ता से शुरू हुआ।

दूरदर्शन-भारत का प्रथम दूरदर्शन केन्द्र 15 सितम्बर 1959 को नई दिल्ली में स्थापित हुआ।

अतः विकल्प (C) सही है।

36. मर्टन के अनुसार, एक व्यक्ति अपनी प्रस्थिति से संबंधित विभिन्न परिस्थितियों को धारण करने वाले व्यक्तियों के साथ-साथ अलग-अलग प्रकार की जो भूमिका निभाता है, उसकी सम्पूर्णता को ही भूमिका-संकुल कहते हैं।

अतः विकल्प (C) सही है।

37. जनमत एवं प्रचार, परम्परा एवं प्रथा से सामाजिक नियंत्रण स्थापित किया जाता है।

अतः विकल्प (B) सही है।

38. वंशानुगत सामाजिक प्रस्थिति भी प्रदत्त प्रस्थिति का ही उदाहरण है जिसे अर्जित नहीं किया जाता, बल्कि यह जन्म से ही प्राप्त होती है। उदाहरणार्थ-राजकुमार, पुरोहित (पंडित)।

अतः विकल्प (B) सही है।

39. द्वितीय पंचवर्षीय योजना का मुख्य उद्देश्य उद्योगों का विकास था।

द्वितीय पंचवर्षीय योजना का मुख्य उद्देश्य भारत को तीव्र औद्योगीकरण के पथ पर स्थापित करना था। इस योजना की सर्वोच्च प्राथमिकता अर्थव्यवस्था के औद्योगिक आधार को मजबूत करना था।

अतः विकल्प (B) सही है।

40. शिक्षक ज्ञान-मीमांसा से बहुत अधिक सम्बद्ध होता है क्योंकि उसका उद्देश्य ज्ञान को प्रोत्साहित करना है।

- यह विशेष रूप से इसके तरीकों, वैधता, विषय क्षेत्र और उचित विश्वास तथा राय के बीच अंतर के संबंध में ज्ञान का सिद्धांत है।

- ज्ञान मीमांसा को 'ज्ञान के सिद्धांत' के रूप में परिभाषित किया गया है।
- यह दर्शन की एक शाखा है जो ज्ञान प्राप्त करने की उत्पत्ति, प्रकृति, विधियों और प्रक्रियाओं की जांच करती है।
- दूसरे शब्दों में, ज्ञान की प्रकृति और योग्यता, ज्ञान प्राप्त करने के तरीके आदि ज्ञान मीमांसा के अंतर्गत आते हैं।
- ज्ञान मीमांसा ज्ञान प्राप्त करने के हमारे साधनों पर केंद्रित है और हम सत्य और असत्य के बीच अंतर कैसे कर सकते हैं।

अतः विकल्प (C) सही है।

41. सर्वप्रथम रॉस ने सामाजिक नियंत्रण पर व्यवस्थित व्याख्या अपनी कृति 'सोशल कंट्रोल' में प्रस्तुत की।

अतः विकल्प (C) सही है।

42. सोरोकिन ने अपनी पुस्तक 'सामाजिक-सांस्कृतिक गत्यात्मक' में सामाजिक परिवर्तन का सांस्कृतिक गतिशीलता का सिद्धान्त प्रस्तुत किया।

अतः विकल्प (B) सही है।

43. संस्कृति के मूल्य हमारे व्यक्तित्व एवं अभिवृत्तियों से जुड़े रहते हैं, जबकि सभ्यता को मुख्य रूप से हम सामाजिक जीवन की भौतिक उपलब्धियों से जोड़त है।

अतः विकल्प (D) सही है।

44. सामाजिक परिवर्तन की प्रक्रिया के अन्तर्गत उत्पादन की शक्तियों, सम्बन्धों में परिवर्तन उत्पन्न होता है। जिससे ऊपरी संरचना में परिवर्तन आता है।

अतः विकल्प (B) सही है।

45. भारत में किशोर न्याय अधिनियम 1986 ई. में पारित हुआ। जो कि अक्टूबर, 1987 से लागू किया गया, इसके अनुसार 16 वर्ष की आयु तक के लड़कों एवं 18 वर्ष तक की लड़कियों को अपराध करने पर बाल अपराधी की श्रेणी में सम्मिलित किया गया है।

अतः विकल्प (D) सही है।

46. भारत के संविधान का अनुच्छेद 47 यह आदेश देता है कि राज्य स्वास्थ्य को हानि पहुँचाने वाले नशीले मदिरा एवं ड्रग्स के उपयोग को सिवाय उन ड्रग्स के, जो दवाओं के आषधीय प्रयोजनों हेतु प्रयुक्त होते हैं, निषेध करने के बारे में प्रयास करेगा।

अतः विकल्प (C) सही है।

47. मर्टन द्वारा प्रस्तुत विचलन की व्याख्या में अन्वेषण (नवाचार), अनुष्ठानवाद (संस्कारवाद), पश्चगमन (प्रत्यावर्तन) एवं अति अनुकूलन समाहित है।

अतः विकल्प (C) सही है।

48. मर्टन ने विचलन को सांस्कृतिक लक्ष्यों एवं उन्हें प्राप्त करने के संस्थागत साधनों के बीच अन्तराल के रूप में परिभाषित किया है।सामाजिक प्रतिमानों एवं मानदंडों के विपरीत आचरण करने को ही सामान्यतः विचलन माना जाता है।

अतः विकल्प (B) सही है।

49. किसी समाज के स्थापित आदर्शों को चुनौती देना ही विचलन है। राबर्टबेल के अनुसार "समाज में औसत व्यवहार से बहुत अधिक भिन्नता प्रकट करना ही विचलन। विचलन दो प्रकार का होता है-

(1) वह जो एक समय विशेष में विचलन माना जाता है।

(2) वह जो सभी कालों में विचलन है।

अतः विकल्प (C) सही है।

50. वैयक्तिक विघटन का सामाजिक विघटन के साथ कोई भी सम्बन्ध नहीं है, यह कथन सही नहीं है।

- सामाजिक विघटन का अर्थ है सामाजिक संगठन के विपरीत दशा है। अन्य शब्दों में, सामाजिक विघटन का तात्पर्य व्यवस्था के टूट जाने अथवा सामाजिक संरचना के विभिन्न भागों में एकता के अभाव से है।
- सामाजिक विघटन के प्रकार या स्वरूप निम्नलिखित होते हैं:-
1. वैयक्तिक विघटन
2. पारिवारिक विघटन
3. सामुदायिक विघटन
4. अन्तर्राष्ट्रीय विघटन
- वैयक्तिक विघटन में व्यक्ति विशेष का विघटन होता है। इसके अन्तर्गत बाल-अपराध, युवा अपराध, पागलपन, मद्यपान, वेश्यावृत्ति, आत्महत्या आदि की समस्याओं को सम्मिलित किया जाता है। यदि किसी समाज में वैयक्तिक विघटन की दर बढ़ जाती है तो वह समाज भी विघटित होने लगता है।

अतः विकल्प (C) सही है।

51. व्यक्त उपरोक्त उत्तर भाषा प्रकार्य को इंगित करता है। प्रकार्य व्यवहार के ऐसे परिणाम हैं जिन्हें कर्ता पहले से ही जानता है और वह इसके लिए आशान्वित रहता है, जबकि अव्यक्त प्रकार्य के परिणाम की आशा नहीं की जाती न ही कर्ता इसके बारे में स्वयं जानता है।

अतः विकल्प (D) सही है।

52. समनर ने 2 प्रकार के सामाजिक समूहों का उल्लेख किया

(1) अंतःसमूह

(2) बाह्य समूह

इसलिये समूह वे समूह होते हैं जिनके हम सदस्य होते हैं तथा अपनापन होता है जैसे परिवार, जबकि बाह्य समूह वह समूह होता है, जिसके हम सदस्य नहीं होते।

अतः विकल्प (C) सही है।

53. एक दबाव समूह के अंतर्गत ऐसे लोग सम्मिलित होते हैं, जिनका एक विशेष स्वार्थ होता है और अपने इन्हीं स्वार्थों की पूर्ति हेतु समूहबद्ध होकर शासन सरकार अथवा संस्था के ऊपर दबाव डालते है।

अतः विकल्प (C) सही है।

54. जनजातीय समाज सरल समाज का प्रमुख रूप है। जनजातियों का एक नेता अथवा मुखिया होता है तथा अधिकांश जनजातियाँ क्षेत्रीय तौर पर संगठित समुदाय होती हैं। कुछ ही जनजातियाँ भ्रमणकारी जीवन व्यतीत करती हैं।

अतः विकल्प (B) सही है।

55. अनुच्छेद 343 में संघ की राजभाषा हिन्दी की लिपि देवनागरी होगी का उल्लेख है। शेष सभी विकल्प जनजातियों से संबंधित अनुच्छेद है।

अतः विकल्प (D) सही है।

56. ओराँव, झारखण्ड की स्थायी कृषि करने वाली प्रमुख जनजाति है, जबकि विकल्प की अन्य जनजातियाँ व भारत की खाद्य संकलक एवं पशु पालक जनजाति है।

अतः विकल्प (D) सही है।

57. सांस्कृतिक परिवर्तन के अंतर्गत सर्वप्रथम किसी संस्कृति विशेष का प्रसार होता है और जब दो संस्कृतियाँ परस्पर सम्पर्क में आती हैं तो संबंधित व्यक्ति

एक-दूसरे की संस्कृति से प्रभावित होकर संस्कृति ग्रहण करते हैं, जबकि आत्मसातकरण सामाजिक एवं सांस्कृतिक एकत्र परिवर्तन का अंतिम चरण है।

अतः विकल्प (A) सही है।

58. समाजशास्त्र में व्यक्ति-व्यक्ति के बीच पाये जाने वाले सामाजिक सम्बन्धों के आधार पर निर्मित व्यवस्था को 'समाज' कहा जाता है। जार्ज सिमल ने "समाज को उन व्यक्तियों का समूह माना है, जो अन्तःक्रिया द्वारा सम्बन्धित हैं।"

अतः विकल्प (B) स्ही है।

59. पार्सन्स के अनुसार सामाजिक व्यवस्था कर्ताओं की अंतःसंबद्ध क्रियाओं की वह व्यवस्था है, जिसका आधार प्रतिमानित मूल्य एवं प्रत्याशाएँ होती हैं। उनकी मान्यतानुसार सामाजिक व्यवस्था के तीन प्रमुख तत्व हैं-

(1) क्रिया,

(2) कर्ता

(3) प्रस्थिति भूमिका

अतः विकल्प (B) सही है।

60. हिन्दुओं में विवाह को एक धार्मिक संस्कार के रूप में स्वीकार किया गया है, जबकि शेष विकल्प की विवाह प्रथाओं में विवाह सामाजिक एवं व्यक्तिगत समझौता है।

अतः विकल्प (C) सही है।

61. अमेरिकी समनर ने संस्था के उद्विकास को प्रस्तुत किया है। जिसके प्रमुख चरण क्रमशः हैं-विचार या धारणा-आदतजनरीति-प्रथा-लोकचार या रूढ़ि संस्था।

अतः विकल्प (D) सही है।

62. समूह के रूप में परिवार एक समिति है जबकि सामान्य अर्थ में वह समिति एवं संस्था दोनों का उदाहरण प्रस्तुत करता है।

अतः विकल्प (B) सही है।

63. तृतीयक उद्योग कृषक समाज से सम्बन्धित नहीं है, क्योंकि कृषक समाज में प्राथमिक उद्योग पाया जाता है। रेडफील्ड ने 'कृषक समाज' की अवधारणा के माध्यम से ग्रामीण समाज की आंतरिक एवं बाह्य संरचना को समझाने का प्रयास किया है।

अतः विकल्प (C) सही है।

64. हिन्दू विवाह अधिनियम 1955 के द्वारा अंतर्जातीय एवं अंतधर्मीय विवाहों को मान्यता प्रदान को तथा स्त्री-पुरुषों को तलाक का अधिकार प्रदान किया है।

अतः विकल्प (B) सही है।

65. हॉटमैन के अनुसार परिवार एक संघर्ष का केन्द्र होता है। मरडॉक परिवार के प्रकार्यवादी उपागम तथा मार्क्स परिवार के संघर्षशील उपागम से संबंधित है।

अतः विकल्प (D) सही है।

66. समिति मूर्त होती है, जबकि संस्था अमूर्त अतएव सदस्यता समिति की हो सकती है न कि संस्था की। परिवार एक समिति है जबकि विवाह एक संस्था

अतः विकल्प (D) सही है।

67. डब्ल्यू. एच. वाइजर के पश्चात् आस्कर लेविस द्वारा जजमानी प्रथा पर विस्तृत अध्ययन किया गया।

अतः विकल्प (A) सही है।

68. प्राथमिक समूह की विशेषताएँ हैं-सीमित आकार, प्रत्यक्ष संबंध, स्वतः विकसित समूह, सार्वभौमिकता, व्यक्तिगत एवं घनिष्ठ संबंध आदि। इस दृष्टि से परिवार सर्वप्रथम प्राथमिक समूह है।

अतः विकल्प (A) सही है।

69. सिमल ने छोटे समूहों को समाज के आधार के रूप में महत्वपूर्ण माना है, क्योंकि छोटे समूहों के माध्यम से ही समाज में व्यक्तियों के संबंध में विश्वसनीय जानकारी मिलती है।

अतः विकल्प (D) सही है।

70. आधुनिकीकरण को पश्चिमीकरण नहीं कह सकते, क्योंकि साम्यवादी देश जैसे रूस व चीन आदि का भी इन पर प्रभाव है। आधुनिकीकरण के अनेक मॉडल देखने को मिलते हैं, जबकि पश्चिमीकरण का मॉडल केवल पश्चिमी देश है।

अतः विकल्प (D) सही है।

71. वास्तविक जीवन में हमें ऐसे क्षेत्र भी देखने को मिलेंगे, जहाँ ग्रामीण अवस्था के साथ-साथ नगरीय अवस्थाएँ भी पायी जाती हैं।सभ्यता के विकास के साथ-साथ इस प्रकार की मध्य स्थिति वाले दोनों प्रकार की स्थितियों के मिश्रण वाले क्षेत्रो का विकास हो रहा है। ऐसे मिलन क्षेत्रों को हम ग्राम्य-नगरीकरण या ग्रामीणस्तरीय सातत्व कहते हैं।

अतः विकल्प (D) सही है।

72. संस्कृतीकरण व्यक्ति या परिवार का नही वरन् जाति समूह से सम्बन्धित है। यह सामाजिक और सांस्कृतिक परिवर्तन का द्योतक है तथा ये अनेक अवधारणाओं का गुच्छा है।

अतः विकल्प (D) सही है।

73. योजना आयोग के अनुसार यदि गांव में रोजगार के अधिक अच्छे अवसर मिलने लग जायें तो गाँवों के लोग शहरों में आकर बेकारों की संख्या बढ़ाना बन्द कर देंगे अन्य शब्दों में ग्रामीण बेरोजगारी नगरीय बेरोजगारी का एक प्रमुख कारण है। आधुनिक कृषि प्रौद्योगिकी के प्रयोग से ग्रामीण क्षेत्र में बेरोजगारी को बढ़ावा मिलता है जो उन्हें गाँव से पलायन करने के लिए प्रेरित करता है।

अतः विकल्प (D) सही है।

74. नगर-बोध एक जीवन-शैली है, इसलिए कहा जाता है कि "नगरवाद एक जीवन दर्शन है" अर्थात् शहरी लोगों के जीने की शैली नगर-बोध है-लुई वर्थ।

अतः विकल्प (A) सही है।

75. बन्द स्तरीकरण का सर्वोत्तम उदाहरण जाति व्यवस्था है जो जन्म एवं आनुवंशिकता पर आधारित होती है। जबकि वर्ण स्तरीकरण में व्यवसाय के चयन की स्वतंत्रता होती थी।

अतः विकल्प (D) सही है।

76. देश में आने की प्रक्रिया को 'अप्रवास' (इमाइग्रेशन) कहते हैं। इसी प्रकार एक प्रवासन जिसे 'आंतरिक प्रवसन' कहते हैं, में एक ही देश में एक स्थान से दूसरे स्थान जैसे गाँव से शहर की ओर निष्क्रमण अथवा शहर के मध्यक्षेत्र से उपनगरों की ओर गमन की प्रक्रियाएँ सम्मिलित हैं। उत्प्रवासन हर जगह समान नहीं है।

अतः विकल्प (C) सही है।

77. भारतीय संविधान में पिछड़े-वर्ग के लिए सामाजिक व शैक्षणिक दृष्टि से पिछड़ेपन को आधार माना गया है।

अतः विकल्प (D) सही है।

78. सी. एच. कूले के शब्दों में, "जब एक वर्ग पूर्णतः आनुवंशिकता पर आधारित हो, तो हम उसे जाति कहते हैं।"

अतः विकल्प (C) सही है।

79. सही मिलान निम्नवत् है-

सूची-I	सूची-II
a. स्थानीकरण	1. लघु परम्परा
b. सार्वभौमीकरण	2. वृहद् परम्परा
c. संस्कृतीकरण	3. उच्च जाति की संस्कृति का अभिस्वीकरण
d. आधुनिकीकरण	4. आधुनिक युग

अतः विकल्प (C) सही है।

80. 2 अक्टूबर, 1980 से देश के सभी 5,200 सामुदायिक विकास खण्डों में समन्वित ग्रामीण विकास कार्यक्रम प्रारम्भ किया गया है।

अतः विकल्प (A) सही है।

81. समेकित ग्रामीण विकास कार्यक्रम का मुख्य लक्ष्य भूमि, जल तथा धूप के अच्छे उपयोग पर आधारित कृषि और सम्बद्ध क्षेत्रों में उत्पादन तथा उत्पादकता बढ़ाना है।

अतः विकल्प (C) सही है।

82. भारत में हरित क्रांति से खाद्यान्नों का उत्पादन तेजी से बढ़ा है। देश में कृषि यंत्रों, ट्रैक्टरों, विद्युत पम्प सैटों आदि की संख्या में भी काफी वृद्धि हुई है।

अतः विकल्प (C) सही है।

83. उत्तर प्रदेश में सर्वप्रथम 1921 में लखनऊ विश्वविद्यालय में अर्थशास्त्र विभाग के अन्तर्गत समाजशास्त्र को मान्यता दी गई डा. राधाकमल मुखर्जी को समाजशास्त्र विभाग का विभागाध्यक्ष नियुक्त किया गया था।

अतः विकल्प (C) सही है।

84. भारत के प्रमुख समाज व नृविज्ञानवेत्ता एम. एन. श्रीनिवास की यह महत्वपूर्ण कृति है, यह विश्व कवि रवीन्द्रनाथ ठाकुर-स्मृति भाषणमाला के सारभूत तत्वों पर आधारित है। आधुनिक भारतीयता के संदर्भ में रवीन्द्रनाथ ठाकुर का विचारक के रूप में एक अलग ही स्थान है।

अतः विकल्प (B) सही है।

85. मैकाइवर एवं पेज ने कहा है "समाज सामाजिक सम्बन्धों का जाल है जो सदैव बदलता रहता है।"

अतः विकल्प (C) सही है।

86. कार्ल मार्क्स कहते हैं कि '"यह वर्ग संघर्ष ही इतिहास का चालक (मोटर) है।" वर्गसमाजों में निहित संघर्ष या विरोध स्वाभाविक रूप में सामाजिक परिवर्तन का मार्ग प्रशस्त करता है।

अतः विकल्प (B) सही है।

87. एमाइल दुर्खीम ने कहा है कि श्रम विभाजन का प्रत्यक्ष सम्पर्क जनसंख्या के घनत्व से है।

अतः विकल्प (C) सही है।

88. विलफ्रेडो परेटो के मतानुसार अभिजात-वर्ग के अन्तर्गत निरन्तर ऊपर-नीचे आने-जाने की एक प्रक्रिया चलती रहती है जिस कि परेटो ने अभिजातों के परिभ्रमण की संज्ञा दी।

अतः विकल्प (C) सही है।

89. आगस्त कॉम्ट ने समाज के अध्ययन को दो प्रमुख भागों में बाँटा है-

(1) सामाजिक स्थिति विज्ञान

(2) सामाजिक गति विज्ञान सामाजिक स्थिति विज्ञान समाज की संरचना से सम्बन्धित है, जबकि सामाजिक गतिविज्ञान उसके विकास से।

अतः विकल्प (B) सही है।

90. आदिम धर्म के बारे में सर्वप्रथम सिद्धान्त ई. बी. टायलर ने प्रस्तुत किया। उनके सिद्धान्त को आत्मवाद या जीववाद के नाम से पुकारा जाता है। दर्शन में दो विचारधाराएँ होती हैं:

(1) आत्मवाद, जो आत्मा का अस्तित्व मानती है।

(2) अनात्मवाद, जो आत्मा का अस्तित्व नहीं मानती, आत्मा स्कंधों से भिन्न होकर भी आत्मा के ये सब अंग कैसे होते हैं, यह सिद्ध करने में बुद्ध और परवर्ती बौद्ध नैयायिकों ने बहुत से तर्क प्रस्तुत किए हैं।

अतः विकल्प (C) सही है।

91. धर्मशास्त्र का इतिहास भारत रत्न पी. वी. काणे द्वारा रचित हिन्दू धर्मशास्त्र से सम्बद्ध एक इतिहास ग्रंथ है, जिसके लिए सन् 1956 में उन्हें साहित्य अकादमी पुरस्कार से नवाजा गया। यह पाँच खण्डों में विभाजित एक वृहत् ग्रंथ है।

अतः विकल्प (D) सही है।

92. गरीबी को दो रूपों में देखा जा सकता है-सापेक्ष गरीबी तथा निरपेक्ष गरीबी। यही दो मुख्य आधार हैं जिससे निर्धनता का मापन होता है।

अतः विकल्प (B) सही है।

93. परिवार नियोजन कार्यक्रम जन्म को नियंत्रित करने के लिए अपनाया जाता है। ऋतु साव स्तयों में होता है गर्भनिरोधक एक निरोध है। निरोधरण गर्भ निरोधक है, जबकि पोलियो से बचाव के लिए पोलियो ड्राप पिलाई जाती है।

अतः विकल्प (B) सही है।

94. जब तक सामाजिक सम्पर्क नहीं होगा व विचारों का आदान-प्रदान नहीं होगा तब तक सामाजिक अन्तःक्रिया नहीं हो सकती है।

अतः विकल्प (A) सही है।

95. जाति में ऊर्ध्वधर गतिशीलता सम्भव नहीं है। श्रीनिवास के अनुसार संस्कृतीकरण के द्वारा निम्न जाति उच्च जातियों की रहन-सहन, वेश-भूषा, जीवन शैली का अनुसरण कर अपनी ही जाति में अपनी स्थिति सुदृढ़ करती है न कि जाति संस्तरण में उच्च स्थान प्राप्त करती है।

अतः विकल्प (A) सही है।

96. जी. एस. घुरिये ने जाति की छः विशेषताएँ बतायी हैं-

(क) खण्डात्मक विभाजन

(ख) संस्तरण

(ग) भोजन तथा सामाजिक सहवास पर प्रतिबंध

(घ) नागरिक एवं धार्मिक निर्योग्यताएँ एवं विशेषाधिकार

(ड) पेशे के अप्रतिबंधित चुनाव का अभाव

(च) विवाह सम्बन्धी प्रतिबंध

अतः विकल्प (C) सही है।

97. 5 नवम्बर, 1992 में सर्वोच्च न्यायालय ने सरकार के इस निर्णय को कि पिछड़े वर्गों को 27 प्रतिशत आरक्षण दिया जाए, स्वीकार कर लिया

अतः विकल्प (B) सही है।

98. सामाजिक विघटन के प्रमुख लक्षण है-

(1) लोकाचारों एवं संस्थाओं का संघर्ष

(2) एक समूह से दूसरे समूह को कार्यों का हस्तांतरण

(3) वैयक्तीकरण

(4) व्यक्तियों की भूमिका एवं प्रस्थिति में परिवर्तन

अतः विकल्प (C) सड़ी है।

99. इलियट एवं मेरिल के अनुसार, "सामाजिक विघटन वह प्रक्रिया है, जिसके कारण एक समूह के बीच स्थापित सम्बन्ध टूट जाते हैं या समाप्त हो जाते हैं।"

अतः विकल्प (C) सही है।

100. लैण्डिस एण्ड लैण्डिस के अनुसार अपराध वह कार्य है जिसे राज्य ने सामूहिक कल्याण के लिए हानिकारक घोषित किया है और जिसके लिए दण्ड देने हेतु राज्य शक्ति रखता है"।

अतः विकल्प (A) सही है।

101. आयु एक वयस्क अपराधी एवं एक बाल अपराधी में भेद करने का आधार है।

अतः विकल्प (C) सही है।

102. पंचायत राज व्यवस्था के तीन स्तर हैंग्राम के स्तर पर ग्राम पंचायत, विकास खण्ड या मध्यवर्ती स्तर पर खण्ड समिति, क्षेत्र समिति या पंचायत समिति और जिला स्तर पर जिला परिषद या जिला पंचायत यही इनका आरोही क्रम है।

अतः विकल्प (C) सही है।

103. परिवीक्षा पर एक अपराधी को अदालत द्वारा निर्धारित कुछ शर्तों का पालन करने का आदेश दिया जाता है, अक्सर एक परिवीक्षा अधिकारी की देखरेख में। परिवीक्षा की अवधि के दौरान, एक अपराधी को अदालत या परिवीक्षा अधिकारी द्वारा निर्धारित नियमों का उल्लंघन करते हुए पाए जाने पर जेल जाने की धमकी का सामना करना पड़ता है।

अतः विकल्प (A) सही है।

104. संविधान के अनुच्छेद 326 में यह प्रावधान किया गया है कि लोक सभा तथा राज्य विधान सभाओं के सदस्यों का चुनाव वयस्क मताधिकार के आधार पर होगा, अर्थात् 18 वर्ष का (1989 से पहले यह आयु सीमा 21 वर्ष निर्धारित थी) भारत का नागरिक मताधिकार का प्रयोग करेगा।

अतः विकल्प (A) सही है।

105. सदरलैण्ड श्वेतवसन अपराध से सम्बद्ध है। यूरोपीय अपराधशास्त्र में अपराध को एक अन्तर्जात वस्तु मानने की ओर प्रवृत्ति रही है, अर्थात् जैवकीय अभिगम को मानते हैं, जबकि उत्तरी अमेरिका के अपराधशास्त्री इस बात की ओर अधिक झुकते हैं कि अपराध का कारण सामाजिक तत्व होते हैं अर्थात् इनका दृष्टिकोण समाजशास्त्रीय है।

अतः विकल्प (C) सही है।

106. राज्य विधान सभा की सदस्यता के लिए 25 वर्ष की आयु प्राप्त होना आवश्यक है, लेकिन ग्राम पंचायत की सदस्यता के लिए केवल 21 वर्ष की आयु प्राप्त होना ही आवश्यक है।

अतः विकल्प (D) सही है।

107. श्वेतवसन अपराध के उदाहरण हैं-गबन, धोखेबाजी, भ्रष्टाचार (graft), व्यापार में अवैध तरीका, दुष्प्रचार, रोगियों का उल्लंघन, खाद्य एवं दवाइयों में मिलावट और घूस।

अतः विकल्प (C) सही है।

108. पंचायत राज संस्थाओं का कार्यकाल 5 वर्ष का होगा। जिला स्तर पर पंचायती राज संस्थान नोडल बिंदु हैं। उनकी भूमिका विभिन्न राष्ट्रीय कार्यक्रमों के कार्यान्वयन की योजना, समन्वय, निगरानी और जहां कहीं भी आवश्यक हो, को विनियमित करने में मदद करना है।

अतः विकल्प (C) सही है।

109. प्रतिशोधात्मक सिद्धान्त ही "जैसे को तैसा" के नियम को बताता है। प्रतिरोधात्मक दण्ड सिद्धान्त सुखवादी दर्शन पर आधारित होता है।

अतः विकल्प (D) सही है।

110. डॉ. सम्पूर्णानन्द के सुप्रयासों के परिणामस्वरूप सन् 1952-53 में चन्द्रप्रभा नदी पर अपराधियों का एक शिविर लगाया गया जिसमें उनके भोजन वस्त्र शिक्षा और मनोरंजन की व्यवस्था की गयी। इसे 'प्राचीर विहीन जेल' नाम दिया।

अतः विकल्प (C) सही है।

111. कोजर का मत है कि प्रत्येक सामाजिक व्यवस्था की अपनी आवश्यकताएँ होती हैं। इन आवश्यकताओं की पूर्ति संघर्ष द्वारा ही होती है। यानि कोजर व्यवस्था को तो बनाये रखना चाहते हैं, लेकिन व्यवस्था की इस निरन्तरता में संघर्ष प्रकार्यात्मक भूमिका अदा करता है। टर्नर कोजर के संघर्ष को प्रकार्यवादी मानते है।

अतः विकल्प (D) सही है।

112. जी. मोस्का ने ऐतिहासिक साध्य के आधार पर कहा कि सभी समाजों में लोगों के दो वर्ग होते हैं, एक जो शासन करता है 'शासक वर्ग' और दूसरा जो शासित होता है परेटो का सिद्धान्त मुख्यतः अभिजन (elites) पर केन्द्रित है।

अतः विकल्प (B) सही है।

113. मर्टन कहते हैं कि प्रकार्य वे अवलोकित परिणाम हैं जो किसी व्यवस्था में अनुकूलन अथवा समायोजन लाते हैं।

अतः विकल्प (A) सही है।

114. प्रघटना विज्ञान में निम्न तत्व समाहित हैं। जीवन-जगत, प्राकृतिक मनोवृत्तियाँ, ज्ञान-भण्डार, अन्तर्व्यक्ति निष्ठता, समाज की वास्तविकता को स्वीकृत मानकर चलना आदि।

अतः विकल्प (D) सही है।

115. पैटर्न वेरिएबल्स अवधारणाओं के एक समूह को संदर्भित करते हैं, जो 'एक्शन ऑफ द ऑल एक्शन सिस्टम' को दर्शाता है, टैल्कॉट पार्सन्स थ्योरी में 'सोशल एक्शन।' मूल्यों की अनुचित आंतरिकता 'भूमिका अपेक्षा' से संबंधित है।

अतः विकल्प (C) सही है।

116. इरावती कर्वे भारत में नातेदारी के समाजशास्त्रीय मानवशास्त्रीय अध्ययन की अगुआ रही हैं। उन्होंने भारत को चार प्रमुख क्षेत्रों में बाँटकर उनकी नातेदारी व्यवस्था का तुलनात्मक अध्ययन किया है।

अतः विकल्प (D) सही है।

117. समाज में समानता, विभिन्न, अन्योन्याश्रिता तथा सहयोग पायी जाती है। सहयोग के साथ ही समाज में संघर्ष भी मौजूद है। सामाजिक सम्बन्ध सदैव सहयोगी नहीं होते, असहयोगी भी होते हैं। संघर्ष एक सार्वभौमिक प्रक्रिया है।

अतः विकल्प (A) सही है।

118. संस्कृति व्यक्तिगत नहीं है संस्कृति की विशेषताएँ हैं-

(1) संस्कृति मानव निर्मित।
(2) सीखी जाती है।
(3) हस्तांतरित की जाती है।
(4) प्रत्येक समाज की एक विशिष्ट संस्कृति।
(5) संस्कृति में सामाजिक गुण निहित होता है।
(6) मानव आवश्यकताओं की पूर्ति करती है।
(7) अनुकूलन करने की क्षमता होती है।
(8) संतुलन एवं संगठन होता है।
(9) व्यक्तित्व निर्माण में मौलिक है।
(10) संस्कृति अधि वैयक्तिक एवं अधि सावयवी है।

अतः विकल्प (D) सही है।

119. समनर लिखते हैं कि संस्थाएँ जनरीतियों से प्रारम्भ होती हैं। ये प्रथाएँ बन जाती हैं। जब प्रथाओं से कल्याण का दर्शन जुड़ जाता है तो लोकाचारों के रूप में विकसित होती हैं।" इसके पश्चात् व्यवहार में लाये जाने वाले नियमों, निर्धारित कार्यों एवं उपकरणों द्वारा लोकाचार और भी निश्चित और विशिष्ट बन जाते हैं।

अतः विकल्प (D) सही है।

120. के. डेविस के अनुसार-"व्यक्तित्व एक मनोवैज्ञानिक परिघटना है जो न जैविक है और न सामाजिक, अपितु दोनों के योग की उत्पत्ति है।"

अतः विकल्प (C) सही है।

121. मैकाइवर के अनुसार "यदि किसी व्यवस्था पर संगठित समूह के रूप में विचार करते हैं तो वह एक समिति है और यदि कार्यप्रणाली के रूप में है तो वह संस्था है। समिति से सदस्यता का पता चलता है, संस्था से कार्य प्रणाली या सेवा के तरीके या साधन का।"

अतः विकल्प (A) सही है।

122. सामाजिक नियंत्रण समाजीकरण का ही भाग है। समाजीकरण की प्रक्रिया के दौरान सामाजिक नियंत्रण की प्रक्रिया भी क्रियाशील रहती है। अतः सीखने का सिद्धान्त नियंत्रण का सिद्धान्त है।

अतः विकल्प (B) सही है।

123. एच. एम. जॉनसन समाजीकरण को सीखने की प्रक्रिया मानते हैं। जिसके द्वारा व्यक्ति समाज में अपनी भूमिकाओं को निभाना सीखता है।

अतः विकल्प (B) सही है।

124. ई. दुर्खीम ने समाजीकरण सम्बन्धी अपने विचार अपनी कृति 'Sociology and Philosophy' में प्रकट किये हैं। अपने समाजीकरण सम्बन्धी अपने विचारों को सामूहिक प्रतिनिधित्व तथा सामूहिक चेतना के आधार पर स्पष्ट किया है।

अतः विकल्प (A) सही है।

125. जनरीतियाँ, रूढ़ियाँ, प्रथाएँ, विश्वास, धर्म और नैतिकता आदि अनौपचारिक सामाजिक नियंत्रण के साधनों के अन्तर्गत आते हैं। पर्दा प्रथा, अन्तर्जातीय विवाह अलौकिक शक्ति में विश्वास अनौपचारिक सामाजिक नियंत्रक है, जबकि दहेज निरोध कानून औपचारिक सामाजिक नियंत्रण है जो जनरीतियों एवं प्रथाओं से सम्बद्ध नहीं है।

अतः विकल्प (D) सही है।

Q.1 निम्नलिखित में से कौन-सा कथन सही है?
A. समाज में सहयोग और संघर्ष दोनों हैं।
B. समाज में केवल सहयोग है।
C. समाज में केवल संघर्ष है।
D. समाज में न सहयोग है न संघर्ष है।

Q.2 समाज एक अमूर्त शब्द है जो एक समूह के सदस्यों के बीच पाये जाने वाले पारस्परिक सम्बन्धों की सम्पूर्णता का बोध कराती है।"
निम्नलिखित में से किस समाजशास्त्री ने यह परिभाषा दी है?
A. सी. एच. कूले
B. टालकट पारसन्स
C. इ. बी. रयूटर
D. एफ. एच. गिड्डिंस

Q.3 निम्नलिखित में से किसने 'सांस्कृतिक समाजशास्त्र' पुस्तक लिखी?
A. मॉरिस गिन्सबर्ग
B. थॉमस बोटोमोर
C. हरबर्ट स्पेंसर
D. गिलिन और गिलिन

Q.4 निम्नलिखित में से कौन-सा समिति का उदाहरण है?
A. गिरिजाघर
B. श्रमिक संघ
C. विवाहित व्यक्ति
D. परिवार

Q.5 निम्नलिखित में से किस समाजशास्त्री ने "व्यक्तियों के बीच परस्पर सम्बन्धों को संरचना का एक भाग" माना है?
A. आर.के. मर्टन
B. रेडक्लिफ ब्राउन
C. एस एफ. नाडेल
D. मैलिनोवस्की

Q.6 अन्तः क्रिया की वह सामाजिक प्रक्रिया जिसमें सहमति के क्षेत्रो का आलेखन किया जाता है, उसे क्या कहते है?
A. मतैक्य
B. प्रतिस्पर्धा
C. सहयोग
D. संघर्ष

Q.7 'फॉकवेज' पुस्तक किसने लिखी?
A. जार्ज जिमेल
B. ग्राहम समनर
C. मैक्स वेबर
D. टालकट पार्सन्स

Q.8 भारत के किस राज्य में अनुसूचित जनजातियों की जनसंख्या सर्वाधिक है?
A. मध्य प्रदेश
B. राजस्थान
C. असम
D. उड़ीसा

Q.9 "जाति एक बंद वर्ग है।" इस कथन से कौन सम्बन्धित है?
A. जे. एच. हट्टन
B. सी. एच. कूले
C. मजूमदार
D. जी. एस. घुरिये

Q.10 भारतीय संविधान के किस अनुच्छेद में धार्मिक स्वतंत्रता का अधिकार प्रदान किया गया है?
A. अनुच्छेद 20
B. अनुच्छेद 17
C. अनुच्छेद 23
D. अनुच्छेद 25 (1)

Q.11 डिसऑर्गनाइजेशन-पर्सनल एण्ड सोशल का लेखक कौन है?
A. मेमोरिया
B. डेविड माउरर
C. जे. मेरिल
D. एमिल दुर्खीम

Q.12 धर्म जनता के लिए अफीम है।" यह किसने कहा है?
A. मैक्स वेबर
B. किंगसले डेविस
C. कार्ल मार्क्स
D. इमाईल दुर्खीम

Q.13 भारतीय दर्शन में 'प्रमाण' का अर्थ है:
A. शपथ
B. माप

C. आश्वासन
D. ज्ञान का स्रोत

Q.14 अभिजन के परिभ्रमण' का सिद्धान्त किसने प्रतिपादित किया?
A. विलफ्रेडो पेरेटो
B. पिटिरिम सोरोकिन
C. गेटानो मोस्का
D. रॉबर्ट मिचेल्स

Q.15 जजमानी प्रथा की विशेषता क्या है-
A. पारिश्रमिक का वस्तु में भुगतान
B. कई पीढ़ियों तक निरन्तरता
C. सेवाओं का आदान-प्रदान
D. उपरोक्त सभी

Q.16 निम्नलिखित में से कौन-सा वक्तव्य सही है?
A. हम संस्थाओं के सदस्य है।
B. हम समितियों के सदस्य हैं।
C. हम रूढ़ियों के सदस्य हैं।
D. हम प्रथाओं के सदस्य हैं।

Q.17 'फंक्शन एंड स्ट्रक्चर इन प्रिमिटिव सोसायटी' नामक पुस्तक के लेखक कौन हैं?
A. आर.के. मर्टन
B. ए.आर. ब्राउन
C. ब्रोनिस्लाव मैलिनोवस्की
D. आर.आर. मैरियट

Q.18 'परिहार' किससे सम्बन्धित है?
A. आवास के नियम
B. उत्तराधिकार के नियम
C. नातेदारी की श्रेणी
D. उपरोक्त किसी से नहीं

Q.19 प्रजाति केन्द्रवाद (एथनोसेन्ट्रिज्म) का अर्थ है-
A. अपनी संस्कृति को दूसरी संस्कृति से श्रेष्ठ समझने की भावना
B. संस्कृति का तुलनात्मक अध्ययन
C. सांस्कृतिक नवाचार द्वारा भौतिक पर्यावरण में बदलाव लाना
D. क्षेत्र कार्य में प्रयुक्त प्रविधि

Q.20 औद्योगिक समाज में कृषि-
A. एक उद्योग है
B. जीवन का एक ढंग है
C. का अस्तित्व नहीं होता
D. का न्यूनतम महत्व है

Q.21 'सापेक्षिक प्रवंचन' का प्रत्यय प्रतिपादित किया है-
A. टालकट पार्सन्स ने
B. गिलिन तथा गिलिन ने
C. आर. के. मर्टन ने
D. किंसले डेविस ने

Q.22 'प्रत्याशामूलक समाजीकरण' का प्रत्यय विकसित किया है-
A. पी. सोरोकिन ने
B. कार्ल मार्क्स ने
C. आर. के. मर्टन ने
D. डान मार्टिन्डेल ने

Q.23 पर-संस्कृतिग्रहण, सामाजिक एकीकरण तथा आत्मसातकरण को उत्तम ढंग से वर्णित किया जा सकता है कि ये-
A. सामाजिक आन्दोलन के चरण हैं
B. आत्मसात प्रक्रिया के चरण हैं
C. समंजन के स्वरूप हैं
D. गैर प्रतिस्पर्धात्मक व्यवहार है

Q.24 सामाजिक स्तरीकरण के विशेषाधिकार, प्रतिष्ठा तथा सत्ता से सम्बन्धित सिद्धान्त का प्रतिपादन निम्न में से किसने किया?
A. मैक्स वेबर
B. कार्ल मार्क्स
C. आर. राल्फ डेहरनडार्फ
D. सी. राइट मिल्स

Q.25 संस्कृति को इन्द्रियपरक, विचारात्मक और आदर्शात्मक रूपों में किसने वर्गीकृत किया?
- **A.** पिटिरिम सोरोकिन
- **B.** हरबर्ट स्पेन्सर
- **C.** मॉर्गन
- **D.** मैक्स वेबर

Q.26 'समाज, सादृश्यता की सामूहिक चेतना है', यह किसने कहा?
- **A.** हर्बर्ट स्पेन्सर
- **B.** एफ. एच. गिड्डिंग्स
- **C.** इमाइल दुर्खीम
- **D.** आर.एम. मैकाइवर

Q.27 वह प्रक्रिया, जिससे कोई संस्कृति जब दूसरी संस्कृति के सम्पर्क में आती है, अपने कुछ गुणों को खो देती है, इसे कहा जाता है-
- **A.** सांस्कृतिक परिवर्तन
- **B.** संस्कृति प्रसार
- **C.** पर-संस्कृतिग्रहण
- **D.** संस्कृतिकरण

Q.28 समाजशास्त्र में शास्ति से बोध होता है-
- **A.** केवल पुरस्कारों से
- **B.** केवल दण्ड से
- **C.** पुरस्कार तथा दण्ड से
- **D.** अनुमोदन से

Q.29 भूमिका के बारे में निम्नलिखित में से कौन-से कथन सही है?
1. भूमिका वह कार्य है जिसे एक व्यक्ति प्रत्येक प्रस्थिति के अनुरूप सम्पन्न करता है।
2. भूमिका का प्रस्थिति से कोई सम्बन्ध नहीं होता।
3. भूमिका स्थिर है।
4. भूमिकाओं के निर्वाह से समाज में प्रकार्यात्मक आवश्यकता पूरी होती है।
- **A.** 1 तथा 2 सही है
- **B.** 1 तथा 3 सही है
- **C.** 2 तथा 4 सही है
- **D.** 1 तथा 4 सही है

Q.30 सांस्कृतिक सापेक्षवाद में क्या निहित नहीं है?
- **A.** एक संस्कृति अच्छी अथवा बुरी दोनों ही है।
- **B.** यह पूर्ववर्तिता से सम्बन्धित है।
- **C.** यह स्थान से सम्बन्धित है।
- **D.** यह एक समूह के पूर्वकल्पित विचारों से सम्बन्धित है।

Q.31 निम्नलिखित में से कौन-सा युग्म सही नहीं है?
- **A.** विलेज इंडिया - मैककिम मैरियट
- **B.** लिटिल कम्युनिटी - रॉबर्ट रेडफील्ड
- **C.** इनइक्लिटीज एण्ड सोशल चेंज - एम. एन. श्रीनिवास
- **D.** द सोशल सिस्टम - टॉलकट पारसन्स

Q.32 सूची-I का सूची-II से सुमेल करिए तथा अपना उत्तर नीचे दिये गये कोड के आधार पर दीजिए-

सूची-I	सूची-II
a. परिवार के कार्य	1. आध्यात्मिक शक्ति में विश्वास
b. धर्म	2. समाजीकरण
c. शिक्षा	3. सामाजिक नियंत्रण
d. जनमत	4. संस्कृति का संरक्षक

- **A.** a-1, b-2, c-3, d-4
- **B.** a-2, b-3, c-4, d-1
- **C.** a-2, b-1, c-4, d-3
- **D.** a-1, b-3, c-4, d-2

Q.33 ऐसा समूह जिसे व्यक्ति महत्वपूर्ण समझता है और उससे अपनी तुलना करता है, वह-
- **A.** प्राथमिक समूह है
- **B.** द्वितीयक समूह है
- **C.** संदर्भ समूह है
- **D.** सांस्कृतिक समूह है

Q.34 यदि उच्च सामाजिक प्रस्थिति समूह की कन्या का विवाह निम्न सामाजिक प्रस्थिति समूह के व्यक्ति से होता है तो यह किस प्रकार का विवाह कहलायेगा?
- **A.** अन्तर्विवाह
- **B.** अधिमान्य विवाह
- **C.** अनुलोम विवाह
- **D.** प्रतिलोम विवाह

Q.35 सूची-I का सूची-II से मिलान कीजिए तथा नीचे दिये गये कूट के अनुसार अपने उत्तर का चयन कीजिए-

सूची-I	सूची-II
a. द स्टडी आफ हिस्ट्री	1. एफ. टॉनीज
b. सोशल एण्ड कल्चरल डायनेमिक्स	2. आर्नल्ड टयनबी
c. द कमिंग ऑफ पोस्ट इंडस्ट्रयल सोसायटी	3. पी. ए. सोरोकिन
d. गेमिनशाफ्ट एवं गैसेलशाफ्ट	4. डेनियल बेल

- **A.** a-2, b-3, c-4, d-1
- **B.** a-4, b-1, c-2, d-3
- **C.** a-4, b-3, c-2, d-1
- **D.** a-3, b-2, c-1, d-4

Q.36 समाज के विभिन्न समूहो का श्रेष्ठता-हेयता आधार पर वितरण की प्रक्रिया को कहते हैं-
- **A.** सामाजिक विभिन्नीकरण
- **B.** सामाजिक उद्विकास
- **C.** सामाजिक स्तरीकरण
- **D.** सामाजिक विघटन

Q.37 'समाजशास्त्र' शब्द किसके द्वारा गढ़ा गया था?
- **A.** सेंट साइमन
- **B.** हरबर्ट स्पेन्सर
- **C.** अगस्त कॉमट
- **D.** एमाइल दुर्खीम

Q.38 निम्नलिखित में से कौन-सी विशेषता जनजातीय अर्थव्यवस्था की विशेषता नहीं है?
- **A.** पारस्परिकता
- **B.** पूर्ण प्रतिस्पर्धा
- **C.** पुनर्वितरण
- **D.** श्रम विभाजन

Q.39 किसी जनजाति की सर्वप्रमुख विलक्षणता क्या है?
- **A.** संस्तरण का अभाव
- **B.** जीवनयापन का निम्न स्तर
- **C.** सांस्कृतिक पिछड़ापन
- **D.** वस्तु विनिमय प्रणाली

Q.40 निम्नलिखित में से सर्वप्रथम 'सामाजिक नियंत्रण' की व्याख्या किसने की?
- **A.** एमाइल दुर्खीम
- **B.** समनर
- **C.** मैकाइवर
- **D.** रॉस

Q.41 'अर्द्ध प्राथमिक समूह' की शब्दावली का प्रतिपादन किसने किया?
- **A.** विलियम फील्डिंग आॅगबर्न
- **B.** विलियम ग्राहम समनर
- **C.** चार्ल्स कूले
- **D.** हैरी एच. हिलर

Q.42 निम्नलिखित में से कौन-सी विशेषता समुदाय की विशेषता नहीं है?
- **A.** निश्चित स्थानीयता
- **B.** सामुदायिक भावना
- **C.** सामान्य जीवन
- **D.** ऐच्छिक सदस्यता

Q.43 निम्नलिखित में से संस्था का कौन प्रकार्य नहीं है?
- **A.** प्रस्थिति एवं भूमिका प्रदान करना
- **B.** सामाजिक नियंत्रण स्थापित करना
- **C.** सामाजिक व्यवस्था को विसंयोजित करना
- **D.** मानव आवश्यकताओं की पूर्ति करना

Q.44 यह तर्क किसने प्रस्तुत किया है कि संस्कृति एक पद्धति है जिसमें एक वर्ग का प्रभुत्व दूसरे वर्ग पर बना रहता है?
- **A.** ब्रॉसिलाव मैलिनोवस्की
- **B.** पियरे बेर्दियू
- **C.** कार्ल मार्क्स
- **D.** टैल्कॉट पारसन्स

Q.45 वेब्रलिन एक-
- **A.** प्रौद्योगिक निर्धारणवादी है

B. सांस्कृतिक निर्धारणवादी है
C. आर्थिक निर्धारणवादी है
D. भौगोलिक निर्धारणवादी है

Q.46 सूची-I को सूची-II से मिलाइये तथा नीचे दिए गए कूट का प्रयोग करते हुये सही उत्तर का चयन कीजिए-

सूची-I	सूची-II
a. प्राणियों का प्रजनन	1. परिवार का आर्थिक प्रकार्य
b. संस्कृति का स्चरण	2. परिवार का प्राणिशास्त्रीय प्रकार्य
c. श्रम विभाजन	3. परिवार का सांस्कृतिक प्रकार्य
d. प्रस्थिति प्रदान करना	4. परिवार का सामाजिक प्रकार्य

A. a-2, b-3, c-1, d-4
B. a-3, b-1, c-2, d-4
C. a-2, b-4, c-1, d-3
D. a-3, b-4, c-2, d-1

Q.47 पी.वी. यंग ने समाज का विश्लेषण किस उपागम से किया?
A. यांत्रिक उपागम
B. व्यष्टिवादी उपागम
C. सावयवी उपागम
D. प्रकार्यवादी उपागम

Q.48 आत्मसात की प्रक्रिया को हतोत्साहित करने वाली दशा कौन-सी है?
A. सहिष्णुता
B. संस्कृतीकरण
C. सामाजिक सम्पर्क
D. प्रभुत्व

Q.49 'भारत में पिछड़ा वर्ग आयोग' के प्रथम अध्यक्ष कौन थे?
A. बी. पी. मंडल
B. बी.आर. अम्बेडकर
C. काका कालेलकर
D. एम. के. गांधी

Q.50 निम्नलिखित में से किसने जाति व्यवस्था का विश्लेषण 'शुद्धता एवं प्रदूषण' की धारणा के आधार पर किया?
A. योगेश अटल
B. आंद्रे बेते
C. लुइस ड्यूमॉन्ट
D. जे. एच. हट्टन

Q.51 'द हिस्ट्री ऑफ ह्यूमन मैरिज' नामक पुस्तक के लेखक कौन हैं?
A. इमोजेन टायलर
B. एडवर्ड वेस्टरमार्क
C. डेविड मॉर्गन
D. के. एम. कपाड़िया

Q.52 निम्नलिखित में से कौन सामाजिक स्तरीकरण का प्रकार्य है?
A. सामाजिक दूरी बढ़ाना
B. समाज को विसंयोजित करना
C. मनोवृत्तियों का निर्धारण करना
D. समान अवसर न प्रदान करना

Q.53 निम्नलिखित में से कौन प्रदत्त प्रस्थिति का आधार नहीं है?
A. लिंग
B. तकनीकी योग्यता
C. आयु
D. नातेदारी

Q.54 निम्नलिखित में से किसने 'अप्रतिमानता' प्रत्यय का विश्लेषण किया?
A. मैक्स वेबर
B. राबर्ट मर्टन
C. टॉलकट पारसन्स
D. जॉर्ज सिमेल

Q.55 निम्न में से किस जनजाति में हल को छूना तथा मकान पर छप्पर डालना स्त्रियों के लिए निषेध है?
A. गोंड
B. संथाल
C. खासी
D. इनमे से कोई नहीं

Q.56 निम्नलिखित में से कौन-सा देश नियोजन को अपनाने में अग्रणी रहा?
A. संयुक्त राज्य अमेरिका
B. सोवियत संघ
C. भारत
D. चीन

Q.57 निम्नलिखित में से किसने सामाजिक परिवर्तन में धार्मिक आचार की भूमिका को महत्व दिया है?

A. एमिल दुर्खीम
B. पिटरिम सोरोकिन
C. मैक्स वेबर
D. डब्ल्यू. एफ. ऑगबर्न

Q.58 एक ही भूमिका के विभिन्न पहलुओं के बीच होने वाला संघर्ष उत्पन्न करता है-
A. भूमिका संघर्ष
B. भूमिका पुंज
C. भूमिका तनाव
D. द्वैत भूमिका

Q.59 आगस्त कॉम्ट के अनुसार समाजशास्त्र विज्ञान है-
A. समाज का
B. समुदाय का
C. सामाजिक व्यवस्था और प्रगति का
D. सामाजिक समूह का

Q.60 किसने यह कहा था कि पदार्थ अनिश्चित, असम्बद्ध समानता से निश्चित, सम्बद्ध विभिन्नता में बदलता है?
A. आगस्त कॉम्ट
B. हरबर्ट स्पेंसर
C. कार्ल मार्क्स
D. एमाइल दुर्खीम

Q.61 समाजों के वर्गीकरण में किसने 'एशियाई प्रकार' का उपयोग किया?
A. चार्ल्स कूले
B. फर्डिनेंड टोनीस
C. कार्ल मार्क्स
D. मैक्स वेबर

Q.62 दमनकारी और प्रतिकारी कानून शब्दों का प्रयोग किसने किया?
A. हरबर्ट स्पेंसर
B. एमाइल दुर्खीम
C. मैक्स वेबर
D. टैल्कॉट पारसन्स

Q.63 यह किसने कहा कि समाज में श्रम विभाजन जनसंख्या के भौतिक घनत्व के कारण होता है?
A. रॉबर्ट माल्थस
B. हरबर्ट स्पेंसर
C. एमाइल दुर्खीम
D. विलफ्रेडो पेरेटो

Q.64 सूची-I को सूची-II से मिलाइये और इन सूचियो के नीचे दिए गए कूट का उपयोग करते हुए सही उत्तर का चयन कीजिए-

सूची-I (अवधारणा)	सूची-II (विचारक)
a. आदर्श प्रारूप	1. चार्ल्स कूले
b. प्राथमिक समूह	2. मैक्स वेबर
c. बाह्य समूह	3. एमाइल दुर्खीम
d. सामाजिक तथ्य	4. विलियम ग्राहम समनर
	5. टैल्कॉट पारसन्स

A. a-1, b-2, c-3, d-4
B. a-2, b-1, c-4, d-3
C. a-5, b-4, c-1, d-2
D. a-4, b-2, c-3, d-5

Q.65 निम्नलिखित में से कौन प्राथमिक समूह की आवश्यक विशेषता है-
A. एक से अधिक व्यक्ति
B. सामान्य हित
C. सादृश्य हित
D. कंधे से कंधे का सम्बन्ध

Q.66 वह परिवार जिसमें आपका जन्म हुआ जिसने आपको एक नाम और पहचान प्रदान की उसे क्या कहेंगे?
A. फैमिली ऑफ प्रोक्रिएशन
B. फैमिली ऑफ ओरियन्टेशन
C. संयुक्त परिवार
D. एकाकी परिवार

Q.67 निम्नलिखित में से कौन-सी द्वितीयक समूह की विशेषताएँ हैं?
1. एक से अधिक
2. सामान्य हित
3. सादृश्य हित
4. स्थायी प्रकृति

नीचे दिए गये कूट में सही उत्तर का चयन कीजिए-

A. 1 और 2　　**B.** 2 और 3　　**C.** 3 और 4　　**D.** 1 और 4

Q.68 किसने सर्वप्रथम 'बाह्य समूह' नाम का प्रयोग किया?

A. चार्ल्स कूले
B. डैनियल बेल
C. विलियम ग्राहम समनर
D. अल्बियन स्माल

Q.69 'प्लान्ड इकोनोमी फॉर इंडिया' शीर्षक पुस्तक किसने लिखी?

A. जे एल. नेहरू
B. एस. सी. बोस
C. एम. विश्वरैया
D. रजनी कोठारी

Q.70 लोक नगरीय अन्त.सम्बन्धों के प्रक्रम में उच्च संस्कृतनिष्ठ कुछ तत्व किसी एक या किसी अन्य लघु परम्परा का अंग बनने के लिए नीचे तक छनकर किसी स्थानीय संदर्भ में जुड़ जाते हैं। इस प्रक्रिया को क्या कहते हैं?

A. संस्कृतीकरण
B. विकेन्द्रीकरण
C. स्थानीयकरण
D. सार्वभौमीकरण

Q.71 'मेहर' का भुगतान किसे करना पड़ता है?

A. वर के पिता द्वारा वधू के माता-पिता को
B. वधू के पिता द्वारा वर के माता-पिता को
C. पति द्वारा पत्नी को
D. पत्नी द्वारा पति को

Q.72 इस मत की किसने आलोचना की है कि व्यक्ति भूमिका की अपेक्षाओं का स्वचालित रूप से प्रत्युत्तर देता है?

A. एच. लिटन
B. टैल्कॉट पारसन्स
C. हेरोल्ड गार्फिंकेल
D. रॉबर्ट मर्टन

Q.73 जॉर्ज सिमेल के समूह के वर्गीकरण का आधार है-

A. सामाजिक संबंध
B. संबंधों की प्रकृति
C. सदस्यता की प्रकृति
D. आकार

Q.74 निम्नलिखित में से कौन यह नहीं स्वीकार करता है कि सामाजिक स्तरीकरण एक प्रकार्यात्मक आवश्यकता है?

A. के. डेविस
B. डब्ल्यू. ई. मूरे
C. टी. पारसन्स
D. एम. एम. ट्यूमिन

Q.75 निम्न में से कौन मानता है कि किसी व्यक्ति की वर्ग स्थिति मूलत: उसकी बाजार स्थिति है?

A. के. मार्क्स　　**B.** ई. दुर्खीम　　**C.** एम. यंग　　**D.** एम. वेबर

Q.76 निम्न में से कौन प्राथमिक और द्वितीयक विचलन में भेद करता है?

A. टी. पारसन्स
B. ई. दुर्खीम
C. आर. मर्टन
D. ई. एम. लेमर्ट

Q.77 'पलायन विवाह' एक प्रकार है-

A. ईसाई विवाह का
B. मुस्लिम विवाह का
C. हिन्दू विवाह का
D. जनजातीय विवाह का

Q.78 निम्न में से कौन परिवार की उत्पत्ति से सम्बन्धित 'यौन साम्यवाद' सिद्धान्त के प्रवर्तक हैं?

A. एडवर्ड वेस्टरमार्क
B. एच. ई. जेन्सन
C. कार्ल मार्क्स
D. डेविड मॉर्गन

Q.79 एक समाजशास्त्री की मूलतः रुचि इसमें होती है कि-

A. व्यक्ति एक-दूसरे को किस प्रकार से प्रभावित करते हैं
B. कोई भी वस्तु जो व्याकरणात्मक मानवीय व्यवहार से सम्बद्ध है
C. एक व्यक्ति, क्योंकि वह सप्रमाण समझता है, कि एक व्यक्ति ही समाज को बनाता है
D. मानव-व्यवहार और अन्य पशुओं के व्यवहार में समानता

Q.80 एमाइल दुर्खीम के अनुसार-

A. एनोमी आधुनिक सामाजिक आर्थिक व्यवस्था में सामाजिक क्रियाकलापों की अस्त-व्यस्तता की पुरानी अवस्था है।
B. एनोमी आधुनिक सामाजिक आर्थिक व्यवस्था में आर्थिक उतार-चढ़ावों के समय उत्पन्न होती है।
C. एनोमी आधुनिक सामाजिक आर्थिक व्यवस्था में राजनीतिक उतार-चढ़ावों के समय उत्पन्न होती है।
D. एनोमी आधुनिक सामाजिक आर्थिक व्यवस्था में नहीं उत्पन्न होती है।

Q.81 कुछ स्थितियों में, धार्मिक धारणाएँ, आर्थिक व्यवहार पर वृहद् प्रभाव डाल सकती हैं। पूँजीवाद के विकास के अपने अध्ययन में उपर्युक्त विचार का उपयोग किसने किया है?

A. एमाइल दुर्खीम
B. कार्ल मार्क्स
C. ब्रोंसिलाव मालिनोवस्की
D. मैक्स वेबर

Q.82 रॉबर्ट के. मर्टन ने लिखा है कि किस प्रकार साम्यवाद जैसी राजनीतिक विचारधारा साम्यवादी समाज में धर्म को निम्नलिखित प्रदान कर सकती है-

A. दुष्क्रिया
B. प्रकार्यात्मक विकल्प
C. प्रकार्यात्मक एकता
D. प्रकार्यात्मक पूर्वापेक्षा

Q.83 "सजातीयता और सजातीयता के बोध के बिना इकट्ठा होने की पारस्परिक पहचान नहीं हो सकती है और इसलिये कोई समाज नहीं हो सकता है" यह किसका विचार है?

A. रॉबर्ट एम. मैकिवर
B. एमाइल दुर्खीम
C. मैक्स वेबर
D. विलियम फील्डिंग ऑगबर्न

Q.84 'सामाजिक उद्विकास' इस पद का उपयोग किसके उद्विकास को स्पष्ट करने के लिये किया जाता है?

A. जीव
B. पशु समाज
C. पशु तथा मानव
D. मानवीय समाज

Q.85 निम्नलिखित में से किसने कहा है "समाज वैचारिक, तात्विक (या अभौतिक) और सकारात्मक (पॉजिटिव) अवस्थाओं से गुजरता है°-

A. एमाइल दुर्खीम
B. सेंट साइमन
C. रॉबर्ट एम. मैकिवर
D. आगस्त कॉम्ट

Q.86 कार्ल मार्क्स सामाजिक परिवर्तन के किस सिद्धांत से सम्बन्ध रखते है?

A. चक्रीय सिद्धांत
B. प्रकार्यात्मक सिद्धांत
C. संघर्ष सिद्धांत
D. विकास मूलक सिद्धांत

Q.87 "संघर्ष समाज की स्थायी विशेषता है अस्थायी घटना नहीं" यह किसने कहा है?

A. कार्ल मार्क्स
B. हरबर्ट स्पेंसर
C. जॉर्ज सिम्मल
D. सी. राइट मिल्स

Q.88 एमाइल दुर्खीम के अनुसार धार्मिक धारणाओं की समाज विज्ञान में भूमिका यह है कि-

A. वे व्यक्तियों को आंतरिक तथा बाह्य खतरों का मुकाबला करने में सक्षम बनाते हैं।
B. वे व्यक्तियों को धार्मिक अनुष्ठानों तथा औपचारिकताओं को पूरा करने के अवसर प्रदान करते हैं।
C. वे व्यक्तियों को आधिदैविक का अनुभव करने के लिये सक्षम बनाते हैं।
D. वे व्यक्तियों को उनके सामाजिक जीवन में मजबूत कारक प्रदान करते हैं।

Q.89 कुछ स्थितियों के अंतर्गत, धार्मिक विश्वासों का आर्थिक व्यवहार पर वृहद् प्रभाव पड़ सकता है। किसने पूँजीवाद के विकास के अपने अध्ययन में उपर्युक्त धारणा का उपयोग किया है?

A. एमाइल दुर्खीम   **B.** कार्ल मार्क्स
C. बी. मैलिनोवस्की   **D.** मैक्स वेबर

Q.90 एमाइल दुर्खीम के अनुसार, सर्वाधिक आदिम प्रकार का धर्म है-

A. जीववाद   **B.** मैजिक (जादू या माया)
C. टोटमवाद   **D.** प्रकृतिवाद

Q.91 "हम संस्थाओं से नहीं अपितु एसोसिएशन (समितियों) से सम्बन्धित होते हैं", यह किसने कहा है?

A. विलियम फील्डिंग ओगबर्न
B. एडविन सदरलैंड
C. फ्रैंकलिन एच. गिडिंग्स
D. रॉबर्ट एम. मैकाइवर

Q.92 निम्नलिखित कथनों में से वर्ग से सम्बन्धित कौन-सा कथन सही है?

A. सामाजिक स्तरीकरण की वर्ग व्यवस्था को 'बन्द' व्यवस्था समझा जा सकता है।
B. इसे 'खुली' व्यवस्था समझा जा सकता है।
C. वर्ग व्यवस्था में व्यक्ति सामाजिक सोपान तन्त्र में ऊपर या नीचे नहीं जा सकता है।
D. वर्ग व्यवस्था को सामान्यतः सामाजिक गतिशीलता द्वारा पृथक् किया जाता है।

Q.93 किसी पूर्व-अपराधी द्वारा सामाजिक मानकों का अनुपालन किसका उदाहरण कहा जा सकता है?

A. समाजीकरण   **B.** पुन: समाजीकरण
C. विसमाजीकरण   **D.** असमाजीकरण

Q.94 सूची-I (सामाजिक पदृश्य के जाँच पहड़ताल की पद्धतियाँ) को सूची-II के साथ सुमेलित करे-

सूची-I	सूची-II
a. तर्क प्रयोगात्मक	1. एमाइल दुर्खीम
b. द्वंद्वात्मक	2. विल्फ्रेडो पेरेटो
c. आदर्श प्ररूपिक	3. कार्ल मार्क्स
d. प्रकार्यात्मक	4. मैक्स वेबर

A. a-3, b-2, c-1, d-4   **B.** a-2, b-3, c-4, d-1
C. a-4, b-3, c-2, d-1   **D.** a-1, b-3, c-4, d-2

Q.95 समुदाय का उदाहरण कौन-सा नहीं है?

A. रेड इंडियन्स   **B.** मूरिया
C. अंडमान आइसलैंडर्स   **D.** राष्ट्रीय स्वयं सेवक संघ

Q.96 सूची-I को सूची-II के साथ सुमेलित करें तथा नीचे दिए गए कूटों की सहायता से सही उत्तर का चयन करें-

सूची-I	सूची-II
a. उप-संस्कृति	1. हिप्पी
b. विपर्यय संस्कृति	2. भाषा
c. सांस्कृतिक का वाहन	3. सेना
d. सांस्कृतिक टकराव	4. अयोध्या मंदिर आन्दोलन

A. a-4, b-2, c-3, d-1   **B.** a-1, b-2, c-3, d-4
C. a-3, b-1, c-2, d-4   **D.** a-1, b-4, c-2, d-3

Q.97 समाजमिति का उपयोग सर्वप्रथम किसने किया है?

A. जॉर्ज ए लुंडबर्ग   **B.** जैकब लेवी मोरेनो
C. एमोरी एस. बोगार्डस   **D.** अर्नेस्ट बर्गस

Q.98 मैक्स वेबर द्वारा प्रस्तुत सामाजिक क्रिया प्ररूप विज्ञान का हिस्सा निम्नांकित में एक नहीं है, पहचाने-

A. जनतांत्रिक   **B.** पारम्परिक

C. मूल्यांकन   **D.** तर्कणापरक

Q.99 संस्कृति का तत्व निम्नांकित में से कौन-सा नहीं है?

A. परिवार   **B.** मूल्य (मान)
C. पोशाक (पहनावा)   **D.** व्यवहार के ढंग

Q.100 धर्म की अपनी समाजशास्त्रीय व्याख्या में एमाइल दुर्खीम ने कुछ अवलोकन किये। नीचे दिये कूटों से सही अवलोकनों का चयन करें-

(1) धर्म एक मानसिक रोग है।
(2) समाज का मानवीकरण ही प्रभु है।
(3) कष्ट पा रही मानवता को धर्म मुक्ति देता है।
(4) परलोक का राज्य गौरवान्वित समाज है।

A. (1) और (3)   **B.** (2) और (4)
C. (1) और (4)   **D.** (1) और (3)

Q.101 प्राथमिक समूह का उदाहरण निम्नांकित में से कौन-सा है?

A. आस-पड़ोस   **B.** स्कूल
C. मित्रों का समूह   **D.** भारतीय स्टेट बैंक

Q.102 राज्य निम्नांकित में से किसका उदाहरण है?

A. प्राथमिक समूह   **B.** समुदाय
C. समिति   **D.** सरकार

Q.103 समूहो का अंत: समूह और बाह्य समूह में वर्गीकरण किसने प्रस्तुत किया था?

A. फर्डिनेंड टोनीस   **B.** चार्ल्स कूले
C. जॉर्ज सी. होमन्स   **D.** विलियम ग्राहम समनर

Q.104 परिवार के कार्यों को निम्नांकित छ: वर्गो में किसने विभाजित किया है?

(i) भावनात्मक
(ii) आर्थिक
(iii) मनोरंजनात्मक
(iv) संरक्षात्मक
(v) धार्मिक
(vi) शैक्षिक

A. रॉबर्ट एम. मैकिवर   **B.** ऑगबर्न एवं निमकॉफ
C. जी. एच. स्प्रौट   **D.** अरनॉल्ड ग्रीन

Q.105 ज्ञात पूर्वजों और दत्तकग्रहण पुत्री और विवाह के जरिये इन पुत्रों से सम्बन्धित रिश्तेदारो के समूह के रूप में हिन्दु संयुक्त परिवार की व्याख्या किसने की है?

A. हेनरी मैन   **B.** किंग्सले डेविस
C. आर एम. मैकाइवर   **D.** एच.एम. जॉन्सन

Q.106 नातेदारी के अध्ययन में प्रथम महत्वपूर्ण योगदान किसने किया?

A. इयान टेलर   **B.** डेविड मॉर्गन
C. ब्रोंसिलाव मालिनोवस्की   **D.** रेडक्लिफ-ब्राउन

Q.107 सूची-I को सूची-II के साथ सुमेलित करें और नीचे दिए गए कूटों की सहायता से सही उत्तर का चयन करें-

सूची-I	सूची-II
a. फैमिली एण्ड किनशिप अमंग पण्डित ऑफ काश्मीर	1. रॉबिन फोक्स
b. किनशिप एण्ड मैरिज	2. जी.एस. घूरिये
c. एलीमेंटरी स्ट्रक्चर्स ऑफ किनशिप	3. राधाकमल मुखर्जी
d. फैमिली एण्ड किन इन इण्डो-यूरोपियन कल्चर	4. टी.एन. मदान
	5. सी. लेविस्ट्रॉस

A. a-1, b-2, c-3, d-4   **B.** a-4, b-1, c-3, d-2
C. a-1, b-3, c-2, d-4   **D.** a-4, b-2, c-3, d-1

Q.108 समाज-वैज्ञानिक शब्दावली में दुनिया का पहला अधिकारिक समाजशास्त्री किसे माना जाता है?
A. कार्ल मार्क्स   **B.** फर्निनान्ड टोएन्नीज
C. हर्बर्ट स्पेन्सर   **D.** डेविड एमील दुर्खाइम

Q.109 सूची-I को सूची-II के साथ सुमेलित करें और नीचे दिए गए कूटों की सहायता से सही उत्तर का चयन करें-

सूची-I	सूची-II
a. जाति बंद व्यवस्था है।	1. लूई ड्यूमां
b. जाति बंद सावयवी स्तरीकरण है।	2. गुन्नर मिर्डल
c. जाति समानता का चरम रूप है।	3. फ्रोन्ड्रिक बेली
d. जाति सोपान क्रम की अभिव्यक्ति है बजाय स्तरीकरण की।	4. मैक्स वेबर

A. a-1, b-2, c-3, d-4   **B.** a-4, b-3, c-2, d-1
C. a-1, b-3, c-2, d-4   **D.** a-4, b-2, c-3, d-1

Q.110 सूची-I को सूची-II के साथ सुमेलित करें और नीचे दिए गए कूटों की सहायता से सही उत्तर का चयन करें-

सूची-I	सूची-II
a. शुद्धता प्रदूषण का विरोध	1. एस. सिन्हा
b. जन जाति-जाति कृषक सातत्व	2. एल. ड्यूमा
c. गुणारोधीय एवं अंतर्राष्ट्रीय	3. मेकिम मैरिअट
	4. एम एन. श्रीनिवास

A. a-1, b-4, c-2   **B.** a-1, b-3, c-4
C. a-2, b-1, c-3   **D.** a-2, b-3, c-1

Q.111 समाजीकरण की निम्नांकित अवस्थाओं के अनुक्रम को ठीक तरह से व्यवस्थित करें। नीचे दिये कूटों की सहायता से सही उत्तर का चयन करे-
1. पूर्वाभासी
2. बच्चा
3. शिशु
4. प्रौढ
5. किशोर
A. 1, 3, 2, 5, 4   **B.** 5, 3, 2, 4, 1
C. 3, 2, 5, 4, 1   **D.** 2, 3, 4, 5, 1

Q.112 'सामान्यीकृत अन्य' का उदाहरण कौन-सा है?
A. समुदाय   **B.** मित्र
C. साथी समूह   **D.** अभिभावक

Q.113 सामाजिक उद्विकास की अवस्थाओं का विश्लेषण सरल, यौगिक दुगुनी यौगिक और तिगुनी यौगिक के रूप में किसने किया है?
A. एल. एच. मॉर्गन   **B.** एमाइल दुर्खीम
C. इ.वी. टेलर   **D.** हर्बर्ट स्पेंसर

Q.114 समाज के अधिकांश सदस्यों के ध्यान दिये बिना कुछ सामाजिक परिवर्तन होता है। इसे क्या कहते है?
A. प्रत्यक्ष परिवर्तन   **B.** प्रच्छत्र परिवर्तन
C. सापेक्ष परिवर्तन   **D.** निरपेक्ष परिवर्तन

Q.115 सामाजिक परिवर्तन के चक्रीय सिद्धान्त से कौन सम्बन्धित नहीं है?
A. हर्बर्ट स्पेंसर   **B.** टॉचनबी
C. लिपसैट   **D.** हॉबहाउस

Q.116 सूची-I को सूची-II के साथ सुमेलित करें और नीचे दिए गए कूटों की सहायता से सही उत्तर का चयन करें-

सूची-I	सूची-II
a. चक्रीय	1. जिआम्बट्टिस्टा विको
b. रैखिक	2. पिटिरिम सोरोकिन
c. उतार-चढ़ाव	3. ईव स्पैंगलर
d. सर्पिल	4. हरबर्ट स्पेंसर

A. a-3, b-4, c-2, d-1   **B.** a-4, b-1, c-3, d-2
C. a-1, b-3, c-2, d-4   **D.** a-4, b-2, c-3, d-1

Q.117 रेडक्लिफ ब्राउन के अनुसार, प्रकार्यात्मक बिखराव की स्थिति के साथ समाज विरले ही समाप्त होता है, इसके बजाय यह:
(i) यूनोमिया की नवस्थिति की ओर बढ़ने की कोशिश करता है।
(ii) अपने संरचनात्मक प्रतिमान को बदल सकता है।
(iii) अपने को विश्रृंखित कर सकता है।
(iv) अपनी पहचान को बदल देता है।
नीचे दिए गये कूटों से सही उत्तर का चयन करें-
A. (i) और (ii) सही है।   **B.** (ii) और (iii) सही है।
C. (i) और (iii) सही हैं।   **D.** (iii) और (iv) सही है।

Q.118 व्यष्टिक परिवार की अवधारणा किसने प्रस्तुत की है?
A. मरडॉक   **B.** जिम्मरमैन
C. एमाइल दुर्खीम   **D.** वॉर्नर

Q.119 प्राचीन और आधुनिक नौकरशाही के बीच में काफी अन्तर है। निम्नांकित में से कौन-सा कारक इस अन्तर को इंगित नहीं करता है?
A. कार्यों का ज्यादा बड़ा विशिष्टीकरण
B. आधुनिक नौकरशाही की विशालता
C. समाज के प्रभावशाली पहलू
D. आदर्श अधिक्रम

Q.120 'लुकिंग-ग्लास सेल्फ' का अर्थ है कि हम सीखते है कि हम कौन है-
A. स्व-भावना के द्वारा
B. अनुकरण द्वारा
C. हमारे साथ दूसरे लोगों के अनुभव द्वारा
D. अपने को कोई अन्य व्यक्ति होने जैसी कल्पना द्वारा

Q.121 फ्रॉयड के अनुसार 'सुपर इगो' (परा अहम) व्यक्ति के व्यक्तित्व के उस भाग को प्रस्तुत करता है, जो निम्नलिखित के जरिये सृजित हुआ है-
A. रचनात्मक वर्षों के दौरान समाजीकरण
B. वृद्धावस्था में समाजीकरण
C. समाजीकरण की प्रक्रिया जो व्यक्ति के समस्त जीवन में घटती है।
D. उपर्युक्त में से कोई नहीं

Q.122 निम्नांकित लेखको में से किसने समाजशास्त्र के लिये 'सामाजिक भौतिकी' पद का सर्वप्रथम उपयोग किया है?
A. हरबर्ट स्पेंसर   **B.** आगस्ट कॉम्ट
C. फर्डिनेंड टोनीस   **D.** मैक्स वेबर

Q.123 एक लेखक ने समाज को एक समान होने की चेतना में अंतर्विष्ट समझा है। निम्नांकित में से उसे पहचाने?
A. चार्ल्स कूले   **B.** लेस्टर फ्रैंक वार्ड
C. जॉर्ज सिमेल   **D.** फ्रैंकलिन एच. गिड्डिंग्स

Q.124 सामाजिक सम्बन्ध निम्नांकित में से किसके साथ प्राथमिक रूप से जुड़े है?
A. संस्थाएँ   **B.** धर्म
C. लोगों की चेतना   **D.** समितियाँ

Q.125 एक विशेष उद्देश्य को प्राप्त करने के लिए संगठित समूह को निम्नांकित में से क्या कहते हैं?

A. संस्था
B. समुदाय
C. समिति
D. राज्य

// स्मार्ट उत्तर पुस्तिका //

सही उत्तर — उन छात्रों के प्रतिशत को इंगित करता है जिन्होंने प्रश्नों का सही उत्तर दिया था।

छोड़ दिया — उन छात्रों के प्रतिशत को इंगित करता है जिन्होंने प्रश्नों को छोड़ दिया था।

प्रश्न संख्या	उत्तर	सही उत्तर / छोड़ दिया
1	A	50.2 % / 1.49 %
2	C	10.8 % / 4.67 %
3	D	57.37 % / 1.87 %
4	B	59.75 % / 1.91 %
5	B	21.43 % / 3.28 %
6	C	66.85 % / 1.08 %
7	B	47.01 % / 1.26 %
8	A	54.0 % / 1.41 %
9	C	44.59 % / 1.6 %
10	D	13.61 % / 3.85 %
11	B	45.72 % / 1.72 %
12	C	60.13 % / 1.49 %
13	D	66.28 % / 1.37 %
14	A	62.17 % / 1.05 %
15	D	66.46 % / 1.13 %
16	B	55.83 % / 1.09 %
17	B	44.9 % / 1.29 %
18	C	64.97 % / 1.88 %
19	A	40.75 % / 1.62 %
20	D	52.13 % / 1.03 %
21	C	65.92 % / 1.89 %
22	C	59.54 % / 1.93 %
23	C	57.5 % / 1.18 %
24	D	66.58 % / 1.09 %
25	A	49.09 % / 1.02 %
26	B	68.12 % / 1.31 %
27	C	43.63 % / 1.36 %
28	B	61.35 % / 1.72 %
29	D	45.26 % / 1.52 %
30	D	65.75 % / 1.9 %
31	C	28.26 % / 3.63 %
32	B	67.47 % / 1.95 %
33	C	59.46 % / 1.91 %
34	D	69.99 % / 1.4 %
35	A	13.19 % / 4.09 %
36	C	42.49 % / 1.21 %
37	C	66.92 % / 1.47 %
38	B	52.08 % / 1.21 %
39	A	68.16 % / 1.53 %
40	D	66.41 % / 1.84 %
41	C	54.96 % / 1.34 %
42	D	68.74 % / 1.22 %
43	C	47.58 % / 1.09 %
44	C	47.01 % / 1.18 %
45	A	13.33 % / 3.89 %
46	A	31.77 % / 3.28 %
47	B	45.61 % / 1.32 %
48	D	60.1 % / 1.82 %
49	C	48.26 % / 1.14 %
50	C	18.71 % / 3.34 %
51	B	66.3 % / 1.51 %
52	C	52.53 % / 1.32 %
53	B	64.48 % / 1.16 %
54	B	48.3 % / 1.02 %
55	A	44.79 % / 1.82 %
56	B	13.85 % / 4.97 %
57	C	68.9 % / 1.53 %
58	C	56.9 % / 1.86 %
59	C	53.46 % / 1.2 %
60	B	42.97 % / 1.4 %
61	C	43.57 % / 1.3 %
62	B	66.49 % / 1.24 %
63	C	66.5 % / 1.72 %
64	B	14.15 % / 4.1 %
65	C	58.91 % / 1.5 %
66	B	51.59 % / 1.67 %
67	A	46.95 % / 1.39 %
68	C	54.03 % / 1.11 %
69	C	53.75 % / 1.8 %
70	C	11.06 % / 3.16 %
71	C	50.64 % / 1.52 %
72	C	12.33 % / 3.28 %
73	D	50.75 % / 1.87 %
74	D	46.72 % / 1.71 %
75	D	45.43 % / 1.03 %
76	D	50.75 % / 1.96 %
77	D	61.8 % / 1.38 %
78	D	67.58 % / 1.87 %
79	A	40.55 % / 1.73 %
80	B	15.61 % / 3.95 %

प्रश्न संख्या	उत्तर	सही उत्तर / छोड़ दिया	प्रश्न संख्या	उत्तर	सही उत्तर / छोड़ दिया	प्रश्न संख्या	उत्तर	सही उत्तर / छोड़ दिया	प्रश्न संख्या	उत्तर	सही उत्तर / छोड़ दिया	प्रश्न संख्या	उत्तर	सही उत्तर / छोड़ दिया
81	D	66.78 % / 1.98 %	90	C	47.32 % / 1.58 %	99	A	60.71 % / 1.56 %	108	D	58.97 % / 1.37 %	117	A	32.26 % / 4.03 %
82	A	40.16 % / 1.93 %	91	D	51.81 % / 1.58 %	100	D	12.3 % / 4.69 %	109	B	31.98 % / 4.97 %	118	B	50.46 % / 1.75 %
83	B	26.39 % / 3.64 %	92	B	13.09 % / 4.84 %	101	A	68.19 % / 1.6 %	110	C	20.01 % / 4.1 %	119	D	58.5 % / 1.79 %
84	D	41.9 % / 1.89 %	93	B	66.63 % / 1.4 %	102	B	65.14 % / 1.58 %	111	C	20.02 % / 3.92 %	120	A	58.34 % / 1.19 %
85	D	18.92 % / 3.65 %	94	B	29.06 % / 4.31 %	103	D	62.56 % / 1.03 %	112	C	69.58 % / 1.29 %	121	C	10.07 % / 3.6 %
86	C	44.04 % / 1.88 %	95	D	45.22 % / 1.52 %	104	B	51.03 % / 1.28 %	113	D	48.16 % / 1.12 %	122	B	48.92 % / 2.0 %
87	A	13.75 % / 3.48 %	96	C	66.98 % / 1.57 %	105	A	62.71 % / 1.86 %	114	B	55.76 % / 1.92 %	123	D	65.99 % / 1.78 %
88	D	56.54 % / 1.39 %	97	B	42.79 % / 1.12 %	106	B	45.88 % / 1.12 %	115	A	66.04 % / 1.04 %	124	C	48.43 % / 1.96 %
89	D	40.1 % / 1.8 %	98	A	43.75 % / 1.09 %	107	B	32.61 % / 4.66 %	116	A	55.31 % / 1.88 %	125	C	62.19 % / 1.13 %

कार्य विश्लेषण	
औसत अंक (%)	**51.06%**
टॉपर्स स्कोर (%)	**57.88%**
आपका स्कोर	

//संकेत और समाधान//

1. मनुष्यों की अंतःक्रियाओं को दो भागों में बाँटा जा सकता है:

1. सहयोगात्मक
2. असहयोगात्मक

अतएव किसी ऐसे समाज की कल्पना नहीं की जा सकती जिसमें केवल सहयोग ही सहयोग हो।

अतः विकल्प (A) सही है।

2. यह परिभाषा इ. बी. रयूटर की है, जबकि सी. एच. कूले के अनुसार "समाज उन व्यवहारों या प्रक्रियाओं की एक जटिलता है जिसमें से प्रत्येक अन्यों के साथ अंतर्क्रियाओं के फलस्वरूप उत्पन्न और विकसित होता है।" (मूलभूत समाजशास्त्रीय अवधारणाएँ -पाटिल एवं भदौरिया)

अतः विकल्प (C) सही है।

3. सांस्कृतिक समाजशास्त्र पुस्तक गिलिन और गिलिन की है, जबकि बोटोमोर ने एलिट्स एंड सोसायटी, स्पेन्सर ने सोशल स्टेटिक्स, फर्स्ट प्रिंसिपल आदि पुस्तकें लिखीं।

अतः विकल्प (D) सही है।

4. मैकाइवर के अनुसार "समिति किसी एक सामान्य उद्देश्य या अनेक उद्देश्यों की पूर्ति के लिए संगठित समूह है।"

लगभग सभी श्रमिक संघों को समान रूप से संरचित किया जाता है और समान तरीके से कार्य किया जाता है। भारत में सेल्फ-एंप्लॉयड वुमनस एसोसिएशन (SEWA) का एक प्रमुख और प्रगतिशील श्रम संघ उदाहरण है। यह एक व्यापार संघ है जो अहमदाबाद, भारत में निम्न को बढ़ावा देने के लिए स्थापित किया गया है।

अतः विकल्प (B) सही है।

5. रेडक्लिफ ब्राउन ने व्यक्ति को सामाजिक संरचना की इकाई माना है, जिसके अनुसार व्यक्तियों के बीच परस्पर सम्बन्धों को संरचना का एक भाग कहते हैं।

अतः विकल्प (B) सही है।

6. अन्तः क्रिया की वह सामाजिक प्रक्रिया जिसमें सहमति के क्षेत्रों का आलेखन किया जाता है, सहयोग के अंतर्गत आता है, जबकि सामाजिक अंतक्रिया के असहमति के क्षेत्र हैं-संघर्ष एवं प्रतिस्पर्धा।

अतः विकल्प (C) सही है।

7. लोकरीति की तरह लोकाचार पर भी सबसे पहले अमेरिकी समाजशास्त्री ग्राहम समनर ने विचार किया था। उन्होंने अपनी पुस्तक फॉकवेज में पहली बार लोकाचार को फोकवेज से अलग किया। ग्राहम समनर ने सन् 1906 में यह पुस्तक लिखी।

अतः विकल्प (B) सही है।

8. भारत में अनुसूचित जनजातियाँ संपूर्ण जनसंख्या का 7.5% (1981) है, तथा कुल अनुसूचित जनजातीय जनसंख्या का 43% मध्य प्रदेश में पायी जाती है।

अतः विकल्प (A) सही है।

9. यह विचार मजूमदार ने अपनी प्रसिद्ध पुस्तक 'रेसेज एण्ड कल्चर ऑफ इंडिया में अभिव्यक्त किया है। इस कथन के अन्तर्गत मजूमदार ने कहा है कि जाति की सदस्यता जन्म से प्राप्त होती है। तब उसमें आजीवन कोई परिवर्तन नहीं होता है। जबकि सी. एच. कूले ने अपनी कृति सोशल ऑर्गेनाइजेशन में कहा है कि "जब एक वर्ग पूर्णतः आनुवंशिकता पर आधारित होता है, तो हम उसे जाति कहते हैं।"

अतः विकल्प (C) सही है।

10. भारतीय संविधान के अनुच्छेद 25 (1) के अनुसार, भारत के प्रत्येक व्यक्ति को किसी भी धर्म को मानने, आचरण करने तथा प्रचार करने की स्वतंत्रता है। जबकि अनुच्छेद 20- अपराधों के लिए दोषसिद्धि के संबंध में संरक्षण, अनुच्छेद 17-अस्पृश्यता का अंत तथा अनुच्छेद 23-मानव के दुर्व्यापार एवं बलात् श्रम से संबंधित हैं।

अतः विकल्प (D) सही है।

11. डिसऑर्गेनाइजेशन-पर्सनल एण्ड सोशल का लेखक माउरर है।

यह पुस्तक व्यक्तिगत और सामाजिक अव्यवस्था के सिद्धांत को स्थापित करने और यह इंगित करने का प्रयास करती है कि इस तरह के सिद्धांत को विभिन्न सामाजिक समस्याओं पर कैसे लागू किया जा सकता है। आधुनिक समाजशास्त्र में बहुत कम क्षेत्र ऐसी सामग्री की प्रचुरता प्रदान करते हैं, जितनी आधुनिक सामाजिक समस्याओं का क्षेत्र है।

अतः विकल्प (B) सही है।

12. कार्ल मार्क्स ने कहा कि धर्म जनता के लिए अफीम है जो सुला देने का काम करती है।

अतः विकल्प (C) सही है।

13. प्रमाण (संस्कृत: प्रमाण) शब्द प्रायः विभिन्न हिंदू धर्म के विद्यालयों में पाया जाता है और इसका अर्थ है "प्रमाण" और "ज्ञान का स्रोत"। भारतीय दर्शन में, प्रमाण ही वह साधन है जो ज्ञान को जन्म दे सकता है, और भारतीय महाविज्ञान में एक मुख्य अवधारणा के रूप में कार्य करता है। प्रमाण का ध्यान यह है कि कैसे सही ज्ञान प्राप्त किया जा सकता है, कोई पहले से ही जानता है, कोई क्या जानता है आदि।

अतः विकल्प (D) सही है।

14. अभिजन के परिभ्रमण सिद्धांत का प्रतिपादन विलफ्रेडो पेरेटो ने अपनी पुस्तक-माइंड एंड सोसाइटी में किया है।

अतः विकल्प (A) सही है।

15. उपरोक्त सारी विशेषतायें जजमानी प्रथा के अंतर्गत आती हैं। भारतीय जजमानी प्रथा का अध्ययन करने वालों में प्रमुख है-ऑस्कर लेविस। इस प्रथा में दो जातियाँ होती हैं-

(1) जजमान

(2) कमीन वर्ग

अतः विकल्प (D) सही है।

16. मैकाइवर का कथन है कि " हम समितियों के सदस्य हैं न कि संस्थाओं के, क्योंकि संस्था विविध प्रकार के नियमों-विनियमों का संस्थापित स्वरूप होती है अतएव उसमें सदस्यता का अभाव पाया जाता है।

अतः विकल्प (B) सही है।

17. 'फंक्शन एंड स्ट्रक्चर इन प्रिमिटिव सोसायटी' पुस्तक में ए.आर. ब्राउन ने संरचना एवं प्रकार्य का वर्णन किया है। जबकि मेरियट की-विलेज इंडिया, मर्टन की-साइंस, सोशियोलॉजी ऑफ साइंस आदि पुस्तकें है।

अतः विकल्प (B) सही है।

18. 'परिहार' नातेदारी की श्रेणी से सम्बन्धित है।

परिहार या विमुखता का अर्थ है कुछ संबंध आपस में एक-दूसरे से कुछ दूरी बनाये रखें।

अतः विकल्प (C) सही है।

19. वस्तुतः किसी प्रजाति को छोटा किसी को बड़ा मानने की भावना किसी प्रजाति के सदस्यों के साथ अपमानजनक व्यवहार करना इत्यादि प्रजातीय पूर्वग्रह अथवा संकेन्द्रता के नाम से समाजशास्त्र में जाना जाता है।

अतः विकल्प (A) सही है।

20. द्वितीयक एवं तृतीयक उद्योगों का महत्व औद्योगिक समाज में होता है, जबकि कृषि का महत्व न्यूनतम होता है तथा इसमें 2 से 5% जनसंख्या लगी रहती है।

अतः विकल्प (D) सही है।

21. 'सापेक्षिक प्रवंचन' का सिद्धान्त आर. के. मर्टन का है।

आर. के. मर्टन (जन्म मेयेर रॉबर्ट स्कोलनिक; 4 जुलाई 1910 - 23 फरवरी 2003) एक अमेरिको समाजशास्त्री थे, जिन्हें आधुनिक समाजशास्त्र का संस्थापक पिता माना जाता है, और अपराध विज्ञान के उपक्षेत्र में एक प्रमुख योगदानकर्ता है।

अतः विकल्प (C) सड़ी है।

22. जब व्यक्ति किसी ऐसे समूह के सदस्य बनने की आकांक्षा रखता है जिसका वह सदस्य नहीं हो तथा वह समूह उसके विचारों, मूल्यों स्थित एवं व्यवहार को प्रभावित करता है। यह प्रत्याशामूलक समाजीकरण कहलाता है इसको आर. के. मर्टन ने प्रतिपादित किया।

अतः विकल्प (C) सड़ी है।

23. एकीकरण, सात्मीकरण एवं पर-संस्कृतिग्रहण तीनों ही सामाजिक संगठनकारी प्रक्रियायें हैं तथा सामाजिक संरचना एवं प्रकार्यों को सुचारू रूप से चलाने के लिये इन तीनों में समंजन (सामंजस्य) आवश्यक है।

अतः विकल्प (C) सड़ी है।

24. कार्ल मार्क्स ने आर्थिक अवसंरचना, आर. राल्फ डेहरनडार्फ ने सत्ता, वेबर ने संपत्ति, शक्ति व प्रस्थिति तथा सी. राइट मिल्स ने विशेषाधिकार, प्रतिष्ठा व सत्ता के आधार पर सामाजिक स्तरीकरण सिद्धान्त का प्रतिपादन किया है।

अतः विकल्प (D) सही है।

25. संस्कृति को इन्द्रियपरक, विचारात्मक और आदर्शात्मक रूपों में पिटिरिम सोरोकिन ने वर्गीकृत किया। उन्होंने अपनी पुस्तक "सोशल एंड कल्चर डायनामिक्स" में इसका उल्लेख किया है।

अतः विकल्प (A) सड़ी है।

26. संगठन, औपचारिक संबंधों का योग तथा स्वयं में एक संघ तथा जिसमें एक व्यक्ति दूसरे को सहयोग देने की इच्छा रखता है यह सब समाज के ही गुण हैं। एफ. एच. गिड्डिंस की समाज की इस परिभाषा में सादृश्यता की सामूहिक चेतना प्रतिबिम्बित होती है।

अतः विकल्प (B) सड़ी है।

27. जब कोई एक संस्कृति दूसरे के सम्पर्क में आती है तो वह अपने कुछ गुणों को खो देती है इसे "पर-संस्कृतिग्रहण" कहा जाता है।

व्यक्ति के संदर्भ में जब वह व्यक्ति किसी अन्य संस्कृति के सम्पर्क में आता है तो वह अपनी संस्कृति के मूल्यों, आदर्शों और व्यवहार के स्थान पर उस समाज/संस्कृति, जिसके सम्पर्क में वह आता है, की कुछ आदतें मूल्य और व्यावहारिक विशेषताओं को अपनाने लगता है, इसे पर-संस्कृतिग्रहण कहते हैं।

अतः विकल्प (C) सड़ी है।

28. समाज नियम का उल्लंघन करने वाले को दण्ड तथा पालन करने वाले को पुरस्कार देता है अतएव शास्ति या अभिमति का अर्थ है-अंकुश, निषेध, तथा दण्ड।

अतः विकल्प (B) सड़ी है।

29. समाज की आवश्यकता प्रत्येक प्रस्थिति के अनुरूप भूमिका में निहित होती है। अतएव प्रस्थिति एवं भूमिका दोनों एक ही सिक्के के दो पहलू हैं।

अतः विकल्प (D) सही है।

30. यह एक समूह के पूर्वकल्पित विचारों से सम्बन्धित है। सांस्कृतिक सापेक्षवाद की धारणा के प्रवर्तक फ्रांज बोअस थे। बाद में हर्शकोविट्ज ने इसकी विस्तृत व्याख्या दी। इसके अनुसार किसी भी संस्कृति के मूल्यों का उस संस्कृति के लोगों की दृष्टि से देखा परखा जाना चाहिये न कि स्वयं अपने दृष्टिकोण से। कोई भी संस्कृति का अध्ययन उस संस्कृति के विशिष्ट पारिस्थितिकी के संदर्भ में करना चाहिये।

अतः विकल्प (D) सही है।

31. इनइक्लिटीज एन्ड सोशल चेंज-आन्द्रे बेते ने की है-जबकि आधुनिक भारत मे सामाजिक परिवर्तन, नामक पुस्तक की रचना एम. एन. श्रीनिवास ने की है।

अतः विकल्प (C) सही है।

32. परिवार जो कि प्राथमिक संस्था की तरह है, समाजीकरण के अभिकरण के रूप में काम करता है-सामाजिक व्यवस्था को बनाये रखने में 'लोक अभिमत' मदद करता है।

शिक्षा, सांस्कृतिक प्रशिक्षण प्रदान कर सांस्कृतिक पारेषण में मदद करती है।

धर्म को आध्यात्मिक शक्ति में विश्वास आस्था के माध्यम से विश्लेषित किया गया है।

अतः विकल्प (B) सही है।

33. ऐसा समूह जिसे व्यक्ति महत्त्वपूर्ण समझता है और उससे अपनी तुलना करता है 'संदर्भ समूह' कहलाता है। इसका सर्वप्रथम प्रयोग हरबर्ट हाइमन ने 1942 में अपने लेख 'द साइकोलॉजी एंड स्टेटस' में किया।

अतः विकल्प (C) सही है।

34. यदि उच्च सामाजिक प्रस्थिति समूह की कन्या का विवाह निम्न सामाजिक प्रस्थिति समूह के व्यक्ति से होता है तो यह प्रतिलोम विवाह कहलायेगा। इसके विपरीत यदि पुरुष उच्चकुल का हो तथा कन्या निम्न कुल की हो तो ऐसा विवाह 'अनुलोम विवाह' कहलायेगा।

अतः विकल्प (D) सही है।

35. आर्नल्ड टयनबी जो कि एक प्रसिद्ध इतिहासकार के रूप में भी जाने जाते हैं, ने "द स्टडी आफ हिस्ट्री" नामक पुस्तक की रचना की। उन्होंने इतिहास की चर्चा, चुनौती और प्रत्युत्ता के संदर्भ में की।

पी. ए. सोरोकिन ने "सोशल एण्ड कल्चरल डायनेमिक्स" नामक पुस्तक की रचना की। उन्होंने सामाजिक परिवर्तन का विश्लेषण सामाजिक और सांस्कृतिक गतिशीलता के रूप में किया।

डेनियल बेल ने "द कमिंग ऑफ पोस्ट इंडस्ट्रयल सोसायटी" का विश्लेषण किया।

एफ. टॉनीज ने समाज को "गेमिनशाफ्ट एवं गैसेलशाफ्ट" के रूप में लिखा तथा विश्लेषित किया।

अतः विकल्प (A) सही है।

36. वह प्रक्रिया जिसके द्वारा व्यक्तियों एवं समूहों को थोड़े बहुत स्थायी प्रस्थितियों को उच्चता और निम्नता के क्रम में श्रेणीबद्ध किया जाता है। ऑगबर्न के अनुसार यह प्रक्रिया स्तरीकरण कहलाती है। जबकि सामाजिक विघटन वह प्रक्रिया है जिसमें विभिन्न सामाजिक हिस्से असौहार्दपूर्ण दशा में रहते है जो सम्पूर्ण अराजकता को प्रदर्शित करते हैं। सामाजिक विभिन्नीकरण वह प्रक्रिया है जिसमें समाज के विभिन्न अवयव विभिन्न आधारों पर बँटे होते है। जरूरी नहीं कि उनमें प्रकृति से श्रेष्ठता या हेयता हो जब भी श्रेष्ठता-हेयता आती है, वह सामाजिक स्तरीकरण हो जाता है। सामाजिक उद्विकास एक ऐतिहासिक प्रक्रिया के रूप में सामाजिक संस्थाओं तथा संबंधों को सकारात्मक दिशा तथा प्रकृति में उच्च व्यवस्था में जटिलता में परिवर्तन को व्याख्यायित करता है।

अतः विकल्प (C) सही है।

37. समाजशास्त्र शब्द फ्रांसीसी शब्द, समाजशास्त्र से निकला है, 1830 में फ्रांसीसी दार्शनिक अगस्त कॉमट (1798-1857) द्वारा लैटिन भाषा में गढ़ा गया एक हाइब्रिड शब्द: सोसियस, जिसका अर्थ है "साथी"; और प्रत्यय-विज्ञान, जिसका अर्थ है "अध्ययन", ग्रीक से "ज्ञान"।

अतः विकल्प (C) सही है।

38. पूर्ण प्रतिस्पर्धा का अभाव जनजातीय अर्थव्यवस्था में होता है क्योंकि अधिकांशतः उत्पादन सामूहिक रूप से होता है और इसमें मुनाफाखोरी की प्रवृत्ति नहीं पायी जाती है।

अतः विकल्प (B) सही है।

39. किसी जनजाति की सर्वप्रमुख विलक्षणता संस्तरण का अभाव है। सामाजिक संस्तरण सर्वप्रथम कृषक समाज में-जमींदार एवं भूमिहीन के रूप में हुआ।

अतः विकल्प (A) सही है।

40. सामाजिक नियंत्रण पर सर्वप्रथम रॉस ने 1901 में अपनी कृति सोशल कंट्रोल में व्यवस्थित विचार व्यक्त किया जिसके अन्तर्गत व्यक्तियों के व्यवहारों को समाज के स्थापित प्रतिमानों के अनुरूप लाने का प्रयास किया गया है।

अतः विकल्प (D) सही है।

41. अर्द्ध प्राथमिक समूह की शब्दावली का प्रतिपादन चार्ल्स कूले ने किया था। ऐसे समूह जिनमें प्राथमिक समूह की सभी विशेषताएँ तो नहीं पायी जाती किन्तु प्राथमिक समूह के निकट होते हैं, अर्द्ध प्राथमिक समूह कहलाते है-जैसे स्काउट ग्रुप, क्लब आदि।

अतः विकल्प (C) सही है।

42. समुदाय की अनिवार्य सदस्यता होती है क्योंकि प्रत्येक व्यक्ति किसी-न-किसी समुदाय का सदस्य होता है।

समुदाय की विशेषताएं:

1. समुदाय व्यक्तियों का समूह हैं
2. निश्चित भू-भाग
3. आत्मनिर्भरता
4. सामुदायिक भावना
5. समान्य जीवन
6. व्यापक उद्देश्य एवं बहुत कुछ सामान्य जीवन
7. नियमों की एक सामान्य व्यवस्था
8. विशिष्ट नाम
9. समानताओं का क्षेत्र
10. स्थायित्व
11. मूर्तता

अतः विकल्प (D) सही है।

43. हैमिल्टन ने संस्था को सामाजिक रीति-रिवाजों का एक गुच्छा कहा है अतः सामाजिक व्यवस्था को विसंयोजित करना संस्था का प्रकार्य नहीं है।

अतः विकल्प (C) सही है।

44. कार्ल मार्क्स ने कहा था कि संस्कृति एक पद्धति है जिसमें पूँजीपति वर्ग का श्रमिक वर्ग पर प्रभुत्व बना रहता है।

अतः विकल्प (C) सही है।

45. वेब्लिन ने प्रौद्योगिकी में होने वाले परिवर्तन को सामाजिक परिवर्तन कहा तथा आर्थिक व्यवस्था में प्रौद्योगिकी को महत्वपूर्ण माना , इसलिये उन्हें प्रौद्योगिकी निर्धारणवादी कहते हैं।

अतः विकल्प (A) सही है।

46. सही मिलान है:

सूची-I	सूची-II
a. प्राणियों का प्रजनन	2. परिवार का प्राणिशास्त्रीय प्रकार्य
b. संस्कृति का संचरण	3. परिवार का सांस्कृतिक प्रकार्य
c. श्रम विभाजन	1. परिवार का आर्थिक प्रकार्य
d. प्रस्थिति प्रदान करना	4. परिवार का सामाजिक प्रकार्य

अतः विकल्प (A) सही है।

47. पी.वी. यंग के अनुसार, "व्यष्टिवादी उपागम किसी सामाजिक इकाई के जीवन की खोज तथा विवेचना की पद्धति है।"

अतः विकल्प (B) सही है।

48. आत्मसात एक वैयक्तिक एवं सामाजिक प्रक्रिया है जो मंदगति से चलती है तथा एकीकरण को बढ़ावा देती है। किन्तु किसी अल्पसंख्यक समूह पर बहुसंख्यक समूह द्वारा प्रभुत्व स्थापित करने की भावना से इस प्रक्रिया में अवरोध उत्पन्न हो जाता है।

अतः विकल्प (D) सही है।

49. पिछड़े वर्ग आयोग के प्रथम अध्यक्ष काका कालेलकर थे। भारत में 'पिछड़ा वर्ग आयोग' की स्थापना-1953-54 में हुई थी।

अतः विकल्प (C) सही है।

50. वाक्यानुसार शुद्ध विकल्प लुइस ड्यूमॉन्ट है, जबकि जे. एच. हट्टन ने जाति-प्रथा की उत्पत्ति के लिए भौगोलिक पृथक्करण, खानपान संबंधी निषेध तथा जनमत में विश्वास, विभिन्न प्रजातियों एवं संस्कृतियों में संघर्ष आदि को उत्तरदायी माना है।

ड्यूमॉन्ट ने जाति व्यवस्था और छुआछूत के साथ शुद्धता और प्रदूषण की धारणा को धारण किया है । जाति की पदानुक्रम शुद्धता और प्रदूषण की डिग्री के अनुसार तय की जाती है । विभिन्न जातियों के बीच आवश्यक दूरी बनाए रखने में यह बहुत महत्वपूर्ण भूमिका निभाता है ।

अतः विकल्प (C) सही है।

51. 'द हिस्ट्री ऑफ ह्यूमन मैरिज' फिनिश दार्शनिक और मानवविज्ञानी एडवर्ड वेस्टरमार्क की 1891 की पुस्तक है जो समय के साथ विवाह का अवलोकन प्रदान करती है। फ़िनिश के दार्शनिक जाको हिंटिक्का ने इस काम को एक स्मारकीय अध्ययन और अपने क्षेत्र में एक क्लासिक कहा, लेकिन ध्यान दिया कि यह अब प्राचीन है।

अतः विकल्प (B) सही है।

52. सामाजिक स्तरीकरण समाज का बहुत कुछ स्थायी समूहों एवं श्रेणियों, जो उच्चता व निम्नता के बोध से परस्पर आबद्ध होते हैं, में विभाजन है। सामाजिक स्तरीकरण के प्रमुख प्रकार्य है-मनोवृत्तियों का निर्धारण करना, आवश्यकता पूर्ति में सहायक सहयोग को बढ़ावा आदि।

अतः विकल्प (C) सही है।

53. तकनीकी योग्यता प्रदत्त प्रस्थिति का आधार नहीं है।

जो प्रस्थिति व्यक्ति को जनमत नहीं प्रदान करती है-व्यक्ति स्वयं अपनी योग्यता/तकनीकी योग्यता एवं क्षमता के आधार पर प्राप्त करता है उसे 'अर्जित प्रस्थिति' कहा जाता है।

अतः विकल्प (B) सही है।

54. रॉबर्ट मर्टन के अनुसार अप्रतिमानता (नियमहीनता) सांस्कृतिक साक्ष्यों एवं संस्थागत साधनों के बीच सामंजस्य का अभाव है।

रॉबर्ट मर्टन एक अमेरिकी समाजशास्त्री थे, जिन्हें आधुनिक समाजशास्त्र का संस्थापक जनक माना जाता है, और अपराध विज्ञान के क्षेत्र में एक प्रमुख

योगदानकर्ता है। उन्होंने अपने अधिकांश जीवन कोलंबिया विश्वविद्यालय में पढ़ाया, जहाँ उन्होंने विश्वविद्यालय के प्रोफेसर का पद प्राप्त किया।

अतः विकल्प (B) सही है।

55. गोंड मध्य प्रदेश की सबसे बड़ी जनजाति है। इस जनजाति में स्त्रियों को हल छूना व मकान पर छप्पर डालना मना है। इस जाति की एक अन्य विशेषता यह है कि अपराधियों द्वारा सामूहिक भोज देने पर उनके अपराध को माफ कर दिया जाता है।

अतः विकल्प (A) सही है।

56. सन् 1917 की बोल्शेविक क्रांति के पश्चात् सोवियत संघ सर्वप्रथम नियोजन की दिशा में आगे बढ़ा। स्वतंत्रता प्राप्ति के पश्चात् भारत भी इस ओर अग्रसर हुआ तथा पंचवर्षीय योजना को लागू किया।

अतः विकल्प (B) स्ही है।

57. मैक्स वेबर ने अपनी कृति 'प्रोटेस्टेंट एथिक एंड द स्पिरिट ऑफ़ कैपिटलिज्म' में सामाजिक परिवर्तन में धार्मिक आचार की भूमिका को महत्व दिया है।

प्रोटेस्टेंट एथिक एंड द स्पिरिट ऑफ कैपिटलिज्म मैक्स वेबर, जर्मन समाजशास्त्री, अर्थशास्त्री और राजनीतिज्ञ द्वारा लिखित एक पुस्तक है। निबंधों की एक श्रृंखला के रूप में शुरू किया गया, मूल जर्मन पाठ 1904 और 1905 में रचा गया था और 1930 में अमेरिकी समाजशास्त्री टैल्कॉट पार्सन्स द्वारा पहली बार अंग्रेजी नें अनुवाद किया गया था।

अतः विकल्प (C) स्ही है।

58. एक ही भूमिका के विभिन्न पक्षों के बीच होने वाले संघर्ष को भूमिका तनाव कहते हैं। तनाव पर नवीन उपागम व्यक्ति को उपलब्ध समायोजी संसाधनों के सम्बन्ध में स्थिति के मूल्यांकन एवं व्याख्या की भूमिका पर केंद्रित है।

अतः विकल्प (C) सही है।

59. व्यक्ति चिंतनशील प्राणी है। उसमें सोचने, समझने व विचार करने की शक्ति होती है। आगस्त कॉम्ट का यह विश्वास था कि व्यवस्था के माध्यम से ही समाज उन्नति व प्रगति कर सकता है।

अतः विकल्प (C) सही है।

60. हरबर्ट स्पेन्सर ने यह कहा था कि पदार्थ अनिश्चित, असम्बद्ध समानता से निश्चित, सम्बद्ध विभिन्नता में बदलता है। स्पेन्सर ने सामाजिक परिवर्तनशीलता को उद्विकासीय संदर्भ में विश्लेषित करते हुए कहा है कि हमारा प्रारंभिक जीवन अत्यंत सरल और अनिश्चित था।

अतः विकल्प (B) सही है।

61. समाजों के वर्गीकरण में कार्ल मार्क्स ने 'एशियाई प्रकार' का उपयोग किया। कार्ल मार्क्स समाज को पाँच भागों में विभक्त किया है:

(1) आदिम समाज,

(2) एशियाई समाज,

(3) सामन्तवादी समाज,

(4) पूँजीवादी समाज तथा

(5) साम्यवादी समाज

अतः विकल्प (C) सही है।

62. प्रश्रोक्त वाक्य का प्रयोग एमाइल दुर्खीम ने किया है। उन्होंने दमनकारी कानून प्राचीन समाज एवं प्रतिकारी कानून आधुनिक समाज की विशेषता है।

अतः विकल्प (B) सही है।

63. एमाइल दुर्खीम ने कहा कि प्राचीन समाज में श्रम जनसंख्या घनत्व एवं आधुनिक समाज में जनसंख्या घनत्व अधिक होता है।

अतः विकल्प (C) सही है।

64. सही मिलान है:

सूची-I (अवधारणा)	सूची-II (विचारक)
a. आदर्श प्रारूप	2. मैक्स वेबर
b. प्राथमिक समूह	1. चार्ल्स कूले
c. बाह्य समूह	4. विलियम ग्राहम समनर
d. सामाजिक तथ्य	3. एमाइल दुर्खीम

अतः विकल्प (B) सही है।

65. प्राथमिक समूह का वर्णन चार्ल्स कूले ने किया इस समूह के सदस्यों में हितों (सादृश्य हित) का तादात्मीकरण पाया जाता है।

अतः विकल्प (C) सही है।

66. वह परिवार जिसमें आपका जन्म हुआ जिसने आपको एक नाम और पहचान प्रदान की उसे फैमिली ऑफ ओरियन्टेशन कहेंगे।

फैमिली ऑफ ओरियन्टेशन उस परिवार को संदर्भित करता है जिसमें एक व्यक्ति का पालन-पोषण होता है। हालांकि इसमें आम तौर पर किसी के माता-पिता और भाई-बहन शामिल होते हैं, लेकिन इसमें दादा-दादी या अन्य रिश्तेदार भी शामिल हो सकते हैं। फैमिली ऑफ ओरियन्टेशन कई पारिवारिक रूपों में से एक है और इसे प्राथमिक प्लेटफार्मों में से एक के रूप में माना जाता है, जिसके लिए प्रारंभिक समाजीकरण के अनुभवों का सामना करना पड़ता है।

अतः विकल्प (B) सही है।

67. द्वितीयक समूह सभ्य और विकसित समाज की देन है जहाँ संबंधों में आत्मीयता एवं घनिष्ठता का अभाव पाया जाता है तथा जीवन औपचारिकताओं से भरा होता है। इनका आकार बडा होता है तथा ये सामान्य हितो पर आधारित होते है।

अतः विकल्प (A) सही है।

68. विलियम ग्राहम समनर ने सामाजिक समूहों को अंतःसमूह एवं बाह्य समूह में विभक्त किया है।

बाह्य समूह की परिभाषा अन्तःसमूह के सम्बन्ध को ध्यान में रखकर की जाती है। सामान्यतया, इसे 'हम' और 'वे' के द्वारा अभिव्यक्त किया जाता है। प्रत्येक समूह को यह ज्ञात होता है कि 'वे' हमारे साथ नही है। हम लोकतंत्रीय हैं, वे साम्यवादी हैं, हम हिंदू हैं, वे मुसलमान हैं, हम ब्राहमण हैं, वे हरिजन हैं। ऐसे दृष्टिकोण कि 'ये मेरे आदमी हैं' एवं 'वे मेरे आदमी नहीं हैं' अन्तःसमूह के सदस्यों के प्रति संलग्नता के भाव को जन्म देते हैं, जबकि बाह्य समूह के सदस्यों के प्रति विमुखता एवं शत्रुता की भावना उत्पन्न करते हैं।

अतः विकल्प (C) सही है।

69. मोक्ष गुडंम एम. विश्वेरैया ने 'प्लान्ड इकोनोमी फॉर इंडिया' शीर्षक पुस्तक लिखी जिसमें इन्होंने देश में नियोजित विकास का सर्वप्रथम वर्णन किया।

अतः विकल्प (C) सही है।

70. लोक नगरीय अन्तःसम्बन्धों के प्रक्रम में उच्च संस्कृतिनिष्ठ कुछ तत्व किसी एक या किसी अन्य लघु परम्परा का अंग बनने के लिए नीचे तक छनकर किसी स्थानीय संदर्भ में जुड़ जाते हैं। इस प्रक्रिया को स्थानीयकरण कहते हैं। स्थानीयकरण का अर्थ है पश्चिम के समाज विज्ञान की पद्धति को छोड़कर व अपने समाज की संस्कृति को आधार मानकर एक नया समाजशास्त्रीय पद्धतिशास्त्र विकसित करना।

अतः विकल्प (C) सही है।

71. मेहर की प्रथा का प्रचलन मुस्लिम समाज में है। इसमें पति द्वारा पत्नी को मेहर का भुगतान किया जाता है।

अतः विकल्प (C) सही है।

72. हेरोल्ड गार्फिकेल, वेबर या शुट्ज पी. बर्गर आदि फेनोमेनोलाजिस्ट प्रकार्यवादियों ने पात्यक्षवादियों के इस मत का खण्डन किया कि व्यक्ति भूमिका की अपेक्षाओं का स्वचालित रूप से प्रत्युत्तर देता है। हेरोल्ड गार्फिकेल का मानना था कि मनुष्य/ व्यक्ति के पास विवेक भावना उद्देश्य व विचार होता है जिससे वह सामाजिक क्रियाओं का निर्माण करता है।

अतः विकल्प (C) सही है।

73. जॉर्ज सिमेल स्वरूपात्मक सम्प्रदाय से सम्बन्धित है, इन्होंने सम्बन्धों के स्वरूपों का अध्ययन समाजशास्त्र में किया है, आकार के आधार पर जॉर्ज सिमेल समूह का वर्गीकरण करते हैं।

अतः विकल्प (D) सही है।

74. के. डेविस तथा डब्ल्यू. ई. मूरे ने स्तरीकरण का प्रकार्यात्मक सिद्धान्त प्रस्तुत किया एवं टी. पारसन्स ने इसकी विस्तृत व्याख्या की। एम. एम. ट्यूमिन ने प्रकार्यात्मक आवश्यकता को स्वीकार नहीं किया।

अतः विकल्प (D) सही है।

75. एम. वेबर ने माना है कि वर्ग की स्थिति का निर्धारण बाजार स्थिति के आधार पर होता है। सामाजिक माल की विभिन्न खपत वर्ग का सबसे अधिक दिखाई देने वाला परिणाम है। आधुनिक समाज में, यह आय असमानता के रूप में प्रकट होता है, हालांकि गुजारा कर रहे समाजों में यह कुपोषण और आवधिक भुखमरी के रूप में प्रकट हुआ था।

अतः विकल्प (D) सही है।

76. ई. एम. लेमर्ट ने प्राथमिक व द्वितीयक विचलन की चर्चा की है। अगर कोई व्यक्ति विपथगामी व्यवहार करता है, परन्तु खुद को विपथगामी नहीं मानता है तो यह प्राथमिक विचलन होता है। जब कोई विचलन समाज व व्यक्ति दोनों के द्वारा स्वीकार्य होता है तो उसे द्वितीयक विचलन कहते हैं। संक्षेप में लेमर्ट "सोसाइटल रिएक्शन" को विचलन का कारण मानते है।

अतः विकल्प (D) सही है।

77. 'पलायन विवाह' जनजातीय विवाह का एक प्रकार है। यह विवाह बिहार की 'हो' जनजाति तथा राजस्थान की 'भील' जनजाति में पाया जाता है।

अतः विकल्प (D) सही है।

78. परिवार की उत्पत्ति से सम्बन्धित 'यौन साम्यवाद' सिद्धान्त के प्रतिपादक डेविड मॉर्गन थे। इसके विपरीत एडवर्ड वेस्टरमार्क एक विवाह सिद्धांत के प्रतिपादक है।

अतः विकल्प (D) सही है।

79. एक समाजशास्त्री की मूलतः रुचि इसमें होती है कि व्यक्ति एक-दूसरे को किस प्रकार से प्रभावित करते हैं। वेबर के अनुसार एक समाजशास्त्री की दिलचस्पी सामाजिक अंतःक्रिया का अध्ययन करने में है। समाज सामाजिक क्रिया का अध्ययन है।

अतः विकल्प (A) सही है।

80. एमाइल दुर्खीम के अनुसार एनोमी आधुनिक सामाजिक आर्थिक व्यवस्था में आर्थिक उतार-चढ़ावों के समय उत्पन्न होती है। आत्महत्या रचना में एमाइल दुर्खीम की बहुत बड़ी खोज उनके कारकों की पहचान करना है जो आत्महत्या की प्रवृत्ति के लिए उत्तरदायी है। एमाइल दुर्खीम ने आत्महत्या के आँकड़ों को सांख्यिकीय विश्लेषण द्वारा देखा है।

अतः विकल्प (B) सही है।

81. पूँजीवाद के विकास के अपने अध्ययन में मैक्स वेबर ने कुछ स्थितियो में, धार्मिक धारणाएँ, व्यवहार पर वृहद् प्रभाव डाल सकती है। विचार का उपयोग किया।

अतः विकल्प (D) सही है।

82. रॉबर्ट के. मर्टन ने लिखा है कि साम्यवाद जैसी राजनीतिक विचारधारा साम्यवादी समाज में धर्म को दुष्क्रिया प्रदान कर सकती है। वह सामाजिक क्रिया जो व्यवस्था में अनुकूलन न करके विघटन के लिए उत्तरदायी होती है; दुष्क्रिया कहलाती है।

अतः विकल्प (A) सही है।

83. एमाइल दुर्खीम का है उनका कहना था "सजातीयता और सजातीयता के बोध के बिना इकट्ठा होने की पारस्परिक पहचान नहीं हो सकती है और इसलिए कोई समाज नहीं हो सकता है।"

अतः विकल्प (B) सही है।

84. सामाजिक उद्विकास पद का उपयोग मानवीय समाज को स्पष्ट करने के लिए किया जाता है। हरबर्ट स्पेन्सर का उद्विकास का नियम एक उल्लेखनीय सिद्धांत कहा जाता है। स्पेन्सर के अनुसार, "उद्विकास पदार्थ का समन्वय तथा उससे सम्बन्धित गति है जिसके दौरान पदार्थ एक अनिश्चित असम्बद्ध समानता से निश्चित सम्बन्धित भिन्नता में बदलता है।

अतः विकल्प (D) सही है।

85. आगस्त कॉम्ट ने कहा कि समाज वैचारिक. तात्विक और सकारात्मक अवस्थाओं से गुजरता है। आगस्त कॉम्ट के अनुसार मानव का बौद्धिक विकास का क्रमिक चरण हैं-धार्मिक स्तर, तात्विक स्तर तथा प्रत्यक्ष स्तर।

अतः विकल्प (D) सही है।

86. कार्ल मार्क्स सामाजिक परिवर्तन के संघर्ष सिद्धांत से सम्बन्ध रखते हैं। कार्ल मार्क्स के अनुसार प्रत्येक समाज में दो विरोधी वर्ग एक शोषक और दूसरा शोषित वर्ग होता है जिनमें संघर्ष होता है। इसी को कार्ल मार्क्स वर्ग-संघर्ष कहते हैं। कम्युनिस्ट घोषणा-पत्र में वे कहते है कि समाज के अस्तित्व के साथ ही साथ संघर्ष का जन्म हुआ था।

अतः विकल्प (C) सही है।

87. संघर्ष समाज की स्थायी विशेषता है अस्थायी घटना नहीं-कार्ल मार्क्स। कार्ल मार्क्स के अनुसार वर्ग संघर्ष एक ऐसी उत्पादन व्यवस्था से पैदा होता है जो समाज को विभिन्न वर्गों में विभाजित कर देती है। कार्ल मार्क्स के अनुसार वर्ग संघर्ष का प्रमुख कारण व्यक्तिगत संपत्ति है। कम्युनिस्ट मेनिफेस्टो का आरम्भ ही इस सामान्य कथन से होता है कि "आज तक के सम्पूर्ण समाज का इतिहास वर्ग-संघर्षों का इतिहास है।

अतः विकल्प (A) सही है।

88. एमाइल दुर्खीम के अनुसार 'धार्मिक अवधारणाओं की समाज विज्ञान में भूमिका यह है कि वे व्यक्तियों को उनके सामाजिक जीवन में मजबूत कारक प्रदान करते हैं। दुर्खीम के अनुसार धर्म एक सामूहिक वस्तु है जो विश्वासों व कार्यों के योग से बनता है और जिसके आधार पर समूह के सदस्य कुछ नैतिक आदर्शों के द्वारा परस्पर संगठित रहते हैं।

अतः विकल्प (D) सही है।

89. मैक्स वेबर ने अपने अध्ययन के आधार पर यह निष्कर्ष निकाला कि प्रोटेस्टैन्ट आधार और पूँजीवाद की आत्मा में कार्य-कारण का सम्बन्ध है। प्रोटेस्टैंट आचार पूर्वग्रामी है और पूँजीवादी की आत्मा उसका परिणाम है। ऐतिहासिक दृष्टि से प्रोटेस्टैन्ट आचार का अस्तित्व पहले से किंतु पूँजीवाद की आत्मा बाद में विकसित हुई।

अतः विकल्प (D) सही है।

90. एमाइल दुर्खीम के अनुसार सर्वाधिक आदिम प्रकार का धर्म हैं: टोटमवाद। एमाइल दुर्खीम ने अपने धार्मिक विचारों में टोटमवाद की विस्तृत व्याख्या की है। टोटम की एक सामान्य परिभाषा भी दी गयी है। टोटम गोत्र का प्रतीक है, जो जानवर; पौधा या वस्तु हो सकता है। दुर्खीम ने आस्ट्रेलिया की अरून्त जनजाति के सामाजिक अध्ययन पर अपने धार्मिक विचारों का सृजन किया था। जनजाति के लोग किसी पशु-पक्षी या अलौकिक शक्ति को अपना पूर्वज मानते थे। इस पूर्वज को वे 'टोटम' के बेनाम से पुकारते हैं।

अतः विकल्प (C) सही है।

91. "हम संस्थाओं से नही अपितु एसोसिएशन से सम्बन्धित होते है।" रॉबर्ट एम. मैकाइवर तथा पेज के अनुसार हम संघ की परिभाषा उस संगठित समूह की भाँति कर सकते है जो समान हितों की पूर्ति के लिए बनाया जाता है। समिति का जन्म मानक की कुछ सामान्य आवश्यकताओ की पूर्ति के लिए होता है। समिति समुदाय के अंतर्गत एक संगठन है।

अतः विकल्प (D) सही है।

92. वर्ग से अभिप्राय ऐसी स्वतंत्र संरचना से है जो सामाजिक, आर्थिक आधारों पर व्यक्ति समूहों को अलग-अलग पहचान देती है। वर्ग में स्वतंत्र स्तरीकरण पाया जाता है जिसमें सदस्य एक वर्ग से दूसरे वर्ग में आना-जाना कर सकते हैं। तथा जिसे खुली व्यवस्था समझा जा सकता है।

अतः विकल्प (B) सही है।

93. किसी पूर्व अपराधी द्वारा सामाजिक मानकों का अनुपालन पुनः समाजीकरण का उदाहरण कहा जा सकता है। पुनः समाजीकरण का कार्य विसमाजीकरण के बाद ही संभव है। किसी व्यक्ति अथवा व्यक्तियों द्वारा पहले से सीखे गये व्यवहार को विस्मरण करके उसके द्वारा नूतन व्यवहार सीखा जाना ही पुनः समाजीकरण है।

अतः विकल्प (B) सही है।

94. सही मिलान है

सूची-I	सूची-II
a. तर्क प्रयोगात्मक	2. विलफ्रेडो पेरेटो
b. द्वंद्वात्मक	3. कार्ल मार्क्स
c. आदर्श प्ररूपिक	4. मैक्स वेबर
d. प्रकार्यात्मक	1. एमाइल दुर्खीम

अतः विकल्प (B) सही है।

95. राष्ट्रीय स्वयं सेवक संघ समुदाय का उदाहरण नहीं है। समुदाय मनुष्य के संगठित समूहों का नाम है जिसका निर्माण किसी विशेष उद्देश्य या उद्देश्य की पूर्ति के लिए किया जाता है। मैकाइवर तथा पेज के अनुसार "जब कभी छोटे बड़े समूह के सदस्य इस प्रकार साथ-साथ रहते हैं कि उनका साथ रहना किसी विशेष प्रयोजन या स्वार्थ से न होकर सामान्य जीवन के कारण होता है तो ऐसे समूह को हम समुदाय कहते हैं।"

अतः विकल्प (D) सही है।

96. सही मिलान है:

सूची-I	सूची-II
a. उप-संस्कृति	3. सेना
b. विपर्यय संस्कृति	1. हिप्पी
c. सांस्कृतिक का वाहन	2. भाषा
d. सांस्कृतिक टकराव	4. अयोध्या मंदिर आन्दोलन

अतः विकल्प (C) सही है।

97. समाजमिति का उपयोग सर्वप्रथम मोरेनो ने किया है। समाजमिति सामाजिक अथवा सामूहिक लोकप्रियता का आकलन करने की एक तकनीक है। जैकब लेवी मोरेनो ने अपनी पुस्तक "हु शैल सर्वाइव" (Who Shall Survive) में इस तकनीक का प्रयोग किया है।

अतः विकल्प (B) सही है।

98. आधुनिक युग जनतंत्र व्यवस्था का युग है। जनतांत्रिक शासन व्यवस्था सर्वश्रेष्ठ मानी जाती है। वर्तमान जनतंत्र साम्राज्यवादी प्रशासन के पश्चात् आया था। सामाजिक दृष्टिकोण से लोकतंत्र का अर्थ वह व्यवस्था जिसमें वर्गगत, जातिगत एवं लैंगिक भेदभाव के बगैर व्यक्ति की उन्नति के अवसर समान मिलें।

अतः विकल्प (A) सही है।

99. संस्कृति का तत्त्व परिवार नहीं है। संस्कृति समाज की वह छोटी-से-छोटी इकाई जिसका और अधिक विभाजन नहीं किया जा सकता, सांस्कृतिक तत्त्व कहलाता है। विसलर ने सांस्कृतिक तत्त्व की अवधारणा प्रस्तुत की है।

अतः विकल्प (A) सही है।

100. 'द एलीमेंट्री फॉर्म्स ऑफ रिलीजियस लाइफ' में दुर्खीम ने 'धर्म की उत्पत्ति, प्रकृति तथा मानव का वर्णन किया है। एमाइल दुर्खीम के अनुसार धर्म का स्रोत स्वयं समाज है। धार्मिक रिवाज समाज की विशेषताओं के अतिरिक्त और कुछ नहीं। पवित्र अथवा ईश्वर केवल समाज का मानवीयकरण है और धर्म-का सामाजिक कार्य सामाजिक एकता की उत्पत्ति, वृद्धि और स्थिरता में हैं। दुर्खीम का 'धर्म ईश्वर की सत्ता से दूर है। वह सामूहिक सत्ता को ही ईश्वर मान बैठा है। सामूहिक सत्ता भौतिकवाद के निकट है, जबकि धर्म का वास्तविक स्वरूप आध्यात्मवाद के निकट होता है।

अतः विकल्प (D) सही है।

101. चार्ल्स कूले ने समूहों के वर्गीकरण के पारस्परिक सम्बन्धों की घनिष्ठता को सर्वोपरि स्थान दिया है। चार्ल्स कूले ने दो प्रकारों का उल्लेख किया है:

(1) प्राथमिक समूह

(2) द्वितीयक समूह

जिस समूह में आमने-सामने का सम्बन्ध होता है उसे प्राथमिक समूह कहते हैं और जिसमें परोक्ष सम्बन्ध होता है उसे द्वितीयक समूह कहते हैं। परिवार, आस-पड़ोस आदि प्राथमिक समूह के श्रेष्ठ उदाहरण है।

अतः विकल्प (A) सही है।

102. राज्य समुदाय का उदाहरण है। डासन और गैटिस के अनुसार, "समुदाय का तात्पर्य भू-भाग की एक ऐसी इकाई जिसमें जनसंख्या का निवास और जिसके पास अपनी सामान्य तथा विशिष्ट संस्थाएँ हैं जिनके माध्यम से सामान्य जीवन संभव है। समुदाय के आधारभूत तत्व हैं-

(1) निश्चित भू-भाग

(2) सामुदायिक भावना

(3) सामान्य जीवन

(4) नियमों की एक सामान्य व्यवस्था

अतः विकल्प (B) सही है।

103. विलियम ग्राहम समनर ने समूहों का अंत: समूह और बाह्य समूह में वर्गीकरण किया था। सदस्यों के बीच घनिष्ठता एवं सामाजिक दूरी के आधार पर सामाजिक समूह को विलियम ग्राहम समनर ने अपनी पुस्तक फोल्कवेज़ (Folkways) में विभाजित किया था

अतः विकल्प (D) सही है।

104. ऑगबर्न एवं निमकॉफ ने परिवार के कार्य को 6 वर्गों में विभाजित किया। इनके अनुसार परिवार कमोवेश पति तथा पत्नी के मध्य एक स्थायी सम्बन्ध है जो संतान रहित और सहित हो सकता है।

अतः विकल्प (B) सही है।

105. 'ज्ञात पूर्वजों और दत्तक ग्रहण पुत्रों और विवाह के माध्यम से इन पुत्रों से सम्बन्धित रिश्तेदारों के समूह के रूप में हिंदू संयुक्त परिवार की व्याख्या हेनरी मैन ने की है।

अतः विकल्प (A) सही है।

106. नातेदारी के अध्ययन में प्रथम महत्त्वपूर्ण योगदान डेविड मॉर्गन ने किया। नातेदारी का विश्लेषण सबसे पहले डेविड मॉर्गन ने इरक्टिस जनजाति (न्यूयॉर्क) का अध्ययन करके प्रस्तुत किया तथा वर्णात्मक नातेदारी एवं वर्गात्मक नातेदारी में बाँटा। डेविड मॉर्गन के अनुसार नातेदारी सामाजिक

उद्देश्यों के लिए स्वीकृत वंश सम्बन्ध हैं जो कि सामाजिक सम्बन्धों के परम्परागत सम्बन्धों का आधार है।

अतः विकल्प (B) सही है।

107. सही मिलान है:

सूची-I	सूची-II
a. फैमिली एण्ड किनशिप अमंग पण्डित ऑफ काश्मीर	4. टी.एन. मदान
b. किनशिप एण्ड मैरिज	1. रॉबिन फोक्स
c. एलीमेंटरी स्ट्रक्चर्स ऑफ किनशिप	3. राधाकमल मुखर्जी
d. फैमिली एण्ड किन इन इण्डो-यूरोपियन कल्चर	2. जी.एस. घूरिये

अतः विकल्प (B) सही है।

108. डेविड एमील दुर्खाइम (1858-1917) को आधुनिक समाजशास्त्र का संस्थापक और समाज-वैज्ञानिक शब्दावली में दुनिया का पहला अधिकारिक समाजशास्त्री माना जाता है। अध्ययन की विश्वविद्यालयी व्यवस्था में वे समाजशास्त्र के पहले प्रोफ़ेसर भी थे। अपने अकादमिक जीवन के तीन दशकों में उन्होंने समाजशास्त्र को न केवल एक विशिष्ट अनुशासन के रूप में स्थापित किया, बल्कि इस अनुशासन की सैद्धांतिक और पद्धतिगत जमीन भी तैयार की।

समाजशास्त्र के क्षेत्र में उनकी चार रचनाओं, 'द डिवीज़न ऑफ लेबर', 'द रूल्स ऑफ सोसिओलॉजिकल मैथड', 'सुइसाइड' तथा 'द ऐलिमेंटरी फ़ॉर्म्स ऑफ द रिलीजस लाइफ़' को सबसे ज़्यादा महत्त्वपूर्ण माना जाता है।

अतः विकल्प (D) सही है।

109. सही मिलान है:

सूची-I	सूची-II
a. जाति बंद व्यवस्था है।	4. मैक्स वेबर
b. जाति बंद सावयवी स्तरीकरण है।	3. फ्रेन्डरिक बेली
c. जाति समानता का चरम रूप है।	2. गुन्नर मिर्डल
d. जाति सोपान क्रम की अभिव्यक्ति है बजाय स्तरीकरण की।	1. लुई ड्यूमां

अतः विकल्प (B) सही है।

110. सही मिलान है:

सूची-I	सूची-II
a. शुद्धता प्रदूषण का विरोध	2. एल. ड्यूमा
b. जन जाति-जाति कृषक सातत्व	1. एस. सिन्हा
c. गुणारोधीय एवं अंतर्राष्ट्रीय	3. मेकिम मैरिअट

अतः विकल्प (C) सही है।

111. सही क्रम है; शिशु-बच्चा-किशोर प्रौढ़-पूर्वाभासी टालकॉट पारसन्स ने कहा कि समाजीकरण की प्रक्रिया जीवन पर्यंत चलती है। समाज की संस्कृति, व्यक्ति जिस प्रक्रिया के द्वारा सीखता है, वही समाजीकरण है।

अतः विकल्प (C) सही है।

112. 'सामान्यीकृत अन्य का उदाहरण साथी समूह है। जॉर्ज हर्बर्ट मीड के अनुसार जब शिशु यह समझने लगता है कि जैसा वह है अन्य भी उसी के समान। इस तरह शिशु में सामान्य जन का भाव उत्पन्न होता है जिसे जॉर्ज हर्बर्ट मीड ने Generalised Others कहा है।

अतः विकल्प (C) सही है।

113. सामाजिक उद्विकास की अवस्थाओं का विश्लेषण सरल यौगिक, दुगनी यौगिक और तिगुनी यौगिक के रूप में एच. स्पेंसर ने किया। हरबर्ट स्पेंसर ने समाज को चार भागों में बाँटा है- सरल समाज, यौगिक समाज, दुगना यौगिक

समाज, तिगुना यौगिक समाज। सदैव परिवर्तनशील जटिल व्यवस्था ही समाज कहलाती है।

अतः विकल्प (D) सही है।

114. समाज के अधिकांश सदस्यों का ध्यान दिये बिना कुछ सामाजिक परिवर्तन को प्रच्छन्न परिवर्तन कहते हैं। पी. ए. सोरोकिन ने प्रच्छन्न परिवर्तन की अवधारणा प्रतिपादित की है। परिवर्तन आंतरिक और बाहु दोनों कारणों से होता है। परिवर्तन मानसिकता बदलने पर कभी भी हो सकती है।

अतः विकल्प (B) सही है।

115. सामाजिक परिवर्तन के चक्रीय सिद्धांत से हरबर्ट स्पेंसर सम्बन्धित नहीं है। सामाजिक परिवर्तन के उद्विकासीय सिद्धांत के प्रतिपादक हरबर्ट स्पेंसर हैं।

अतः विकल्प (A) सही है।

116. सही मिलान है:

सूची-I	सूची-II
a. चक्रीय	3. ईव स्पैंगलर
b. रैखिक	4. हरबर्ट स्पेंसर
c. उतार-चढ़ाव	2. पिटिरिम सोरोकिन
d. सर्पिल	1. जिआम्बट्रिस्टा विको

अतः विकल्प (A) सही है।

117. रेडक्लिफ ब्राउन के अनुसार प्रकार्यात्मक बिखराव की स्थिति के साथ समाज विरले ही समाप्त होता है, इसके बजाय यह यूनोमिया की नवस्थिति की ओर बढ़ने की कोशिश करता है तथा अपने संरचनात्मक प्रतिमान को बदल सकता है। रेडक्लिफ ब्राउन के अनुसार सामाजिक व्यवस्था में एक प्रकार की एकता होती है जिसे प्रकार्यात्मक एकता कहा जाता है।

अतः विकल्प (A) सही है।

118. व्यष्टिक परिवार की अवधारणा जिम्मरमैन ने प्रस्तुत की है। जिम्मरमैन ने व्यष्टिक परिवार की अवधारणा अपनी पुस्तक फैमिली एण्ड सिविलाइजेशन, 1992 में प्रस्तुत की है। व्यष्टिक परिवार वह परिवार हैं जिसमें सदस्य संख्या अधिक होती है तथा सदस्यों में यौन तथा रक्त सम्बन्ध नहीं हो सकते हैं।

अतः विकल्प (B) सही है।

119. कार्यों का ज्यादा बड़ा विशिष्टीकरण, आधुनिक नौकरशाही की विशालता तथा समाज के प्रभावशाली पहलू प्राचीन तथा आधुनिक नौकरशाही के बीच के अंतर हैं। आदर्श अधिक्रम इनके बीच का अंतर नहीं है।

अतः विकल्प (D) सही है।

120. 'लुकिंग-ग्लास सेल्फ' का अर्थ है कि स्व-भावना के द्वारा हम सीखते हैं कि हम कौन है? चार्ल्स कूले के सिद्धांत को 'आत्म-दर्पण का सिद्धांत' कहा जाता है। कूले ने अपने सिद्धांत का प्रतिपादन व्यक्ति और समाज के सम्बन्धों को स्पष्ट करने के संदर्भ में किया। उनका मत है कि समाज के सम्पर्क में आने पर ही व्यक्ति का आत्म विकास होता है। कूले ने आत्म दर्पण दर्शन प्रक्रिया के तीन चरणों का उल्लेख किया है-

(1) व्यक्ति यह सोचता है कि दूसरे उसके बारे में क्या सोचते हैं।

(2) दूसरों के निर्णय के आधार पर वह स्वयं अपने बारे में क्या सोचता है।

(3) मैं उनके बारे में सोचकर अपने को कैसा मानता हूँ, अर्थात् गर्व अनुभव करता हूँ या ग्लानि।

अतः विकल्प (A) सही है।

121. फ्रॉयड के अनुसार 'सुपर इगो' (परा अहम) व्यक्ति के व्यक्तित्व के समाजीकरण की प्रक्रिया जो व्यक्ति के समस्त जीवन में घटती है को प्रस्तुत करता है समाजीकरण की प्रक्रिया जो व्यक्ति के समस्त जीवन में घटती है।

अतः विकल्प (C) सही है।

122. 'सामाजिक भौतिकी' पद का उपयोग समाजशास्त्र के लिए आगस्त कॉम्ट ने उपयोग किया। प्रत्यक्षवाद सामाजिक विचारधारा आगस्त कॉम्ट की अद्भुत देन है। आगस्त कॉम्ट ने अनुभव, प्रयोग एवं वर्गीकरण को अपने प्रत्यक्षवाद पर आधारित किया था। उसने वैज्ञानिक पद्धतियों का सहारा लिया था और प्रत्येक सामाजिक घटना का विश्लेषण वैज्ञानिक पद्धतियों को आधार बनाया था। आगस्त कॉम्ट ने सामाजिक घटनाओ का अध्ययन करने के लिए पृथक् विज्ञान की आवश्यकता पर बल दिया एवं इसका नाम अपनी पुस्तक पॉजिटिव फिलॉसफी में सामाजिक भौतिकी रखा।

अतः विकल्प (B) सही है।

123. गिड्डिंग्स ने समाज को एक समान होने की चेतना में अंतर्विष्ट समझा है। गिड्डिंग्स के अनुसार, "समाज स्वयं एक संघ है एक संगठन है, औपचारिक सम्बन्धो का एक योग है जिसमें समाज सहयोगी व्यक्ति परस्पर आबद्ध है।" समाज- समाजशास्त्र में केन्द्रीय महत्व का शब्द है। समाजशास्त्र समाज का विज्ञान है। अत: समाज, समाजशास्त्र की सबसे महत्तपूर्ण अवधारणा है।

अतः विकल्प (D) सही है।

124. सामाजिक सम्बन्ध लोगों की चेतना के साथ प्राथमिक रूप से जुड़े हैं। समाजशास्त्रीय अर्थ में सामाजिक सम्बन्धों का तात्पर्य उन सम्बन्धों से होता है जो व्यक्तियों द्वारा जागरूकता की दशा में स्थापित किये जाते हैं। प्रत्येक व्यक्ति सामाजिक प्राणी है। यही दशा सामाजिक सम्बन्धों की स्थापना का सर्वप्रमुख और मूल कारण है। सामाजिक सम्बन्धों का क्षेत्र इतना व्यापक है कि विभिन्न प्रकार के सम्बन्धों की कोई निश्चित सूची नहीं बनायी जा सकती है।

अतः विकल्प (C) सही है।

125. एक विशेष उद्देश्य को प्राप्त करने के लिए संगठित समूह को समिति कहते हैं। समिति एक मूर्त संगठन है तथा इसका निर्माण कुछ व्यक्ति मिलकर करते हैं। व्यक्ति के बिना किसी भी समिति की कल्पना नहीं की जा सकती। समिति की प्रकृति अस्थायी होती है। समिति की सदस्यता ऐच्छिक होती है।प्रत्येक समिति का एक निश्चित संगठन है।समिति समाज में श्रम विभाजन के सिद्धांतों पर कार्य करती है। मैकाइवर तथा पेज के अनुसार "समिति समुदाय नहीं वरन् समुदाय के अंतर्गत संगठन है।"

अतः विकल्प (C) सही है।

Q.1 एक नगर, एक कस्बा, एक गाँव उदाहरण हैं:

A. सामाजिक समूह

B. समिति के

C. समुदाय के

D. भौगोलिक क्षेत्र के

Q.2 निम्नलिखित का वर्द्धमान जटिलता के अनुसार सही अनुक्रम बताइये:

A. आखेट एकत्रीकरण, कृषि, चारागाही, औद्योगिक तथा उत्तर औद्योगिक समाज

B. एकत्रीकरण, चरागाही, आखेट, औद्योगिक तथा उत्तर औद्योगिक समाज

C. आखेट, चारागाही, कृषि, औद्योगिक तथा उत्तर औद्योगिक समाज

D. कृषिक, एकत्रीकरण आखेट, बागवानी, औद्योगिक तथा उत्तर औद्योगिक समाज

Q.3 सामुदायिक पुलिस व्यवस्था का लक्ष्य निम्नलिखित के माध्यम से अपराध को रोकने तथा नियन्त्रित करना है।

A. जनता

B. पुलिस

C. पुलिस तथा जनता

D. सेना

Q.4 सामाजिक परिवर्तन सम्बन्धी किस सिद्धान्तकार का विचार 'दबाव-सिद्धान्त' पर आधारित है?

A. राल्फ डाहरेनडार्फ

B. कोजर

C. टायनवी

D. स्पेंगलर

Q.5 किस वर्ष छठी पंचवर्षीय योजना प्रारम्भ हुई?

A. 1980　　**B.** 1979　　**C.** 1978　　**D.** 1909

Q.6 किस पंचवर्षीय योजना का मुख्य उद्देश्य 'गरीबी हटाओ' था?

A. चौथी पंचवर्षीय योजना

B. पाँचवी पंचवर्षीय योजना

C. छठी पंचवर्षीय योजना

D. सातवी पंचवर्षीय योजना

Q.7 आधुनिकीकरण के सम्बन्ध में निम्नलिखित व्याख्याओं पर विचार कीजिये।

(i) कृषि के क्षेत्र में आधुनिकीकरण निर्वाह खेती से व्यावसायिक उत्पादन की ओर रूपान्तरण है।

(ii) उद्योग के क्षेत्र में आधुनिकीकरण मानव एवं पशु शक्ति के उपयोग से शक्ति चालित मशीनों की ओर रूपान्तरण है।

उपर्युक्त व्याख्याओं में से कौन-सी सही है?

A. केवल (i)

B. केवल (ii)

C. (i) और (ii) दोनों

D. न तो (i) और न ही (ii)

Q.8 इस सैद्धान्तिक परिप्रेक्ष्य को क्या कहते हैं जो इस बात पर बल देता है कि समाज कुछ ज्ञात अवस्थाओं से होकर गुजरता है एकाधिक बार अथवा बार-बार गुजरता है?

A. पुनरावर्तीय उद्विकास

B. समरेखीय उद्विकास सिद्धान्त

C. चक्रीय उद्विकास सिद्धान्त

D. प्रतिवर्ती उद्विकासीय सिद्धान्त

Q.9 निम्नलिखित में कौन-सा भारत में सांस्कृतिक विविधता का सूचक नहीं है?

A. प्रजाति　　**B.** जाति　　**C.** वर्ग　　**D.** धर्म

Q.10 कृषिक सामाजिक संरचना की विशेषताएँ निम्न में से क्या हैं?

i. भू-स्वामी तथा भूमिहीन मजदूर

ii. भू-स्वामी तथा व्यापारी

iii. किसान तथा ग्रामीण साझेदार

iv. किसान तथा फसल साझेदार

नीचे दिये गये कूटों से सही उत्तर का चयन करें।

A. i, ii, iii　　**B.** ii, iii, iv　　**C.** i, iii, v　　**D.** iv, ii, ii

Q.11 निम्नलिखित कथनों के उपयुक्त संयोजन का चयन कीजिए जो घटनाशास्त्र को स्पष्ट करता है:

i. घटनाशास्त्र रोजमर्रा के सामाजिक जीवन से सम्बन्धित है।

ii. घटनाशास्त्र सांझे सामान्य ज्ञान को केन्द्रित करता है।

iii. घटनाशास्त्र मानव व्यवहार की कारणात्मक व्याख्या से उसी प्रकार सम्बन्धित है जिस प्रकार अन्य परिप्रेक्ष्यों से।

iv. घटनाशास्त्र सामाजिक जीवन के संरचनात्मक नियमों की खोज के प्रयास करता है।

नीचे दिये गये कोड में सही उत्तर का चयन कीजिए।

A. i और iv

B. ii और iii

C. iii और iv

D. i और ii

Q.12 समाजशास्त्रीय दृष्टिकोण प्राथमिक रूप से क्या करने की चेष्टा से सम्बन्धित है?

A. सामाजिक व्यवस्था को बदलने की

B. सामाजिक व्यवस्था को समझने की

C. सामाजिक व्यवस्था को सुधारने की

D. सामाजिक व्यवस्था को समायोजित होने की

Q.13 'क्लास एण्ड क्लास कॉन्फ्लिक्ट इन इण्डस्ट्रीयल सोसाइटी' पुस्तक किसने लिखी है?

A. कार्ल मार्क्स

B. राल्फ डाहरेनडार्फ

C. मैक्स वेबर

D. टी. वी. बोटोमोर

Q.14 'औद्योगिक समाज' का प्रयोग समाजों का वर्गीकरण में किसने किया?

A. कोटा　　**B.** दुर्खीम　　**C.** मैक्स वेबर　　**D.** स्पेंसर

Q.15 सामाजिक स्तरीकरण सिद्धान्त में कार्यात्मक सिद्धान्त के रूप में जाना जाता है?

A. पारसंस

B. डेविस-मूर

C. मैक्स वेबर

D. इनमें से कोई नहीं

Q.16 सामाजिक परिवर्तन में 'सीमा सिद्धान्त' किसने दिया है?

A. सोरोकिन　　**B.** आगबर्न　　**C.** मार्क्स　　**D.** मैक्स वेबर

Q.17 एक गतिशील समाज का सर्वाधिक विशिष्ट लक्षण है:

A. वाहनों का आधिक्य

B. बहुउद्देश्य भवनों की उपस्थिति

C. प्रस्थितियों में परिवर्तन का अवसर

D. उपर्युक्त में से कोई नहीं

Q.18 सामाजिक प्रणाली को अक्षुण्ण रखने के लिए निम्नलिखित में से कौन-से कार्य आवश्यक हैं?

नीचे दिये गये कूटों में से सही उत्तर का चयन कीजिये।

i. अनुकूलन

ii. सामाजिक क्रिया

iii. एकीकरण

iv. लक्ष्य प्राप्ति

v. प्रच्छलता

vi. समाजीकरण

A. i, ii, vi   **B.** ii, iii, v   **C.** i, iii, iv   **D.** i, iv, v

Q.19 "दिशा परम्परा उन्मुखीकरण में आधुनिकीकरण की और रैखिक विकासात्मक रूप निरूपित करती है" किसने कहा:

A. एम. एन. श्रीनिवास   **B.** एस. सी. दुबे
C. मिल्टन सिंगर   **D.** योगेन्द्र सिंह

Q.20 पिछड़ा वर्ग आयोग का अध्यक्ष कौन था जिसने अन्य पिछड़े वर्गों के लिए 27 % आरक्षण का प्रस्ताव रखा?

A. काका कालेलकर   **B.** बी. आर. अम्बेडकर
C. बी. पी. मंडल   **D.** जगजीवन राम

Q.21 सन्दर्भ समूह व्यवहार के मुख्य आधार का निर्माण किससे होता है?

A. ईर्ष्या से
B. तुलना से
C. तुलनात्मक अभाव बोध से
D. उपर्युक्त में से कोई नहीं

Q.22 मैक्स वेबर के अनुसार नौकरशाही की अभिलाक्षणिक विशेषता क्या है?

A. यह नेता के संकल्प का प्रतिनिधित्व करती है
B. यह तार्किक विधिक सत्ता पर आधारित है
C. यह वंशानुगत प्रस्थिति पर आधारित है
D. यह नैतिक सत्ता पर आधारित है

Q.23 ग्रामीण समुदाय का तत्व निम्नलिखित में से कोन-सा नहीं है?

A. हम की भावना   **B.** सांस्कृतिक विविधता
C. क्षेत्र   **D.** आत्म-निर्भरता

Q.24 भारत में सामुदायिक विकास कार्यक्रम का अन्तिम उद्देश्य है?

A. नवीन ग्रामीण संस्कृति का सृजन करना
B. कृषि उत्पादन को बढ़ाना
C. राष्ट्रीय आय को बढ़ाना
D. रहन-सहन की दशा को ऊँचा उठाना

Q.25 मीड के लिए 'सामान्यीकृत अन्य' तथा 'महत्वपूर्ण अन्य' किसके सृजनकर्त्ता हैं?

A. आई (मैं)   **B.** मी (मुझे)
C. इगो (अहम)   **D.** सुपर इगो

Q.26 भारत के संविधान की किस धारा में व्यक्त किया गया है कि "चौदह वर्ष से नीचे की आयु का कोई भी बालक किसी फैक्ट्री, या खान में काम नहीं करेगा और न ही किसी खतरनाक रोजगार में नियुक्त होगा"?

A. धारा 24   **B.** धारा 25   **C.** धारा 330   **D.** धारा 335

Q.27 किस समिति ने पंचायती राज्य के लिए तीन स्तरीय व्यवस्था की सलाह दी?

A. बलवंतराय मेहता समिति
B. अशोक मेहता समिति
C. संगमा समिति
D. संसदीय समिति

Q.28 निम्न में से कौन एक समिति की विशेषता नहीं है?

A. इसका एक उद्देश्य होता है
B. औपचारिक नियम
C. सहयोग
D. स्थायी प्रकृति

Q.29 'अर्द्ध-प्राथमिक समूह' की अवधारणा को प्रस्तुत किया?

A. टानिज ने   **B.** कूले ने

C. डेविस ने   **D.** वीयरस्टीड ने

Q.30 समाज में संघर्ष के सकारात्मक प्रकार्यों पर निम्नलिखित में से किसने बल दिया है?

A. जार्ज सिमेल   **B.** कार्ल मार्क्स
C. वेबर   **D.** नोआम चोमस्की

Q.31 संघर्षरत दम्पत्ति को न्यायिक पृथकता की अवधि अधिकतम कितनी अवधि के लिए दी जाती है?

A. 7 वर्ष   **B.** 3 वर्ष   **C.** 2 वर्ष   **D.** 5 वर्ष

Q.32 निम्नलिखित में से कौन-सा सामाजिक विभेदीकरण का उदाहरण है न कि सामाजिक स्तरीकरण का?

A. वर्ग   **B.** लिंग   **C.** भूस्वामित्व   **D.** शक्ति

Q.33 शास्त्रीय तथा आधुनिक समाजशास्त्रीय दृष्टिकोणों के बीच मूलभूत अन्तर निम्न में से दृष्टिगोचर होता है।

A. समष्टि से व्यष्टि सैद्धान्तिक दृष्टिकोण तथा निःशब्द स्थानान्तरण
B. व्यष्टि का समष्टि दृष्टिकोण तक उन्मूलक स्थानान्तरण
C. मध्यम विन्यास के सिद्धान्तों का विकास
D. उपर्युक्त में से कोई नहीं

Q.34 सामाजिक गतिशीलता को क्षैतिज और उदग्र गतिशीलता के रूप में किसने वर्गीकृत किया है?

A. मिलर   **B.** लिपसेट
C. वेनेडिक्स   **D.** इनमें से कोई नहीं

Q.35 भारत में जजमानी व्यवस्था व्यक्त करता है:

A. वस्तु एवं सेवाओं का आदान-प्रदान
B. अन्तः जातिगत सम्बन्ध
C. पवित्रता एवं अपवित्रता की अभिव्यक्ति
D. उपरोक्त में से कोई नहीं

Q.36 निम्नलिखित में से कौन समाजीकरण की एजेंसी नहीं है?

A. परिवार   **B.** स्कूल
C. सम समूह (वियर ग्रुप)   **D.** मीडिया

Q.37 कुछ पश्चिमी देशों में अप्रवासियों के सांस्कृतिक अधिकारों को मान्यता देना निम्नलिखित में से किसका अच्छा उदाहरण है?

A. आत्मसात्करण   **B.** पृथक्करण
C. एकीकरण   **D.** पर संस्कृति ग्रहण

Q.38 निम्नलिखित में से कौन-सा उपागम गरीबी उन्मूलन, कल्याण और निष्पक्षता पर तैयार कार्यक्रमों को सम्मिलित करता है:

A. विकास में महिलाएँ
B. महिलाएँ और विकास
C. लिंग और विकास
D. महिलाएँ पर्यावरण और विकास

Q.39 'अर्बनाइजेशन एंड फैमिली चेंज' नामक पुस्तक किसने लिखी है?

A. इरावती कर्वे   **B.** एम. एस. गोरे
C. लीला दुबे   **D.** आई. पी. देसाई

Q.40 निम्नलिखित में से कौन-सी औद्योगिक समाज की विशोषता/विशेषताएँ नहीं हैं/है?

(i) विषमांगता
(ii) यान्त्रिक संहति
(iii) गतिशीलता
(iv) दमनकारी विधियाँ

A. केवल (i)   **B.** (i), (ii) और (iii)

C. (ii) और (iv)　　　　**D.** (i) और (iv)

Q.41 किसने समाज का सावयवी दृष्टिकोण रखा है?
A. स्पेंसर　　　　**B.** डब्ल्यू. आई. थॉमस
C. वी. पेरेटो　　　　**D.** मैक्स वेबर

Q.42 नशामुक्ति केन्द्र निम्नलिखित में से कौन-सी सुविधायें प्रदान करते हैं?
A. परामर्श　　　　**B.** मेडिकल सहायता
C. यौगिक आसन　　　　**D.** उपर्युक्त सभी

Q.43 निम्नलिखित में कौन लिंग समानता से सम्बन्धित है?
A. आर्थिक सशक्तिकरण
B. समतावादी सम्बन्ध
C. महिलाओं की स्वतंत्रता और स्वाधीनता
D. शक्ति तथा अन्य संसाधनों तक समान पहुँच

Q.44 मानव विकास के प्रमुख पहलू हैं:
1. जीवन प्रत्याशा
2. साक्षरता
3. रहन-सहन की दशा
4. प्रौद्योगिकीय उन्नति
5. प्राकृतिक संसाधनों की खोज
A. 1 और 2　　　　**B.** 3 और 4
C. 1, 2 और 3　　　　**D.** 3, 4 और 5

Q.45 कौन-सी संस्था कृषक समाज व्यवस्था से नहीं है?
A. जाति
B. संयुक्त परिवार
C. द्वितीयक उद्योग
D. न तो (A) और न ही (B)

Q.46 कुछ यात्री रेलवे स्टेशन पर ट्रेन का इन्तजार कर रहे हैं, इन यात्रियों को कहा जायेगा:
A. एक संस्था　　　　**B.** एक समुदाय
C. एक समिति　　　　**D.** उपरोक्त में से कोई नहीं

Q.47 लुई ड्यूमा ने जाति को निम्नलिखित में से किस आधार पर सम्प्रत्ययीकृत किया ?
A. सामाजिक विभेदीकरण
B. वर्ग एवं असमान शक्ति सम्बन्ध
C. पवित्र एवं अपवित्र का द्वन्द्वात्मक विरोध
D. कार्य परक एकता एवं विभेदीकरण

Q.48 निम्न में से कौन-सा विकास के गाँधीवादी पक्ष का भाग नहीं है?
A. सामाजिक न्यासिता　　　　**B.** अहिंसा
C. सहकारी संघर्ष　　　　**D.** संरचनात्मक कार्य

Q.49 स्थायी जनसंख्या संरचना के लिए निम्नलिखित में से एक प्रक्रिया का चयन करें-
A. स्थिर जन्म-दर और मृत्यु-दर
B. बढ़ती हुई जन्म-दर और मृत्यु-दर
C. घटती हुई जन्म-दर और बढ़ती हुई मृत्यु-दर
D. स्थिर जन्म-दर और घटती हुई मत्यु-दर

Q.50 'सम्पूर्णानन्द आश्रम' निम्नलिखित में किससे सम्बद्ध है?
A. बोर्डिंग स्कूल　　　　**B.** ओपन जेल
C. बंद जेल　　　　**D.** प्रतिप्रेषण गृह

Q.51 मुस्लिम सम्प्रदाय में पाये जाने वाला विवाह का अस्थायी रूप:
A. निकाह　　**B.** मुता　　**C.** मेहर　　**D.** परदा

Q.52 निम्न में से कौन-सी सामाजिक प्रक्रिया नहीं है?
A. सामाजिक विघटन　　　　**B.** एकीकरण
C. सामाजिक वंशानुक्रम　　　　**D.** संवेदनशीलता

Q.53 दुर्खीम के अनुसार, आधुनिक विधि की प्रकृति क्या है?
A. दमनकारी　　　　**B.** क्षतिपूरक
C. आदर्शात्मक　　　　**D.** औपचारिक

Q.54 पर्यावरण की समस्याओं और पर्यावरण सम्बन्धी ज्ञान में वृद्धि किस बात को अस्वीकार नहीं करती?
A. प्रभावी सामाजिक रूपावली या प्रभावी पश्चिमी विश्व दृष्टि
B. बीसवीं सदी के अन्त में कोई उत्तरवर्ती या जोखिम संस्थायें
C. औद्योगिक समाजों की भौतिक उपलब्धियों
D. जीवनाभिमुखी मूल्यों की गुणवत्ता

Q.55 सिद्धान्तवादियों का समीक्षात्मक सम्प्रदाय आर्थिक निश्चयवाद तथा सामाजिक जीवन के अन्य पहलुओं का असन्तुलन किस प्रकार ठीक करता है?
A. आर्थिक तथा सामाजिक क्षेत्र पर ध्यान केन्द्रित करके
B. आर्थिक तथा ऐतिहासिक क्षेत्र पर ध्यान केन्द्रित करके
C. आर्थिक तथा सांस्कृतिक क्षेत्र पर ध्यान केन्द्रित करके
D. आर्थिक तथा उत्पादक क्षेत्र पर ध्यान केन्द्रत करके

Q.56 जब हम परिवार को व्यक्तियों के एक गठित समूह के रूप में देखते है, तब उसे कहते हैं:
A. समिति　　**B.** संस्था　　**C.** समुदाय　　**D.** बाह्य-समूह

Q.57 हिन्दू विवाह अधिनियम 1955 निम्नलिखित में से किन विवाहों की मनाही करता है?
A. सगोत्र विवाह　　　　**B.** सप्रवर विवाह
C. सपिण्ड विवाह　　　　**D.** उपरोक्त सभी

Q.58 प्रौद्योगिकी आधुनिकीकरण निम्नलिखित में से किसकी ओर ले जाता है ?
A. श्रमिकों की संख्या में वृद्धि
B. श्रमिकों का विस्थापन
C. बाल श्रमिकों की वृद्धि
D. संविदा श्रमिकों की वृद्धि

Q.59 निम्न में कौन समिति का लक्षण नहीं है?
A. लोगों की सामूहिकता
B. कतिपय उद्देश्यों का होना
C. स्वैच्छिक सदस्यता
D. उपरोक्त में से कोई नहीं

Q.60 निम्न में से कौन-सी संस्कृति की विशेषता है?
A. संस्कृति दैवीय उपहार है
B. संस्कृति समाज द्वारा निर्मित है
C. संस्कृति आनुवंशिक विरासत है
D. संस्कृति पर्यावरण का हेर-फेर है

Q.61 अन्तर्जातीय विवाह के कारण किसी व्यक्ति का अपनी जाति से निष्कासन उदाहरण है-
A. सकारात्मक नियन्त्रण का
B. नकारात्मक नियन्त्रण का
C. अप्रत्यक्ष नियन्त्रण का
D. उपर्युक्त में से कोई नहीं

Q.62 निम्नलिखित में से कौन-सा वैवाहिक प्रतिबन्ध से सम्बन्धित नहीं है?

A. निकटाभिगमन निषेध
B. बहिर्विवाह
C. अन्त: विवाह
D. बहु-पति विवाह

Q.63 इको फेमिनिज्म के विकास का मुख्य आधार क्या है?
A. औद्योगिक समाज का उन्मूलन
B. स्त्रियों का जीवन एवं प्रकृति से उसका सम्बन्ध
C. प्रदूषण तथा पर्यावरणीय पतन
D. वैश्विक ऊष्मीकरण

Q.64 जाति प्रणाली के अन्तर्गत गतिशीलता का विश्लेषण करने के लिए निम्नलिखित में से किसने सन्दर्भ समूह सिद्धान्त का अनुप्रयोग किया था?
A. एम. एस. ए. राव
B. जी. एस. घुर्ये
C. एम. एन. श्रीनिवास
D. योगेन्द्र सिंह

Q.65 भारत में माता-पिता अपनी पुत्रियों को ससुराल में उत्तम पत्नी/पुत्री के रूप में बनने के लिए तैयार करते हैं। यह किसका एक उदाहरण है?
A. समाजीकरण
B. पुनर्समाजीकरण
C. प्रौढ़ समाजीरण
D. प्रत्याशित समाजीकरण

Q.66 निम्न में से कौन तृतीयक नातेदार है?
A. दादा
B. पिता का भाई
C. माता का भाई
D. ससुर का भाई

Q.67 कृषक समाज के सामाजिक एवं सांस्कृतिक विश्लेषण के लिए किसने लघु परम्परा एवं वृहत परम्परा की अवधारणाओं को प्रतिपादित किया?
A. रॉबर्ट रेडफील्ड
B. मैकिम मैरिएट
C. मिल्टन सिंगर
D. एम. एन. श्रीनिवास

Q.68 भारतीय संविधान की अनुसूची (vi) सम्बन्धित है।
A. अनुसूचित जनजाति से
B. अनुसूचित जाति से
C. अन्य पिछड़ा वर्ग से
D. अल्पसंख्यकों से

Q.69 भारतीय राजनीति में सर्वोदय शब्दों का सर्वप्रथम प्रयोग किसने किया?
A. विनोवा भावे
B. राधा कमल मुखर्जी
C. एम. के. गांधी
D. नरेन्द्र दुबे

Q.70 मानव समाजों का कृषि से उद्योग और पश्च उद्योग में स्थानान्तरण मुख्य रूप से निम्नलिखित के कारण हुआ है:
A. प्रौद्योगिकीय नवीनता
B. उत्पादकता के लिए ज्ञान का प्रयोग
C. (A) और (B) दोनों
D. कार्य के लिए प्रशिक्षण

Q.71 निम्न में कौन-सा प्राथमिक समूह नहीं है?
A. स्काउट
B. साथी समूह
C. विद्यार्थियों की कथा
D. परिवार

Q.72 सामाजिक परिवर्तन की प्रक्रिया जिसके लिए व्यक्तियों के सकारात्मक मूल्य होते हैं, उन्हे कहते हैं:
A. वैश्रीकरण
B. शहरीकरण
C. विकास
D. आर्थिक संवृद्धि

Q.73 गाँधी जी के सत्याग्रह को वेबर की किस एक सामाजिक क्रिया के प्रकार के उदाहरण के रूप में माना जा सकता है?
A. नैमित्तिक-तार्किक क्रिया
B. मूल्य उदासीन क्रिया
C. मूल्य तार्किक क्रिया
D. इनमें से कोई नहीं

Q.74 'मानव चक्र' पुस्तक के लेखक कौन है?
A. भगवानदास
B. अरविन्दो
C. गाँधी
D. राधा कमल मुखर्जी

Q.75 निम्नलिखित में से कौन-सा समुदाय का तत्व नहीं है?
A. भू-भाग
B. हम की भावना
C. सांस्कृतिक विविधता
D. आत्मनिर्भरता

Q.76 मूल्यों के समाजशास्त्र के जनक कौन हैं?
A. राधा कमल मुखर्जी
B. राधा कृष्ण मुखर्जी
C. राम कृष्ण मुखर्जी
D. डी. पी. मुखर्जी

Q.77 'यान्त्रिक समैक्य का सिद्धान्त' का किसने प्रतिपादन किया?
A. मार्क्स
B. वेबर
C. दुर्खीम
D. कॉम्टे

Q.78 आधुनिक भारत में पंचायतों के निम्नलिखित रूप में विशेषित किया जाता है?
(i) तृणमूलक स्तर पर लोगों की भागीदारी
(ii) आत्मनिर्भर/आत्म-विश्वास
(iii) स्त्रियो का सशक्तिकरण
(iv) नौकरशाही पर नियंत्रण
नीचे दिये गये कूटों से सही उत्तर का चयन करें:
A. (iv), (ii), (iii)
B. (i), (ii), (iii), (iv)
C. (iv), (iii), (i)
D. (ii), (iii), (iv)

Q.79 मरडॉक के अनुसार कितने सम्बन्धी द्वितीयक नातेदारी की श्रेणी में आते हैं?
A. 33
B. 99
C. 125
D. 151

Q.80 दुर्खीम के अनुसार 'मानव अभिकरण' किसके विरुद्ध होता है?
A. राजनीतिक प्रक्रिया
B. सामाजिक संरचना
C. आर्थिक संसाधन
D. दूसरे कर्ताओं के अभिकरण

Q.81 पंचायती राज का मुख्य उदेश्य क्या है?
A. कृषि उत्पादन को बढ़ाना
B. रोजगार बनाना
C. लोगों में राजनीतिक जागरूकता पैदा करना
D. लोगों को विकासमूलक प्रशासन में भागीदारी बनाना

Q.82 निम्नलिखित में से किस अवधारणा का सीधा सम्बन्ध सामाजिक परिवर्तन से है?
A. संस्कृतीकरण
B. समाजीकरण
C. परकीकरण
D. एकीकरण

Q.83 पुन: समाजीकरण एक समय सप्ष्ट: प्रत्यक्ष होता है जबः
A. लड़की का विवाह अभी-अभी हुआ है
B. बच्चे ने जन्म लिया है
C. व्यक्ति क्रान्तिकारी दल के सदस्य के रूप में कार्य करता है
D. बच्चा विद्यालय जाना प्रारम्भ करता है

Q.84 एक संस्कृति से दूसरी संस्कृति में विशेषताओं के परेषण को समाजशास्त्र की शब्दावली में कहा जाता है:
A. पर-संस्कृतीकरण
B. विस्तारण
C. आत्मसात्मीकरण
D. संस्कृतीकरण

Q.85 सामाजिक स्तरीकरण की प्रक्रियाओं का सही अनुक्रम बताइये:
A. मूल्यांकन, विभेदीकरण, श्रेणीबद्धता, लाभप्रद
B. विभेदीकरण, श्रेणीबद्धता, मूल्यांकन, लाभप्रद
C. श्रेणीबद्धता, मूल्यांकन, विभेदीकरण, लाभप्रद
D. विभेदीकरण, मूल्यांकन, लाभप्रद, श्रेणीबद्धता

Q.86 स्वास्थ्य तथा शारीरिक क्रियाशीलता बनाये रखने के लिए आवश्यक मूलभूत संसाधनों के अभाव के साथ किस प्रकार की निर्धनता से सम्बन्धित किया जा सकता है?

A. पूर्ण निर्धनता
B. सापेक्षिक निर्धनता
C. निर्धनता की संस्कृति
D. प्रवर्तित निर्धनता

Q.87 भारतीय प्रसंग में मलिन बस्ती की जनसंख्या में वृद्धि यह बताती है:

A. ग्रामीण गरीबी का विस्तार
B. ग्रामीण सम्पन्नता का विस्तार
C. शहरी सम्पन्नता का विस्तार
D. उपरोक्त में से कोई नहीं

Q.88 'सोसाइटी इन इण्डिया' का लेखक कौन है?

A. ए. पी. बार्नवास
B. आन्द्रे वैतेई
C. किंग्सले डेविस
D. डेविड जी मेण्डाबाम

Q.89 मैक्स वेबर के अनुसार सामाजिक कृत्य का दृष्टान्त निम्न में से कौन-सा है?

A. दो साइकिल सवारों का एक-दूसरे के साथ टकराना
B. ट्रेन में सफर कर रहे व्यक्ति
C. दो साइकिल सवारों का एक-दूसरे से टकराने के बाद घूँसेबाजी करना
D. वर्षा प्रारम्भ होने पर व्यक्तियों का छाता खोलना

Q.90 आगस्त कॉम्टे का परामर्शदाता कौन था?

A. मॉटेस्क्यू
B. मॉर्गन
C. सेंट साइमन
D. रेडफील्ड

Q.91 सामाजिक नियन्त्रण क्रियाशील होता है:

A. औपचारिक नियमों एवं नियमावलियों द्वारा
B. अनौपचारिक नियमों एवं नियमावलियों द्वारा
C. औपचारिक एवं अनौपचारिक दोनों प्रकार के नियमों एवं नियमावलियों द्वारा
D. उपर्युक्त में से किसी के द्वारा नहीं

Q.92 निम्नलिखित में से कौन-सी सहयोगात्मक प्रक्रियाएँ हैं। नीचे दिये गये कूट में सही उत्तर का चयन कीजिये-
i. सहयोग
ii. संघर्ष
iii. प्रतिस्पर्धा
iv. सात्मीकरण

A. i और ii
B. i, ii और iii
C. ii, iii और iv
D. i और iv

Q.93 निम्न में से कौन-सा अनुच्छेद पिछड़े वर्गों के कल्याण से सम्बन्धित है?

A. अनुच्छेद 15 (4) व 16
B. अनुच्छेद 39 व 40
C. अनुच्छेद 110 व 112
D. अनुच्छेद 50 व 51

Q.94 निम्नलिखित में से कौन-सा सामाजिक संरचना का पहलू नहीं है?

A. भाषा
B. प्रतिमान
C. भूमिकाएँ एवं प्रस्थिति
D. संस्थाएँ

Q.95 संस्कृतिकरण से तात्पर्य है:

A. जाति संरचना में परिवर्तन
B. जाति संरचना का परिवर्तन
C. जाति संरचना के लिए परिवर्तन
D. उपर्युक्त में से कोई नहीं

Q.96 बुर्जुआकरण क्या है?

A. श्रमिक वर्ग की गतिशीलता
B. मध्यमवर्गीय पहचान का पुनर्निरूपण
C. श्रमिक वर्ग में मध्यमवर्गीय आकांक्षाओं, जीवन-शैली की रचना प्रक्रिया
D. उद्योग का स्वचालन

Q.97 जब एक संस्कृति के प्रभाव से सम्पूर्ण जीवन पद्धति परिवर्तन की प्रक्रिया में हो तब उसे क्या कहते हैं?

A. प्रसार
B. परसंस्कृतिग्रहण
C. संस्कृतिग्रहण
D. प्रति-पर संस्कृतिग्रहण

Q.98 निम्न में कौन संस्कृति का तत्व नहीं है?

A. प्रतीक
B. भाषा
C. प्रतिमान
D. स्तरीकरण

Q.99 धर्म, परिवार, विवाह, जाति आदि उदाहरण हैं:

A. सामाजिक मूल्यों के
B. सामाजिक संस्थाओं के
C. सामाजिक मानकों के
D. समाज के सामाजिक राष्ट्रीय खण्ड के

Q.100 किस वर्ष के हिन्दू विवाह अधिनियम के अन्तर्गत हिन्दुओं के तलाक के प्रावधान प्रदान किये गये?

A. 1955
B. 1956
C. 1961
D. 1973

Q.101 'लिव-इन-रिलेशनशिप' एक नवीनतम प्रघटना है जो निम्न में से किस समाज में पाई और स्वीकार की जाती है?

A. जनजातीय
B. ग्रामीण
C. शहरी
D. विश्वनगर

Q.102 निम्न अध्ययनों में से कौन-सा नियोजित सामाजिक परिवर्तन पर अध्ययन से सम्बन्धित है?

A. ऐन इण्डियन विलेज
B. ए राजस्थान विलेज
C. द रिमेम्बर्ड विलेज
D. इंडियाज चैलेंजेज विलेजेज

Q.103 भारतीय ग्रामीण समाज में ग्रामीण विकास कार्यक्रमों के परिणामस्वरूप निम्नलिखित में से कौन-सी सर्वाधिक अवांछित स्थिती उत्पन्न हुई है?

A. वि-कृषिकरण और आत्महत्यायें
B. वि-कृषिकरण
C. कृषकों की समृद्धि
D. कृषकों के बीच आत्महत्याएँ

Q.104 महुआ में 'संयुक्त परिवार' की संरचना एवं प्रकार्यात्मक एकता' का अध्ययन किसने किया है?

A. के. एम. कपाडिया
B. नीरा देसाई
C. आई. पी. देसाई
D. ए. एम. शाह

Q.105 कृषक समाज के सामाजिक एवं सांस्कृतिक विश्लेषण के लिए किसने लघु परम्परा एवं वृहत परम्परा की अवधारणाओं को प्रतिपादित किया?

A. राबर्ट रेडफील्ड
B. मैकिम मैरिएट
C. एम. एन. श्रीनिवास
D. मिल्टन सिंगर

Q.106 बार्स्टल स्कूल किसके सुधारों के लिए है?

A. किशोर अपराधी
B. महिला अपराधी
C. बंदी
D. उपर्युक्त में से कोई नहीं

Q.107 भारत में जनसंख्या शिक्षा में निम्न में किस पर ध्यान केन्द्रित नहीं किया गया है?

A. शहरीकरण और पर्यावरण सम्बन्धी समस्याओं के प्रति जागरूकता पैदा करना
B. जनसंख्या गतिकी पर जागरूकता विकसित करना

C. जनसंख्या नियन्त्रण के लिए मुख्य उपाय तैयार करना

D. जनसंख्या नीति के सम्बन्ध में ज्ञान सृजन करना

Q.108 प्रतीकात्मक अन्तर्क्रियावाद के मूलभूत सिद्धान्तों में समाविष्ट हैं:

A. सोचने की क्षमता

B. सामाजिक संस्थाएँ तथा सामाजिक अन्त क्रियाएँ

C. मनस तथा सामाजिक चेतना

D. अर्थ तथा प्रतीक जो क्रिया तथा अन्तःक्रिया को सुलभ बनाती हैं

Q.109 सामाजिल संस्था का समुचित उदाहरण निम्नलिखित में से कौन-सा है?

A. बाजार

B. मजदूर संघ

C. राजनीतिक दल

D. गैर सरकारी संगठन

Q.110 निम्नलिखित में किसने ज्ञान के पदक्रम का पक्ष नहीं लिया?

A. ई. दुर्खीम **B.** ए. कोट **C.** एम. वेबर **D.** एम. फूको

Q.111 वर्ण व्यवस्था का प्रथम उल्लेख होता है:

A. ऋग्वेद **B.** अथर्ववेद **C.** यजुर्वेद **D.** सामवेद

Q.112 निम्नलिखित में से कौन-सा ऐसा कारक नहीं है जिससे लोग गाँवों से शहरों की ओर आ रहे हैं?

A. ग्रामीण बेरोजगारी

B. ग्रामीण क्षेत्रों में दहेज प्रथा में वृद्धि

C. ग्रामीण गरीबी

D. ग्रामीण क्षेत्रों में कुटीर एवं घरेलू उद्योगों का ह्रास

Q.113 हिन्दू उत्तराधिकार अधिनियम 1956 जिन समुदायों के उत्तराधिकार सम्बन्धी विषयों को नियंत्रित करता है, वे हैं:

A. मात्र हिन्दू

B. हिन्दू एवं सिख

C. हिन्दू, सिख, बौद्ध एवं जैन

D. वर्ष 1947 से भारत में रहने वाले सभी समुदाय

Q.114 'सम्मिति परिवार' की अवधारणा किसने प्रतिपादित की थी।

A. यंग तथा विलगाँट **B.** ओकले

C. बॉमैन एवं स्मार्ट **D.** स्मार्ट

Q.115 नीचे उल्लिखित जनजातियों में कौन-सी मातृवंशीय जनजाति है?

A. खरिया **B.** टोडा **C.** खासी **D.** संथाल

Q.116 वह प्रक्रिया निम्नलिखित के रूप में जानी जाती है, जिसके द्वारा असहाय मानव शिशु को धीरे-धीरे आत्मबोध होता है। उसे संस्कृति का ज्ञान कौशल प्राप्त होता है, जिसमें उसका जन्म हुआ हो।

A. पुनः समाजीकरण **B.** सामाजिक स्थिति

C. समाजीकरण **D.** समझ का आदान-प्रदान

Q.117 दृश्य घटना विज्ञान किसका आमूल-चूल विकल्प है?

A. प्रत्यक्षवाद **B.** उद्विकास

C. प्रकार्यवाद **D.** विसरणवाद

Q.118 भारतीय संविधान का कौन-सा अनुच्छेद अस्पृश्यता के उन्मूलन से सम्बन्धित है?

A. अनुच्छेद 16 **B.** अनुच्छेद 17

C. अनुच्छेद 335 **D.** अनुच्छेद 330

Q.119 निम्नलिखित में से किसे प्रघटना शास्त्रीय समाजशास्त्र का जनक समझा जाता है?

A. जे. हेबरमास **B.** ए. शुट्ज

C. एच. ए. वेगनर **D.** के. मैनहाइम

Q.120 'इकॉनामी एण्ड सोसाइटी' नामक पुस्तक के लेखक निम्नलिखित में से कौन है?

A. मैक्स वेबर **B.** डिकेन्स **C.** दुख्वीम **D.** ए. काम्ट

Q.121 "ज्वाइंट फेमिली इन अर्बन सेटिंग' पुस्तक किसने लिखा?

A. एस. सी. दुबे **B.** आइ. एन. सक्सेना

C. टी. बी. बोटोमोर **D.** ए. डी. रूस

Q.122 भारत में समन्वित जनजातीय विकास परियोजना आरम्भ की गयी:

A. 1975 ई. से **B.** 1980 ई. से

C. 1978 ई. से **D.** 1987 ई. से

Q.123 निम्नलिखित में से कौन सामाजिक परिवर्तन का अवरोधक नहीं है?

A. आर्थिक लागत **B.** आर्थिक प्रतिस्पर्धा

C. निहित स्वार्थ **D.** जड़ता

Q.124 निम्नलिखित में से कौन सामाजिक नियन्त्रण का एक औपचारिक एजेन्सी है?

A. परिवार **B.** परम्परा **C.** राज्य **D.** प्रथा

Q.125 एल.आई. सी. के कलकत्ता स्थित प्रधान कार्यालय में क्लर्क के पद पर कार्यरत व्यक्ति का दिल्ली स्थित कार्यालय में उसी पद पर आना किस का उदाहरण है?

A. क्षैतिज गतिशीलता **B.** ऊर्ध्वमुखी गतिशीलता

C. ऊर्ध्वाकार गतिशीलता **D.** अधोमुखी गतिशीलता

// स्मार्ट उत्तर पुस्तिका //

सही उत्तर — उन छात्रों के प्रतिशत को इंगित करता है जिन्होंने प्रश्नों का सही उत्तर दिया था।

छोड़ दिया — उन छात्रों के प्रतिशत को इंगित करता है जिन्होंने प्रश्नों को छोड़ दिया था।

प्रश्न संख्या	उत्तर	सही उत्तर	छोड़ दिया
1	C	39.02 %	4.88 %
2	C	53.66 %	36.58 %
3	C	56.1 %	31.7 %
4	A	34.15 %	36.58 %
5	A	48.78 %	39.02 %
6	B	41.46 %	36.59 %
7	C	68.29 %	24.39 %
8	C	53.66 %	31.71 %
9	C	39.02 %	36.59 %
10	C	26.83 %	36.58 %
11	D	21.95 %	34.15 %
12	B	58.54 %	34.14 %
13	B	51.22 %	26.83 %
14	D	39.02 %	36.59 %
15	B	43.9 %	36.59 %
16	A	51.22 %	31.71 %

प्रश्न संख्या	उत्तर	सही उत्तर	छोड़ दिया
17	C	60.98 %	29.26 %
18	C	26.83 %	36.58 %
19	D	31.71 %	29.27 %
20	C	43.9 %	31.71 %
21	C	31.71 %	31.7 %
22	B	46.34 %	36.59 %
23	C	9.76 %	26.83 %
24	A	26.83 %	31.71 %
25	C	14.63 %	31.71 %
26	A	58.54 %	36.58 %
27	A	65.85 %	26.83 %
28	D	41.46 %	39.03 %
29	B	51.22 %	31.71 %
30	A	34.15 %	36.58 %
31	C	53.66 %	29.27 %
32	C	19.51 %	36.59 %

प्रश्न संख्या	उत्तर	सही उत्तर	छोड़ दिया
33	B	24.39 %	31.71 %
34	D	21.95 %	36.59 %
35	B	21.95 %	31.71 %
36	C	31.71 %	31.7 %
37	C	19.51 %	34.15 %
38	A	14.63 %	36.59 %
39	B	34.15 %	36.58 %
40	C	21.95 %	31.71 %
41	A	51.22 %	24.39 %
42	D	63.41 %	36.59 %
43	D	24.39 %	29.27 %
44	C	60.98 %	31.7 %
45	C	58.54 %	24.39 %
46	D	48.78 %	36.59 %
47	C	43.9 %	34.15 %
48	C	53.66 %	36.58 %

प्रश्न संख्या	उत्तर	सही उत्तर	छोड़ दिया
49	A	39.02 %	31.71 %
50	B	48.78 %	36.59 %
51	B	58.54 %	31.7 %
52	D	48.78 %	26.83 %
53	C	21.95 %	31.71 %
54	B	26.83 %	36.58 %
55	C	19.51 %	26.83 %
56	A	36.59 %	36.58 %
57	C	34.15 %	29.26 %
58	B	39.02 %	36.59 %
59	A	7.32 %	34.14 %
60	B	41.46 %	34.15 %
61	B	48.78 %	31.71 %
62	D	21.95 %	36.59 %
63	B	63.41 %	34.15 %
64	C	53.66 %	31.71 %

प्रश्न संख्या	उत्तर	सही उत्तर	छोड़ दिया
65	D	34.15 %	39.02 %
66	C	7.32 %	36.58 %
67	A	51.22 %	34.15 %
68	A	60.98 %	34.14 %
69	C	43.9 %	31.71 %
70	C	58.54 %	36.58 %
71	C	19.51 %	26.83 %
72	C	53.66 %	31.71 %
73	C	46.34 %	39.03 %
74	B	41.46 %	36.59 %
75	C	53.66 %	34.14 %
76	A	65.85 %	31.71 %
77	C	48.78 %	39.02 %
78	B	51.22 %	36.58 %
79	A	65.85 %	29.27 %
80	B	31.71 %	34.14 %

प्रश्न संख्या	उत्तर	सही उत्तर / छोड़ दिया	प्रश्न संख्या	उत्तर	सही उत्तर / छोड़ दिया	प्रश्न संख्या	उत्तर	सही उत्तर / छोड़ दिया	प्रश्न संख्या	उत्तर	सही उत्तर / छोड़ दिया	प्रश्न संख्या	उत्तर	सही उत्तर / छोड़ दिया
81	D	51.22 % / 31.71 %	90	C	56.1 % / 36.58 %	99	C	17.07 % / 26.83 %	108	D	39.02 % / 31.71 %	117	A	51.22 % / 29.27 %
82	A	36.59 % / 36.58 %	91	C	48.78 % / 39.02 %	100	A	41.46 % / 34.15 %	109	A	39.02 % / 34.15 %	118	B	60.98 % / 36.58 %
83	C	29.27 % / 34.14 %	92	D	43.9 % / 34.15 %	101	D	53.66 % / 31.71 %	110	D	36.59 % / 36.58 %	119	B	46.34 % / 26.83 %
84	B	9.76 % / 36.58 %	93	A	65.85 % / 31.71 %	102	D	34.15 % / 36.58 %	111	A	68.29 % / 31.71 %	120	A	48.78 % / 34.15 %
85	B	36.59 % / 39.02 %	94	A	39.02 % / 36.59 %	103	A	19.51 % / 34.15 %	112	B	60.98 % / 29.26 %	121	C	17.07 % / 26.83 %
86	A	34.15 % / 36.58 %	95	D	26.83 % / 34.15 %	104	C	39.02 % / 36.59 %	113	C	34.15 % / 24.39 %	122	B	21.95 % / 36.59 %
87	A	43.9 % / 34.15 %	96	C	53.66 % / 31.71 %	105	A	48.78 % / 39.02 %	114	A	41.46 % / 36.59 %	123	B	39.02 % / 34.15 %
88	D	21.95 % / 36.59 %	97	B	39.02 % / 34.15 %	106	A	58.54 % / 36.58 %	115	C	46.34 % / 31.71 %	124	C	60.98 % / 34.14 %
89	C	63.41 % / 31.71 %	98	D	34.15 % / 36.58 %	107	A	26.83 % / 34.15 %	116	C	43.9 % / 34.15 %	125	A	63.41 % / 29.27 %

कार्य विश्लेषण	
औसत अंक (%)	37.88%
टॉपर्स स्कोर (%)	91.29%
आपका स्कोर	

//संकेत और समाधान//

1. समाजशास्त्र में किसी गाँव, नगर, कस्बा, महानगर तथा देश को समुदाय माना गया है, क्योंकि इन सभी समूहों के साथ एक निश्चित क्षेत्र जुड़ा हुआ है। बोगार्डस के अनुसार "समुदाय एक ऐसा सामाजिक समूह है जिसमें कुछ अंशों तक हम की भावना होती है तथा जो एक निश्चित क्षेत्र में निवास करता है।"
अतः विकल्प (C) सही है।

2. प्रौद्योगिकी उपकरणों, जीविका के साधन और विकास के आधार पर समाजशास्त्रियों ने समाज को सोपानात्मक अवस्थाओं में विभाजित किया है। पहली अवस्था आखेट एवं खाद्य संकलन, दूसरी अवस्था-बागवानी, तीसरी अवस्था कृषिक, चतुर्थ औद्योगिक एवं पाँचवीं अवस्था उत्तर औद्योगिक समाज है।
अतः विकल्प (C) सही है।

3. सामुदायिक पुलिस व्यवस्था पुलिस के कार्यों में नागरिकों की भागीदारी बढ़ाने का एक तरीका है। यह एक ऐसा वातावरण निर्मित करती है, जिसमें नगरीय समुदाय की सुरक्षा में वृद्धि सुनिश्चित की जाती है। वर्तमान में सोशल मीडिया भी पुलिस और जनता के बीच समन्वय स्थापित करने में महत्त्वपूर्ण भूमिका निभा रहा है। सक्रिय पुलिस व्यवस्था की स्थापना में योगदान-आमतौर पर पुलिस पेट्रोलिंग, घटना के बाद की जाँच और आपराधिक न्याय प्रणाली के अन्तर्गत प्रतिक्रियात्मक तरीकों पर निर्भर करती है। पुलिस कार्रवाई का यह प्रतिक्रियाशील दृष्टिकोण आम जनता और पुलिस के बीच विश्वास की कमी का महत्त्वपूर्ण कारण है। प्रो-एक्टिव या सक्रिय पुलिस के लिए आवश्यक है कि समुदायों को उनके क्षेत्रो में नीति निर्धारण और मार्गदर्शन करने में महत्वपूर्ण भूमिका निभाने का अवसर दिया जाए।
अतः विकल्प (C) सही है।

4. राल्फ डाहरेनडार्फ का संघर्ष-सिद्धान्त मूल रूप में सत्ता के सम्बन्धों पर आधारित है। मार्क्स की भाँति डाहरेनडार्फ भी सामाजिक परिवर्तन के संघर्ष सिद्धान्त को स्वीकार करते हैं। इनके मतानुसार सत्ता-संरचना जोकि प्रत्येक सामाजिक संगठन का एक अभिन्न भाग (integral part) होती है, अनिवार्य रूप में स्वार्थ-समूहों को संगठित करती और उन्हें निश्चित स्वरूप प्रदान करती है, और इस रूप में संघर्ष की सम्भावनाओं को जन्म देती है। वास्तव में समाज में सत्ता का बँटवारा समान नहीं होता है, इसीलिए संघर्ष भी खड़ा हो जाता है। अपने लिए अधिकाधिक सत्ता प्राप्त करना स्वयं में ही सम्मानजनक होता है और इसी सत्ता के आधार पर यह निश्चित होता है कि औरों के साथ उसका सम्बन्ध कैसा होगा। पर जो सत्ता प्राप्त करने से छूट जाते हैं, वे उसे प्राप्त करने का प्रयास करते हैं और जिनके पास सत्ता है वे इसे बनाए रखने की जी-जान से कोशिश करते हैं। इसी से टकराव या संघर्ष की स्थिति उत्पन्न होती है। इस संघर्ष से सामाजिक परिवर्तन स्वाभाविक रूप में घटित होते हैं।
अतः विकल्प (A) सही है।

5. छठी पंचवर्षीय योजना का कार्यकाल 1980 से 1985 तक रहा। छठी योजना दो बार तैयार की गयी। जनता पार्टी द्वारा 1978-1983 की अवधि हेतु 'अनवरत योजना' बनायी गयी। छठी योजना का मुख्य उद्देश्य कृषि तथा सम्बद्ध क्षेत्र में रोजगार का विस्तार करना, जनउपभोग की वस्तुएँ तैयार करने वाले कुटीर एवं लघु उद्योगों को बढ़ावा देना और न्यूनतम आवश्यकता कार्यक्रम द्वारा निम्नतम आय वर्गों की आय बढ़ाना था. परन्तु जब कांग्रेस सरकार ने नयी छठी योजना 1980 से 1985 की अवधि हेतु तैयार की तब विकास के 'नेहरू मॉडल' को अपनाया गया, जिसका लक्ष्य 'एक विकासोन्मुख अर्थव्यवस्था में गरीबी की समस्या' पर सीधा प्रहार करना था।
अतः विकल्प (A) सही है।

6. पाँचवीं पंचवर्षीय योजना का कार्यकाल 1974 से 1978 तक रहा। पाँचवीं पंचवर्षीय योजना में दो मुख्य उद्देश्यों -

- गरीबी की समाप्ति और
- आत्मनिर्भरता की प्राप्ति के लिए वृद्धि की उच्च दर को बढ़ावा देने के अलावा आय का बेहतर वितरण और देशीय बचत दर में महत्त्वपूर्ण वृद्धि करने की नीति अपनायी गयी।

अतः विकल्प (B) सही है।

7. कार्ल ड्यूश ने आधुनिकता के एक पक्ष (अर्थात् सामाजिक जनसंख्यात्मक या जिसे वह सामाजिक गतिशीलता भी कहते है) का संदर्भ देते हुए इंगित किया है कि इसके कुछ सूचक (indices) इस प्रकार हैं, यंत्रों के माध्यम से आधुनिक जीवन के प्रति अनावृत्ति (exposure), शहरीकरण, कृषि धन्धों में परिवर्तन, साक्षरता तथा प्रति व्यक्ति आय में वृद्धि।

मूर (Moore) ने बताया है कि आधुनिक समाज के विशेष आर्थिक, राजनैतिक और सांस्कृतिक लक्षण होते हैं। आर्थिक क्षेत्र में आधुनिक समाज के लक्षण निम्न हैं-

(i) अत्यन्त उच्च स्तरीय तकनीकी का विकास जो ज्ञान के व्यवस्थित खोज से होता है, जिसका अनुसरण प्राथमिक व्यवसाय (कृषि में) कम और द्वितीयक (उद्योग, व्यापार) और तृतीयक (नौकरी) व्यवसायों में अधिक होता है। (ii) आर्थिक विशिष्टताओं की भूमिकाओं का विकास, (iii) प्रमुख बाजारों, जैसे वस्तुओं का बाजार, श्रम बाजार तथा मुद्रा बाजार के क्षेत्र व जटिलता का विकास।
अतः विकल्प (C) सही है।

8. चक्रीय उद्विकासीय सिद्धान्त का मूल आधार यह है कि सामाजिक परिवर्तन जहाँ से प्रारम्भ होता है अंत में वहीं पहुँचकर समाप्त होता है। यह स्थिति चक्र के पूरा होने के बाद भी बार-बार दोहराई जाती है। सामाजिक परिवर्तन के चक्रीय सिद्धांत को कई बार चक्रात्मक सिद्धांत भी कहते हैं। इसी तरह के परिवर्तन का स्वरूप किसी वृत्त या घेरे की तरह होता है। परिवर्तन की लम्बी अवधि को ध्यान में रखते हुए प्रायः इसकी व्याख्या चक्रीय रूप में की जाती है। चक्रीय परिवर्तन की प्रक्रिया ऋतुओं में दिखायी पड़ती है। सर्दी के बाद गर्मी, उसके बाद वर्षा और पुनः सर्दी आती है। इस तरह भारतीय भौगोलिक परिस्थितियों के अन्तर्गत मौसम की गति एक चक्र में घूमती है। इसी प्रकार दिन के बाद रात और फिर दिन की प्रक्रिया भी चक्रीय है। यह भी प्रायः कहा जाता है कि इतिहास अपनी ही पुनरावृत्ति करता है। 'इतिहास की यह धारणा भी जीवन तथा घटनाओं की व्याख्या एक वृत्त के अन्तर्गत करने की चेष्टा करती है।
अतः विकल्प (C) सही है।

9. भारत की सांस्कृतिक विविधता अद्वितीय है। धर्म, कर्म, जाति. प्रजाति, भारतीय संस्कृति की मुख्य धारणायें हैं। सांस्कृतिक विविधता-भारतीय संस्कृति में हम प्रथाओं, वेश-भूषा, रहन-सहन, परम्पराओं कलाओं, व्यवहार के ढंग, नैतिक-मूल्यों, धर्म, जातियों आदि के रूप से भिन्नताओं को साफ तौर से देख सकते हैं। उत्तर-भारत की वेशभूषा, भाषा रहन-सहन आदि अन्य प्रान्तों यथा दक्षिण, पूर्व व पश्चिम से भिन्न है। नगर और गाँवों की संस्कृति अलग है, विभिन्न जातियों के व्यवहार के ढंग, विश्वास अलग हैं। हिन्दुओं में एक विवाह तो मुस्लिमों में बहुपत्नी-प्रथा का चलन है, देवी-देवता भी सबके अलग-अलग हैं। भारतीय मानवशास्त्रीय सर्वेक्षण के अनुसार भारत में 91 संस्कृति क्षेत्र है। गाँवों में संयुक्त परिवार प्रथा तथा श्रमपूर्ण जीवन है तो शहरों में एकांकी परिवार है।
अतः स्पष्ट है कि भारत सांस्कृतिक दृष्टि से अनेक विविधताएँ लिए है।
अतः विकल्प (C) सही है।

10. कृषिक सामाजिक संरचना में निम्न भिन्नताएँ हैं जैसा कि डी. एन. धांगरे ने बताया है कि भारत में वर्गों और समूहों की सामाजिक रचना के बीच सम्बन्ध जो भूमि नियन्त्रण और भूमि प्रयोग करने वालों के मध्य विशिष्ट सम्बन्ध है वे इतने असमान और जटिल हैं कि उन्हें किसी एक सामान्य योजना में सम्मिलित करना कठिन है। फिर भी देश के विभिन्न भागों में विभिन्न कृषक सम्बन्धों में असमानताओं के बावजूद कुछ विद्वानों ने उन्हें कुछ सामान्य श्रेणियों में रखने का प्रयास किया है। आरम्भिक प्रयासों में एक प्रयास प्रसिद्ध अर्थशास डेनियल थार्नर का है। उन्होंने भारतीय कृषिक समाज को सामाजिक वर्गों की एक व्यवस्था में श्रेणीकृत करने का प्रयास किया है। उनका विचार है कि भारत की कृषक आबादी को तीन स्तरों के अनुसार विभिन्न श्रेणियों में विभाजित किया जा सकता है। पहला , भूमि से प्राप्त आमदनी के प्रकार (जैसे 'किराया', 'अपनी खेती से लाभ' या 'मजदूरी') दूसरा, भूमि सम्बन्धी अधिकार (जैसे, 'स्वामित्व' या 'पट्टेदारी' या 'फसल में हिस्सेदारी के अधिकार' या कोई अधिकार) तीसरा खेत में किए गए कार्य की मात्रा (जैसे, 'कुछ भी कार्य न करने वाले' या 'आंशिक कार्य करने वाले' या 'पारिवारिक श्रम से किया गया सम्पूर्ण कार्य या 'मजदूरी के लिए दूसरों के लिए काम करने वाले')। इन स्तरों के आधार पर उन्होंने भारत में कृषिक वर्ग संरचना का रूप प्रस्तुत किया।
अतः विकल्प (C) सही है।

11. घटनाशास्त्र को समाजशास्त्र में लाने का श्रेय हुसर्ल के शिष्य अल्फ्रेड शत्रु को है। उनके अनुसार घटनाशास्त्र रोजमर्रा के सामाजिक जीवन से संबंधित है। इस जीवन विश्व का अधिकांश भाग साझा या सहभागिक होता है।
अतः विकल्प (D) सही है।

12. समाजशास्त्रीय दृष्टिकोण = सामाजिक सम्बन्ध + संस्थाओं का अध्ययन + अंततः सम्पूर्ण समाज का अध्ययन
अतः विकल्प (B) सही है।

13. "क्लास एण्ड क्लास कॉनफ्लिक्ट इन इण्डस्ट्रीयल सोसाइटी' पुस्तक राल्फ डाहरेनडार्फ ने लिखी है।
अतः विकल्प (B) सही है।

14. स्पेंसर ने समाज का वर्गीकरण सैन्य और औद्योगिक समाज के रूप में किया है।

औद्योगिक समाज में उन्नत प्रौद्योगिकी पायी जाती है। इस समाज में निजी सम्पत्ति का अविर्भाव हुआ। शिक्षा का प्रसार अधिकार होता है। मानवीय ऊर्जा के साथ निर्जीव ऊर्जा (मशीनों का संचालन तेल या बिजली द्वारा) का प्रयोग करते हैं। पूँजीपति उत्पादन मुनाफा के लिए करते हैं। अधिकतर सामाजिक सम्बन्ध भावनात्मक न होकर आवश्यकताजनित होते है। श्रम का विभाजन स्पष्ट होता है।
अतः विकल्प (D) सही है।

15. किंसले डेविस एवं विलबर्ट मूर ने अपनी पुस्तक सम प्रिंसिपल्स ऑफ स्ट्रेटिफिकेशन में प्रकार्यवादी दृष्टिकोण के आधार पर स्तरीकरण की चर्चा की उनके अनुसार स्तरीकरण सभी मानवीय समाजों में पाया जाता है। डेविस एवं मूर के अनुसार प्रत्येक समाज के बने रहने के लिए कुछ अनिवार्य आवश्यकताएँ होती हैं, इसमें कुछ कठिन एवं चुनौतीपूर्ण कार्य होते है। इसके लिए कुछ प्रतिभावान व्यक्ति को आकर्षित करने के लिए विशेष प्रतिफल प्रदान किया जाता है, जिससे समाज का अनुरक्षण होता रहे।
अतः विकल्प (B) स्ही है।

16. सोरोकिन के अनुसार जब एक सांस्कृतिक व्यवस्था, उदाहरणार्थ चेतनात्मक संस्कृति अपनी चरम सीमा पर पहुँच जाती है तो उसे अपनी गति को विपरीत दिशा, अर्थात् भावनात्मक संस्कृति व्यवस्था की ओर मोड़ना ही पड़ता है। अर्थात् पहले की व्यवस्था के स्थान पर दूसरी व्यवस्था का जन्म होता है, क्योंकि प्रत्येक व्यवस्था की-चाहे वह कितनी ही अच्छी हो या बुरी-पनपने, आगे बढ़ने अथवा विकसित होने की एक सीमा है। यही सोरोकिन का 'सीमाओं का सिद्धांत' जो कि सामाजिक परिवर्तन का तीसरा आधार है।
अतः विकल्प (A) सही है।

17. गतिशील समाज व्यक्ति को प्रस्थिति में परिवर्तन एवं प्रतिस्पर्धा का अवसर उपलब्ध कराती है तथा इसे प्राप्ति हेतु प्रेरित करती है।
अतः विकल्प (C) सही है।

18. पार्सन्स के विचार में परिवार, अर्थव्यवस्था, शासन व्यवस्था आदि सभी व्यवस्थाओं की अपनी सीमाएँ हैं जिसे वे अपना अस्तित्व कायम रखने के लिए सदैव बनाए रखती है। इन व्यवस्थाओं का आत्म-अनुरक्षण तभी सम्भव है जब सामाजिक प्राणी के रूप में मानव-पात्रों (व्यक्तियों) का समाज में समाजीकरण हो जाए और उनके अभिप्रेरणात्मक और मूल्यपरक उन्मुखताओं का प्रतिरूपण हो जाए। सामाजिल प्रणालियों को अपने अस्तित्व को बनाए रखने के लिए अपने आंतरिक संगठन और बाहरी वातावरण के बीच कुछ अपरिहार्य व्यवस्थाएँ और समझौते करने पड़ते हैं। ये समझौते ठीक उसी तरह से हैं, जैसे कि मनुष्य के शरीर को बाहरी वातावरण के साथ साँस के द्वारा, रक्त संचार के द्वारा और शरीर में निरंतर स्थित तापमान बनाए रखकर करने पड़ते हैं।

पार्सन्स के विचार में सामाजिक प्रणालियों में भी ऐसी ही आत्म समन्वयकारी और अपने रख-रखाव की क्षमता है, जो समन्वयकारी प्रक्रियाएँ सामाजिक प्रणाली को आंतरिक रूप से और अपनी सीमा अवस्थाओं के द्वारा, बनाए रखती है, उन्हे प्रकार्य (function) कहते हैं। प्रकार्य प्रणाली के आत्म-अनुरक्षण की प्रक्रियाएँ हैं। कुछ ऐसे प्रकार्य भी हैं, जिनके बिना सामाजिक प्रणाली जीवित नहीं रह सकती। इसे टालकट पार्सन्स ने "प्रकार्यात्मक पूर्वापेक्षाएँ" कहा है। इस प्रकार की चार प्रत्यार्यात्मक पूर्वापेक्षाएँ हैं-

(i) अनुकूलन

(ii) लक्ष्य प्राप्ति

(iii) एकीकरण और

(iv) विन्यास अनुरक्षण
अतः विकल्प (C) सही है।

19. योगेन्द्र सिंह ने अपनी पुस्तक 'गार्डनाइजेशन ऑफ इण्डयन ट्रेडिशन' में उक्त कथन को कहा है।
अतः विकल्प (D) सही है।

20. भारत में मंडल आयोग सन् 1979 में तत्कालीन जनता पार्टी की सरकार द्वारा स्थापित किया गया था। इस आयोग का कार्य क्षेत्र सामाजिक एव आर्थिक रूप से पिछड़ों की पहचान कराना था। श्री बिन्देश्वरी प्रसाद मंडल (बी. पी. मंडल) इस आयोग के अध्यक्ष थे।
अतः विकल्प (C) सही है।

21. यह सामान्य बात है कि जब कभी कोई व्यक्ति दूसरे व्यक्तियों के समूहों के साथ अन्तःक्रिया करता है तो ये क्रियाएँ शून्य में नहीं रहती। क्रियाओं को सम्पूर्ण सामाजिक पर्यावरण घेरे हुए होता है। बिना किसी संदर्भ के न तो क्रियाएँ हो सकती हैं, और न ही उन्हें समझा जा सकता है। व्यक्तियों के इर्द-गिर्द जो सामाजिक पर्यावरण होता है, समूह होते हैं, उनमें व्यक्ति कुछ का सदस्य होता है और कुछ का नहीं। मर्टन का कहना है कि किसी समूह का सदस्य होकर भी व्यक्ति दूसरे समूह के सदस्य होने की अभिलाषा रखता है। जब वह दूसरे समूह या उसके सदस्यों के व्यवहारों का अनुकरण करता है तो यह उसका संदर्भ समूह व्यवहार है। व्यक्ति को ऐसा लगता है कि जिस वर्ग या समूह का वह सदस्य नहीं होता उसमें कुछ ऐसी सुविधाएँ दिखाई देती हैं, जो उसके समूह में नहीं होती, वह दूसरे समूह के मानक व मूल्यों को अपना लेता है। यह वह स्थिति है जिसमें वह गैर-सदस्य समूह के संदर्भ को अपने व्यवहार का आधार बनाता है। सामान्यतः संदर्भ समूह सिद्धान्त का उद्देश्य मूल्यांकन तथा आलोचना की उन प्रक्रियाओं के निर्धारकों को व्यवस्थत करता है जिनके द्वारा व्यक्ति दूसरे व्यक्तियों या समूहों के मूल्यों या मानदण्डों को तुलनात्मक संदर्भ के रूप में स्वीकार या ग्रहण करता है।
अतः विकल्प (C) सही है।

22. मैक्स वेबर के अनुसार नौकरशाही प्रशासन की ऐसी व्यवस्था है जिसमें विशेषज्ञता, निष्पक्षता तथा मानवता का अभाव होता है। वेबर ने सत्ता का वर्गीकरण वैधता के आधार पर किया और इसी आधार पर संगठनों का भी वर्गीकरण किया। वास्तव में मैक्स वेबर का यह सिद्धान्त सत्ता या प्रभुत्व के सिद्धान्त पर ही आधारित है। उसने वैधानिक सत्ता को ही नौकरशाही माना है। विधिक सत्ता से पोषित एवं समर्थित नौकरशाही ही संगठन का सबसे अच्छा रूप है। इस प्रकार उसने नौकरशाही का प्रयोग एक निश्चित प्रकार के प्रशासनिक संगठन को बताने के लिए किया। नौकरशाही को विधिक सत्ता पर आधारित करते हुए वेबर ने कहा है कि इस सत्ता में एक विधि संहिता का निर्माण करके संगठन के सदस्यों को उसका पालन करना अनिवार्य कर दिया जाता है। प्रशासन कानून के आधार पर ही कार्य करता है और जो व्यक्ति सत्ता का प्रयोग करता है, वह अवैयक्तिक आदेशों का ही पालन करता है।
अतः विकल्प (B) सही है।

23. ग्रामीण समुदाय की कुछ ऐसी विशेषताएँ होती है जो अन्य समुदाय में नहीं पाई जाती हैं। ग्रामीण समुदाय में किये जाने वाला प्रतिमान एक विशेष प्रकार का होता है जो आज भी कुछ सीमा तक नगर समुदाय से भिन्न है ग्रामीण समुदाय की विशेषताओं में निम्नलिखित प्रमुख हैं-

- कृषि व्यवसाय
- प्राकृतिक निकटता
- जातिवाद एवं धर्म का अधिक महत्व
- सरल और सादा जीवन
- संयुक्त परिवार
- सामाजिक जीवन में समीपता

- सामुदायिक भावना
- भाग्यवादिता एवं अशिक्षा का बाहुल्य

अतः विकल्प (C) सही है।

24. सामुदायिक विकास योजना का मुख्य उदेश्य ग्रामीण जीवन का सर्वांगीण विकास करना तथा ग्रामीण समुदाय की प्रगति एवं श्रेष्ठ जीवन-स्तर के लिए पथ प्रदर्शन करना है। इस रूप में सामुदायिक विकास कार्यक्रम के उद्देश्य इतने व्यापक हैं कि इनकी कोई निश्चित सूची बना सकना एक कठिन कार्य है। इसके पश्चात् भी विभिन्न विद्वानों ने प्राथमिकता के आधार पर सामुदायिक विकास कार्यक्रम के अनेक उद्देश्यों का उल्लेख किया है।
अतः विकल्प (A) सही है।

25. अमेरिकी समाजशास्त्री एवं मनोवैज्ञानिक जी.एच.मीड ने अपनी पुस्तक माइंड सेल्फ एण्ड सोसाइटी में समाजीकरण का सिद्धान्त (समाजीकरण क्या है) प्रस्तुत किया। मीड ने आत्म के विकास के लिए 'मैं' तथा 'मुझे', महत्वपूर्ण अन्य तथा सामान्यीकृत जैसी अवधारणाओं का प्रतिपादन किया। 'मैं और 'मुझे' की अन्तःक्रिया के बीच स्वः का निर्माण होता है। महत्वपूर्ण अन्य का तात्पर्य प्राथमिक समूहों जैसे-परिवार से है, जबकि सामान्यीकृत अन्य का तात्पर्य द्वितीयक समूह से है। एक बालक समाजीकरण के दौरान तीन अवस्थाओं से गुजरता है-

(1) नकल की अवस्था, (2) नाटक की अवस्था, (3) खेल की अवस्था।

'मै', 'मुझे' एवं 'स्व' मीड ने भी कूले की तरह समाजशास्त्र एवं मनोविज्ञान दोनों दृष्टिकोण का समन्वय किया। कूले के आत्म दर्पण सिद्धान्त पर अपना विचार आधारित करते हुए मीड ने 'मैं' और 'मुझे' एवं स्वः की अवधारणा का विशेष महत्व है। 'मुझे' (Me) का तात्पर्य समाज से है और 'मैं' (I) समाज का प्रति उत्तर है। दूसरे लोग (समाज) मेरे बारे में क्या सोचते हैं यह 'मुझे' है, दूसरे लोग मेरे बारे में जो सोचते हैं, उस सन्दर्भ में मैं क्या सोचता हूँ, यह 'मैं' है और अंततः मैं अपने बारे में जिस निष्कर्ष पर पहुँचता हूँ, वह स्वः (Self) है।
अतः विकल्प (C) सही है।

26. अनुच्छेद 24 में कारखानों आदि में बालको के नियोजन का प्रतिषेध है। इसके अन्तर्गत बालश्रम के निषेध की घोषणा की गई है।

"चौदह वर्ष से कम आयु के किसी बालक को किसी कारखाने या खान में काम करने के लिए नियोजित नहीं किया जायेगा या किसी अन्य परिसंकटमय नियोजन में नहीं लगाया जायेगा।" अर्थात् इसके अनुसार कारखानों या खानों में या ऐसे ही किन्हीं संकटपूर्ण कार्यों में चौदह वर्ष से कम आयु के बालक को लगाये जाने पर प्रतिबंधित किया गया है।
अतः विकल्प (A) सही है।

27. बलवंत राय मेहता समिति का गठन पंचायती राज व्यवस्था' को मजबूती प्रदान करने के लिए वर्ष 1956 में बलवंत राय मेहता की अध्यक्षता में किया गया था। इस समिति ने अपनी रिपोर्ट 1957 में प्रस्तुत कर दी थी। समिति की सिफारिशों को 1 अप्रैल, 1958 को लागू किया गया त्रिस्तरीय व्यवस्था पंचायती राज व्यवस्था को मेहता समिति ने "लोकतांत्रिक विकेंद्रीकरण" का नाम दिया। समिति ने ग्रामीण स्थानीय शासन के लिए त्रिस्तरीय व्यवस्था का सुझाव दिया, जो निम्न प्रकार था-

1. ग्राम- ग्राम पंचायत

2. खंड- पंचायत समिति

3. जिला- जिला परिषद्
अतः विकल्प (A) सही है।

28. समिति की विभिन्न परिभाषाओं से इसकी कुछ विशेषताएँ भी स्पष्ट होती हैं। इनमें से प्रमुख विशेषताएँ निम्नलिखित हैं-

- मानव समूह
- निश्चित उद्देश्य
- पारस्परिक सहयोग
- ऐच्छिक सदस्यता

- अस्थायी प्रकृति
- विचारपूर्वक स्थापना
- नियमों पर आधारित
- मूर्त संगठन
- समिति साधन है साध्य नहीं
- सुनिश्चित संरचना

अतः विकल्प (D) सही है।

29. कूले ने पाया कि कुछ समूह प्राथमिक समूह की सम्पूर्ण शर्तों को पूरा नहीं करते एवं प्राथमिक तथा द्वितीयक दोनों समूह की विशेषताओं का मिश्रण प्रदर्शित करते हैं, ऐसे समूह को उन्होंने अर्द्ध-प्राथमिक समूह से सम्बोधित किया। इसके अन्तर्गत उन्होंने नगरीय पड़ोस, कॉलेज, विश्वविद्यालय तथा एन सी.सी. (N.C.C.) के छात्रों के समूह को शामिल किया
अतः विकल्प (B) सही है।

30. जार्ज सिमेल एवं एल. कोजर ने संघर्ष को प्रकार्यात्मक माना है, क्योंकि बहुलवादी समाजो में संघर्ष लोगों को जोड़ने का काम करता है संघर्ष मानव सम्बन्धों में सतत् रहने वाली एक प्रक्रिया है। जब व्यक्ति - व्यक्ति के बीच सहयोग नहीं होता अथवा जब वे एक-दूसरे के प्रति तटस्थ भी नहीं होते, तो संघर्ष की स्थिति उतपन्न हो ही जाती है। संघर्ष को समाज में अस्वाभाविक भी नहीं कहा जा सकता क्योंकि जब सीमित लक्ष्यों को अनेक व्यक्ति प्राप्त करना चाहे तो संघर्ष स्वाभाविक ही है।
अतः विकल्प (A) सही है।

31. आयु, लिंग, कद, प्रजाति आदि सामाजिक विभेदीकरण के उदाहरण हैं। हिन्दू विवाह अधिनियम 1955 की धारा 10 में न्यायिक पृथकता की अधिकतम अवधि 2 वर्ष निर्धारित की गयी है।
अतः विकल्प (C) सही है।

32. सामाजिक स्तरीकरण तथा सामाजिक विभेदीकरण के मध्य अंतर यद्यपि दोनों प्रक्रियाएँ एक-दूसरे की पूरक है, तदापि वह समानार्थक नही हैं। अंतर की प्रमुख बातें निम्नलिखित है:

- सामाजिक स्तरीकरण समाज का चेतन पदानुक्रमिक श्रेणियों में विभाजन है, जिसके अन्तर्गत श्रेष्ठता एव अश्रेष्ठता की स्थिती होती है। इसमें अधिकारों एवं दायित्वों का समान विभाजन नहीं होता। दूसरी ओर सामाजिक विभेदीकरण प्राकृतिक एवं अवैयक्तिक प्रक्रिया है। इसमें केवल समाज का विभेदीकरण होता है। इस विभेदीकरण में श्रेष्ठता एवे अश्रेष्ठता की भावना नहीं पायी जाती। यह समाज का वस्तुगत एवं प्राकृतिक विभाजन है।

- सामाजिक स्तरीकरण में विभिन्न श्रेणियों के मध्य उच्चता और अधीनता के सम्बन्ध पाये जाते हैं। यह विशेषाधिकार की आयोजित श्रेणियों का लम्बवत् प्रतिमान है। इसमें सामाजिक स्थिति का वंशानुक्रम निहित होता है, अर्थात् हरिजन का वंशज हरिजन ही रहता है इसमें समाज उच्च, मध्य एवं निम्न श्रेणियों से विभक्त होता है दूसरी ओर, सामाजिक विभेदीकरण केवल एक क्षितिज विभाजन है, इसमें ऊँचे और नीचे की भावना समाहित नहीं होती।

- सामाजिक विभेदीकरण समाज का सरल एवं शुद्ध विभाजन है, जो कुछ बाह्य एवं स्पष्ट तत्वों पर आधारित होता है। लिंग, आयु, व्यवसाय, स्पष्ट तत्व है, जिनके बारे में कोई मतभेद समभव नहीं होता। दूसरी ओर सामाजिक स्तरीकरण विभिन्न पदों के साथ सम्बद्ध प्रस्थितियों के बारे में सामाजिक दृष्टिकोण पर आधारित होता है, जो परिस्थितियों के अनुसार बदलता रहता है। प्रस्थिति पर आधारित विभेदीकरण पर व्यक्तियों एवं समाजों में मतभेद हो सकता है।

- सामाजिक स्तरीकरण वैयक्तिक प्रकृति का होता है, जबकि विभेदीकरण की प्रकृति अवैयक्तिक होती है विभिन्न स्तरों के व्यक्ति एक-दूसरे के प्रति विरोध की भावना रखते हैं, तथा स्वयं उच्च प्रस्थिति प्राप्त करने के लिये प्रयत्नशील रहते हैं। सामाजिक

स्तरीकरण में सदैव विभिन्न वर्गों के मध्य उच्च प्रस्थिति प्राप्त करने के लिये प्रयत्नशील रहते हैं। सामाजिक स्तरीकरण में सदैव विभिन्न वर्गों के मध्य उच्च सामाजिक प्रस्थिति हेतु संघर्ष चलता रहता है। इस प्रकार, सामाजिक स्तरीकरण के अन्तर्गत अन्त.समूह सम्बन्धों में प्रतियोगिता एवं संघर्ष की भावना बनी रहती है। सामाजिक विभेदीकरण में ऐसी भावना का अभाव होता है।
अतः विकल्प (C) सही है।

33. आधुनिकीकरण कोई दर्शन या आन्दोलन नहीं है जिसमें स्पष्ट मूल्य व्यवस्था हो, यह तो परिवर्तन की एक क्रिया है। प्रारम्भ में आधुनिकीकरण शब्द का प्रयोग अर्थव्यवस्था में परिवर्तन और सामाजिक मूल्यों एवं प्रथाओं पर इसके प्रभाव के सन्दर्भ में किया जाता है। सांस्कृतिक स्तर पर मूल्यों के क्षेत्र में परिवर्तन, पवित्र मूल्य व्यवस्था में धर्मनिरपेक्ष मूल्य व्यवस्था में परिवर्तन के द्वारा लाया जा रहा है। समाज एवं उसके सदस्यों में व्याप्त सम्बन्धों की व्यवस्था स्थिर न होकर परिवर्तनशील होती है। समाज में निरन्तर परिवर्तन होते रहते हैं । यह सामाजिक सम्बन्धों का जाल है तथा सदैव परिवर्तित होता रहता है। समाजशास्त्र में अध्ययन का आधार सूक्ष्म से व्यष्टि की ओर होता है।
अतः विकल्प (B) सही है।

34. पी. सोरोकिन ने सामाजिक गतिशीलता के निम्न दो प्रकार का उल्लेख किया है:

(1) क्षैतिज सामाजिक गतिशीलता

(2) लंबवत् सामाजिक गतिशीलता

- लंबवत् उपरिमुखी गतिशीलता
- लंबवत् अधोमुखी गतिशीलता

अतः विकल्प (D) सही है।

35. जजमानी प्रथा भारत में ग्रामीण समुदाय के अंतर्गत विभिन्न जातियों के परिवारों के बीच एल सामाजिक और आर्थिक व्यवस्था है, जिसके अनुसार एक परिवार दूसरे को संपूर्ण रूप से कुछ नियत सेवाए देता है। जैसे कर्मकांड संपन्न करवाना हजामत बनाना या कृषि हेतु मजदूरी करना। ये संबंध पीढ़ियों तक जारी रहते है और भुगतान सामान्यत: नकद की अपेक्षा फसल के एक नियत भाग के रूप में किया जाता है।
अतः विकल्प (B) सही है।

36. समाजीकरण वह प्रक्रिया है, जिसके द्वारा बच्चा सांस्कृतिक विशेषताओं, आत्मपन और व्यक्तित्व को प्राप्त करता है। समाजीकरण की संस्थाओं में प्राथमिक संस्थाएँ एवं द्वितीयक संस्थाएँ सम्मिलित हैं। इनका क्रमशः विवरण निम्नलिखित है:

समाजीकरण की प्राथमिक संस्थाएँ:

- परिवार- समाजीकरण करने वाली संस्थाओं में परिवार अत्यन्त महत्वपूर्ण हैं यह बच्चों की प्रथम पाठशाला है।

- क्रीड़ा समूह- परिवार के बाद इसका स्थान आता है क्योंकि परिवार के बाद सबसे अधिक समय बच्चे क्रीड़ा समूह में ही व्यतीत करते हैं।

- पड़ोस- पड़ोसी समाजीकरण में महत्वपूर्ण योगदान देते हैं। उनकी प्रशंसा या निन्दा व्यक्ति को समाज-सम्मत व्यवहार करने की प्रेरणा देती है।

- नातेदारी समूह- इसमें रक्त व विवाह से सम्बन्धित रिश्तेदार सम्मिलित होते हैं। व्यक्ति रिश्तों के अनुरूप व्यवहार करता है तथा आचरण के विभिन्न नियमों का ज्ञान प्राप्त करता है।

- विवाह- विवाह के बाद व्यक्ति के जीवन में महत्वपूर्ण बदलाव आते हैं। ये बदलाव व्यक्ति को गम्भीर व सुव्यवस्थित आचरण करने हेतु प्रेरित करते हैं।

समाजीकरण की द्वितीयक संस्थाएँ:

- शिक्षण संस्थाएँ- विभिन्न शिक्षण संस्थाओं में शिक्षा प्राप्त कर व्यक्ति धीरे-धीरे समाज का प्रकार्यात्मक सदस्य बनता है तथा अपने व्यक्तित्व का निर्माण करता है।

- राजनैतिक संस्थाएँ- ये संस्थाएँ व्यक्ति को अपने अधिकार एवं कर्तव्यों के प्रति सजग बनाती हैं। इनके द्वारा व्यक्ति समाज का जागरूक नागरिक बनता है।

- आर्थिक संस्थाएँ- ये संस्थाएँ व्यक्ति को सहयोग, प्रतिस्पर्धा और समायोजन के प्रति सजग करती हैं। बेईमानी और ईमानदारी के लक्षण आर्थिक संस्थाओं के द्वारा ही सीखे जाते हैं।

- सांस्कृतिक संस्थाएँ- इनके द्वारा व्यक्ति अपनी प्रथाओं, साहित्य, वेशभूषा, परम्पराओं, संगीत, कला एवं भाषा आदि का ज्ञान प्राप्त कर अपने व्यक्तित्व का विकास करता है।

- धार्मिक संस्थाएँ- कोई भी समाज बिना धर्म के नहीं रह सकता। धर्म के कारण ही व्यक्ति में शक्ति, पवित्रता और नैतिकता आदि भावनाओं का विकास होता है।

अतः विकल्प (C) सही है।

37. एकीकरण समरूपता नहीं है, अपितु यह संगठन का एक रूप है। एकीकरण एक ऐसी प्रक्रिया है जिसमें किसी रचना की निर्णायक भागों में भिन्नता होते हुए भी उसके आपसी सम्बन्धों में संगठन होता है।
अतः विकल्प (C) सही है।

38. महिलाओं के विकास, सशक्तीकरण एवं गरीबी उन्मूलन के लिए जीविका सशक्त कार्यक्रम है। संविधान महिलाओं को न केवल समानता का दर्जा प्रदान करता है अपितु राज्य को महिलाओं के पक्ष में सकारात्मक भेदभाव के उपाय करने की शक्ति भी प्रदान करता है।
अतः विकल्प (A) सही है।

39. "अर्बनाइजेशन एंड फैमिली चेंज" नामक पुस्तक में एम.एस. गोरे ने परिवार की संयुक्तता के बारे में लिखा है। नगरीकरण संयुक्त परिवार की संयुक्तता को बढ़ाता है, घटाता नहीं है।
अतः विकल्प (B) सही है।

40. दुर्खीम ने आदिम एवं औद्योगिक समाजों में अन्तर किया है। यांत्रिक संहति एवं दमनकारी विधियाँ आदिम समाज की विशेषताएँ हैं, जबकि सावयवी एकता, विषमांगता, गतिशीलता, क्षतिपूर्ति कारक कानून, औद्योगिक समाज की विशेषताएँ है।
अतः विकल्प (C) सही है।

41. स्पेंसर ने समाज को सावयव के रूप में चित्रित करते हुए कहा कि मानव समाज एक ऐसे जीवित, निरंतर बढ़ते हुए सावयव (जीव) के रूप में धीरे-धीरे सरल से जटिल व्यवस्था का रूप ले लेता है। हरबर्ट स्पेंसर प्रत्यक्षवादी एवं उद्विकासवादी थे। इन्होंने ही योग्यतम की उत्तरजीविता का सिद्धांत दिया। हरबर्ट स्पेंसर को सामाजिक डार्विनवादी भी कहा जाता है, इन्होंने समस्त प्रघटनाओं को तीन खंडों में बाँटा है:

1. असावयवी

2. सावयवी

3. सुपर आर्गेनिक

अतः विकल्प (A) सही है।

42. भारत सरकार के कल्याण मंत्रालय ने मद्य-निषेध नीति को प्रभावपूर्ण बनाने के लिए दो सूत्री कार्यक्रम अपनाया है-

- समाज में मादक द्रव्यों के दुष्परिणामों के बारे में जागरूकता पैदा करना

- व्यसन के शिकार लोगों के व्यसन छुड़ाने तथा उनकी देखभाल करने के लिए नशामुक्ति केन्द्रों की स्थापना करना।

नशामुक्ति केन्द्र व्यसनी को परामर्श, मेडिकल सहायता, यौगिक आसन आदि सुविधाएँ एवं पुनर्वास में सहायता देते हैं।
अतः विकल्प (D) सही है।

43. शक्ति एवं समाज संसाधनों और उनके वितरण की प्रक्रियाओं तक पुरुष एवं स्त्रियों की असमान पहुँच लिंग समता में सबसे बड़ा बाधक है। लैंगिक समानता के लिए कानूनी प्रावधानों के अलावा किसी देश के बजट में महिला सशक्तीकरण तथा शिशु कल्याण के लिये किये जाने वाले धन आवंटन के उल्लेख को जेंडर बजटिंग कहा जाता है। दरअसल, जेंडर बजटिंग शब्द विगत दो-तीन दशकों में वैश्विक पटल पर उभरा है। इसके जरिये सरकारी योजनाओ का लाभ महिलाओं तक पहुँचाया जाता है।

महिलाओं के खिलाफ होने वाले भेदभाव को समाप्त करने और लैंगिक समानता को बढ़ावा देने के लिए 2005 से भारत ने औपचारिक रूप से वित्तीय बजट में जेंडर उत्तरदायी बजटिंग (Gender Responsive Budgeting & GRB) को अंगीकार किया था। जीआरबी का उद्देश्य है- राजकोषीय नीतियों के माध्यम से लिंग संबंधी चिंताओं का समाधान करना।
अतः विकल्प (D) सही है।

44. पाकिस्तानी अर्थशास्त्री महबूब-उल-हक द्वारा सृजित और 1990 में शुरू की गई अग्रणी अवधारणा, मानव विकास सूचकांक (मानव विकास सूचकांक-एचडीआई) का अंतर्निहित सिद्धांत बहुत ही सरल है - राष्ट्रीय विकास को केवल प्रति व्यक्ति आय से नही, बल्क स्वास्थ्य तथा शिक्षा के क्षेत्र में उपलब्धियों से भी मापा जाना चाहिये।

एचडीआई तीन मूल आयामों में प्रत्येक देश की उपलब्धियों का समग्र पैमाना है:

- प्रति व्यक्ति सकल राष्ट्रीय आय (जीएनआई) द्वारा मापा जाने वाला जीवन स्तर।

- जन्म के समय जीवन प्रत्याशा द्वारा मापा गया स्वास्थ्य।

- वयस्क आबादी के बीच शिक्षा के वर्षों के हिसाब से शिक्षा का स्तर तथा बच्चों के लिये स्कूली शिक्षा के अपेक्षित वर्ष।

अतः विकल्प (C) सही है।

45. कृषकवाद एक सामाजिक, राजनैतिक तथा दार्शनिक दृष्टिकोण है जिसमें ग्रामीण समाज को नगरीय समाज से ऊँचा ठहराया जाता है। कृषक समाज के पास पहचान, ऐतिहासिक और धार्मिक परम्परा की चेतना, एक स्थायी परिवार, स्थान व क्षेत्र में गहरी जड़ें रखने की भावना है। द्वितीयक उद्योग इस व्यवस्था से बाहर रहते हैं।
अतः विकल्प (C) सही है।

46. समिति व्यक्तियों का एक समूह है जो कि किसी निश्चित उद्देश्य की पूर्ति हेतु बनाया जाता है। उस उद्देश्य की पूर्ति हेतु समाज द्वारा मान्यता प्राप्त नियमों की व्यवस्था को संस्था कहते हैं। बहुत से लोग इन दोनों को समान अर्थों में प्रयोग करते है जो कि उचित नहीं है। ऐसा भ्रम इन दोनों शब्दों के सामान्य प्रयोग के कारण पैदा होता है। उदाहरण के लिए, हम किसी भी महाविद्यालय को एक संस्था मान लेते हैं। समाजशास्त्र में जिस अर्थ में संस्था का प्रयोग होता है उस अर्थ की दृष्टि महाविद्यालय संस्था न होकर एक समिति है क्योंकि यह व्यक्तियों का एक मूर्त समूह है। यदि इसे परीक्षा पद्धति (जो कि नियमों की एक व्यवस्था है) की दृष्टि से देखें, तो इसे संस्था भी कहा जा सकता है। यह सर्वमान्य तथ्य है कि कोई भी व्यक्ति अपनी सभी आवश्यकताओं की पूर्ति स्वयं अकेला नहीं कर सकता है। यदि एक जैसे उद्देश्यो की पूर्ति वाले मिलकर सामूहिक रूप से अपने लक्ष्य को प्राप्त करने का प्रयास करें, तो एक समिति का निर्माण होता है। इसीलिए समिति को व्यक्तियों का एक समूह अथवा संगठन माना जाता है।
अतः विकल्प (D) सही है।

47. लुई ड्यूमा फ्रांसीसी मानवशास्त्री "कॉन्ट्रीब्यूशन टू इंडियन सोशलॉजी" नामक पत्रिका के सह संपादक थे। लुई ड्यूमा ने भारतीय सामाजिक व्यवस्था का विधिवत ढंग से अध्ययन किया तथा उन्होंने "होमो हाईअरकिकस 1970" पुस्तक लिखी, इसमें इन्होने लिखा कि भारत एक ऐसा धार्मिक समाज है जो जाति व्यवस्था की शुद्ध संस्करण व्यवस्था से परिचालित है लुई ड्यूमा के अनुसार समाज में परिवर्तन हो रहा है, किन्तु समाज का परिवर्तन नहीं हो रहा

है यहाँ की जाति व्यवस्था को समझने के लिए भारतीय पौराणिक ग्रंथों में निहित विचारधारा को समझना होगा लुई ड्यूमा ने जाति व्यवस्था का समस्त विश्लेषण पवित्रता व अपवित्रता (शुचिता एवं प्रदूषण) की विचारधारा के आधार पर किया लुई ड्यूमा के अनुसार भारतीय समाज की आधारभूत संस्था जाति पवित्र (ब्राह्मण) और अपवित्र (शूद्र), दो विरोधी किन्तु परस्पर एक-दूसरे पर निर्भर सांस्कृतिक तत्वों से बनी है होमो हाईअरकिकस के बाद ड्यूमा ने होमोएकविल्स पुस्तक लिखी इसमें उन्होंने यूरोप को भारत के सांस्कृतिक और वैचारिक दृष्टि से भिन्न माना।
अतः विकल्प (C) सही है।

48. गाँधीजी के विकास की धारणा भौतिक विकास से कहीं ऊपर की धारणा थी। गांधीजी पश्चिम की पूँजीवादी व्यवस्था की आलोचना किया करते थे। उनकी दृष्टि में पूँजीवादी विकास अपने स्वरूप में शोषणकारी व दमनकारी होता है। उनकी विकास की धारणा व्यक्ति के भौतिक विकास से सम्बन्धित न होकर व्यक्ति के समूचे विकास से थी।
अतः विकल्प (C) सही है।

49. जनसांख्यिकीय संक्रमण सिद्धांत की विशेषता इसकी सुस्पष्ट संक्रमण अवस्थाये हैं, जो ऊँची जन्म दर और ऊँची मृत्यु-दरों से न्यून-दरों की ओर संक्रमण को पाँच भागों में विभाजित करती हैं:

1. प्रथम अवस्था- उच्च एवं अस्थिर जन्म और मृत्यु-दर और धीमी जनसंख्या वृद्धि दर।

2. द्वितीय अवस्था- उच्च जन्म-दर एव गिरती मृत्यु-दर और तीव्र जनसंख्या वृद्धि।

3. तृतीय अवस्था- कम होती जन्म-दर और न्यून मृत्यु-दर और कम होती जनसंख्या।

4. चतुर्थ अवस्था- निम्न जन्म और मृत्यु-दर, धीमी जनसंख्या वृद्धि।

5. पंचम अवस्था- जन्म और मृत्यु-दर लगभग बराबर जिसका किसी समय परिणाम जनसंख्या वृद्धि में शून्य होगा।
अतः विकल्प (A) सही है।

50. भारत में सन् 1952 में सर्वप्रथम सम्पूर्णानन्द के प्रयासों से ओपन जेल की स्थापना की गयी।

इसके बाद उत्तर प्रदेश के गृह मंत्री डॉ. सम्पूर्णानन्द ने इस कॉन्सेप्ट को फॉलो करते हुए ओपन जेल कैम्प का आयोजन किया उन्होंने चंदौली के चकिया में सबसे पहले इस ओपन जेल कैम्प का आयोजन 1953 में किया। इसमें कैदियों से बनारस (उस समय वाराणसी) की चंद्रप्रभा नदी पर एक डैम का निर्माण करवाया गया।

इस डैम का निर्माण पूरा होने के बाद खुली जेल के इस कैंप को पास की ही नदी कर्मनाशा पर चल रहे डैम के निर्माण कार्य के लिए वहीं शिफ्ट कर दिया गया। इसके बाद तीसरे खुले ओपन कैंप का आयोजन शाहबाद में किया गया था, जहाँ सुरंग बननी थी।
अतः विकल्प (B) सही है।

51. मुस्लिम सम्प्रदाय में मुता अस्थायी प्रकार का विवाह है। जो केवल शियाओं में प्रचलित है।
अतः विकल्प (B) सही है।

52. व्यक्ति के जीवन के दो प्रमुख आधार हैं:

प्राणिशास्त्रीय तथा सामाजिक वंशानुक्रम से शारीरिक विशेषतायें प्राप्त होती हैं, जबकि सामाजिक गुणों का विकास, सामाजिक अन्तः क्रिया द्वारा होता है। इसी कारण उसे सामाजिक प्राणी कहा जाता है, क्योंकि उसका अस्तित्व पूर्णतया समाज पर निर्भर है। परन्तु दोनों में किस से सम्बन्ध स्थापित होता है तथा दोनों में अन्तः क्रिया का क्या स्वरूप होता है यह ज्ञान सामाजिक प्रक्रियाओं को समझने से ही ज्ञात हो सकता है। प्रक्रिया जीवन के प्रत्येक क्षेत्र में पायी जाती है। संवेदनशील सामाजिक प्रक्रिया नहीं है। सामाजिक प्रक्रियाओं के अनिवार्य तत्व हैं:

1. घटनाओ का क्रम,

2. घटनाओ की पुनरावृत्ति

3. घटनाओं के मध्य सम्बन्ध

4. घटनाओं की निरन्तरता

5. विशिष्ट परिणाम
अतः विकल्प (D) सही है।

53. दुर्खीम के अनुसार, आधुनिक विधि की प्रकृति आदर्शात्मक है। दुर्खीम ने कानून के दो रूप बताये हैं-

(1) दमनकारी कानून जो आदिम समाज में पाया जाता है,

(2) क्षतिपूरक कानून जो आधुनिक समाज में पाया जाता है।

1886 में अपनी डॉक्टरेट के अंश के रूप में उन्होंने 'द डिवीजन ऑफ लेबर इन सोसाइटी' की रचना की।
अतः विकल्प (C) सही है।

54. पर्यावरण की समस्याओं और पर्यावरण संबंधी ज्ञान में वृद्धि बीसवीं सदी के अंत में कोई उत्तरवर्ती या जोखिम संस्थायें इस बात को अस्वीकार नही करती।
अतः विकल्प (B) सही है।

55. समीक्षात्मक सम्प्रदाय का जन्म मार्क्स के लेखनों और उनके सिद्धान्तों से हुआ है। इन सिद्धान्तकारों के अनुसार मार्क्सवादियों द्वारा आर्थिक कारकों पर जोर देना गलत नही है, किन्तु सामाजिक जीवन के अन्य पत्रों पर ध्यान देना चाहिए। इस सम्प्रदाय के लोगों ने सामाजिक जीवन में सांस्कृतिक कारको को भी महत्वपूर्ण मानते हुए निर्धारणवादियों द्वारा उत्पन्न असन्तुलन को दूर करने का प्रयास किया।

मार्क्स के दर्शन सर्वप्रथम उद्देश्य सर्वहारा-वर्ग की स्पष्ट हितकामना तथा पूँजीवाद व्यवस्था के विनाश की अवश्यम्भाविता को प्रदर्शित और प्रमाणित करना है। उन्होंने पूँजीवाद के विकास और सामाजिक परिणामों की जो व्याख्या की है उसकी मुख्य बात उनका अतिरिक्त मूल्य का सिद्धान्त है, जिसे उन्होंने मूल्य के श्रम-सिद्धान्त के आधार पर निर्भर किया है। यह सिद्धान्त मार्क्स के बहुत पहले अनुदार तथा उग्र सुधारवादी सिद्धान्तियों में प्रचलित था। वास्तव में यह एक अंग्रेजी सिद्धान्त है, जिसको सत्रहवीं सदी में प्रतिपादित करने का श्रेय सर विलियम पेटी को है। उनके बाद अन्य प्रसिद्ध अर्थशास्त्रियों, विशेषकर एडम सिमथ और डेविड रिकार्डो ने भी इस पर अनेक प्रकार से जोर दिया और इसमें संशोधन भी किया।
अतः विकल्प (C) सही है।

56. जब किसी की रचना जान-बूझकर किन्हीं विशिष्ट उद्देश्यों को पूरा करने के लिए की जाती है तो उसे समिति कहते हैं। इस दृष्टि से परिवार समिति है।

परिवार समाज की बुनियादी इकाई है। अपने न्यूनतम स्वरूप में परिवार में पति-पत्नी और बच्चे होते हैं। अपने विशाल अर्थ में परिवार में कई पीढ़ियों के रिश्तेदार होते है। ये रिश्तेदार रक्त, विवाह और दत्तकग्रण को सम्मिलित करते हैं। कानूनी तरीके से विवाहित एक दम्पत्ति जब एक छत के नीचे रहते हैं, वे जन्म के आधार पर परिवार की इकाई को बनाते हैं। दम्पत्ति सामान्य निवास करते हैं और भौतिक संवेगात्मक, सामाजिक और आर्थिक रूप से एक दूसरे की सहायता करते हैं। ये सदस्य एक-दूसरे की आवश्यकताओं और विभिन्न महत्कांक्षाओं को पूरा करते हैं। परिवार में बच्चों का जन्म परिवार को पूर्णता देता है। इसके अतिरिक्त पति और पत्नी में स्नेह उत्पन्न होता है। यह स्नेह अपने परिवारों में भी देखने को मिलता है।
अतः विकल्प (A) सही है।

57. हिन्दू विवाह अधिनियम 1955 द्वारा सगोत्र एवं सप्रवर विवाह पर लगे प्रतिबंध को समाप्त कर दिया गया। यह केवल सपिण्ड विवाह की मनाही करता है।
अतः विकल्प (C) सही है।

58. आधुनिकीकरण के फलस्वरूप मशीनीकरण भी तेजी से बढ़ रहा है। मशीनीकरण के कारण श्रमिकों को रोजगार नहीं मिल पा रहा है, क्योंकि मशीनों के कारण श्रमिकों की कम आवश्यकता होती है।

आधुनिकीकरण (आधुनिकता) की विशेषताएँ:

1. आधुनिकीकरण परिवर्तन की सार्वभौमिक प्रक्रिया है आधुनिकीकरण की प्रक्रिया सभी जगहों पर होती है।

2. आधुनिकीकरण (आधुनिकता) विज्ञान और प्रौद्योगिकी विकास की आत्मा है। आधुनिकता से भिन्न प्रकार के ज्ञान और अनुभव में वृद्धि होती है।

3. आधुनिकीकरण में नगरीकरण में वृद्धि, समानता, स्वतंत्रता तथा प्रजातांत्रिक मूल्यों का विकास होता है।

4. आधुनिकता आर्थिक तथा राजनीतिक सहमागिता में वृद्धि करती है।

5. आधुनिकता की प्रक्रिया में प्राचीन प्रथाओं, रूढ़ियों तथा मूल्यों का विरोध होता है अतः आधुनिकीकरण में व्यावहारिक विज्ञान का विकास होता है।

6. आधुनिकीकरण में नये विचारों को स्वीकार किया जाता है। आधुनिकता में प्राचीन प्रथाओं, रूढ़ियों आदि की अपेक्षा वर्तमान व भविष्य में अधिक रुचि ली जाती है।

8. आधुनिकता (आधुनिकीकरण) में संस्कृति व धर्मनिरपेक्षता जैसे तत्वों का समावेश होता है।

9. आधुनिकीकरण सामाजिक संरचना में परिवर्तन लाता है।

10. आधुनिकीकरण में शिक्षा का प्रसार होता है।
अतः विकल्प (B) सही है।

59. समिति के निम्न लक्षण हैं-व्यक्तियों का समूह, निश्चित उद्देश्य, विचारपूर्वक सथापना, एक निश्चित संगठन, नियमों पर आधारित ऐच्छिक सदस्यता, अस्थाई प्रकृति, औपचारिक संबंध साध्य न होकर साधन।

समिति के चार अनिवार्य तत्त्व हैं:

1. व्यक्तियों का समूह - समिति समुदाय की ही तरह मूर्त है। यह व्यक्तियों का एक संकलन है। दो अथवा दो से अधिक व्यक्तियों का होना समिति के निर्माण हेतु अनिवार्य है।

2. सामान्य उद्देश्य - समिति का दूसरा आवश्यक तत्त्व सामान्य उद्देश्य अथवा उद्देश्यों का होना है। व्यक्ति इन्हीं सामान्य उद्देश्यों की पूर्ति के लिए जो संगठन बनाते हैं, उसे ही समिति कहा जाता है।

3. पारस्परिक सहयोग - सहयोग समिति का तीसरा अनिवार्य तत्त्व है। इसी के आधार पर समिति का निर्माण होता है। सहयोग के बिना समिति का कोई अस्तित्व नहीं है।

4. संगठन - समिति के उद्देश्यों की पूर्ति के लिए संगठन का होना भी आवश्यक है। संगठन द्वारा समिति की कार्य-प्रणाली में कुशलता आती है। समिति के निर्माण हेतु उपर्युक्त चारों तत्त्वों का होना अनिवार्य है। वस्तुतः समितियों का निर्माण अनेक आधारों पर किया जाता है। अवधि के आधार पर समिति स्थायी (जैसे राज्य) एवं अस्थायी (जैसे बाढ़ सहायता समिति), सत्ता के आधार पर सम्प्रभु (जैसे राज्य अर्द्ध-सम्प्रभु जैसे विश्वविद्यालय) एवं असम्प्रभु (जैसे क्लब), कार्य के आधार पर जैविक (जैसे परिवार), व्यावसायिक (जैसे श्रमिक संघ), मनोरंजनात्मक (जैसे संगीत क्लब) एवं परोपकारी (जैसे सेवा समिति) हो सकती हैं।
अतः विकल्प (A) सही है।

60. संस्कृति का तात्पर्य उन सभी तत्वों से होता है, जिनका निर्माण स्वंय मनुष्य ने किया है।

उदाहरण के तौर पर हमारा धर्म, विश्वास, ज्ञान, आचार, व्यवहार के तरीके एवं तरह-तरह की आवश्यकताओं के साधन अर्थात् कुर्सी, टेबल आदि का निमाण मनुष्य द्वारा किया गया है। हर्शकाविट्स का कहना है कि "संस्कृति पर्यावरण

का मानव-निर्मित भाग है।"
अतः विकल्प (B) सही है।

61. अंतर्जातीय विवाह के कारण किसी व्यक्ति का अपनी जाति से निष्कासन नकारात्मक नियन्त्रण का उदाहरण है। जहाँ एक ओर समाज में प्रोत्साहन या पुरस्कारों द्वारा व्यक्ति के व्यवहार को नियंत्रित किया जाता है वहीं दूसरी ओर दण्ड के माध्यम से भी व्यक्ति के व्यवहार को नियंत्रित किया जाता है। समाज द्वारा स्वीकृत नियमों, आदर्शों, मूल्यों तथा प्रथाओं का उल्लंघन करने पर व्यक्ति को अपराध के स्वरूप के आधार पर सामान्य से मृत्यु दण्ड तक दिया जाता है। यही कारण है कि व्यक्ति आदर्शों के विपरीत आचरण नहीं करते या करने से डरतें है। इस प्रकार के नियन्त्रण को नकारात्मक नियंत्रण कहते है। जैसे कि जाति के नियमों के विरुद्ध आचरण करने वाले व्यक्ति को जाति से बहिष्कृत कर दिया जाता है। गुरविच और मूरे ने सामाजिक नियंत्रण को संगठित, असंगठित, सहज नियंत्रण तीन भागों में विभाजित किया है।
अतः विकल्प (B) सही है।

62. बहुपति विवाह, विवाह का एक रूप है। जब एक स्त्री एक समय में एक से अधिक पुरुषों से विवाह करती है तो इसे बहु-पति विवाह कहते हैं, उदाहरण के लिए. नीलगिरि की पहाड़ियों में रहने वाली टोडा एवं कोटा जनजाति, उत्तराखण्ड की खस जनजाति में यह विवाह पाया जाता है। यह दो प्रकार का होता है-भातृक बहु-पति विवाह एवं गैर-भातृक बहु-पति विवाह।
अतः विकल्प (D) सही है।

63. इको फेमिनिज्म के विकास का मुख्य आधार स्त्रियों का जीवन एवं प्रकृति से उनका सम्बन्ध है। जीवन के प्रत्येक क्षेत्र में पुरुषों के बराबर स्त्रियों के अधिकारों के समर्थन से उत्पन्न हुए सामाजिक आन्दोलन को महिलावाद या नारीवाद का नाम दिया गया है।
अतः विकल्प (B) सही है।

64. एम. एन. श्रीनिवास के अनुसार- "एक ऐसी प्रक्रिया जिसमें निम्न जातियाँ उच्च जातियों विशेषकर ब्राह्मणों के रीति-रिवाजों संस्कारों विश्वासों, जीवन निधि एवं अन्य सांस्कृतिक लक्षणों एवं प्रणालियों को ग्रहण करती है।" इन के अनुसार संस्कृतिकरण की प्रक्रिया अपनाने वाली जाति एक दो पीढ़ी बाद ही उच्च जाति में प्रवेश के लिए दावा करने में समर्थ हो जाती है।

जाति व्यवस्था को भारतीय सामाजिक व्यवस्था की एक अद्वितीय विशेषता माना गया है। यह भारतीय सामाजिक व्यवस्था में स्तरीकरण को प्रदर्शित करने वाला एक महत्वपूर्ण तत्व है। भारत में जातियों को समान नहीं मानते हुए एक जाति को अन्य जाति से उच्च माना गया है। इस क्षेत्र में देश के प्रसिद्ध समाजशास्त्री एम. एन. श्रीनिवास द्वारा एक अध्ययन किया गया तथा संस्कृतिकरण की अवधारणा प्रस्तुत की गई। उन्होंने समाज के वंचित वर्ग के लिए निम्न जाति समूह का प्रयोग किया।
अतः विकल्प (C) सही है।

65. प्रत्याशित समाजीकरण वह प्रक्रिया है, जिसके अन्तर्गत लोग किसी भूमिका को इस उम्मीद में निभाते हैं कि भविष्य में उन्हें कुछ ऐसा ही करना है। जैसे- छोटी बच्ची अपनी दादी या माँ की नकल उतारती है। शायद उसे ऐसा लगता है कि उसे भी एक दिन दादी या माँ की भूमिका निभानी है। इस अवधारणा का सम्बन्धा (संदर्भ व्यक्तिगत) एवं सन्दर्भ-समूह से है। कभी-कभी हम उस व्यक्ति या समूह की नकल करते हैं, जो हम नही हैं, पर वैसा अवश्य बनना चाहते हैं। स्कूली शिक्षा समाप्त होने के समय कुछ बच्चे कॉलेज के विद्यार्थियों के आचरण की यह सोचकर नकल करते है कि उसे भी कॉलेज पहुँचने पर उस ढंग का व्यवहार करना है। यहाँ कॉलेज के विद्यार्थियो को सन्दर्भ-समूह एवं स्कूल के विद्यार्थियों का प्रत्याशित व्यवहार प्रत्याशित समाजीकरण कहा जायेगा। ब्रूम एवं सेल्सनिक का कहना है कि व्यावसायिक योग्यता प्राप्त करना भी एक किस्म का प्रत्याशित समाजीकरण है, क्योंकि यह व्यक्ति को भविष्य में एक नयी भूमिका के लिए तैयार करता है।
अतः विकल्प (D) सही है।

66. द्वितीय सम्बन्धियों के प्राथमिक सम्बन्धियों की गणना तृतीयक नातेदार के रूप में होती है। मर्डाक के अनुसार एक व्यक्ति के 8-प्राथमिक, 33-द्वितीयक तथा 151- तृतीयक नातेदार होते हैं।
अतः विकल्प (C) सही है।

67. लघु परम्परा एवं वृहत परम्परा की दो जुड़वा अवधारणाओं का प्रतिपादन रॉबर्ट रेडफील्ड द्वारा कृषक समाज के सांस्कृतिक विश्लेषण के एक पद्धति के रूप में किया गया है।
अतः विकल्प (A) सही है।

68. छठी अनुसूची: इसमें असम, मेघालय. त्रिपुरा, मिजोरम राज्यों के जनजाति क्षेत्रों के प्रशासन के बारे में प्रावधान है।
अतः विकल्प (A) सही है।

69. 'सर्वोदय' शब्द गांधी द्वारा प्रतिपादित एक ऐसा विचार है जिसमें 'सर्वभूत हितेशता:" की भारतीय कल्पना, सुकरात की 'सत्य-साधना' और रस्किन की 'अंत्योदय की अवधारणा' सब कुछ सम्मिलित है। गांधीजी ने कहा था "मैं अपने पीछे कोई पंथ या संप्रदाय नही छोड़ना चाहता हूँ। यही कारण है कि सर्वोदय आज एक समर्थ जीवन, समग्र जीवन तथा संपूर्ण जीवन का पर्याय बन चुका है।

'सर्वोदय' एक सामासिक शब्द है जो 'सर्व' और 'उदय' के योग से बना है, सर्वोदय एक ऐसा अर्थवान् शब्द है जिसका जितना अधिक चिंतन और प्रयोग हम करेंगे, उतना ही अधिक अर्थ उसमें पाते जायेंगे। सर्वोदय शब्द के दो अर्थ मुख्य हैं-सर्वोदय अर्थात् "सबका उदय", दूसरा "सब प्रकार से उदय अथवा सर्वांगीण विकास इसका अर्थ अलग-अलग दृष्टिकोण से अलग-अलग है जैसे भौतिकतावादी अपनी बढ़ी हई आवश्यकता की पूर्ति में लगा रहता है और आध्यात्मवादी ब्रह्म-प्राप्ति या मोक्ष प्राप्ति में लगा रहता है।

आज जिस अर्थ में सर्वोदय हमारे सामने प्रस्तुत है उसकी आधारशिला सर्वप्रथम गांधी जी ने रस्किन की 'अंटु दिस लास्ट' पुस्तक के संक्षिप्त गुजराती अनुवाद में रखी है। गांधी जी ने लिखा है " इस पुस्तक का उद्देश्य तो सबका उदय यानि उत्कर्ष करने का है, अतः मैंने इसका नाम सर्वोदय रखा है।"
अतः विकल्प (C) सही है।

70. नवीन प्रौद्योगिकी यंत्रीकरण, कारखाना व्यवस्था, श्रम विभाजन औद्योगिक समाज की विशेषता है, जबकि पश्च औद्योगिक समाज भौतिक वस्तुओं के उत्पादन की अपेक्षा ज्ञान और सूचनाओं के उत्पादन पर आधारित है।
अतः विकल्प (C) सही है।

71. प्राथमिक समूहों से तात्पर्य उस समूह से है जिसमें सम्बन्ध आमने-सामने के होते है जिनमें परस्पर सहयोग की भावना होती है। प्राथमिक समूह सही अर्थों में प्राथमिक ही है। सदस्यों में सम्बन्ध सामान्य से सम्पूर्णता लिए हुए होते हैं। यह सम्पूर्णता हम की भावना का विकास करती है। व्यावहारिक एवं मनोवैज्ञानिक दृष्टि से प्राथमिक समूह अत्यन्त महत्वपूर्ण होते हैं। इन समूहों के द्वारा व्यक्ति समाज के सदस्यों के साथ सम्बन्ध स्थापित करता है। प्राथमिक समूह के माध्यम से आदतों, भावनाओं , मूल्यों, आवश्यकताओं के प्रत्यक्षीकरण की बुनियाद बनती है। इसी वजह से कूले ने इसे मानव स्वभाव की पोषिका कहा है। प्राथमिक समूह के अन्तर्गत परिवार, गाँव, समुदाय, खेल-कूद के साथी, पड़ोस इत्यादि आते हैं। विद्यार्थियों की कथा प्राथमिक समूह में नहीं आयेगी।
अतः विकल्प (C) सही है।

72. किसी समाज की विद्यमान दशा मे कुछ सकारात्मक प्रगति का नाम विकास है। बोटोमोर ने विकास के अर्थ को स्पष्ट करते हुए कहा है कि इसके माध्यम से हम वस्तुओं को पूरी तरह से विकसित अवस्था की ओर ले जाते हैं। यहाँ इस अर्थ में भी कठिनाई है। विकास से हमारा क्या तात्पर्य है, कुछ लोग जिसे विकास कहते हैं दूसरों की दृष्टि में शायद वह पतन है। दुनियाभर में विकास की अवधारणा के अर्थ को लेकर एक बहुत बड़ा विवाद चल रहा है। आज तकनीकी विकास के युग में बड़े-बड़े बाँध बनाये जा रहे हैं, पहाड़ों को भेद कर बड़ी-बड़ी टनल बनायी जा रही हैं, गहरे समुद्र में मछलियाँ पकड़ी जाती हैं, और ऐसे ही अगणित कार्य विकास के नाम पर किये जा रहे हैं। सरकारें भी इसे विकास के नाम पर पुकारती हैं, लेकिन दूसरी और पर्यावरणवादी हैं जो तथाकथित विकास को केवल पतन या प्रदूषण मानते हैं। महत्वपूर्ण बात यह है कि विकास से समाज के मूल्य जुड़े होते हैं तो इसे विकास कहते हैं। हाल में जो अनुशोध साहित्य समाजशास्त्र में आ रहा है, उसमें विकास का तात्पर्य औद्योगिकीकरण, पूँजीवादी, नगरीकरण आदि से लिया जाता है।
अतः विकल्प (C) सही है।

73. वेबर ने क्रिया को चार श्रेणियों में बाँटा है:

(i) तार्किक

(ii) मूल्यांकनात्मक

(iii) प्रभावात्मक

(iv) परम्परात्मक

वेबर के अनुसार तार्किक क्रिया वह है जो कि सचेत रूप से किसी योजनानुसार की जाए तथा लक्ष्य एवं साधनों का पूर्ण ध्यान रखा गया हो। जबकि मूल्यांकनात्मक क्रिया वह है जो धार्मिक एवं नैतिक आधार पर की जाती है। अतः विकल्प (C) सही है।

74. 'मानव चक्र' पुस्तक के लेखक अरविन्दो हैं।

इस पुस्तक में अरविन्दो ने वैदिक युग को भारतीय इतिहास का 'प्रतीकात्मक युग' बताया है।
अतः विकल्प (B) सही है।

75. मैकाइवर एवं पेज ने समुदाय के दो आवश्यक तत्त्व बताए हैं:

स्थापनीय क्षेत्र- समुदाय के लिए एक अत्यन्त आवश्यक तत्त्व निवास स्थान या स्थानीय क्षेत्र का होना है। इसकी अनुपस्थिति में समुदाय जन्म नहीं ले सकता। क्षेत्र में निश्चितता होने के कारण ही वहाँ रहने वाले सदस्यों के मध्य घनिष्ठता, सहनशीलता तथा सामंजस्यता की भावना जाग्रत होती है।

सामुदायिक भावना- सामुदायिक भावना की अनुपस्थिति में समुदाय की कल्पना ही नहीं की जा सकती। सामुदायिक भावना को 'हम की भावना' भी कहा जाता है। इस भावना का जन्म होने का कारण एक निश्चित क्षेत्र. सदस्यों के कार्य करने का सामान्य ढंग तथा प्रत्येक सदस्य का एक-दूसरे के दुःख व सुख से परिचित हो जाना है।

किंग्सले डेविस ने समुदाय के दो आधारभूत तत्त्वों का विवेचन किया है-

- प्रादेशिक निकटता
- सामुदायिक पूर्णता

सामुदायिक भावना के अनिवार्य तत्व

- हम की भावना
- दायित्व की भावना
- निर्भरता की भावना

अतः विकल्प (C) सही है।

76. राधा कमल मुखर्जी ने मूल्यों की विवेचन करने वाली दो पुस्तकें लिखी हैं:

(1) द स्ट्रक्चर ऑफ वैल्यूज (1949)

(2) द डाइगेसंस ऑफ वैल्यूज (1964)

मूल्य 'जो होना चाहिए' से सम्बन्धित एक विचार का नाम है। यह हमारे विभिन्न प्रकार के व्यवहारों को प्रभावित करता है। मूल्य व्यक्ति के व्यक्तित्व और सामाजिक व्यवस्था के साथ बहुत गहराई से जुड़ा होता है। मूल्य जीवन के उद्देश्यों और उन्हें प्राप्त करने के साधनों को स्पष्ट करता है। हमारी तमाम सामाजिक गतिविधियाँ मूल्यों से जुड़ी होती हैं। समाजशास्त्र में मूल्य एक प्रकार का मानदंड है, पर साधारण मानदंड को हम मूल्य नहीं कहते हैं। जो उच्च कोटि के मानदंड होते हैं, उन्हें ही जॉनसन ने मूल्य कहा है। सामाजिक मूल्य से हमें यह ज्ञात होता है कि कौन-सा आचरण समाज के लिए सबसे अधिक अपेक्षित है। मूल्य के साथ हमेशा यह भाव जुड़ा हुआ होता है कि समाज के लिए सबसे अधिक जरूरी क्या है। दूसरे शब्दों में यह कहा जा सकता है कि जो मानदंड समाज के लिए बसे अधिक वांछनीय है उसे ही मूल्य कहा जाता है।
अतः विकल्प (A) सही है।

77. दुर्खीम ने आदिम समाजों में पायी जाने वाली सामाजिक व्यवस्था को 'यान्त्रिक समैक्य' का नाम दिया।
अतः विकल्प (C) सही है।

78. पंचायत राज शुरू करने का उद्देश्य लोकतांत्रिक विकेन्द्रीकरण विकास कार्यों में जनभागीदारी, स्त्री सशक्तिकरण नौकरशाही पर नियंत्रण एवं ग्रामीण आत्मनिर्भरता आदि थे।

पंचायत भारतीय समाज की बुनियादी व्यवस्थाओं में से एक रहा है। जैसा कि हम सब जानते हैं, महात्मा गाँधी ने भी पंचायतो और ग्राम गणराज्यों की वकालत की थी। स्वतंत्रता के बाद से, समय-समय पर भारत में पंचायतों के कई प्रावधान किए गए और 1992 के 73वें संविधान संशोधन अधिनियम के साथ इसको अंतिम रूप प्राप्त हुआ था। अधिनियम का उद्देश्य पंचायती राज को तीन-स्तरीय व्यवस्था प्रदान करना है, इसमें शामिल हैं:

(क) ग्राम-स्तरीय पंचायत

(ख) प्रखंड (ब्लॉक)-स्तरीय पंचायत

(ग) जिला-स्तरीय पंचायत
अतः विकल्प (B) सही है।

79. प्राथमिक स्वजन (नातेदारी) - एक व्यक्ति से प्रत्यक्षतः नातेदारी के आधार पर जुड़े व्यक्ति प्राथमिक स्वजनों की श्रेणी में आते हैं। इनमें पति-पत्नी को छोड़कर, जो कि वैवाहिक सम्बन्धी होते हैं, सभी रक्त सम्बन्धी हैं।

द्वितीयक स्वजन (नातेदारी) - मरडॉक के अनुसार 33 सम्बन्धी द्वितीयक नातेदारी की श्रेणी में आते है। प्राथमिक स्वजनों के प्राथमिक सम्बन्धी द्वितीयक स्वजनों की श्रेणी में आते हैं, जैसे व्यक्ति का साला, दादा, मामा, नाना, आदि।
अतः विकल्प (A) सही है।

80. दुर्खीम ने 'मानव अभिकरण' को प्रभावित और नियन्त्रित करने वाले सामाजिक संरचना के तत्वों, यथा-सामूहिक चेतना और 'सामूहिक प्रतिनिधानों' के अध्ययन को प्राथमिकता दी है।
अतः विकल्प (B) सही है।

81. पंचायती राज व्यवस्था का मुख्य उद्देश्य विकासमूलक तथा बुनियादी व्यवस्थाओं में से एक रहा है। स्वतंत्रता के बाद से समय-समय पर भारत में पंचायतों के कई प्रावधान किए गए और 1992 के 73वें संविधान संशोधन अधिनियम के साथ इसको अंतिम रूप प्राप्त हुआ था।
अतः विकल्प (D) सही है।

82. भारत में सामाजिक परिवर्तन के विश्लेषक श्रीनिवास की संस्कृतीकरण की अवधारणा विशेष महत्व रखती है।

श्रीनिवास ने संस्कृतीकरण को परिभाषित करते हुए कहा, "एक ऐसी प्रक्रिया जिसके द्वारा निम्न जातियाँ उच्च जातियों विशेषकर ब्राह्मणों के रीति-रिवाजों, संस्कारों, विश्वासों, जीवन विधि एवं अन्य सांस्कृतिक लक्षणों व प्रणालियों को ग्रहण करती है।"

उनका मानना है कि "संस्कृतीकरण की प्रक्रिया अपनाने वाली जाति, एक-दो पीढ़ियों के पश्चात ही अपने से उच्च जाति में प्रवेश करने का दावा प्रस्तुत कर सकती है।"
अतः विकल्प (A) सही है।

83. जब व्यक्ति क्रान्तिकारी दल के सदस्य वे रूप में कार्य करता है तो पुनः समाजीकरण स्पष्टतः प्रत्यक्ष होता है।
अतः विकल्प (C) सही है।

84. प्रसार अथवा विस्तारण की प्रक्रिया विभिन्न समूहों में प्रसार के माध्यम से होता है।
अतः विकल्प (B) सही है।

85. सामाजिक स्तरीकरण के अन्तर्गत हम एक ही समय के अन्तर्गत पाए जाने वाली सामूहिक असमानता का अध्ययन करते हैं। स्तरीकरण के संदर्भ में विभेदीकरण का अर्थ है भूमिकाओं, अधिकारों और दायित्वों का बंटवारा। स्तरीकरण के अन्तर्गत लोगों को उनकी हैसियत के अनुसार क्रमबद्ध किया जाता है। प्रत्येक समाज अपने प्रचलित मूल्यों के आधार पर व्यक्तियों की स्थिति का मूल्यांकन करता है।
अतः विकल्प (B) सही है।

86. पूर्ण निर्धनता का अर्थ है किसी देश की आर्थिक स्थिति को ध्यान में रखते हुए निर्धनता की माप करना। परन्तु बहुत से देशों में निर्धनता की परिभाषा प्रति व्यक्ति कैलोरी की खपत तथा उपभोग के न्यूनतम स्तर के संदर्भ में की गई है।
अतः विकल्प (A) सही है।

87. भारत जैसे विकासशील देश के संदर्भ में मलिन बस्तियों की जनसंख्या में वृद्धि का तात्पर्य है कि ग्रामीण गरीबी का विस्तार हो रहा है।
अतः विकल्प (A) सही है।

88. सोसाइटी इन इण्डिया' के लेखक डेविड जी मेण्डाबाम है।
अतः विकल्प (D) सही है।

89. मैक्स वेबर ने सामाजिक क्रिया को चार श्रेणियों में बाँटा है। मैक्स वेबर के अनुसार सामाजिक व्यवस्था शक्ति पर आधारित होती है।

इसलिए दो साइकिल सवारों का एक-दूसरे से टकराने के बाद घूँसेबाजी करना सामाजिक कृत्य का दृष्टान्त है।
अतः विकल्प (C) सही है।

90. वर्ष 1824 में आगस्त कॉम्टे सेन्ट साइमन के सचिव बन गये। सेन्ट साइमन फ्रांसीसी अभिजात वर्ग से थे, लेकिन अपने विचारों से वह यूटोपियाई समाजवादी थे अर्थात् वह ऐसे आदर्श समाज में विश्वास करते थे जिसमें प्रत्येक व्यक्ति को अवसर तथा संसाधनों में समान हिस्सेदारी मिले। उनका मानना था कि समाज की समस्याओं का उचित समाधान यह है कि आर्थिक उत्पादन का पुनर्निर्माण किया जाये (टिमोशेफ 1967) सेन्ट साइमन सामाजिक और आर्थिक व्यवस्थाओं को पुनर्गठित करना चाहते थे।

आगस्त कॉम्टे सेन्ट साइमन के घनिष्ठ मित्र तथा शिष्य बन गये तथा इन्हीं के दिशा-निर्देश में कॉम्टे की रुचि अर्थशास्त्र में हो गयी। इन्हीं सामाजिक परिस्थितियों के परिणामस्वरूप कॉम्टे ने समाज के विज्ञान की एक सामान्य अवधारणा का प्रतिपादन किया, जिसे उन्होंने 'समाजशास्त्र' का नाम दिया।
अतः विकल्प (C) सही है।

91. सामाजिक नियंत्रण एक ऐसी प्रवृत्ति है, जो व्यक्ति के व्यवहार एवं उसकी हानिकारक प्रवृत्तियों पर अंकुश लगाकर उसको समाज में रहने योग्य बनाता है, और समाजीकरण के साथ-साथ समाज हित में कार्य करने के लिए प्रेरित भी करता है।

औपचारिक नियंत्रण के अन्तर्गत समाज में स्थापित एक ऐसी व्यवस्था जिसकी स्थापना राज्य तथा समाज में व्याप्त औपचारिक संगठनों द्वारा बनाये गये स्वीकृत नियमों के आधार पर समूह के व्यक्तियों के व्यवहार पर नियंत्रण रखना होता है। इस प्रकार के नियमों का उल्लघंन करने पर दण्ड व्यवस्था का भी प्रावधान रखा जाता है। जैसे-कानून, न्यायपालिका, पुलिस, प्रचार-प्रसार संगठन आदि।

अनौपचारिक नियंत्रण में किसी प्रकार के लिखित कानूनों की आवश्यकता नहीं होती बल्कि समाज में व्याप्त स्वीकृत नियम, आदर्श ,मूल्य, जनरीतियाँ, प्रथाएँ, लोकाचार तथा नैतिक नियमों के आधार पर नियंत्रण रखा जाता है।
अतः विकल्प (C) सही है।

92. सहयोग चेतन अवस्था है जिसमें संगठित एवं सामूहिक प्रयत्न किये जाते हैं, क्योंकि समान उद्देश्य होता है सभी की सहभागिता होती है, क्रियाओं एवं विचारों का आदान-प्रदान होता है। अन्तःक्रिया सकारात्मक होती है तथा सहायता करने की प्रवृत्ति पायी जाती है। सहयोग में भाग लेने वाले व्यक्ति उत्तरदायित्व पूरा करते हैं। परन्तु उसके निश्चित प्रतिमान होते हैं।

सहयोग के प्रकार- ग्रीन ने तीन प्रकार के सहयोग का वर्णन किया है

प्राथमिक सहयोग

- प्राथमिक सम्बन्ध होते हैं।
- प्राथमिक समूहों में पाया जाता है।
- व्यक्ति तथा समूह के स्वार्थी में कोई भिन्नता नहीं होती है।
- त्याग की भावना प्रधान होती है।

- परिवार तथा मित्र मंडली, इसके प्रमुख उदाहरण हैं।

द्वितीयक सहयोग

- यह जटिल समाजों में पाया जाता है।
- औपचारिकता अधिक होती है।
- व्यक्तिगत हितों की प्रधानता होती है।
- स्कूल, आफिस, कारखाने आदि मे द्वितीयक सहयोग पाया जाता है।

तृतीयक सहयोग

- उद्देश्य प्राप्ति तक सहयोग किया जाता है।
- लक्ष्य बिल्कुल अस्थायी होता है।
- अवसर की प्रधानता होती है।
- चुनाव जीतने के लिए भिन्न पार्टियों में सहयोग या लड़ाई के समय विभिन्न पार्टियों में सहयोग तृतीयक सहयोग होता है।

अतः विकल्प (D) सही है।

93. अनुच्छेद 15 (4)

इस अनुच्छेद की या अनुच्छेद 29 के खण्ड (2) की कोई बात राज्य को सामाजिक और शैक्षिक दृष्टि से पिछड़े हुए नागरिकों के किन्हीं वर्गों की उन्नति के लिए या अनुसूचित जातियों और अनुसूचित जनजातियों के लिए कोई विशेष उपबन्ध करने से निवारित नहीं करेगी।

अनुच्छेद 16 के उपश्रेणी 4

(4) इस अनुच्छेद की कोई बात राज्य को पिछड़े हुए नागरिकों के किसी वर्ग के पक्ष में, जिनका प्रतिनिधित्व राज्य की राय में राज्य के अधीन सेवाओं में पर्याप्त नहीं है, नियुक्तियों या पदों के आरक्षण के लिए उपबंध करने से निवारित नहीं करेगी।

(4 क) इस अनुच्छेद की कोई बात राज्य को अनुसूचित जातियों और अनुसूचित जनजातियों के पक्ष में, जिनका प्रतिनिधित्व राज्य की राय में राज्य के अधीन सेवाओं में पर्याप्त नहीं है, राज्य के अधीन सेवाओं में किसी वर्ग या वर्गों के पदों पर, पारिणामिक ज्येष्ठता सहित, प्रोन्नति के मामलों में आरक्षण के लिए उपबंध करने से निवारित नहीं करेगी।

(4 ख) इस अनुच्छेद की कोई बात राज्य को किसी वर्ष में किन्हीं न भरी गई ऐसी रिक्तियों को, जो खंड (4) या खंड (4 क) के अधीन किए गए आरक्षण के लिए किसी उपबंध के अनुसार उस वर्ष में भरी जाने के लिए आरक्षित हैं, किसी उत्तरवर्ती वर्ष या वर्षों में भरे जाने के लिए पृथक वर्ग की रिक्तियों के रूप में विचार करने से निवारित नहीं करेगी और ऐसे वर्ग की रिक्तियों पर पर उस वर्ष की रिक्तियों के साथ जिसमें वे भरी जा रही हैं, उस वर्ष की रिक्तियों की कुल संख्या के संबंध में पचास प्रतिशत आरक्षण की अधिकतम सीमा का अवधारण करने के लिए विचार नहीं किया जाए।
अतः विकल्प (A) सही है।

94. हर्बट स्पेंसर जैवीकीय अनुरूपता (biological analogy) से इतने प्रभावित थे कि उन्होंने सामाजिक संरचना की तुलना मानव शरीर से की। उनका कहना था कि जिस प्रकार शरीर के विभिन्न अंग होते हैं और वे सभी शारीरिक बनावट को बनाये रखते हैं उसी प्रकार समाज के भी विभिन्न अंग होते हैं जो समाज की बनावट को बनाये रखते हैं। रेडक्लिफ ब्राउन का मत था कि जब कभी हम सामाजिक संरचना का उल्लेख करते हैं तो सामाजिक संरचना से हमारा अभिप्राय एक व्यवस्था से होता हे जिसमें उस व्यवस्था व संरचना के विभिन्न तत्व एक-दूसरे से जुड़े होते हैं। तत्वों के इस समीकरण और व्यवस्थित पद्धति को ही संरचना कहा जा सकता है। सामाजिक संरचना के संदर्भ में व्यक्ति को उस संरचना की इकाई मानते हैं। व्यक्ति सामाजिक संरचना में एक स्थान पर बने होते हैं। उनका एक व्यवस्था में स्थान ग्रहण करना एक सामाजिक प्रक्रिया के तहत होता है जिसके अंतर्गत कुछ प्रतिमानों के कारण उन्हें वह स्थान मिला होता है। इस प्रकार सामाजिक संरचना व्यक्ति का एक व्यवस्थित रूप है जिसमें उनके सामाजिक संबंध किसी खास संस्थात्मक मूल्यों

से नियंत्रित होते है। अगर हम परिवार के बनावट की बात करें तो उस परिवार में रहने वाले लोगों की बात करेंगे जो लोग उस परिवार के कुछ संबंधों से जुड़े होते हैं। उसे परिवार के सदस्य की एक खास भूमिका को अदा करना पड़ता है। इस प्रकार एक संगठन में सभी व्यक्तियों को अपनी-अपनी भूमिका अदा करने के लिए एक-दूसरे से जुड़ा होना आवश्यक है।
अतः विकल्प (A) सही है।

95. श्रीनिवास ने संस्कृतीकरण की परिभाषा देते हुए कहा कि इस प्रक्रिया में निचली या मध्यम हिन्दू जाति या जनजाति या कोई अन्य समूह, अपनी प्रथाओं, रीतियों और जीवनशैली को उच्च या प्रायः द्विज जातियों की दिशा में बदल लेते हैं। प्रायः ऐसे परिवर्तन के साथ ही वे जातिव्यवस्था में उस स्थिति से उच्चतर स्थिति के दावेदार भी बन जाते हैं, जो कि परम्परागत रूप से स्थानीय समुदाय उन्हें प्रदान करता आया हो। संस्कृतीकरण का एक स्पष्ट उदाहरण कथित "निम्न जातियों" के लोगों द्वारा द्विज जातियों के अनुकरण में शुद्ध शाकाहार को अपनाना है, जो कि परम्परागत रूप से शाकाहारी भोजन के विरोधी नहीं होते। श्रीनिवास के अनुसार, संस्कृतीकरण केवल नयी प्रथाओं और आदतों को अंगीकार करना ही नहीं है, बल्कि संस्कृत वाङ्मय में विद्यमान नये विचारों और मूल्यों के साथ साक्षात्कार करना भी इसमें आ जाता है। वे कहते हैं कि कर्म, धर्म, पाप, माया, संसार, मोक्ष आदि ऐसे संस्कृत साहित्य में उपस्थित विचार हैं जो कि संस्कृतीकृत लोगों के बोलचाल में आम हो जाते हैं।
अतः विकल्प (D) सही है।

96. यह सर्वहाराकरण के विपरीत प्रक्रिया है। बुर्जुआकरण एक ऐसी प्रक्रिया है जिसके द्वारा कामगार वर्ग बुर्जुआई आकांक्षाओं और बुर्जुआई जीवन शैली एवं प्रतिमानों को अपनाता है। यह कामगार वर्ग की चेतना को शिथिल कर उनकी एकता को कमजोर बना देता है।
अतः विकल्प (C) सही है।

97. परसंस्कृतिग्रहण वह प्रक्रिया है, जिसमें दो आसन्न संस्कृतियों अथवा सभ्यताओं के बीच सम्पर्क होने से लेन-देन की प्रक्रिया एक-दूसरे को प्रभावित करती है। व्यक्ति के संदर्भ में जब वह व्यक्ति किसी अन्य संस्कृति के सम्पर्क में आता है तो वह अपनी संस्कृति के मूल्यों, आदर्शों और व्यवहार के स्थान पर उस समाज संस्कृति, जिसके सम्पर्क में वह आता है, की कुछ आदतें मूल्य और व्यावहारिक विशेषताओं को अपनाने लगता है, इसे परसंस्कृतिग्रहण कहते हैं।
अतः विकल्प (B) सही है।

98. ऑगबर्न एवं निमकॉफ ने संस्कृति के दो प्रकारों की चर्चा की है-

भौतिक संस्कृति एवं अभौतिक संस्कृति

भौतिक संस्कृति के अन्तर्गत उन सभी भौतिक एवं मूर्त वस्तुओं का समावेश होता है जिनका निर्माण मनुष्य ने किया है, तथा जिन्हें हम देख एवं छू सकते हैं। भौतिक संस्कृति की संख्या आदिम समाज की तुलना में आधुनिक समाज में अधिक होती है। प्रो. वीयरस्टीड ने भौतिक संस्कृति के समस्त तत्वों को मुख्य 13 वर्गों में विभाजित करके इसे और स्पष्ट करने का प्रयास किया है- (i) मशीनें (ii) उपकरण (iii) बर्तन (iv) इमारतें (v) सड़कें (vi) पुल (vii) शिल्प वस्तुएं (viii) कलात्मक वस्तुएँ (ix) वस्त्र (x) वाहन (xi) फर्नीचर (xii) खाद्य पदार्थ (xiii) औषधियाँ आदि।

भौतिक संस्कृति की विशेषताएँ

- भौतिक संस्कृति मूर्त होती है।
- इसमें निरन्तर वृद्धि होती रहती है।
- भौतिक संस्कृति मापी जा सकती है।
- भौतिक संस्कृति में परिवर्तन शीघ्र होता है।
- इसकी उपयोगिता एवं लाभ का मूल्यांकन किया जा सकता है।
- भौतिक संस्कृति में बिना परिवर्तन किये इसे ग्रहण नहीं किया जा सकता है।

अर्थात एक स्थान से दूसरे स्थान पर ले जाने तथा उसे अपनाने में उसके स्वरूप में कोई फर्क नहीं पड़ता। उदाहरण के लिए मोटर गाड़ी, पोशाक तथा कपड़ा इत्यादि।

अभौतिक संस्कृति की विशेषताएँ

- अभौतिक संस्कृति अमूर्त होती है।
- इसकी माप करना कठिन है।
- अभौतिक संस्कृति जटिल होती है।
- इसकी उपयोगिता एवं लाभ का मूल्यांकन करना कठिन कार्य है।
- अभौतिक संस्कृति में परिवर्तन बहुत ही धीमी गति से होता है।
- अभौतिक संस्कृति को जब एक स्थान से दूसरे स्थान में ग्रहण किया जाता है, तब उसके रूप में थोड़ा-न-थोड़ा परिवर्तन अवश्य होता है।
- अभौतिक संस्कृति मनुष्य के आध्यात्मिक एवं आन्तरिक जीवन से सम्बन्धित होती है।

अतः विकल्प (D) सही है।

99. संस्था व्यक्तियों एवं समूहों के मध्य संबंधों को नियंत्रित करने वाले नियमाचारों तथा कार्यविधियों का एक स्थायी एवं स्वीकृत प्रतिमान होती है। धर्म, विवाह, परिवार, जाति, राज्य कानून आदि उसके उदाहरण हैं।
अतः विकल्प (C) सही है।

100. हिन्दू विवाह अधिनियम भारत की संसद द्वारा सन् 1955 में पारित एक कानून है इसी कालावधि में तीन अन्य महत्वपूर्ण कानून पारित हुए। हिन्दू उत्तराधिकार अधिनियम (1956), हिन्दू अल्पसंख्यक तथा अभिभावक अधिनियम (1956), और हिन्दू एडॉप्शन और भरण-पोषण अधिनियम (1956)। ये सभी नियम हिन्दुओं के वैधिक परम्पराओं को आधुनिक बनाने के ध्येय से लागू किए गये थे।

स्मृतिकाल से ही हिंदुओं में विवाह को एक पवित्र संस्कार माना गया है और हिंदू विवाह अधिनियम 1955 में भी इसको इसी रूप में बनाए रखने की चेष्टा की गई है। किंतु विवाह, जो पहले एक पवित्र एव अटूट बंधन था, अधिनियम के अंतर्गत ऐसा नहीं रह गया है।

कुछ विधिविचारकों की दृष्टि में यह विचारधारा अब शिथिल पड़ गई है। अब यह जन्म-जन्मांतर का संबंध अथवा बंधन नहीं वरन विशेष परिस्थितियों के उत्पन्न होने पर, (अधिनियम के अंतर्गत) वैवाहिक संबंध विघटित किया जा सकता है।

अधिनियम की धारा 10 के अनुसार न्यायिक पृथक्करण निम्न आधारों पर न्यायालय से प्राप्त हो सकता है : त्याग 2 वर्ष, निर्दयता (शारीरिक एवं मानसिक), कुष्ठ रोग (1 वर्ष), रतिजरोग (3 वर्ष), विकृतिमन (2 वर्ष) तथा परपुरुष अथवा पर-स्त्री-गमन (एक बार में भी)

अधिनियम की धारा 13 के अनुसार संसर्ग, धर्मपरिवर्तन, पागलपन (3 वर्ष) कुष्ठ रोग (3 वर्ष), रतिज रोग (3 वर्ष) संन्यास, मृत्यु निष्कर्ष (7 वर्ष), पर नैयायिक पृथक्करण की डिक्री पास होने के दो वर्ष बाद तथा दांपत्याधिकार प्रदान करने वाली डिक्री पास होने के दो साल बाद 'संबंध-विच्छेद' प्राप्त हो सकता है।

स्त्रियों को निम्न आधारों पर भी संबंध विच्छेद प्राप्त हो सकता है, यथा - द्विविवाह, बलात्कार तथा पशु मैथुन। धारा 11 एवं 12 के अंतर्गत न्यायालय 'विवाहशून्यता' की घोषणा कर सकता है। विवाह प्रवृत्तिहीन घोषित किया जा सकता है, यदि दूसरा विवाह सपिंड और निषिद्ध गोत्र में किया गया हो (धारा 11)। नपुंसकता, पागलपन, मानसिक दुर्बलता, छल एवं कपट से अनुमति प्राप्त करने पर या पत्नी के अन्य पुरुष से (जो उसका पति नहीं है) गर्भवती होने पर विवाह विवर्ज्य घोषित हो सकता है। (धारा 12)
अतः विकल्प (A) सही है।

101. यह एक ऐसी व्यवस्था है जिसमें दो लोग जिनका विवाह नहीं हुआ है, साथ रहते हैं और एक पति-पत्नी की तरह आपस में शारीरिक सम्बन्ध बनाते हैं। इस प्रकार के सम्बन्ध विशेष रूप से पश्चिमी देशों में बहुत आम हो चुके हैं।
अतः विकल्प (D) सही है।

102. श्यामाचरण दुबे ने सरकार द्वारा प्रवर्तित सामुदायिक विकास योजनाओं के भारतीय ग्रामों पर पड़ने वाले प्रभावों तथा इससे उत्पन्न हुए सामाजिक

परिवर्तन एव तज्जनित समस्याओं का विश्लेषण अपनी पुस्तक इंडियाज चेंजिंग विलेज में किया है।
अतः विकल्प (D) सही है।

103. ग्रामीण समाज में आत्महत्या की बड़ी वजह किसान और किसानी में पैदा हुआ संकट है, साथ ही बेरोजगारी, गरीबी और आर्थिक तंगी भी इसमें एक महत्वपूर्ण कारण है। विकास कार्यक्रमों के परिणामस्वरूप किसानों की आजीविका पर भी संकट रहता है। औद्योगीकरण के फलस्वरूप किसानों को बेरोजगार रहना पड़ता है।
अतः विकल्प (A) सही है।

104. आई.पी. देसाई ने महुआ के संयुक्त परिवार की संरचना तथा प्रकार्यात्मक एकता का अध्ययन किया था। यह महुआ के क्षेत्रीय कार्य के आधार पर संयुक्त परिवार की विशेषता सामूहिक संपत्ति नहीं मानते हैं।
अतः विकल्प (C) सही है।

105. राबर्ट रेडफील्ड ने कृषक समाज के सामाजिक एवं सांस्कृतिक विश्लेषण के लिए लघु परम्परा एवं वृहत परम्परा की अवधारणाओं को प्रतिपादित किया था। मूल्य समाज द्वारा मान्यता प्राप्त वे इच्छाएँ तथा लक्ष्य है जिनका आन्तरीकरण समाजीकरण की प्रक्रिया के माध्यम से होता है और जो व्यक्तिपरक अधिमान्यताएँ, मानदण्ड तथा अभिलाषाएँ बन जाती हैं।"

सामाजिक मूल्य के प्रकार

मूल्य विविध प्रकार के होते हैं तथा विद्वानों ने इनका वर्गीकरण विविध प्रकार से किया है। कुछ प्रमुख विद्वानों के वर्गीकरण इस प्रकार है:

इलियट एवं मैरिल ने अमेरिकी समाज के सन्दर्भ में तीन प्रकार के सामाजिक मूल्यों का उल्लेख किया है-

- देशभक्ति या राष्ट्रीयता की भावना
- मानवीय स्नेह तथा
- आर्थिक सफलता

राधा कमल मुखर्जी के अनुसार सामाजिक मूल्य प्रत्यक्ष रूप से सामाजिक संगठन व सामाजिक व्यवस्था से सम्बन्धित होते हैं। उन्होंने चार प्रकार के मूल्यों का उल्लेख किया है:

- वे मूल्य जो सामाजिक संगठन व व्यवस्था को सुदृढ़ बनाने के लिए समाज में समानता व सामाजिक न्याय का प्रतिपादन करते हैं।
- वे मूल्य जिनके आधार पर सामान्य सामाजिक जीवन के प्रतिमानों व आदर्शों का निर्धारण होता है । इन मूल्यों के अन्तर्गत एकता व उत्तरदायित्व की भावना आदि समाहित होती है।
- वे मूल्य जिनका सम्बन्ध आदान-प्रदान व सहयोग आदि से होता है। इन मूल्यों के आधार पर आर्थिक जीवन की उन्नति होती है व आर्थिक जीवन सन्तुलित होता है ।
- वे मूल्य जो समाज में उच्चता लाने व नैतिकता को विकसित करने में सहायता प्रदान करते हैं।

अतः विकल्प (A) सही है।

106. किशोर अपराधों को रोकने में सुधारात्मक संस्थाओं में बार्स्टल स्कूल को भी शामिल किया जाता है। प्रमाणित विद्यालय में बाल अपराधियों को सुधार हेतु रखा जाता है। 18 वर्षों की आयु के बाल अपराधियों को बार्स्टल स्कूल में स्थानांतरित कर दिया जाता है।
अतः विकल्प (A) सही है।

107. वैश्वीकरण के उपरांत शहरी विकास की अवधारणा समावेशी विकास की एक अनिवार्य शर्त बन गई है। शहरी विकास की इस प्रक्रिया ने गाँवों के सामने अस्तित्व का संकट उत्पन्न कर दिया है। शहरों का अनियोजित विकास, महानगरों का असुरक्षित परिवेश एवं शहरी संस्कृति में बढ़ते जा रहे संबंधमूलक तनाव हमें यह सोचने पर विवश करते है कि शहरी विकास की अवधारणा पर एक बार फिर से विचार किया जाना चाहिये। विभिन्न प्रकार के प्रदूषण उत्पन्न करने में गाँवों की तुलना में शहरों की भूमिका अधिक है, तो

क्या यह कहा जा सकता है कि विकास और प्रदूषण का एक-दूसरे के साथ सकारात्मक संबंध है पर्यावरण सुरक्षा के मद्देनजर शहर एक बड़ी चुनौती बन रहे हैं क्योंकि शहर के विकास के लिये हरित क्षेत्र की बलि चढ़ाई जा रही है। जलवायु संबंधी परिवर्तनों ने कई शहरों के अस्तित्व को चुनौती दी है, विशेषतः समुद्र किनारे बसे शहर अब मानव निर्मित आपदाओं से अछूते नहीं रह गए हैं, इसके अलावा, तीव्र प्रौद्योगिकीय विकास शहरों में अनेक परंपरागत व्यवसाय करने वाले समूहों के लिये खतरा बन गया है, क्योंकि इससे भी पर्यावरण को नुकसान होता है।
अतः विकल्प (A) सही है।

108. प्रतीकात्मक अन्तर्क्रियावाद के अनुसार समाज गतिशील है, समाज को निर्मित करने वाली सामाजिक क्रियाएँ एवं भूमिकाएँ बदलती रहती हैं। प्रतीकात्मक अन्तर्क्रियावाद के अनुसार प्रतीको के माध्यम से ही व्यक्ति एक-दूसरे से अंतःक्रिया करता है।
अतः विकल्प (D) सही है।

109. गिलिन एवं गिलिन के अनुसार- "समिति व्यक्तियों का ऐसा समूह है, जो किसी विशेष हित या हितों के लिए संगठित होता है तथा मान्यता प्राप्त या स्वीकृत विधियों और व्यवहार द्वारा कार्य करता है।" बोगार्ड्स के अनुसार- "समिति प्रायः किसी उद्देश्य की पूर्ति के लिए लोगों का मिल-जुलकर कार्य करना है।"

समिति व्यक्तियों का समूह है। यह किसी विशेष हित या हितों की पूर्ति के लिए बनाया जाता है। परिवार, विद्यालय, व्यापार संघ, चर्च (धार्मिक संघ), राजनीतिक दल राज्य इत्यादि समितियाँ हैं। इनका निर्माण विशेष उद्देश्यों की पूर्ति के लिए किया जाता है। उदाहरणार्थ, विद्यालय का उद्देश्य शिक्षण तथा व्यावसायिक तैयारी हैं। इसी प्रकार, श्रमिक संघ का उद्देश्य नौकरी की सुरक्षा, उचित पारिश्रमिक दरें, कार्य की स्थितियाँ इत्यादि को ठीक रखना है।

साहित्यकारों या पर्वतारोहियों के संगठन भी समिति के ही उदाहरण है।
अतः विकल्प (A) सही है।

110. फूको के अनुसार उत्तर आधुनिक समाज में ज्ञान उत्पादन का एक साधन है जिसके पास ज्ञान है उसी के पास शक्ति है। उन्होंने ज्ञान के पदक्रम की आलोचना की है। कृष्णदत्त पालीवाल 'उत्तर आधुनिकतावाद की ओर' पुस्तक में मिशेल फूको एवं टाफलर की मान्यताओं को उद्धृत करते हैं। "मिशेल फूको ने 'मैडनेस एण्ड सिविलाइजेशन' में यह तर्कों से सिद्ध किया कि समाज, विज्ञान और आधुनिक विज्ञान सभी त्रासकारी दमनकारी हैं। इस पूरी स्थिति-परिस्थति के बौद्धिक पर्यावरण, भूमंडलीकरण, साहित्य, कला, संस्कृति, समाज दर्शन, धर्म, राजनीति से जुड़े मुक्ति-आन्दोलनों, कम्प्यूटर टेक्नॉलॉजी, मासमीडिया, मासकल्चर, सूचना-संचार क्रान्ति, माइंड-मनी-मसल पावर के तीन संश्लिष्टकारों, विखंडनवाद- विकेन्द्रीयतावाद ने जो नया माहौल निर्मित किया, उसे एक व्यापक नाम 'उत्तर आधुनिकतावाद' दिया गया।
अतः विकल्प (D) सही है।

111. वर्णव्यवस्था हिन्दू सामाजिक संगठन की एक प्रमुख अवधारणा है। इसका सर्वप्रथम प्रयोग ऋग्वेद में किया गया जिसका रचना काल 4000 ई.पू. है।

वर्ण व्यवस्था हिन्दू धर्म में सामाजिक विभाजन का एक आधार है। हिन्दू धर्म-ग्रंथों के अनुसार समाज को चार वर्णों में विभाजित किया गया है - क्षत्रिय, ब्राह्मण, वैश्य और शूद्र जबकि बौद्ध धर्म के ग्रन्थों के अनुसार समाज को छः वर्णों में विभाजित किया गया है।
अतः विकल्प (A) सही है।

112. सामान्यत: लोगो की प्रवृत्ति उसी स्थान में निवास करने की होती हैं जहाँ उन्हें आजीविका प्राप्ति के अवसर होते हैं। इसलिए उस क्षेत्र से जहाँ की मृदा अनुपजाउ, आवागमन के साधन कम विकसित, निम्न औद्योगिक विकास एवं रोजगार की कम संभावनाएँ हों वहाँ से लोग पलायन कर जाते हैं। ये कारक प्रवास के लिए प्रतिकर्षित करते हैं। दूसरी तरफ वे क्षेत्र जहाँ पर रोजगार की गुंजाइश हो तथा जीवनस्तर भी अपेक्षाकृत ऊँचा हो, लोगों को उत्प्रवास के लिए आकर्षित करता है। अतः इन कारकों को आकर्षणकारी समूह कहते हैं। इस प्रकार वे सभी क्षेत्र जहाँ की मृदा उपजाउ, खनिज संसाधन की उपलब्धता, आवागमन के सुविकसित साधन, संचार माध्यम का विकास, कारखानों एवं

औद्योगिक इकाइयों का सुव्यवस्थित विकास एवं शहरीकरण हों, लोगों को बसने के लिए आकर्षित करते हैं।
अतः विकल्प (B) सही है।

113. हिन्दू उत्तराधिकार अधिनियम 1956 जिन समुदायों के उत्तराधिकार सम्बन्धी विषयों को नियंत्रित करता है, वे हैं: हिन्दू, बौद्ध, जैन एवं सिख।

हिन्दू उत्तराधिकार अधिनियम, 1956, हिन्दू कोड बिल के अन्तर्गत पारित कई कानूनों में से एक है। इस अधिनियम के अन्तर्गत यह बताया गया है कि जब किसी व्यक्ति की मृत्यु बिना वसीयत बनाए हो जाती है, तो उस व्यक्ति की सम्पत्ति को उसके उत्तराधिकारियों, परिजनों या सम्बन्धियों में कानूनी रूप से किस तरह बाँटी जाएगी। अधिनियम में मृतक के वारिसों को अलग-अलग श्रेणियों में बाँटा गया है, और मृतक की संपत्ति में उनको मिलने वाले हिस्से के बारे में भी बताया गया है। अधिनियम इन व्यक्तियों पर लागू होगा:

(1) जो व्यक्ति जन्म से हिन्दू, बौद्ध, जैन या सिख हो, या

(2) कोई ऐसा व्यक्ति जिसने हिंदू, बौद्ध, जैन या सिख धर्म अपना लियाहो।

(3) कोई जायज या नाजायज बच्चा जिसके माता-पिता में से कोई एक धर्म से हिंदू, बौद्ध, जैन या सिख हो और जिसका पालन-पोषण किसी जनजाति, समुदाय, समूह और परिवार के रूप में हुआ हो, क्योंकि किसी ऐसे व्यक्ति पर जो धर्म से मुसलमान, ईसाई, पारसी या यहूदी न हो, जब तक कि यह साबित न हो जाए कि वह हिंदू धर्म का पालन नहीं करता है।

अतः विकल्प (C) सही है।

114. पूर्णतः आत्म निर्भर एवं स्व-प्रशासित परिवार सम्मिति परिवार कहलाता है। परिवार सार्वभौमिक होते हैं और इसमें विवाहित पुरुष, महिला व उनके बच्चे शामिल होते हैं। परिवार का अर्थ है कुछ संबंधित लोगों का समूह जो एक ही घर में रहते हैं। परिवार के सदस्य, परिवार से जन्म, विवाह व गोद लिये जाने से संबंधित होते हैं।
अतः विकल्प (A) सही है।

115. खासी एक जनजाति है जो भारत के मेघालय, असम तथा बांग्लादेश के कुछ क्षेत्रों में निवास करते हैं। ये खासी तथा जयंतिया की पहाड़ियों में रहने वाली एक मातृकुलमूलक जनजाति है। इनका रंग काला मिश्रित पीला, नाक चपटी, मुँह चौड़ा तथा सुघड़ होता है। ये लोग हृष्टपुष्ट और स्वभावतः परिश्रमी होते है। स्त्री तथा पुरुष दोनों सिर पर बड़े-बड़े बाल रखते हैं, निर्धन लोग सिर मुँडवा लेते हैं। खासियों की विशेषता उनका मातृमूलक परिवार है। विवाह होने पर पति ससुराल में रहता है। परंपरानुसार पुरुष की विवाह पूर्व कमाई पर मातृपरिवार का और विवाहोत्तर कमाई पर पत्नी परिवार का अधिकार होता है। वंशावली नारी से चलती है और संपत्ति की स्वामिनी भी वही है। संयुक्त परिवार की संरक्षिका कनिष्ठ पुत्री होती है।
अतः विकल्प (C) सही है।

116. समाजीकरण का अर्थ उस प्रक्रिया से है जिसके द्वारा व्यक्ति अन्य व्यक्तियों से अंतः क्रिया करता हुआ सामाजिक आदतों, विश्वासों, रीति-रिवाजों तथा परंपराओं एवं अभिवृत्तियों को सीखता है। इस क्रिया के द्वारा व्यक्ति जन-कल्याण की भावना से प्रेरित होते हुए अपने आपको अपने परिवार, पड़ोस तथा अन्य सामाजिक वर्गों के अनुकूल बनाने का प्रयास करता है जिससे वह समाज का एक श्रेष्ठ, उपयोगी तथा उत्तरदायी सदस्य बन जाए तथा उक्त सभी सामाजिक संस्थाएँ तथा वर्ग उसकी प्रशंसा करते रहे।
अतः विकल्प (C) सही है।

117. दृश्य घटना विज्ञानियों का एकमात्र उद्देश्य समाज या दुनिया की वास्तविकता को जानना है। अपने उद्देश्य में फिनोमिनोलॉजी प्रत्यक्षवाद का खण्डन करता है, क्योंकि प्रत्यक्षवादी तथ्यों एवं उनके पीछे जो कारण है उन पर जोर देते हैं।
अतः विकल्प (A) सही है।

118. संविधान का अनुच्छेद 17 अस्पृश्यता के उन्मूलन से सम्बन्धित है।

अनुच्छेद 17 : अस्पृश्यता का अंत - अस्पृश्यता के उन्मूलन के लिए इसे दंडनीय अपराध घोषित किया गया है।
अतः विकल्प (B) सही है।

119. फिनोमिनोलॉजी शब्द का सर्वप्रथम प्रयोग हीगल की कृति फिनोमिनोलॉजी ऑफ़ माइण्डस में मिलता है। समाजशास्त्र में उस विधि को लाने का श्रेय हुसर्ल के शिष्य अल्फ्रेड शुट्ज को है।
अतः विकल्प (B) सही है।

120. 'इकॉनामी एण्ड सोसाइटी' नामक पुस्तक के लेखक मैक्स वेबर हैं।
अतः विकल्प (A) सही है।

121. 'ज्वाइट फेमिली इन अर्बन सेटिंग' पुस्तक टी. बी. बोटोमोर ने लिखी थी।
अतः विकल्प (C) सही है।

122. समन्वित जनजातीय विकास परियोजना 1980 में शुरु की गई।
अतः विकल्प (B) सही है।

123. आर्थिक प्रतिस्पर्धा से सामाजिक परिवर्तन को बढ़ावा मिलता है। सामाजिक परिवर्तन की सैद्धान्तिक व्याख्या पहले समाजशास्त्र के जनक विचारकों ने की थी। शायद सबसे पहले 1893 ई. में दुर्खीम ने श्रम विभाजन की व्याख्या में सामाजिक परिवर्तन का उल्लेख किया था। दुर्खीम ने पूर्व औद्योगिक समाज की तुलना औद्योगिकीकरण समाज से की । पूर्व औद्योगिकीकरण समाजों में सामाजिक स्तरीकरण किसी भी अर्थ में चौकने वाला नहीं था। औद्योगिक समाज में स्तरीकरण अधिक तीव्र हो गया।

इस समाज में मानदण्ड एवं मूल्यों में भी परिवर्तन आ गया। दुर्खीम की पदावली में पूर्व औद्योगिक समाज वस्तुतः यांत्रिक समाज था। जब इस समाज का उद्विकास सावयवी समाज में हुआ तब परिवर्तन की गति तीव्र हो गयी। इस परिवर्तन का मूल्यांकन दुर्खीम ने किया है औद्योगिकीकरण समाज में जो परिवर्तन देखने को मिलता है वह समानता पर आधारित नहीं है, विभिन्नता या स्तरीकरण पर आधारित है।
अतः विकल्प (B) सही है।

124. राज्य सामाजिक नियंत्रण की औपचारिक एजेंसी है, जबकि परिवार अनौपचारिक एजेंसी है। प्रथा एवं परम्परा साधन है। समाज को संगठित रखने में सामाजिक नियंत्रण की एक प्रमुख भूमिका होती है। समाज के कई ऐसे नियम या अभिकरण हैं जो समाज में सामाजिक नियंत्रण को बनाये रखते हैं। ये ऐसे साधन हैं जो व्यक्ति के व्यवहार को नियंत्रित करके समूह के मूल्यों, नियमों एवं रीति-रिवाजों का पालन करने के लिए बाध्य करते हैं। समाजशास्त्रियों ने सामाजिक नियंत्रण के अलग-अलग साधन बताये हैं।

ई. ए. रॉस ने जनमत, कानून, प्रथा, धर्म, नैतिकता, लोकाचार तथा लोकनीतियों को सामाजिक नियंत्रण का प्रमुख साधन माना है।

ई. सी. हेज ने सामाजिक नियंत्रण के रूप में शिक्षा, परिवार, सुझाव, अनुकरण, पुरस्कार एवं दण्ड प्रणाली को नियंत्रण का सबसे प्रभावी साधन एवं महत्वपूर्ण अभिकरण माना है।

लूम्ले ने सामाजिक नियंत्रण के साधन को दो वर्ग बल पर आधारित तथा प्रतीकों पर आधारित में विभक्त किया है। जिसमें शारीरिक बल तथा पुरस्कार, प्रशंसा, शिक्षा, उपहास, आलोचना, धमकी, आदेश तथा दण्ड सम्मिलित है।

लूथर एल. बर्नाड ने सामाजिक नियंत्रण के साधन को अचेतन एवं चेतन के रूप में बाँटा है। अचेतन साधनों में प्रथा रीति-रिवाज एवं परम्परायें हैं। चेतन साधनों में दण्ड, प्रतिकार तथा धमकी आदि है।
अतः विकल्प (C) सही है।

125. क्षैतिज गतिशीलता व्यक्ति की सामाजिक प्रस्थिती में होने वाला एक ऐसा परिवर्तन है जिसके कारण व्यक्ति की सामाजिक प्रस्थिती में कोई बदलाव नहीं होता है।
अतः विकल्प (A) सही है।

Q.1 "संयुक्त परिवार सामाजिक जगत का एक छोटा रूप है।" सही है या गलत?

A. पूर्णत: गलत
B. अंशत: सही
C. पूर्णत: सही
D. तीनों में से कोई नहीं

Q.2 एक सार्थक जीवन के लिए भारतीय विचारधारा में कौन-से चार पुरुषार्थ बताए गए हैं ?

A. शिक्षा, आमदनी, स्वास्थ्य और व्यायाम
B. धर्म, अर्थ, काम तथा मोक्ष
C. सौन्दर्य व्यक्तित्व, यश, उच्च सामाजिक स्थिति
D. सम्पत्ति, उच्च पद, अच्छा जीवन साथी

Q.3 2005 के घरेलू हिंसा अधिनियम में क्या नहीं सम्मिलित है?

(i) वास्तविक दुर्व्यवहार
(ii) लैंगिक दुर्व्यवहार
(iii) मौखिक दुर्व्यवहार
(iv) भावात्मक दुर्व्यहार

A. केवल (i)
B. (ii) और (iii)
C. (i), (ii) (iii) और (iv)
D. (i) और (iv)

Q.4 मुस्लिम विवाह का स्वरूप इनमें से कौन नही है ?

A. मृदाह
B. फारिद
C. जिहर
D. बालित

Q.5 व्यवस्था के रूप में जाति एक बहुत अच्छी व्यवस्था है, पर जब वह जातिवाद के रूप में परिवर्तित हो जाती है, तब वह बहुत हानिकारक हो जाती है। टिप्पणी कीजिए।

A. पूर्णत: गलत
B. पूर्णत: सही
C. अंशत: सही
D. तीनों में से कोई नहीं

Q.6 भारतीय शास्त्रों के अनुसार "स्त्री धन" किसे कहते हैं ?

A. उसके स्वयं के विवाह के समय तथा उसके स्वयं के तथा उसके पति के परिवार में अन्य किसी अवसर पर उसे दिया गया धन व वस्तुएँ
B. स्त्री की स्वयं की आमदनी
C. उसके पति की आमदनी
D. उपरोक्त तीनों

Q.7 किस नातेदारी संगठन में मातृवंशीय व्यवस्था विद्यमान है ?

A. टोडा नातेदारी
B. भील नातेदारी
C. गारो नातेदारी
D. हो नातेदारी

Q.8 "दि पोजीशन ऑफ़ वूमेन इन हिन्दू सिविलाइज़ेशन" के लेखक कौन हैं ?

A. इंद्रा देवा
B. ए.एस अल्लेकर
C. जे. एन. चौधरी
D. वाई. बी. दामले

Q.9 जजमानी व्यवस्था पाई जाती थी भारत के-

A. गाँवों में
B. कस्बों में
C. शहरों में
D. जनजातियो में

Q.10 ग्रामीण भारत के विकास में प्रमुख बाधा कौन-सी है ?

A. धन का अभाव
B. भूमि का अभाव
C. स्थानीय लोगों में स्वयं के बीच लड़ाई-झगड़े और ईर्ष्या
D. अशिक्षा

Q.11 समाज की संरचना गतिशीलता किसे कहते हैं ?

A. जब समाज के लोगों की स्थितियों में परिवर्तन होता है
B. जब समाज के लोगों की भूमिकाओं में परिवर्तन होता है
C. जब समाज के कार्यों में परिवर्तन होता है
D. जब समाज की संस्थाओं में परिवर्तन होता है

Q.12 'सोशियोलॉजी ऑफ़ रिलिजन' किसकी पुस्तक है ?

A. टायलर
B. मैलिनोवस्की
C. मैक्स वेबर
D. अगस्त कॉम्ट

Q.13 हमारे वर्तमान समाज की विशेषता है ?

A. संस्कृतिकरण
B. स्थानीयकरण
C. सार्वभौमीकरण
D. ये सभी

Q.14 औद्योगीकरण का एक प्रभाव ग्रामों में नगरों की ओर उत्प्रवास है, जिसका ' नगरीकरण पर कुछ प्रभाव भी हैं । ग्रामों में नगरों की ओर उत्प्रवास का बुरा प्रभाव क्या है ?

A. नगरों में अशिक्षा
B. पारिवारिक विघटन
C. जनाधिक्य
D. प्रदूषण

Q.15 आधुनिकीकरण का अर्थ है ?

A. पुरानी विचारधारा में कोई विश्वास नहीं
B. प्रत्येक पुराने तरीके के विरुद्ध
C. प्रत्येक तरीके पर विवेकपूर्ण तरीके से विश्वास
D. प्रत्येक आधुनिक तरीके पर अंधविश्वास

Q.16 वर्तमान भारत में "पंचायती राज" कैसी अवधारणा है?

A. राजनैतिक
B. आर्थिक
C. धार्मिक
D. शैक्षाणिक

Q.17 कालान्तर में पारिवारिक संगठन के दृष्टिकोण से पाश्चात्यीकरण है।

A. लाभदायक
B. अधिक लाभदायक नहीं
C. प्राय: हानिकारक
D. पूर्णत: हानिकारक

Q.18 'स्वनिर्देशित समाज, पर निर्देशित समाज तथा परम्परा निर्देशित समाज की अवधारणा किसने दी ?'

A. डेविड रिजमैन
B. सोवर्ग
C. एली चिनाय
D. हाब हाउस

Q.19 धर्म निरपेक्षीकरण का अर्थ है ।

A. सभी धर्मों को समान सम्मान देना
B. किसी धर्म में विश्वास न करना
C. प्रत्येक धर्म के प्रति नफरत
D. उपरोक्त में कोई नहीं

Q.20 "हिरारची ऑफ़ वैल्यू" की संकल्पना किसने दी-

A. रामकृष्ण मुखर्जी
B. राधाकमल मुखर्जी
C. विलियम पेरी
D. सी एम. केस

Q.21 वर्तमान भारत में ग्रामीण नेतृत्व को निर्धारित करने वाला प्रमुख कारक कौन-सा है ?

A. आर्थिक
B. जातिवाद
C. धार्मिक
D. राजनैतिक

Q.22 कौन-सी स्थितियाँ सामाजिक विघटन को बढ़ाने में मदद करती हैं ?

A. स्थितियाँ व उनके कार्यों में असन्तुलन
B. अपराध

C. मद्यपान
D. उत्प्रवास

Q.23 निम्न शब्दों में से रिक्त स्थान भरिये:
अपराध एक...........अवधारणा है।

A. सामाजिक   B. कानूनी   C. धार्मिक   D. आर्थिक

Q.24 किसने समूह की व्याख्या ओवर्ट तथा कोवर्ट के आधार पर की है ?

A. बोटोमोर   B. फेयरचाइल्ड
C. आगबर्न व निमकॉफ   D. गिटलर

Q.25 परिवार के निम्न में से कौन से संबंधों का टूटना पारिवारिक विघटन का कारण बनता है ?

A. रक्त सम्बन्ध
B. वैवाहिक सम्बन्ध
C. संयुक्त परिवार में रक्त संबंध और एकाकी परिवारों में वैवाहिक सम्बन्ध
D. उपर्युक्त में से कोई नही

Q.26 अपने जीवन को भगवद्गीता में वर्णित कर्म के सिद्धांत के अनुसार जीना, वैयक्तिक विघटन को रोकने का सर्वोत्तम तरीका है ।

A. यह असंभव है
B. यह बहुत सही है, क्योंकि यह भावनात्मक स्थिरता सिखाता है
C. यह बहुत कठिन है
D. यह भ्रामक है

Q.27 "टोडा जनजाति" का अध्ययन किसने किया?

A. रिवर्स   B. वी. के. राय वर्मन
C. एल.पी. विद्यार्थी   D. एस. के. श्रीवास्तव

Q.28 तेज नगरीकरण की सबसे प्रमुख समस्या कौन सी है ?

A. शहरों की अनियंत्रित वृद्धि और विकास
B. प्रदूषण
C. गिरता स्वास्थ्य
D. बेरोजगारी

Q.29 समाजशास्त्र का अर्थ है-

A. सामाजिक विज्ञान   B. मिलनसार समाज
C. सामाजिक अध्ययन   D. समाज का विज्ञान

Q.30 कौन-सा कथन सत्य है ?

A. गरीबी का कारण बेकारी है
B. बेकारी का कारण गरीबी है
C. गरीबी और बेकारी दोनों एक-दूसरे के कारण और परिणाम है
D. उपर्युक्त में से कोई नही

Q.31 "समाजशास्त्र" मानव सम्बन्धों की वैज्ञानिक शाखा के रूप में से परिभाषित कर सकता है" परिभाषा किसने प्रतिपादित की है?

A. मैकाइवर पेज   B. गिन्सबर्ग
C. जे. एफ. क्यूबर   D. आरनाल्ड रोस

Q.32 यूनेस्को अध्ययन समूह के अनुसार निम्नलिखित में से किस आधार पर प्रजातियों को वर्गीकृत किया जा सकता है ?

A. प्रजाति की शुद्धता   B. शारीरिक विशेषताएँ
C. बौद्धिकहीनता   D. बौद्धिक उच्चता

Q.33 आंतरिक तथा बाह्य संघर्ष के प्रत्यय को निम्नलिखित में से किसने प्रतिपादित किया ?

A. लुइस कोजर   B. वेबर
C. डहरेडार्फ   D. सिम्मेल

Q.34 "आज व्ली निराश्रिता कल की वेश्या है।" सही या गलत है?

A. अंशत: सही   B. पूर्णत: सही
C. अंशतः गलत   D. पूर्णत: गलत

Q.35 भारत में आधुनिकीकरण के बारे में निम्न संयोजनों में से कौन-सा संघ है ?

A. विसरण तथा परसंस्कृतिग्रहण
B. उद्विकास तथा विसरण
C. उद्विकास तथा पुनर्जनन
D. विकास एवं आत्मीकरण

Q.36 बोगर ने अपराध की प्रकृति के आधार पर अपराधों को कितनी श्रेणियों में बाँटा है ?

A. चार   B. पाँच   C. छ: D. सात

Q.37 मद्यपान और मादक द्रव्य व्यवसन समस्याएँ हैं मुख्यतया—

A. झुग्गी झोंपड़ियों की   B. नगरीय क्षेत्रों में
C. ग्रामीण क्षेत्रों में   D. जनजातियों में

Q.38 समाजशास्त्र किस प्रकार का विज्ञान है ?

A. भौतिक   B. सामाजिक   C. गणितीय   D. प्राकृतिक

Q.39 निम्न में से किसमें समाज की विशेषताएँ हैं-
(i) पारस्परिक जागरूकता
(ii) समानता, असमानता
(iii) सहयोग, सहायता
(iv) सरलता, जटिलता

A. केवल (i)   B. (i) और (ii)
C. (i), (ii) और (iv)   D. (i), (iii) और (iv)

Q.40 ऑगस्ट कॉम्टे को समाजशास्त्र का जनक कहा जाता है, क्योंकि सर्वप्रथम उन्होंने-

A. समाजशास्त्र की परिभाषा दी
B. समाजशास्त्र शब्द की रचना की
C. समाज के अध्ययन का वैज्ञानिक तरीका सुझाया
D. समाजशास्त्र पर पुस्तक लिखी

Q.41 समाजशास्त्र किसका अध्ययन है ?

A. मानव व्यवहार का   B. समाज का
C. राजनैतिक व्यवस्था का   D. आर्थिक समस्याओ का

Q.42 समाजशास्त्र का जनक किसे कहा जाता है ?

A. अगस्त कॉम्टे   B. हरबर्ट स्पेन्सर
C. इमाइल दुर्खीम   D. मैक्स वेबर

Q.43 स्वरूपात्मक सम्प्रदाय से कौन सम्बन्ध रखता है ?
(i) वीरकान्त
(ii) हाब हाउस
(iii) सोरोकिन
(iv) मैक्स वेबर

A. केवल (i)   B. (i) और (ii)
C. (i) और (iv)   D. (i), (ii) और (iv)

Q.44 समाजशास्त्र का जन्मस्थान है:

A. अमेरिका   B. इंग्लैण्ड   C. फ्रांस   D. जर्मनी

Q.45 जब प्रतिस्पर्धा अपने नियमों का अनुपालन नहीं करती है तब यह रूपान्तरित हो जाती है-

A. सहयोग   B. आत्मसात्करण
C. संघर्ष   D. समझौते

Q.46 समाजशास्त्र अन्य सामाजिक विज्ञानों की............के समान है।

A. दासी **B.** मालकिन **C.** बहन **D.** प्रतिद्वन्द्री

Q.47 पशुओं में समाज तो होता है पर .... नहीं।

A. संस्कृति **B.** संगठन **C.** समिति **D.** संस्था

Q.48 समाज का कौन-सा सिद्धान्त हरबर्ट स्पेन्सर द्वारा प्रतिपादित है ?

A. उदविकसित **B.** प्रकार्यात्मक सिद्धान्त
C. संघर्ष का सिद्धान्त **D.** दोनों (B) और (C)

Q.49 इमाइल दुर्खीम ने समाजशास्त्र की प्रकृति के विषय में क्या विचार दिया है ?

A. कलात्मक **B.** दार्शनिक **C.** वैज्ञानिक **D.** साहित्यिक

Q.50 निम्न में से कौन-सा कथन सही है ?

A. समाजशास्त्र विशिष्ट ढंग से सामाजिक समस्याओं का अध्ययन करता है
B. समाजशास्त्र विशिष्ट सामाजिक समस्याओं का अध्ययन करता है
C. समाजशास्त्र विशिष्ट तकनीक द्वारा सामाजिक समस्याओं का अध्ययन करता है
D. समाजशास्त्र विशिष्ट दृष्टिकोण से सामाजिक समस्याओं का अध्ययन करता है

Q.51 समाज बनता है-

A. व्यक्तियों से **B.** व्यक्तियों के संबंन्धो से
C. संस्थाओं से **D.** समितियों से

Q.52 समाजशास्त्र के प्रादुर्भाव के लिए कौन-सी मुख्य घटना जिम्मेदार है ?

A. फ्रांस की राज्य क्रान्ति **B.** औद्योगिक क्रान्ति
C. प्रथम विश्वयुद्ध **D.** दोनों (A) एवं (B)

Q.53 हम................के सदस्य होते हैं संस्थाओ के नहीं।

A. समाज **B.** संगठन **C.** समिति **D.** संस्कृति

Q.54 किसी संगठन की औपचारिक संरचना में निहित है-

A. वैयक्तिक भूमिकाएँ **B.** सत्ता का प्रत्यायोजन
C. गुट **D.** वैयक्तिक हित

Q.55 समाजशास्त्र में अद्धतम सिद्धान्त कौन-सा है?

A. प्रत्यक्षवाद **B.** प्रकार्यवाद
C. आत्महत्या का सिद्धान्त **D.** उद्विकासीय सिद्धान्त

Q.56 समाजशास्त्र के भारतीय विचारक कौन-से हैं ?

A. महात्मा गाँधी **B.** राधाकमल मुखर्जी
C. श्री अरविन्दो **D.** उपर्युक्त सभी

Q.57 ऐसी कौन-सी सामाजिक संस्था है जो यौन संबंधों को नियमितता एवं वैधता प्रदान करते हुए उनसे उत्पन्न सन्तानो को समाज में उचित स्थान दिलाती है?

A. परिवार **B.** विवाह **C.** नातेदारी **D.** धर्म

Q.58 समाजशास्त्र की भाषा में एक गाँव क्या है?

A. समाज **B.** संगठन **C.** समिति **D.** समुदाय

Q.59 'मानव समाज ' (Human Society) पुस्तक के लेखक कौन है?

A. आगस्त कॉम्टे **B.** मैक्स वेबर
C. किंग्सले डेविस **D.** हरबर्ट स्पेन्सर

Q.60 समाजशास्त्र में आत्महत्या का सिद्धांत किसने प्रतिपादित किया?

A. इमाइल दुर्खीम **B.** हरबर्ट स्पेन्सर
C. मैक्स वेबर **D.** इनमें से किसी ने नहीं

Q.61 परिवार का सर्वाधिक आवश्यक सामाजिक कार्य है:

A. घर की व्यवस्था
B. सदस्यों के भोजन की व्यवस्था
C. सन्तानोत्पति और सन्तान का पालन पोषण
D. अजीविका कमाना

Q.62 बहुपति विवाह का अर्थ है:

A. एक विधवा पुननिर्वाह करती है
B. अनेक स्त्रियाँ अनेक पुरुषों से विवाह करती हैं
C. एक स्त्री एक समय में एक से अधिक पुरुषों से विवाह करती है
D. एक तलाकशुदा स्त्री पुनर्विवाह करती है

Q.63 निम्न में से कौन-सी जनजाति मातृवंशीय है ?

A. गोड **B.** खासी **C.** भील **D.** मुण्डा

Q.64 अपनी जाति के अन्दर विवाह करने की अनिवार्यता को कहते हैं:

A. अन्तर्जातीय विवाह **B.** जातीय अन्तर्विवाह
C. बहिर्विवाह **D.** बहुविवाह

Q.65 गोडार्ड के अनुसार निम्नलिखित में से कौन बाल अपराध का सर्वप्रमुख कारण है?

A. अनैतिक गृह **B.** मानसिक दुर्बलता
C. खराब आर्थिक स्थिति **D.** नगरीकरण

Q.66 विवाह का किस प्रकार का स्वरूप विश्व में कही नहीं पाया जाता?

A. एक विवाह **B.** बहुपति विवाह
C. बहुपत्नी विवाह **D.** समूह विवाह

Q.67 भारत के जौनसार बाबर की खासा जनजाति में किस प्रकार की विवाह पद्धति प्रचलित है?

A. एक विवाह **B.** बहुविवाह
C. बहुपति विवाह **D.** बहुपत्नी विवाह

Q.68 "सामाजिक न्याय एवं अधिकारिता मंत्रालय" का गठन कब किया गया था?

A. 1995 **B.** 1996 **C.** 1996 **D.** 1998

Q.69 किसी समाज में विवाह का स्वरूप अन्त: निश्चित होता है ?

A. जनसंख्या में लोगों के अनुपात द्वारा
B. धर्म द्वारा
C. कानून द्वारा
D. सरकार द्वारा

Q.70 किस विचारक ने धर्म का संबंध पूँजीवादी व्यवस्था के उद्भव से जोड़ा है?

A. वेबर **B.** मार्क्स **C.** स्पेन्सर **D.** दुर्खीम

Q.71 एक मुस्लिम पत्नी को पति द्वारा विवाह के समय दिया जाने वाला धन कहलाता है?

A. वधू मूल्य **B.** दहेज **C.** मेहर **D.** उपहार

Q.72 किसके द्वारा पुरुष के एकाधिकार की भावना और ईर्ष्या को परिवार की उत्पत्ति के प्रमुख कारण बताया गया है?

A. वेस्टरमार्क **B.** ब्रिफॉल्ट **C.** मॉर्गन **D.** टायलर

Q.73 आश्रितता सिद्धान्त (Dependency theory) सम्बन्धित है-

A. गरीब देशों की विकसित देशों पर आश्रितता
B. गरीब लोगों की सरकार पर आश्रितता
C. वृद्ध व्यक्तियों की अपने परिवार पर आश्रितता
D. महिलाओं की पुरुषों पर आश्रितता

Q.74 विभिन्न जातियों के दो व्यक्तियों के परस्पर विवाह को कहते हैं:
A. अन्तर्जातीय विवाह
B. जातीय अन्तर्विवाह
C. बहिर्विवाह
D. बहुविवाह

Q.75 कौन सा कथन संस्कृतिक गुण के लिए होता है?
A. संस्कृति मानव निर्मित है
B. संस्कृति सीखी जाती है
C. प्रत्येक समाज की संस्कृति समान होती है
D. संस्कृति में सामाजिक गुण निहित होता है

Q.76 कौन-सा शब्द सदस्यता को व्यक्त नहीं करता?
A. समुदाय
B. समिति
C. संस्था
D. सामाजिक समूह

Q.77 निम्नलिखित में से किस विचारक का सम्बन्ध सांस्कृतिक वृद्धि के नवउद्विकासीय सिद्धांत से है?
A. मार्गन
B. स्टेवार्ड
C. व्हाइट
D. बीरस्टीड

Q.78 भावुकता, प्रबल होती है:
A. परिवार में
B. भीड़ में
C. संस्था में
D. जनता में

Q.79 "साइबर अपराध वह अपराध है जो कम्प्यूटर नेटवर्क एवं हार्डवेयर के प्रयोग द्वारा होता है।" यह कथन किसका है?
A. एम.ए. सुसमैन
B. गार्डन व फोर्ड
C. फ्रेडरिक धेसर
D. वेवलिन

Q.80 प्राथमिक समूह की अवधारणा दी है:
A. कूले ने
B. ऑगस्ट कॉम्त
C. हट्टन ने
D. दुर्खिम

Q.81 अविद्यालयीकरण (Beschooling) सम्बन्धित है-
A. इवान इलिच
B. पालो फ्रेरी
C. (A) और (B) दोनों
D. भगवान दास

Q.82 व्यक्ति की विचार शक्तिलुप्त प्रायः हो जाती है:
A. समिति में
B. भीड़ में
C. श्रोता समूह में
D. जनता में

Q.83 2011 की जनगणना के अनुसार निष्क्रिय मृत्यु दर /1000 कितनी है ?
A. 31
B. 26
C. 12.5
D. 7.48

Q.84 प्रतिस्पर्धा किस प्रकार की सामाजिक प्रक्रिया है?
A. आंशिक रूप से एकीकरण करने वाली
B. आंशिक रूप से पृथक्करण करने वाली
C. पूरी तरह से पृथक्करण करने वाली
D. पूरी तरह से एकीकरण करने वाली

Q.85 प्रतिस्पर्धा और संघर्ष में अंतर:
A. प्रतिस्पर्धा कम मात्रा में पृथक्करण करती है, जबकि संघर्ष अधिक मात्रा में
B. प्रतिस्पर्धा व्यक्ति व समाज दोनों को लाभ पहुँचाती है, जबकि संघर्ष दोनों को हानि
C. प्रतिस्पर्धा सामाजिक प्रगति में सहायता करती है, जबकि संघर्ष इसमें बाधा पहुँचाता है
D. उपर्युक्त सभी

Q.86 निम्न में से कौन-सा कथन सत्य है?
A. जाति तथा वर्ण दोनों जन्म पर आधारित है
B. जाति तथा वर्ण दोनों कर्म पर आधारित है
C. जाति तथा वर्ण दोनों समाज का स्तरीकरण करते है
D. जाति तथा वर्ण दोनों वर्ग व्यवस्था पर आधारित हैं

Q.87 निम्न में से कौन-सा द्वितीयक समूह है ?
A. परिवार
B. ऑफिस
C. बच्चों का खेल समूह
D. पड़ोस

Q.88 निम्न में से कौन-सा स्थानीय समूह है?
A. जाति
B. प्रजाति
C. जनजाति
D. संजाति

Q.89 जाति की परिभाषा है:
A. जाति एक बन्द वर्ग है
B. जाति एक अन्तर्विवाही समूह है
C. जाति एक अन्तर्विवाही समूह है
D. जाति एक भू-भागीय समूह है

Q.90 "संस्कृति संकुल विभिन्न कालों में विकसित होकर अन्य भागो में प्रसारित होते रहे हैं।" इस प्रसारवाद के समर्थक हैं-
(i) गेबनर
(ii) एंकरमेन
(iii) राबर्ट लॉबी
(iv) इलियट एव पैरी
A. (i) और (ii)
B. (ii) और (iii)
C. (ii) और (iii)
D. उपर्युक्त सभी

Q.91 निम्नलिखित में से कौन-सी जनांकिकीय प्रक्रिया है?
(i) प्रजननता
(ii) मर्त्यता
(iii) अस्वस्थता
(iv) धार्मिक सम्प्रदायों के बीच जनसंख्या अनुपात कोड
A. (i) और (ii)
B. (i), (ii), (iii)
C. (i), (ii), (iii), (iv)
D. (ii) और (iv)

Q.92 निम्न में से कौन-सा प्राथमिक समूह है?
A. परिवार
B. बच्चों का खेल समूह
C. पड़ोस
D. उक्त तीनों

Q.93 किसने समाज को भौगोलिक भाग्य निर्णायकवाद का सिद्धान्त दिया?
A. हंटिंगटन
B. हट्टन
C. मेलिनोविस्की
D. श्री अरबिन्दो

Q.94 सशक्त कार्यदल (Empowered Action Group) में कौन-सा राज्य सम्मिलित नहीं है?
A. राजस्थान
B. पंजाब
C. छत्तीसगढ़
D. उत्तर प्रदेश

Q.95 रूथ वेनिडिक्ट का नाम निम्न में से किस अवधारणा के साथ जुड़ा है?
A. संस्कृति तत्व
B. संस्कृति संकुल
C. सांस्कृतिक प्रतिमान
D. सांस्कृतिक विलम्बना

Q.96 औपचारिक संबंध निम्न में से किन समूहों का लक्षण है ?
A. प्राथमिक समूह
B. द्वितीयक समूह
C. स्थानीय समूह
D. स्थायी समूह

Q.97 "संस्कृति पर्यावरण का मानव निर्मित हिस्सा है।" यह कथन किसका है ?
A. हस्कोविट्ज
B. मेलिनोविस्की
C. महात्मा गाँधी
D. लिन्टन

Q.98 संस्कृति का विकास मानव कर पाया परन्तु पशु क्यों नहीं ?
A. बोलने की क्षमता/वाणी
B. सीधे खड़े होने की क्षमता

C. उंगलियों और कलाइयों की कार्यक्षमता
D. उक्त तीनो

Q.99 समाज में किस स्थिति को सांस्कृतिक विलम्बना कहा जाता है?
A. जब एक समाज की संस्कृति दूसरे समाज की संस्कृति से पिछड़ जाती है
B. जब संस्कृति के दो पारस्परिक निर्भर भागों में से एक भाग दूसरे भाग से पिछड़ जाता है
C. (A) तथा (B) दोनों कथन सही हैं
D. (A) तथा (B) दोनों कथन गलत हैं

Q.100 निम्न में से कौन-सा कथन हंटिंगटन द्वारा दिया जाता है ?
A. समाज के भाग्य का निर्णय आर्थिक परिस्थितियाँ करती है
B. समाज के भाग्य का निर्णय भौगोलिक परिस्थितियाँ करती हैं
C. समाज के भाग्य का निर्णय राजनीतिक परिस्थितियाँ करती हैं
D. समाज के भाग्य का निर्णय सांस्कृतिक परिस्थितियों करती हैं

Q.101 निम्नलिखित कथन पर टिप्पणी कीजिए-
'एक व्यक्ति न तो मानव पैदा होता है और न ही सामाजिक वरन ये दोनों ही बनता है सामाजीकरण की प्रक्रिया द्वारा।"
A. गलत
B. सही
C. अंशत: सही
D. इनमें से कोई नही

Q.102 आधुनिक समाज में अधिकांश सामाजिक स्थितियाँ होती है:
A. प्रदत्त
B. अर्जित
C. मानव निर्मित
D. ईश्वर द्वारा प्रदत्त

Q.103 सामाजिक नियंत्रण का सबसे महत्वपूर्ण अधिकरण है:
A. स्कूल
B. परिवार
C. पड़ोस
D. इनमे से कोई नहीं

Q.104 निम्न में से कौन-सा विचारक सांस्कृतिक विलम्बना के सिद्धान्त के लिये जाना जाता है ?
A. टॉयिनबी
B. भगवानदास
C. सोरोकिन
D. ऑगबर्न

Q.105 निम्न में से सामाजिक नियंत्रण का कौन-सा साधन जनरीति है?
A. नमस्ते करना
B. अंतर्विवाह
C. बहिर्विवाह
D. एक विवाह

Q.106 जाति व्यवस्था की रीढ़ की हड्डी है:
A. अन्तर्विवाह
B. व्यवस्था का निर्धारण जन्म से
C. अस्पृश्यता
D. सामाजिक स्थिति का निर्धारण

Q.107 समाजीकरण एक प्रक्रिया है :
A. व्यक्ति के व्यक्तित्व को बनाने की
B. व्यक्ति की संस्कृति को परिवर्तित करने की
C. व्यक्ति के समाज को परिवर्तित करने की
D. व्यक्ति के व्यक्तित्व को परिवर्तित करने की

Q.108 समाज में प्रदत्त सामाजिक स्थिति तय होती है, इस आधार पर-
A. आमदनी
B. शिक्षा
C. जन्म
D. इनमें से कोई नहीं

Q.109 निम्न में से कौन सामाजिक नियंत्रण लागू करता है?
A. समाज
B. धर्म
C. कानूनी
D. उक्त तीनो

Q.110 निम्न में से कौन-सा कथन सही है?
A. व्यक्तित्व की जड़ें संस्कृति में होती हैं

B. संस्कृति की जड़ें व्यक्तित्व में होती हैं
C. संस्कृति की जड़ें व्यवहार में होती हैं
D. उपर्युक्त में से कोई नही

Q.111 सामाजिक नियंत्रण दृढ़ होता है:
A. छोटे समुदायों में
B. एकरूपीय समुदायों में
C. धर्म को महत्व देने वाले समुदायों में
D. उपर्युक्त तीनों में

Q.112 कौन-सा व्यवहार सामाजिक नियंत्रण से मेल नहीं रखता?
A. प्रार्थना स्थल में धार्मिक अनुष्ठान
B. अपनी ही जाति में विवाह
C. हड़ताल पर जाना
D. अधिकार चुकाना

Q.113 सामाजिक परिवर्तन की दर में तीव्रता होती है
A. वृहत्तर नगरों में
B. ग्रामीण समाजों में
C. जनजातीय समाजों में
D. छोटे समुदायों में

Q.114 सामाजिक नियंत्रण का मुख्य लक्षण है:
A. सही समय पर चुनाव करवाना
B. सामाजिक विकास तेज करना
C. आदर्श नियमों व सामाजिक मूल्यो का अनुपालन करवाना
D. कीमतों पर नियंत्रण रखना

Q.115 सामाजिक परिवर्तन सिद्धांत के सम्बन्ध में कौन सा विकल्प सही है?
A. रेखीय सिद्धान्त
B. चक्रीय सिद्धान्त
C. दोनों में से कोई नहीं
D. (A) व (B) दोनों

Q.116 सामाजिक स्तरीकरण का अर्थ है समाज का -
A. पेशेगत विभाजन
B. भाषागत विभाजन
C. सामाजिक स्थिति के अनुसार विभाजन
D. क्षेत्रीय विभाजन

Q.117 सामाजिक परिवर्तन में बाधा पहुँचाने वाले कारक कौन-कौन से होते हैं ?
A. रूढ़िवादिता
B. निरक्षरता
C. निहित स्वार्थ
D. उक्त तीनों

Q.118 संस्कृति और सभ्यता में अन्तर है:
A. संस्कृति अभौतिक और सभ्यता भौतिक होती है
B. संकृतिक अच्छी है, जबकि सभ्यता अच्छी नहीं होती है
C. सभ्यता प्रगतिशील होती है, जबकि संस्कृति नहीं
D. सभ्यता विकसित होती है, जबकि संस्कृति नहीं

Q.119 कर्म का सिद्धान्त हिन्दू धर्म की किस पुस्तक में प्रतिपादित किया गया है?
A. रामायण
B. उपनिषद्
C. वेद
D. भगवद्गीता

Q.120 एक हिन्दू के सामाजिक जीवन के आश्रम कौन से हैं?
A. वृद्धाश्रम
B. विधवा आश्रम
C. ब्रह्मचर्य, गृहस्थ, वानप्रस्थ और संन्यास
D. अनाथ आश्रम

Q.121 किसने कहा है कि- 'परिवार धीरे-धीरे समाप्ति की ओर जा रहा है।'
A. वार्कर एण्डरसन
B. गुडे
C. फालनन
D. राबर्ट वीयरस्टिड

Q.122 हिन्दू सामाजिक संगठन के चतुर्वर्ण कौन-से हैं?

A. ब्राह्मण, क्षत्रिय, वैश्य, शूद्र

B. मुस्लिम, ईसाई, पारसी ओर सिख

C. गोंड, भील, मुण्डा, औरांद

D. पंजाबी, गुजराती, बंगाली और मद्रासी

Q.123 कर्म का सिद्धान्त किसके द्वारा समझाया गया है ?

A. राम **B.** कृष्ण **C.** शिव **D.** ब्रह्मा

Q.124 भारतीय सामाजिक दर्शन के अनुसार कितने संस्कार बताए गए हैं ?

A. 20 **B.** 16 **C.** 4 **D.** 8

Q.125 हिन्दू विवाह की प्रकृति है :

A. संविदात्मक **B.** धार्मिक

C. नैतिक **D.** सामाजिक

// स्मार्ट उत्तर पुस्तिका //

सही उत्तर — उन छात्रों के प्रतिशत को इंगित करता है जिन्होंने प्रश्नों का सही उत्तर दिया था।

छोड़ दिया — उन छात्रों के प्रतिशत को इंगित करता है जिन्होंने प्रश्नों को छोड़ दिया था।

प्रश्न संख्या	उत्तर	सही उत्तर / छोड़ दिया	प्रश्न संख्या	उत्तर	सही उत्तर / छोड़ दिया	प्रश्न संख्या	उत्तर	सही उत्तर / छोड़ दिया	प्रश्न संख्या	उत्तर	सही उत्तर / छोड़ दिया	प्रश्न संख्या	उत्तर	सही उत्तर / छोड़ दिया
1	C	51.43 % / 11.43 %	17	B	34.29 % / 40.0 %	33	A	37.14 % / 45.72 %	49	C	45.71 % / 40.0 %	65	B	34.29 % / 45.71 %
2	B	54.29 % / 45.71 %	18	A	34.29 % / 45.71 %	34	B	31.43 % / 45.71 %	50	A	17.14 % / 45.72 %	66	D	54.29 % / 45.71 %
3	A	31.43 % / 45.71 %	19	A	54.29 % / 42.85 %	35	A	22.86 % / 37.14 %	51	B	54.29 % / 45.71 %	67	C	37.14 % / 45.72 %
4	C	31.43 % / 45.71 %	20	B	45.71 % / 45.72 %	36	A	34.29 % / 42.85 %	52	D	48.57 % / 42.86 %	68	D	17.14 % / 45.72 %
5	B	51.43 % / 45.71 %	21	D	14.29 % / 45.71 %	37	D	11.43 % / 42.86 %	53	C	48.57 % / 42.86 %	69	C	8.57 % / 40.0 %
6	A	51.43 % / 45.71 %	22	A	42.86 % / 45.71 %	38	B	48.57 % / 45.72 %	54	D	5.71 % / 45.72 %	70	A	34.29 % / 45.71 %
7	C	20.0 % / 37.14 %	23	A	40.0 % / 42.86 %	39	C	25.71 % / 45.72 %	55	B	20.0 % / 40.0 %	71	C	57.14 % / 42.86 %
8	B	37.14 % / 45.72 %	24	D	28.57 % / 42.86 %	40	B	34.29 % / 45.71 %	56	D	51.43 % / 45.71 %	72	A	28.57 % / 45.72 %
9	A	54.29 % / 42.85 %	25	C	57.14 % / 40.0 %	41	B	51.43 % / 40.0 %	57	B	51.43 % / 37.14 %	73	A	37.14 % / 45.72 %
10	D	31.43 % / 45.71 %	26	B	48.57 % / 45.72 %	42	A	54.29 % / 45.71 %	58	D	48.57 % / 45.72 %	74	A	37.14 % / 45.72 %
11	A	28.57 % / 45.72 %	27	A	34.29 % / 45.71 %	43	C	37.14 % / 45.72 %	59	C	42.86 % / 45.71 %	75	C	8.57 % / 45.72 %
12	C	28.57 % / 45.72 %	28	B	22.86 % / 45.71 %	44	C	57.14 % / 42.86 %	60	A	54.29 % / 45.71 %	76	C	31.43 % / 42.86 %
13	D	54.29 % / 40.0 %	29	D	45.71 % / 45.72 %	45	C	45.71 % / 37.15 %	61	C	54.29 % / 40.0 %	77	B	22.86 % / 45.71 %
14	B	31.43 % / 45.71 %	30	C	42.86 % / 45.71 %	46	C	48.57 % / 45.72 %	62	C	48.57 % / 45.72 %	78	A	31.43 % / 45.71 %
15	C	48.57 % / 45.72 %	31	B	25.71 % / 40.0 %	47	A	54.29 % / 45.71 %	63	B	51.43 % / 42.86 %	79	A	17.14 % / 42.86 %
16	A	54.29 % / 42.85 %	32	B	42.86 % / 45.71 %	48	A	31.43 % / 45.71 %	64	B	37.14 % / 42.86 %	80	A	54.29 % / 45.71 %

प्रश्न संख्या	उत्तर	सही उत्तर / छोड़ दिया	प्रश्न संख्या	उत्तर	सही उत्तर / छोड़ दिया	प्रश्न संख्या	उत्तर	सही उत्तर / छोड़ दिया	प्रश्न संख्या	उत्तर	सही उत्तर / छोड़ दिया	प्रश्न संख्या	उत्तर	सही उत्तर / छोड़ दिया
81	C	48.57 % / 42.86 %	90	A	14.29 % / 45.71 %	99	B	17.14 % / 37.15 %	108	C	45.71 % / 45.72 %	117	D	51.43 % / 42.86 %
82	C	14.29 % / 45.71 %	91	A	31.43 % / 45.71 %	100	B	40.0 % / 45.71 %	109	D	48.57 % / 45.72 %	118	A	48.57 % / 45.72 %
83	C	20.0 % / 45.71 %	92	D	45.71 % / 45.72 %	101	B	40.0 % / 40.0 %	110	C	14.29 % / 45.71 %	119	D	48.57 % / 45.72 %
84	C	17.14 % / 45.72 %	93	A	28.57 % / 42.86 %	102	B	40.0 % / 45.71 %	111	D	48.57 % / 45.72 %	120	C	54.29 % / 45.71 %
85	D	40.0 % / 45.71 %	94	B	28.57 % / 45.72 %	103	B	45.71 % / 42.86 %	112	C	48.57 % / 42.86 %	121	B	20.0 % / 40.0 %
86	C	34.29 % / 45.71 %	95	C	34.29 % / 42.85 %	104	D	37.14 % / 45.72 %	113	A	48.57 % / 40.0 %	122	A	54.29 % / 45.71 %
87	B	48.57 % / 45.72 %	96	B	40.0 % / 45.71 %	105	A	34.29 % / 45.71 %	114	C	48.57 % / 45.72 %	123	B	54.29 % / 42.85 %
88	C	37.14 % / 45.72 %	97	A	51.43 % / 42.86 %	106	D	8.57 % / 45.72 %	115	D	11.43 % / 45.71 %	124	B	54.29 % / 42.85 %
89	B	5.71 % / 42.86 %	98	D	48.57 % / 45.72 %	107	A	28.57 % / 45.72 %	116	C	54.29 % / 45.71 %	125	D	5.71 % / 40.0 %

कार्य विश्लेषण	
औसत अंक (%)	40.71%
टॉपर्स स्कोर (%)	89.65%
आपका स्कोर	

//संकेत और समाधान//

1. संयुक्त परिवार कुछ एकल परिवारों से मिलकर बनता है और परिणामस्वरूप यह काफी बड़ा होता है। यह पति-पत्नी, उनकी अविवाहित लड़कियों, विवाहित लड़कों, उनकी पत्नियों व बच्चों से मिलकर बनता है। यह एक या दो पीढ़ियों के लोगों का समूह है, जो साथ रहते हैं। संयुक्त परिवार की कुछ प्रारूपिक विशेषताएं हैं-

1. सभी सदस्य एक ही छत के नीचे रहते हैं।

2. सभी सदस्यों की सांझी रसोई होती है।

3. सभी सदस्य परिवार की संपत्ति के हिस्सेदार होते हैं। संयुक्त परिवार का सबसे बड़ा पुरुष परिवार का वित्त संचालन व संपत्ति देखता है। यानि परिवार का खर्च एक ही वित्त स्रोत से चलता है।

अत: विकल्प (C) सही है।

2. पुरुषार्थ का शाब्दिक अर्थ है 'पुरुष द्वारा प्राप्त करने योग्य' वर्तमान शब्दावली में इसे 'मूल्य' कह सकते हैं। हिन्दू विचार शास्त्रियों ने चार पुरुषार्थ माने हैं- धर्म, अर्थ, काम, तथा मोक्ष।

- धर्म का अर्थ है जीवन के नियामक तत्व

- अर्थ का तात्पर्य है जीवन के भौतिक साधन

- काम का अर्थ जीवन वैध कामनाएँ

- मोक्ष का अभिप्राय है, जीवन के सभी प्रकार के बंधनों से मुक्ति

प्रथम तीन को पर्वर्ग और अंतिम को अपवर्ग कहते हैं।

अत: विकल्प (B) सही है।

3. घरेलू हिंसा अर्थात् कोई भी ऐसा कार्य जो किसी महिला एवं बच्चे '18 वर्ष से कम आयु के बालक एवं बालिका' के स्वास्थ्य, सुरक्षा, जीवन के संकट, आर्थिक क्षति और ऐसी क्षति जो असहनीय हो तथा जिससे महिला व बच्चे को दु:ख एवं अपमान सहना पड़े, इन सभी को घरेलू हिंसा के दायरे में शामिल किया जाता है।

- घरेलू हिंसा अधिनियम, 2005 -इस अधिनियम का संक्षिप्त नाम घरेलू हिंसा से महिलाओं के संरक्षण का अधिनियम, 2005 है।

- इस कानून में निहित सभी प्रावधानों का पूर्ण लाभ प्राप्त करने के लिए यह समझना जरूरी है कि पीड़ित कौन होता है। यदि आप एक महिला हैं और रिश्तेदारों में कोई व्यक्ति आपके प्रति दुर्व्यवहार करता है तो आप इस अधिनियम के तहत पीड़ित हैं।

- चूँकि इस कानून का उद्देश्य महिलाओं को रिश्तेदारों के दुर्व्यवहार से संरक्षित करना है, इसलिये यह समझना भी जरूरी है कि घरेलू रिश्तेदारी या संबंध क्या है? 'घरेलू रिश्तेदारी' का आशय किन्हीं दो व्यक्तियों के बीच के उन संबंधों से है, जिसमें वे या तो साझी गृहस्थी में एक साथ रहते हैं या पहले कभी रह चुके होते हैं।

अत: विकल्प (A) सही है।

4. मुस्लिम विवाह का स्वरूप जिहर नहीं है। विवाह में संविदा जैसा ही प्रस्ताव होता है, उसकी स्वीकृति होती है तथा इसका प्रतिफल 'मेहर' को माना जा सकता है जो स्त्री को पुरुष द्वारा दिया जाता है। इसकी प्रकृति से यह मालूम होता है कि यह विवाह एक सिविल संविदा है जिसे तलाक के माध्यम से किसी भी समय खत्म किया जा सकता है।

अत: विकल्प (C) सही है।

5. जाति परम्परागत भारतीय समाज में जाति जन्म पर आधारित एक ऐसा समूह है जो अन्त:विवाही और परम्परागत व्यवस्था पर निर्भर है। जाति व्यवस्था में निश्चित नियम होते हैं जो कि अपनी जाति के लोगों को आपस में बाँधे रहते हैं। वर्तमान समय में परम्परागत जाति व्यवस्था में परिवर्तन दिखायी दे रहा है जो संरचनात्मक और सांस्कृतिक है। जाति व्यवस्था ने आज जातिवाद का रूप धारण कर लिया है, जो राष्ट्रीय एकता एवं अखण्डता के लिए खतरा है।

अत: विकल्प (B) सही है।

6. हिन्दू परिवार के पितृसत्तात्मक होने के कारण धर्मशास्त्र के अनुसार पुरुष कुलपति के मरने पर उत्तराधिकार परिवार के पुरुष सदस्यों को प्राप्त होता था। उनके अभाव में ही स्त्री उत्तराधिकारिणी होती थी। इस अवस्था में भी उसका उत्तराधिकार बाधित था। वह सम्पत्ति का केवल उपयोग कर सकती थी। वह उसे बेच अथवा परिवार से अलग नहीं कर सकती थी। उसके मरने पर पुन: पुरुष को अधिकार मिल जाता था। वह एक प्रकार से सम्पत्ति के उत्तराधिकार का माध्यम मात्र थी, परन्तु पारिवारिक सम्पत्ति को छोड़कर उसके पास एक अन्य प्रकार की सम्पत्ति होती थी, जिस पर उसका पूरा अधिकार था। वह परिवार की पैतृक सम्पत्ति से भिन्न थी उसे स्त्री धन कहते थे।

अत: विकल्प (A) सही है।

7. मातृवंशीय नातेदारी संगठन जनजातियों में पाया जाता है। इसमें कोई पुरुष परिवार का सदस्य नहीं होता । स्त्रियाँ विवाहोपरान्त अपनी माता के घर में निवास करती हैं। वंश तथा उत्तराधिकार माता के आधार पर होता है। पति यदा-कदा आता रहता है। गारो, खासी तथा नायर जनजातियों में यह नातेदारी संगठन में पाया जाता है।

संपत्ति का उत्तराधिकार और जनजातीय शासन का उत्तराधिकार, दोनों मातृवंश के आधार पर होते हैं और माँ से सबसे छोटी बेटी को मिलते हैं, हालांकि शासन और संपत्ति का प्रबंधन इन महिलाओं द्वारा चुने गए पुरुषों के हाथ में होता है।

अत: विकल्प (C) सही है।

8. "दि पोजीशन ऑफ वूमेन इन हिन्दू सिविलाइज़ेशन" पुस्तक के लेखक ए. एस. अल्तेकर हैं। वह महाराष्ट्र, भारत के एक इतिहासकार, पुरातत्ववेद और अंकशास्त्री थे। वह भारत के बनारस हिंदू विश्वविद्यालय में मनिंद्र चंद्र नंदी के प्रोफेसर और प्राचीन भारतीय इतिहास और संस्कृति विभाग के प्रमुख थे।

अत: विकल्प (B) सही है।

9. जजमानी प्रथा, भारतीय ग्रामीण समाज में प्रचलित एक तरह की सामाजिक-आर्थिक व्यवस्था थी, जिसमें समाज का एक वर्ग किसी दूसरे वर्ग को एक निश्चित सेवा प्रदान करता था जिसके बदले में सेवा प्रदान करने वाले वर्ग को सेवा का लाभ प्राप्त करने वाले व्यक्ति से नकद धन के रूप में या फिर अधिकतर फसल के एक भाग के रूप में या धान्य या अन्य सामग्री प्रदान की जाती थी।

सेवा प्रदान करने वाले कार्यों के प्रकार अलग-अलग थे जैसे कि धार्मिक कर्मकांड से संबंधित कार्य जैसे कि पंडित द्वारा पूजा-पाठ करवाना या किसी पेशे विशेष से जुड़े कार्य जैसे मजदूर कुम्हार, तेली, नाई, धोबी, दर्जी, लुहार, बढ़ई, सुनार, चर्मकार, माली आदि। जजमान शब्द की उत्पत्ति संस्कृत के 'यजमान' शब्द से हुई है जिसका अर्थ है 'त्यागी संरक्षक'।

सेवा प्रदान करने वाला वर्ग जिस वर्ग को सेवा प्रदान करता है वो सेवा प्राप्त करने वाला वर्ग जजमानी कहलाता था।

भारतीय ग्रामीण समाज की व्यवस्था बड़ी ही सुदृढ़ रही जिसमें समाज विभिन्न जातियों में विभक्त होता था, पर वो सारी जातियाँ समाज के एक अंग के रूप निर्दिष्ट थी। सभी जातियाँ मूलतः पेशों पर आधारित होती थीं। जजमानी व्यवस्था में गृहस्थ ही जजमान होता था बाकी अन्य पेशे से जुड़े लोग उसे सेवा प्रदान करते थे और वो गृहस्थ उनके लिये जजमान था।

अत: विकल्प (A) सही है।

10. ग्रामीण विकास की रणनीति में राज्य की भूमिका को महत्वपूर्ण माना गया है। राज्य के हस्तक्षेप के बिना ग्रामवासियों के निजी अथवा सामूहिक प्रयासों, स्वयंसेवी संगठनों के प्रयासों के आधार पर भी ग्रामीण जनजीवन को उन्नत करने के प्रयास होते रहे हैं, इन प्रयासों को ग्रामीण विकास की परिधि में शामिल किया जा सकता है, किन्तु नियोजित ग्रामीण विकास प्रारूप में राज्य की भूमिका महत्वपूर्ण मानी गयी है। इन परिभाषाओं के विश्लेषण से दूसरा महत्वपूर्ण तथ्य यह भी उभरता है कि ग्रामीण विकास सिर्फ कृषि व्यवस्था एवं कृषि उत्पादन के साधन एवं सम्बन्धों में परिवर्तन तक ही सीमित नहीं है, बल्कि

ग्रामीण परिप्रेक्ष्य में सामाजिक, आर्थिक, सांस्कृतिक, प्रौद्योगिक, संरचनात्मक सभी पहलुओं में विकास की प्रक्रियायें ग्रामीण विकास की परिधि में शामिल हैं।

ग्रामीण भारत के विकास में सर्वप्रमुख बाधा अशिक्षा है, क्योंकि अभी भी ग्रामीण भारत में शिक्षा का स्तर लगभग 60% से कम है जबकि भारत की साक्षरता दर 73% है। विकास का प्रमुख कारण शिक्षा ही है।

अत: विकल्प (D) सही है।

11. सामाजिक परिवर्तन की केन्द्रीय विशेषता सामाजिक संरचना में होने वाला परिवर्तन है। सामाजिक संरचना अपने आप में बहुत वृहद् है। इसके अन्तर्गत सामाजिक संस्थाओं में होने वाले संबंधों और एक संस्था का अन्य संस्थाओं के साथ होने वाला संबंध सामाजिक परिवर्तन की परिधि में आता है इसी संरचना के आगे सामाजिक मूल्य व मानदण्ड भी होते हैं। सामाजिक परिवर्तन एक सामाजिक प्रक्रिया है, जिसकी प्राप्ति अनन्त है, जिसका प्रवाह निरन्तर है। इस दृष्टि से यह एक ऐसी सामाजिक प्रक्रिया है जो संसार भर के समाजों में देखने को मिलती है। यहाँ यह अवश्य कहना चाहिये कि सामाजिक परिवर्तन की गति सार्वभौमिक होकर भी सभी समाजों में समान नहीं होती। महानगरों की तुलना में दूर-दराज के गांवों में परिवर्तन का गति धीमी होती है। इसी तरह विकसित देशों की तुलना में विकासशील देशों में परिवर्तन धीमा होता है। उच्च जातियों की तुलना में आदिम समाजों व अनुसूचित जातियों में परिवर्तन की गति धीमी होती है। परिवर्तन की गति को छोड़ दें तो निश्चित रूप से सामाजिक परिवर्तन एक सार्व भौमिक सामाजिक प्रक्रिया है। सामाजिक विकास के लिए यह आवश्यक है कि सामाजिक गतिशीलता में वृद्धि हो। व्यावसायिक गतिशीलता के परिणामस्वरूप भी सामाजिक गतिशीलता में वृद्धि हो रही है जो सामाजिक विकास के मार्ग में सहायक है।

अत: विकल्प (A) सही है।

12. 'सोशियोलॉजी ऑफ़ रिलिजन' पुस्तक मैक्स वेबर ने सन् 1922 ई. में लिखी थी। जिसमें उन्होंने विश्व के विभिन्न धर्मों के अध्ययन का वर्णन किया था।

अत: विकल्प (C) सही है।

13. वर्तमान समाज में संस्कृतिकरण, सार्वभौमीकरण तथा स्थानीयकरण आधुनिकीकरण आदि पाये जाते हैं। संस्कृतिकरण एक ऐसी प्रक्रिया है जिसमें समाज के सांस्कृतिक प्रतिमानों के सन्दर्भ में सामाजिक गतिशीलता का एक आन्दोलन है। इसमें निम्न जातियाँ उच्च जातियों के जीवन प्रतिमानों को अपनी प्रास्थिति ऊँचा करने के लिए अपनाती हैं।

अत: विकल्प (D) सही है।

14. प्रवास के कारण विभिन्न संस्कृतियों के साथ पारस्परिक क्रिया होती है। प्रवास क्षेत्रों में भिन्न-भिन्न संस्कृतियों वाले व्यक्तियों के आने से इन क्षेत्रों की संस्कृति अधिक समृद्ध हो जाती हैं। भारत की आधुनिक संस्कृति अनेक संस्कृतियों की पारस्परिक क्रिया के फलस्वरूप प्रस्फुटित एवं पल्लवित हुई है। कभी-कभी विभिन्न संस्कृतियों का मिलन सांस्कृतिक संघर्ष को भी जन्म देता है। बहुत से प्रवासी 'विशेष कर पुरुष वर्ग' जो शहरों में अकेले रहते हैं, उन लोगों को विवाहेत्तर एवं असुरक्षित यौन संबंधों में लिप्त पाया जाता है। इनमें से कुछ लोग एचआई.वी. जैसी संक्रामक बीमारियों से ग्रसित पाए गए। इतना ही नहीं अस्थाई प्रवास के पश्चात् जब ये अपने स्थाई निवास क्षेत्रों में वापस जाते हैं तो वहाँ भी इन संक्रामक बीमारियों के फैलाने के साधन बन जाते हैं। इस तरह इनकी पत्नी एवं होने वाले बच्चे भी इस बीमारी का शिकार बन जाते हैं। ऐसा क्यों होता है ?

1. सही जानकारी की कमी के कारण,

2. असुरक्षित यौन संबंधों के कारण,

3. यौन संबंधों की जिज्ञासा,

4. नशीली दवाओं का से वन एवं मदिरापान,

5. प्रवास क्षेत्रों में सांस्कृतिक समृद्धि को बढ़ावा मिलता है। यद्यपि कई बार सांस्कृतिक मनमुटाव अथवा संघर्ष भी उत्पन्न हो जाते हैं।

6. प्रवास के कारण उत्प्रवासित क्षेत्र एवं अप्रवासित क्षेत्र दोनों जगहों में संसाधन एवं जनसंख्या के अनुपात में परिवर्तन आ जाता है।

7. प्रतिभा-पलायन भी एक गंभीर दुष्परिणाम है जो प्रवास की प्रक्रिया के कारण आ जाता है।

प्रवास के कारण दोनों स्थानों की जनसंख्या में गुणात्मक परिवर्तन आता है, खासकर जनसंख्या के आयुवर्ग तथा लैंगिक वर्ग के अनुपात में। इस कारण जनसंख्या की वृद्धि दर भी प्रभावित होती है। आमतौर पर जहाँ से युवा वर्ग उत्प्रवासित होकर अन्यत्र चले जाते है वृद्धों, बच्चों एवं महिलाओं की संख्या बढ़ती है। दूसरा स्थान, जहाँ पर युवा वर्ग के प्रवासी आकर बस जाते हैं वहाँ की जनसंख्या की संरचना में वृद्धों, बच्चों की एवं महिलाओं की संख्या अपेक्षाकृत कम हो जाती है। यही कारण है कि जहाँ से युवा वर्ग बाहर निकला है वहाँ लिंगानुपात ज्यादा होता है तथा जहाँ आकर युवा वर्ग प्रवासित होता है वहाँ लिंगानुपात कम हो जाता है। इसका कारण युवा पुरुषों का ज्यादा प्रवास होना है। इस प्रकार दोनों स्थानों की जनसंख्या में बदलाव तो होता ही है जनसंख्या की संरचना में भी परिवर्तन हो जाता है। इसके कारण दोनों ही क्षेत्रों में जन्मदर, मृत्युदर एवं इसके परिणामस्वरूप वृद्धि दर में परिवर्तन होता है। जिस क्षेत्र से युवा वर्ग प्रवास में बाहर चले जाते है वहाँ की जन्मदर घट जाती है, अत: जनसंख्या में वृद्धि दर का कम पाया जाना स्वाभाविक परिणाम है। ठीक इसका उल्टा प्रभाव एवं परिणाम उस क्षेत्र की जनसंख्या में जन्मदर एवं वृद्धि दर पर पड़ता है जहाँ पर अधिक युवा प्रवासी आकर बस जाते है।

अत: विकल्प (B) सही है।

15. आधुनिकीकरण कोई दर्शन या आन्दोलन नहीं है जिसमें स्पष्ट मूल्य व्यवस्था हो। यह तो परिवर्तन की एक प्रक्रिया है प्रारम्भ में आधुनिकीकरण शब्द का प्रयोग "अर्थ व्यवस्था में परिवर्तन और सामाजिक मूल्यों एवं प्रथाओं पर इसके प्रभाव" के संदर्भ में किया जाता था। इसका वर्णन ऐसी प्रक्रिया के रूप में किया जाता था जिसने समाज को प्रमुख रूप से कृषि प्रधान समाज से, प्रमुख रूप से औद्योगिक अर्थ व्यवस्था वाले समाज में परिवर्तित कर दिया है। अर्थ व्यवस्था में इस प्रकार के परिवर्तन के परिणामस्वरूप समाज में मूल्यों, विश्वासों एवं मानदण्डों में भी परिवर्तन आने लगा। आजकल आधुनिकीकरण शब्द को वृहत् अर्थ दिया जाता है। इसको एक ऐसा सामाजिक परिवर्तन माना जाता है जिसमें विज्ञान और तकनीकी 'technology' के तत्व शामिल होते है। आधुनिकीकरण का अर्थ प्रत्येक तरीके पर विवेकपूर्ण तरीके से विश्वास करना है।

अत: विकल्प (C) सही है।

16. 1992 में 73वें संविधान संशोधन द्वारा पंचायतों को राजनीतिक संस्थाएँ घोषित किया गया है। संविधान के 73वें संशोधन अधिनियम द्वारा पंचायती राज संस्थाओं को मजबूती प्रदान की गई है। इस अधिनियम के द्वारा स्थानीय स्वशासन व विकास की इकाइयों को एक पहचान मिली है। त्रिस्तरीय पंचायत व्यवस्था में ग्राम पंचायत ग्राम विकास की पहली इकाई मानी गई है। गाँव के लोगों के सबसे नजदीक होने के कारण इसका अत्यधिक महत्व है। ग्राम प्रधान, उपप्रधान व सदस्यों से मिलकर ग्राम पंचायत बनती है। ग्राम पंचायत के प्रतिनिधियों का चयन ग्राम सभा के सदस्य चुनाव के द्वारा करते है। इसलिए ग्राम सभा के सदस्यों से इसका सीधा नाता होता है। ग्राम पंचायत ग्राम सभा के निर्देशन में ग्राम सभा के सदस्यों की समस्याओं के समाधान हेतु कार्य करती है। गाँव के विकास व सामाजिक न्याय की योजना बनाना इनका प्रमुख काम है। कई लोगों का मानना है कि पंचायत लोगों की आवाज व आवश्यकताओं को केन्द्र तक पहुँचाने का एक कारगर मंच बन सकता है। अतः पंचायत सही माइने में लोगों की आवाज बने इसके लिये जरूरी है कि ग्राम पंचायत की बैठकें बराबर होती रहें और इसमें सभी सदस्यों की उचित भागीदारी हो। एक ग्राम पंचायत तभी सशक्त हो सकती है जब हर सदस्य अपने विचारों को पंचायत की बैठक में बिना किसी संकोच के रख सके, गांव की समस्याओं तथा अन्य मुद्दों पर चर्चा करे और उनके निदान के लिये प्रयत्न करे।

अत: विकल्प (A) सही है।

17. पाश्चात्यीकरण पाश्चात्य संस्कृति के तत्वों को अंगीकार करने तथा पश्चिमी जीवन के अनुरूप सामाजिक, नैतिक और आर्थिक व्यवहारों में परिवर्तन को

इंगित करता है। कालान्तर में पारिवारिक संगठन के दृष्टिकोण में पाश्चात्यीकरण के परिणामस्वरूप संयुक्त परिवार विघटित हो रहे हैं। औद्योगीकरण तथा शहरीकरण के परिणामस्वरूप एकाकी परिवार का प्रचलन बढ़ रहा है।

अत: विकल्प (B) सही है।

18. समाज शब्द संस्कृत के दो शब्दों सम् एवं अज से बना है। सम् का अर्थ है इकट्ठा व एक साथ अज का अर्थ है साथ रहना इसका अभिप्राय है कि समाज शब्द का अर्थ हुआ एक साथ रहने वाला समूह मनुष्य चिन्तनशील प्राणी है। मनुष्य ने अपने लम्बे इतिहास में एक संगठन का निर्माण किया है। वह ज्यों-ज्यों मस्तिष्क जैसी अमूल्य शक्ति का प्रयोग करता गया, उसकी
जीवन पद्धति बदलती गयी और जीवन पद्धतियों के बदलने से आवश्यकताओं में परिवर्तन हुआ और इन आवश्यकताओं ने मनुष्य को एक सूत्र में बाँधना प्रारम्भ किया और इस बंधन से संगठन बने और यही संगठन समाज कहलाये और मनुष्य इन्हीं संगठनों का अंग बनता चला गया।बढ़ती हुई आवश्यकताओं ने मानव को विभिन्न समूहों एवं व्यवसायों को अपनाते हुये विभक्त करते गये और मनुष्य की परस्पर निर्भरता बढ़ी और इसने मजबूत सामाजिक बंधनों को जन्म दिया। डेविड रिज़मैन ने तीन प्रकार के समाज का उल्लेख किया है-

1. स्वनिर्देशित समाज: वह समाज जो अपने विशिष्ट सदस्यों में समाजोनुमोदित जीवन जीने सम्बन्धी सामाजिक चरित्र को प्राथमिकता देता है।

2. परनिर्देशित समाज: इस समाज के सदस्यों में दूसरे व्यक्तियों की आकांक्षाओं तथा अभिरुचियों के प्रति संवेदनशील होने की प्रवृत्ति होती है। जैसे औद्योगिक तथा नगरीय समाज

3. परम्परा-निर्देशित समाज: ऐसे समाज में सदस्यों का व्यवहार परम्परा द्वारा संचालित होता है।

अत: विकल्प (A) सही है।

19. सामाजिक विचारकों ने धर्मनिरपेक्षीकरण शब्द का प्रयोग उस प्रक्रिया के लिए किया है जहाँ धार्मिक संस्थान तथा धार्मिक विचार धाराओं तथा समझ का नियंत्रण सांसारिक मामलों और आर्थिक, राजनीतिक, विधिन्याय, स्वास्थ्य, परिवार, इत्यादि पर से समाप्त हो गया। इसके स्थान पर सामान्य रूप से संसार के बारे में अनुभव सिद्ध व तर्कसंगत क्रियाविधियों तथा सिद्धांतों का पनपना आरंभ हुआ।

धर्मनिरपेक्षीकरण की प्रक्रिया के बारे में विस्तार से चर्चा करते हुए ब्रायन आर. विलसन लिखते हैं- धर्मनिरपेक्षीकरण की प्रक्रिया के अंतर्गत विभिन्न सामाजिक संस्थाएं धीरे-धीरे एक-दूसरे से अलग हो जाती हैं तथा वे उन धार्मिक अवधारणाओं की पकड़ से बहुत हद तक मुक्त हो जाती हैं जिन्होंने इनके संचालन को प्रेरित तथा नियंत्रित किया था। इस बदलाव से पूर्व, अधिकतर मानवीय क्रियाओं व संगठन के विशाल क्षेत्र से संबंधित सामाजिक प्रक्रिया को पहले से तय धार्मिक सिद्धान्तों के आधार पर संचालित किया जाता रहा है। इसमें जीविका व अन्य कार्य, सामाजिक व व्यक्तिगत पारस्परिक संबंध न्याय कार्य-प्रणाली, सामाजिक व्यवस्था, चिकित्सा पद्धति आदि शामिल है। यह विशिष्ट तंत्रगत विभाजन की प्रक्रिया है जिसमें सामाजिक संस्थाओं (अर्थ, राजनीति, अचार, विधि न्याय, शिक्षा, स्वास्थ्य व परिवार) को ऐसे भिन्न प्रतिष्ठानों के रूप में मान्यता मिली, जिन्हें संचालन की खासी स्वतंत्रता प्राप्त हो। यह ऐसी प्रक्रिया है जिसके अंतर्गत पारलौकिक सिद्धान्तों का मानवीय मामलों पर ये नियंत्रण हट जाता है। ऐ से स्वरूप को मोटे तौर पर धर्मनिरपेक्षता के रूप में पहचाना जाता है। पारलौकिक के प्रति समर्पित संस्थाओं या पूरे समाज को अपनी परिधि में लेने वाली धार्मिक संस्थाओं तक ही सीमित रह जाते हैं। धर्म निरपेक्षीकरण का अर्थ सभी धर्मों को समान सम्मान देने से है।

अत: विकल्प (A) सही है।

20. "हिरारची ऑफ़ वैल्यू" की संकल्पना राधाकमल मुखर्जी ने दी। राधाकमल मुखर्जी के अनुसार मूल्यों में संस्तरण पाया जाता है, जो मूल्यों के आयामों से संबंधित होता है। ये जैविक, सामाजिक व आध्यात्मिक तीन आयाम होते हैं। जैविक मूल्य, स्वास्थ्य, जीवन निर्वाह कुशलता, सुरक्षा, सामाजिक मूल्य सम्पत्ति, प्रस्थिति, प्रेम, न्याय तथा आध्यात्मिक मूल्य स्तर को सर्वोच्च माना जाता है, जिसमें आत्म लोकातीत तत्व की विशेषता पायी जाती है। जो साध्य या अन्तर्निष्ठ अथवा लोकातीत मूल्यों पर प्रतिनिधित्व करता है। इसके बाद सामाजिक मूल्य

हैं, जिनका उद्देश्य सामाजिक संगठन व सुव्यवस्था को बनाये रखना होता है।इसीलिए इन्हें साधन, बाध्य या क्रियात्मक मूल्य की संज्ञा दी जाती है। अन्त में जैविक मूल्य होते हैं जो जीवन को बनाये रखने तथा आगे बढ़ाने के लिए होते हैं।

मानव जीवन का प्रारम्भ व निरन्तरता जैविक आधार पर ही निर्भर है। जब शरीर स्वस्थ व उपयुक्त होगा, तभी जीवन निर्वाह एवं उसकी अग्रगति संभव होगी। इसी कारण मूल्यों के सोपान क्रम में सर्वप्रथम जैविक मूल्यों को स्थान दिया गया है। इसकी सार्थकता समाज की सहायता के बिना संभव नहीं है और इसी प्रकार जैविक व सामाजिक जीवन की वास्तविक, सार्थकता 'सत्यम् शिवम् सुन्दरम् 'की प्राप्ति में निहित है। इसलिए आध्यात्मिक मूल्य को अन्तिम लक्ष्य के रूप में रखा गया है।

अत: विकल्प (B) सही है।

21. परम्परागत भारत में ग्रामीण नेतृत्व जमींदारी, जाति-प्रथा व ग्राम पंचायत पर आधारित है, जबकि वर्तमान समय में परम्परागत शक्ति संरचना कमजोर हो गयी है। आनुवंशिक और जाति मुखियाओं के स्थान पर राजनीतिक पृष्ठभूमि के चुने हुए लोग नेता बन गये। ग्रामीण में व्यक्तिगत गुण न कि जाति, मुख्य कारक बन गये हैं। वर्तमान भारत में ग्रामीण नेतृत्व को निर्धारित करने वाला प्रमुख कारक राजनैतिक है।

अत: विकल्प (D) सही है।

22. जब किसी सामाजिक इकाई के नियामक तत्व अर्थात् व्यक्ति, समूह अथवा संस्थाएँ स्वीकृत उद्देश्यों के अनुसार अपनी-अपनी भूमिका, निभाना इस सीमा तक बंद कर देते हैं कि उनके आपसी संबंधों में व्यवधान अथवा विश्रृंखलन उत्पन्न हो जाता है, तो यह दशा सामाजिक विघटन कहलाती है। अर्थात् किसी समाज के विभिन्न भागों में एकता अथवा सामंजस्य का हाल सामाजिक विघटन है।

अत: विकल्प (A) सही है।

23. अपराध एक सार्वभौमिक प्रक्रिया है और यह उसी समय से प्रचलन में है जब से सभ्यता विकसित हुई। वस्तुतः अपराध तभी से होने प्रारंभ हो गए थे जब से मानव ने धीरे-धीरे सभ्य होना शुरू किया था। अपराध प्रत्येक युग और हर समाज में पाई जाने वाली घटना। कुछ उदारवादी विद्वान मानते हैं कि अपराध एक मानव-व्यवहार है। साथ ही ये विद्वान यह भी कहते हैं कि सभी मानव-व्यवहार, अपराध नहीं होते हैं। केवल उन्हीं मानव-व्यवहारों को अपराध कहा जा सकता है जो सामाजिक मान्यताओं और नैतिकता के प्रतिकूल हो। शोध एक सार्व भौमिक घटना है, लेकिन इसकी परिभाषा व्याख्या में सार्वभौमिकता का अभाव पाया जाता है। इसका कारण यह है कि अपराध की अवधारणा, स्थान, समय, परिस्थितियों और आदर्शों से संबंधित होती है। अक्सर ऐसा भी देखा गया है कि कोई अपराध विशेष, शेष विश्व के लिए तो अपराध होता है, लेकिन किसी क्षेत्र विशेष या वर्ग विशेष में उसे अपराध नहीं माना जाता है।

अत: विकल्प (A) सही है।

24. व्यक्ति जन्म से ही संबंध विकसित करने की प्रक्रिया में जुड़ जाता है। इस परस्पर संबंध के अनेक रूप हो सकते हैं। संबंध परिवार में हो सकता है, पड़ोसियों में हो सकता है, एक साथ काम करने वाले लोगों में हो सकता है और इस संबंध का आधार होता है आपसी जुड़ाव। जुड़ाव को समूह कहा जाता है। समूह के लोगों का आपस में संचार अथवा जुड़ाव होना आवश्यक है। मनोवैज्ञानिक स्तर पर साथ होने का आभास हो। अपने आपको समूह का हिस्सा देखते हैं। कुछ प्रत्यक्ष या अप्रत्यक्ष उद्देश्य हों। एक इकाई के रूप में काम करने की क्षमता हो।

गिटलर ने समूह की व्याख्या बाह्यपक्ष (overt) तथा आन्तरिक पक्ष (Covert) के आधार पर की है। बाह्य पक्ष दृष्टिमान है जैसे हम किसी व्यक्ति से कब, कहाँ अंत:क्रिया कर रहे हैं दृष्टिमान है। जबकि समूह में हम की भावना, समूह से लगाव देखा नहीं जा सकता। गिटलर के अनुसार किसी भी व्यक्तिसंग्रह को समूह तभी कहेंगे जब उसमें ये दोनों पक्ष विद्यमान हों।

अत: विकल्प (D) सही है।

25. मार्टिन न्यूमेयर के शब्दों के अनुसार, "पारिवारिक विघटन का अर्थ परिवार के सदस्यों में मतैक्य और निष्ठा का समाप्त हो जाना, अथवा बहुधा पहले के सम्बन्धों का टूट जाना, पारिवारिक चेतना का समाप्त हो जाना अथवा पृथकता का विकास हो जाना है।" पारिवारिक विघटन का यह अर्थ विघटन की प्रकृति के कारणों को ध्यान में रखते हुए दिया गया है। सामान्य शब्दों में कहा जा सकता है कि परिवार में जिस चेतना और निष्ठा के आधार पर सदस्य एक-दूसरे से बँधे रहते है और असीमित दायित्व की भावना को महसूस करते हैं, उसी चेतना और निष्ठा का कम हो जाना अथवा इसमें कोई गम्भीर बाधा पड़ना ही पारिवारिक विघटन है।

उपर्युक्त परिभाषाओं से कुछ महत्त्वपूर्ण तथ्यों पर प्रकाश पड़ता है:-

(क) पारिवारिक विघटन का अर्थ परिवार में सदस्यों के सम्बन्धों का टूट जाना है।

(ख) पारिवारिक विघटन का सम्बन्ध केवल पति-पत्नी के सम्बन्ध में उत्पन्न तनाव से ही नहीं है।

(ग) सम्बन्धों का टूटना ही नहीं, बल्कि परिवार के प्रति निष्ठा का भंग होना भी परिवार के संगठन के लिए उतना ही अधिक घातक है।

पारिवारिक विघटन के कारण:

परिवार एक सर्वव्यापी संस्था है। प्रत्येक समाज में इसके द्वारा समाज की मौलिक आवश्यकताओं की पूर्ति होने के बाद भी विभिन्न समाजों में इसका रूप एक जैसा नहीं होता। यही कारण है कि पारिवारिक संगठन को विघटित करने वाले कारणों की भी कोई सामान्य सूची नहीं बनाई जा सकती। भारत में महिलाओं पर पति के बड़े से बड़े अत्याचार या प्रतिकूल दशाएँ भी परिवार को बहुत कम विघटित कर पाते हैं, जबकि पश्चिमी देशों में पुरुषों की अपेक्षा स्त्रियाँ अधिक अधिकारों की आकांक्षा करती है और उनके प्राप्त न होने की दशा में अक्सर पारिवारिक विघटन की समस्या उत्पन्न हो जाती है। इसका तात्पर्य है कि सामाजिक मूल्यों की भिन्नता के अनुसार प्रत्येक समाज में पारिवारिक विघटन के कारण पृथक-पृथक हो जाते हैं।

अत: विकल्प (C) सही है।

26. भगवद्गीता में कर्म सिद्धान्त की व्याख्या करते हुए कहा गया है कि जो व्यक्ति जैसा कर्म करेगा उसे वैसे ही फल की प्राप्ति होगी। अच्छे कर्म का परिणाम अच्छा तथा बुरे कर्म का परिणाम बुरा होगा। यह सिद्धान्त व्यक्ति में भावनात्मक स्थिरता प्रदान करते हुए वैयक्तिक विघटन को रोकने में सहायता करता है। यह बहुत सही है, क्योंकि यह भावनात्मक स्थिरता सिखाता है।

अत: विकल्प (B) सही है।

27. टोडा जनजाति दक्षिण भारत में नीलगिरि पहाड़ियों की एक पशुपालक जनजाति है। 1960 के दशक में इनकी संख्या लगभग 800 थी। जो अब बेहतर स्वास्थ्य सुविधाओं के कारण तेजी से बढ़ रही है। टोडा भाषा द्रविड़ परिवार की भाषा है, किंतु उसमें बाद में सबसे अधिक विकृतियाँ आईं। टोडा जनजाति का धर्म उनके लिए सबसे ज्यादा महत्त्वपूर्ण भैसों के इर्द-गिर्द केंद्रित है। दूध निकालने से लेकर पशुओं को नमक, चारा खिलाने और दही मथने, मक्खन निकालने तथा मौसम के अनुसार चरागाहों के बदलने तक, सारी क्रियाओं के साथ कोई न कोई धार्मिक अनुष्ठान जुड़ा रहता है। इसके अलावा, गोपालकों के पुरोहितों के आदेश तथा गौशालाओं के पुनर्निर्माण, अंत्येष्टि स्थलों की छतों की मरम्मत आदि के लिए भी अनुष्ठान होते हैं। ये अनुष्ठान तथा विस्तृत अंत्येष्टि क्रियाएँ सामाजिक संपर्क के ऐसे अवसर होते हैं, जब समुदाय के लिए उपयोगी भैसों के प्रति संकेत करते हुए जटिल काव्यात्मक गीत रचे और गाए जाते हैं।

बहुपति विवाह सामान्य है- अनेक पुरुषों, सामान्यत: भाइयों की एक ही पत्नी हो सकती है। जब भी कोई टोडा स्त्री गर्भवती होती है, उसके पतियों में से कोई एक उसे आनुष्ठानिक रूप से तीर और कमान का खिलौना भेंट करता है और उसके बच्चे का सामाजिक पिता होने की घोषणा करता है। रिवर्स ने टोडा जनजाति, वी.के. राय वर्मन ने टोटो जनजाति, एल.पी. विद्यार्थी ने मालेर जनजाति एस.के. श्रीवास्तव ने शुरू जनजाति का अध्ययन किया ।

अत: विकल्प (A) सही है।

28. नगरीकरण विकास प्रक्रिया का ही एक अंग है। ग्रामीण क्षेत्रों में जनसंख्या का नगरीय क्षेत्रों में परिवर्तन आर्थिक विकास की सुदृढ़ कसौटी है। पिछड़े हुए स्थिर समाज में नगरीकरण की प्रक्रिया वस्तुत: धीमी होती है, क्योंकि ग्रामीण क्षेत्रों में रहने वाले लोगों के लिए रोजगार उपलब्ध कराने में नगर सक्षम नहीं होते, किन्तु फिर भी ग्रामीण जनसंख्या का शहरों की तरफ तेजी से पलायन रोजगार पाने के उद्देश्य से ही होता है और इस स्थिति में यह पलायन तब और तेज हो जाता है जब पूंजी गहन उद्योगों की बजाय श्रम गहन उद्योगों पर बल दिया जाता है। इसके विपरीत नगरीकरण की गति धीमी तब होती है जब कुल जनसंख्या के अनुपात में नगरीय जनसंख्या बहुत ही उच्च स्तर पर पहुँच जाती है। यह स्थिति अभी कुल मिलाकर 30 देशों में आई है, जो विकसित औद्योगिक देश कहलाते हैं।

इस तरह नगरीय जनसंख्या में वृद्धि के कारण कई तरह की समस्याएँ जन्म ले चुकी हैं जो धीरे-धीरे वीभत्स रूप धारण करती जा रही हैं। तेज नगरीकरण की सबसे प्रमुख समस्या प्रदूषण है। नगरों में उत्पन्न समस्याओं को निम्नांकित भागों में बाँटा जा सकता है-

1. पर्यावरणीय समस्या

2. आवास की समस्या

3. रोजगार की समस्या

4. अन्य सामाजिक समस्याएँ

1. पर्यावरणीय समस्या: नगरीय केन्द्रों में जनसंख्या के लगातार बढ़ते रहने एवं औद्योगीकरण के फलस्वरूप पर्यावरण प्रदूषण तथा अवनयन की कई समस्याएँ उत्पन्न हो गई हैं। सबसे ज्यादा प्रदूषण वायु तथा जल में देखने को मिलता है। महानगरों में प्रदूषण का मुख्य कारण वाहनों एवं औद्योगिक संस्थानों द्वारा निस्सृत विषैले रसायन हैं। जिनमें मुख्य है- सल्फर डाइ-ऑक्साइड, कार्बन मोनोऑक्साइड, सीसा एवं नाइट्रस ऑक्साइड।

2. आवास की समस्या: पर्यावरण के बाद सबसे महत्त्वपूर्ण समस्या आवास की है। यह समस्या आवास की गुणवत्ता एवं मात्रा दोनों में देखने को मिलती है। वर्तमान समय में भारत में 3 करोड़ 10 लाख आवासीय इकाइयों की कमी है जिसमें 206 लाख आवास की कमी ग्रामीण क्षेत्र में तथा 104 लाख शहरी क्षेत्र में है। इसके अतिरिक्त सम्पूर्ण सुविधायुक्त मकानों की मात्रा भी काफी कम है तथा सन् 2000 तक लगभग 7 मिलियन आवासों की कमी की सम्भावना है।

3. रोजगार की समस्या: जिस अनुपात में नगरों में जनसंख्या की वृद्धि हो रही है, उसी अनुपात में रोजगार में वृद्धि नहीं हो रही है। गाँवों से शहरों में आने वाले लोगों की अधिक संख्या के कारण उन्हें शहरों में कम मजदूरी पर कार्य करना पड़ता है जिससे सामाजिक अव्यवस्था बढ़ती चली जाती है, लेकिन पिछले कुछ वर्षों में ग्रामीण-शहरी स्थानांतरण में कमी आई है। इसका कारण ग्रामीण क्षेत्रों में सरकार द्वारा चलाए गए कार्यक्रमों की सफलता मानी जाती है।

अन्य सामाजिक समस्याएँ : इन उपरोक्त मुख्य समस्याओं के अतिरिक्त भी कई समस्याएँ हैं। चूँकि ग्रामीण क्षेत्रों से आने वाले लोग अधिकतर गरीब होते हैं, अत:

पैसे की कमी के कारण वे अमीर लोगों की बस्तियों के किनारे झोपड़ी बनाकर रहने लगते है। इन गरीब वर्ग के लोगों का शैक्षणिक स्तर भी निम्न होता है तथा नगरों की साफ-सफाई की व्यवस्था का बोध नहीं होने के कारण शहरी वातावरण उनके लिए संकटमय हो जाता है। यह संकट कभी-कभी विकराल रूप धारण कर लेता है। उदाहरण के तौर पर जनवरी, 1995 में दिल्ली की एक मध्यमवर्गीय कॉलोनी में गरीब लोगों के समूह ने वहाँ स्थित पार्क का उपयोग शौचालय के रूप में करना शुरू कर दिया। फलस्वरूप उत्पन्न हुए झगड़े में चार लोगों की मृत्यु हो गई तथा जान-माल का काफी नुकसान हुआ। यहाँ पर स्व. श्रीमती इंदिरा गाँधी की यह उक्ति कि 'गरीबी ही सबसे बड़ा प्रदूषण है', काफी प्रासंगिक होती है। इसके अतिरिक्त गरीबी एवं अमीरी की बढ़ती हुई खाई के कारण गरीब लोगों में अधिकाधिक पैसे की प्राप्ति के लिए आपराधिक भावना भी पनप उठती है जिससे शहरी जीवन तनावग्रस्त हो जाता है।

अत: विकल्प (B) सही है।

29. गिडिंग्स के अनुसार, "समाजशास्त्र समाज का वैज्ञानिक अध्ययन है।" वार्ड के अनुसार "समाजशास्त्र समाज का विज्ञान है।" मैकाइवर तथा पेज, क्यूबर,

वान विज आदि विद्वान समाजशास्त्र को सामाजिक सम्बन्धों का व्यवस्थित अध्ययन करने वाला विज्ञान मानते हैं।

मैकाइवर तथा पेज के अनुसार, "समाजशास्त्र सामाजिक सम्बन्धों के विषय में है।सम्बन्धों के इसी जाल को हम समाज कहते हैं।" वान विज के अनुसार, 'सामाजिक सम्बन्ध ही समाजशास्त्र की विषय वस्तु का एकमात्र आधार है।" गिन्सबर्ग, सिमेल, हाब्हाउस तथा ग्रीन आदि समाजशास्त्रियों ने सामाजिक सम्बन्धों की अपेक्षा सामाजिक अन्तःक्रियाओं को अधिक महत्वपूर्ण माना है। इनके अनुसार सामाजिक सम्बन्धों की संख्या इतनी अधिक होती है कि उनका व्यवस्थित अध्ययन करना कठिन होता है। अत: यदि हमें समाजशास्त्र की प्रकृति को स्पष्ट रूप से समझना है तो हमें समाजशास्त्र को"सामाजिक अन्तः क्रियाओं का अध्ययन करने वाला विज्ञान" के रूप में परिभाषित करना होगा।

हेनरी जान्सन के अनुसार समाजशास्त्र सामाजिक समूहों का अध्ययन है। जान्सन का मानना है कि समाजशास्त्र विभिन्न सामाजिक समूहों के संगठन, ढाँचे तथा इन्हें बनाने वाले और इनमें परिवर्तन लाने वाली प्रक्रियाओं तथा समूहों के पारस्परिक सम्बन्धों का अध्ययन है। जर्मन विचारक मैक्स वेबर के अनुसार सामाजिक सम्बन्धों को केवल सामाजिक अन्तःक्रियाओं के आधार पर ही समझना पर्याप्त नहीं है। चूंकि समाजशास्त्र अन्तःक्रियाओं का निर्माण सामाजिक क्रियाओं से होता है अत: इनको कर्ता के दृष्टिकोण से ही समझना चाहिए। मैक्स वे बर के अनुसार "समाजशास्त्र वह विज्ञान है जो सामाजिक क्रियाओं का व्याखात्मक बोध कराने का प्रयत्न करता है।"

विभिन्न विद्वानों के मतों के आधार पर कहा जा सकता है कि समाजशास्त्र समग्र रूप से सामाजिक सम्बन्धों का अध्ययन करता है। विभिन्न सामाजिक सम्बन्धों को सामाजिक क्रिया, सामाजिक अन्त क्रिया एवं सामाजिक मूल्यों के आधार पर समझा जा सकता है।

अत: विकल्प (D) सही है।

30. प्रायः यह माना जाता है कि वे लोग गरीब हैं जो एक निश्चित न्यूनतम उपभोग का स्तर प्राप्त करने में असफल रहते हैं, परन्तु जिन विशेषज्ञों ने गरीबी की समस्या का अध्ययन किया है। वे इस बात पर एक मत नहीं हैं कि कितनी आय न्यूनतम उपभोग स्तर प्रदान करने के लिए काफी है। जुलाई, 1962 में योजना आयोग द्वारा गठित एक समिति ने इस बात का अनुमान लगाने का प्रयास किया था कि राष्ट्रीय आधार पर गरीबी को परिभाषित करने के लिए न्यूनतम उपभोग स्तर को कितना लिया जाए। इस समिति ने सुझाव दिया था कि प्रचलित कीमतों के आधार पर न्यूनतम जीवन स्तर के लिए प्रतिव्यक्ति निजी उपभोग पर ₹ 20 मासिक व्यय होना चाहिए।समिति किस आधार पर इस राशि तक पहुंची थी. यह स्पष्ट नहीं है।इसके अतिरिक्त, समिति ने शहरी व ग्रामीण क्षेत्रों के लिए अलग-अलग व्यय की राशियाँ न बतलाकर एक ही राशि की सिफारिश की थी जो सही नहीं है। इसका कारण यह है कि शहरी क्षेत्रों में रहन-सहन की लागतें ग्रामीण क्षेत्रों की तुलना में अधिक होती हैं, क्योंकि न केवल शहरों में कीमते अधिक होती हैं, बल्कि शहरों में रहने वाले लोगों को कुछ ऐसे खर्च भी करने पड़त हैं। जो ग्रामीण लोगों को नहीं करने पड़ते, परन्तु फिर भी योजना आयोग ने पहले समिति की इस परिभाषा को स्वीकार कर लिया था। जहाँ तक विभिन्न अर्थशास्त्रियों का संबंध है, बी.एस. मिन्हास और ए. वैद्यनाथन ने ग्रामीण गरीबी के अपने अध्ययनों में इसी परिभाषा को अपनाया है जबकि पी.के. वर्धन, दांडेकर वार्नर, तथा एम.एव.अहलुवालिया ने अपनी-अपनी गरीबी रेखाएँ स्वयं परिभाषित की हैं। गरीबी एक ऐसी दशा है। जिसमें सामान्यत: भौतिक, किन्तु कभी-कभी सांस्कृतिक संसाधनों का अभाव होता है। जबकि बेरोजगारी व्यक्ति की कार्यहीनता की एक ऐसी दशा है जिसमें उसके काम करने के योग्य होने तथा काम चाहने पर भी उसे कोई लाभप्रद काम नहीं मिल पाता है। इसके कारणों के रूप में वैयक्तिक कारण (शारीरिक एवं मानसिक दशाएँ मनोवृत्ति तथा आदतें) तथा अवैयक्तिक कारण (जनाधिवक्ता, जनसंख्या की गतिशीलता , आर्थिक उतार-चढ़ाव बाढ़, अकाल भूकम्प प्राकृतिक विपदाएँ जैसे मशीनीकरण तथा कुछ सामाजिक कारण) हो सकते हैं। इस प्रकार गरीबी और बेकारी दोनों एक-दूसरे के कारण एवं परिणाम है।

अत: विकल्प (C) सही है।

31. मैकाइवर पेज, क्यूबर, वान विज आदि विद्वान समाजशास्त्र को सामाजिक सम्बन्धों का व्यवस्थित अध्ययन करने वाला विज्ञान मानते हैं। मैकाइवर तथा पेज के अनुसार, "समाजशास्त्र सामाजिक सम्बन्धो के विषय में है। सम्बन्धों के इसी जाल को हम समाज कहते हैं।" वान विज के अनुसार, "सामाजिक सम्बन्ध ही समाजशास्त्र की विषय वस्तु का एकमात्र आधार है।" गिन्सबर्ग, सिमेल, हाब्हाउस तथा ग्रीन आदि समाजशास्त्रियों ने सामाजिक सम्बन्धों की अपेक्षा सामाजिक अन्तर्क्रियाओं को अधिक महत्वपूर्ण माना है इनके अनुसार सामाजिक सम्बन्धों की संख्या इतनी अधिक होती है कि उनका व्यवर्थित अध्ययन करना कठिन होता है। अत: यदि हमें समाजशास्त्र की प्रकृति को स्पष्ट रूप से समझना है तो हमें समाजशास्त्र को "सामाजिक अन्तः क्रियाओं का अध्ययन करने वाला विज्ञान" के रूप में परिभाषित करना होगा ।

अत: विकल्प (B) सही है।

32. यूनेस्को अध्ययन समूह के अनुसार प्रजातियों का वर्गीकरण उनकी शारीरिक विशेषताओं के आधार पर किया जा सकता है।

अत: विकल्प (B) सही है।

33. आंतरिक एंव बाह्य संघर्ष के प्रत्यय को लुइस कोजर ने प्रतिपादित किया है। लुइस कोजर के अनुसार बाह्य संघर्ष समूह के बाहर से आता है, जबकि आन्तरिक संघर्ष समूह के अन्दर उत्पन्न होता है। बाह्य संघर्ष समूह को सुदृढ़ बनाता है। अन्य राष्ट्र का देश पर आक्रमण बाह्य संघर्ष तथा किसी जाति के सदस्यों द्वारा उस जाति के मानक एवं मूल्यों का पालन न करने पर हुक्का-पानी बन्द कर देना आंतरिक संघर्ष है।

अत: विकल्प (A) सही है।

34. "आज की निराश्रिता कल की वेश्या है" यह कथन पूर्णतः सही है।

अत: विकल्प (B) सही है।

35. ईजेन्टाड के अनुसार आधुनिकीकरण सामाजिक संगठन के संरचनात्मक पक्ष और समाजों के सामाजिक जनसंख्यात्मक, दोनों पक्षों की व्याख्या करता है। कार्ल ड्यूश ने आधुनिकीकरण के अधिकतर सामाजिक जनसंख्यात्मक पक्षों को स्पष्ट करने के लिए, 'सामाजिक गतिमानता' शब्द का प्रयोग किया है। उन्होंने सामाजिक गतिशीलता की परिभाषा इस प्रकार की है :"ऐसी प्रक्रिया जिसमें पुरानी सामाजिक, आर्थिक और मनोवैज्ञानिक प्रतिबंधताओं के समूह मिटा दिये जाते हैं व तोड़ दिए जाते हैं और लोग नवीन प्रकार के सामाजीकरण और व्यवहार प्रतिमानों के लिए तैयार रहते हैं।"

जेम्स ओ कोनेल के अनुसार परम्परागत समाज से आधुनिक समाज में जो परिवर्तन होते हैं, वे इस प्रकार हैं-

1. आर्थिक विकास में वृद्धि होती है और वह आत्मनिर्भर हो जाता है।

2. धन्धे अधिक विशिष्ट और कुशल हो जाते हैं।

3. प्रारम्भिक धन्धों में लगे लोगों की संख्या कम होती जाती है, जबकि द्वैतीयक तथा तृतीयक धन्धों में लगे लोगों की संख्या बढ़ती जाती है।

4. पुराने कृषि यन्त्रों तथा विधियों के स्थान पर ट्रैक्टरों और रासायनिक उर्वरकों का प्रयोग बढ़ता है।

5. वस्तु विनिमय की स्थान मुद्रा व्यवस्था ले लेती है।

अत: विकल्प (A) सही है।

36. अपराध, समाज के विरुद्ध, उन समस्त असंतोषों को प्रकट करता है जिन्हें राष्ट्रीय कानून द्वारा स्वीकार किया गया है तथा जिनका कर्ता दंड का भागी है।" अपराध को परिभाषित करते हुए टेफ्राट कहते है कि "अपराध वे कार्य हैं जिनको करना कानून द्वारा रोका गया है और जो विधि द्वारा दंडनीय माने गए हैं।" हत्सबरी के मुताबिक "'अपराध एक ऐसा कार्य या दोष है जो जनता के विरुद्ध असंतोष है और जो कार्य के कर्ता या दोषी को दंड का भागी बनाता है।" लैडिस एवं लैडिस कहते हैं कि " अपराध वह कार्य है जिसे राज्य ने सामूहिक कल्याण के लिए हानिप्रद घोषित किया है और जिसके लिए दंड देने के लिए

राज्य शक्ति रखता है।' बोगर ने अपराध की प्रकृति के आधार पर अपराधों को चार भागों में बाँटा है-

(1) आर्थिक अपराध

(2) यौन सम्बन्धी अपराध

(3) राजनीतिक अपराध

(4) विविध अपराध

अत: विकल्प (A) सही है।

37. जनजातीय लोगों की प्रमुख समस्याओं में से ऋणग्रस्तता, कम साक्षरता (अशिक्षा), बेरोजगारी, गरीबी, बँधुआपन, शोषण, बीमारी, मद्यपान एवं मादक द्रव्य व्यवसन आदि हैं।

अत: विकल्प (D) सही है।

38. समाजशास्त्र मानव समाज का अध्ययन है। यह सामाजिक विज्ञान की एक शाखा है, जो मानवीय सामाजिक संरचना और गतिविधियों से संबंधित जानकारी को परिष्कृत करने और उनका विकास करने के लिए अनु भवजन्य विवेचन और विवेचनात्मक विश्लेषण की विभिन्न प्रकृतियों का उपयोग करता है, अक्सर जिसका ध्येय सामाजिक कल्याण के अनुसरण में ऐसे ज्ञान को लागू करना होता है।

अत: विकल्प (B) सही है।

39. पारस्परिक जागरूकता :-पारस्परिक जागरूकता के अभाव में न तो सामाजिक सम्बन्ध बन सकते हैं और न ही समाज।

जब तक लोग एक-दूसरे की उपस्थिति से प्रत्यक्ष या अप्रत्यक्ष रूप से परिचित नहीं होंगे, तब तक उनमें जागरूकता नहीं पायी जा सकती और अन्तःक्रिया भी नहीं हो सकती। इस जागरूकता के अभाव में वे न तो एक-दूसरे से प्रभावित होंगे और न ही प्रभावित करेंगे, अर्थात् उनमें अन्तःक्रिया नहीं होगी। अत: स्पष्ट है कि सामाजिक सम्बन्धों के लिए पारस्परिक जागरूकता का होना अत्यन्त आवश्यक है।

सहयोग—प्रत्येक कार्य या उद्देश्य में सफलता का आधार सहयोग ही है पारिवारिक, राजनीतिक, आर्थिक, धार्मिक आदि विभिन्न क्षेत्रों में हर समय सहयोग देखने को मेलता है। सहयोग के अभाव में न तो कोई परिवार अपने इच्छित लक्ष्य को प्राप्त कर सकता है और न ही कोई राजनीतिक दल अपने इच्छित लक्ष्य को प्राप्त कर सकता है। चुनावों में कई राजनीतिक दलों की हार का एक प्रमुख कारण उनके सदस्यों में सहयोग का अभाव है। किसी भी कार्य में सफलता सहयोग पर ही निर्भर करती है।

इसलिए, पारस्परिक जागरूकता, समानता, असमानता सरलता, जटिलता में समाज की विशेषताएँ हैं।

अत: विकल्प (C) सही है।

40. समाज को वैज्ञानिक दृष्टिकोण से समझने का प्रयास 'समाजशास्त्र द्वारा किया जाता है जोकि एक नया सामाजिक विज्ञान है। एक अलग विज्ञान के रूप में समाजशास्त्र का अध्ययन सबसे पहले फ्रांसीसी विचारक आगर्ट कॉम्टे द्वारा अपनी प्रमुख कृति "पॉजीटिव फिलॉसफी" में 1838 ई. में किया गया। इसीलिए ऑगस्ट कॉम्टे को 'समाजशास्त्र का जनक' कहा जाता है।

अत: विकल्प (B) सही है।

41. गिडिंग्स, वार्ड, ओडम तथा समनर आदि विद्वान यह मानते है कि समाजशास्त्र सम्पूर्ण समाज को एक इकाई मानकर समग्र रूप से इसका अध्ययन करता है। गिडिंग्स के अनुसार, "समाजशास्त्र समाज का वैज्ञानिक अध्ययन है।" वार्ड के अनुसार "समाजशास्त्र समाज का विज्ञान है।'

अत: विकल्प (B) सही है।

42. समाजशास्त्र को अस्तित्व में लाने का श्रेय फ्रांस के विद्वान अगस्त कॉम्टे को जाता है। जिन्होंने 1838 में इस नए विज्ञान को समाजशास्त्र नाम दिया। मैकाइवर कहते हैं कि "विज्ञान परिवार में पृथक् नाम तथा स्थान सहित क्रमबद्ध

ज्ञान की प्राय: सुनिश्चित शाखा के रूप में समाजशास्त्र को शताब्दी पुराना नहीं, बल्कि शताब्दी पुराना माना जाना चाहिए। किन्तु जैसा कि आप जानते हैं मनुष्य एक सामाजिक प्राणी है समाज में रहने के कारण उसका व्यवहार हमेशा से सामाजिक नियमों द्वारा प्रभावित होता आया है। जिस समाज में मनुष्य रहता है उसके प्रति जानकारी प्राप्त करने की इच्छा हमेशा से ही उसे रही है, इसीलिए सदियों से विभिन्न धर्मशास्त्री, दार्शनिक तथा विचारकों ने सामाजिक जीवन के विषय में अपने विचार प्रस्तुत किए हैं।

अत: विकल्प (A) सही है।

43. समाजशास्त्र के विषय क्षेत्र के सम्बन्ध में समाजशास्त्र को दो सम्प्रदायों में बाँटा गया है -

(1) स्वरूपात्मक सम्प्रदाय

(2) समन्वयात्मक सम्प्रदाय।

स्वरूपात्मक सम्प्रदाय के लोग समाजशास्त्र की विषयवस्तु सामाजिक प्रक्रिया को मानते है तथा इसे वे विशेष विज्ञान बनाना चाहते हैं इसके प्रमुख समर्थक सिमेल, वीरकान्त, वानविज, टॉनिक, रिचार्ड, स्माल, मैक्स वेबर, बृनल, गैस, पार्क एवं बर्गेस हैं। समन्वयात्मक सम्प्रदाय के लोग समाजशास्त्र को सामान्य विज्ञान का दर्जा देते हैं। इसके प्रमुख समर्थक प्रो. हेज, दुर्खीम, हाबहाउस, सोरोकिन, वार्ड सिन्सबर्ग आदि है।

अत: विकल्प (C) सही है।

44. समाजशास्त्र के विषय में कहा जा सकता है कि समाजशास्त्र यूरोप 'फ्रांस' में पैदा हुआ और अमेरिका में विकसित हुआ जहाँ से यह सम्पूर्ण विश्व में विकसित होने लगा। आगस्त कॉम्टे द्वारा 1838 ई. में समाजशास्त्र की स्थापना के पश्चात् विश्व के विभिन्न देशों में इस विज्ञान का अध्ययन एवं अध्यापन कार्य होने लगा। मुख्यत: इंग्लैण्ड, फ्रांस, जर्मनी तथा संयुक्त राज्य अमेरिका में अनेक विद्वानों द्वारा इस नए विषय के अन्तर्गत अत्यन्त महत्वपूर्ण कार्य किए गए। इंग्लैण्ड में जॉन स्टुअर्ट मिल तथा हरबर्ट स्पेंसर के अतिरिक्त वेस्टरमार्क, कार्ल, मैनहीम, हाबहाउस, राबर्टसन, जिन्सबर्ग, चार्ल्स बूथ, हाल्सन आदि विद्वानों ने समाजशास्त्र के विकास में अपना महत्वपूर्ण योगदान दिया है। इनके द्वारा इंग्लैण्ड में सामाजिक सम्बन्धों तथा सामाजिक प्रक्रियाओं का अध्ययन किया गया। फ्रांस में कॉम्टे के पश्चात् दुर्खीम द्वारा समाजशास्त्र को एक विज्ञान के रूप में स्थापित करने का प्रयास किया गया।

अत: विकल्प (C) सही है।

45. जब दो या दो से अधिक व्यक्ति अथवा समूह सीमित साधनों पर नियंत्रण प्राप्त करने के लिए शांतिपूर्ण तरीके अपनाते हैं, प्रतिस्पर्धा कहलाती है, किन्तु जब इन सीमित उद्देश्यों एवं हितों की पूर्ति के लिए बल प्रयोग तथा हिंसा का सहारा लिया जाता है, तब प्रतिस्पर्धा की यह स्थिति संघर्ष में रूपान्तरित हो जाती है।

अत: विकल्प (C) सही है।

46. समाजशास्त्र का अन्य सामाजिक विज्ञान के साथ संबंध एवं भिन्नता से यह स्पष्ट हो जाता है कि समाजशास्त्रीय अध्ययन का केंद्र बिंदु है। समाजशास्त्रीय ज्ञान अन्य समाजशास्त्र अन्य सामाजिक विज्ञानों को समीप लाने का कार्य भी करता है। इसलिए बार्न्स एवं बेकर ने कहा है कि समाजशास्त्र अन्य सामाजिक विज्ञानों की न तो गृहस्वामिनी है और न ही दासी, बल्कि उसकी बहन है" ।

अत: विकल्प (C) सही है।

47. मानव तथा पशु समाज में प्रमुख अन्तर संस्कृति का है। मानव समाज को सामाजिक सांस्कृतिक व्यवस्था के अन्तर्गत रखा गया है, जबकि पशु समाज को सामाजिक जैविक व्यवस्था के अन्तर्गत। जैसा कि हॉविल का मानना है। कि "मानव की सबसे बड़ी सम्पत्ति उसकी संस्कृति- मनुष्य के पास से उसकी संस्कृति छीन लीजिए फिर जो भी शेष रहेगा वह निश्चय ही एक मानव नहीं, नर-बानर होगा |"

अत: विकल्प (A) सही है।

48. हरबर्ट स्पेन्सर ने जीव वैज्ञानिक डार्विन के विचारों के आधार पर समाज के उद्विकास स्वरूप को दर्शाने का प्रयास किया। डार्विन ने प्राकृतिक चयन का जो नियम जानवरों एवं पौधों के बारे में दिया था, उसे हरबर्ट स्पेन्सर ने जीव विज्ञान से हटकर मानवीय समाज पर लागू किया हरबर्ट स्पेन्सर के अनुसार संसार की प्रत्येक वस्तु, चाहे वह जैव हो या अजैव, का उद्विकास होता है। उद्विकास की यह प्रक्रिया एक रेखीय क्रम में होती है, जो प्रकृति एवं समाज में हो रहे परिवर्तन के नियम को व्यक्त करता है। परिवर्तन की दिशा को निम्न बिंदुओं में देखा जा सकता है-

(1) सरल से जटिल

(2) समरूपता से विषमरूपता

(3) असम्बद्धता से सम्बद्धता

(4) अनिश्चितता से निश्चिता

अत: विकल्प (A) सही है।

49. आगस्त कॉम्टे के पश्चात् इमाइल दुर्खीम '1858-1947' द्वारा समाजशास्त्र के क्षेत्र में अत्यधिक कार्य किया गया। इमाइल दुर्खीम भी समाजशास्त्र को अन्य सामाजिक विज्ञानों से अलग अध्ययन करने पर बल देते है। वे समाजशास्त्र को सामूहिक प्रतिनिधित्व का विज्ञान मानते हैं। सामूहिक प्रतिनिधित्व ऐसे सामाजिक प्रतीक होते हैं जो समाज के अधिकांश लोगों द्वारा नियंत्रित होते है। जैसे-विचार, भावनाएँ, व्यवहार के ढंग, धारणाएँ इत्यादि।

अत: विकल्प (C) सही है।

50. समाजशास्त्र सामाजिक क्रिया, सामाजिक अन्तःक्रिया, सामाजिक मूल्यों या सामाजिक संबंधों का समग्र रूप से अध्ययन करने वाला विज्ञान है। समाजशास्त्रीय ज्ञान तथ्यों पर आधारित होता है। जिसकी प्रमाणिकता की पुष्टि की जा सकती है। विज्ञान किसी घटना या समस्या का व्यवस्थित एवं क्रमबद्ध अध्ययन करता है चूँकि समाजशास्त्र एक विज्ञान है। इसलिए यह सामाजिक समस्याओं का अध्ययन विशिष्ट ढंग से करता है।

अत: विकल्प (A) सही है।

51. समाज शब्द संस्कृत के दो शब्दों सम् एवं अज से बना है। सम् का अर्थ है इकट्ठा व एक साथ अज का अर्थ है साथ रहना। इसका अभिप्राय है कि समाज शब्द का अर्थ हुआ एक साथ रहने वाला समूह।

अत: विकल्प (B) सही है।

52. समाज में परिवार तथा नातेदारी सम्बन्धों का महत्वपूर्ण स्थान था। राजा को धर्म का समर्थन प्राप्त था तथा वह अपने दैवीय अधिकारों का प्रयोग करके शासन करता था। एक पृथक विज्ञान के रूप में समाजशास्त्र का उद्भव उन्नीसवीं शताब्दी में हुआ उस समय यूरोप फ्रांसीसी तथा औद्योगिक क्रान्तियों के फलस्वरूप परिवर्तनों के दौर से गुजर रहा था। फ्रांसीसी तथा औद्योगिक क्रान्ति से पहले यूरोप में चौदहवीं से उन्नीसवीं शताब्दी के बीच हुई वाणिज्यिक क्रान्ति एवं वैज्ञानिक क्रान्तियों का समय जो "पुनर्जागरण काल" कहलाता है, में समाजशास्त्र के उद्भव हेतु एक पृष्ठभूमि बनी।

अत: विकल्प (D) सही है।

53. समिति व्यक्तियों का समूह है। यह किसी विशेषहित या हितों की पूर्ति के लिए बनाया जाता है। परिवार, विद्यालय, व्यापार संघ, चर्च ' धार्मिक संघ', राजनीतिक दल, राज्य इत्यादि समितियाँ हैं। इनका निर्माण विशेष उद्देश्यों की पूर्ति के लिए किया जाता है। उदाहरणार्थ, विद्यालय का उद्देश्य शिक्षण तथा व्यावसायिक तैयारी है। इसी प्रकार, श्रमिक संघ का उद्देश्य नौकरी की सुरक्षा, उचित पारिश्रमिक दरें, कार्य की स्थितियाँ इत्यादि को ठीक रखना है। साहित्यकारों या पर्वतारोहियों के संगठन भी समिति के ही उदाहरण हैं।

अत: विकल्प (C) सही है।

54. "संगठन व्यक्तियों के परस्पर सम्बन्धों की एक ऐसी संरचना है जिसके तहत संगठन के सभी व्यक्ति एकीकृत एवं समन्वित रूप से संगठन के उद्देश्यों को प्राप्त करने का प्रयास करते हैं।" संगठन में व्यक्तियों का एक समूह ही नहीं अपितु व्यक्तियों के बीच संबंधों की एक संरचना पायी जाती है।

अत: विकल्प (D) सही है।

55. समाजशास्त्र में अद्धतम सिद्धान्त प्रकार्यवाद है। विलियम जेम्स (1842-1910) द्वारा प्रकार्यवाद की स्थापना अमेरिका के हारवर्ड विश्वविद्यालय में की गयी थी। प्रकार्यवाद इस दृष्टिकोण को व्यक्त करता है कि सभी सामाजिक प्रणालियों की अभिवृत्ति, तत्वों (अंग) के रूप में ऐसी प्रक्रियाओं और संस्थाओं को विकसित एवं एकीकृत करने की है जो उसे बनाए रखने में सहायक होती है।

अतः विकल्प (B) सही है।

56. समाजशास्त्र के भारतीय विचारकों में से रोमिला थापर, राधाकमल मुखर्जी, जी. एस. घुरिये, एम.एन. श्रीनिवास, महात्मा गाँधी, श्री अरविन्दो आदि है।

अत: विकल्प (D) सही है।

57. विवाह स्त्री और पुरुष के पारिवारिक जीवन में प्रवेश करने की एक संस्था है। वास्तव में विवाह की परिभाषा समाज के संदर्भ में की जाती है। उदाहरण के लिए यूरोप और अमेरिका के समाजों में विवाह को सापेक्षिक रूप में कम स्थायी समझते है। विवाह ऐसी सामाजिक संस्था है जो यौन संबंधों को नियमितता एवं वैधता प्रदान करते हुए उनसे उत्पन्न सन्तानो को समाज में उचित स्थान दिलाती है।

अतः विकल्प (B) सही है।

58. समाजशास्त्र में गाँव और शहर के लिए समुदाय शब्द का प्रयोग ही होता है। मनुष्य किसी न किसी समुदाय का सदस्य अवश्य होता है किसी भी एक समुदाय में सम्पूर्ण जीवन बिताया जा सकता है। समुदाय में लोग विभिन्न गतिविधियों को करते हैं।

अत: विकल्प (D) सही है।

59. किंग्स्ले डेविस ने अपनी पुस्तक 'मानव समाज' (Human Society) में समाज और सामाजिक आवश्यकताओ का सम्बन्ध बताते हुए कहा है कि प्रत्येक समाज की कुछ आवश्यकतायें होती हैं, जिनका पूर्ण होना इनकी निरन्तरता के लिए अनिवार्य है।

अतः विकल्प (C) सही है।

60. समाजशास्त्र में आत्महत्या का सिद्धांत इमाईल दुर्खीम ने प्रतिपादित किया। इमाईल दुर्खीम ने आत्महत्या के सामाजिक सिद्धांत की विशद् विवेचना अपनी पुस्तक आत्महत्या" मे की है, जो सन् 1897 मे प्रकाशित हुई थी। इस पुस्तक मे उन्होने आत्महत्या का समाजशास्त्रीय विश्लेषण किया है। आत्महत्या से सम्बंधित विभिन्न आंकड़ों को एकत्रित कर उन्होंने आत्महत्या को एक सामाजिक घटना के रूप मे प्रमाणित करने का प्रयास किया है।

अतः विकल्प (A) सही है।

61. परिवार का सर्वाधिक आवश्यक सामाजिक कार्य सन्तानोत्पति और सन्तान का पालन पोषण है। परिवार के प्रकार्य परिवार की संरचना पर निर्भर करते है और इसी तरह स्वयं समाज की प्रकृति भी परिवार के प्रकार्यों को निर्धारित करती है। आदिम समाज में परिवार के जो प्रकार्य होते हैं वे निश्चित रूप से औद्योगिक समाज के परिवारों से भिन्न होते है।

अतः विकल्प (C) सही है।

62. बहुविवाह के दो पक्ष हैं-

(1) बहुपति विवाह

(2) बहुपत्नी विवाह

बहुपत्नी विवाह एक पुरुष का अनेक स्त्रियों से विवाह करना है, जबकि बहुपति विवाह में एक स्त्री एक समय में अनेक पुरुषों से विवाह करती है।

अतः विकल्प (C) सही है।

63. मातृवंशीय जनजाति में परिवार का कोई सदस्य पुरुष नहीं होता। स्त्रियाँ विवाहोपरान्त माता के घर में निवास करती हैं। वंश तथा उत्तराधिकार माता के आधार पर होता है। ऐसी व्यवस्था गारो, खासी तथा नायर जनजाति में पायी जाती है तथा मीणा, भील, गोंड, संथाल, मुण्डा इत्यादि अधिकांश जनजातियों में पितृवंशीय परम्परा पायी जाती है।

अतः विकल्प (B) सही है।

64. इस विवाह में एक जाति जनजाति, समूह अथवा समुदाय के सदस्य ही समूह में विवाह करते हैं। ब्राह्मण, ब्राह्मणों में विवाह करेगा और संथाल, संथाल जनजाति में। इसी कारण जाति की पहचान अन्तर्विवाह है। अपनी जाति के अन्दर विवाह करने की अनिवार्यता को जातीय अन्तर्विवाह कहते हैं।

अतः विकल्प (B) सही है।

65. गोडार्ड के अनुसार मानसिक दुर्बलता बाल अपराध का सर्वप्रमुख कारण है। बुद्धिहीनता के कारण व्यक्ति को अच्छे और बुरे का ज्ञान नहीं होता है। अपराध और बुद्धिहीनता का घनिष्ठ सम्बन्ध है।

अतः विकल्प (B) स्ही है।

66. विवाह के दो प्रमुख स्वरूप होते हैं-

(i) एक विवाह

(ii) बहु विवाह

बहु विवाह को तीन भागों में बाँटा गया है:

- बहुपति विवाह
- बहुपत्नी विवाह
- समूह विवाह

एक विवाह, हिन्दू विवाह, बहुपति तथा बहुपत्नी विवाह प्रथा जनजातियों में पायी जाती है, जबकि समूह विवाह का प्रचलन संसार में कहीं नहीं है। ऐसा माना जाता है कि जब विवाह संस्था विद्यमान नहीं थीं तब यह प्रथा विद्यमान रही होगी।

अतः विकल्प (D) सही है।

67. भारत के जौनसार बाबर की खासा जनजाति में बहुपति विवाह पद्धति प्रचलित है। बहुपति विवाह पद्धति में एक स्त्री एक समय में अनेक पुरुषों से विवाह करती है। इस पद्धति का एक मात्र उदाहरण महाभारत की द्रौपदी के रूप में जानते हैं जिन्होंने पांचों पांडव भाईयों से विवाह किया था। वेस्टरमार्क का मत है कि बहुपति विवाह पद्धति का मुख्य कारण पुरुष व स्त्री के अनुपात में असंतुलन होना है। कई बार असंतुलन के ठीक होने पर भी विवाह का यह विशेष प्रकार का रूप ले लेता है।

अतः विकल्प (C) सही है।

68. "सामाजिक न्याय एवं अधिकारिता मंत्रालय" का गठन 1998 में किया गया था। सामाजिक न्याय और अधिकारिता मंत्रालय का उद्देश्य एक ऐसे समावेशी समाज की स्थापना करना है जिसके अंतर्गत लक्षित समूह के सदस्यगण अपने विकास और वृद्धि के लिए उपयुक्त समर्थन प्राप्त करके अपने लिए उपयोगी, सुरक्षित और प्रतिष्ठित जीवन की प्राप्ति कर सकते हैं।

अतः विकल्प (D) सही है।

69. किसी समाज में विवाह का स्वरूप अन्ततः कानून द्वारा निश्चित होता है। क्योंकि विवाह का निर्धारण या तो संस्कृति या कानून के माध्यम से होता है।

अतः विकल्प (C) सही है।

70. वेबर ने अपनी पुस्तक "प्रोटेस्टेण्ट आचार और पूँजीवाद की आत्मा" में धर्म और पूँजीवाद की व्याख्या की है। वेबर इस पुस्तक में एक ओर प्रोटेस्टैंट धर्म के आधार और पूँजीवाद की आत्मा की पड़ताल करते है, वहीं दूसरी ओर यह देखने का प्रयास करते हैं कि हिन्दू और कन्फ्यूशियस धर्म ने तथा बौद्ध धर्म ने पूँजीवाद की आत्मा को क्यों प्रभावित नहीं किया।

अतः विकल्प (A) सही है।

71. मेहर वह धन है, जो पत्नी (मुस्लिम) विवाह के विचार से पति से लेने की अधिकारी होती है। समझौते के परिणाम स्वरूप वर द्वारा वधू को मेहर दिया जाता है।

अतः विकल्प (C) सही है।

72. डार्विन का कहना है कि परिवार का जन्म पुरुष के आधिपत्य और ईर्ष्या की भावना के कारण हुआ है। डार्विन के इस मत का वेस्टरमार्क ने समर्थन करते हुए कहा कि पुरुष स्वभाव से ही ईर्ष्यालु है, वह स्त्री पर सम्पत्ति की तरह ही अपना एकाधिकार चाहता है। अपनी शक्ति के कारण वह इस एकाधिकार को बनाये रखने में सफल भी हुआ। इस एकाधिकार को जब सामाजिक स्वीकृति मिल गई तो वह एक विवाह की प्रथा बन गयी। विवाह के परिणामस्वरूप परिवार नामक संस्था की उत्पत्ति हुई।

अतः विकल्प (A) सही है।

73. आश्रितता का सिद्धान्त एक ऐसी अवधारणा है जो तृतीय विश्व युद्ध के अनौद्योगिक देशों (गरीब देशों) में औद्योगिक देशों द्वारा भारी निवेश के बाद भी आर्थिक विकास की असफलता के कारणों की व्याख्या करती है। यह सिद्धान्त विकास के मामले में तृतीय विश्व युद्ध के देशों को विकसित देशों की आश्रितता के विचार का प्रतिपादन करता है। यह गरीब देशों की विकसित देशों पर आश्रितता से सम्बन्धित है।

अतः विकल्प (A) सही है।

74. विभिन्न जातियों के दो व्यक्तियों के परस्पर विवाह को अन्तर्जातीय विवाह कहते है। अन्तर्जातीय विवाह का अर्थ है दो अलग-अलग जाति के वर और कन्या का विवाह। परम्परागत रूप से भारत एवं नेपाल के हिन्दुओं में अन्तर्जातीय विवाह बहुत कम होते रहे हैं किन्तु अब इसे अपेक्षाकृत अधिक स्वीकृति मिलने लगी है।

अतः विकल्प (A) सही है।

75. संस्कृति सीखा हुआ व्यवहार है। इसे व्यक्ति अपने पूर्वजों के वंशानुक्रम के माध्यम से नहीं प्राप्त करता, बल्कि समाज में समाजीकरण की प्रक्रिया द्वारा सीखता है। यह सीखना जीवन पर्यन्त अर्थात् जन्म से मृत्यु तक अनवरत चलता रहता है। आपको जानना आवश्यक है कि संस्कृति सीखा हुआ व्यवहार है, किन्तु सभी सीखे हुए व्यवहार को संस्कृति नहीं कहा जा सकता। प्रत्येक समाज की संस्कृति समान होती है।

अतः विकल्प (C) सही है।

76. संस्था शब्द सदस्यता को व्यक्त नहीं करता है। 'समुदाय' का शाब्दिक अर्थ ही 'एक साथ सेवा करना' है। समुदाय व्यक्तियों का वह समूह है जिसमें उनका सामान्य जीवन व्यतीत होता है। समुदाय के निर्माण के लिए निश्चित भू-भाग तथा इसमें रहने वाले व्यक्तियों में सामुदायिक भावना होना अनिवार्य है। समिति व्यक्तियों का समूह है। यह किसी विशेष हित या हितों की पूर्ति के लिए बनाया जाता है। सामाजिक समूह केवल व्यक्तियों का एक योग है जो नियमित रूप से एक-दूसरे के साथ अन्तःक्रिया करते है।

अतः विकल्प (C) सही है।

77. सांस्कृतिक वृद्धि के नव उद्विकासीय सिद्धान्त का प्रतिपादक जुलियन स्टेवार्ड है। जुलियन स्टेवार्ड एक अमेरिकी मानवविज्ञानी थे जिन्हें सांस्कृतिक पारिस्थितिकी की अवधारणा और पद्धति और संस्कृति परिवर्तन के वैज्ञानिक सिद्धांत को विकसित करने में उनकी भूमिका के लिए जाना जाता था।

अतः विकल्प (B) सही है।

78. परिवार में भावुकता, प्रबल होती है। परिवार सार्वभौमिक होते हैं और इसमें विवाहित पुरुष, महिला व उनके बच्चे शामिल होते हैं। परिवार का अर्थ है कुछ संबंधित लोगों का समूह जो एक ही घर में रहते हैं। परिवार के सदस्य, परिवार से जन्म विवाह व गोद लिये जाने से संबंधित होते हैं।

अतः विकल्प (A) सही है।

79. एम.ए. सुसमैन ने साइबर अपराध को परिभाषित करते हुए कहा है कि "साइबर अपराध वह अपराध है जो कम्प्यूटर नेटवर्क एवं हार्डवेयर के प्रयोग द्वारा होता है।" किसी की भी निजी जानकारी कंप्यूटर से निकाल लेना या चोरी कर लेना भी साइबर अपराध है। कंप्यूटर अपराध भी कई प्रकार से किये जाते है जैसे कि जानकारी चोरी करना, जानकारी मिटाना, जानकारी मे फेर बदल करना, किसी कि जानकारी को किसी और देना या कंप्यूटर की भागो को चोरी करना या नष्ट करना।

अतः विकल्प (A) सही है।

80. कूले ने अपनी पुस्तक 'सोशल आर्गनाइजेशन' में प्राथमिक समूह की परिभाषा इस तरह की है। प्राथमिक समूहों से मेरा तात्पर्य ऐसे समूहों से है जिनकी विशेषता आमने-सामने के घनिष्ठ साहचर्य और सहयोग के रूप में व्यक्त होती है। ये समूह अनेक अर्थों में प्राथमिक हैं, परन्तु मुख्यत: इस बात में कि वे व्यक्ति की सामाजिक प्रकृति और आदर्शों के निर्माण में मौलिक हैं।

अतः विकल्प (A) सही है।

81. अविद्यालयीकरण एक ऐसा वैचारिक आन्दोलन है, जो बालक के विकास की प्रक्रिया में आधुनिक औपचारिक शैक्षणिक व्यवस्था की भूमिका की सार्थकता पर प्रश्न चिह्न खड़ा करता है और इस बात पर बल देता है कि शिक्षा और सीखना सभी प्रकार के सामाजिक संबंधों और जीवन अनुभवों में विद्यमान रहता है और इसे मात औपचारिक शिक्षा व्यवस्था का एकाधिकार मानना हमारी भूल है। अविद्यालयीकरण पर विचार इवान इलिच और पालो फ्रेरी दोनों के द्वारा दिए गए है।

अतः विकल्प (C) सही है।

82. श्रोता समूह एक ऐसा संस्थागत जनसमूह है, जो किसी पूर्व निश्चित स्थान पर एकत्रित होता है। यह समूह भीड़ का ही एक विशिष्ट रूप है जो निष्क्रिय होता है। श्रोता समूह में व्यक्ति की विचार शक्तिलुप्त प्राय: हो जाती है।

अतः विकल्प (C) सही है।

83. किसी देश में जनसंख्या के प्रति हजार व्यक्तियों पर एक वर्ष में मरने वाले व्यक्तियों की संख्या को मृत्यु दर कहते हैं। किसी देश की मृत्यु दर जितनी ऊँची होगी जनसंख्या वृद्धि दर उतनी ही नीची होगी मृत्यु दर में निरन्तर कमी से भारत में वृद्धो का अनुपात अधिक होगा, जनसंख्या पर अधिक भार बढ़ेगा। जन्म दर तथा मृत्यु दर के अन्तर को प्राकृतिक वृद्धि दर कहा जाता है। मृत्यु दर में कमी के फलस्वरूप जनसंख्या में वृद्धि हो जाती है। 2011 की जनगणना के अनुसार निश्चिय मृत्यु दर 12.5/1000 है।

अतः विकल्प (C) सही है।

84. प्रतिस्पर्धा एक विश्व व्यापी असहयोगी सामाजिक और पूरी तरह से पृथक्करण करने वाली प्रक्रिया है। जो विरोधी व्यवहार द्वारा व्यक्तियों को एक-दूसरे के उद्देश्यों को पराजित करके अपने निजी स्वार्थ को पूरा करने का प्रोत्साहन देती है। प्रतिस्पर्धा पृथक्करण की प्रक्रिया है। इसमें निषेधात्मक अन्त: क्रिया व सकारात्मक लक्ष्य समाहित होता है।

अतः विकल्प (C) सही है।

85. प्रतिस्पर्धा भी एक प्रकार की अन्तर्क्रिया होती है। यह उन व्यक्तियों और मानवसमूहों के मध्य एक द्वंद्व, का स्वरूप होती है, जो आवश्यक नहीं कि आपस में सम्पर्क तथा विचार-विनिमय से जुड़े हुए ही हैं। संघर्ष में दूसरे लोगों की इच्छा के विरुद्ध जानबूझकर विरोध, आग्रह अथवा जबरदस्ती करने की कोशिश होती है। एक प्रक्रिया के रूप में संघर्ष सहयोग का विरोधी होता है। संघर्ष से असहमति, उत्पात या शांति के लिए खतरा पैदा होता है। प्रतिस्पर्धा सामाजिक प्रगति में सहायता करती है, जबकि संघर्ष इसमें बाधा पहुँचाता है। प्रतिस्पर्धा व्यक्ति व समाज दोनों को लाभ पहुँचाती है, जबकि संघर्ष दोनों को हानि पहुँचाता है। प्रतिस्पर्धा कम मात्रा में पृथक्करण करती है, जबकि संघर्ष अधिक मात्रा में पृथक्करण करती है।

अतः विकल्प (D) सही है।

86. जाति तथा वर्ण में अन्तर-

(1) वर्ण एक सैद्धांतिक व्यवस्था है, जबकि जाति वास्तविक है।

(2) जाति की सदस्यता व्यक्ति को जन्म से प्राप्त होती है, जबकि वर्ण की गुण एवं कर्म के आधार पर।

(3) वर्ण, जाति की अपेक्षा अधिक प्राचीन है।

(4) वर्ण में खान-पान एवं सामाजिक

(5) जाति तथा वर्ण दोनों समाज का स्तरीकरण करते है

जाति एवं वर्ग में अंतर-

(1) जाति एक बंद व्यवस्था है, जबकि वर्ग में खुलापन पाया जाता है।

(2) जाति की सदस्यता प्रदत्त होती है, जबकि वर्ग की अर्जित।

(3) जाति में पेशे निश्चित होते हैं, वर्ग में नहीं।

(4) जाति में खान-पान संबंधी प्रतिबंध होता है वर्ग में नहीं।

(5) जाति अंत: विवाही समूह है, वर्ग नहीं।

(6) जाति वर्ग की अपेक्षा अधिक स्थिर है।

अतः विकल्प (C) सही है।

87. समूह का वह रूप जो सामाजिक सम्पर्क और औपचारिक संगठन की मात्रा में प्राथमिक समूहों की घनिष्ठता से भिन्न हो द्वितीयक समूह कहलाता है। वीयरस्टेड के अनुसार वे सभी समूह द्वितीयक हैं जो प्राथमिक नहीं हैं। इस प्रकार परिवार, खेत समूह, पड़ोस प्राथमिक समूह, जबकि ऑफिस द्वितीयक समूह है।

अतः विकल्प (B) सही है।

88. जनजाति परिवारों अथवा परिवार समूहों का एक ऐसा संकलन है जिसका एक सामान्य नाम, विशिष्ट भाषा समाज व्यवस्था, संस्कृति और उत्पत्ति सम्बन्धी एक पूरी कथा होती है तथा जो एक निश्चित भौगोलिक क्षेत्र में निवास करता है। इसीलिए इन्हें स्थानीय समूह कहते हैं।

अतः विकल्प (C) सही है।

89. जाति एक अन्तर्विवाही समूह है, जिसकी अपनी उपसंस्कृति होती है। जहाँ वर्ग का आधार आर्थिक होता है, वहीं जाति का आधार सामाजिक सांस्कृतिक होता है। वर्ग एक अर्जित प्रस्थिति है जबकि जाति प्रदत्त स्थिति है।

अतः विकल्प (B) सही है।

90. प्रसारवाद मानवशास का वह सिद्धान्त है जिसमें यह माना जाता है कि संस्कृति का विकास एवं वृद्धि सांस्कृतिक तत्वों के एक संस्कृति से दूसरे संस्कृति में फैलने के द्वारा होता है। जर्मन प्रसारवार, जिसके समर्थक ग्रेबनर एनकरमेन तथा स्मृति है। ये विद्वान मानते हैं कि संस्कृति संकुल विभिन्न कालों में विकसित होकर अन्य भागों में प्रसारित होते रहे है। इसके विपरीत द्वितीय सिद्धान्त के प्रतिपादक यह मानते हैं कि संस्कृति का उद्भव एक स्थान से हुआ है और बाद में वहाँ से प्रसार द्वारा इसका फैलाव हुआ इनके प्रतिपादक इल्यिट और गेबनर हैं। राबर्ट लाबी ने संस्कृतियों के उधार लिए गये लक्षणों को चप्पाकारी कहा है। जिसमें उत्कृष्ट लक्षण केन्द्र से बाहर चले जाते हैं।

अतः विकल्प (A) सही है।

91. हाउजर एवं डंकन के अनुसार, "जनांकिकी जनसंख्या के आकार, क्षेत्रीय वितरण गठन व उनमें परिवर्तन के घटक, जो कि जन्म, मर्त्यता, क्षेत्रीय गमन (प्रवास), प्रजननता एवं सामाजिक (स्तर में परिवर्तन) के रूप में जाने-जाते हैं, का अध्ययन करता है।"

वर्नार्ड बेंजामिन ने कहा है कि "प्रजननता उस दर का माप है जिससे कोई जनसंख्या जन्म द्वारा जनसंख्या में वृद्धि करती है।

अतः विकल्प (A) सही है।

92. प्राथमिक समूह के कई दृष्टांत हैं, परिवार, मित्र मण्डली, जनजातीय समाज, पड़ोस और खेल समूह। इनके सदस्यों के बीच में घनिष्ठ अनौपचारिक, प्रत्यक्ष संबंध होते है। इस समूह के सदस्यों में अपनत्व की भावना होती है। कूले ने अपनी पुस्तक सोशल आर्गेनाइजेशन में प्राथमिक समूह की परिभाषा इस तरह की है: प्राथमिक समूहों से मेरा तात्पर्य ऐसे समूहों से है जिनकी विशेषता आमने-सामने के घनिष्ठ साहचर्य और सहयोग के रूप में व्यक्त होती है। ये समूह अनेक अर्थों में प्राथमिक हैं, परन्तु मुख्यत: इस बात में कि वे व्यक्ति की सामाजिक प्रकृति और आदर्शों के निर्माण में मौलिक हैं। घनिष्ठ साहचर्य का परिणाम यह होता है कि एक सामान्य सम्पूर्णता में वैयक्तिकताओं का इस प्रकार एकीकरण हो जाता है कि प्राय: कई प्रयोजनों के लिए व्यक्ति का अहा समूह का सामान्य जीवन और उद्देश्य बन जाता है। इस सम्पूर्णता के वर्णन के लिए अति सरल विधि 'हम' कहना उचित होगा, क्योकि वह अपने में उस प्रकार की सहानुभूति और पारस्परिक पहचान को समाविष्ट करता है। इसके लिए 'हम' की स्वाभाविक अभिव्यक्ति है।

अतः विकल्प (D) सही है।

93. समाज की भौगोलिक भाग्य निर्णायक वाद का सिद्धान्त हंटिंगटन ने दिया है। हंटिंगटन एक अमेरिकी राजनीतिक वैज्ञानिक, सलाहकार और अकादमिक थे। हंटिंगटन को नागरिक-सैन्य संबंधों, राजनीतिक विकास और तुलनात्मक प्रशासन पर अमेरिकी विचारों को आकार देने में मदद करने का श्रेय दिया जाता है।

अतः विकल्प (A) सही है।

94. सशक्त कार्यदल में सम्मिलित राज्य, जो सामाजिक आर्थिक रूप से पिछड़े हैं, इनकी संख्या 8 है।

1. बिहार

2. छत्तीसगढ़

3. झारखण्ड

4. मध्य प्रदेश

5. उड़ीसा

6. राजस्थान

7. उत्तरांचल

8. उत्तर प्रदेश

देश में इन राज्यों की शिशु मृत्यु दर अत्यधिक है।

अतः विकल्प (B) सही है।

95. सांस्कृतिक तत्व, सांस्कृतिक व्यवस्था की वह सबसे छोटी इकाई है जो प्रकार्यात्मक दृष्टि से उपयोगी है लेकिन जिनका और स्पष्ट विभाजन नहीं किया जा सकता। इसके प्रतिपादक लिंटन तथा बिसलर है। सांस्कृतिक संकुल विभिन्न सांस्कृतिक तत्वों के मिलने से जिस व्यवस्था का निर्माण होता है उसे सांस्कृतिक संकुल कहा जाता है। इससे सम्बन्धित लिंटन है।

अतः विकल्प (C) सही है।

96. प्राथमिक समूह वे समूह होते हैं जिनका आकार आमने-सामने के सम्बन्ध, तुलनात्मक स्थिरता, लक्ष्यों की समानता स्वतः विकसित व्यक्तिगत घनिष्ठ तथा औपचारिक सम्बन्ध, सर्वव्यापकता पायी जाती है। इसके विपरीत द्वितीयक समूह वे समूह हैं जिनका आकार बड़ा, अप्रत्यक्ष एवं अवैयक्तिक सम्बन्ध प्रतिस्पर्धा की भावना, ऐच्छिक सदस्यता स्थायित्व में कमी तथा अनौपचारिक सम्बन्ध पाये जाते हैं।

अतः विकल्प (B) सही है।

97. संस्कृति का अर्थ मनुष्य ने आदिकाल से प्राकृतिक बाधाओं को दूर करने के लिए व अपनी विभिन्न आवश्यकताओं की पूर्ति के लिए अनेक संसाधनों की खोज की। इन खोजे गए उपायों को मनुष्य ने आने वाली पीढ़ी को ही हस्तान्तरित किया। प्रत्येक पीढ़ी ने अपने पूर्वजों से प्राप्त ज्ञान और कला का

और अधिक विकास किया है। दूसरे शब्दों में, प्रत्येक पीढ़ी ने अपने पूर्वजों के ज्ञान को संचित किया है और इसे ज्ञान के आधार पर नवीन ज्ञान और अनुभव का भी अर्जन किया है। "संस्कृति पर्यावरण का मानव निर्मित हिस्सा है।" यह कथन हस्कोविट्ज का है।

अतः विकल्प (A) सही है।

98. संस्कृति का अभिप्राय मानव जाति के रहन-सहन, आचार-विचार, भावनाएँविश्वास, विचारों एवं विभिन्न प्रकार की उपलब्धियों के समग्र रूप से है। संस्कृति के कारण ही मनुष्य विकास की प्रक्रिया में अन्य जीवों (पशुओं) की अपेक्षा अधिक सफल और विकसित प्राणी है। बर्टन राइट के अनुसार मनुष्य में अन्य पशुओं की तुलना में संस्कृति का विकास अधिक हुआ है। इसका जैविक आधार-

1. गतिशीलता एवं सीधे खड़े होने की क्षमता

2. हाथों की बनावट

3. दृष्टि

4. मानव मस्तिष्क

5. भाषा

अतः विकल्प (D) सही है।

99. विलियम एफ. ऑगबर्न ने संस्कृति और सामाजिक परिवर्तन के सम्बन्ध को स्पष्ट करने के लिए सर्वप्रथम 1922 ई. में अपनी पुस्तक 'सोशल चेंज' में 'सांस्कृतिक पिछड़' अथवा 'सांस्कृतिक विलम्बना' के सिद्धान्त को प्रस्तुत किया। आपके अनुसार संस्कृति का तात्पर्य मनुष्य द्वारा निर्मित सभी प्रकार के भौतिक और अभौतिक (Material and non-material) तत्वों से है। 'lag' का तात्पर्य 'लँगड़ाना' अथवा पीछे रह जाना होता है। इस प्रकार संस्कृति के भौतिक पक्ष की तुलना में जब अभौतिक पक्ष पीछे रह जाता है, तब सम्पूर्ण संस्कृति में असन्तुलन की स्थिति उत्पन्न हो जाती है। इसी स्थिति को हम 'सांस्कृतिक विलम्बना' अथवा 'सांस्कृतिक पिछड़' कहते है। यही स्थिति सामाजिक परिवर्तन का आधारभूत कारण है।

अतः विकल्प (B) सही है।

100. मनुष्य सामाजिक प्राणी है। समाज के अभाव में वह जिन्दा नहीं रह सकता है। सामाजिक इसलिए है कि उसकी आवश्यकताएँ अनन्तः हैं जिनकी पूर्ति वह भौतिक और सामाजिक साधनों से करता है। इन साधनों की पूर्ति वह भौगोलिक परिस्थितियों से प्राप्त करता है और यही भौगोलिक परिस्थितियाँ उसके सामाजिक जीवन की रूपरेखा तैयार करती हैं। भौगोलिक निर्धारणवाद के माध्यम से यह निश्चित किया गया है कि सामाजिक संगठन परिवार से यह निश्चित किया गया है कि सामाजिक संगठन परिवार के एक प्रकार के विवाह का स्वरूप, धर्म, परम्पराएँ और प्रथाएँ, रीति-रिवाज, अपराध आत्महत्या, जन्मदर और मृत्युदर, सामाजिक और राजनीतिक संस्थाओं आदि का जन्म, विकास और पतन इन भौगोलिक परिस्थितियों के आधार पर ही होगा। इस प्रकार हंटिंगटन ने समाज के भाग्य का निर्णय भौगोलिक परिस्थितियों को ही माना है।

अतः विकल्प (B) सही है।

101. प्रत्येक शिशु जन्म के समय एक संगठित शारीरिक ढाँचा मात्र होता है। वह न तो अपने बारे में न ही समाज के बारे में कुछ जानने की स्थिति में होता है। सामाजीकरण की प्रक्रिया द्वारा व्यवहार करने के तरीके समाज के नियम कानून तथा मूल्यों के बारे में जानता है। सामाजीकरण की प्रक्रिया बालक माता-पिता, सगे सम्बन्धियों पड़ोसियो एवं अपने मित्रों से प्रत्यक्ष या अप्रत्यक्ष रूप से सीखता है। अतः यह कथन सही है।

अतः विकल्प (B) सही है।

102. अर्जित प्रस्थिति के लिए व्यक्ति को अनिवार्यत: प्रस्थिति के अनुरूप कम या अधिक भूमिका का निष्पादन करना पड़ता है तथा ऐसी प्रस्थिति प्राप्त करने के लिए कुछ विशेष प्रयास करने पड़ते हैं समाज में अर्जित प्रस्थिति के निर्धारण के मुख्य आधार निम्नलिखित है;

(1) संपत्ति (Property)

(2) व्यवसाय (Occupation)

(3) शिक्षा (Education)

(4) राजनीतिक सत्ता (Political Authority)

(5) विवाह (Marriage)

(6) उपलब्धियाँ (Achievement)

अतः विकल्प (B) सही है।

103. परम्परागत समाज छोटे एवं सरल होते थे तथा समाज को व्यवस्थित रखना भी सरल था। जिसमें प्रमुख रूप से धर्म, रीति-रिवाज, परम्परायें एवं नैतिक विचार के माध्यम से ही समाज को व्यवस्थित रखा जाता था, परन्तु धीरे-धीरे समाज जब सरल से जटिल होता गया, तो अनेक प्रकार के नियंत्रण के साधनों में भी वृद्धि होती गई। सामाजिक नियंत्रण का सबसे महत्वपूर्ण अधिकरण परिवार है।

अतः विकल्प (B) सही है।

104. ऑगबर्न सांस्कृतिक विलम्बना के सिद्धांत के लिए जाना जाता है। ऑगबर्न ने अपनी पुस्तक सोशल चेंज (social change) में सामाजिक परिवर्तन के सांस्कृतिक विलम्बना (cultural lag) का सिद्धांत प्रस्तुत किया। उन्होंने संस्कृति को दो भागों में विभाजित किया-

(1) भौतिक संस्कृति

(2) अभौतिक संस्कृति

उनके अनुसार विकास की प्रक्रिया में जब भौतिक संस्कृति आगे बढ़ जाती है। एवं अभौतिक संस्कृति पीछे रह जाती है तो इस असंतुलन को वे सांस्कृतिक विलम्बना कहते हैं।

अतः विकल्प (D) सही है।

105. अनौपचारिक सामाजिक नियन्त्रण इस प्रकार के नियंत्रण को व्यक्ति मन से स्वीकार करते हैं तथा इसमें शक्ति का प्रयोग नहीं किया जाता है। इस प्रकार के नियन्त्रण में जनरीतियाँ, लोकाचार, नैतिकता, धर्म परिवार तथा क्रीडा समूह आते हैं। इनमें से दो साधनों का वर्णन इस प्रकार है।

1. जनरीतियाँ मैकाइवर ने जनरीतियों को समझाते हुए कहा है, "जनरीतियाँ व्यवहार करने की वे विधियाँ हैं जिन्हे समाज द्वारा मान्यता प्राप्त होती है। इन जनरीतियों का पालन व्यक्ति अचेतन रूप से करता है। इस प्रकार से किया जाने वाला पालन अनौपचारिक नियंत्रण के अन्तर्गत आता है। अलग-अलग समाज की अलग-अलग जनरीतियाँ हो सकती हैं। जैसे-प्रत्येक समाज में अभिवादन करने के अलग-अलग तरीके पाये जाते हैं।

2. लोकाचार लोकाचारों के अन्तर्गत इन जनरीतियों को शामिल किया जाता है, जिन्हें समूह के कल्याण के लिए आवश्यक मान लिया जाता है। इन लोकाचारों का पालन व्यक्ति स्वयं ही करता है। इसके पालन न करने की स्थिति में उसे समाज द्वारा बहिष्कार, निन्दा तथा शारीरिक दण्ड मिलने का भय रहता है। उपहास, तानों आदी के डर से भी व्यक्ति लोकाचारो का पालन करता है।

अतः विकल्प (A) सही है।

106. जाति व्यवस्था भारत में पायी जाने वाली जन्म पर आधारित अन्तर्विवाही श्रेणीबद्ध, कठोर प्रतिबन्धित मापदण्डों पर आधारित बन्द श्रेणीबद्ध प्रास्थिति समूह है। जाति व्यवस्था में व्यक्ति की सामाजिक प्रास्थिति का निर्धारण उसकी जाति से होता है। अतः यह जाति व्यवस्था की रीढ़ की हड्डी है।

अतः विकल्प (D) सही है।

107. समाजीकरण वह प्रक्रिया है जो मनुष्य को बाल्यकाल से अन्तिम क्षणो तक जीवन के समी क्षेत्रों का ज्ञान उपलब्ध कराती रहती है। यह एक सतत् प्रक्रिया है। इसका सर्वप्रथम अभिकर्ता परिवार है। मनुष्य जैसे-जैसे बड़ा होता जाता है, वैसे-वैसे उसके समाजीकरण का क्षेत्र भी बढ़ता जाता है। संसार में

ऐसी कोई औपचारिक संस्था नहीं है, जहाँ समाजीकरण की विशेष शिक्षा दी जाती हो। मनुष्य परिस्थितियों से सीखता है। 'मनुष्य का समाज के कार्यों के प्रति रुझान बहुमुखी प्रकृति का होता है, इसी कारण समाजीकरण की प्रक्रिया भी बहुमी है। समाजीकरण को परिभाषित करते हुए जानसन ने लिखा है- "समाजीकरण एक प्रशिक्षण है जो प्रशिक्षार्थी को समाज में उसकी भूमिका निभाना सिखाता है। गिलिन और गिलिन ने कहा है- "समाजीकरण वह प्रक्रिया है जिसके द्वारा व्यक्ति समूह के स्तरों के अनुसार समूह की गतिविधियों के अनुकूल उसकी परम्पराओं का पालन करके और स्वयं को सामाजिक अवस्थाओं के अनुकूल करके, समूह के क्रियाशील सदस्य के रूप में विकसित होता है। इस तरह समाजीकरण एक सतत् व विस्तृत प्रक्रिया है।

अतः विकल्प (A) सही है।

108. जिस स्थिति या सामाजिक यह प्रतिष्ठा के लिए व्यक्ति को कोई प्रयत्न नहीं करने पड़ते तथा जो स्थिति जन्म से प्राप्त हो जाती है, वह प्रदत्त सामाजिक स्थिति कहलाती है।

अतः विकल्प (C) सही है।

109. समाज के सदस्यों के व्यवहारों को नियन्त्रित करके ही यह व्यवस्था बनी रह सकती है। इस व्यवस्था के बनाने में कुछ शक्तियाँ प्रभावी होती है। वास्तव में ये शक्तियाँ ही सामाजिक निष्वण के रूप में जानी जाती हैं समाज के प्रत्येक व्यक्ति का प्रयास रहता है कि वह अपने स्वार्थों की पूर्ति के लिए दूसरो के हितों को कुचल डाले। वह अपनी आवश्यकताओ को पूरा करने में उचित-अनुचित का विचार न करके अव्यवस्था को जन्म देता है। सामाजिक नियंत्रण ही वह शक्ति है जो उसे उच्च श्रृंखला करने से रोकती है। जिस विधि से समाज के सदस्यों के व्यवहारों को सुव्यवस्थित तथा नियन्त्रित किया जाता है। उसे ही सामाजिक नियन्त्रण कहा जाता है। दूसरे शब्दो में समाज द्वारा व्यक्तियों एवं समूहों के सामान्य व्यवहारों पर जो नियंत्रण लगाया जाता है। सामान्य रूप से उसे ही सामाजिक नियन्त्रण की संज्ञा दी जाती है। वास्तव में सामाजिक नियन्त्रण समाजीकरण का पालन व रक्षक है।

अतः विकल्प (D) सही है।

110. संस्कृति सामान्य अर्थ में उन विशेषताओं का समग्र रूप है जो व्यक्ति के सामाजिक मूल्यों, आदर्शों एवं प्रतिमानों में पाया जाता है। विशिष्ट अर्थ में संस्कृति किसी समूह का रहन-सहन, रीति-रिवाज, कार्य-विधि के समग्र रूप है उदाहरणार्थ-हिन्दू संस्कृति, चीनी संस्कृति एवं एस्किमो संस्कृति। इस प्रकार कहा जा सकता है कि संस्कृति की जड़ें व्यवहार में होती है।

अतः विकल्प (C) सही है।

111. सामाजिक नियन्त्रण छोटे समुदायों एक रूपीय समुदायों तथा धर्म का महत्व देने वाले समुदायों आदि सभी समुदार्यों में दृढ रूप में पाया जाता है। इसका उल्लंघन करने पर आदेश और दण्ड प्रावधान तथा सामाजिक निंदा या बहिष्कार झेलना पड़ता है।

अतः विकल्प (D) सही है।

112. प्रार्थनास्थल में धार्मिक अनुष्ठान, अपनी ही जाति में विवाह, आयकर चुकाना, आदि सामाजिक नियन्त्रण के प्रकार हैं, जबकि हड़ताल पर जाना सामाजिक नियन्त्रण नहीं है।

अतः विकल्प (C) सही है।

113. सामाजिक परिवर्तन का मूल कारण प्रौद्योगिकी है। चूँकि ग्रामीण जनजातीय तथा छोटे समुदायों में औद्योगीकरण ही प्रक्रिया (जिसका कारण प्रौद्योगिकी है) नगरों की तुलना में धीमी है। अतः सामाजिक परिवर्तन की दर भी नगरों में तीव्रतर है।

अतः विकल्प (A) सही है।

114. सामाजिक नियन्त्रण की अवधारणा प्रत्येक देश-काल परिस्थिति में महसूस होती रही है। सामाजिक नियन्त्रण निम्न उद्देश्यों की पूर्ति व महत्व की दृष्टि से रखा जाता है।
1. सुरक्षा प्रदान करने के लिए-अन्य व्यक्तियो के अधिकारों की सुरक्षा तथा

व्यक्तियों के अनावश्यक हस्तक्षेप को रोकने के लिए सामाजिक नियन्त्रण की आवश्यकता होती है। अतः सामाजिक नियन्त्रण का मुख्य उद्देश्य प्रत्येक व्यक्ति को अधिकतम सुरक्षा प्रदान करना है।

2. एकता की स्थापना-सामाजिक नियन्त्रण का दूसरा उद्देश्य व्यक्तियो के व्यवहार को अनुशासित करना है, ताकि वे एक-दूसरे की सहायता करें तथा आपस में मिल-जुलकर रहें व कार्य करें।

3. अनावश्यक परिवर्तन पर रोक अनावश्यक परिवर्तनों पर रोक सामाजिक नियन्त्रण के द्वारा बारबार व जल्दी-जल्दी होने वाले अनावश्यक परिवर्तनों में रोक लगाना।

अतः विकल्प (C) सही है।

115. सामाजिक परिवर्तन सिद्धांत में (A) व (B) दोनों सही है।

समाज में सामाजिक परिवर्तन किन कारणों से तथा किन नियमों के अन्तर्गत होता है, उनकी गति एवं दिशा क्या होती है, इन प्रश्नों को लेकर प्राचीन समय से आज तक विद्वानों ने अपने-अपने मत व्यक्त करें।

सामाजिक परिवर्तन के सिद्धान्त:-

1. सामाजिक परिवर्तन के चक्रीय सिद्धान्त: चक्रीय सिद्धान्तकारों के अनुसार समाज में परिवर्तन का एक चक्र चलता है। हम जहाँ से प्रारम्भ होते हैं, घूम-फिर कर पुन: वहीं पहुँच जाते हैं।

2. सामाजिक परिवर्तन के रेखीय सिद्धान्त: सामाजिक परिवर्तन के रेखीय सिद्धान्तकार उद्विकासवादियों से प्रभावित थे। वे यह नहीं मानते थे कि परिवर्तन चक्रीय गति में होता है। उनके अनुसार परिवर्तन सदैव एक सीधी रेखा में नीचे से ऊपर की ओर विभिन्न चरणों में होता है।

अतः विकल्प (D) सही है।

116. सामाजिक स्तरीकरण का समूहों के आधार पर उच्चता एवं निम्नता के स्तर पर विभाजन है। सामाजिक स्तरीकरण में हम मुख्यत: असमानता (Inequality) का अध्ययन करते हैं। असमानता (भिन्नता) प्राकृतिक या जैविकीय (जैसे-जन्म से ही बच्चे में मानसिक विकार) भी हो सकती है सामाजिक भी। सामाजिक असमानता अगर व्यक्तिगत स्तर पर है तो इसे विभेदीकरण कहेंगे, सामूहिक स्तर पर भी है परंतु अस्पष्ट एवं अस्थिर है तब भी विभेदीकरण होगा किन्तु यही सामूहिक असमानता जब स्पष्ट एवं स्थिर हो जाती है तब सामाजिक स्तरीकरण हो जाता है जैसे-भारत में जाति एवं पश्चिमी समाजों में वर्ग। रूसो (Rousseau) ने सर्वप्रथम समाज में अंतर करने का प्रयास किया। उनके अनुसार जैविकीय या प्राकृतिक असमानताएँ प्रकृति द्वारा निर्धारित होती हैं, जैसे- उम्र, स्वास्थ्य, शारीरिक बल, गुण आदि। जबकि सामाजिक सचेष्ट या असचेष्ट प्रयास समाज द्वारा निर्मित होते हैं।

अतः विकल्प (C) सही है।

117. सामाजिक परिवर्तन के प्रमुख कारकों में से औद्योगीकरण, पश्चिमीकरण, आधुनिकीकरण, शिक्षा, सांस्कृतिक कारण आदि हैं। इन कारकों को बाधा पहुँचाने में जो कारक उत्तरदायी हैं (यथा-रूढ़िवादिता निरक्षरता, निहित स्वार्थ) वे सामाजिक परिवर्तन में भी बाधक हैं।

अतः विकल्प (D) स्ही है।

118. सभ्यता और संस्कृति में अन्तर-सभ्यता और संस्कृति शब्द का प्रयोग एक ही अर्थ में प्रायः लोग करते हैं, किन्तु सभ्यता और संस्कृति में अन्तर है। सभ्यता साधन है जबकि संस्कृति साध्य। सभ्यता और संस्कृति में कुछ सामान्य बातें भी पाई जाती हैं। सभ्यता और संस्कृति में सम्बन्ध पाया जाता है। मैकाइवर एवं पेज ने सभ्यता और संस्कृति में अन्तर किया है।

अतः विकल्प (A) सही है।

119. 'कर्म का सिद्धान्त' सर्वप्रथम उपनिषद में वर्णित किया गया है। जिसका तात्पर्य है व्यक्ति को उसके कार्यों का परिणाम अवश्य भुगतना पड़ता है अच्छे कार्यों का परिणाम अच्छा तथा बुरे कार्यों का परिणाम बुरा होता है। भवगत् गीता में श्रीकृष्ण ने भी कर्म के सिद्धान्त का प्रतिपादन किया है। कर्म ही सर्वव्यापक और शाश्वत है और प्रत्येक व्यक्ति जीवन में अच्छा या बुरा कुछ-न-कुछ कर्म करता ही रहता है।

अतः विकल्प (D) सही है।

120. मानव के चार विकासक्रमों के अनुरूप ही चार आश्रमों की कल्पना की गई थी, जो निम्न प्रकार हैं-

1. ब्रह्मचर्य- इसका पालनकर्ता ब्रह्मचारी अपने गुरु, शिक्षक के प्रति समर्पित और आज्ञाकारी होता है।

2. गृहस्थ- इसका पालनकर्ता गृहस्थ अपने परिवार का पालन करता है और ईश्वर तथा पितरों के प्रति कर्तव्यों का पालन करते हुए पुरोहितों को अवलंब प्रदान करता है।

3. वानप्रस्थ- इसका पालनकता भौतिक वस्तुओं का मोह त्यागकर तप और योगमय वानप्रस्थ जीवन जीता है।

4. संन्यास- इसका पालनकर्ता संन्यासी सभी वस्तुओं का त्याग करके देशाटन और भिक्षा ग्रहण करता है तथा केवल शाश्वत का मनन करता है।

अतः विकल्प (C) सही है।

121. परिवार धीरे-धीरे समाप्ति की ओर जा रहे हैं। यह कथन गुडे का है।

अतः विकल्प (B) सही है।

122. वैदिक धर्म सुदृढ़ वर्णाश्रम व्यवस्था पर आधारित था। हिन्दू धर्म समस्त मानव समाज को चार श्रेणियों में विभक्त करता है-

ब्राह्मण- ब्राह्मण को बुद्धिजीवी माना जाता है, जो अपनी विद्या, ज्ञान और विचार शक्ति द्वारा जनता एवं समाज का नेतृत्व कर उन्हें सन्मार्ग पर चलने का आदेश देता है। 'ब्राह्मण' भारत में आयों की समाज व्यवस्था, अर्थात् वर्ण व्यवस्था का सबसे ऊपर का वर्ण है। भारत के सामाजिक बदलाव के इतिहास में जब भारतीय समाज को हिन्दू के रूप में संबोधित किया जाने लगा, तब ब्राह्मण वर्ण, जाति में भी परिवर्तित हो गया। ब्राह्मण वर्ण अब हिन्दू समाज की एक जाति भी है। ब्राह्मण को 'विप्र', 'द्विज', 'द्विजोत्तम' या 'भूसुर' भी कहा जाता है।

क्षत्रिय : क्षत्रिय वह है जो बाहुबल द्वारा समाज में व्यवस्था रखकर उन्हें उच्छृंखल होने से रोकता है। राजा का कर्तव्य प्रजा की रक्षा करना है। भारतीय आर्यों में अत्यंत आरम्भिक काल से वर्ण व्यवस्था मिलती है, जिसके अनुसार समाज में उनको दूसरा स्थान प्राप्त था। उनका कार्य युद्ध करना तथा प्रजा की रक्षा करना था। ब्राह्मण ग्रंथों वैश्य : खेती, गौ पालन और व्यापार के द्वारा जो समाज को सुखी और देश को समृद्ध बनाता है, उसे वैश्य कहते हैं।'वैश्य' का हिंदुओ की वर्ण व्यवस्था में तीसरा स्थान है। इस वर्ण के लोग मुख्यत: वाणिज्यिक व्यवसाय और कृषि करते थे। हिंदुओं की जाति व्यवस्था के अंतर्गत वैश्य वर्णाश्रम का तीसरा महत्तपपूर्ण स्तंभ है। इस वर्ग में मुख्य रूप से भारतीय समाज के किसान, पशुपालक और व्यापारी समुदाय शामिल है। 'वैश्य' शब्द वैदिक 'विश' से निकला है। अर्थ की दृष्टि से 'वैश्य' शब्द की उत्पत्ति संस्कृत से हुई है, जिसका मूल अर्थ 'बसना' होता है। मनु के 'मनुस्मृति' के अनुसार वैश्यों की उत्पत्ति ब्रह्मा के उदर यानि पेट से हुई है, जबकि कुछ अन्य विचारो के अनुसार ब्रह्मा जी से पैदा होने वाले ब्राह्मण, विष्णु से पैदा होने वाले वैश्य, शंकर से पैदा होने वाले क्षत्रिय कहलाए, इसलिये आज भी ब्राह्मण अपनी माता सरस्वती, वैश्य लक्ष्मी, क्षत्रिय माँ दुर्गे की पूजा करते हैं।

शूद्र : शूद्र भारतीय समाज व्यवस्था में चतुर्थ वर्ण या जाति है। वायु पुराण, वेदांतसूत्र और छांदोग्य एवं वेदांतसूत्र के शांकरभाष्य में शुच और शूद्र धातुओं से शूद्र शब्द व्युत्पन्न किया गया।

अतः विकल्प (A) सही है।

123. निष्काम कर्म का महत्व, निस्वार्थ भाव का रहस्य, प्रेरक कर्म का अर्थ, ये सब भगवान कृष्ण द्वारा भगवद गीता में समझाया गया है। क्योकि जो जीवित हैं, उनके लिए गीता भी जीवित है। यह सम्पूर्ण कर्म सिद्धांत को जानने के लिए एक जीवित शास्त्र है।

अतः विकल्प (B) सही है।

124. गर्भाधान से लेकर अन्त्येष्टि कर्म तक द्विजमात्र के सभी संस्कार वेद-मन्त्रों के द्वारा ही होते हैं। संस्कार से मनुष्य द्विजत्व को प्राप्त होता है। संस्कारों की मान्यता में कुछ मतभेद भी हैं। गौतम धर्मसूत्र '1818)-में 40 संस्कार माने गए हैं- 'चत्वारिंशत् संस्कारै: संस्कृत:। महर्षि अंगिरा 25 संस्कार मानते हैं, परन्तु व्यास स्मृति में 16 संस्कार माने गये है।

सोलह संस्कारों के नाम इस प्रकार है -

1. गर्भाधान

2. पुंसवन

3. सीमन्तोन्नयन

4. जातकर्म

5. नामकरण

6. निष्क्कमण

7. अन्नप्राशन

8. चूड़करण

9. कर्णवेध

10. उपनयन

11. केशान्त

12. समावर्तन

13. विवाह

14. वानप्रस्थ

15. परिव्राज्य या संन्यास

16. पितृमेध या अन्त्यकर्म

अतः विकल्प (B) सही है।

125. हिन्दू विवाह अधिनियम, 1955 में पारित कानून है। स्मृति काल से हिन्दू विवाह एक पवित्र संस्कार माना गया है। इसे 1955 के हिन्दू विवाह अधिनियम में भी बनाये रखने की चेष्टा की गयी है, किन्तु अब यह जन्म-जन्मान्तर का बन्धन न होकर विशेष परिस्थितियों के उत्पन्न होने पर वैवाहिक सम्बन्ध विघटित हो सकता है। अतः अब इसकी प्रकृति सामाजिक हो गयी है।

अतः विकल्प (D) सही है।

Q.1 सामाजिक स्तरीकरण का 'प्रकार्यात्मक सिद्धान्त' किसने प्रतिपादित किया ?

A. चार्ल्स कूले **B.** किंग्सले डेविस
C. कार्ल मार्क्स **D.** मैक्स वेबर

Q.2 "सभी सामाजिक परिवर्तन विचारों के माध्यम से घटित होते हैं", किसने कहा ?

A. किंगसले डेविस **B.** मैकाइवर एवं पेज
C. आगबर्न एवं निमकाफ **D.** इनमें से कोई नहीं

Q.3 हिन्दू विवाह के निम्नलिखित प्रकारों में कौन-सा प्रकार उत्कृष्ट कोटि का विवाह नहीं कहा गया है?

A. ब्रह्म विवाह **B.** देव विवाह
C. गंधर्व विवाह **D.** आर्ष विवाह

Q.4 'धर्म निरपेक्षीकरण शब्द का अर्थ है कि जो कुछ पहले धार्मिक माना जाता था, वह अब वैसा नहीं माना जा रहा है', किसने परिभाषित किया ?

A. ए. आर. देसाई **B.** एस. सी. दुबे
C. एम. एन. श्रीनिवास **D.** इनमें से कोई नहीं

Q.5 ऐच्छिक सदस्यता सम्बन्धित है-

A. समुदाय से **B.** समिति से
C. संस्था से **D.** इनमें से कोई नहीं

Q.6 निम्नलिखित में से कौन 'प्रकार्यवाद' के अध्ययन से जुड़ा है?

A. ऑगस्ट कॉम्ट **B.** डब्लू परेटो
C. रोबर्ट के. गर्टन **D.** इनमें से कोई नहीं

Q.7 'प्रगट प्रकार्य' तथा 'अप्रगट प्रकार्य' का वर्गीकरण किसने किया?

A. मैलिनोवस्की **B.** मर्टन
C. स्पेंसर **D.** दुर्खीम

Q.8 निम्नलिखित में से कौन 'समाजशास्त्र के स्वरूपात्मक सम्प्रदाय से सम्बन्धित नहीं है?

A. जी. सिमेल **B.** एल. टी. हॉबहाउस
C. एफ. टानीज **D.** वी. विजे

Q.9 निम्नलिखित में से किसने 'जाति को एक बन्द वर्ग' के रूप में वर्णित किया है?

A. आर. के. मुखर्जी **B.** डी. पी. मुखर्जी
C. डी. एन. मजूमदार **D.** ए. आर. देसाई

Q.10 सामाजिक स्तरीकरण का आधार किसे माना जाता है?

A. वर्ण **B.** जाति
C. शक्ति **D.** उपर्युक्त सभी

Q.11 'प्रत्यक्ष एवं अप्रत्यक्ष' सहयोग की अवधारणा किसने दी?

A. ग्रीन **B.** वेबर
C. मैकाइवर एवं पेज **D.** जॉन्सन

Q.12 समाजीकरण को सामाजिक प्रगति के निर्धारण में आधारभूत प्रक्रिया किसने प्रदर्शित किया है?

A. सिमेल **B.** बर्गेस **C.** रास **D.** वान विजे

Q.13 आधुनिक समाज में अधिकांश सामाजिक प्रस्थितियाँ होती हैं-

A. मनुष्य निर्मित **B.** ईश्वर द्वारा प्रदत्त

C. अजित **D.** प्रदत्ता

Q.14 एल. एच. मॉर्गन ने उद्विकासीय क्रमानुसार परिवार के कितने प्रकारों का उल्लेख किया है?

A. चार **B.** पाँच **C.** छ: **D.** सात

Q.15 'गरीबी की संस्कृति' की अवधारणा किसने विकसित की?

A. आस्कर लेविस **B.** जान रेक्स
C. मुन्नार मृडल **D.** इनमें से कोई नहीं

Q.16 'भारतीय कृषक वर्ग' का वर्गीकरण 'मालिक' किसान और 'मजदूर' के रूप में किसने किया?

A. रेडफील्ड
B. क्रोबर
C. डेनियल थार्नर
D. मैसूर नरसिंहाचार श्रीनिवास

Q.17 कूले द्वारा वर्णित प्राथमिक समूहों में कौन-सा सम्मिलित नहीं है?

A. परिवार **B.** स्कूल
C. पड़ोस **D.** बच्चों के खेल समूह

Q.18 'चेतन तथा अचेतन' प्रकार के सामाजिक नियन्त्रण का उल्लेख किसके द्वारा किया गया है?

A. चार्ल्स कूले **B.** गुरविच तथा मूरे
C. लेपियर **D.** कार्ल मैनहीम

Q.19 "आधुनिकीकरण वन औद्योगीकरण के साथ प्रकार्यात्मक साहचर्य है", किसने कहा?

A. एन. जे. रमेलसर **B.** ए. टी. जोन्स
C. एन. जेकव **D.** डब्लू ई. मूरे

Q.20 जाति का आधार क्या है?

A. धर्म **B.** जन्म **C.** प्रतिष्ठा **D.** अनुष्ठान

Q.21 'समाजशास्त्रीय क्षेत्र में, किसी अन्य लेखक की अपेक्षा, हर्बर्ट स्पेंसर के सामाजिक सिद्धान्तो ने अधिक विवाद उत्पन्न किया है' यह किसने कहा है?

A. ई. एस. बोगार्डस **B.** पी. ए. सोरोकिन
C. आर. वीरस्टीड **D.** एम. एस. मार्विन

Q.22 "धर्म वास्तविक है, परन्तु ईश्वर धर्म का सार नहीं है" यह किसका कथन है?

A. ऑगस्ट कॉम्ट **B.** हर्बर्ट स्पेंसर
C. मैक्स वेबर **D.** ईमाइल दुर्खीम

Q.23 देवर विवाह सम्पन्न होता है, जब एक पुरुष विवाह करता है-

A. अपनी मृत पत्नी की बहन से
B. उच्च जाति की स्त्री से
C. निम्न जाति की स्त्री से
D. अपने मृत भाई की विधवा से

Q.24 निम्नलिखित में से किसने ऑस्ट्रेलिया की 'अरुंटा' जन जाति का अध्ययन किया?

A. मैक्स वेबर **B.** ब्रोसिलाव मैलिनोस्की
C. ईमाइल दुर्खीम **D.** जेम्स फ्रेजर

Q.25 "अपराधी जन्मजात होते हैं।" इस सिद्धान्त का समर्थक कौन है?

A. सी. लोम्ब्रोसो   B. सी. गोरिंग
C. ई. एच. सदरलैंड   D. डब्लू रेकलेस

Q.26 घनिष्ठता विहीन अनुभव प्रदान करने वाले समूह को कहा जाता है-
A. प्राथमिक समूह   B. द्वितीयक समूह
C. संदर्भ समूह   D. अन्तः समूह

Q.27 'रेन्टियर वर्ग' की अवधारणा किसने दी?
A. मार्क्स   B. वेबलेन   C. स्पेंसर   D. परेटो

Q.28 निम्नांकित में किसने जनजातियों की समस्याओं के समाधान के लिए 'राष्ट्रीय उद्यान' सम्बन्धी व्यवस्था की वकालत की है?
A. आर. सी. मजूमदार   B. एन. के. बोस
C. वी. एल्विन   D. जी. एस. घुरिए

Q.29 "संस्कृति इसलिए वह कुंजी है जो मानव समाजों एवं मानव प्राणियों के विश्लेषण के द्वार खोलती है", किसने कहा है?
A. आर. बीरस्टीड   B. इ. ए. होबेल
C. सी. एच. कूले   D. इ. टी. हिलर

Q.30 "बेरोजगारी श्रम बाजार की वह दशा है, जिसमें श्रम शक्ति की पूर्ति कार्य करने के स्थानों की संख्या से अधिक होती है।" किसने परिभाषित किया?
A. इलिएट एवं मेरिल   B. कार्ल प्रिब्राम
C. रोबर्ट के. मर्टन   D. रॉबर्ट ब्राउन

Q.31 मैक्स वेबर ने सामाजिक क्रिया के कितने प्रकारों का उल्लेख किया है?
A. 6   B. 8   C. 4   D. 10

Q.32 भारत के जौनसार बावर की खरा जनजाति में किस प्रकार के विवाह की पद्धति प्रचलित है?
(A) एक विवाह
(B) बहु विवाह
(C) बहुपति विवाह
(D) बहु पत्नी विवाह
A. एक विवाह   B. बहु विवाह
C. बहुपति विवाह   D. बहु पत्नी विवाह

Q.33 निम्न में से कौन-सा कथन एक 'संस्था' का बोध कराता है?
A. किसी स्थान पर लोगों का समूह
B. एक अनुमोदित कार्यशैली
C. कार्यप्रणाली के स्थापित नियम व दशायें
D. कार्य-संस्कृति का प्रदर्शन

Q.34 किसने कहा कि "पूँजी स्वयं में कोई बुराई नहीं है, बुराई तो उसका दुरुपयोग है। पूँजी की किसी न किसी रूप में आवश्यकता हमेशा रहेगी"?
A. कार्ल मार्क्स   B. थोरस्टीन वेबलेन
C. महात्मा गाँधी   D. उपर्युक्त में से कोई नहीं

Q.35 टी. बी. बोटोमोर के अनुसार निम्नलिखित कारकों में से कौन-सा कारक सामाजिक परिवर्तन के लिए उत्तरदायी है?
A. पाश्चात्य विज्ञान एवं प्रौद्योगिकी
B. सामाजिक नियोजन
C. उपर्युक्त दोनों
D. उपर्युक्त में से कोई नहीं

Q.36 निम्न में से कौन-सा 'समुदाय' का तत्व नहीं है?
A. भू-भाग   B. हम की भावना
C. सांस्कृतिक वैविध्य   D. आत्म निर्भरता

Q.37 निम्नलिखित में कौन प्राथमिक सम्बन्ध नहीं है?

A. माता   B. पिता   C. चाचा   D. भाई

Q.38 'श्वेतवसन अपराध' की अवधारणा किसने प्रस्तुत की?
A. सी. लोम्ब्रोसो   B. ई. एच. सदरलैंड
C. जे. शार्ट   D. एच. एम. गोडार्ड

Q.39 'अधिकारी तंत्र' से किन मूल्यों का ह्रास होता है?
A. आधुनिक मूल्यों का   B. सामाजिक मूल्यों का
C. राजनैतिक मूल्यों का   D. परम्परागत मूल्यों का

Q.40 निम्न में से कौन-सी एक असहयोगी सामाजिक प्रक्रिया है?
A. आधुनिकीकरण   B. सहयोग
C. प्रतिस्पर्धा   D. आत्मसातीकरण

Q.41 जजमानी व्यवस्था अदला-बदली है-
A. भूमि की   B. मुद्रा की
C. प्रलेख की   D. सेवाओं एवं वस्तुओं की

Q.42 'विवाह बीमार आत्माओं के लिए एक अस्पताल है'। ऐसा कथन किसने दिया?
A. लूथर   B. बीरस्टीड   C. लॉर्ड   D. कूले

Q.43 सामाजिक समूहों को निम्नलिखित चार वर्गों में किसने विभाजित किया?
(i) सांख्यिकीय समूह
(ii) सहयोगी समूह
(iii) सामाजिक समूह
(iv) समिति सम्बन्धी समूह
A. सी. एच. कूले   B. पी. ए. सोरोकिन
C. ई. दुर्खीम   D. आर. बीरस्टीड

Q.44 निम्न में से कौन संघर्ष की विशेषता नहीं है?
A. निरंतरता
B. प्रत्यक्ष वैयक्तिक सम्पर्क
C. सामाजिक मूल्यों का हनन
D. अस्थिरता

Q.45 निम्न में से कौन तृतीयक सम्बन्धी है?
A. मामा   B. साले की पत्नी
C. भाई का पुत्र   D. पिता

Q.46 2011 की जनगणना के आधार पर कौन-सा राज्य है, जहाँ जनसंख्या कम हुयी है?
A. अरुणाचल प्रदेश   B. नागालैंड
C. हिमाचल   D. गोवा

Q.47 'संस्कृतिकरण' की अवधारणा घनिष्ट रूप से सम्बन्धित है-
A. प्राथमिक समूह से   B. तृतीयक समूह से
C. नकारात्मक समूह से   D. संदर्भ समूह से

Q.48 समाजशास्त्र में 'सामाजिक तथ्यों' के अध्ययन पर किसने बल दिया?
A. ऑगस्ट कॉम्ट   B. मैक्स वेबर
C. कार्ल मार्क्स   D. ईमाइल दुर्खीम

Q.49 वेस्टरमार्क के अनुसार परिवार का प्रारम्भिक स्वरूप क्या था?
A. मातृसत्तात्मक   B. पितृवंशीय
C. मातृवंशीय   D. पितृसत्तात्मक

Q.50 'दि लाइफ डिवाइन' पुस्तक के लेखक का नाम बताइए।
A. महात्मा गांधी   B. मर्टन
C. श्री अरविन्द   D. स्पेंसर

Q.51 "पर्यावरण के मनुष्यकृत भाग" को हर्षकोविट्स क्या कहते हैं?

A. विज्ञान   B. सभ्यता   C. संस्कृति   D. प्रौद्योगिकी

Q.52 भारत में 'त्रि-स्तरीय पंचायती राज व्यवस्था' की अनुशंसा किसने की थी?

A. एल. एम. सिंघवी समिति
B. जी. के. वी. राव समिति
C. बलवंत राय मेहता समिति
D. अशोक मेहता समिति

Q.53 निम्नलिखित में से 'आत्मदर्पण' का सिद्धान्त किसने प्रतिपादित किया?

A. मीड   B. फ्रायड   C. कूले   D. ब्लूमर

Q.54 निम्नांकित में "पाश्चात्यीकरण" की अवधारणा किसने दी?

A. योगेन्द्र सिंह   B. मैक्स वेबर
C. एम. एन. श्रीनिवास   D. मैकिम मैरिएट

Q.55 'एकबंधक' और 'बहुबंधक' समूहों का परिचय समाजशास्त्रीय साहित्य में किसने कराया?

A. ई. दुर्खीम   B. सी. एच. कूले
C. आर. बीयरस्टोड   D. पी. ए. सोरोकिन

Q.56 "हम समितियों के सदस्य होते हैं, संस्थाओं के नहीं" यह किसने कहा?

A. गिलिन   B. आगबर्न और निमकाफ
C. मैकाइवर और पेज   D. किंग्सले डेविस

Q.57 'काका कालेलकर कमिशन' के अनुसार पिछड़े वर्गों के निर्धारण के मापदण्ड क्या हैं?

A. व्यक्ति   B. परिवार   C. जाति   D. व्यवसाय

Q.58 निम्नलिखित में से किसने 'त्रिस्तरीय नियम' का प्रतिपादन किया?

A. ऑगस्ट कॉम्ट   B. हर्बर्ट स्पेंसर
C. सेंट साइमन   D. इनमें से कोई नहीं

Q.59 "समाजशास्त्र का अतीत बहुत लम्बा है, किन्तु इसका इतिहास संक्षिप्त है", यह कथन किसका है?

A. किंग्सले डेविस   B. राबर्ट बीयरस्टीड
C. ईमाइल दुर्खीम   D. मैकाइवर एवं पेज

Q.60 निम्नलिखित में कौन-सी 'समाजीकरण' की एजेंसी नहीं है?

A. परिवार   B. स्कूल   C. सम-समूह   D. मीडिया

Q.61 निम्नलिखित में कौन 'विज्ञानों के वर्गीकरण' के लिए विख्यात है?

A. दुर्खीम   B. वेबर
C. स्पेंसर   D. ऑगस्ट कॉम्ट

Q.62 "नगरीकरण एक प्रक्रिया है और नगरवाद एक परिस्थिति है", किसने कहा?

A. बर्गेल   B. एण्डरसन   C. घुरिए   D. राव

Q.63 जाति का प्रजातीय सिद्धान्त किसने दिया?

A. जी. एस. घुरिए   B. डी. एन. मजूमदार
C. हर्बर्ट रिजले   D. जे. एच. हट्टन

Q.64 जब कोई निम्न हिन्दू जाति या कोई जनजाति या कोई अन्य समूह किसी उच्च या प्रायः द्विज जाति की दिशा में अपने रीति-रिवाज, कर्मकांड, विचारधारा और जीवन पद्धति को बदल लेता है, तो इस प्रक्रिया को कहते हैं-

A. आधुनिकीकरप   B. सार्वभौमीकरण
C. पश्चिमीकरण   D. संस्कृतीकरण

Q.65 निम्नलिखित में से कौन-सी एजेंसी औपचारिक सामाजिक नियन्त्रण के अन्तर्गत नहीं आती?

A. कानून   B. जेल   C. धर्म   D. राज्य

Q.66 निम्न वर्ण का पुरुष जब उच्च वर्ण की कन्या से विवाह करता है, तो उसे कहते हैं-

A. अनुलोम विवाह   B. प्रतिलोम विवाह
C. एक विवाह   D. बहुविवाह

Q.67 निम्नलिखित में से किसने 'सामूहिक प्रतिनिधान' की अवधारणा दी?

A. वेबर   B. दुर्खीम
C. ऑगस्ट कॉम्ट   D. स्पेंसर

Q.68 भारत में प्रच्छन्न बेरोजगारी पायी जाती है-

A. औद्योगिक क्षेत्र में   B. कृषि क्षेत्र में
C. व्यापारिक क्षेत्र में   D. सेवा क्षेत्र में

Q.69 निम्नलिखित में से किसने 'स्थानीयकरण' एवं 'सार्वभौमीकरण' की जुड़वाँ अवधारणाओं का विकास किया?

A. एस. सी. दुबे   B. जी. एस. घुरिए
C. एम. मैरिएट   D. आन्द्रे बेते

Q.70 भारत में 'जजमानी व्यवस्था' का सर्वप्रथम अध्ययन किसने किया था?

A. एस. सी. दुबे   B. एम. एन. श्रीनिवास
C. एच. एम. जॉन्सन   D. डब्लू. एच. वाइजर

Q.71 धर्मनिरपेक्षीकरण का अर्थ है-

A. सभी धर्मों को समान सम्मान देना
B. किसी धर्म में विश्वास न करना
C. प्रत्येक धर्म के प्रति नफरत
D. उपर्युक्त से कोई नहीं

Q.72 अनुसूचित जन जातियों को किसने 'पिछड़े हिन्दू' शब्द से सम्बोधित किया?

A. बी. एस. गुहा   B. जी. एस. घुरिए
C. एफ. टानीज   D. बी. आर. अम्बेडकर

Q.73 निम्नलिखित में से कौन प्रघटनाशास्त्र का प्रणेता माना जाता है?

A. लारी स्पलिंग   B. अल्बर्ट हर्सल
C. पीटर बर्गर   D. मैक्स वेबर

Q.74 निम्नलिखित में से कौन-सा 'श्वेतवसन अपराध' है?

A. उठाईगिरी   B. धूर्तकीड़ा   C. चोरी   D. घूसखोरी

Q.75 किसने परिभाषित किया है, "सामाजिक परिवर्तन से केवल उन्हीं परिवर्तनों को समझा जाता है, जो सामाजिक संगठन अर्थात् समाज के ढाँचे और प्रकार्यों में घटित होते हैं"?

A. जिन्सबर्ग   B. डेविस
C. गिलिन   D. मैकाइवर और पेज

Q.76 एक वयस्क अपराधी और बाल अपराधी में भेद करने का मुख्य आधार क्या है?

A. गम्भीर अपराध   B. दुराचरण
C. आयु   D. गिरफ्तारी परवाना

Q.77 निम्नलिखित में किसने समाज के 'सावयवी सिद्धान्त' को प्रतिपादित किया?

A. हर्बर्ट स्पेन्सर   B. ईमाइल दुर्खिम
C. मैक्स वेबर   D. ऑगस्ट कॉम्ट

Q.78 'गोल गधेड़ो' किस जनजाति से सम्बन्धित है?

A. भील   **B.** नायर   **C.** टोडा   **D.** खरिया

Q.79 जे. एस. मिल ने कॉम्ट के नवीन विज्ञान (समाजशास्त्र) के लिए क्या नाम प्रस्तावित किया था?

A. सोशल फिजिक्स   **B.** इकोलॉजी
C. इथोलॉजी   **D.** सोशल फिलोसॉफी

Q.80 'कृषक समाज आधा समाज है', ऐसा किसने कहा है?

A. जार्ज फास्टर
B. रॉबर्ट रेडफील्ड
C. मैसूर नरसिंहचर श्रीनिवास
D. आस्कर लेविस

Q.81 जब हम परिवार को व्यक्तियों के एक गठित समूह के रूप में देखते हैं, तब इसे कहा जाता है-

A. समिति   **B.** संस्था   **C.** समुदाय   **D.** बाह्य समूह

Q.82 भारत में सरकारी सेवा में 'अन्य पिछड़े वर्गों' के लिए आरक्षण का प्रतिशत क्या है?

A. 21%   **B.** 27%   **C.** 22%   **D.** 28%

Q.83 निम्नलिखित समाजशास्त्रियों में से किसने संरचनाकरण की अवधारणा दी?

A. ए. गिडेन्स   **B.** एल. स्ट्रास
C. टी. पारसंस   **D.** ए. टी. जोन्स

Q.84 समाजशास्त्र की पद्धतिशास्त्र में 'आदर्श प्रारूप' की अवधारणा को किसने विकसित किया?

A. ऑगस्ट कॉम्ट   **B.** ईमाइल दुर्खीम
C. मैक्स वेबर   **D.** हर्बर्ट स्पेंसर

Q.85 किसने कहा कि "मद्यपान आनियन्त्रत पीना है"?

A. डब्लू. सी. रेकलेस   **B.** डब्लू. रोजर
C. ई. एच. जानसन   **D.** ई. एस. बोगाड्स्स

Q.86 परम्परात्मक हिन्दू समाज में विवाह के उद्देश्यों का सही क्रम क्या है?

A. प्रजा, रति एवं धर्म   **B.** प्रजा, धम एवं रति
C. धर्म, प्रजा एवं रति   **D.** धर्म, रति एवं प्रजा

Q.87 "व्यवसाय और केवल व्यवसाय ही जातिप्रथा की उत्पत्ति के लिए उत्तरदायी है" यह किसका मत है?

A. आर. नेस्फील्ड   **B.** जी. एस. घुरिए
C. एम. एन. श्रीनिवास   **D.** जे. एच. हट्टन

Q.88 प्रभुत्व जाति की अवधारणा किसने दी?

A. के. एम. कपाड़िया   **B.** एम. एन. श्रीनिवास
C. जी. एस. घुरिए   **D.** ए. आर. देसाई

Q.89 'अभौतिक संस्कृति' की अवधारणा किसने दी?

A. सोरोकिन   **B.** मैक्स वेबर   **C.** पैरेटो   **D.** ऑगबर्न

Q.90 भारत में प्रथम नियमित जनगणना किस वर्ष की गयी?

A. 1911   **B.** 1931   **C.** 1881   **D.** 1880

Q.91 श्रीनिवास ने 'संस्कृतीकरण' की अवधारणा का प्रयोग अपनी निम्नलिखित में से किस पुस्तक में किया ?

A. इंडियाज विलेज
B. रिलीजन एण्ड सोसाइटी एमंग दि कूर्गस ऑफ साउथ इंडिया
C. सोशल चेंज इन मॉर्डन इण्डिया
D. दि कोहेसिव रोल ऑफ संस्कृताइजेशन

Q.92 'वास्तविक' तथा 'सामान्य' सामाजिक संरचना के मध्य अन्तर किसने स्थापित किया?

A. नाडेल   **B.** दुर्खीम
C. मर्टन   **D.** रेडक्लिफ ब्राउन

Q.93 'सोशियोलॉजी' दो शब्दों 'सोशियस' एवं 'लोगोस' के मेल से बना है। 'लोगोस' किस भाषा का है?

A. लैटिन   **B.** जर्मन   **C.** यूनानी   **D.** फ्रांसीसी

Q.94 जब किसी समुदाय में बड़ी संख्या में लोग अवैध साधनों द्वारा अपने लक्ष्यों को पाने का प्रयत्न करने लगते हैं, तब इस दशा को कहा जाता है-

A. सामाजिक विघटन   **B.** वैयक्तिक विघटन
C. पारिवारिक विघटन   **D.** सांस्कृतिक विघटन

Q.95 "समाजशास्त्र सामाजिक सम्बन्धों के विषय में है" यह कथन किसका है?

A. मैकाइवर एवं पेज   **B.** गिलिन
C. गिडिंग्स   **D.** दुर्खीम

Q.96 मुस्लिम विवाह क्या है?

A. एक पवित्र संस्कार   **B.** एक समझौता
C. (A) और (B) दोनों   **D.** उपर्युक्त में से कोई नहीं

Q.97 भारत में 'सामुदायिक विकास योजना' का प्रारम्भ कब हुआ?

A. 1958   **B.** 1952   **C.** 1955   **D.** 1953

Q.98 निम्नलिखित में से किसने पूँजीवाद के विकास को 'प्रोटेस्टेन्ट धर्म' की शिक्षाओं से जोड़ा है?

A. कार्ल मार्क्स   **B.** हर्बर्ट स्पेंसर
C. मैक्स वेबर   **D.** ईमाइल दुर्खीम

Q.99 "संघर्ष, प्रतिस्पर्धा और सहयोग सभी परस्पर आश्रित है। ये मानव समाज के सदैव विद्यमान रहने वाले पहलू है," यह किसने कहा है?

A. मैकाइवर एवं पेज   **B.** के. डेविस
C. ई. बोगाड्स्स   **D.** एम. जिन्सवर्ग

Q.100 सामाजिक स्तरीकरण के चार स्वरूप 'दास प्रथा', 'जागीरें', 'जातियाँ' और 'सामाजिक वर्ग' किसने वर्गीकृत किए है?

A. जॉनसन   **B.** बोटोमोर   **C.** पारसंस   **D.** रामनर

Q.101 समाज के उद्धविकास का सिद्धान्त किसने प्रतिपादित किया?

A. मार्क्स   **B.** कोजर   **C.** स्पेंसर   **D.** वेबर

Q.102 'शारदा एक्ट' क्या रोकने के लिए पारित हुआ था?

A. विधवा पुनर्विवाह   **B.** बाल विवाह
C. देवदासी प्रथा   **D.** दहेज प्रथा

Q.103 'रिमांड गृह' एवं 'बोर्स्टल स्कूल ' किनके सुधार के लिए बने है?

A. बाल अपराधी   **B.** कठोर अपराधी
C. वयस्क अपराधी   **D.** आदतन अपराधी

Q.104 निम्नलिखित में जनसंख्या वृद्धि का निश्चायक कौन है?

A. जन्मदर   **B.** मृत्युदर
C. देशान्तर गमन   **D.** उपर्युक्त समी

Q.105 "जब वर्ग पूर्णतः वंशानुक्रम पर आधारित होता है, तो उसे हम जाति कहते हैं," किसने परिभाषित किया ?

A. सी. एच. कूले   **B.** जे. एच. हट्टन
C. एच. एच. रिजले   **D.** एस. वी. केतकर

Q.106 अस्पृश्यता निवारण अधिनियम कब पारित हुआ था?

A. 1952   **B.** 1951   **C.** 1955   **D.** 1953

Q.107 प्रतिस्पर्धा को 'शांतिपूर्ण संघर्ष' के रूप में किसने वर्णित किया है?

A. कोजर   **B.** स्पेंसर   **C.** वेबर   **D.** दुर्खीम

Q.108 समाजशास्त्र किसका अध्ययन है?

A. सामाजिक-राजनैतिक संस्थायें

B. राजनैतिक व्यवस्था

C. मानव व्यवहार

D. समाज

Q.109 निम्नलिखित में से कौन 'महर' का भुगतान करता है?

A. वधू के पिता द्वारा वर के माता-पिता को

B. वर के पिता द्वारा वधू के माता-पिता को

C. वधू द्वारा वर को

D. वर द्वारा वधू को

Q.110 किसने कहा कि "धर्म जनता के लिए अफीम है"?

A. जे. फ्रेजर   **B.** ई. वी. टायलर

C. कार्ल मार्क्स   **D.** बी. मैलिनोस्की

Q.111 निम्नलिखित में से किस में 'वर्णव्यवस्था' का प्रथम उल्लेख मिलता है?

A. ऋग्वेद   **B.** अथर्ववेद   **C.** यजुर्वेद   **D.** सामवेद

Q.112 'भारत छोड़ो आन्दोलन' किससे जुड़ा है?

A. जवाहर लाल नेहरू   **B.** बाल गंगाधर तिलक

C. सुभाषचन्द्र बोस   **D.** महात्मा गांधी

Q.113 ग्रामीण क्षेत्रों में शक्ति के विकेन्द्रीयकरण के सन्दर्भ में किसने कहा, "यह स्वीकार्य है कि लोक तंत्र विकेन्द्रीयकरण के बिना सफल नहीं हो सकता"?

A. आर. एन. इमानदार   **B.** के. एल. शर्मा

C. बी. मेहता   **D.** बी. सिंह

Q.114 निम्न में से किसने 'ग्राम-नगर सातत्य' कीअवधारणा दी?

A. लुई वर्थ   **B.** राबर्ट पार्क

C. राबर्ट रेडफील्ड   **D.** हैनरी मेन

Q.115 'व्हाट इज सोशियोलॉजी ' नामक पुस्तक किसने लिखी?

A. एलेक्स इंकलेस   **B.** टी. बी. बोटोमोर

C. एच. एम. जान्सन   **D.** एम. जिन्सबर्ग

Q.116 जनसंख्या ज्यामितीय अनुपात में बढ़ती है। जीवन के साधन गणितीय अनुपात में बढ़े हैं। ऐसा किसने कहा है?

A. माल्थस   **B.** फ्रायड

C. डेविस   **D.** मैकाइवर एवं पेज

Q.117 किस आश्रम को धर्म, अर्थ और काम का संमम कहा गया है?

A. ब्रह्मचर्य   **B.** गृहस्थ   **C.** वानप्रस्थ   **D.** संन्यास

Q.118 निम्नलिखित में से कौन 'समाजशास्त्र के स्वरूपात्मक सम्प्रदाय' का समर्थक है?

A. जार्ज सिमेल   **B.** आगस्ट कॉम्टे

C. इमाइल दुर्खीम   **D.** कपाड़िया

Q.119 'मध्यवर्तीय सिद्धान्त' की अवधारणा किसने प्रतिपादित की?

A. सी. गोरिंग   **B.** आर. के. मर्टन

C. एम. ट्यूमिन   **D.** टी. पारसंस

Q.120 किसने कहा कि "सामाजिक विघटन वह प्रक्रिया है, जिसके द्वारा एक समूह के सदस्यों के बीच सम्बन्ध टूट जाते हैं या समाप्त हो जाते है?"

A. गोविंद सदाशिव घुरिए   **B.** आगर्बन एवं निमकाफ

C. थामस एवं नैनिकी   **D.** इलिएट एवं मेरिल

Q.121 निम्नलिखित में से 'आकस्मिक' एवं 'दीर्घकालिक' अपराधी को किसने दो भागों में विभाजित किया?

A. एलेक्जेंडर एवं स्ट्रव   **B.** हेण्डर्सन

C. सदरलैण्ड   **D.** के. डेविस

Q.122 नातेदारी शब्दावली को दो भागों वर्णनात्मक एवं वर्णात्मक नातेदारी में किसने विभाजित किया?

A. एल. एच. मार्गन   **B.** जी. पी. मरडॉक

C. आर. लावी   **D.** एन. जेकव

Q.123 परिहास सम्बन्ध किनके मध्य पाये जाते हैं?

A. पिता एवं पुत्र   **B.** माता एवं पुत्री

C. पिता एवं पुत्री   **D.** जीजा एवं साली

Q.124 समाज बनता है-

A. व्यक्तियों से   **B.** संस्थाओ से

C. व्यक्तियों के सम्बन्धों से   **D.** समितियों से

Q.125 समाजशास्त्र शब्द की खोज कब हुयी?

A. 1814   **B.** 1919   **C.** 1838   **D.** 1947

// स्मार्ट उत्तर पुस्तिका //

| सही उत्तर | उन छात्रों के प्रतिशत को इंगित करता है जिन्होंने प्रश्नों का सही उत्तर दिया था। |

| छोड़ दिया | उन छात्रों के प्रतिशत को इंगित करता है जिन्होंने प्रश्नों को छोड़ दिया था। |

प्रश्न संख्या	उत्तर	सही उत्तर / छोड़ दिया	प्रश्न संख्या	उत्तर	सही उत्तर / छोड़ दिया	प्रश्न संख्या	उत्तर	सही उत्तर / छोड़ दिया	प्रश्न संख्या	उत्तर	सही उत्तर / छोड़ दिया	प्रश्न संख्या	उत्तर	सही उत्तर / छोड़ दिया
1	B	45.24 % / 4.76 %	17	B	45.24 % / 42.86 %	33	C	40.48 % / 35.71 %	49	D	40.48 % / 42.85 %	65	C	38.1 % / 40.47 %
2	C	28.57 % / 40.48 %	18	A	42.86 % / 40.47 %	34	C	52.38 % / 42.86 %	50	C	47.62 % / 40.48 %	66	B	50.0 % / 40.48 %
3	C	50.0 % / 40.48 %	19	D	21.43 % / 35.71 %	35	C	50.0 % / 40.48 %	51	C	52.38 % / 40.48 %	67	B	35.71 % / 42.86 %
4	C	40.48 % / 42.85 %	20	B	57.14 % / 40.48 %	36	C	50.0 % / 40.48 %	52	C	59.52 % / 40.48 %	68	B	52.38 % / 42.86 %
5	B	52.38 % / 42.86 %	21	A	28.57 % / 40.48 %	37	C	54.76 % / 42.86 %	53	C	54.76 % / 42.86 %	69	C	38.1 % / 42.85 %
6	C	38.1 % / 40.47 %	22	D	38.1 % / 42.85 %	38	B	52.38 % / 40.48 %	54	C	45.24 % / 40.47 %	70	D	54.76 % / 42.86 %
7	B	52.38 % / 42.86 %	23	D	61.9 % / 35.72 %	39	D	21.43 % / 42.86 %	55	D	26.19 % / 40.48 %	71	A	61.9 % / 35.72 %
8	B	38.1 % / 40.47 %	24	C	47.62 % / 42.86 %	40	C	47.62 % / 42.86 %	56	C	50.0 % / 42.86 %	72	B	57.14 % / 40.48 %
9	C	50.0 % / 42.86 %	25	A	54.76 % / 42.86 %	41	D	59.52 % / 40.48 %	57	C	50.0 % / 42.86 %	73	B	47.62 % / 42.86 %
10	D	45.24 % / 40.47 %	26	B	35.71 % / 42.86 %	42	A	47.62 % / 42.86 %	58	A	50.0 % / 40.48 %	74	D	57.14 % / 40.48 %
11	C	47.62 % / 40.48 %	27	D	50.0 % / 35.71 %	43	D	45.24 % / 40.47 %	59	B	42.86 % / 40.47 %	75	B	26.19 % / 42.86 %
12	B	19.05 % / 40.47 %	28	C	45.24 % / 42.86 %	44	A	45.24 % / 42.86 %	60	D	45.24 % / 40.47 %	76	C	59.52 % / 40.48 %
13	C	38.1 % / 40.47 %	29	A	33.33 % / 40.48 %	45	B	54.76 % / 40.48 %	61	D	52.38 % / 42.86 %	77	A	35.71 % / 42.86 %
14	B	45.24 % / 40.47 %	30	B	33.33 % / 40.48 %	46	B	47.62 % / 42.86 %	62	A	35.71 % / 40.48 %	78	A	47.62 % / 40.48 %
15	A	52.38 % / 40.48 %	31	C	47.62 % / 40.48 %	47	D	42.86 % / 40.47 %	63	C	28.57 % / 40.48 %	79	C	45.24 % / 35.71 %
16	C	38.1 % / 40.47 %	32	C	42.86 % / 40.47 %	48	D	52.38 % / 42.86 %	64	D	38.1 % / 42.85 %	80	A	21.43 % / 40.47 %

प्रश्न संख्या	उत्तर	सही उत्तर / छोड़ दिया		प्रश्न संख्या	उत्तर	सही उत्तर / छोड़ दिया		प्रश्न संख्या	उत्तर	सही उत्तर / छोड़ दिया		प्रश्न संख्या	उत्तर	सही उत्तर / छोड़ दिया		प्रश्न संख्या	उत्तर	सही उत्तर / छोड़ दिया
81	A	26.19 %	40.48 %	90	C	47.62 %	42.86 %	99	B	26.19 %	40.48 %	108	D	54.76 %	42.86 %	117	B	61.9 %	35.72 %
82	B	52.38 %	40.48 %	91	B	45.24 %	42.86 %	100	B	45.24 %	40.47 %	109	D	52.38 %	40.48 %	118	A	45.24 %	40.47 %
83	A	21.43 %	42.86 %	92	D	16.67 %	42.85 %	101	C	47.62 %	42.86 %	110	C	54.76 %	40.48 %	119	B	54.76 %	35.72 %
84	C	47.62 %	40.48 %	93	C	54.76 %	40.48 %	102	B	50.0 %	42.86 %	111	A	61.9 %	35.72 %	120	D	23.81 %	40.48 %
85	A	35.71 %	42.86 %	94	A	42.86 %	42.85 %	103	A	52.38 %	42.86 %	112	D	52.38 %	42.86 %	121	A	23.81 %	40.48 %
86	C	38.1 %	40.47 %	95	A	47.62 %	40.48 %	104	D	50.0 %	40.48 %	113	C	35.71 %	38.1 %	122	A	45.24 %	42.86 %
87	A	40.48 %	42.85 %	96	B	57.14 %	40.48 %	105	A	26.19 %	42.86 %	114	C	40.48 %	42.85 %	123	D	59.52 %	40.48 %
88	B	35.71 %	42.86 %	97	B	45.24 %	42.86 %	106	C	45.24 %	42.86 %	115	A	57.14 %	40.48 %	124	C	57.14 %	42.86 %
89	D	35.71 %	42.86 %	98	C	35.71 %	40.48 %	107	A	26.19 %	40.48 %	116	A	42.86 %	42.85 %	125	C	54.76 %	42.86 %

कार्य विश्लेषण	
औसत अंक (%)	50.59%
टॉपर्स स्कोर (%)	97.65%
आपका स्कोर	

//संकेत और समाधान//

1. सामाजिक स्तरीकरण से संबंधित 'प्रकार्यात्मक सिद्धान्त' का वर्णन किंग्सले डेविस तथा बिलबर्ट मूर ने अपने लेख 'प्रिंसिपल्स ऑफ़ स्ट्रैटिफिकेशन' में किया है। वह अपने लेख को इस मान्यता से शुरू करते हैं, कि कोई भी समाज वर्ग-विहीन नहीं है, सभी समाजों में स्तरीकरण पाया जाता है। समाजों में स्तरीकरण इसलिए पाया जाता है कि प्रत्येक समाज यह महसूस करता है कि सामाजिक संरचना में प्रत्येक व्यक्ति का कोई न कोई स्थान निश्चित होना चाहिए तथा विभिन्न स्थानों को प्राप्त करने की उन्हें प्रेरणा दी जानी चाहिए। इस प्रकार सामाजिक विषमता समाज में अचेतन रूप से विकसित होती है। इसके द्वारा समाज ऐसी व्यवस्था करता है कि सबसे महत्वपूर्ण पदों पर सबसे योग्य व्यक्ति पहुँचे। डेविस का कहना है, कि समाज के विभिन्न पदों के लिए विभिन्न बुद्धि एवं योग्यता की आवश्यकता पड़ती है, जो पद सामाजिक दृष्टि से अधिक महत्वपूर्ण होते हैं, ऐसे पदों के लिए अधिक पुरस्कार की आशा की जाती है। महत्वपूर्ण कार्यों को करने के लिए विशेष प्रतिभा एवं प्रशिक्षण की आवश्यकता होती है। कुछ प्रशिक्षण कठिन एवं खर्चीले होते हैं। अत: उन्हें सभी व्यक्ति प्राप्त नहीं कर सकते। इसलिए इन पदों के लिए समाज अधिक सुविधा एवं पुरस्कार की व्यवस्था करता है। उदाहरण के लिए समाज में डॉक्टर, इंजीनियर, आई. ए.एस. के पद आदि महंगे और अधिक परिश्रम के बाद प्राप्त होते है । बजाय एक अध्यापक या चतुर्थ श्रेणी के कर्मचारी के पद के। इसलिए इन पदों के लिए समाज द्वारा अधिक वेतन एवं सुविधाओं की व्यवस्था की गयी है।

अत: विकल्प (B) सही है।

2. आगबर्न एवं निमकाफ के अनुसार, "सभी सामाजिक परिवर्तन विचारों के माध्यम से घटित होते हैं।"

मैकाइवर एवं पेज के अनुसार, "समाज शास्त्री होने के नाते हमारी रुचि सामाजिक सम्बन्धों में है। केवल इन सामाजिक सम्बन्धों में होने वाले परिवर्तन को ही सामाजिक परिवर्तन कहते हैं।" इस प्रकार मैकाइवर एवं पेज समाज को 'सामाजिक सम्बन्धों का जाल' कहते हैं। अत: सामाजिक-परिवर्तन-सामाजिक-सम्बन्धो में होने वाले परिवर्तन का नाम है। किंग्सले डेविस के मत में, "सामाजिक परिवर्तन से हम केवल उन्हीं परिवर्तनों को समझते हैं, जो सामाजिक संगठन, अर्थात् समाज के ढाँचे और प्रकार्यों में घटित होते हैं।" इस प्रकार डेविस ने सामाजिक परिवर्तन को पूर्णतः संरचनात्मकप्रकार्यात्मक दृष्टि से देखा है, अर्थात् उनके मत में सामाजिक परिवर्तन तभी माना जाता है, जब समाज की विभिन्न इकाइयों जैसे-संस्थाओं, समुदायों, समितियों समूहों आदि में परिवर्तन होता है, तथा साथ ही इन परिवर्तनों से इनके प्रकार्यों में भी परिवर्तन आता है।

अत: विकल्प (C) सही है।

3. मनु के अनुसार विवाह के आठ स्वरूप है, जिनमें चार, ब्रह्म, दैव, आर्ष, प्रजापत्य, उच्चकोटि के, जबकि चार (असुर, गंधर्व, राक्षस व पैशाच) विवाह निम्न कोटि के माने जाते हैं। प्रथम चार विवाहों को प्रशस्ति (श्रेष्ठ) एवं धर्मानुसार व बाद के चार विवाहों को अप्रशस्ति (निकृष्ट कोटि के) विवाह की श्रेणी में रखा गया है। हिंदू विवाह के स्वरूप निम्नलिखित हैं-

(1) ब्रह्म विवाह- सुंदर व गुणवान वर को अपने घर बुलाकर वस्त्र आदि देकर कन्यादान करना ही ब्रह्म विवाह है। इस विवाह से उत्पन्न पुत्र इक्कीस पीढ़ियों को पवित्र करने वाला होता है। वर्तमान समय में प्रचलित विवाह ब्रह्म विवाह का ही स्वरूप है।

(2) दैव विवाह- यह एक प्रतीकात्मक विवाह है, जिसमें यज्ञ कराने वाले पुरोहित को कन्यादान दिया जाता है। ऐसा माना जाता है, कि ऐसे विवाह देवताओं के साथ होता है। इससे देवदासी प्रथा का जन्म हुआ जो वेश्यावृत्ति का कारण माना जाता है। अत: इसका विरोध किया जाने लगा है।

(3) गंधर्व विवाह- इस विवाह में वर-वधू को अपने अभिभावकों की अनुमति लेने की ज़रूरत नहीं पड़ती थी।

(4) आर्ष विवाह- आर्ष से तात्पर्य ऋषि से है। जब विवाह के लिए इच्छुक ऋषि द्वारा कन्या के पिता को एक जोड़ी बैल और एक गाय दी जाती है। तब विवाह

संपन्न होता है, यह वधू मूल्य नहीं है, बल्कि पिता को इस बात का आश्वासन है, कि वह जिसे अपनी पुत्री सौप रहा है, वह उसका उचित निर्वहन कर सकेगा।

अत: विकल्प (C) सही है।

4. एम. एन. श्रीनिवास के अनुसार, 'धर्म निरपेक्षीकरण शब्द का अर्थ है कि जो कुछ पहले धार्मिक माना जाता था, वह अब वैसा नहीं माना जा रहा है'।

अत: विकल्प (C) सही है।

5. गिलिन के अनुसार-"समिति व्यक्तियों का ऐसा समूह है, जो किसी विशेष हित या हितों के लिए संगठित होती है तथा मान्यता प्राप्त या स्वीकृत विधियों और व्यवहार द्वारा कार्य करती है।" ऐच्छिक सदस्यता समिति से सम्बन्धित है। समिति मनुष्य का एक विशिष्ट संगठन है, जो योजनाबद्ध विधि से किसी एक अथवा अनेक लक्ष्यों की पूर्ति के लिए मनुष्यों द्वारा मनुष्यों के लिए स्थापित किया जाता है। मजदूर संघ कर्मचारी संघ, व्यापारिक संघ, राजनीतिक दल आदि इसके उदाहण है ।

अत: विकल्प (B) सही है।

6. प्रकार्यात्मक विश्लेषण के क्षेत्र में रोबर्ट के. गर्टन का योगदान एक विशेष महत्त्व रखता है। परम्परागत प्रकार्यवादियों की तुलना में उसकी नयी दृष्टि ने उसे पारंपरिक प्रकार्यात्मक विश्लेषण तक सीमित नहीं रखा है, बल्कि प्रकार्यवाद को नयी सीमा तक पहुंचाया है। इसलिए, यह जानना जरूरी है, कि मर्टन ने पारंपरिक प्रकार्यात्मक विश्लेषण के किन आधार तत्वों का खंडन किया । ये आधार तत्व हैं-

(i) प्रकार्यात्मक एकता का आधार तत्त्व

(ii) सार्विकीय प्रकार्यवाद का आधार तत्त्व

(iii) अपरिहार्यता का आधार

अत: विकल्प (C) सही है।

7. 'प्रगट प्रकार्य' और 'अप्रगट प्रकार्य' का वर्गीकरण मर्टन ने किया है।

प्रगट प्रकार्य में कानून को बनाने तथा लागू करने का अधिकार उच्च सत्ता अथवा समूह को प्राप्त होता है, जो समाज में व्यवस्था बनाए रखती है। यह सत्ता अथवा समूह सरकार न्यायालय या कोई संगठित समूह जैसे-पंचायत भी हो सकती है। अगर हम कानून को औपचारिक लिखित, न्यायालय आदि के द्वारा परिभाषित विशेषताओं के आधार पर देखें तो निष्कर्ष यही निकलेगा कि आदिम, समाज में कोई कानून व्यवस्था नहीं है।

अत: विकल्प (B) सही है।

8. इस संप्रदाय के प्रमुख प्रणेता तथा समर्थक सिमेल, स्माल, वीरकांत, मैक्स वेबर, वी. विजे आदि विद्वान हैं। इन विद्वानों के दृष्टि कोण में समाजशास्त स्वतंत्र, विशिष्ट तथा शुद्ध विज्ञान है। इसका प्रमुख लक्ष्य मानवीय संबंधों के स्वरूपों का अध्ययन करना है। इस संप्रदाय के अनुसार समाज शास्त्र अन्य सामाजिक विज्ञानों की तुलना में पृथक अस्तित्व रखता है। अन्य सामाजिक विज्ञान वही अध्ययन नहीं करते हैं, जो समाजशास्त करता है।

अत: विकल्प (B) सही है।

9. डी. एन. मजूमदार एवं मदान ने अपनी पुस्तक में लिखा है की 'जाति एक बन्द वर्ग' है। इसका अर्थ है कि भारतीय जाति व्यवस्था में जाति बदलना या किसी अन्य जाति में शामिल होना संभव नहीं है। यह एक बन्द वर्ग के समान है, जिसमें बाहर से आकर शामिल होना या बाहर निकल कर किसी और जाति वर्ग में शामिल होने की गुंजाइश नहीं है।

अत: विकल्प (C) सही है।

10. सामाजिक स्तरीकरण यानी गैर-बराबरी वह व्यवस्था है, जिसके अंतर्गत समाज के विभिन्न समूहो को क्रमशः उच्च से निम्न तक की स्थिति में रखा जाता है। इसे सामाजिक सोपान व्यवस्था या उच्चोधन व्यवस्था भी कहते हैं।

स्तरीकरण समाज की विभिन्न प्रस्थितियों का क्रम विन्यास है। क्रम-विन्यास का आधार प्रस्थिति है, जो कि सामाजिक मूल्यो पर निभर करती है। अत: वह विभेदीकरण जिसका आधार क्रम-विन्यास है, स्तरीकरण कहलाता है । सामाजिक स्तरीकरण में उच्चतम से निम्नतम सामाजिक सिथति वाले सभी समहों का समावेश होता है।

अत: विकल्प (D) सही है।

11. सामाजिक जीवन में सहयोग के अनेक रूप हैं। मैकाइवर ने उसके दो रूपों का वर्णन किया है-

1. प्रत्यक्ष सहयोग—इस श्रेणी में वे क्रियाएँ सम्मिलित हैं, जिनमें व्यक्ति समान कार्य को मिलकर करते हैं, अर्थात् एक-सा कार्य करते है। जब दो या दो से अधिक व्यक्ति अथवा समूह समान उद्देश्य के लिए एकदूसरे के साथ मिलकर समान कार्य करे, तो इसे प्रत्यक्ष सहयोग कहते हैं।

अप्रत्यक्ष सहयोग—इस श्रेणी में वे क्रियाएँ सम्मिलित हैं, जिनमें व्यक्ति समान उद्देश्य की पूर्ति हेतु असमान, अर्थात् भिन्न-भिन्न कार्य करते हैं।

अत: विकल्प (C) स्ही है।

12. समाजीकरण को सामाजिक प्रगति के निर्धारण में आधार- भूत प्रक्रिया को द्वारा बर्गेस प्रदर्शित किया गया है।

अत: विकल्प (B) सही है।

13. प्रस्थिति के प्रकार को मुख्य रूप से समाजशास्त्रियों ने दो प्रकार से परिभाषित करने का प्रयास किया है:

(1) प्रदत्त प्रस्थिति

(2) अर्जित प्रस्थिति

जो प्रस्थिति व्यक्ति को जन्म से या बिना किसी प्रयास के प्राप्त है, तो उसे प्रदत्त प्रस्थिति कहते हैं। इस प्रकार की प्रस्थिति में अधिकांशत: वे प्रस्थितियां आती हैं जो नातेदारी से संबंध रखती हैं। इसके विपरीत अर्जित प्रस्थिति वह होती है, जिसे व्यक्ति अतिरिक्त मेहनत, गुण व प्रयास या योग्यता से प्राप्त करता है। साधारणतया इस श्रेणी में व्यक्ति की व्यावसायिक प्रस्थितियाँ आती हैं। इंजीनियर, चिकित्सक, प्राध्यापक, व्यापारी, वकील, ऐसे अगणित दृष्टांत हैं, जो अर्जित प्रस्थिति की तालिका में आते हैं।

अत: विकल्प (C) स्ही है।

14. परिवार की उत्पत्ति का उदविकासीय सिद्धांत सर्वप्रथम अमेरिकी मानवशास्त्री एल. एच. मॉर्गन ने प्रतिपादित किया था इस संबंध में उन्होंने कहा कि समाज की प्रारंभिक अवस्था में परिवार एवं विवाह नाम की कोई संस्था नहीं थी। आरंभिक काल में यौन साम्यवाद की स्थिति थी विवाह एवं परिवार का विकास इसके बाद के युगों में क्रमशः हुआ।

एल. एच. मॉर्गन ने परिवार के उद्विकास के पाच स्तरों का उल्लेखा किया है, जो निम्नलिखित हैं-

1. समरक्त परिवार

2. समूह विवाह परिवार

3. सिस्माणिडयन परिवार

4. पितसत्तात्मक परिवार

5. एक विवाही परिवार

अत: विकल्प (B) सही है।

15. 'गरीबी की संस्कृति' की अवधारणा आस्कर लेविस ने विकसित की थी। आस्कर लेविस ने मेक्सिको, ब्यूरिटोरिको तथा न्यूयॉर्क सिटी के गरीब समुदायों के अध्ययन पर केन्द्रित है, जो एक पीढ़ी से दूसरी पीढ़ी हस्तान्तरित होती रहती है।

अत: विकल्प (A) सही है।

16. 'भारतीय कृषक वर्ग' सामान्य श्रेणियों में रखने का प्रयास किया है। आरम्मिक प्रयासों में एक प्रयास प्रसिद्ध अर्थशास्त्री डेनियल थार्नर का है। उन्होंने भारतीय कृषक समाज को समाजिक वर्गों की एक व्यवस्था में श्रेणीकृत करने का प्रयास किया है। उनका विचार है कि भारत की कृषक आबादी को तीन स्तरों के अनुसार विभिन्न श्रेणियों में विभाजित किया जा सकता है। पहला, भूमि से प्राप्त आमदनी के प्रकार (जैसे 'किराया', 'अपनी खेती से लाभ' या 'मजूदरी) दूसरा, भूमि संबंधी अधिकार (जैसे, 'स्वामित्व' या 'पट्टेदारी' या 'फसल में हिस्सेदारी के अधिकार' या 'कोई अधिकार नहीं)। तीसरा, खेत में किए गए कार्य की मात्रा (जैसे, 'कुछ भी कार्य न करने वाले' या 'आंशिक कार्य करने वाले' या 'पारिवारिक श्रम से किया गया संपूर्ण कार्य' या 'मजदूरी के लिए दूसरों के लिए काम करने वाले)।

अत: विकल्प (C) सही है।

17. प्राथमिक समूह के कई दृष्टान्त हैं, परिवार, मित्र मण्डली, जनजातीय समाज, पड़ोस और खेल समूह। कूले ने अपनी पुस्तक सोशल आर्गनाजेशान में प्राथमिक समूह की परिभाषा इस तरह की है: प्राथमिक समूहों से मेरा तात्पर्य ऐसे समूहों से है जिनकी विशेषता आमने-सामने के घनिष्ठ साहचर्य और सहयोग के रूप में व्यक्त होती है। ये समूह अनेक अर्थों में प्राथमिक है, परन्तु मुख्यतः इस बात में कि वे व्यक्ति की सामाजिक प्रकृति और आदर्शों के निर्माण में मौलिक है। घनिष्ठ साहचर्य का परिणाम यह होता हैं कि एक सामान्य सम्पूर्णता में वैयक्तिकताओं का इस प्रकार एकीकरण हो जाता है कि प्राय: कई प्रयोजनों के लिए व्यक्ति का अहा समूह का सामान्य जीवन और उद्देश्य बन जाता है।

अत: विकल्प (B) सही है।

18. चार्ल्स कूले ने सामाजिक घटनाओं के आधार पर सामाजिक नियंत्रण के प्रकारों को स्पष्ट किया है। चार्ल्स कूले के अनुसार सामाजिक घटनायें दो प्रकार से समाज को नियंत्रित करती हैं।

चेतन नियंत्रण-मनुष्य अपने जीवन में अपने समूह के लिए कई कार्य तथा व्यवहार जागरूक अवस्था में सोच-समझ कर करता है । यह चेतन अवस्था कहलाती है। जागरूक अवस्था में किया गया कोई भी कार्य चेतन नियंत्रण कहलाता है।

अचेतन नियंत्रण-प्रत्येक समाज या समूह की अपनी संस्कृति, प्रथायें, रीति-रिवाज, लोकाचार, परम्परायें तथा संस्कारों से निरन्तर प्रभावित होकर उनके अनुरूप ही समाज व समूह के प्रति व्यवहार करता है, इन प्रथाओं रीति-रिवाजों या धार्मिक संस्कारों के प्रति व्यक्ति अचेतन रूप से जुड़ा रहता है और जीवन पर्यन्त वह उसकी अवहेलना नहीं कर पाता, जो समाज व समूह को नियंत्रित करने में अपनी प्रमुख भूमिका निभाते हैं। यह अचेतन नियंत्रण कहलाता है।

अत: विकल्प (A) सही है।

19. डब्लू. ई. मूरे के अनुसार, "आधुनिकीकरण का औद्योगीकरण के साथ प्रकार्यात्मक साहचर्य है।" मूरे ने बताया है कि आधुनिक समाज के विशेष आर्थिक, राजनैतिक और सांस्कृतिक लक्षण होते है। आर्थिक क्षेत्र में आधुनिक समाज के लक्षण निम्न है-

(i) अत्यन्त उच्च स्तरीय तकनीकी का विकास जो ज्ञान की व्यवस्थित खोज से होता है, जिसका अनुसरण प्राथमिक व्यवसाय (कृषि में) कम और द्वितीयक (उद्योग, व्यापार) और तृतीयक (नौकरी) व्यवसायों में अधिक होता है।

(ii) आर्थिक विशिष्टताओं की भूमिकाओं का विकास,

(iii) प्रमुख बाजारों, जैसे वस्तुओं का बाजार, श्रम बाजार, तथा मुद्रा बाजार के क्षेत्र व जटिलता का विकास।

अत: विकल्प (D) सही है।

20. सी. एच. कूले कहता है कि शब्द में जब व्यक्ति की प्रतिष्ठा पूर्णरूपेण पूर्वनिश्चित हो और जन्म लेने के बाद व्यक्ति के जीवन में किसी प्रकार के सुधार या परिवर्तन की आशा न हो, तब वह वर्गजाति बन जाता है। जाति का आधार जन्म है। जन्म के आधार पर ही वर्णों की उत्पत्ति को स्वीकार किया गया है। जन्म से व्यक्तियों में कुछ जन्मजात प्रवृत्तियाँ पायी जाती हैं जिनमें वंशानुगत

गुण प्रमुख हैं। ये जन्मजात प्रवृत्तियाँ मनुष्य के स्वभाव और आचरण में अन्तार्निहित होती है और इनकी सीमाओं का कोई व्यक्ति उल्लंघन नहीं कर सकता है। मनुष्य का व्यावहारिक जीवन इन्हीं गुणों के आधार पर विकसित होता है।

अतः विकल्प (B) सही है।

21. ई. एस. बोगार्ड्स के अनुसार, "समाजशास्त्रीय क्षेत्र में किसी अन्य लेखक की अपेक्षा, हर्बर्ट स्पेंसर के सामाजिक सिद्धान्तों ने अधिक विवाद उत्पन्न किया है।"

अतः विकल्प (A) सही है।

22. ईमाइल दुर्खीम के अनुसार, 'धर्म वास्तविक है, परन्तु ईश्वर धर्म का सार नहीं है।' ईमाइल दुर्खीम द्वारा 1912 में प्रसिद्ध धर्म की पुस्तक "दा एलीमेंट्री ऑफ रिलिजियस लाइफ" में दुर्खीम ने धर्म की उत्पत्ति के सभी विद्यमान सिद्धांतों को निरस्त कर दिया। उन्होंने धर्म का समाजशास्त्रीय सिद्धांत प्रस्तुत किया। दुर्खीम के अनुसार प्रत्येक धर्म में साधारण और पवित्र के रूप में वस्तुओं का विभाजन होता है। पवित्र वस्तुएँ वे हैं जो विशेष और श्रेष्ठ के रूप में संरक्षित एवं पृथक् रखी जाती हैं। साधारण वस्तुएँ निषिद्ध होती हैं और पवित्र से दूर रखी जाती हैं। किसी वस्तु की पवित्रता उसकी अंतर्निहित विशेषता नहीं होती। यह उसे दूसरे सोतों से प्राप्त होती है।

अतः विकल्प (D) सही है।

23. देवर विवाह सम्पन्न होता है जब एक पुरुष विवाह अपने मृत भाई की विधवा पत्नी से करता है। भारतीय समाज में निम्न जातियों में विशेषकर पश्चिमी उत्तर प्रदेश तथा हरियाणा के अहीर जाति में यह विवाह प्रचलित है। गोंड, खरिया, संथाल जनजातियों में भी यह विवाह पाया जाता है।

अतः विकल्प (D) सही है।

24. ईमाइल दुर्खीम द्वारा आस्ट्रेलिया की अरुंटा जनजाति में विद्यमान टोटम को धर्म की उत्पत्ति का प्रारम्भिक स्वरूप मानते हैं क्योंकि जो विशेषताएँ टोटम में थीं वही विशेषताएँ आधुनिक समाज में धर्म की हैं। एक टोटम में विश्वास करने वाले लोग आपस में संयुक्त होते हैं, उसी प्रकार एक धर्म को मानने वाले लोग होते हैं।

अतः विकल्प (C) सही है।

25. इस सम्प्रदाय के जन्मदाता इटली के सी. लोम्ब्रोसो, समर्थक गैरोफैलो और एनरिकोफेरी थे। इटली के निवासी होने के कारण इस सम्प्रदाय का यह नामकरण किया गया। इस सम्प्रदाय के लोगों ने अपराध के कारणों की व्याख्या अपराधी की शरीर-रचना के आधार पर की है। मनुष्यों में नहीं होती। इसके अतिरिक्त उन्होंने 383 मृत अपराधियों की खोपड़ियों का भी अध्ययन किया और इस निष्कर्ष पर पहुँचे कि अपराधियों की शारीरिक रचना आदिमानव और पशुओं से बहुत-कुछ मिलती-जुलती है। इसलिए ही उनमें जंगलीपन और पशुता के गुण हैं, जो उन्हें अपराध के लिए प्रेरित करते हैं।

अतः विकल्प (A) सही है।

26. द्वितीयक समूह के सदस्य एक-दूसरे को व्यक्तिगत रूप से नहीं जानते। बैंक के काउन्टर पर वह व्यक्ति जो चेक लेता है, या डाकघर में जो बाबू टिकट देता है, वह कौन-सी जाति-बिरादरी का है, कहाँ का रहने वाला है, विवाहित या अविवाहित है, इसकी हमें कोई व्यक्तिगत जानकारी नहीं है। हमारा उद्देश्य तो चेक का धन या डाक टिकट लेना है।तात्पर्य हुआ, द्वितीयक समूह के सदस्यों के साथ हमारे संबंध किसी निश्चित उद्देश्य को लेकर ही होते हैं । इससे आगे संबंधी हमारा कोई सरोकार नहीं होता। द्वितीयक समूहों में लोगों के साथ हमारे सम्पर्क वस्तुत: प्रस्थिति और भूमिका से जुड़े होते हैं।

अतः विकल्प (B) सही है।

27. 'रेन्टियर वर्ग' की अवधारणा परेटो ने दी है। परेटो एक प्रकार्यवादी विचारक एवं इटैलियन समजाशास्त्री है, जिनका जन्म 15 जुलाई, 1848 को पेरिस में हुआ था।

अतः विकल्प (D) सही है।

28. वी. एल्विन ने जनजातियों की समस्याओं के समाधान के लिए 'राष्ट्रीय उद्यान' सम्बन्धी व्यवस्था की वकालत की है।

अतः विकल्प (C) सही है।

29. आर. बीरस्टीड के अनुसार, "संस्कृति इसलिये वह कुंजी है जो मानव समाजों एवं मानव प्राणियों के विश्लेषण के द्वार खोलती है।"

अतः विकल्प (A) सही है।

30. कार्ल प्रिब्राम के अनुसार, "बेरोजगारी श्रम बाजार की वह दशा है, जिसमें श्रम शक्ति की पूर्ति कार्य करने के स्थानों की संख्या से अधिक होती है।"

अतः विकल्प (B) सही है।

31. सामाजिक क्रिया को व्यापक सामाजिक समस्याओं के समाधान का संगठित प्रयास कहा जा सकता है या मौलिक सामाजिक एवं आर्थिक दशाओं को प्रभावित करके वांछित सामाजिक उद्देश्यों को प्राप्त करने के लिए संगठित सामूहिक प्रयास कहा जा सकता है। मैक्स वेबर ने सामाजिक क्रिया के चार प्रकार बताए हैं-

(i) सम्पत्ति युक्त उच्च वर्ग

(ii) सम्पत्ति विहीन श्वेतवसन वर्ग

(iii) पतित बुर्जुआ वर्ग

(iv) नीले वस्त्र श्रमिक

अतः विकल्प (C) सही है।

32. बहुपति विवाह-इस विवाह में एक ही समय में एक स्त्री एक से अधिक पुरुषों से विवाह करती है। कई बार हमारे यहाँ इसे बहुपति विवाह भी कहते हैं। रिवर्ज ने जो ब्रिटिश मानवशास्त्री थे, दक्षिण भारत के टोडाओं में काम किया था। वे बहुपति प्रथा को जो टोडाओं में आज भी प्रचलित है, इस भांति परिभाषित करते हैं: एक स्त्री का कई पतियों के साथ विवाह सम्बन्ध बहुपति विवाह कहलाता है।

अतः विकल्प (C) सही है।

33. 'संस्था' शब्द का प्रयोग सबसे पहले हर्बर्ट स्पेन्सर ने अपनी पुस्तक 'फर्स्ट प्रिन्सिपल' में 1862 ई. में किया। स्पेन्सर ने नियंत्रक संस्थायें, समर्थक संस्थाएँ जैसे शब्दों का प्रयोग किया। स्पेन्सर यह कहना चाहते थे कि समाज की संस्थाओं से ही सामाजिक संरचना का गठन होता है। बाद में चलकर प्रकार्यवादी विद्वानों ने इसी अर्थ में संस्था शब्द का प्रयोग किया। विलियम ग्राहम समनर ने संस्था की एक संक्षिप्त परिभाषा दी। उनके अनुसार एक संस्था में धारणा, अर्थात् विचार, समझ सिद्धान्त अथवा हित एवं एक संरचना होती है। समनर ने संस्था की व्यापक धारणा दी है। कार्य प्रणाली के स्थापित नियम व दशाएँ कथन, एक संस्था का बोध कराते है। एक संस्था अनेक जनरीतियों और रूढ़ियो की एक इकाई के रूप में संगठन है, जो आवश्यकता को पूर्ण करने से सम्बन्धित अनेक कार्यों को करती है। सामाजिक संस्थाएँ समाज द्वारा मान्यता प्राप्त व्यक्तियों की मौलिक आवश्यकताओं को पूर्ण करने के साधन और कार्य-प्रणालियों की संरचना है।

अतः विकल्प (C) सही है।

34. महात्मा गाँधी ने कहा है, कि "पूँजी स्वयं में कोई बुराई नहीं है, बुराई तो उसका दुरुपयोग है। पूँजी की किसी न किसी रूप में आवश्यकता हमेशा रहेगी"।

अतः विकल्प (C) सही है।

35. टी. बी. बोटोमोर का कहना है कि सामाजिक परिवर्तन की केन्द्रीय विशेषता सामाजिक संरचना में होने वाला परिवर्तन है। सामाजिक संरचना अपने आप में बहुत वृहद् है। इसके अन्तर्गत सामाजिक संस्थाओं में होने वाले संबंधों और एक संस्था का अन्य संस्थाओं के साथ होने वाला संबंध सामाजिक परिवर्तन की परिधि में आता है इसी संरचना के आगे सामाजिक मूल्य व

मानदण्ड भी होते हैं। बोटोमोर के अनुसार पाश्चात्य विज्ञान, प्रौद्योगिक एवं सामाजिक नियोजन सा कारक सामाजिक परिवर्तन के लिए उत्तरदायी है।

अतः विकल्प (C) सही है।

36. सामुदायिक भावना के प्रमुख तत्व हम की भावना, आत्मनिर्भरता और भू-भाग की भावना होती है।

1. हम की भावना-यह सामुदायिक भावना का प्रमुख अंग है। इस भावना के अंतर्गत सदस्यों में "में" की भावना रहती है। लोग मानते हैं, कि यह हमारा समुदाय है, हमारी भलाई इसी में है या यह हमारा दुःख है। सोचने तथा कार्य करने में भी हम की भावना स्पष्ट दिखाई देती है।

2. दायित्व की भावना-सदस्य समुदाय के कार्यों को करना अपना दायित्व समझते हैं। वे अनुभव करते हैं कि समुदाय के लिए कार्यों को करना, उनमें हिस्सा लेना, दूसरे सदस्यों की सहायता करना आदि उनका कर्तव्य एवं दायित्व है। इस प्रकार सदस्य समुदाय के कार्यों में योगदान की भावना रखते हैं। सदस्य मिल जाता है। यह बिना समुदाय के अपना अस्तित्व नहीं समझता है। अन्य शब्दों में सदस्य समुदाय पर ही निर्भर रहता है।

अतः विकल्प (C) सही है।

37. प्राथमिक सम्बन्ध किसी उद्देश्य की पूर्ति का साधन नहीं बनते हैं, वरन् स्वयं साध्य होते हैं। ये सम्बन्ध जबरदस्ती नहीं बनाए जाते हैं, बल्कि स्वयं विकसित होते है । प्राथमिक सम्बन्धों के आन्तरिक मूल्य होते हैं। प्राथमिक सम्बन्ध होते है-माता, पिता, भाई, बहन आदि।

अतः विकल्प (C) सही है।

38. 'श्वेतवसन अपराध' प्रतिष्ठित एवं उच्च सामाजिक पद वाले व्यक्तियों द्वारा किया जाने वाला अपराध है। इस संकल्पना का प्रयोग सर्वप्रथम सदरलैण्ड द्वारा किया गया।

ई. एच. सदरलैंड के अनुसार, "प्रतिष्ठित एवं उच्च सामाजिक पद के व्यक्ति के द्वारा अपने व्यवसाय के समय में किया गया अपराध ही श्वेतवसन अपराध है।"

39. 'अधिकारी तंत्र' से परम्परागत मूल्यों का ह्रास होता है। परम्परागत मूल्यों, आदर्शों, सिद्धान्तों, मानदण्डों और मान्यताओं को सम्मान जनक दृष्टिकोण से देखना भारतीय संस्कृति की विशिष्टता है, परन्तु इसका अर्थ यह नहीं है कि आधुनिकीकरण की प्रवृत्ति से अप्रभावित है।

अतः विकल्प (D) स्ही है।

40. मनुष्य की आवश्यकताएँ इतनी अधिक हैं कि वह कभी भी पूरी तरह से स्वावलंबी नहीं हो सकता । अपने उद्देश्यों या जरूरतों को पूरा करने के लिए उसे या तो किसी से सहयोग लेना पड़ता है अथवा संघर्ष करना पड़ता है। समाज के अस्तित्व, अनवरतता के लिए ये प्रवृत्तियाँ आवश्यक होती है। इन प्रवृत्तियों को ही सामाजिक प्रक्रिया कहते हैं।

सामाजिक प्रकियाओं के प्रकार लेस्ली ने विभिन्न प्रकार की सामाजिक प्रक्रियाओं को पाँच भागों में विभक्त किया है।

1. सहयोग

2. समायोजन

3. आत्मसातीकरण

4. संघर्ष

5. प्रतियोगिता

इनमें प्रथम तीन संयोजक प्रक्रियाएं हैं, जबकि अतिम दो विघटनात्मक प्रक्रियाएं हैं।

अतः विकल्प (C) सड़ी है।

41. जजमानी प्रथा भारत में ग्रामीण समुदाय के अंतर्गत विभिन्न जातियों के परिवारों के बीच एक सामाजिक और आर्थिक व्यवस्था, जिसके अनुसार एक परिवार दूसरे को संपूर्ण रूप से कुछ नियत सेवाएँ देता है। जैसे कर्मकांड संपन्न करवाना, हजामत बनाना या कृषि हेतु मजदूरी करना। 'जजमानी प्रथा' में कृषक-गृहस्थ ही जजमान होता था और बाकी सब लोग एक प्रकार से उसके पुरोहित होते थे। चाहे वे ब्राह्मण पुरोहित हों अथवा कुम्हार, तेली, नाई, धोबी, दर्जी, लुहार, बढ़ई, सुनार, चर्मकार, धुनिया, बारी, माली, पटहारे आदि ग्रामीण कारीगर हों, सभी कृषकगृहस्थों को अपना जजमान मानते थे और वे उसके लिए सामग्री प्रस्तुत करते थे। यह सामग्री दो प्रकार की होती थी- एक तो सीधे कृषि के उपयोग की, जैसे हल बनाना या बैलगाड़ी बनाना । दूसरी वह जो कि कृषि की नहीं बल्कि कृषकों तथा अन्य समी ग्रामीरों की आवश्यकताओं की पूर्ति करती थी।

अतः विकल्प (D) सही है।

42. विवाह का शाब्दिक अर्थ है, 'उद्वह' अर्थात् 'वधू को वर के घर ले जाना।' विवाह को परिभाषित करते हुए लूसी मेयर लिखते हैं, विवाह की परिभाषा यह है कि वह स्त्री-पुरुष का ऐसा योग है, जिससे स्त्री से जन्मा बच्चा माता-पिता की वैध सन्तान माना जाता है। इस परिभाषा में विवाह को स्त्री व पुरुष के ऐसे सम्बन्धों के रूप में स्वीकार किया गया है जो सन्तानों को जन्म देते हैं, उन्हें वैध घोषित करते हैं तथा इसके फलस्वरूप माता-पिता एवं बच्चों को समाज में कुछ अधिकार एवं प्रस्थितियाँ प्राप्त होती हैं। लूथर के कथनानुसार "विवाह बीमार आत्माओं के लिए एक अस्पताल है।"

अतः विकल्प (A) सही है।

43. सामाजिक समूहों को चार वर्गों में आर. बीरस्टीड ने विभाजित किया है, जो इस प्रकार हैं-

(i) सांख्यिकीय समूह

(ii) सामाजिक समूह

(iii) सहयोगी समूह

(iv) समिति सम्बन्धी समूह

अतः विकल्प (D) सही है।

44. संघर्ष की विशेषताएँ-

संघर्ष के लिए दो या दो से अधिक व्यक्तियों या समूहों का होना जरूरी है जो एक-दूसरे के हितों को हिंसा की धमकी, आक्रमण, विरोध या उत्पीड़न के माध्यम से चोट पहुँचाने की कोशिश करते है ।

संघर्ष एक चेतन प्रक्रिया है जिसमें संघर्षरत व्यक्तियों या समूहों को एक-दूसरे की गतिविधियों का ध्यान रहता है। वे अपने लक्ष्य की प्राप्ति के साथ-साथ विरोधी को मार्ग से हटाने का प्रयल मी करते है।

संघर्ष एक वैयक्तिक प्रक्रिया है। इसका तात्पर्य यह है, कि संघर्ष में ध्यान लक्ष्य पर केन्द्रित न होकर प्रतिद्वन्दियों पर केन्द्रित हो जाता है।

संघर्ष एक अनिरन्तर प्रक्रिया है। इसका अर्थ यह है कि संघर्ष सदैव नहीं चलता बल्कि रुक-रुक कर चलता है।

अतः विकल्प (A) सही है।

45. तृतीयक सम्बन्धी वे होते हैं, जो हमारे द्वितीयक सम्बन्धियों के प्राथमिक सम्बन्धी होते हैं। पितामह हमारे तृतीयक रक्त सम्बन्धी हैं, क्योंकि वे हमारे पिता के पिता (दादा) के पिता (पितामह) हैं। इस प्रकार व्यक्ति के पिता प्राथमिक सम्बन्धी, दादा द्वितीयक सम्बन्धी एवं पितामह तृतीयक सम्बन्धी होंगे। इसी प्रकार साले का लड़का तृतीयक सम्बन्धी होगा, क्योंकि साला द्वितीयक सम्बन्धी एवं उसका लड़का तृतीयक सम्बन्धी होगा। जी.पी. मरडॉक ने कुल 151 प्रकार के तृतीयक सम्बन्धियों का उल्लेख करते हैं तथा साले की पत्नी भी तृतीयक सम्बन्धी होगी।

अतः विकल्प (B) सही है।

46. 2011 की जनगणना में जनसंख्या दर में वृद्धि दर्ज की गई है वहीं पूर्वोत्तर के राज्य नागालैंड में जनसंख्या से जुड़े आंकड़ों से पता चलता है कि यहां की आबादी में कमी आई है। वर्ष 2001 में नागालैंड की कुल आबादी जहां 19 लाख 88 हजार 636 थी वहीं वर्ष 2011 की जनगणना में राज्य की कुल आबादी 19 लाख 80 हजार 602 दर्ज की गई है।

अतः विकल्प (B) सही है।

47. संस्कृति मानव की श्रेष्ठतम धरोहर है जिसकी सहायता से वह पीढ़ी दर पीढ़ी आगे बढ़ता जा रहा है। संस्कृत और संस्कृति दोनों शब्द संस्कार से बने हैं। प्रत्येक समाज की एक विशिष्ट संस्कृति होती है। संस्कृति मानव आवश्यकताओं की पूर्ति करती है। मानव व्यक्तित्व निर्माण में संस्कृति निरन्तर सहायक होती है। संस्कृतीकरण वह अवधारणा है जिसमें कोई व्यक्ति या समूह विचार, मूल्य, रीति-रिवाज, धर्म, दर्शन, प्रथा एवं व्यवहार को अपनाता है।

अतः विकल्प (D) सही है।

48. ईमाइल दुर्खीम ने सामाजिक तथ्य की अवधारणा सर्वप्रथम अपनी कृति "द रूल्स ऑफ़ सोशियोलॉजिकल मेथड" में की है आपके लिए समाज एक वास्तविकता है जो 'सुईजेनेरिस' है। दुर्खीम के अनुसार, सामाजिक तथ्य कार्य करने, सोचने या अनुभव करने का तरीका है, जो किसी भी समाज में लगभग सामान्य रूप से पाया जाता है।"

अतः विकल्प (D) सही है।

49. वेस्टरमार्क के अनुसार, परिवार का प्रारम्भिक स्वरूप 'पितृसत्तात्मक' था। ऐसी सामाजिक और पारिवारिक व्यवस्था जिसमें सत्ता, वंश परम्परा, पदाधिकार, स्थानीयता आदि पुरुष प्रधान होती है। परिवार के वरिष्ठ पुरुष में निहित होती हैं, और उसकी मृत्यु के बाद उसके पुत्र को हस्तान्तरित होती है।

अतः विकल्प (D) सही है।

50. 'दि लाइफ डिवाइन पुस्तक के लेखक का नाम " श्री अरविन्द" है।

अतः विकल्प C) सही है।

51. "पर्यावरण के मनुष्यकृत भाग" को हर्ष को विट्स 'संस्कृ ति कहते हैं। "संस्कृति" शब्द अंग्रेजी के 'कल्चर' का हिन्दी रूपान्तरण है। संस्कृति एक बड़ा वृहत शब्द है, जिसको अनेक अर्थों में देखा जा सकता है। साहित्यकारों ने इसे सामाजिक विशिष्टता एवं बौद्धिक श्रेष्ठता के अर्थ में देखा है।

अतः विकल्प (C) सही है।

52. सन् 1957 में योजना आयोग ने बलवंत राय मेहता की अध्यक्षता में "सामुदायिक परियोजनाओं एवं राष्ट्रीय विकास "सेवाओं का अध्ययन दल के रूप में एक समिति बनाई, जिसे यह दायित्व दिया गया कि वह उन कारणों का पता करे, जो सामुदायिक विकास कार्यक्रम की संरचना तथा कार्यप्रणाली की सफलता में बाधक थी। मेहता दल ने 1957 के अंत में अपनी रिपोर्ट में सिफारिश की, जिसके अनुसार"लो कतां त्रिक विकें द्रीकरण और सामुदायिक विकास कार्यक्रम को सफल बनाने हेतु पंचायती राज व्यवस्था की तुरंत शुरुआत की जानी चाहिए।" त्रिस्तरीय व्यवस्था पंचायती राज व्यवस्था को मेहता समिति ने "लोकतांत्रिक विकेंद्रीकरण" का नाम दिया। समिति ने ग्रामीण स्थानीय शासन के लिए त्रिस्तरीय व्यवस्था का सुझाव दिया, जो निम्न प्रकार था-

1. ग्राम- ग्राम पंचायत

2. खंड- पंचायत समिति

3. जिला- जिला परिषद्

अतः विकल्प (C) सही है।

53. अमेरिकी समाजशास्त्री कूले ने अपनी पुस्तक 'हयूमन नेचर एंड सोशल ऑर्डर' में समाजीकरण का सिद्धांत प्रस्तुत किया कूले के अनुसार व्यक्ति एवं समाज को पृथक् करके वैज्ञानिक विवेचना नहीं की जा सकती। समाज के संपर्क में आने पर ही व्यक्ति के आत्म का विकास होता है। समाज उसके लिए दर्पण का कार्य करता है। इसीलिए कले के सिद्धांत को आत्म दर्पण के सिद्धान्त के नाम से जाना जाता है। कूले के अनुसार, शिशु जब समाज के संपर्क में आता

है, तब अंतक्रिया का अंग बनता है, एवं चिंतन प्रक्रिया की शुरुआत होती है। वह अन्यों की स्वयं के बारे में बनायी गयी धारणा से परिचित होता है। इस तरह समाज रूपी आईने में स्वयं को देखता है, एवं स्वयं को जानने का प्रयास करता है।

अतः विकल्प (C) सही है।

54. एम. एन. श्रीनिवास के "पाशचात्यीकरण" का अर्थ स्पष्ट करते हुए लिखा है, "मैं ने "पाशचात्यीकरण" शब्द का प्रयोग भारतीय समाज का संस्कृति में उन परिवर्तनों के लिए किया है, जो एक सौ पचास वर्षों से अधिक समय के अंगे जी राज्य के परिणामस्वरूप उत्पन्न हुए हैं, और यह शब्द प्रौद्योगिकी, संस्थाओं, वैचारिक मूल्यों आदि विभिन्न स्तरों पर होने वाले परिवर्तनों का समावेश करता है।" लिंच ने श्रीनिवास को उद्दृत करते हुए लिखा है, "पश्चिमीकरण में पश्चिमी पोशाक, खान-पान, तौर-तरीके, शिक्षा, विधियाँ और खेल, मूल्यों आदि को सम्मिलित किया जाता है।"

अतः विकल्प (C) सही है।

55. 'एकबंधक' और 'बहुबंधक' समूहों का परिचय समाजशास्त्रीय साहित्य में पी. ए. सोरोकिन ने कराया है।

अतः विकल्प (D) सही है।

56. "हम समितियों के सदस्य होते हैं, संस्थाओं के नहीं", यह कथन मैकाइवर एवं पेज ने कहा है।

अतः विकल्प (C) सही है।

57. 'काका कालेलकर कमिशन' के अनुसार पिछड़े वर्गों के निर्धारण के मापदण्ड जाति हैं। 'जाति' शब्द की उत्पत्ति पर सर्वप्रथम ग्रेसिया-डी-ओर्टा ने 1665 में प्रकाश डाला। इसके बाद फ्रांसीसी विद्वान अब्बे डुब्बाया ने इस अवधारणा का प्रयोग जाति के सन्दर्भ में किया था।

अतः विकल्प (C) सही है।

58. ऑगस्ट कॉम्ट ने 'त्रिस्तरीय नियम' का प्रतिपादन किया है। मानव का बौद्धिक विकास अर्थात् मानव प्रगति जो ज्ञान के विकास पर आधारित है। जिसे प्रगति का निमय भी कहा जाता है।

अतः विकल्प (A) सही है।

59. "सामाजशास्त्र का अतीत बहुत लम्बा है, किन्तु इसका इतिहास संक्षिप्त है।" यह कथन राबर्ट बीरस्टीड ने प्रस्तुत किया है। समाजशास्त्र के ऐतिहासिक विकास के अध्ययन से संबंधित है। समाजशास्त्र सामाजिक संस्थाओं के रूप में जीवन के विभिन्न चरण, परंपरा, रीति-रिवाज आदि का अध्ययन करता है। समाजशास्त्र को इन सभी तथ्यों के अध्ययन के लिए इतिहास पर निर्भर रहना पड़ता है । इतिहास को जाने बिना वर्तमान का अध्ययन नहीं किया जा सकता। किसी भी समाज के अध्ययन एवं वास्तविक मूल्यांकन के लिए उसके इतिहास का ज्ञान आवश्यक है। दूसरी ओर इतिहास भी समाजशास्त्र द्वारा प्रतिपादित समाज व संगठन के सिद्धांतों की सामान्य दृष्टि को अध्ययन के लिए आधार बनाता है। इतिहास के द्वारा रीति-रिवाज, परंपराएँ, मनोवृत्तियाँ, विचार, मूल्य, दर्शन आदि की जानकारी ली जाती है। इतिहास समाज की गतिशीलता पर प्रकाश डालता है, और समाजशास्त्रीय अध्ययन में सहायक सिद्ध होता है।

अतः विकल्प (B) सही है।

60. एक सामाजिक—मनोवैज्ञानिक प्रक्रिया जिसके द्वारा हम समाज के सक्रिय सदस्य बनते हैं । इस प्रक्रिया में समाज के मानदण्डो और मूल्यो के आन्तरीकरण के साथ-साथ अपनी सामाजिक भूमिकाओं के मानदण्डो और मूल्यो के आन्तरीकरण के साथ-साथ अपनी सामाजिक भूमिकाओं का सम्पादन करना, सीखना दोनों बातें सम्मिलित होती हैं। इसी प्रक्रिया के द्वारा 'स्व' का विकास होता है। अतः कुछेक समाजशास्त्रियों ने इसे 'स्व ' के विकास की प्रक्रिया भी कहा है। इस प्रक्रिया में सम-समूह, परिवार, समुदाय और विद्यालय की विशेष भूमिका होती है।

समाजीकरण एक विस्तृत और अंतहीन प्रक्रिया है, जो एक व्यक्ति के साथ जीवन पर्यंत चलती रहती है।

अतः विकल्प (D) सही है।

61. घटती हुई सामान्यता और बढ़ती हुई जटिलता का सिद्धांत-कॉम्ट के विज्ञानों का विकास एक विशेष क्रम से होता है और वह क्रम है. 'घटती हुई सामान्यता और बढ़ती हुई जटिलता। दूसरे शब्दों में, जैसे-जैसे नवीन विज्ञान का जन्म होता है, वैसे-वैसे उस विज्ञान की अष ययन-वस्तु क्रमशः कम सामान्य और अधिक जटिल होती जाती है। ऑगस्ट कॉम्ट के विज्ञानों के वर्गीकरण के सिद्धांत के अनुसार, एक विज्ञान की अध्ययन-वस्तु जिस प्रकार की होती है, उसी के अनुसार, उस विज्ञान की अन्य विज्ञानों पर निर्भरता तथा विज्ञानों के संस्तरण में उसका स्थान निश्चित होता है।

विज्ञानों का संस्तरण या वर्गीकरण अपने उपर्युक्त सिद्धांत के आधार पर कॉम्ट ने विज्ञानों का जो संस्तरण प्रस्तुत किया है, वह इस प्रकार हैं-

(1) गणितशास्त्र

(2) खगोलशास्त्र

(3) मौतिकशास्त्र

(4) रसायनशास्त्र

(5) प्राणिशास्त्र

(6) समाजशास्त्र

अतः विकल्प (D) नही है।

62. बर्गेल के अनुसार, "नगरीकरण एक प्रक्रिया है और नगरवाद एक परिस्थिति है"। जनसंख्या का ग्रामीण क्षेत्रों से नगरीय क्षेत्रों में जाना 'नगरीकरण' कहलाता है। इसके परिणामस्वरूप जनसंख्या का बढ़ता हुआ भाग ग्रामीण स्थानों में रहने की बजाय शहरी स्थानों में रहता है। थॉमसन वारन (एनसाइक्लोपीडिया आफ़ सो शल साइन्सेज) ने इसकी परिभाषा इस प्रकार की है-"यह ऐसे समुदायों के व्यक्तियों, जो प्रमुख रूप से या पूर्ण रूप से कृषि से जुड़े हुये हैं, का उन समुदायों में जाना है जो साधारणतया (आकार में) उनसे बड़े हैं और जिनकी गतिविधियाँ मुख्यरूप से सरकार, व्यापार, उत्पादन या इनसे सम्बद्ध कारे बार पर केन्द्रित हैं"।

अतः विकल्प (A) सही है।

63. हर्बर्ट रिजले प्रजातीय सिद्धान्त के सबसे बड़े प्रतिपादक रहे है, इस सिद्धान्त के अनुसर संस्कृतियों के संघर्ष तथा प्रजातियों के सम्पर्क से भारत में जाति के निर्माण की प्रक्रिया सम्भव हुई। विश्व इतिहास में जब कभी किन्हीं लोगों ने दूसरे लोगों को अपने आधीन किया, विजेताओं ने पराजित लोगों की स्त्रियों को न केवल अपनी रखैल या पत्नी बनाया, अपितु अपनी लड़कियाँ उन्हें देने से मना कर दिया। जब ये दो समूह (पराजित व विजेता) एक ही प्रजाति के तथा एक ही रंग आदि के होते हैं, तो इनमें पूर्ण सम्मिश्रण हो जाता है। लेकिन यदि वे अलग-अलग प्रजाति या रंग के हों तो विकास की दिशा अलग रास्तों पर चलती है। इस प्रकार उच्च समूह की स्त्रियाँ और निम्न समूहों के पुरुषों के अनियमित मेल-जोल के कारण एक अर्द्ध-नस्ल का वर्ग बन जाता है जिसके सदस्य केवल आपस में ही विवाह करते हैं तथा हर दृष्टि से एक जाति के रूप में कार्य करते हैं।

हर्बर्ट रिजले के प्रजातीय सिद्धान्त का समर्थन अनेक विद्वानों ने किया है। जी. एस. घुरिए के अनुसार मूल निवासियों की तुलना में अधिक सभ्य एवं गौर वर्ण (पित) होने के नाते आर्यों ने अपना अलगपन दर्शाने की चेष्टा की है। सामाजिक व्यवहार में एकांतिक तथा संस्कारों की पवित्रता में उनका विश्वास मूल निवासियों से भिन्न था। वे मूल निवासियों के बारे में कठोर शब्द प्रयोग करते थे और उनके साथ सामाजिक क्रियाओं में अनेक प्रतिबन्ध लगाते थे।

अतः विकल्प (C) सही है।

64. श्रीनिवास ने लिखा है कि "संस्कृतीकरण" का अर्थ सिर्फ नवीन प्रथाओं व आदतों को ग्रहण करना ही नहीं वरन् पवित्र तथा लौकिक जीवन से संबंधित नये विचारों एवं मूल्यों को भी प्रकट करना है, जिनका वितरण संस्कृत के विशाल साहित्य में बहुधा देखने को मिलता है। कर्म, धर्म पाप, पुण्य, संसार, मोक्ष आदि संस्कृत के कुछ अत्यन्त लोकप्रिय आध्यात्मिक विचार हैं। श्री निवास ने स्पष्ट

किया है कि उच्च जाति का अनुसरण करके निम्न जाति अपने सामाजिक स्तर को ऊँचा उठाने का प्रयत्न करती है और इसी को संस्कृतिकरण कहा जाता है।

अतः विकल्प (D) सही है।

65. औपचारिक सामाजिक नियन्त्रण के अन्तर्गत समाज में स्थापित एक ऐसी व्यवस्था है, जिसकी स्थापना राज्य तथा समाज में व्याप्त औपचारिक संगठनों द्वारा बनाये गये स्वीकृत नियमों के आधार पर समूह के व्यक्तियों के व्यवहार पर नियंत्रण रखना होता है । इस प्रकार के नियमों का उल्लंघन करने पर दण्ड व्यवस्था का भी प्रावधान रखा जाता है। जै से-कानून, न्यायपालिका, पुलिस, प्रचार प्रसार संगठन आदि। धर्म औपचारिक सामाजिक नियंत्रण के अन्तर्गत नहीं आता।

अतः विकल्प (C) सही है।

66. प्रतिलोम विवाह उस विवाह को कहते है, जिसमें उच्च कुल की स्त्री निम्न कुल के पुरुष से विवाह करती है। विशेष विवाह अधिनियम 1954 , हिन्दू विवाह अधिनियम 1955, हिन्दू विवाह कानून (संशोधन) अधिनियम 1976 इत्यादि के कारण अब अंतर्जातीय विवाह को कानूनी मान्यता प्राप्त हो गई है। फलस्वरूप प्रतिलोम नियम कमजोर हो गया है। इस प्रकार के विवाहों के उदाहरण प्राचीन साहित्य में मिलते हैं। यद्यपि इतिहास में ऐसा समय कभी नही रहा, जिसमें प्रतिलोम विवाह, पूर्णरूप से प्रचलित रहे हों। फिर भी कुछ उदाहरण अवश्य मिलते हैं। कदम्ब वंश के शकुतृस्थ वर्मा नामक ब्राहण राजा ने अपनी कन्याएँ गुप्त राजाओं को दी थीं। प्रतिलोम विवाह के जो उदाहरण मिलते हैं, वे ऊँचे स्तर के व्यक्तियों के हैं।

अतः विकल्प (B) सही है।

67. दुर्खीम ने कभी प्रत्यक्ष रूप से स्वः के विकास के लिए समाजीकरण की चर्चा नहीं की, लेकिन अपनी पुस्तक 'सोशियोलॉजी एंड फिलोसॉफी' में व्यक्ति में व्यक्तित्व विकास के लिए समाज की भूमिका को रेखांकित किया। मार्क्स की तरह दुर्खीम भी व्यक्ति को कोई स्वतंत्र सत्ता नहीं मानते बल्कि समूह की सत्ता को हो केन्द्रीय महत्त्व देते हैं। दुर्खीम ने 'सामूहिक प्रतिनिधान' के आधार पर समाजीकरण के सिद्धांत को स्पष्ट किया।

अतः विकल्प (B) सही है।

68. प्रच्छन्न बेरोजगारी, अर्थात् छुपी हुई बेरोजगारी, यह वह स्थिति है, जब एक श्रमिक काम तो कर रहा होता है, लेकिन उसकी क्षमता का पूरा उपयोग नहीं हो पाता है। ऐसी स्थिति में एक श्रमिक किसी खास काम में इसलिये लगा रहता है, क्योंकि उसके पास उससे बेहतर करने को कुछ भी नहीं होता। इस स्थिति में श्रमिक के पास कोई विकल्प नहीं होता बल्कि किसी खास काम को करने की मजबूरी होती है।

ग्रामीण क्षेत्रों में कृषि क्षेत्र में अक्सर देखने को मिलता है, कि जिस खेत पर काम करने के लिए एक-दो लोग काफी होते हैं। उसी खेत पर कई लोग काम करते रहते हैं। इसलिए, यहाँ तक कि अगर हम कुछ लोगों को (कृषि व्यवसाय से) बाहर ले जाते हैं, तो उत्पादन प्रभावित नहीं होगा।

अतः विकल्प (B) सही है।

69. एम. मैरियट ने 'स्थानीयकरण' एवं 'सार्वभौमीकरण' की जुड़वां आवधारणाओ का विकास किया है।

अतः विकल्प (C) सही है।

70. भारत में 'जजमानी व्यवस्था' का सर्वप्रथम अध्ययन डब्लू. एच. वाइजर ने किया था। जजमानी व्यवस्था परम्परागत व्यवस्था पर निर्भर है। इस व्यवस्था में प्रत्येक जाति का एक निश्चित व्यवसाय तय हो जाता है जो परम्परागत होता है तथा यह पीढ़ी दर पीढ़ी हस्तान्तरित होता रहता है। आस्कर लेविस के अनुसार इस प्रथा के अन्तर्गत एक गाँव में रहने वाले प्रत्येक जाति-समूह से यह अपेक्षा की जाती है कि वह अन्य जातियों के परिवारों को कुछ प्रमाणित सेवाएँ प्रदान करे।

अतः विकल्प (D) सही है।

71. धर्मनिरपेक्षीकरण का अर्थ सभी धर्मों को समान सम्मान देना है। धर्मनिरपेक्षीकरण की प्रक्रिया के बारे में विस्तार से चर्चा करते हुए ब्रायन आर. विलसन लिखते है-धर्मनिरपेक्षीकरण की प्रक्रिया के अंतर्गत "विभिन्न सामाजिक संस्थाएं धीरे-धीरे एक-दूसरे से अलग हो जाती हैं, तथा वे उन धार्मिक अवधारणाओं की पकड़ से बहुत हद तक मुक्त हो जाती हैं, जिन्होंने इनके संचालन को प्रेरित तथा नियंत्रित किया था। इस बदलाव से पूर्व, अधिकतर मानवीय क्रियाओं व संगठन के विशाल क्षेत्र से संबंधित सामाजिक प्रक्रिया को पहले से तय धार्मिक सिद्धांतों के आधार पर संचालित किया जाता रहा है।

अतः विकल्प (A) सही है।

72. जी. एस. घुरिए ने महाराष्ट्र के 'महादेव कोली' जनजाति का अध्ययन किया तथा 'द महादेव कोली' पुस्तक की रचना की इनका कहना है, कि जनजातियाँ 'पिछड़े हिन्दू' ही है, अतः इन्हें समाज में पूर्णतः आत्मसात कर लेना चाहिए अर्थात् घुरिए 'आत्मसात की नीति' का सुझाव देते हैं।

भारत में जी.एस. घुरिये को जाति तथा प्रजाति का अध्ययन करने वाला प्रमुख विद्वान माना जाता है। 1932 ई. में प्रकाशित उनकी पुस्तक 'कास्ट एण्ड रेस इन इंडिया' इस विषय पर लिखी गई एक आधिकारिक पुस्तक मानी जाती है। इस पुस्तक में उन्होंने जाति तथा प्रजाति के संबंधों पर प्रचलित सिद्धांतों की विस्तारपूर्वक आलोचना की।

अतः विकल्प (B) सही है।

73. फेनोमेनोलॉजी एक दर्शन, पद्धति, विधि एवं उपागम के रूप में एक नवीनतम समाजशास्त्रीय सिद्धान्त है जिसका विकास दर्शनशास्त्र से हुआ फेनोमोलॉजी शब्द यूनानी भाषा के फैनीन शब्द से व्युत्पन्न माना जाता है जिसका अर्थ है-दिखना या प्रकट दर्शन एडमंड हर्सल (1859-1938) को इस उपागम का जनक माना जाता है। इसे हिन्दी में प्रघटनाशास्त्र या घटनाविज्ञान भी लिखते हैं।

अतः विकल्प (B) सही है।

74. समाज में आज शवेतवसन अपराध के निम्न लिखित स्वरूप देखने को मिल रहे हैं-

(1) व्यापारिक क्षेत्र में शवेतवसन अपराध- आज व्यापारिक जगत में श्वेतवसन अपराध का बोलवाला है। लुभावने तथा झूठे विज्ञापन, पेटेण्ट, टेडमार्क और कॉपीराइट का उल्लंघन, आर्थिक ठगी, सेल्स-टैक्स तथा आयकर की चोरी व श्रमिको के साथ विश्वासघात व्यापारिक क्षेत्र में पनपने वाले श्वेत वसन अपराध हैं।

(2) प्रशासनिक क्षेत्र में शवेतवसन अपराध- प्रशासनिक क्षेत्र में सर्वाधिक श्वेतवसन अपराध होते हैं। उच्च अधिकार प्राप्त प्रशासनिक अधिकारी घूस लेकर, उपहार ग्रहण करके ठेका छोड़कर, ट्रफफिक नियमों का उल्लंघन कराकर, लाइसेन्स तथा परमिट देकर श्वेतवसन अपराधों में लिप्त रहते हैं।

(3) न्याय के क्षेत्र में श्वेतवसन अपराध-आज श्वेतवसन अपराध से न्यायिक क्षेत्र भी अछूता नहीं रह गया है। वकील, न्यायाधीश तथा एटर्नी न्याय-क्षेत्र में श्वेतवसन अपराध करते हैं। झूठी गवाही, दुर्घटना करने वाले दोषी व्यक्तियों को बचाव व हत्या करने वालों को जमानत दे कर न्यायाधीश श्वेतवसन अपराध को क्रियात्मक रूप देते हैं।

अतः विकल्प (D) सही है।

75. मैकाइवर एवं पेज ने अपनी पुस्तक 'सोसाइटी' में सामाजिक परिवर्तन को स्पष्ट करते हुए बताया है कि समाजशास्त्री होने के नाते हमारा प्रत्यक्ष संबंध सामाजिक संबंधों से है और उसमें आए हुए परिवर्तन को हम सामाजिक परिवर्तन कहेंगे। डेविस के अनुसार सामाजिक परिवर्तन का तात्पर्य सामाजिक संगठन अर्थात् समाज की संरचना एवं प्रकार्यों में परिवर्तन है। डेविस के अनुसार 'सामाजिक परिवर्तन से केवल उन्हीं परिवर्तनों को समझा जाता है, जो सामाजिक संगठन अर्थात् समाज के ढाँचे और प्रकार्यों में घटित होते हैं। एच. एम. जॉनसन ने सामाजिक परिवर्तन को बहुत ही संक्षिप्त एवं अर्थपूर्ण शब्दों में स्पष्ट करते हुए बताया कि मूल अर्थों में सामाजिक परिवर्तन का अर्थ संरचनात्मक परिवर्तन है। जॉनसन की तरह गिडेंस ने बताया है कि सामाजिक परिवर्तन का अर्थ बुनियादी संरचना बुनियादी संस्था में परिवर्तन से है।

अतः विकल्प (B) सही है।

76. एक निश्चित आयु के बालक द्वारा समाज में निषिद्ध अथवा कानून विरोधी कार्य करना बाल अपराध कहलाता है। बाल अपराध दो शब्दो का संयोग है- बल + अपराध । 'बाल का अर्थ है-बालक या किशोर, ' अपराध' का अर्थ है, कानून का उल्लंघन। इस प्रकार बाल-अपराध को शाब्दिक अर्थ हुआ किशोर द्वारा किया गया अपराध । भारत में 1960 व 1986 ई में बाल अधिनियम पारित किया गया।

अतः विकल्प (C) सही है।

77. इस सिद्धांत से मुख्य रूप से हर्बर्ट स्पेन्सर का नाम जुड़ा है। उनके अनुसार समाज एक सवयव या जीव रचना है। अंग, समाज रूपी शरीर के कोष्ठ व्यक्ति हैं। इस सिद्धांत के समर्थक समाज को शरीर के रूप में मानते हैं तथा शरीर के विभिन्न अंग जैसे हाथ, पैर, कान, नाक आदि व्यक्ति है। जिस तरह शरीर से पृथक इन अंगों का कोई अस्तित्व नहीं है, उसी तरह व्यक्ति का भी समाज से पृथक कोई अस्तित्व नहीं है। जिस तरह शरीर के परस्पर अंगों में अंतर्निर्भरता पायी जाती है, उसी तरह प्रत्येक व्यक्ति भी अपनी योग्यता के अनुसार कार्य करके एक-दूसरे पर निर्भर है। इस सिद्धांत के अनुसार समाज से पृथक व्यक्ति का कोई अस्तित्व नहीं है।

अतः विकल्प (A) सही है।

78. गुजरात और मालवा के भील जनजाति में 'गोल-गधेड़ो' का आयोजन किया जाता है। इसमें होली के दिन ताड़ के पेड़ पर गुड़ और नारियल की एक पोटली लटका दी जाती है। पेड़ के चारों तरफ कुंवारी लड़कियों की एक सुरक्षा पंक्ति होती है, जो लड़कों को पेड़ के पास आने से रोकती है, जबकि नौजवान लड़के पोटली प्राप्त करने का प्रयास करते हैं। यदि कोई युवक लड़कियों की सुरक्षा पंक्ति तोड़कर पोटली उतार लेता है, तो उसे उनमें से किसी भी लड़की से विवाह करने का हक मिल जाता है।

अतः विकल्प (A) सही है।

79. जे. एस. मिल ने कॉम्ट के नवीन विज्ञान (समाजशास्त्र) के लिए इथोलॉजी नाम प्रस्तावित किया था। यह अंग्रेजी शब्द, ग्रीक शब्द इथनोस → रेस अर्थात् प्रजाति या लोग तथा लॉजिक एंड साइंस अर्थात् विज्ञान से मिलकर बना है, जिसका अर्थ प्रजातिशास्त्र या प्रजातियों का वैज्ञानिक अध्ययन है।

अतः विकल्प (C) सही है।

80. जार्ज फास्टर के अनुसार, "कृषक समाज आधा समाज है"।

अतः विकल्प (A) सही है।

81. जब हम परिवार को व्यक्तियों के एक गठित समूह के रूप में देखते हैं, तो इसे समिति कहा जाता है। समिति मनुष्यों का एक विशिष्ट संगठन है, जो योजनाबद्ध विधि से किसी एक अथवा अनेक लक्ष्यो की पूर्ति के लिए मनुष्यों द्वारा मनुष्यों के लिए स्थापित किया जाता है। मजदूर संघ, कर्मचारी संघ, व्यापारिक संघ इसके उदाहरण हैं।

अतः विकल्प (A) सही है।

82. अन्य पिछड़ा वर्ग (ओबीसी) एक वर्ग है यह सामान्य वर्ग यानी जनरल में ही सम्मिलित होता है पर इसमें आने वाली कास्ट गरीबी और शिक्षा के रूप में पिछड़ी होती हैं यह भी सामान्य वर्ग का भाग है जो जातियाँ वर्गीकृत करने के लिए भारत सरकार द्वारा प्रयुक्त एक सामूहिक शब्द है। यह अनुसूचित जातियों और अनुसूचित जनजातियों के साथ-साथ भारत की जनसंख्या के कई सरकारी वर्गीकरण में से एक है 'भारतीय संविधान में ओबीसी को सामाजिक और शैक्षिक रूप से पिछड़े वर्गों के रूप में वर्णित किया जाता है, और भारत सरकार उनके सामाजिक और शैक्षिक विकास को सुनिश्चित करने के लिए है- उदाहरण के लिए, ओबीसी सार्वजनिक क्षेत्र के रोजगार और उच्च शिक्षा के क्षेत्र में 27% आरक्षण के हकदार है।

अतः विकल्प (B) सही है।

83. संरचनाकरण के सिद्धान्त में ए. गिडेन्स ने संरचना को बाध्यतामूलक के साथ-साथ सहायता मूलक भी माना है। गिडेन्स दुर्खीम की बाध्यात्मक या

दबावमूलक संरचना की अवधारणा को स्वीकार करते है। गिडेन्स का मत है कि साधन (अभिकरण, एजेंसी) और संरचना एक-दूसरे से घनिष्ठ रूप से जुड़ी हैं। इन्हें एक-दूसरे से पृथक् नहीं किया जा सकता। इस प्रकार गिडेन्स साधन तथा संरचना को द्विभाजनता (डुअलिटी) के रूप में प्रस्तुत करते है।

अतः विकल्प (A) सही है।

84. जर्मन समाजशास्त्री मैक्स वेबर ने प्रत्यक्षवाद को अस्वीकार करते हुए तथा नव-आदर्श वाद से कुछ हद तक सहमत होते हुये समाजशास्त्र को सामाजिक क्रिया का व्याख्यात्मक बोध कराने वाला विज्ञान माना है तथा इसकी अध्ययन पद्धति के रूप में आदर्श प्रारूप को प्रस्तुत किया है। आदर्श प्रारूप ऐसी संरचनाएँ अथवा अवधारणाएँ हैं, जो सामाजिक यथार्थ के स्पष्टीकरण और व्याख्या के लिए बनाई जाती हैं। जिस तरह प्राकृतिक विज्ञानों में हम प्रयोग के उद्देश्य से प्रयोगशाला में शुद्ध गंधक या शुद्ध ऑक्सीजन बना लेते हैं, जो प्रकृति में अपने शुद्ध रूप में नहीं पाया जाता उसी तरह सामाजिक विज्ञानों में भी विश्लेषण के उद्देश्य से अध्ययन की जाने वाली घटना के शुद्ध रूपों का निर्माण सम्भव है, जिसे वेबर ने आदर्श प्रारूप की संज्ञा दी है।

अतः विकल्प (C) सही है।

85. डब्लू. सी. रेकलेस के अनुसार, "मद्यपान अनियन्त्रित पीना है"।

अतः विकल्प (A) सही है।

86. जब हम विवाह के उद्देश्यों पर विचार करते हैं तो पाते हैं कि विवाह दो विषमलिंगियों को यौन सम्बन्ध स्थापित करने की सामाजिक या कानूनी स्वीकृति प्रदान करता है। विवाह ही परिवार की आधारशिला है और परिवार में ही बच्चों का समाजीकरण एवं पालन-पोषण होता है।

मरडॉक ने 250 समाजों का अध्ययन करने पर सभी समाजों में विवाह के तीन उद्देश्यों का प्रचलन

1. यौन सन्तुष्टि

2. आर्थिक सहयोग

3. सन्तानों का समाजीकरण एवं लालन-पालन

परम्परागत हिन्दू समाज में विवाह के उद्देश्यों का सही क्रम-धर्म, प्रजा एवं रति जी एन. प्रभु एवं के एम. कपाडिया ने हिन्दू विवाह के उद्देश्य के इस तीनों बिन्दुओं का उल्लेख किया है-धर्म, प्रजा (पुत्र प्राप्ति) तथा रति (यौन संतुष्ट)

अतः विकल्प (C) सही है।

87. आर. नेस्फील्ड के अनुसार, "व्यवसाय और केवल व्यवसाय ही जाति प्रथा की उत्पत्ति के लिए उत्तरदायी है"।

अतः विकल्प (A) सही है।

88. एम. एन. श्रीनिवास श्रीनिवास (1916-1999) भारत के सुप्रसिद्ध समाजशास्त्री थे। उन्होंने दक्षिण भारत में जाति तथा जाति प्रथा, सामाजिक स्तरीकरण, सं स्कृतीकरण तथा पश्चिमीकरण पर कार्य किया। उन्होंने 'प्रबल जाति' की अवधारण प्रस्तुत की। प्रभुत्व जाति की अवधारणा एम. एन. श्रीनिवास ने दी है। 'मैसूर नरसिंहाचार श्रीनिवास ' को सन् 1977 में भारत सरकार द्वारा विज्ञान एवं अभियांत्रिकी के क्षेत्र में पद्म भूषण से सम्मानित किया गया था।

अतः विकल्प (B) सही है।

89. ऑग्बर्न एवं निमकॉफ ने संस्कृति के दो प्रकारों की चर्चा की है- भौतिक संस्कृति एवं 'अभौतिक संस्कृति' के अन्तर्गत उन सभी अभौतिक एवं अमूर्त वस्तुओं का समावेश होता है, जिनकी कोई माप-तौल, आकार एवं रंग आदि नहीं होते। अभौतिक संस्कृति समाजीकरण एवं सीखने की प्रक्रिया द्वारा एक पीढ़ी से दूसरी पीढ़ी में हस्तान्तरित होती रहती है।

प्रो. वीयरस्टीड ने अमौतिक संस्कृति के अन्तर्गत विचारों और आदर्श नियमों को सर्वाधिक महत्वपूर्ण बताया और कहा कि विचार अमौतिक संस्कृति के प्रमुख अंग है। विचारों की कोई निश्चित संख्या हो सकती है, फिर भी प्रो॰ वीयरस्टीड ने विचारों के कुछ समूह प्रस्तुत किये हैं-

(i) वैज्ञानिक सत्य

(ii) धार्मिक विश्वास

(iii) पौराणिक कथाएँ

(iv) उपाख्यान

(v) साहित्य

(vi) अन्ध-विश्वास

(vii) सूत्र

(viii) लोकोक्तियाँ

अतः विकल्प (D) सही है।

90. भारत के मद्रास, पंजाब, उत्तर प्रदेश आदि राज्यों में 19वीं सदी के पूर्वार्द्ध में ही विविध तथ्यों पर आधारित गणनाएँ प्रस्तुत हुई थीं, वस्तुत: 1865-72 ई. के काल में देश के अधिकांश भाग में आयोजित जनगणना हो सकी, किंतु इससे कई बडे देशी राज्य है दराबाद, कश्मीर, मध्य भारत, राजपूताना तथा पंजाब के राज्य लाभान्वित नहीं हुए थे। यह गणना अपूर्ण भी थी और आवागमन के आधुनिक साधनों से वंचित अतर्वर्ती वन्य तथा मरुक्षेत्रों में अपूर्ण ढंग से आँकडे प्रस्तुत किए गए थे। वस्तुत: भारत से तथ्यपरक एवं आधुनिक ढंग की सर्वथा आयोजित जनगणना 17 फरवरी, 1881 को संपन्न हई।

अतः विकल्प (C) सही है।

91. श्रीनिवास ने 'संस्कृतीकरण' की अवधारणा का प्रयोग अपनी 'रिलीजन एण्ड सोसायटी एमंग दि कूर्गस ऑफ साउथ इंडिया' नामक पुस्तक में किया था।

अतः विकल्प (B) सही है।

92. 'वास्तविक' तथा 'सामान्य' संरचना के मध्य अन्तर रेडिक्लिफ ब्राउन ने स्थापित किया है। रेडक्लिफ ब्राउन का मत था कि जब कभी हम सामाजिक संरचना का उल्लेख करते हैं तो सामाजिक सरंचना से हमारा अभिप्राय एक व्यवस्था से होता है जिसमें उस व्यवस्था व सरंचना के विभिन्न तत्व एक-दूसरे से जुड़े होते हैं। तत्वों के इस समीकरण और व्यवस्थित पद्धति को ही सरंचना कहा जा सकता है। सामाजिक सरंचना के संदर्भ में व्यक्ति को उस संरचना की इकाई मानते हैं। व्यक्ति सामाजिक सरंचना में एक स्थान पर बने होते हैं। उनका एक व्यवस्था में स्थान ग्रहण करना एक सामाजिक प्रक्रिया के तहत होता है जिसके अंतर्गत कुछ प्रतिमानों के कारण उन्हें वह स्थान मिला होता है। इस प्रकार सामाजिक सरंचना व्यक्ति का एक व्यवस्थित रूप है।

अतः विकल्प (D) सही है।

93. 'सोशियोलॉजी' दो शब्दो 'सोशियस' एवं 'लोगोस' के मेल से बना है। लोगोस यूनानी भाषा का शब्द है जिसका अर्थ है अध्ययन।

अतः विकल्प (C) सही है।

94. जब किसी समुदाय में बड़ी संख्या में लोग अवैध साधनों द्वारा अपने लक्ष्यों को पाने का प्रयत्न करने लगते हैं तब उसे सामाजिक विघटन की दशा कहा जाता है।

अतः विकल्प (A) सही है।

95. मैकाइवर एवं पेज के अनुसार, "समाजशास्त्र सामाजिक सम्बन्धों के विषय में है"।

अतः विकल्प (A) सही है।

96. मुस्लिम विवाह को 'निकाह' कहा जाता है। अवधारणा के स्तर पर मुस्लिम विवाह एक सामाजिक समझौता या नागरिक समझौता है, परन्तु व्यावहारिक स्तर पर भारत में मुस्लिम विवाह भी धार्मिक है। भारतीय मुसलमानों में अन्य समुदायों की तुलना में तलाक की दर अधिक है। पति-पत्नी के बीच वैवाहिक संबंध की तुलनात्मक स्थिरता भारतीय संस्कृति की साझी विरासत है। भारत में

मुस्लिम विवाह अरब दुनिया तथा अन्य स्थानों की तुलना में ज्यादा स्थायी पाया गया है।

अतः विकल्प (B) सही है।

97. भारत में स्वतन्त्रता प्राप्ति के तुरन्त बाद से ही एक ऐसी वृहत् योजना की आवश्यकता अनुभव की जाने लगी जिसके द्वारा ग्रामीण समुदाय में व्याप्त अशिक्षा, निर्धनता, बेरोजगारी, कृषि के पिछड़ेपन, गन्दगी तथा रूढ़िवादिता जैसी समस्याओं का समाधान किया जा सकेबदला जायेभारत में ग्रामीण विकास के लिए यह आवश्यक था कि कृषि की दशाओं में सुधार किया जाये, सामाजिक तथा आर्थिक संरचना को बदला जाये।

जनवरी 1952 में भारत और अमेरिका के बीच एक समझौता हुआ जिसके अन्तर्गत भारत में ग्रामीण विकास के चतुर्दिक तथा व्यापक विकास के लिए अमेरिका के फोर्ड फाउन्डेशन द्वारा आर्थिक सहायता देना स्वीकार किया गया। ग्रामीण विकास की इस योजना का नाम 'सामुदायिक विकास योजना' रखा गया तथा 1952 में ही महात्मा गाँधी के जन्म दिवस 2 अक्टूबर से 55 विकास खण्डों की स्थापना करके इस योजना पर कार्य आरम्भ कर दिया गया।

अतः विकल्प (B) सही है।

98. मैक्स वेबर का जन्म जर्मनी के थुरिंगा शहर में 21 अप्रैल 1984 को प्रोटेस्टेंट परिवार में हुआ था। इन्होंने पूंजीवाद के विकास को प्रोटेस्टेट धर्म की शिक्षा से जोड़ा था।

अतः विकल्प (C) सही है।

99. के. डेविस के अनुसार, "संघर्ष प्रतिस्पर्धा और सहयोग सभी परस्पर आश्रित है। ये मानव समाज के सदैव विद्यमान रहने वाले पहलू हैं"। संघर्ष मानव सम्बन्धो में सतत् रहने वाली एक प्रक्रिया है। जब व्यक्ति-व्यक्ति के बीच सहयोग नहीं होता अथवा जब वे एक-दूसरे के प्रति तटस्थ भी नहीं होते, तो संघर्ष की स्थिति उत्पन्न हो ही जाती है। संघर्ष को समाज में अस्वाभाविक भी नहीं कहा जा सकता, क्योंकि जब सीमित लक्ष्यों को अनेक व्यक्ति प्राप्त करना चाहें तो संघर्ष स्वाभाविक ही है।

अतः विकल्प (B) सही है।

100. बोटोमोर ने सामाजिक स्तरीकरण के चार स्वरूप 'दास प्रथा', 'जागीरें', 'जातियाँ और 'सामाजिक वर्ग' के रूप में वर्गीकृत किया था।

अतः विकल्प (B) सही है।

101. स्पेन्सर ने जीव वैज्ञानिक डार्विन के विचारों के आधार पर समाज के उद्विकासीय स्वरूप को दर्शाने का प्रयास किया। डार्विन ने प्राकृतिक चयन का जो नियम जानवरों एवं पौधों के बारे में दिया था, उसे स्पेन्सर ने जीव विज्ञान से हटकर मानवीय समाज पर लागू किया। हरबर्ट स्पेन्सर के अनुसार संसार की प्रत्येक वस्तु, चाहे वह जैव हो या अजैव, का उद्विकास होता है। उद्विकास की यह प्रक्रिया एक रेखीय क्रम में होती है, जो प्रकृति एवं समाज में हो रहे परिवर्तन के नियम को व्यक्त करता है। परिवर्तन की दिशा को निम्न बिन्दुओं में देखा जा सकता है-

(1) सरल से जटिल

(2) समरूपता से विषमरूपता

(3) असम्बद्धता से सम्बद्धता

अतः विकल्प (C) सही है।

102. हरबिलास शारदा (1867-1955) एक शिक्षाविद्, न्यायाधीश, राजनेता एवं समाज सुधारक थे। वे आर्यसमाजी थे। इन्होंने सामाजिक क्षेत्र में वैधानिक प्रक्रियाओं के क्रियान्वयन में महत्वपूर्ण भूमिका अदा की इनके अप्रतिम प्रयासों से ही 'बाल विवाह निरोधक अधिनियम, 1930' (शारदा एक्ट) अस्तित्व में आया।

अतः विकल्प (B) सही है।

103. 'रिमांड गृह' एवं 'बोर्स्टल स्कूल' बाल अपराधी के सुधार के लिए बने हैं।

अतः विकल्प (A) सही है।

104. किसी मी क्षेत्र में दी गई अवधि में जनसंख्या का प्रतिशत बढ़ गया है। यह अन्य क्षेत्रों से प्रवाह/बहिर्वाह को परिवर्तित करके जन्म दर से मृत्यु दर और सामाजिक वृद्धि से घटकर प्राकृतिक वृद्धि में व्यापक रूप से विभाजित है। घटती आबादी की अवधारणा सहित, यह जनसंख्या परिवर्तन दर भी हो सकती है। पूरी दुनिया में, यद्यपि विकसित देशों में चिकित्सा प्रौद्योगिकी में प्रगति और स्वच्छता की स्थिति में सुधार के कारण जनसंख्या वृद्धि दर में वृद्धि जारी है, जनसंख्या में प्राकृतिक वृद्धि और मूल्य के विविधीकरण और बच्चे के आर्थिक बोझ के कारण पालन आदि। कई देश छोटे आबादी में बदल गए है, और आबादी में गिरावट आई है। जन्मदर, मृत्युदर तथा देशान्तर गमन जनसं ख्या वृद्धि का निश्चायक है।

अतः विकल्प (D) सही है।

105. सी. एच. कूले के अनुसार, "जब वर्ग पूर्णतः वंशानुक्रम पर आधारित होता है, तो उसे हम जाति कहते हैं"। सी. एच.कूले कहता है कि शब्दों में जब व्यक्ति की प्रतिष्ठा पूर्णरूपेण, पूर्वनिश्चित हो, और जन्म लेने के बाद व्यक्ति के जीवन में किसी प्रकार के सुधार या परिवर्तन की आशा न हो, तब वह वर्ग जाति बन जाता है।

अतः विकल्प (A) सही है।

106. संसद ने अस्पृश्यता के उन्मूलन के लिये अस्पृश्यता (अपराध) अधिनियम, 1955 पारित किया तथा 1976 में इसका संशोधन कर इसका नाम 'सिविल अधिकार संरक्षण अधिनियम' कर दिया गया।

अतः विकल्प (C) सही है।

107. कोजर ने प्रतिस्पर्धा को "शान्तिपूर्ण संघर्ष " के रूप में वर्णित किया है। प्रतिस्पर्धा में यद्यपि समान उद्देश्य होता है परन्तु सम्मिलित प्रयल नहीं होते हैं, यदि होते भी हैं तो उसमें स्वार्थ की भावना अधिक होती है, जो व्यवहार उस समय होता है वह अर्थपूर्ण तथा नियोजित होता है। आन्तरिक घृणा तथा संघर्ष की स्थिति होती है। 'हम भावना' के स्थान पर 'परभावना ' महत्वपूर्ण कार्य करती है। कभी-कभी प्रतिस्पर्धा में भाग लेने वाले सभी विषय में न तो जानकारी होती है और न ही प्राप्त की जा सकती है।

अतः विकल्प (A) सही है।

108. समाजशास्त्र समाज का अध्ययन है। समाजशास्त्र शब्द की शाब्दिक व्युत्पत्ति से स्पष्ट होता है कि यह एक विज्ञान है जो समाज के विभिन्न घटकों, विशेषताओं, तथ्यों, कारकों तथा सिद्धान्तों का वैज्ञानिक अध्ययन करता है। समाजशास्त्र के संस्थापक आगस्त कॉम्टे (1798-1857) ने समाज का समस्त रूप से अध्ययन करने वाले विज्ञान को 1938 में यह नाम दिया। इन्होंने समाजशास्त्र को समाज का स्थैतिक और गतिक अध्ययन करने वाला विज्ञान बताया है।

अतः विकल्प (D) सही है।

109. इस्लाम में 'महर' वह धनराशि है जो विवाह के समय वर या वर का पिता, कन्या को देता है। यद्यपि यह मुद्रा के रूप में होती है किन्तु यह आभूषण, घरेलू सामान, फर्नीचर या जमीन आदि के रूप में मी हो सकती है।

अतः विकल्प (D) सही है।

110. कार्ल मार्क्स के अनुसार, "धर्म जनता के लिए अफीम है"। कार्ल मार्क्स के 1843-44 ई. में लिखे 'हेगेल ' के दर्शन की आलोचना के रूप में लिखा गया। हालांकि यह लेख जर्मन में लिखा गया और जर्मनी के संदर्भ में लिखा गया पर इसकी एक पंक्ति लोकप्रिय हुई. जिसमें धर्म को जनता की अफीम कहा गया।

अतः विकल्प (C) सही है।

111. 'वर्णव्यवस्था' का प्रथम उल्लेख ऋग्वेद में मिलता है। वर्ण का अर्थ 'ग्रहण करना' या धारण करना। वर्ण व्यवस्था हिन्दू धर्म में सामाजिक विभाजन का एक आधार है। हिन्दू धर्म-ग्रंथों के अनुसार समाज को चार वर्णों में विभाजित

किया गया है क्षत्रिय, ब्राह्मण, वैश्य और शूद्र जबकि बौद्ध धर्म के ग्रन्थों के अनुसार समाज को छ: वर्णों में विभाजित किया गया है।

अतः विकल्प (A) सही है।

112. 'भारत छोड़ो आन्दोलन' से महात्मा गांधी जुड़े हैं। भारत छोड़ो आन्दोलन, द्वितीय विश्वयुद्ध के समय 9 अगस्त, 1942 को आरम्भ किया गया था जिसे अगस्त क्रांति भी बोला जाता है। इस आन्दोलन का लक्ष्य भारत से ब्रितानी साम्राज्य को समाप्त करना था। यह आंदोलन महात्मा गांधी द्वारा अखिल भारतीय कांग्रेस समिति के मुम्बई अधिवेशन में शुरू किया गया था।

अतः विकल्प (D) सही है।

113. ग्रामीण क्षेत्रों में शक्ति के विकेन्द्रीकरण के सन्दर्भ में बी. मेहता ने कहा " यह स्वीकार्य है कि लोक तंत्र विकेन्द्रीयकरण के बिना सफल नहीं हो सकता है।"

अतः विकल्प (C) सही है।

114. ग्राम-नगर सातत्य की अवधारणा राबर्ट रेडफील्ड ने दी है। इन्हे इस अवधारणा का जनक भी कहा जाता है। बाद में इस अवधारणा का प्रयोग जनजाति और जाति के सम्बन्धों के विश्लेषण के लिए किया गया।

अतः विकल्प (C) सही है।

115. 'व्हाट इज सेशियोलॉजी' नामक पुस्तक एलेक्स इंकलेस ने लिखी है। उन्होंने समाजशास्त्र को समझने के लिए तीन रास्ते बतलाये हैं। जिनका अनुसरण करते हुए हम ग्रामीण समाजशास्त्र को भी समझते हैं।

(i) ग्रामीण समाजशास्त्र के पूर्वजों ने क्या कहा?

(ii) वर्तमान में ग्रामीण समाजशास्त्री क्या कर रहे है?

(iii) हमारा तर्क क्या कहता है।

अतः विकल्प (A) सही है।

116. ब्रिटिश अर्थशास्त्री माल्थस ने 'प्रिंसपल ऑफ पॉपुलेशन' में जनसंख्या वृद्धि और इसके प्रभावों की व्याख्या की है। माल्थस के अनुसार, 'जनसंख्या दोगुनी रफ्तार (1,2,4,8,16,32) से बढ़ती है, जबकि संसाधनों में सामान्य गति (1,2,3,4,5) से ही वृद्धि होती है। परिणामत: प्रत्येक 25 वर्ष बाद जनसंख्या दोगुनी हो जाती है। हालांकि माल्थस के विचारों से शब्दश: सहमत नहीं हुआ जा सकता किंतु यह सत्य है। कि जनसंख्या की वृद्धि दर संसाधनों की वृद्धि दर से अधिक होती है।

अतः विकल्प (A) सही है।

117. मानव के चार विकासक्रमों के अनुरूप ही चार आश्रमों की कल्पना की गई थी, जो निम्न प्रकार है-

1. ब्रहाचर्य- इसका पालनकर्ता ब्रह्मचारी अपने गुरु, शिक्षक के प्रति समर्पित और आज्ञाकारी होता है।

2. गृहस्थ- इसका पालनकर्ता गृहस्थ अपने परिवार का पालन करता है और ईश्वर तथा पितरों के प्रति कर्तव्यों का पालन करते हुए पुरोहितों को अवलंब प्रदान करता है।

3. वानप्रस्थ- इसका पालनकर्ता मौतिक वस्तुओं का मोह त्यागकर तप और योगमय वानप्रस्थ जीवन जीता है।

4. संन्यास- इसका पालनकर्ता संन्यासी सभी वस्तुओं का त्याग करके देशाटन और भिक्षा ग्रहण करता है तथा केवल शाश्वत का मनन करता है।

अतः विकल्प (B) सही है।

118. जॉर्ज सिमेल के विचार-स्वरूपात्मक सम्प्रदाय के प्रमुख समर्थक जॉर्ज सिमेल ही हैं। जॉर्ज सिमेल ने स्पष्ट किया है कि समाजशास्त्र का सम्बन्ध सामाजिक सम्बन्धों के स्वरूपों के अध्ययन से है। समाजशास्त्र विशिष्ट विज्ञान है तथा वह केवल सामाजिक सम्बन्धों के स्वरूपों का ही अध्ययन करता है।

उसके अनुसार सामाजिक सम्बन्धों की अन्तर्वस्तु का अध्ययन अन्य विशिष्ट सामाजिक विज्ञानों के अन्तर्गत किया जाता है। सिमेल ने मुख्य रूप से प्रतिस्पर्धा, प्रभुत्व, अनुकरण, श्रम-विभाजन तथा अधीनता आदि सामाजिक सम्बन्धों का वर्णन किया है। सिमेल के अनुसार समाजशास्त्र को अन्तर्वस्तु से कोई वास्ता नहीं, उसे तो केवल सामाजिक सम्बन्धों के स्वरूप का अध्ययन करना है।

अतः विकल्प (A) सही है।

119. मध्यवर्तीय सिद्धान्त की अवधारणा आर. के. मर्टन ने मुख्यतः दो प्रकार के बताए हैं-

(i) वृहद्/सामान्य सिद्धान्त

(ii) लघु या अतिसीमित सिद्धान्त

अतः विकल्प (B) सही है।

120. इलिएट एवं मेरिल ने कहा है कि "सामाजिक विघटन वह प्रक्रिया है जिसके द्वारा एक समूह के सदस्यों के बीच सम्बन्ध टूट जाते हैं।" सामाजिक विघटन का अर्थ सामाजिक विघटन के नाम से स्पष्ट हो जाता है। सामाजिक विघटन का अर्थ है सामाजिक संगठन के विपरीत दशा हम जानते हैं की हमारे समाज का निर्माण विभिन्न व्यक्तियों, संस्थाओं, समूह, समितियों, प्रतिमानों आदि से मिलकर होता है और इन सबका समाज में एक पद या स्थिति होती है। जब यह सभी अपने पदों और स्थिति के अनुसार अपने-अपने कार्यों को सही ढंग से नहीं करते तो समाज का विघटन होने लगता है।

अतः विकल्प (D) सही है।

121. 'आकस्मिक' एवं 'दीर्घकालिक' अपराधी को एलेक्जेंडर एवं स्टाव ने दो भागों में बाँटा है। विभिन्न विद्वानों ने अपराध तथा अपराधियों का वर्गीकरण विभिन्न प्रकार से किया है। सामान्यतया अपराधी निम्न प्रकार के होते हैं-

1. जन्मजात अपराधी

2. अपस्मारी अपराधी-ये अपराधी मानसिक विकारों के कारण उचित और अनुचित भेद नहीं कर पाते।

3. आकस्मिक अपराधी-वे अपराधी, जो बहुत शीघ्र आवेग-पूर्ण स्थिति में आकर अपराध करते हैं।

4. व्यावसायिक अपराधी-ये अपराधी जो अपराध को अपनी आजीविका का साधन मानते है।

5. श्वेतवसन अपराधी-ये अपराधी समाज में उच्च वर्ग के सदस्य होते है तथा महत्त्वपूर्ण प्रशासनिक पदों अथवा व्यापार में लगे होते हैं।

अतः विकल्प (A) सही है।

122. एल. एच. मार्गन मार्गन पहला विद्वान था जिसने नाते दारी शबदावली का व्यवस्थित अध्ययन किया। एल. एच. मार्गन ने न्यूयॉर्क (अमेरिका) के 'इराक्यूस' जनजाति का जीवन पर्यन्त अध्ययन किया। इन्होंने मुख्य रूप से नातेदारी को दो भागों में विभाजित किया-

(i) वर्णनात्मक नातेदारी

(ii) वर्णात्मक नातेदारी

अतः विकल्प (A) सही है।

123. परिहास का सम्बन्ध जीजा एवं साली के मध्य पाया जाता है।

अतः विकल्प (D) सही है।

124. समाज शब्द संस्कृत के दो शब्दों सम् एवं अज से बना है। सम् का अर्थ है इकट्ठा व एक साथ अज का अर्थ है साथ रहना । इसका अभिप्राय है कि समाज शब्द का अर्थ हुआ एक साथ रहने वाला समूह। मनुष्य चिन्तनशील प्राणी है। मनुष्य ने अपने लम्बे इतिहास में एक संगठन का निर्माण किया है।

प्रो. मैकाइवर-समाज का अर्थ मानव द्वारा स्थापित ऐसे सम्बंधों से है, जिन्हें स्थापित करने के लिये उसे विवश होना पड़ता है।

अतः विकल्प (C) सही है।

125. समाज को वैज्ञानिक दृष्टिकोण से समझने का प्रयास 'समाजशास्त्र द्वारा किया जाता है जोकि एक नया सामाजिक विज्ञान है। एक अलग विज्ञान के रूप में समाजशास्त्र का अध्ययन सबसे पहले फ्रांसीसी विचारक ऑगस्ट कॉम्ट द्वारा अपनी प्रमुख कृति "पॉजीटिव फिलॉफी" में 1838 ई. में किया गया। इसीलिए ऑगस्ट कॉम्ट को 'समाजशास्त्र का जनक' कहा जाता है। कॉम्ट तथा उस समय के अन्य विद्वान मानते थे कि समाज में जितनी बुराइयाँ हैं उनका कारण समाज के बारे में सही-सही ज्ञान का न होना है। इन विद्वानों का यह मानना था कि एक अच्छे समाज का विकास तभी हो सकता है जब समाज के बारे में वैज्ञानिक विधि से ज्ञान प्राप्त किया जाए जैसा कि उस समय प्राकृतिक विज्ञानों द्वारा किया जा रहा था।

अतः विकल्प (C) सही है।

// टिप्पणियाँ //

// टिप्पणियाँ //

www.ingramcontent.com/pod-product-compliance
Lightning Source LLC
LaVergne TN
LVHW080615200726
843509LV00007B/321